내가 읽고 만난 일본

지은이 | 김윤식

1936년 경남 진영 태생.
문학평론가, 서울대 명예교수.
저서로는 『임화와 신남철』(2011), 『기하학을 위해 죽은 이상의 글쓰기론』(2011), 『혼신의 글쓰기, 혼신의 읽기』(2011), 『한·일 학병세대의 빛과 어둠』(2012) 등이 있음.

내가 읽고 만난 일본

초판 1쇄 발행 _ 2012년 9월 10일
초판 2쇄 발행 _ 2012년 10월 10일

지은이 · 김윤식

펴낸이 · 유재건
펴낸곳 · (주)그린비출판사 | 등록번호 · 제313-1990-32호
주소 · 서울시 마포구 동교동 201-18 달리빌딩 2층 | 전화 · 702-2717 | 팩스 · 703-0272

ISBN 978-89-7682-154-6 03800
이 도서의 국립중앙도서관 출판시도서목록(CIP)은 e-CIP 홈페이지(http://www.nl.go.kr/ecip)와 국가자료공동목록시스템(http://www.nl.go.kr/kolisnet)에서 이용하실 수 있습니다.(CIP제어번호:CIP2012003907)

그린비 출판사 나를 바꾸는 책, 세상을 바꾸는 책
전자우편 · editor@greenbee.co.kr

내가 읽고 만난 일본

원로 국문학자 김윤식의 지적 여정 | 김윤식 지음

gB
그린비

머리말

나를 길 잃게 한 다섯 장의 그림

— 문수보살 없는 선재동자의 편력담

빈 바랑을 메고 길 떠나는 군에게 나는 아무 말도 하지 않았다. 굳이 조언을 구하지도 않았거니와 설사 구했더라도 사정은 마찬가지였을 터. 무엇을 들으며 무엇을 말하랴. 모든 것은 진작 다 틀렸고 또 남김없이 말해졌지 않았던가. 도처에 문은 열려 있었던 것. 그렇지만 이렇게 붓을 든 것은 손오공도 들어 있지 않은 그림 다섯 폭을 군에게 보이고자 함이다. 그림이란 말도 아니지만 소리도 아니다. 그렇다면 눈으로 보는 것인가. 맨 눈으로 볼 수도 있고 심안으로 볼 수도 있다. 후자는 고도의 내공을 쌓은 도사들에게나 가능한 것. 군이나 나는 그 근처에도 이른 바 없는 보통 사람이 아니겠는가. 그러기에 맨 눈으로 그냥 보면 되는 것. 유치원급 아이들이 크레용으로 꽃밭을 그리듯 그린 그림이라네.

인연 있어 나는 이웃 일본에 두 번 머물렀다. 한 번은 하버드 옌칭의 도움(1970~71)으로 도쿄대학 동양문화연구소의 외국인 연구원으로, 두번째는 일본 국제교류기금(1980)의 도움으로 도쿄대학 교양학부 비교문화연구소의 외국인 연구원으로. 첫번째 머물 땐, 나는 국립대학의 젊은 조교수였고, 두번째는 중년의 정교수였다. 10년을 가운데 두고, 두 번씩이나 머물면서 나는 상당한 분량의 일어로 된 책을 읽었고, 지금도 그러한데, 그럴 수밖에 없는 것이 의미의 또는 개념의 감응력이란, 군처럼 영어도 아닌, 서구어 번역으로 소화해 낸 일본어로 훈련되었었으니까. 그렇다고 해도 뭣 때문에 두 번씩이나 머물며 바자니었던가.

이유는 단 하나. 일본에서 공부한 구한말 혹은 망국의 조선인 유학생들의 외면 조건을 알아보기 위함이었다. 가능만 하다면 그 내면조건까지 알아볼 참이었다. 내가 할 수 있는 일이란 이들 유학생들이 무엇을 보았고, 들었고 또 느꼈는가를 알아보는 것이었다. 요컨대 그들은 일본에서 무엇을 공부했을까. 무엇을 배웠으며 그 때문에 또 무엇을 잃었을까. 이러한 거창한 목표를 세웠기에 그에 상응하는 노력을 기울이지 않으면 안 되었다.

군이 주목해 주었으면 하는 대목. 곧, 노력을 하면 할수록 나는 길을 잃게 되었음이다. 곧, 문수보살도 없이 바랑만 메고 헤매는 선재동자. 군이 시방 빈 바랑을 메고 집을 떠나고 있다. 바랑에 뭣을 채우려 함이리라. 그 노력이 크고 집요할수록 군은 필시 길을 잃을 것이다. 내가 바로 그 꼴이었다. 문수보살은 어디로 갔는가. 그런 것은 당초에 없지 않았던가.

여기 유학생 이광수들이 있다고 치자. 그들이 읽고 만난 일본을 알아보기 위해 나는 혼신의 힘을 기울이었던가. 아니었다. 그럴 수 없었다. 이광수들이 읽은 책을 모조리 살피고 나도 그것들을 읽어야 했다. 그가 만난 일본을 나도 체험해야 했다. 이 작업이란 너무 허황한 것이어서 길을 잃고 만 것이다. 정작 이광수는 흔적도 없이 사라지고 내 앞에 나타난 것은 만년설을 머리에 인 거대한 산맥들이었다. 내가 군을 위해 그린 그림이란 이 산맥들, 그 중에서 다섯 편만 그려 보이고자 한다.

Ⓐ 고바야시 히데오(小林秀雄, 1902~83). 비평이란 무엇인가, 라고

그는 내게 물었다. 나는 그의 전집을 독파했다. 이 그림 속에는, 고바야시도 들어 있지만 한때 선재동자 모습을 한 내 모습도 들어 있을 터이다.

Ⓑ 에토 준(江藤淳, 1933~1999). 그는 내게 『소세키(漱石)와 그의 시대』를 보여 주면서 말했다. 왈, 글쓰기이다, 라고. 소세키도 그의 시대도 없다. 있는 것이라곤 글쓰기뿐이다, 라고 그는 내게 가르쳤다. 또 그는 가르쳤다. 진짜 글이란 목숨을 건 글쓰기이다, 라고. 그것이 불가능할 땐 어째야 할까. 자결할 수밖에 없다는 것. 그는 이를 전범적으로 실천해 보여 주었다.

Ⓒ 모리 아리마사(森有正, 1911~1976). 그는 내게 물었다. 그대는 노틀담을 아시는가, 라고. 그는 스스로 대답했다. 그것은 돌멩이다, 라고. 글쓰기란 무엇이뇨. 인간에 대해 그 누구도 쓸 수 없다. 쓸 수 있는 것은 무기질의 돌멩이(건축 조각)뿐이라는 것. 이를 체험과 구별하여 경험이라 했것다. 도쿄대학 불문학 조교수인 이 명문가 출신의 데카르트 전공자는 처자도 교수직도 버리고 노틀담만 쳐다보며 파리에 주저앉았고 거기서 죽었다. 『바빌론의 흐름의 기슭에서』를 통해 전개한 경험론이란, 바로 글쓰기였던 것. 글쓰기란 과연 무엇이뇨. 왈, 수사학이다, 라고 그는 슬프도록 아프게 결론짓고 있었다.

Ⓓ 루스 베네딕트(Ruth Benedict, 1887~1948). 『국화와 칼』을 군도 읽었다. 생각나는가. 군이 내게 이에 대한 질문을 한 바 있지 않았던가. 또 군은 기억할 것이다. 내가 아무 대답도 하지 못했음을. 첫번째 일본 체류에서 나는 오인석 교수(서양사)와 귀국하자마자 겁도 없이 번역했다. 큰 실수였음을 훗날 나는 통감하지 않으면 안 되었다. 자기 전공도 아닌 인류학을 멋대로 번역한 대가를 지금도 치르고 있는 중이니까. 그 대가 속

에는, 루스 베네딕트의 감동적인 여성으로서의 고뇌에 접할 수 있었다.

Ⓔ 리처드 H. 미첼(Richard H. Mitchell). 두번째 체일에서 나는 『일제하의 사상통제』(*Thought Control in Prewar Japan*, 1976)라는 책이 도쿄대 법과대학 대학원 세미나 교재로 사용되고 있음을 보았고, 귀국하자마자 이를 번역했다. 『국화와 칼』의 경우와는 달리 바로 내 전공에 관련된 것. 이른바 카프(KAPF)문학과 사상전향의 관련 양상이 그것. 전향과 법체계의 관련 양상이란 무엇인가를 나는 여기서 배울 수 있었다. 내 처녀작이자 학위논문인 『한국근대문예비평사연구』(1973)에서는 미처 몰랐던 지평이 거기 열려 있었다. 일종의 수정주의라고나 할까, 전후 악명 높은 일제의 사상통제의 연구방향은 야마베 겐타로(山邊健太郎) 같은 옥살이를 한 학자들의 견해와 서구 자유주의에 입각한 마루야마 마사오(丸山眞男)의 경우와 같이 서구와는 다른 일본식 천황제 비판(초국가이론)이 주류였다. 미첼의 연구는 이른바 제3의 영역 곧, 사법성, 내무성 쪽(국가경영자)의 입장에서 본 것이었다. 나는 『한국근대사상사』(1986)에서 이 문제를 극복했어야 했다. 그 과정에 한동안 나를 매료케 한 저 불세출의 헝가리 비평가 루카치의 '동화적 황금시대'의 세계관을 비로소 비판할 힘이 생겼다고 하면 과장일까. 방법은 하나, 정면돌파. 『자본론』 읽기가 그것. '상품'에서 시작(제1부 제1편 제1장) '계급'으로 끝(제3부 제7편 제52장)나는 이 저술이 어째서 고전급에 놓이는가를 조금 짐작할 수 있었다. 상품에서 시작 계급적 인간이라는 구체적 인간의 발견이 거기 있었다. 또 말해 "사람은 가슴마다 라파엘을 갖고 있다"(『도이치 이데올로기』)로도 요약되는 것.

군에게 보여 주고 싶은 것은 이 다섯 개의 그림뿐이다.

다섯 개씩이나, 라고 군이 귀찮아하지 않으면 하고 바란다. 8천 매에 달하는, 『이광수와 그의 시대』에 대해 나는 가능한 한 말을 아낄 참이다. 그것은 내가 그린 그림의 하나이긴 해도 따지고 보면 내가 그린 것이 아니다. 그것은 '민족'이란 이름의 문수보살의 것이기 때문. 따라서 방황하지 않은 글쓰기였으니까. 그러나 위의 다섯 개의 그림은 이와는 판연히 다른 물건이다. 빈 바랑을 메고 길 떠나는 군에게 굳이 이 그림들을 보여 주고자 함은 또한 모종의 희망사항에 관여되어 있음이다. 언젠가 군의 바랑 속에도 군이 고심해서 그린 이러한 그림들이 몇 장은 들어 있으리라는 기대 말이다. 언젠가 군도 기진맥진해서, 귀향할 때 사람들이 혹시 빈 바랑을 열어 보라고 하지 않을까. 군은 거기서 몇 장의 그림을 꺼내 유서를 펼치듯 보여 주면 되지 않겠는가. 기껏 이따위 그림인가, 문수보살도 손오공도 없지 않은가, 라고 핀잔해도 이것밖에 군이나 내가 할 수 있는 것이 과연 있겠는가. 나의 길동무여, 소금기둥이 되기 전에 떠나라. 언젠가 군이 그릴 그림들을 내가 보지 못할지라도 섭섭해 마라. 군의 그림은 군만의 것. 그게 그림의 존재 방식인 것을.

자 이제 지체 없이 떠나라. 나의 손오공이여, 문수보살이여. So mein Kind, jetzt gehe allein weiter!(그래 내 아이야, 이젠 혼자서 가라, 더 멀리 더 넓게)

2011년 음력 3월 12일

차례

제1장

1970년, 도쿄대학, 루카치

도쿄대학 야스다(安田)강당을 뒤로 한 외국인 연구원, 1970 도쿄.

도쿄대학 아카몬(赤門) 앞 현용준 교수(왼쪽)와 함께, 1970 도쿄.

도쿄대학 종합도서관 앞, 1970 도쿄.

도쿄대학 야스다강당 시계탑에서 박갑수 교수(왼쪽)와 함께, 1970 도쿄.

도쿄대학 교양학부 외국인 연구원(고마바), 1980 도쿄.

일본 근대문학관에서, 1980 도쿄.

제1장

1970년, 도쿄대학, 루카치

1. 국립대의 젊은 조교수

1970년은 내 학문적인 생애의 한 전환점이었다. 다음과 같은 도쿄대학 동양문화연구소장 이즈미 세이이치(泉靖一) 교수의 초청장을 받았기 때문이다. 그 전문을 보이면 아래와 같다.

> 招請状
>
> ソウル国立大学助教授
> 金允植
>
> 오른쪽의 사람을 하버드 옌칭의 신(新)프로그램에 기초하여,「한국근대문학에 미친 일본문학의 영향」의 연구를 위해 도쿄에 파견한다면 본 연구소의 외국인 연구원으로 받아들일 용의가 있습니다.
>
> 1970년 6월 25일
> 東京大学東洋文化研究所長
> 泉靖一
>
> ソウル国立大学總長 귀하

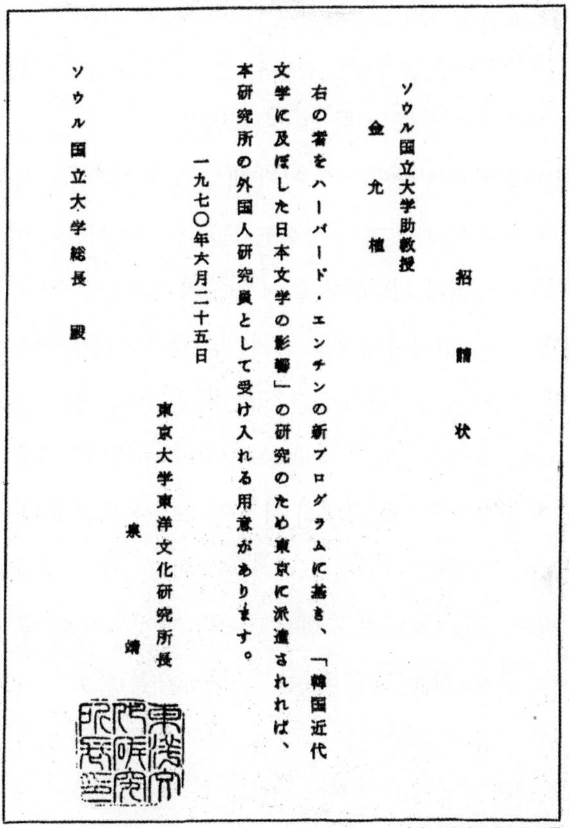
招請状

ソウル国立大学助教授
金　允　植

右の者をハーバード・エンチンの新プログラムに基き、「韓国近代文学に及ぼした日本文学の影響」の研究のため東京に派遣されれば、本研究所の外国人研究員として受け入れる用意があります。

一九七〇年六月二十五日

東京大学東洋文化研究所長
泉　靖

ソウル国立大学総長　殿

東京大学 東洋文化研究所

이 초청장에는 세 가지 정보가 담겨 있다. 연구비의 출처가 하버드 엔칭 신프로그램에 의거되었음이 그 하나. 이 그란트는 연구주제에 따라 지역을 선택할 수 있게끔 고려된 것이었다. 하버드 엔칭의 그란트인 만큼 도쿄대학과는 비용상에서는 무관함이 밝혀져 있다.

둘째, 외국인 연구원의 자격을 부여한다는 것. 당시 이 대학엔 미국의 대학과는 달리 객원교수라든가 방문교수 등의 제도가 없었기에 그 연구 목적에 알맞은 자격이 외국인 연구원이었다.

셋째, 연구주제가 명시되었음이다. 「한국근대문학에 미친 일본문학의 영향」이 바로 내가 하고자 한 연구주제였다.

한국근대문학이란 무엇인가. 이에 대한 그 무렵의 의미를 음미해 둘 필요가 있다. 굳이 일본에 가서 자료조사를 해야 할 이유가 이와 관련된 사안인 까닭이다. 내가 대학원에 들어 연구과제를 삼은 것은 '한국근대문학'이었다. 이는, '한국문학'과는 별개의 과제라고 나는 생각했다. 한국문학이라면, 국문학연구 제1세대인 『국문학사』(1949) 저자 도남 조윤제(1904~1976)에 의해 규정되고 체계화되고 거의 완결되었다고 믿고 있었다. 경성제대에서 정식으로 근대적 학문을 공부한 도남에 따르면 "국문학은 국어로써 한민족의 생활을 표현한 문학이다. 그러니까 국문학의 국문학됨의 필수조건은 국어로 표현된 것이다. 이것은 아마 움직일 수 없는 사실일 것"(『국문학개설』, 동국문화사, 1955, 33쪽)으로 정의된다. 이때 제일 중요한 것은 국어이며 이는 국가를 전제로 했다. 국어란 '국가어'의 준말이며 국가라는 강력한 권력에 의해 만들어진 준인공어에 해당된다. 그렇다면 '국가'란 또 무엇인가. 18, 19세기에 만들어진 상상의 공동체(베네딕트 앤더슨)에 지나지 않는 것. 국가란 근대국가(nation-state)를 가리킴이었다. 도남에 있어 이 사실만큼 그를 고무케 한 것은 따로 없었다. 근대국가 이전을 문제 삼는다면 근대국가가 만들어 낸 식민지적 현실에서 자유로울 수 없었기 때문이다. 근대적 학문이 규정해 놓은 국어의 개념을 무화시키는 방식으론 대처하기가 곧 고전문학연구였다. 이 경우 국어란 국가어 이전의 '민족어' 또는 '종족어'에 다름 아니었다. 도남은 이를 착각한 것이 아니라, 근대와 전(前)근대의 틈에 낀 자신의 모습을 완곡하게 표현한 것이었을 터이다. 한편으로는, 한국문학의 독자성을 드러내면서 다른 한편에서는 전근대를 내세우기 속에서 그는 국문학의 체계를 세울 수 있다고 믿었다. 정신과학(해석학)의 도입은 이 전제에서 왔다. 그러나 따져 보면 전근대만으로는 근대 속의 현실에 대면하기엔 실로 난처한 것이 아닐 수 없었다. 국민국가로서의 한국이 있지 않으면, 정신과학도 그 바른 자리에서 논의되기 어렵기 때문이다.

『개설 신문학사』(1939~41)의 임화의 경우는 어떠했을까. 최초의 한국근대문학(신문학)사를 쓰는 마당에서 임화(1910~53)는 방법론의 첫줄을 이렇게 단정했다. "신문학사의 대상은 물론 조선의 근대문학이다. 무엇이 조선의 근대문학이냐 하면 물론 근대정신을 내용으로 하고 서구문학의 장르를 형식으로 한 조선어문학이다"(「신문학사의 방법론」, 『동아일보』, 1940년 1월 13일자)라고. 리듬까지 갖춘 이 정의에서 역점이 놓인 곳은 '근대문학'이었다. 신문학=근대문학이란 물론 내가 학문에 임할 때의 과제에 더도 덜도 아니었다.

네 전공이 무엇이냐고 질문받을 때 서슴지 않고 "한국근대문학"이라 했다. 그렇게 말할 적마다 불안함을 물리치기 어려웠다. '근대'가 그 주범이었다. '한국'도 '문학'도 어느 수준에서 규정되기 이전 요컨대 선험적인 범주로 인식되었지만 그 한가운데 놓인 '근대'야말로 괴물의 형상으로 저만치 놓여 이쪽을 노려보면서 허점만 있으면 덤벼들 태세로 군림하고 있지 않겠는가. 이 괴물을 물리치기 위해서는 한 가지 방법밖에 없었다. 맞서 싸우는 방법이 그것. 정면으로 맞서기 위해서는 그 발생 근거에 육박하지 않으면 안 되었다.

내가 알아낸 것은, '근대'란 18, 19세기의 산물 곧 일종의 상상의 공동체에 대한 명칭이라는 사실이었다. 그것은 Ⓐ국민국가(nation-state)와 이를 가능케 한 Ⓑ자본제 생산양식(mode of capitalist production)으로 정리되는 것. Ⓐ를 알기 위해서는, 최소한 정치학과의 4년간의 공부가 요망되었고, Ⓑ를 알기 위해서는 경제학 4년이 요망되었다. 근대의 보편성으로서는 Ⓐ, Ⓑ의 공부가 어느 수준에서 이루어졌을 때 비로소 식민지 조선의 현실이 포착될 수 있었다. 이 조선적 특수성으로서의 근대란 Ⓒ반제투쟁과 Ⓓ반봉건투쟁으로 수렴되는 것. Ⓒ를 위해서는 한국정치과를, Ⓓ를 위해서는 한국경제과를 각각 4년씩 공부하지 않으면 안 되었다. 보편성 공부에 8년, 특수성 공부에 또 8년, 도합 16년에 준하는 의식과정의 훈련 없이는 한 발자국도 나아갈 수 없었는데, 왜냐면 학문이란 과학인 까닭이다. 한국근대문학 연구에 뜻을 세운 지 16년이 지나서야 비로소 '근대'와 '한국근대'가 웬만큼의 윤곽을 드러낼 수 있었고, 이 관련성에서 '문학'이 보였다. 오직 ⒶⒷ와 ⒸⒹ의 관련성 밑에서 논의되는 것만이 한국근대문학이라는 것. 그 외의 아무리 소중하고 가치 있는 것이어도 적어도 한국근대문학일 수는 없다는 것. 사랑, 자의식 따위란 향가에도 시조에도 『구운몽』에도 있겠지만 그것이 아무리 고귀하고 대단한 것일지라도 ⒶⒷ와 ⒸⒹ와 관련되지 않는다면 '절대로' 한국근대문학일 수 없다는 것. 이것이 내 출발점의 내면 풍경이었다.

2. 근대와 근대문학

이러한 내 학문적 출발점의 강점은 근대에 대한 초조감에서 왔고 그 초조감의 강도에 비례하여 자기모순에 빠지지 않으면 안 되었다. 위에서 규정된 ⒶⒷ와 ⒸⒹ의 모순성이 그것이다. 보편성으로서의 근대와 그로 인한 ⒸⒹ의 특수성이 정면충돌 하고 있는 현장이 가로놓여 있었다. ⒸⒹ의 처지에서 보면 ⒶⒷ란 부정될 사항이 아닐 수 없고, ⒶⒷ의 처지에서 보면 ⒸⒹ란 당면한 결과의 산물이었다.

이러한 모순성이 하도 압도적이고 강렬한 나머지 다른 사항이란 한갓 지엽적인 것으로 인식되어 마지않았다. 이런 사정은 이식문학사론에 착목한 『개설 신문학사』의 임화의 방법론에서도 새삼 확인된다. 신문학사의 제일 중요한 학목인 언어문제를 거의 외면한 점에서 유독 그러하다. 임화에 있어 신문학의 언어란 기껏해야 '조선어'에서 더 나아가지 않았다. 대체 조선어란 무엇인가. 이에 대한 어떤 언급도 없었다는 것은 조선어에 대한 자각의 빈약성을 드러낸 것으로 보지 않을 수 없다. 문학을 문제 삼을 경우 기본항이 내용과 형식이며 이 중 형식이 언어조건임은 상식 중에도 상식인데도 이를 돌보지 않았음은 임화의 초조했음의 반영이라 할 것이다.

이 초조함은 어디서 연유된 것이었을까. 근대에 대한 과잉반응이 임화의 시야를 가렸음에서 온 결과이다. 내용에 '근대정신'을 내세웠음이 움직일 수 없는 증거이다. 근대정신을 첫번째 조건으로 세우자 그 대응개념으로 형식조건을 문제 삼아야 했고, 이 형식조건에 '조선어'가 자동적으로 상정되어야 했을 터인데도 여기에다 임화는 '서구문학의 장르'를 대응시켰다. '조선어'란 새삼 무엇인가. 근대를 문제 삼는 조건에서라면 당연히도 그것은 조선어의 자연어(종족어, 민족어)일 수 없고, 근대국가를 전제로 한 '국가어'여야 했다. 국가의 부재에 직면한 신문학이기에 신문학에 임해 온 당사자들의 의식 속에서 작동되는 조선어란 한갓 자연어에 지나지 않았고 그만큼 인공적 요소가 배제된 언어였다. 그들에 있어 상해 임시정부(1919. 4. 10.)의 논리적 파악력이 빈약했다고 보는 것은 자연스럽다. 적어도 공화제 헌법을 갖춘 임시정부의 존재감각이 확실해진 것은 조선어연구회(1921. 12. 3.) 이후이다. 임시정부의 국가어 수행의 조건 및 의무를 국내의 이 단체에 위임했고, 그 성과가 한글맞춤법 통일안(1933)에서 확실해졌다. 다시 말해 일제의 조선 통치에서 문학을 아예 제외하고 있었다고 볼 것이며 이것조차 통치체제 속에 넣고자 시도한 것이 악명 높은 조선어학회사건(1942. 10. 1.)이었다.

이런 시선에서 볼 때 비로소 '한국근대문학'이 가능했던 것이다. 곧, 국가어로서의 조선어로 한 문학일 수 있었기 때문이다. 맞춤법통일안, 외래어 표기법, 사정(査定) 표준어란 새삼 무엇인가. 국가어로서의 조선어, 자연어에서 인공어의 인식전환의 더도 덜도 아닌 것이다. 조선어학회사건 이후 한국근대문학이 암흑기로 인식됨은 이에서 말미암는다.

이런 사실을 인식함에 임화가 썩 둔감했음은 그의 앞을 가로막은 근대에 대한 초조함에서 왔다. 언어문제에 앞서 직접성으로서의 형식조건이 그를 압도하고 있었는바, 이는 일본정치소설을 공부한 이인직을 비롯 일본식 신체시를 배운 육당, 근대 일본의 소설을 몸에 익힌 춘원 등에서도 사정은 같았다. 직접성이란 새삼 무엇이뇨. '서구문학의 장르'가 그 정답이다. 당장 문학에 임했을 때 그 물질적 근거는 제도로서의 '장르' 개념이었다. 그것이 서구문학의 것이지만 동시에 또 일본문학의 것이기도 했다. 이런 인식이 이끌어 가는 곳은 너무도 자명한데, 바로 '서구=일본'의 도식이다. 이때 서구라든가 일본이라는 조건은 그대로 조선의 것일 수밖에 없었는데, 왜냐면 그 자체가 보편성 곧 근대문학의 '고유한 형식'으로 인식되었기 때문이다. 서구=일본=조선의 등가성이 바로 장르 자체의 성격이었기에 신문학사의 형식조건이 '서구문학의 장르'라고 망설임도 없이 임화가 외칠 수조차 있었다. 식민지 조선의 현실 속에 놓인 임화가 문학을 통해 어느 수준에서 그 조건을 넘어설 수 있는 곳이 있다면 이 장르의 대등성(對等性)이 아닐 수 없었다. '서구문학=일본문학=조선문학'의 대등적 인식이야말로 문학인의 자존심의 근거일 수 있었지만 동시에 또 그것은 '이식문학사'라는 부정적 측면의 수용을 대수롭지 않게 내세울 수조차 있었다.

> 일례로, 신문학사의 출발점이라고 할 육당의 자유시와 춘원의 소설이 어떤 나라의 누구의 어느 작품의 영향을 받았는가를 밝히는 것은 신문학생성사의 요점을 해명하게 되는 것이다. 그들의 문학이 구(舊)조선의 문학 특히 과도기의 문학인 창가나 신소설에서 자기를 구별하기 위하여 필요한 것은 내지(일본)의 명치(메이지明治) 대정(다이쇼大正) 문학이었음은 주지의 일이다. 그러나 그때 혹은 그뒤의 신문학이 일본문학에서 배운 것은 왕년의 경향문학과 최근의 단편소설들을 제외하면 극소한 것이다. 그러면 직접으로 서구문학을 배웠느냐 하면 그렇지도 아니했다. 그럼에도 불구하고 신문학은 서구문학의 이식과 모방 가운데서 자라났다. (『동아일보』, 1940. 1. 16.)

일본문학의 이식사=서양문학의 이식사=조선문학의 이식사의 대등함이야말로 임화의 초조함의 근거이자 또 자존심의 근거이기도 했음이 한눈에 선명해졌다.

3. 초조함이 불러온 것

이제 나는 내 초조함을 말해야 할 차례에 왔다. 당시 국립대 조교수인 나는 한국근대사를 공부하고 있었고, 위에서 잠시 언급한 바대로 '근대'에 초조히 매달렸던 만큼 '문학' 따위란 어쩌면 안중에 없었다 해도 과언이 아니었다. 이 점에서 보면 내 초조함은 임화의 그것보다 한층 심각했다고 볼 것인데, 왜냐면 결과적으로 임화의 초조함이 '언어'를 무시함을 가져왔지만 내 경우는 '언어'보다 훨씬 큰 단위인 '문학' 자체를 송두리째 무시한 형국을 빚고 있었던 까닭이다. Ⓐ국민국가와 Ⓑ자본제 생산양식이라는 보편성으로서의 근대가 빚어낸 Ⓒ반제투쟁과 Ⓓ반봉건투쟁이 거의 절대모순성으로 나를 육박해 왔던 것이다. 이 모순을 극복하기 위해서는 헤겔의 변증법과 마르크스의 유물변증법을 다시 공부하지 않을 수 없는 장면에 전면적으로 노출되었던 것이다. 당초 도일 공부의 목적이 「한국근대문학에 미친 일본문학의 영향」이었고, 이는 임화의 지적대로 육당, 춘원에겐 선택의 여지가 없는 것이었다. 내 연구의 첫 자리에 신소설이 오고 두번째 자리에 육당, 춘원이 오게 마련이었고, 이 두 가지 과제만으로도 실로 벅찬 것이었다. 좌우간 부딪쳐 볼밖에 없었다. ⒶⒷ와 ⒸⒹ의 모순성에 전면적으로 노출된 육당, 춘원이란 무엇인가. 이 모순성 앞에 실로 난감할 수밖에 없었다. 와세다대학 학생회에서 국제법 토론회(1906)가 열린 바 있었는데 그 과제 중의 하나가 조선국왕이 방일하면 일본국가는 어떻게 대해야 하는가였다. 이 학교 전문부(고등사범부 역사지리과)에 적을 둔 육당은 실로 난감했다. 일본국가의 보호 아래 있는 조선왕이란 이미 왕일 수 없는 법. 또한 기쿠닌교(菊人形)사건에 직면했을 때는 더 이상 참기 어려웠다. 북장로계 미션스쿨의 보통부에 적을 둔 춘원의 경우도 사정은 거의 같았다. 아침마다 일본인 목사의 설교를 들어야 했는데, "하느님 우리 대일본제국을 보호하소서"를 복창하지 않으면 안 되었다. 중학생 수준의 이 동학교도 출신의 한국 유학생 이보경(춘원의 아명)은 도무지 난감하기 짝이 없었다. 훗날 춘원이 기독교를 거부하고 톨스토이주의에로 달려간 것은 자기의 고백대로 이와 무관하지 않았다.

이러한 도일 유학생들의 일본근대 체험을 공부하기 위한 내 연구목적은 매우 딱하게도 나도 모르는 사이에 방향감각을 잃어 갔다. 두 가지 이유인 것으로 회고된다.

첫째는 내게 닥친 문화 충격이었다. 고도성장의 한가운데 놓인 일본의 1970년대란, 거의 천국처럼 보였다. 그때만 해도 김포공항 1년간 출국·출입 인구가 총 3만 명 정도였음을 염두에 둘 필요가 있다. 외국여행 더구나 유학이란 하늘의 별 따기에 비유될 만큼이었다. 최고학부인 도쿄대학 구내에는 붉은 깃발이 난무했고, 건물 복도에는 "××교수 사퇴하라"는 구호가 즐비했고, 점심시간이면 직원들조차 구호를 외치며 캠퍼스 내를 메뚜기처럼 뛰어다녔다. 아침이면 아카몬(赤門) 앞에서 장사치들이 데모용 헬멧, 죽창 등 무기를 팔고 있었고, 저녁이면 경찰과 학생들이 맞붙어 사상자를 내었고, 그 유명한 야스다(安田)강당은 새까맣게 불타서 유령처럼 남아, 까마귀떼 나는 산시로(三四郎)연못에 거꾸로 박혀 있지 않겠는가. 반공(反共)을 국시(國是)로 하는 대한민국의 교육공무원 신분의 여권으로 간신히 이곳에 온 내가 이런 장면에 알몸으로 노출되지 않으면 안 되었다. 개화기 허울 한가운데서 자란 중인이자 부호의 둘째

아들인 천재급 육당도, 평양에서도 북쪽 한촌에서 자란 고아이자 동학교도 춘원도 필시 이런 문화 충격에서 방향감각을 잃었음에 틀림없다. 다만 그들의 연륜이 아직 청소년기를 벗어나지 않았기에 그 문화 충격은 표층적인 쪽일 것이다. 조교수인 나와의 차이가 여기에서 있거니와 의심의 차원에서 보면 그 심각성은 내 쪽이 한층 심했을 터이다.

둘째로, 이러한 난감함이 심해짐에 비례하여 나를 강요하는 의심이 따로 있었다는 사실이다. 여기에는 설명이 없을 수 없다. 한국근대문학 연구에 뜻을 세우고 대학원(1960~64)에 든 내가 선택한 연구주제는 한국근대문예비평사였다. 임화의 『개설 신문학사』(1939~41)가 있었지만 신소설 언저리에서 중단되었고, 백철의 『조선신문학사조사』(1948~49)가 씌어졌으나, 이들은 모두 종합문학사 범주에 드는 것이어서 시, 소설, 평론, 희곡 등 개별문학사에까지는 이르지 못한 형편에 놓여 있었다. 내가 이 영역에 주목한 것은 문학과 사상(이데올로기)의 관련성이었는데 그만큼 문학이란 대단한 그 무엇임을 암묵적으론 승인했음에서 온 것이다. 문학이란 철학 그것처럼 인류사의 나아갈 길을 가리키는 지도이거나 별이거나 지침서 같은 것. 이 인류사의 이념을 다루는 것이 문학이라면 그것이 집중적으로 뭉쳐 있는 곳이 문예비평이라 믿었던 것이다. 시도 소설도 그러했으나 그것은 구체성을 띤 것이어야 했고 따라서 이념성의 면에서는 간접화에서 벗어나기 어려웠음에 비해 비평은 사정이 크게 달랐다. 직접성으로서의 이념성이 전면에 놓이는 것이 비평이었다. 이 사실의 발견이 내 조급성이랄까 미숙성과 무관하지 않음을 깨친 것은 많은 세월이 지난 후의 일이거니와, 한동안 나는 이념성에 매료되어 문학=이데올로기의 도식에 온몸으로 대응해 나갔다. '온몸으로'라고 감히 말했는데, 이것이 내 열정의 근거를 마련해 주었기 때문이다.

『한국근대문예비평사연구』(1973)에서 내가 첫 바둑돌을 놓은 곳이 육당도 춘원도 김동인이나 염상섭도 아닌 바로 카프문학이었음이 이 사정을 웅변하고 있다. 비평 곧 카프비평이라는 것. 그것은 인류사의 나아가는 길목에 놓인 이정표 같은 것. 계급사상이라든가 프롤레타리아 혁명이란 바로 이념성의 직접성이며 문학이 이를 다루는 일이야말로 가장 해볼 만한 영역이 아닐 수 없다는 것. 바로 이러한 인식의 소중함은 따로 있었는데, 한국근대문학이란 인류사의 그것과 직결되었다는 사실이다. 카프연구란 저절로 인류사의 연구에 이어져 있다는 것, 이것만큼 가슴 벅차게 하는 일이 또 있겠는가. 가히 남아 일대의 사업이 아닐 수 없다.

그렇다면, 이에 응하는 두 가지 태도를 물을 수 있다. 그 인류사의 도래를 위해 직접 운동에 뛰어드는 유형이 그 하나. 요컨대 혁명대열에 달려감이 이에 해당된다. 다른 하나는, 이 이념을 내면화하기이다. 이 경우 내면화란 운동에 맞섬을 가리킴이다. 운동에 뛰어드는 대신 서재에 앉아서 관념적으로 이를 실천하는 방식, 곧 학문적 연구가 이에 해당된다. 나폴레옹의 예나 점령을 목격한 헤겔이 '역사의 끝장'을 예견하고, 미네르바의 부엉이를 들먹거린 것도 이런 범주라 할 것이다.

이상의 두 가지 유형 중 내가 두번째 유형에 속했음은 새삼 말할 것도 없다. 이것이 내가 선 자리이기에 나는 운동권에서 보면 이단자이며 관념권 쪽에서 보면 정통파라 할 것이다.

이상이 도일할 무렵의 나의 내면풍경이었다. 초청장에 적힌 일본문학의 영향 연구란, 육당, 춘원의 일본체험이 표층적 이유이지만 그 밑층에 놓인 열정의 근원이랄까 자존심의 근거는 카프(KAPF)와 나프(NAPF)

의 관련성에 있었다. 실제로 도서관에서 내 앞에 펼쳐진 것은 카프와 관련된 나프 문헌들이었다.

4. 1970년, Tokyo, 일기

하버드 엔칭의 그란트로 하네다 공항에 닿은 것은 1970년 11월 22일(월)이었다. 그때의 일기를 그대로 보이기로 한다.

> p.m. 2시 10분 KAL로 김포를 떴다. 김씨(외교학과 조교수)와 나란히 앉았다. 교과서 그림에서만 보던, 구름 위에 솟은 후지산(富士山)이 보였다. Bus 두 대에 분승, 출입관리사무소를 나오자 김씨의 후배 C씨(훗날 주일대사 역임)가 마중나와 있었다. 서울대학 외교학과를 나와 도쿄대 대학원에 유학 중인 사람은 당시로서는 두 사람. 그 중의 한 명이었다.(다른 한 명은, 후에 안 일이지만 K씨. 이들은 외교학과 이용희 교수의 직계.)
>
> 택시로 한참 걸려 닿은 곳은 분쿄구(文京区)에 있는 '아시아문화회관'(アジア文化會館)이었다. 이름 그대로 아시아인끼리의 문화 교류를 위해 세워진 큰 회관으로, 왕년의 사회주의자인 모리가 아시아 유학생 및 문화인을 위해 세운 실비급 임시숙소였다. 임시숙소라 했거니와, 장기 체류자라면 그 준비 기간 동안 활용할 수 있게 된 시설이었다. [훗날 안 일이지만 이것은 롯폰기(六本木)에 있는 '국제문화회관'과는 격이 달랐다. 후자는, 최상급 시설을 갖춘 그야말로 외국인 임시숙소였다. 제2차 도일했을 때(1980년) 한동안 나는 이곳에 머문 바 있었기에 양쪽 비교를 할 수 있었다. 그때 나는 일본국의 손님 곧, 국제교류기금(Japan Foundation)으로 왔던 것이다.]

아시아문화회관에는 한국인 유학생으로는 미스 한(도쿄대 석사과정), 미스터 장(도쿄공대) 두 명 외 기술연수생들이 있었다. 도착한 지 얼마 되지 않아 K씨(훗날 국회의원, 국민대 교수)가 찾아왔다. C씨와 함께 사카모토(坂本) 교수 밑에서 개화기연구에 몰두하고 있었다. 김, 미스 한, 최와 더불어 우에노에 있는 술집으로 갔다. 난생처음으로 신소설에 나오는 시노바즈노이케(不忍池)를 보았고, 동천홍(東天紅)이란 큰 간판이 빛을 발하고 있는 중국집을 지나 들른 골목에 있는 술집은 각자가 먹다 남은 술을 박스에 보관했다가 다음에 올 때 꺼내 마시는 그런 곳이었다.

11시에 회관으로 왔다. 먼저 와 있던 강교수(성균관대 국어학, 문부성 장학생)가 다녀갔고 박성수(중고등학교 동창생, 사업가) 씨의 전화 메모가 와 있었다. 잠이 오지 않았다. 긴 하루였고, 난생처음 비행기를 탔고, 유년기 누나의 교과서에서 보던 동화의 나라 일본에 왔고, 술까지 마셨다. 그럼에도 어째서 쉽사리 잠들지 못했을까. 시계가 새벽 3시를 가리키고 있었다.

11월 23일(일요일). 강교수가 찾아 왔다. 첫날부터 할 일은 셋방을 얻는 일. 강씨의 안내로 복덕방행. 일본의 방세 계약방식이 매우 특이했으나, 좌우간 1년 단위로 김용구 씨와 내 방을 각각 무난히 얻을 수 있었다. 그 다음 행보는 선물가게. 누구도 가르쳐 주지 않았기에 우리는 기내 면세품도 사지 못했고, 국내에서 흔한 인삼상자도 없이 빈손으로 왔던 것이다. 만나야 될 일본 교수는 동양문고(東洋文庫)의 관장이었다. 이곳 자료를 이용하기 위한 배려에서였다.

매우 딱하게도 김씨도 나도 일본어를 거의 알지 못한 상태였다. 일제 말기 국민학교 저학년(1943년 입학)이었고, 해방 후엔 미국식 교육의 영향 아래 중학을 다닌 세대인 만큼 일어를 익힐 처지에 있지 않았다. 국민학교 시절엔 일어 강요 속에 놓였다고 하나, 오직 학교 내에 국한된 것인 만큼 일상어의 수준과는 아득한 거리였다. 중학교 때 익힌 영어보다 훨씬 먼 거리였다. 물론 일본행이 결정됐을 때 일어회화 책, 일어사전 그리고 회화용 녹음 테이프 등으로 나름대로 익혔으나, 직접 대하고 보니 사정은 판이했다. 그럴수록 우리는 강교수에 매달릴 수밖에 없었는데 중요한 것은 강교수 부부가 우리에게 성의껏 또 즐겁게 도와줌이었다. 우리보다 거의 한 세대 위인 강교수인지라 일어에 막힘이 없었고, 또 한일 비교언어를 과제로 연구함이어서 우리에겐 선배이자 스승이었고 게다가 친밀감까지 느낄 수 있었다. 걸걸한 목소리, 서민풍의 몸짓에서 그러했다.

11월 24일(월요일). 동양문고행. 관장 이노키(榎) 교수, 서무과장 쓰지(辻) 씨를 만남.
하버드 옌칭에서 온 수표를 찾았다. 이를 우선 일본돈(¥)으로 바꾸어야 했다. 그러나 문제가 있었다. [당시의 일본은행은] 달러($) 과잉을 방어하기 위해 한 달간 보류(미국에 조회)한다는 것이었다. 실로 예측하지 못한 일이었다. 방법은 단 하나. 마루노우치(丸の内)에 있는 한국 외환은행 도쿄지점을 찾아갈 수밖에. 딱한 사정을 안 지점장이 그 자리에서 1,250달러의 수표를 40만 엔으로 바꾸어 주었다. 그 길로 아자부(麻布) 소재 주한국대사관을 찾아가 신고했다. 귀갓길에 최서면 씨 경영 한국연구원에 잠시 들렀다. 저녁에 강교수 집의 초대. 김치와 술을 대접받다.

11월 25일(화요일). 아침부터 강교수의 안내로 필수품 구입행. 전기솥, 담요, 이불, 고타쓰, 주전자 등등. 백화점 구경. 동양문고 서고 관람. 소설가 미시마 유키오(三島由紀夫) 자살. 온 TV와 신문 호외가 도쿄 거리를 휩쓸고 있음. 대체 이는 무엇일까. 남의 일이자 별세계의 사건으로 내게 다가왔다. 나야말로 이방인의 자격이 있었다.

11월 27일(목요일). 월세방으로 일단 이사. 분쿄구(文京区) 고마고메(駒込) 이층집 일실. 부엌과 화장실 공용. 취사 가능. 이층 오르내리는 층계는 주인집과 별도로 외부에로 나 있음. 완전 독립형(이를 만숀[맨션]이라 불렀다). 옛친구 박씨 찾아오다. 와이프에 편지하다. 나보다 수개월 먼저 파리에 유학간 와이프의 주소가 그대로인지 궁금.

11월 28일(금요일). 간다(神田)행. 고서점가를 헤매다. 이광수가 영향을 받았다는 기노시타 나오에(木下尚江)의 책을 몇 권 사다. 비가 내려 우산을 사다.

이상이 도일 한주간에 일어난 일기초이다. 안정이 되었다고나 할까. 장학금도 넉넉했고, 전세살이도 불편함이 없었으나 제일 난감한 것은 초청자의 문제였다. 내가 도착했을 때 초청자 이즈미 세이이치(泉靖一, 1970년 11월 15일 작고) 교수의 장례식이 거행된 뒤였다. 훗날 안 일이지만 이즈미 교수는 경성제대 출신으로 철학과(10회, 1935~38) 재학시절 『성대문학』(城大文學)에서 소설가로 활동했다. 동양문화연구소에 들르자 비서인 M여사는 내게 이렇게 말했다. "かわいそう, かわいそうな孤児……"(불쌍해라, 불쌍한 고아……)라고. 지금도 이 말이 귀에 선하다. 심

장마비로 급서한 이즈미 교수. 그의 주저는『제주도』이며 만년엔 남미 페루문명 발굴로 세계적인 명성을 떨쳤거니와, 한국과는 특별한 관련이 있는 인류학자였다. 부친이 경성제대 교수였던 만큼 그 자신도 식민지에 세워진 경성제대 출신이었다. 은사 L교수(서울대)와의 교분으로 내게 추천장을 의뢰해 주었다. 적어도 이즈미 교수라면 1년간 군을 도와줄 것이라고 L교수께서 자신있게 말해 줄 정도였다. 이즈미 교수의 뜻밖의 죽음이 그후 내 공부에 어떤 영향을 미쳤다고 할 수는 없다 해도 도쿄대학과의 거리감만은 어쩔 수 없었다. 물론 신분상의 법적 지위(외국인 연구원) 및 기타의 문제들은 M여사가 빈틈없이 처리해 주었고, 연구실(제주대학 교수와 공동사용)도 도서관 이용도 지장이 없었다. 그럼에도 불구하고 나와 이 대학과의 거리감은 어쩔 수 없었다. 흡사 아비 없는 빈 집이라고나 할까. 종합도서관 서고를 샅샅이 헤매어도 내가 전공하는 근대문학 자료는 복각판 외에는 별로 없었다. 체일 중 내가 일본근대문학관과 와세다(早稲田)대학 도서관에 파묻혀 있었던 것도, 전공도서 자료 때문이기도 했지만, 따지고 보면 이즈미 교수의 부재와 결코 무관하지 않았던 것으로 회고된다.

서른네 살의 국립대 조교수인 내게 일본이란 너무 벅찬 세계였다. 유년기 누나의 교과서에서 엿본 대일본제국이 아니라 최근대 국가이고 도시이고 첨단세계였다. 난생처음으로 본 이 세계를 소화할 힘이 내게 없었음이란, 곧 일본이라는 특정 개별국가로 인식되지 않았음을 가리킴인 것. 그렇다면 그것은 대체 무엇인가.

참으로 딱하게도 일본 그것이 세계 자체라는 도식. 실로 어이없는 우물 안 개구리이겠으나 당시의 내겐 결코 허상이 아니었다. 여기에서 내가 얻어낸 것이 바로 '인류사'의 개념이었다. 인류사, 그렇다. 그것이 막연한 형태에서 나름대로의 구체성으로 육박해 온 것은 한 권의 책과의 운명적 만남에서 왔다.

5. 루카치와의 조우

도쿄대학 정문 앞에는 꽤 기품 있는 서점들이 드문드문 있었다. 고서점도 신간서점도 혹은 양쪽을 겸한 서점들이기도 했다. 훗날 안 일이지만 최고학부가 있는 곳이라 그 서점들이 학문적인 것과 직결된 것이지만 도서관의 장서와는 달리 학생이나 교수들의 장서들을 수집한 것들이 주종목을 이루고 있어, 썩 이색적인 곳이기도 했다. 이들 책을 훑어보는 일이 즐거웠는데, 내 지적 갈증과 결코 무관하지 않았다. 어느 날 나는 주로 외국책을 전문으로 하는 작은 서점에서 무심코 들어가 훑어보다가 숨이 막힐 듯이 멈춰 서지 않으면 안 되었다.

Georg Lukács, *Literatursoziologie*

루흐터한트(Luchterhand)사에서 1961년에 초판된 제3판(1968년)이었다. 사회학 텍스트 제9권으로 간행된 이 책은 루카치의 저작 중 중요한 부분들을 발췌한 것으로 페터 루츠(Peter Ludz)의 장문의 해설이 두 편 실려 있었다. 하나는 이 책에 수록된 루카치의 저술 중 발췌된 부분에 대한 해명이며 다른 하나는, 본격적인 비판이었다. "루카치의 저작에 나타난 하나의 비판적 입문"이라는 부제를 단 「마르크스주의와 문학」이 그것이다. 568쪽의 이 책을 두 말 없이 정가대로 지불하고, 누가 볼세라 한 걸음으로 내 방으로 달려왔음은 새삼 말할 것도 없다. 누가 볼세라, 란 결코 과장이 아니다. 반공을 국시로 하는 나라의 공무원 신분인 내게 있어 앞뒤를 가로막는 것이 이른바 지엄한 반공법(反共法)이었다. 『자본론』을 비롯 마르크스의 저작이란 금서 중의 금서였다. 가장 학문적인 저서 중의 하나인 『자본론』이 금서로 된 지적 풍토에서 어떤 학문이 가능했던가. 『역사와 계급의식』(1923) 이후 공산당에 입당한 루카치인 만큼 그의 문학론이 아무리 대단해도 그림의 떡에 지나지 않았다. 이른바 속수무책이라고나 할까. "여기가 로도스다. 여기서 춤춰라"라고 헤겔이 말했거니와, 반공법 아래의 학문이란 대체 무엇인가. 도대체 학문이란 가능한 것일까. 이런 물음이야말로 식민지사관 극복을 지상목표로 한 나를 포함한 전후세대 연구진을 절망케 한 것이 따로 없었다. 동시에 바로 이 사실이 불타는 열정의 근거이자 진전해 갈 에너지를 얻어 낼 수 있는 근거이기도 했다.

가령 여기 건축설계가가 있다고 치자. 그에게 주어진 조건(땅 면적, 기타)이 극히 제한적일 때, 그는 그 조건 속에서 자기의 창의력의 최대치를 발휘할 수 있을 터이다. 모든 것이 무제한으로 주어진 경우보다도 이 제한적 조건이야말로 상상력을 얻어 내는 에너지의 근원이 아니었던가. 온갖 악조건을 최대한으로 이용함으로써 설계자는 무한대로 주어진 조건에 육박하는 미학을 창조해 낼 수도 있을 것이다. 결여의 창의력이라고나 할까. 내가 놓인 상황은 이와 흡사했다. 도쿄대학 구내 학생 운영 상점[生協]에서 북한산 벌꿀을 대면했을 때의 당혹감, 서점마다 넘쳐나는 마르크스주의 책들과 또한 나란히 한 이에 대한 혹독한 비판서들을 대할 때의 당혹감을 물리치기엔 내 정신력으로는 역부족이었다. 북한 서적이 판매되는 '고려서점'엔 감히 들르지도 못하고 먼발치에서 바라보았을 뿐이었다. 이러한 지적 분위기에서 루카치의 목소리가 들려왔다.

행여나 들킬세라 좌고우면하며 하숙으로 달려온 나는 조심스럽게 책을 펼치자 제3장에 말만 듣던 『소설의 이론』(1914/15년 집필)의 첫장이 「폐쇄된 문화들」이란 제목으로 실려 있지 않겠는가. 숨을 죽이며 읽어 나가자 놀랍게도 산문(설명체)이 아니라 시가 아니겠는가.

> Selig sind die Zeiten, für die der Sternenhimmel die Landkarte der gangbaren und zu gehenden Wege ist und deren Wege das Licht der Sterne erhellt. Alles ist neu für sie und dennoch vertraut, abenteuerlich und dennoch Besitz. Die Welt ist weit und doch wie das eigene Haus, denn das Feuer, das in der Seele brennt, ist von derselben Wesensart wie die Sterne. (별이 총총한 하늘이 갈 수 있고 또 가야만 하는 길들의 지도인 시대, 별빛이 그 길들을 훤히 밝혀 주는 시대는 복되도다. 그 시대에는 모든 것이 새롭지만 친숙하며 모험에 찬 것이지만 뜻대로 할 수 있는 소유물이었다. 세계는 넓지만 마치 자기 집과 같은데, 영혼 속에 타오르고 있는 불이 하늘에 떠 있는 별들과 본질적 특성을 같이하기 때문이다.[1])

하늘의 별, 지상적인 것이 아닌 세계의 울림이 거기 있었다. 이 환각이란 대체 무엇인가. 하늘의 별이 지도의 몫을 하던 시대, 그 별빛이 우리가 갈 수 있고 가야 할 시대의 지도라니! 이때 '우리'란 대체 누구인가. 그

---

1 루카치, 『소설의 이론』, 김경식 옮김, 문예출판사, 2004.

것이 '인류'가 아니라면 또 무엇이겠는가. 그런데 보라. 인류사가 갈 수 있고 또 가야 할 지도가 있다는 것이다. 갈 수 있다는 것, 또 가야만 한다는 것. 이는 가능적 필연성이 아닐 수 없다. 그 필연성이 하늘의 별이 지도 몫을 하기에 그 별을 향해 가기만 하면 된다. 절대로 허방을 짚거나 우물에 빠질 수 없다. 어째서? 영혼 속에 타오르는 불이 하늘의 별들과 '본질적으로' 동일한 것이니까.

지상에 발을 붙이고 있는 자가 천상적인 질서 속으로 들어가야 되는 이 환각이란, 종교이거나 시적인 것이 아니고서야 어찌 꿈이라도 꿀 수 있으랴. 그럼에도 가능하다는 것, 나아가 가능케 해야 한다는 것.

이 시적인 현상을 두고, 일찍이 어떤 작가는 인류의 "위대한 망집(妄執)"이라 불러 마지않았다. 황금시대, 이것이야말로 인류의 영원한 꿈이며 지상에 존재하는 온갖 공상 중에서 가장 황당무계한 것이지만, 인류는 그 때문에 온갖 희생을 다 바쳤고 십자가에 못 박혔고 살해되었다. 모든 민족은 이것이 없으면 살 보람을 느끼지 못할뿐더러 죽은 보람도 생각지 않을 정도다(도스토예프스키, 『악령』 제10장 스타브로긴의 고백). 이 작가는 드레스덴에 있는 화랑에서 클로드 로랭의 그림 「아시스와 갈라테아」를 보았고 거기서 "황금시대"의 환각을 체험했다.

> 인간은 그런 이념 없이 살기를 원치 않았고, 또 그대로 죽을 수도 없었지! 나는 그러한 모든 인식을 그 꿈속에서 직접 체험했다. 꿈에서 깨어나 눈물에 젖은 눈을 떴을 때 바위와 바다, 그리고 사라져 가는 태양의 여명, 그러한 모든 것이 마치 눈앞에 보이는 것 같았다. 그때 느꼈던 그 벅찬 감동을 나는 지금도 기억하고 있어. 지금까지 한 번도 느끼지 못했던 행복감

이 내 가슴 한쪽을 뚫고 지나가 서늘한 아픔이 느껴질 정도였다. 바로 그 감동은 인류에 대한 사랑에서 비롯되는 것이었어. 일어나 보니 이미 저녁 때가 되어 있었다. 조그마한 여관방 창문에 놓여 있는 화초 사이로 저녁 노을의 빛이 한줄기 들어와 나를 비춰 주고 있었다.[2]

좀더 논리적인 마르크스조차도 고명한 『도이치 이데올로기』 속에서 이렇게 '시적 표현'으로 치닫지 않을 수 없다. "사람은 가슴마다 라파엘을 갖고 있다."(岩波文庫, p.202)라고. 분업이 부재하는 세계, 전인적 인간의 탄생이야말로 인류가 도달해야 할 곳이 아닐 수 없다. 사람은 누구나 최고의 화가, 최고의 노동자, 과학자 또 무엇 무엇이 동시에 될 수 있는 세계. 이는 시적 표현이 아닐 수 없다. 문제는, '우리'란 인류를 가리킴이라는 것. 인류사의 나아갈 길의 모색이야말로 지상적인 것과 천상적인 것의 합일이라는 것.

6. 인류사와 소설사의 나란히 가기

독일어 콘사이스를 펼쳐가며 떠듬거리며 말만 듣던 『소설의 이론』을 읽어 나갈 때, 제일 반가운 것은 단 한 줄의 영어문장이었다.

"I go to prove my soul." 영국 희곡가 브라우닝(Browning)의 작품 「파라셀수스」(Paracelsus, 1835)를 언급하면서, 이것은 멋진 말이긴 해도 희곡 주인공의 말로서는 부적절하다는 것. 어째서? 바로 이 진술 속

2 도스토예프스키, 『미성년』(하), 이상룡 옮김, 열린책들, 2000, 810~811쪽.

에 루카치는 소설의 이론적 근거를 두고 있었다.

> 극의 주인공은 모험을 알지 못한다. 그도 그럴 것이 그에겐 모험이 될 법한 사건은 그가 도달한 영혼의 힘(이 힘은 운명에 의해 신성하게 되는데) 덕분에 영혼과 닿기만 해도 운명이 되고, 영혼이 자기를 입증하는 단순한 기회가 되며 영혼의 도달 행위 속에 이미 형성되어 있었던 것이 드러나게 되는 동안이 된다.[3]

요컨대 극의 주인공은 내면성을 모른다는 것. 왜냐면 내면성이란 영혼과 세계의 적대적인 이원성에서, 심리와 영혼 간의 고통스런 간극에서 생겨나는 것이니까. 이에 비해 소설은 내면성이 갖는 고유한 가치가 감행하는 모험의 형식이다. 소설의 내용은 자기 자신을 알기 위해 길을 나서는 영혼의 이야기이자 모험에서 자신을 시험하기 위해, 자신을 입증하는 가운데 자기 고유의 본질성을 찾아 나서는 영혼의 이야기라는 것. "나는 나를 찾아 떠난다"로 요약될 수밖에. 이 소설의 주인공이 헤겔의 "세계사적 개인"임을 내가 알아낸 것은 상당한 시간이 걸린 후였다. 루카치의 소설론은 그러니까 헤겔의 손바닥 위에서의 논의에 지나지 않았다. '영혼'이란 말이 우선 그러했다. 독일 관념철학에서라면 영혼(Seele), 정신(Geist), 심정(Gemüt) 등이 준별되어 있는 법. 이를 미분화 상태로 '영혼'이라 묶어서 사용하고 있음으로 보아, 루카치는 헤겔도당치고는 썩 순진한 편이었다. 공산당이 된 이후의 루카치는, 이 책이 출간된 지 46년

---

3 루카치, 『소설의 이론』, 김경식 옮김, 문예출판사, 2007, 102쪽.

만에 이 점을 스스로 비판해 놓았음이 그 증거이기도 하다.

> 오늘날 누군가가 1920~30년대에 있었던 주요 이데올로기들의 전사(前史)를 보다 깊이 알기 위해 『소설의 이론』을 읽는다면 그와 같은 비판적 독서를 통해 얻는 바가 있을 수 있다. 그러나 그가 방향을 잡기 위해 이 책을 손에 든다면 그것은 방향 상실을 증대시키는 결과를 낳을 수 있을 뿐이다. 아르놀트 츠바이크(Arnold Zweig)는 청년 작가 시절에 방향을 잡기 위해 『소설의 이론』을 읽었는데 그의 건강한 본능 덕에 그는 올바르게도 이 책을 단호히 거부할 수 있었다.[4]

이 책 앞에 선 반공을 국시로 하는 냉전체제 속 신생국가의 조교수인 나는 어떠했던가. 1920~30년대 철학사상사 공부를 위해 이 책이 필요할 리 없었다. 내 자신의 "방향을 잡기 위해"(um sich zu orientieren) 이 책 앞에 섰던 것이다. 그 방향성이란 바로 우리=인류, 인류사라는 과제의 방향성이었다. "건강한 본능"이 내겐 결여되었던 탓이었다. 루카치는 필시 나를 유치한 인간으로 치부할 것임에 틀림없으리라. 왜냐면 그는 공산당원이 되어 소련에로 망명했고, 대전 이후엔 모국에 돌아와 화려하게 정계에 복귀할 수조차 있었으니까. 매우 딱하게도 나는 이 책의 '비판적 독서'에 이를 힘이 없었다. 방향을 잡기 위한 책으로 읽었고, 그 때문에, 루카치의 예언대로 "방향 상실을 증대시키는 결과"(So kann es nur zu einer Steigerung seiner Desorientiertheit führen)에 이르고야 말

4 루카치, 「서문」, 『소설의 이론』, 19쪽.

았다. 내게 있어 방향이란 어떤 것이었을까. 반공을 국시로 내걸었던 이승만 정권이 4·19로 인해 축출되었지만 불과 1년 만에 군부독재가 비롯되었고, 그것이 반공을 국시로 표방하면서 이후 16년간을 이 나라를 이끌어 갔다. 물론 그럴 만한 이유가 있었는데 미국 주도의 국제질서와 가난으로부터의 해방인 근대화사업이 그것들이었다. 이런 현실 속에서 방향성 찾기였기에 그 가장 근사한 방향성이란 환각에서 벗어날 수밖에 없었다. 다시 말해 현실 변혁을 위해 실천운동에 나아가든가 아니면 환각에 나아가기의 길이 그것. 세계를 해석함이냐 세계를 변혁함이냐, 환각에 나아감이냐의 갈림길에서 내가 택한 것은 이 환각이었다. 환각의 다른 이름이 '문학적 현상'이었다. 정확히는 '시적 현상'이었다. 이때 중요한 것은 그것이 인류사의 과제라는 점. 도스토예프스키 식으로 말해 "황금시대"가 이에 해당된다. 신이 지상에 인간과 더불어 있을 때의 세계인 것이다.

이 "황금시대"가 끝장났음이란 새삼 무엇인가. 신이 지상을 떠났음을 가리킴인 것. 세상은 어둠으로 기울 수밖에. 바로 이 순간 등장한 것이 소설(장편) 형식이었다는 것. 어둠 속에서 스스로 갈 길을 찾을 수밖에. 창공은 텅 빈 것이 아니라 암흑으로 가득 찼으니까. "나는 무엇인가?" 나를 찾아나서는 인간이 있을 수밖에. 루카치 식으로 말해 "문제적 개인"의 길 헤매기. 왜냐면, 세계가 훼손된 마당이기에 아무리 길을 찾아도 길이 찾아질 이치가 없다. 어떤 소설도 끝내기가 엉터리일 수밖에. "아, 이게 아닌데?"라고 허둥대다가 끝낼 수밖에. R. 지라르는 이런 현상을 두고 "수직적 초월"이라 하여 비꼰 바(『낭만적 허위와 소설적 진실』) 있다.(졸역 『소설의 이론』, 삼영사)

이러한 소설의 참담한 결과란 과연 무엇인가. 훗날 마르크스 식으로 번안하면, 이를 보통 리얼리즘이라 부르거니와 신의 지상철수란 자본제 생산양식의 등장을 의미하는 것. 사용가치의 세계에서 교환(시장)가치로 변혁된 세계란 훼손된 가치(degradierungswert)의 세계일 수밖에. 이 때문에 본래적 '나'를 찾아 세상 끝까지 헤매기가 바로 소설 내용(모험)이며 끝내 '나'를 못 찾고 "이게 아닌데?"라고 끝낼 수밖에 없는 양식이 소설이라는 것. 그렇다면 누가 "황금시대"를 꿈꾸지 않겠는가. 사람으로 하여금 미치고 환장케 하는 유토피아의 모색이야말로 설사 환각일지라도 이를 위해 십자가에 매달지 않고 배기랴.

잠깐, 그 모두 날조된 환각이 아니겠는가. 왜냐면 "황금시대"가 날조된 것이 아니었던가. 너, 루카치는 사기를 치고 있거나 무지하다. 희랍시대란 노예사회였던 것. 거기 무슨 "황금시대"가 있었던가(T. 아도르노, 『강요된 화해』, 1958). 그러기에 자본제 생산양식의 등장 이래, 그러니까 시민계급의 미학적 창조물인 소설의 모험이 아무리 대단하더라도 결국은 인류를 불안으로 몰아넣을 따름. "황금시대"로 되돌아가자! 자본주의를 초극하는 길밖에 없다! 고 외치고 있는데, 이런 식의 외침이야말로 출발점 자체가 잘못이 아닐 수 없다고 비판당해 마땅하다. 있지도 않는 "황금시대"를 날조하고 거기에 도달코자 하는 사고방식이란 논리가 아니라 일종의 시적 환상이 자아낸 헛것이 아닐 수 없다.

그렇다면 아도르노 너는 무슨 대안이라도 있는가. 있다고 말하면서 『부정변증법』(1966)을 내세웠다. 동일성을 기본바탕으로 하는 헤겔을 비판, 해체하기. 큰 이야기, 인류사의 방향성 따위란 있을 수 없다는 것. 따라서 그냥 어떤 이데올로기적 방향성 찾기 운동이란 어불성설이라는 것. 육백만의 유태인 학살을 비판할 수 있는 근거도 이에서 말미암은 것.

이러한 지적 곡예를 당시의 내가 알 만한 수준에 이르지 못했음은 여기 새삼 언급할 필요도 없다. 왜냐면 당시 내겐 "스스로 힘내게 하는 것"(엘리엇의 용어)이 요망되었기 때문이다. 이른바 자기 격려라고나 할까. 이 무렵 나에겐 어떤 방향성이 따로 없었다. 한국근대문학을 연구과제로 삼았고, 그 중에서도 비평사연구에 몰두했을 뿐이었다. 그 현장 속으로 들어감이 일본행이었다. 일본에서 공부한 청년들이 이 나라 근대문학 및 비평을 담당해 왔기에 이에 대한 일차적 검정이 요망되었을 뿐이다. 이를 방향성이라 할 수 있을까, 없다. 방향성이란 이념을 향한 실천운동을 가리킴인 까닭이다. 정직히 말해 나는 경계인이 아니라 체제 내에서도 가장 안전한 장소에 머물고 있었다. 자기 열쇠로 자기 사무실 문을 열고 일하고 또 그 열쇠로 사무실을 닫곤 하는. 실로 기묘한 직장에 들어앉아 그것에 겨워 백일몽(상아탑)에 빠져 있었다. 이 백일몽이 빚어낸 최대의 환각이 인류사였다. 백일몽 그것처럼 인류사라는 환각이 막연한 것이지만 이런 것이라도 실체처럼 가장하고 매달리지 않으면 도무지 살아갈 의미를 알 수 없었다. 루카치의 『소설의 이론』을 방향성으로 받아들인 것은 이런 심리적 곡절에서 왔다.

그러나 이것이 방향을 잡아 주기는커녕 방향 상실을 증대시키지 않았던가. 이 물음에 대해 나는 정직해야 했다. 이 글은 이 물음에 대한 일종의 심정 고백서인 만큼 좀더 적극적일 수조차 있을 터이다. 루카치, 그것은 당시의 내겐 '인류사=소설사'의 등가개념이었다. '소설사=인류사=근대(자본제 생산양식)'의 도식이 창공의 별처럼 선명해 보였다. 그리고 이것들이 한결같이 현실과 동뜬 환각이기에 그만큼 래디컬한 데로 치닫게 했다. 속이 허할 대로 허했던 탓에 내가 루카치에 매달렸음이란 어쩌면 그럴 수 없이 자연스러운 것이 아니었겠는가. 이 자연스러움이 루카치 소개에로 나를 이끌어 갔다.

7. Selig sind die Zeiten……

하숙으로 돌아온 그날 밤 가슴 설레며 『소설의 이론』을 밤을 새워 읽는 동안 잠시 숨을 돌릴 때, 고마고메(駒込)역에서 도쿄대 쪽으로 가는 첫 전철(이 전철이 철거된 것은 1971년 초여름으로 기억된다)의 소리가 들렸다. 내가 이 원서를 일어를 읽듯 해독해 낼 재간이 없었다. 이튿날 나는 도쿄대학 종합도서관을 헤매어 마침내 일역판을 찾아낼 수 있었다.

미라이샤(未來社)에서 1954년에 간행된 『소설의 이론』의 역자는 하라다 요시토(原田義人)였다. 출판사 미라이샤는 주로 마르크스주의 관련의 미학서들 곧 리얼리즘계 사상 및 미학 전문 출판사로 정평이 있었다. 루카치의 이 책이 여기서 나온 것은 우연이 아니었다. 역자에 대해 나는 전혀 무지였다. 하라다 요시토(1918~60)는, 도쿄대 독문과를 나와 동인지를 꾸몄고, 일고, 동대 교수를 거쳐 『독일의 전후문학』, 『현대 독일문학론』 등으로 저명한 그 방면의 전문가. 「역자 후기」에서 그자는 첫줄에 이렇게 적어 놓았다. "루카치에 대해 역자가 일부러 새삼 소개할 필요가 없다. 헝가리 출신의 문예학 및 정신사가인 그가 마르크스주의 입장에 서서 특히 이번 대전 후 눈부신 활동을 보이고 있는 것은 두루 아는 일이다. 본서가 루카치의 전 업적에 있어 어떤 위치를 갖는가를 단언할 충분한 지식이 역자에겐 없다. 아마도 당초 헤겔연구자로 출발한 저자의 비교적 초기의 소론이라 여겨진다. 그렇지만 이러한 것보다 차라리 이참에 본서에 대한 역자의 사소한 추억을 말하고 싶다"라고.

귀가 쫑긋할 수밖에. 역자의 마음의 흐름을 엿볼 수 있지 않겠는가. 어쩌면 루카치와 역자의 관계가 그대로 그 독자인 나와의 관계에로 이어질 수도 있을지 모른다는 그런 막연한 예감 같은 것이 느껴졌다. 역자의 사소한 추억이란 어떠했을까. 종전 후 복원되어 도쿄대 문학부 대학원에 돌아온 그는 당시 독일소설사를 연구주제로 택한다. 지도교수는 『이야기 예술의 본질과 제형식』(R. 페치)과 『소설의 이론』(루카치)을 추천했다. 후자에 대해서는, 『역사소설론』(1938, 『역사문화론』)의 번역밖에 알려진 바 거의 없었다. 급히 책을 구해 읽어 보니 매우 압축된 문체로 씌어진 『소설의 이론』인지라 이해부터 어려웠다. 그 무렵 모씨가 이 책 번역을 하고 있다는 사실을 알고 기다렸으나 어떤 이유인지 모씨가 번역을 포기했다. 그 결과 10년 전의 자기 번역을 여기에 출간하게 되었다는 것이다. 물론 겸허한 말이겠으나, 역자의 다음과 같은 추억은 독자인 내게 강하게 다가왔다.

> 이미 완전히 누렇게 된 조잡한 종이와 노트를 잘라 서툰 글씨로 한 번에 내리 번역한 원고를 볼 때 이른바 계급장을 박탈당한 군복을 입고, 해진 군화를 신은 채 자취생활을 하던 그 무렵을 떠올리고 연일 밤을 새워 일기에 본서를 번역하던 당시의 자신의 혈기를 떠올리자 적이 감상에 젖지 않을 수 없다.[5]

---

5 ゲオルク・ルカーチ, 『小説の理論』, 原田義人 訳, 未来社, 1954, p.182.

요컨대 『소설의 이론』이란 도쿄대 독문과 교수에게조차 이토록 극적인 만남이자 열정의 만남, 갈증의 만남이었다는 사실. 열정이 아니고서는 번역될 수 없던 사실이야말로 루카치의 초기 논문의 모습이 아니었을까. 왜냐면 변방 헝가리의 유태계 출신의 젊은 루카치의 헤겔공부란 정히 역자의 이 열정과 흡사한 것이 아니었을까. 『소설의 이론』이란, 그래서 '열정'과 무관할 수 없다는 것. 이 느낌에 내가 사로잡혔다 해서 그게 이상할까. 그 증거로 내세울 수 있는 것이 바로 이 책의 문체이다. 일역자 하라다 씨는 「역자의 말」에서 두 번씩이나 이 문체를 강조하고 있었다. "극히 압축된 문체를 가진 본서를 막바로 이해함에는 매우 곤란을 느끼지 않을 수 없었다."(p.18) 씨는 다시 한 번 이 점을 강조해 놓았다. "원서가 너무나도 압축된 문체를 가졌기 때문에 충분히 번역하기란 불가능에 가깝다"(p.183)라고. "압축된 문체"이기에 번역이 "불가능에 가깝다"고 했는데 대체 이는 무엇을 가리킴일까.

앞장에서 이미 "Selig sind die Zeiten……"를 보아 왔다. 두번째 문장에서 "Die Welt ist weit und doch wie das eigene Haus, denn das Feuer, das in der Seele……"로 되어 있었다. 이 서두의 두 문장만 하더라도 그 압축된 문체란 실로 판독하기 난감하다. 항차 번역하기에랴. 어째서 그러한가.

8. 심정이냐 혼이냐

우선 첫 문장이 지닌 비할 바 없는 "압축된 문체"가, 계급장을 뗀 군복으로 자취생활을 하며 대학 연구실에서 원서를 대하고 있었던 한 일본인 독문학 전공의 학생에 있어, 난감하지 않았다 하면 오히려 이상한 일이었으리라. 왜냐면 "압축된 문체"란 희랍과 히브리즘의 정신사적 맥락에서 형성된 문체여서 이를 판독함엔 유럽정신사 전체의 이해가 전제로 되었기 때문이다. 국가 신도(샤머니즘)와 불교가 습합된 마음의 바탕 위에서 자란 보통의 일본인으로서는 이 "압축된 문체"의 정신사적 측면이 그럴 수 없이 낯설 수밖에 없었다.

Selig sind die Zeiten…….

이 첫줄을 보시라. 이 표현은 적어도 다음 두 가지 정신사적인 것과 분리되지 않는다.

Ⓐ 노발리스의 『기독교 또는 유럽』의 첫 문장. "유럽이 하나의 기독교 나라였던 …… 아름답고도 찬란한 시대가 있었다"를 본뜬 것.

Ⓑ 신약성경(「마태복음」 5장)의 산상수훈의 표현인 "마음이 가난한 자는 복되도다"(Blessed are the poor in spirit)에 관련되었다는 것.[6]

안나 보스톡(1971)의 영역의 경우는 "Happy are those ages…"로 되었거니와, 이는 따지고 보면 고의적인 유럽중심주의에서의 이탈이거나 범속한 기계적 번역이라 할 수도 있다. 노발리스의 인용이 잇달아 나옴으로써 창공의 별이 그에서 연유되었음을 알아차리기엔 영역자도 일본 역자도 역부족이었을 터이다. 대학원생 일본인 하라다 역시 역부족이어서 기계적 번역에 임하고 있었다. "걸을 수 있고 걸어야 할 길의 지도의 역할을 별 있는 하늘이 해주며 별의 빛에 의해 길을 밝히고 있는 것 같은 시대는 행복하다." '행복하다'란 일반명사이기에 가치중립적이다. 신

---

6 루카치, 『소설의 이론』, 김경식 옮김, 각주 224~225쪽.

이 인간과 더불어 지상에 내려와 살고 있음을 전제로 한 서사시의 세계를 논의하는 이 책의 입구에 놓인 이 표현이 아무리 둔감한 일본인이라도 학문에 뜻을 둔 이상 가치중립성으로 치부하기엔 뭔가 약간은 캥겼을 터이다. 그럼에도 이 불안을 안은 채 하라다는 "행복하다" 쪽을 택했다.

Ⓒ "I go to prove my soul"이 소설의 주인공의 말이라 하기엔 부적절하다고 이 책은 단언했거니와 왜냐면 극의 주인공에 알맞다는 것. 극의 주인공은 모험을 알지 못하니까. 그렇다면 대체 영혼(Seele)이란 무엇일까. 헤겔철학도인 루카치인지라 헤겔체계의 마법 속에서 이 책을 썼다면 이를 헤겔에게 물어 보는 것이 자연스럽다. 아마도 헤겔은 머뭇거릴 것인데 왜냐면 그에겐 정신(Geist)이 모든 것에 우선하기 때문이다. 그럼에도 루카치는 이 책을 통째로 '영혼'을 문제삼았다. 이 점은, 해진 군복 차림으로 자취하며 원서에 매달린 하라다에겐 썩 친근한 것으로 느껴졌을지 모른다. 그는 망설임도 없이 이렇게 번역했다.

> 그러한 시대에 있어서는 모든 것이, 눈에 새로우면서도 친근하며 모험적이면서도 흡사 소유물과 같다. 세계는 아득히 멀어도 자기 자신의 집과 같다. 왜냐면 심정(心情) 속에서 타오르는 불은 별들과 동일한 본질적 성질을 갖고 있기 때문이다. 세계와 자아, 빛과 불이란 뚜렷이 나눠져 있으나 결코 서로가 어디까지나 무연한 것이 아니다. 왜냐면 불이란 어떤 빛의 혼(魂)이기도 하며, 어떤 불도 빛으로 되어 나타나기 때문이다. 이리하여 심정의 모든 행위는 이 이원성 속에 있어 의미에 가득 차며 혼연하여 원이 된다. 심정은 행동하는 동안 자기 속에 쉬고 있기에 원인 것이다. 심정의 행위란, 심정을 떠나 자립하며 자기 자신의 중심점을 찾으며 완결된

원주를 자기 둘레에 이끌어 치기 위해서이기에 원인 것이다."[7]

보다시피 '영혼'을 '심정'으로 번역했다. 그럼에도 단 한곳엔 '혼'이라 했다. "불이란 어떤 빛의 혼"이라 했음이 그것. 원문이 "불이란 어떤 빛의 영혼"이라 했다면 "불이란 어떤 빛의 심정"이라 해도 되지 않았을까. 어째서 굳이 이 장면에서 '심정' 대신 '혼'이라 했을까. 추측건대, 불과 혼의 관계가 일본적 감각에 친숙했다고 본 무의식의 드러냄이 아니었을까. '불과 혼'과 '불과 심정'을 비교해 보면 그 실마리가 드러날 수도 있다. 불의 격렬성(타오름)에 비해 '심정'이란 너무 폭이 넓거나 강렬성이 모자란 표현이 아닐 것인가. 그러기에 '불'이 타오르는 장면에서만은 '혼'이어야 적절해 보였을 터이다. 그렇기는 하나, 젊은 일본인 하라다에 있어 '영혼=심정'의 도식이 자각적이기에 앞서 무의식적인 데서 온 것으로 봄이 보다 자연스럽다. 두루 아는 바, 루카치의 초기 저술엔 『영혼과 형식』(*Die Seele und die Formen*, 1911)이 있거니와, 문제의 중요성은, 물론 루카치에서 온다. 헤겔의 "세계사적 개인"을 "문제적 개인"으로 내세워 소설 주인공으로 삼고자 한 점에서 그는 헤겔주의자이지만, 그보다 더 많이는, 자기의 고백대로 딜타이와 짐멜 그리고 베버에 기반을 둔 정신과학 쪽이었다.[8] 딜타이의 『체험과 문학』(1905)이 신천지처럼 보였다는 고백을 듣지 않더라도 생의 철학의 범주가 떠오르며 또 그것의 최고 수준은 인간의 영혼에 기반을 두지 않을 수 없었을 터이다. 『영혼과 형식」에서도 그

---

7 ルカーチ,『小説の理論』, 原田義人 訳, p. 5.
8 루카치,「서문」,『소설의 이론』, 김경식 옮김, 7쪽

러하지만, 이 경우 '영혼'이란 종교적이고 심리적 성격을 띤 것이 아니라 "삶의 절대적 근거를 찾으려는 내면의 깊은 충동 또는 동경"을 뜻한다. 이 점에서 루카치는 '영혼=삶의 절대적 근거인 내면의 충동'의 도식에 들려 있었고 이 점에서 그는 실로 열정적이었다. 그렇다면 이런 식의 영혼이란 의미는 낯설도록 새로운 것일까. 낭만주의적 근거를 복창한 것에 불과한 것일까. 이를 조금 알아보기 위해 이들 용어에 대한 용법을 검토해 볼 것이다.

먼저, '영혼', '정신', '마음'의 세 가지 용어를 역사적 관점에서 정리한다면 다음과 같은 도식을 얻어 볼 수 있다.

	영혼	정신	마음
독어	Seele	Geist	Gemüt
불어	âme	esprit	coeur
영어	soul	spirit	mind

(A. 왈랑드, 『철학사전』, 42~43쪽)

생의 원리, 사고의 원리 또는 동시에 이 둘의 원리를 포함하는 것이 영혼이며 이는 넓이 또는 차원과 무관한 본질을 지닌 것이며, '마음'이란 철학적 용어 미달이다. 영혼이 서양의 기독교에서 학문적으로 줄기차게 검토된 바 있기에 단연 신학적 철학적 용어에 든다. 마음이란 '실체적 비합리적'이기에 영혼과 더불어 논의될 수 없다. 그렇다면 '정신'은 어떠할까. 정신이란 이념적이며 합리적인 것이기에 영혼과는 구별된다. 혹은, 실체임엔 틀림없으나 그것은 합리적이라든가 이념적인 차원과는 무관한 것이다. 이념적, 합리적 바탕 위에 선 헤겔이 마음이나 영혼을 물리치고 정신을 내세운 이유도 이로써 설명된다. 이는 좀더 세련된 설명과도 만날 수 있는데, "영혼이란 회감(回感, erinnerung) 속에 떠오르는 정경의 유동성이며 한편 정신은 보다 큰 전체적인 것을 자체 속에 제시하는 기능적인 것"[9]이라고 설명될 때 주목될 곳은 정신과 기능적인 측면이 아닐까 한다. 이렇게 보아오면 영혼, 정신, 마음의 세 가지 용어 중 젊은 일본인 하라다가 선택한 것이 마음(심정)임이었음이 드러난다.

9. 일역자 하라다의 조언

학술용어 미달인 마음 곧 심정이야말로 신학으로 무장된 영혼과 정신에 주눅든 동양인에겐 선택될 수 있는 자연스런 용어가 아니었을까. 물론 루카치가 사용한 '영혼'이 신학 및 전통철학과는 무관한 "깊은 삶의 충동"을 가리킴이긴 해도 그 역시 서구적 범주 속에 함몰될 성질의 것이 아니었을까. 일본인이란 범박히는, 동양문화권에 내속된 바 있기에 주자학에서 말하는 '心'에 익숙했다고 보는 것이 자연스럽다. 영혼도 정신도 마음도 싸잡아 '心'이면 족했다. '心'을 '심정'이라 하면 좀더 인간스러움의 '느낌'에 접근된 표현일 수조차 있다. 김소월의 경우에도 사정은 비슷하다.

"心中에 남아 있는 말 한마디는
끝끝내 마저 하지 못하였구나"(소월, 「초혼」 부분)

일찍이 동양에서는 혼과 백(魄)을 구별했다. 혼이 몸의 정수이며 백은 성품을 결정하는 것, 따라서 오장을 다스리고 형체를 보호·유지케 하

---

9 E. 슈타이거 『시학의 근본개념』, 이유영·오현일 공역, 삼중당, 286쪽.

는 것으로 『예기』(禮記)에서 그 근원을 볼 수 있다. 혼은 기(氣)인 바 天(陽)에 속한 것. 죽으면 天으로 돌아가며 형백(形魄)은 땅으로 환원된다. 사람의 정기(精氣)가 혼이매 양이자 동이며, 형체가 백이매 음이자 적연부동(寂然不動)이니 이 둘의 결합 속에 생이 탄생된다. 물론 유교 측에서도 일치되는 것은 아니다. 혼은 말할 것도 없고 백 역시 단순한 형체가 아니라 지각을 가진 형이상학적 존재로 보는 것이 그것. 구구한 학설이 주자에 와서 이기설(理氣說)로 집성된다. 곧 기(氣)의 정기가 응취되어 혼을 이루고 탁자(濁者)인 질이 응취해 백을 이루는 바, 기로 하여금 이런 조화를 낳게 하는 것을 이(理)라 한다. 혼백의 문제가 그 뒤 심화되지 않은 것은 혼과 백이 함께 '귀신'과 관련되기 때문이며 그 때문에 이기설에서 벗어나 민간차원으로 내려앉았다고 볼 것이다. 『예기』에서 관습화된 초혼의 의식화(ritual)가 그것이다.

초혼은 제도적 장치로 체계화된 『예기』에서는 복(復)이란 장치를 내세웠다. 곧, 사람이 죽으면 집 위에 올라가 혼을 불러 말하기를 아무개 돌아오라, 하였고 그래도 살아나지 않으면 죽은 사람에 대한 일로 행했음이 그것. 소월의 시 「초혼」이 바로 이에 해당된다.[10]

혼이나 백이 형이하학 쪽으로 기울어지게 마련이고 형이상학적인 쪽이 이기설로 상승함에 따라 '心=心情'이란 그 중간지대를 이루었다고 볼 것이며 한국이나 일본의 경우에도 비슷했다고 볼 것이다. 신학의 도움과는 무관한 루카치의 영혼이란 개념이 삶의 근원적 충동, 내면의 치열성 또는 그런 열정의 표현이라면 이 역시 동양인으로서는 이해하기

---

10 졸저, 『한국근대문학사상비판』, 일지사, 1978, 제3장

난감한 것이 아닐 수 없다.

‘영혼’을 ‘심정’으로 번역했을 때 무엇을 잃었고 또 얻었을까. 잃은 것은 삶의 열정(치열성)이 아닐 수 없고, 얻은 것은 삶의 범속성이다. 곧, 창공의 별빛과 인간 내면에서 타오르는 불과의 관계란 거저 범속한 비유로 주저앉을 수밖에 없다. 젊은 일본인 하라다의 이 책 번역이란, 본인이 겸허하게도 이후 10년간 해독력이 향진되지 못했다고 했지만, 한 개인의 원서 해독력과는 별차원의 문화적 벽에 부딪힌 결과로 봄이 자연스럽다. 당시의 내가 여기까지 생각이 미쳤던 것은 결코 아니었다. 어째서 ‘영혼’을 ‘심정’이라 했을까에 의문부호를 던지긴 했지만 그보다는 하라다의 후기에 적힌 다음 대목이 그럴 수 없이 내 ‘심정’에 다가왔던 것으로 회고된다. 계급장을 박탈당한 군복 차림으로 자취하며 골방에서 조잡한 마분지와 노트에 번역하는 청년 학도 하라다의 순수성이 그것. 다시 말해 이 순수성이, 열정으로 무장된 루카치의 ‘응축된 문체’에 부딪혀서 전전긍긍하는 표정이었다. 이 표정이 그럴 수 없이 다정해 보여 마지않았다.

나는 그의 이런 체험에서 자유로울 수 없었다. 그날부터 하라다의 역서와 독어사전을 번갈아가며 루카치의 이 책을 한국어로 옮기기 시작했다. 내가 원서에 막히고 아득해할 적마다 하라다가 내게 조언해 주었고, 그와의 대화는 나를 위로해 주었다. 그것은 막연하나마 도쿄타워의 불빛과 닮은 것이기도 했다. 내가 이 책의 번역에 나아간 것은 그로부터 수개월 후였다. 지금도 그 원고를 소중히 보관하고 있거니와 가끔 잠 오지 않는 밤이면 앨범을 펼치듯 이 누렇게 빛바랜 원고를 쓰다듬어 보곤 한다. 총 808면으로 된 원고지. 이게 어찌 그냥 원고지일까 보냐. 법문사의 연붉은 원고지. 거기에도 영혼 대신 심정으로 되어 있지 않겠는가. 그도 그럴 것이 반공을 국시로 하는 나라의 교육공무원인 나로서는, 금서에 손대는 일 자체가 일종의 범죄에 다름 아닌 까닭이다.

정부가 월북문인을 비판적으로 논의함에 이름엔 복자를 사용치 않아도 된다는 것을 밝힌 것은 1976년 3월 13일이었고, 연구해도 된다는 것은 1987년 10월 19일이었다. 또한 월북작가의 출판물의 간행을 일부 허용한 것은 1988년 3월 31일이었고, 동구권 문학 소개의 허용은 1988년 6월 21일이었다. 북한 작가 중 5명(이기영, 백인준, 한설야, 조영출, 홍명희)을 제한 나머지의 간행이 허용된 것은 1988년 7월 19일이었다. 총체적으로 안보법, 사회보호법, 안전법 등이 개정(1988. 12. 2.)되어 북한과의 학술 교류, 친척 단순접촉 개방, 공산주의 서적 판매, 방송 청취 허용이 포함되었다. 마르크스의 『자본론』도 해금되어 풀려날 수 있었다. 보안법의 개정에 앞선 1970년이었음에 주목한다면 내가 가진 죄의식은 일종의 공포에 다름 아니었다. 내가 이 책의 번역 원고를 깊이 감추었음은 새삼 말할 것도 없다. 그것은 모종의 긴장력을 불러일으키는 에너지원이기도 했다.

한번 봇물이 터지자 『자본론』의 번역을 비롯 전문가에 의해 『소설의 이론』(반성환 옮김, 심설당, 1985)이 번역되었고, 잇달아 루카치의 미학에 관한 책들이 리얼리즘론과 더불어 번역되어 하늘을 덮을 지경이었다. 뿐만 아니라 최근의 신예학도에 의해 정밀한 주석을 갖춘 『소설의 이론』(김경식 옮김)이 나왔다. 이러한 과정을 지켜보는 내 심정의 물결은 높기도 하고 또한 낮기도 했다. 그 이유를 이 자리에서 조금 들뜬 심정으로 말해두고 싶다. 왜냐면 거창하게 말해 내 개인의 사정이기보다 이 나라 문학사에 알게 모르게 관련된 사안이기 때문이다.

10. 『소설의 이론』을 넘어선 번역

도쿄대학 정문 앞의 서점에서 가슴 두근거리며 입수한 Luchterhand판 루카치(Georg Lukács)의 『소설의 이론』(*Literatursoziologie*)만큼 내가 소중히 보관한 책은 많지 않다. 사회학 텍스트(Soziologische Texte) 제9권으로 간행된 이 책에서 내가 공들여 공부한 것은 편자 페터 루츠(Peter Ludz)의 긴 해설문이었다. 왈, "Marxismus und Literatur". 가슴 벅찬 것일 수밖에 없는 이유는 자명했다. 『마르크스주의와 문학』의 등가적 제목이 아니겠는가. 말만 듣던, 그래서 막연히 세계를 두쪽으로 나눈 냉전체제 저쪽의 문학을 엿볼 수 있는 이론적 기회가 거기 있었다. 다시 말해 잘 모르는 초심자에게 해설을 시도한 것이었다. 부제가 이 점을 강조하고 있었다. 왈, 「게오르그 루카치의 저작에 대한 하나의 비판적 입문」("Eine kritische Einführung in das Werk von Georg Lukács")

이 논문을 몇 번이나 망설이며 또 공부 삼아 번역한 나머지 아무래도 그냥 참기 어려웠다. 그만큼 내 열정이 일종의 허영이랄까 좌우간 그러한 세속적인 유혹에 이끌렸다고나 할까. 참으로 무모하게도 나는 이 역문을 당시 유력한 월간 문학지 『현대문학』(1973. 8~10.)에 투고했다. 당시 주간은 조연현 씨. 그는 우익 쪽 비평가로 가장 힘있는 문사로 정평이 나 있었다. 두 가지 이유에서 나는 주간을 믿고 있었다. 하나는 나를 비평가로 데뷔시킨 장본인이 이 잡지였다는 점. 그야 나뿐 아니라 여러 명이 있을 수 있었기에 아주 특별하다 할 사안이 아니었다. 내가 믿은 것은, 그러니까 다른 하나는, 조씨의 비평관이었다. 이른바 삶의 경륜이 비평의 준거라는 것.

(비평은) 상대방을 극복하기 위한 필사적인 자신의 역량의 발휘다. 비평의 이와 같은 양상은 우리가 살아가는 실상의 모습 바로 그대로다. 별안간 6·25동란에 직면했을 때 그것에서 무사할 수 있는 어떤 편리한 생활의 방법이 있었는가. 우리는 다만 사력을 다하여 6·25와 대결했을 뿐이다. 승리만이 우리가 살 수 있는 길이요, 그 승리를 위해서 우리는 최선을 다할 수밖에는 없었다. 개인도 그랬고 국가도 그랬다. 이것이 6·25에 대한 우리의 진정한 비평이다.[11]

몸부림으로서의 비평, 그러니까 삶의 경륜에 다름 아닌 것. 이 점에 비추어 볼 때, 조씨에 있어 마르크스주의나 루카치란 "우리가 살아가는 실상의 모습"에서 수용 여부가 결정될 성질의 것이었을 터이다. 삶의 경륜이기에 어느 시점에 이르면 능히 이를 수용할 수 있는 과제가 아니었을까. 나로서는 밑져야 본전. 도쿄 하숙에서 이미 초고번역이 노트 가득 채워져 있었으니까. 원고지에 정서하여 투고한 뒤 두 달 만에 놀랍게도 즉각 발표되었다. 실로 조속한 조치였다. 반공을 국시로 하는 이 나라 문학판에 루카치 소개가 처음으로 이루어지는 역사적 장면이라고나 할까. 오히려 역자인 내 쪽이 거듭 놀라울 따름이었다.

제목은 「루카치의 문학론」. 원제 「마르크스주의와 문학」을 비꿨다. 작품 소개란을 맨앞에 제시했다. 이 소개 속에는, 남 모를 모종의 안타까움이랄까 잔재주가 깃들어 있음을 먼저 밝혀두고자 한다. 혹시 이 시대를 이해함에 모종의 참고가 될지도 모르니까.

---

11 『조연현 문학전집』(4), 어문각, 17쪽.

[작품소개] 이 글은 루흐터한트사 사회학총서 제9번째로 나온 G. 루카치의 『문학사회학』(제4판 1970)의 서문으로 씌어진 페터 루츠(Peter Ludz)의 「루카치의 업적에 대한 비판적 입문」(Eine kritische Einführung in das Werk von Georg Lukács)을 저본으로 한 것이다. 원주는 전부 생략했으며 특수용어는 이케다 히로시(池田浩士)의 것을 참조하였다. 원래 이 논문은 루카치 저작을 거의 읽은 사람들을 전제하여 씌어졌고, 또 서양문예철학 및 미학에 관계된 학술적이고도 전문적 비판이므로 역자가 이해할 수 없는 부분이 허다했음을 고백하지 않을 수 없다. 따라서, 오역이 필지일 것이다. 그럼에도 불구하고 감히 번역해 본 것은 어차피 부분적으로 수용하고 풍문 속에 막연히 놓아두기보다는, 전체적으로 그리고 비판적으로 일단 처리해 둘 필요가 현시점에서 있다고 판단하기 때문이다. 루카치(1855~1971)의 전기적 사실은 흥미가 없지만 1951년 제1회 헝가리 작가회의의 논란에서 그가 정치생활로부터 완전히 거세되었다는 점, 1956년 헝가리 폭동 사건 때 소련군에 의해 루마니아로 억류되었다는 점, 1958년 헝가리 과학아카데미 철학연구소에서 수정주의자로 집중적인 공격을 입었다는 것 등을 지적해 두고 싶을 따름이다. (더 자세히 알려면 「현대의 사상 77人」, 『신동아』 1971年 부록 중 양호민의 「지외르지 루카치」를 참조할 것.)—역자

세 가지 점이 지적될 수 있다. 첫째 루카치를 계속 풍문 속에 두기보다는 전체상을 '비판적'으로 바라볼 시기에 이르렀다는 점. 둘째는, 루카치가 정치생활에서 거세된 바 있다는 점. 그러니까 골수 공산주의자와는 일정한 거리가 있는 문예이론가(역사철학자)라는 사실을 일부러 강조했

다. 셋째는, 이것이 바로 잔재주이거니와, 「현대의 사상 77인」(『신동아』, 1971년 부록)을 끌어들인 점. 여차하면 역자인 나보다 먼저 『신동아』지가 모종의 역풍을 막아 내어 줄 것이라는 점. 다행히도 이 역문은 별다른 문제도 없이 3회에 걸쳐 발표되었다.

번역하면서 내가 느낀 것은 '방법론'이었다. 어째서 그것이 루카치에 있어 전 생애를 두고 일관했던가에 있었다. 루츠에 의하면 루카치의 저작을 통해 엿볼 수 있는 제일 특징적인 것이 '방법론상의 관심'이라는 것. 루카치로 하여금 이 방법론의 근거가 마르크스의 「경제학비판서설」이었다고 주장되어 있었다. 이를 모르는 나로서는 단지 멍멍할 뿐, 기계적 번역을 일삼을 수밖에.

루카치는, 제2장에서 또다른 방법론상의 문제를 내세웠다. 내 흥미를 끈 것이 바로 이 부분이었다. "문예사회학(Literatursoziologie)과 철학에 대해서 루카치가 이룩한 기여를 분석하기 전에 먼저 문예사회학에 대한 약간의 원론적 과제와 문제점을 끌어내야 사회학자들이 본 문예사회학 분야 권역이 어디인가라는 범위를 명확히 구분짓지 않으면 안 되리라. 그런 다음에 포괄적인 문예사회학에 대한 루카치의 개별적인 기여를 그 전체의 스케치에 의해 쉽게 확인할 수 있을 것이다."

루카치를 비판적으로 소개하는 마당에서 루츠는 맨 먼저 네발트(Newald)가 규정한 문예사회학을 내세웠다. 그렇다면 대체 문예사회학이란 무엇인가. 다음 네 가지 특징을 내세웠다. ①소재와 내용(예술 소재의 사회경제적인 피제약성) ②형식과 형상(표현형식과 문학양식과의 변화에 연결되는 사회구조의 변천) ③작가의 사회적 출신과 사회적 지위의 분석(민족공동체·언어공동체·정치·직업·종교·정인적·지적 및 정치적 이데올로기적 공동체) ④독자에의 영향과 효과의 분석.

이러한 방법론이 마르크스주의적인 시각에서 이루어졌지만, 그렇다고 해서 루카치가 호락호락하지 않음을 루츠는 이렇게 표현했다. "이미 강조한 바와 같이 루카치의 문예사회학은 역사적 경험적 방법을 취하는 문예사회학 이상임과 동시에 또한 그 이하인 것이다"라고.

이후로 나는 문예사회학이란 무엇인가에 고민하기 시작했고, 학위논문이자 첫 저술인 『한국근대문예비평사연구』(1973)를 쓰는 과정에서도 이 점을 한시도 머리에서 지울 수 없었다.

문예사회학이 구체적으로 어떤 방법론(과학)에 의거한 것인지 내가 잘 몰랐다고 할지라도, 그것은 하나의 이념처럼 또는 화두처럼 나를 고무시켰고 이끌어 갔다. 요컨대 문학이란 정치 그것처럼 역사적 산물이며 따라서 남아의 일대 사업일 수 있다는 것. 해볼 만한 가치 있는 것이기에 이를 다루는 방법론이야말로 학문 중의 학문일 수 있다는 것. 이는 바로 인류사의 과제가 아닐 것인가. 창공의 별이 나아갈 길을 밝혀 주는 지도의 몫을 하고 있지 않았을까. 그것은 졸역의 다음 대목에서 직간접적으로 왔다.

> 끝으로 우리들이 몇 번이나 부딪친 루카치의 또 하나의 중심적 개념, 즉 리얼리즘을 다시 한번 취급해 보자. 특히 '독일민주공화국'(DDR)의 루카치 비판자들(잉게 디에르겐, 볼프강 하이제, 한즈 카우프만, 한즈 코호 등)은 당면한 당의 이데올로기들에 지지되고 있음에도 불구하고 본질적으로는 그때그때의 정치구상에 의해 좌우되는 사회주의 리얼리즘 개념의 뜻을 본체로 하여 루카치의 리얼리즘 개념과 정면으로 대결하고 있으나, 그

들의 견해에도 물론 부분적으로는 수긍될 점이 있다. 물을 것도 없이 18세기 후반과 19세기 부르주아적인, 루카치가 말하는 '비판적 리얼리즘'(Kritische Realismus) 또는 위대한 리얼리즘은 가령 피일딩, 스코트, 발자크, 톨스토이 등등을 통해서, 서사문학 전체에 대한 루카치의 척도를 대표하고 있다. 루카치의 역사철학의 틀 속에서는, 이 척도는 분명히 일관하여 그 나름의 근거기준을 부여하고 있음에도 불구하고, 그러나 그 문학상의 리얼리즘 개념 속에 포함되는 철학적 액센트는, 그의 정치상의 리얼리즘과 일치하지 않는다. 루카치가 믿고 있는 '위대한 리얼리즘'(große Realismus)의 승리라는 것은 소위 '사회주의 리얼리즘'(sozialistischen Realismus)의 실제적 문학을 평가하기 위한 확신과 척도를 그에게 주고 있는 것이지만, 이 속에는 헤겔이 말하는 이념의 자기운동이나, 헤겔의 역사철학적 문학규정, 특히 예술의 범위 내에서의 소설의 규정이 포함돼 있다. 이 리얼리즘 개념 속에는 또한 루카치가 가끔 설명하고 있는 테제, 즉 발자크 같은, 공산주의라는 의미로 하면 반동적 작가도 '리얼리스틱'하고 '진보적'인 작품을 만들었다라는 테제가 포함되어 있다. 루카치는 비판적 리얼리즘을 고대 리얼리즘이나 사회주의 리얼리즘과 구별한다. 그 이유는 다름이 아니다. 이 최후 영역의 문학, 즉 사회주의 리얼리즘문학의 대부분은 루카치가 적어도 『소설의 이론』 이래 단 하나 타당한 것으로 보아 오고 있는 '대서사문학'(großen Epik)이라는 척도에 비추어 본다면, 당초부터 실격인 것이다. 루카치가 이미 「린크스커버」 속에서 브레델(Willi Bredel)과 오트발트(Ernst Ottwalt)의 장편소설을 비판적으로 비판했을 때 보인, 그후 제4회 독일작가회의(독일민주공화국의)에서의 강연에 이르기까지 되풀이하여 보여 준 용기는 놀랄 만한 것이다. 이것에 의해 또 루카치는 단지 동구측에 있어서만이 아니라 일종의 비판적 법정이 되었던 것이다. 그리하여 그의 판결 자체는 그의 마르크스주의적, 사적 유물론 및 미학의 시도가 단순히 예술의 (그 자체로서 문제를 품은) 변증법적인 역사철학으로밖에는 관철되지 않은, 마르크스주의 이론 내지는 사회학으로서는, 즉 문학의 과학으로서는 관철될 수 없다는 것이 드디어 명확히 됐을 때일지라도 근본적으로 고려하지 않으면 안 되는 것이다. 루카치 사고의 연속성은 압도적으로 객관적이어서 단지 부분적으로만 주관적 성격을 갖는 몇 개의 단절 외에는 일관되어 있다. 심리주의나 자연주의나 선험주의를 피하려 하면서도 여러 가지 현상을 명확히 한 후에 그러한 것을 최후에 재차 새로운 선험주의의 둔화를 만들어 내는 저류 속으로 끌어가 버리는 역사적·변증법적 전체성 사상의 강제는, 이미 루카치의 출발점 속에, 그의 기본적 문제설정 속에 존재해 있다. 왜냐하면 루카치에 있어 극히 중요한 짐멜의 고찰은 사적 유물론과 그렇게 먼 것이 아니다. (어쨌든 짐멜이 『화폐의 철학』 속에서 스스로 그것을 인정하고 있는 정도만큼 먼 것은 아니다.) 이 사상을 그때그때 당노선과 합치시키려 스스로 행한 강제는, 루카치의 나아감을 방해하여 이 저자의 설득력을 감퇴시키고 있다. 그러나 물론, 전체로 보면 그때그때의 정치적·전술적 필요성에 의해 강제된 균열은 놀랄 정도로 적게밖에는 그의 작업에 해를 끼치지는 못했던 것이다.[12]

이렇게 반영론이라는 것이, 리얼리즘이란 것이 대단한 것일까. 특히

---

12 김윤식, 『한국문학의 논리』, 1974, 일지사. 재수록, 526~527쪽.

루카치의 이론이 당이나 국가의 이념에 맞설 수조차 있는 탄력성을 지닌 것인가. 이를 학문(과학)이라 부르는 것인가.

11. 한국근대문학사 속의 루카치

비평사를 공부하면서 내가 밝혀야 할 과제 중의 하나에 루카치가 추가되었음은 새삼 말할 것도 없다. 대체 우리 비평계에서 언제부터 루카치의 이름이 알려졌을까. 앞에서 루카치 문학론의 소개를 내가 처음 시도했다고 했지만 이는 실상과는 조금 다르다. 부분적 소개라면 이미 1940년에도 있었다.

최재서 주관의 월간 문예지 『인문평론』의 특집 '명저해설'의 하나로 루카치의 『역사소설론』 중 그 첫장 「역사소설의 고전적 형식」인 서인식의 「게오르그 루카츠, 역사소설론 해설」(『인문평론』, 1939년 11월호)이 그것이다. 6쪽에 걸친 제1장의 요약에만 그치고 자기의 견해를 개입시키지 않은 이 글은 그 전 해에 나온 일역(야마무라 후사지山村房次, 『역사문학론』, 三笠書房, 1938. 11.)에 의거한 것으로 보이거니와, 야마무라가 텍스트로 삼은 것은 소련의 『문학비평』(러시아어. 1937~38. 4회에 걸친 연재)에 실린 것이었다. 이 점에서 일역은 매우 민첩했음을 알 수 있다. (원텍스트는 1937. 7, 9, 1938. 1, 3, 4, 12, 총 6회였는데, 일역판은 전체 4장 중 제3장의 일부까지만 번역되었고, 독일어로 역출된 것은 1955년이었다.)

사상가로서의 루카치의 이름이 일본 철학계에 알려진 것은 아마도 『역사와 계급의식』(1923)이 간행된 이후일 터이지만, 그가 문학계에 알려진 것은 순전히 콤·아카데미 문학부 편 『소설의 본질(로만의 이론)』(熊

澤復六 역, 淸和書店, 1936. 3.)에 의해서이다. 이것은 1920년에 간행된 루카치의 같은 이름의 출세작의 번역이 아니고, 1934년 12월 20일과 28일, 1935년 1월 3일의 3일간에 걸쳐 소련아카데미 철학연구소 문학부 주최로 루카치를 보고자로 하여 행해진 「소설의 이론의 문제」에 관한 토론회의 속기록의 번역이다. 이 토론의 직접적 목적은 소련의 『문예백과사전』의 장편 항목을 쓰려는 데에 있었다. 루카치의 「토론을 위한 보고연설」은 일본어역으로는 국판 20면(200자 원고지 약 60매)의 압축된 것이며, 미르스키, 치모프에프, 유진 등 16인의 「보고연설을 에워싼 토론」(약 148면)이 있고, 루카치의 결론이 7면(약 20매 정도)쯤으로 되어 있다. 토론에는 루카치가 참가하지 않았으며, 대부분의 토론자들은 루카치의 견해가 높은 수준임을 인정하면서 부분적으로만 비판을 가하고 있으며, 그리브와 리프시츠만이 전면적으로 루카치 편을 들었다. 이 토론을 기초로 하여 씌어진 것이 「장편소설」 항목이다. 일본에서는 구마자와 마타로쿠(熊澤復六)에 의해 『문예백과전서』 시리즈로 「문예학의 방법」, 「문예의 장르」, 「리얼리즘」, 「문예의 본질」, 「마르크스의 예술론」, 「단편·장편소설」 등이 번역되었거니와 그 중 「장편소설」(1937. 6. 번역)을 보면 제1편에선 장편소설이라는 용어의 역사, 문제점, 장르의 기원과 그 역사가 논해졌고, 제2편은 「부르주아 서사시로서의 장편소설」로서 장편소설의 본질과 그것이 사회주의적 리얼리즘에까지 나아온 경로를 구명한 중후한 논문이다. 제1편은 포스페로프에 의해 집필된 것이고 제2편이 루카치에 의해 집필된 것(200자 원고지 약 180매)이다. 말하자면 장편의 문제점을 집중적으로 검토한 것이다. 이로 보면 일본에 있어서 루카치에 대한 접촉이 『소설의 본질』, 「장편소설」, 『역사문화론』 등으로 되었다는 것을 알 수 있는데,

이 셋은 결국 소설의 장르적 성격이라는 단일한 문제를 둘러싼 것이다.

루카치의 연보에 의하면 그는 헝가리혁명이 실패한 후, 1919년에서 1929년까지 비엔나에서 살았으며, 1929년 말에 모스크바로 옮겨 1931년까지 마르크스·엥겔스 연구소에서 근무하였으며, 1931년 여름에는 베를린에서 활동하고, 1933년에서 1945년까지 모스크바에서 활동했다. 그가 「장편소설」을 집필한 것과 『역사소설론』을 집필한 것은 그 시기와 목적에 있어서 대체로 같은 것이었는데, 그 목적의 하나는 플레하노프 이래 소련 문예계를 지배한 속류 사회과학주의를 분쇄하는 일이며, 서방세계의 퇴폐적 문학과 싸우는 것이 그 다른 하나였다. 표현주의에 대한 10여 년에 걸친 완강한 그의 저항이 이를 잘 말해 주며, 『역사소설론』의 제4장 「민주주의적 휴머니즘의 역사소설」이 또한 같은 사정을 증명하고 있다. 파시즘과의 싸움에 조급한 나머지 문학 독자의 내적 구조를 소홀히 하여 정치적·이데올로기적 결론에 도달해 버린 점, 역사소설이란 역사적인 소재에 의해 현대의 전 단계의 역사로서 그린 소설이라 하여 '역사소설'이란 장르의 성립을 거부한 점 등이 약점으로 지적될 수 있다.[13] 그럼에도 불구하고, 루카치의 「장편소설」은 일찍이 세계의 소설이론사에서 보기 드물 정도로 높은 수준을 드러낸 것일 뿐만 아니라 그의 초기 출세작 『소설의 이론』을 일층 능가한 것이었다. 이런 수준의 이론이 일본문학계 특히 청년층에게 던진 충격이 컸음은 "소련 작가동맹 성립과 그 사회주의 리얼리즘의 주장에 관해 우리가 약간은 알고 있었으나, 정치주의적인 난폭한 문학이론의 극복이 이처럼 앞서 있었음은 미처 몰랐

---

13 『ルカーチ著作集 3』, 白水社, 1969 해설 참조.

다. 고대 노예제도 이래의 세계사의 각 사회구성과 소설 장르와의 내면적 관계가 이처럼 잘 드러나 있다"[14]라든가 "내가 처음 읽은 루카치 논문은 1938년에 번역된 『역사문학론』이었다. 마르크스주의 문예이론의 빛나는 수확으로서 격려와 시사를 받았다. 1930년대의 어두운 나날을 통해 『역사문학론』은 힘있는, 마음 기댈 수 있는 곳이었다"[15] 등의 회고록에서 확인된다. 루카치 이론이 단순한 반영론적 문학론이라든가 안이한 이데올로기론 따위와는 질적으로 다른 레벨에 속해 있음을 이들 소장 지식인들은 알아차릴 수가 있었다. 헤겔미학을 상당한 수준에서 극복한 점이라든가, 세계 문학상의 고전에 대한 매우 풍부한 이해가 그 속에 있었던 것이다. 한국에 있어서는 김남천만이 이 사실을 다소 알아차렸다는 것은 우리 비평사에서 의미심장한 일이다. 그러나 김남천이 과연 루카치의 이론을 얼마나 소화하였고, 또 그것을 자기 나름으로 이용할 수 있었는가를 검토하는 일과 그 의미심장함의 측면은 기실은 나란히 가는 것이다.

12. 김남천의 「소설의 운명」

앞장에서 자세히 분석했듯 김남천이 자기 고발론에서 리얼리즘에 도달한 과정에서 우리는 루카치와의 관련성을 부분적으로밖에 찾아낼 수 없었다. 김남천은 엥겔스의 「발자크론」에 촉발되어 엥겔스의 인도로 발자크에 나아갔는데, 그가 도달하고자 마음먹은 것은 창작방법으로서의 리

---

14 小田切秀雄, 「ルカーチと日本文学」, 『ルカーチ著作集 2』, 白水社, 「월보」, p. 2.
15 荒正人(아라 마사히토)의 회고(출처는 주 12와 같음).

얼리즘이었다. 그가 ①전형적 사정과 ②전형적 성격을 창조하는 일, 즉 전형성을 문제삼은 것이야말로 김남천의 리얼리즘론이 다른 어느 비평가의 그것보다 앞선 수준임을 말해 주는 것이다. 김남천이 발자크 연구에 몰두하고, 리얼리즘에로 자기의 온몸을 맡겼기 때문에 비로소 이런 경지가 열릴 수 있었거니와 그러면 왜 그렇게 몰두하지 않으면 안 되었을까를 물을 때 기실 우리는 그에게 그의 인생의 실천으로서의 문학 행위를 묻게 되는 셈이다. 그는 체험의 문학(사상의 문학)에서 출발하여 관찰의 문학(비사상의 문학)에 은밀히 이르렀는데, 사상을 철저히 배격한 문학이야말로 리얼리즘이었다. 파시즘의 탄압 아래서 사상전환에 직면한 그가 그의 삶을 문학에서 실천할 수 있는 길은 탈사상의 문학을 통해서만 가능했다. 리얼리즘이 그에게는 단순한 문학상의 문제가 아니라 삶의 유일한 선택이고 그 상식이었던 것이다. 그가 실제의 창작에서는 「경영」, 「맥」 등 여전히 자기 고발적인 레벨에서 맴돌고 만 것은 이로 보면 결코 우연이 아니다. 논리적으로 그는 탈사상의 문학이어야 함을 알았지만 그것은 다만 어려운 시대에 대처하기 위해 찾아낸 길이었을 뿐, 그의 내심은 아니었다. 그의 내심으로는 물을 것도 없이 사상적 체험적 문학을 하고자 했다. 그러기에 그는 「경영」, 「맥」은 써도 정작 리얼리즘에 입각한 탈사상의 작품은 쓰지 못한 것이다. 이것은 그가 발자크 연구 끝에 도달한 그 자신의 모순점이었음에 틀림없다. 이 자기모순을 뚫는 길은 무엇인가. 이 물음 앞에 루카치가 있었다. 김남천과 루카치의 만남은 이렇게 하여 이루어졌다. 그것은 장편의 장르적 성격을 탐구하는 길이었다.

「소설의 운명」은 루카치의 『소설의 본질』과 그것을 더욱 확충한 「장편소설」에 근거를 두고 씌어졌다. 그가 『역사소설론』을 읽은 흔적은 찾을 수 없는데, 그것은 아마도 그가 아직 루카치의 진가를 몰랐고, 그것이 다만 소련의 공식적인 견해인 듯이 이해한 탓이리라. 그 증거로 우리는 그가 「소설의 운명」을 쓴 동기를 들 수 있다. 그는 1930년대 후반기에 우리 문단에서 다각적으로 일어난 장편소설론이 늘 본질에 육박하지 못했음을 들고 그 이유는 비평가가 "그의 소설의 미학을 고대나 중세기의 서사시, 전설, 이야기에서 구하여다가 현대의 소설을 다스리려고 한 까닭에 절망론에 도달하는 결과를 보였다"는 것과 작가가 "소설의 운명을 깊이 깨닫지 못한 탓에 개인 취미를 무제한으로 개방하고, 불건강한 정신으로부터 문학을 지키려는 노력에 인색하여 자의(恣意)의 범람"에 몸을 맡겨 버린 탓이라 했는데, 이 중 앞의 것은 구체적으로는 최재서의 평론 「서사시, 로만스, 소설」(『인문평론』 1940. 8.)을 가리킨다. 이 글은 "서사시와 로만스와 소설은 각기 고대와 중세와 근대를 지배하는 보편적인 문학적 장르이다"라는 기본명제에 바탕을 두고 있다. 말하자면 최재서는 소설의 장르사적 고찰을 3분법에 의해서 행하고 있는 셈이다. 이 3분법이 막힌 회로임은 자명한 이치이다. 서사시, 로만스, 소설이 각각 고대, 중세, 근대에 대응되는 것이라면 현대에 대응되는 장르는 무엇인가. 최재서는 구차하게 그것이 근대소설, 현대소설이라 하고, 현대소설은 성격 창조에 대한 정신이 이완될 때 로만스로 돌아가려는 경향이 있다고 한다든가 성격이 상실될 때, "작품 전체가 '페이젠트'(pageant)나 그렇지 않으면 '멜로드라마'로 떨어진다고 나는 본다"[16]고 한다든가, "소설의 로만스화는 세계를 통틀어 현대적 병폐"라고 했는데, 이런 말들은 김남천의 지적 모

16 최재서, 「서사시, 로만스, 소설」, 『인문평론』, 1940년 8월호, 23쪽.

양 절망론에 다름 아닌 것이다. 그가 소설의 로만스화를 "세계를 통틀어 현대적 병폐"라 했을 때, 그 세계란 자본주의 세계만을 뜻하고, '현대적'이라 한 것이 또한 부르주아 세계만을 지칭했음은 의심의 여지가 없다. 따라서 그가 "그 중에서도 페이젠트나 멜로드라마로 전향할 지혜도 없이 다만 소극적인 어떤 기분만을 가지고 소설을 쓰려는 이곳 형편은 실로 답답한 일이다. 이때야말로 서사시의 정신을 연구하고 체득할 일이 아닌가?"[17]라고 말함으로써 결론을 삼은 것은 실로 공허한 일로 보인다. 그의 역사관 속에는 미래의 전망이 전무할 뿐 아니라, 소설 장르가 사회적·역사적 산물임을 알아차릴 능력이 전적으로 결여되었기 때문에 이런 결론에 이른 것이다. 따라서 무턱대고 서사시에서 배우자고 외치는 것은 한갓 구호의 레벨에 지나지 못한다. 바로 이것을 비판하려는 것이야말로 김남천이 「소설의 운명」을 쓰게 된 직접적 동기이다.

김남천의 논문의 기본바탕은 '장편소설은 자본주의 사회의 전형적 문학형식'이란 점에 있다. 이런 기본항을 망각한 곳에서 소설론 및 창작의 혼미와 절망론이 나온 것으로 그는 주장하였는데, 이러한 주장에 따르면 소설(장편만을 지칭)의 장르적 성격은 자본주의 사회와 '운명'을 같이 하는 것으로 되지 않을 수 없게 된다. 따라서 소설의 성격은 소설의 운명과 동의어이다. 그는 '운명'이란 말에 대해서 다음과 같이 특별한 주의를 기울였는데, 이는 이 글 전체의 성격을 결정짓는 것이어서 인상적이다.

소설의 장래를 말하려고 하면서 내가 이곳에 운명이란 말을 사용한 것은

17 같은 글, 23쪽.

> 소설의 당면한 문제가 주체를 초월하여 의무적으로 '부여'된 문제이면서, 동시에 내재적 욕구에 의하여 주체에 '부과'된 문제인 것을 진심으로 자각하고자 생각한 때문이었다. 소설의 장래를 자기 자신의 문제로서 운명으로서 초극하려는 데 의하여서만 문학은 그의 정신을 유지 신장할 수 있으리라고 생각한 때문이다.[18]

그는 여기서 결단의 윤리를 드러내 놓고 있다. 소설이 자본주의 사회의 전형적 문학형식이라면 자본주의 사회의 전형적 성격(모순)과 운명을 같이하는 것이며, 골드만의 용어를 빌리면 소설형식과 자본주의 사회 사이엔 동족성이 성립된다.[19] 이런 점에서 본다면 자본주의 사회가 그 말기 증세를 보이는 시대엔 소설의 장래는 절망적이리라. 그러나 이처럼 외부적으로 '부과'된 측면을 떠나, 내재적 욕구에 의해 주체에 '부과'된 측면에서 보면 소설의 장래는 새로운 세계, 가령 사회주의 사회의 선택에 연결되어, 희망론으로 전개될 수 있다. 루카치가 「소설의 이론의 운명」이란 제목을 달았듯이 소설의 장르사에 관한 논의는 새로운 사회의 선택이냐 아니냐에 관련된 문제로 정립되었다. 기실 김남천의 이 논문은 소설을 '부르주아의 서사시'라 규정한 헤겔의 미학에 기대어 이를 유물변증법적 관점에서 재해석한 루카치의 이론을 충실히 옮긴 것에 지나지 않기 때문에 우리는 여기서 직접 루카치의 이론을 살피기로 한다.

---

18 김남천, 「소설의 운명」, 『인문평론』, 1940년 11월호, 8쪽.
19 이를 그는 Homologie라고 하였다. 김윤식 역, 「문학사의 방법론—발생론적 구조주의」, 『한국현대문학사』, 일지사, 1976, 305쪽.

13. 또다른 소설의 이론

고명한 『소설의 이론』(1916)이 나온 지 19년 만에 루카치는 망명지 소련에서 또다른 『소설의 이론』(1934)을 썼다. 뿐만 아니라 「장편소설론」(1937)까지 쓰지 않으면 안 되었다. 그는 시발점에서 얼마나 달라졌고 또 그대로였을까. 이는 루카치의 어느 저술 속에도 빠져 있는 것으로 루카치 연구의 감추어진 영역이라 할 것이다.

루카치의 소설에 대한 기본명제는 저 헤겔의 그것이 '부르주아 사회에 있어 가장 전형적인 문학적 형상 또는 형식'이란 점에 놓였는데, 이런 한도에서 그는 헤겔주의자이지만, 헤겔의 관념론적 결함을 넘어섰다는 점에서 그다운 이론을 이룬 것으로 말해질 수 있다. 먼저 우리는 헤겔이 소설은 자본주의 사회에서의 가장 전형적 형식이라고 했을 때, '가장 전형적'이라는 말에 주목해야 한다. 고대나 중세에도 또는 동양에도 소설에 유사한 작품이 분명 있었던 것이다. 자본주의 사회 이전에도 소설에 유사한 형식이 있었지만 자본주의 사회에서 그러한 형식이 '가장 전형적'으로 드러난다는 것은 자본주의 사회의 특수한 모순이 소설 속에 가장 전형적으로 나타난다는 뜻이다. 그러니까 자본주의 사회가 끝나는 시대에는 이 형식이 어떻게 될지 그 운명을 점치기 어려운 것이다. 그러나 소설의 운명을 점치기 어렵다 할지라도 그것이 소설 비슷한 그 무엇에서 벗어날 수 없음은 거의 분명하다. 헤겔이나 루카치에 기대면 대서사양식 개념이 설정되고 그 속에는 서사시와 소설이 포함된다. 서사시가 고대사회에, 소설이 자본주의 사회(근세)에 각각 대응된다면 사회주의 사회에 있어서는 종래의 서사시나 소설과 흡사하면서도 또한 다른 성격을 가진 형식이 나타날 것이다. 그 새로운 형식이 대서사시양식(großen Epik)에 속할 것임은 새삼 말할 것도 없다. 이와 같이 대서사양식이라는 이론의 기둥과 그것의 장르적 나타남이 사회발전의 단계적 변이와 대응관계(동족관계)에 놓인다는 이른바 동족성 이론이야말로 헤겔·루카치의 소설이론의 두 기둥인 셈이다. 헤겔에 기대면 서사시는 시적 세계이며, 소설은 산문의 세계라 규정된다. 호메로스의 서사시가 전체적으로 종족이나 씨족이나 사회의 투쟁을 그후의 어느 시대도 미치지 못할 정도로 독자적이며 생생한 시적 감동으로 그릴 수 있었던 것은 그 근저에 개인과 사회와의 원시적 통일이 있었던 탓이다. 다른 말로 하면 호메로스 작품의 시적 성격은 사회적 분업이 상대적으로 미발달했음에서 연유된 것이다. 호메로스의 주인공들은 사물이 아직 시적 성질을 잃지 않은 세계에서 살고 행동했던 셈인데 이 시적 성질은 그러한 사물의 하나하나의 생산이 신기했던 사실과 관련이 있다. 마르크스가 말한 인류의 '유년시대'가 이것이며, 호메로스는 따라서, '정상적인' 아이였다. 한편 자본주의 사회에서는 '헤겔에 기대면' 삶이 쇄말적으로 되고 잡다해지며 비속해지고 추상화되어 시적 고양을 찾을 수 없다는 것이다. 헤겔의 견해에 따른다면 호메로스의 서사시의 주인공인 "영웅적 개인은 그 개인이 소속한 도덕적 전체에서 단절되지 않고 그 전체와의 물질적 일치 속에서만 자기를 의식"함에 대하여 부르주아 사회의 산문성은 개인과 사회와의 이 직접적인 관계를 불가피적으로 버리게 된다. 개인이 전체와 분리되어 '본질적 전체'의 행동의 책임을 지지 못하고 자기 개인의 행위에만 책임을 지는, 부르주아 사회를 지배하는 이 법칙을 헤겔은 인류 발전의 역사적 필연성이라 보았거니와 이를 무조건 '진보'라 인정한 점이 헤겔적인 특징이다. 물론 이 진보가 동시에 부정적 측면을 지녔음을 헤겔도 지적하고 있다. 인간이 본래의 자율성을 잃거나 혹은 강제적, 외부적 질서로서의 관료적 국가에 종속되어 모든 자율성을 빼기기에 이르기 때문이다. 이런 퇴화는 시가 번영하기 위한 객관적 기초가 무너지며 평범한 산문과 그것의 부패에 의해 시가 쫓겨났음을 뜻한다. 인간은 묵묵히 이 퇴화에 따라야 하는가. 이 물음에 대하여 헤겔은 원칙적으로 부르주아적 발전과 함께 시인하나, 어느 정도까지는 이 모순을 경감시킬 수 있다고 생각한다. 그런 역할을 하는 것이 소설이며, 따라서 소설은 서사시가 고대사회를 위해 한 것과 같은 몫을 부르주아 사회에서 하는 것이다. 헤겔의 견해에 따르면 '부르주아의 서사시'로서의 소설은 "그 주어진 전제에 있어 가능한 한도에서 시를 위해 그 잃어버린 권리를 되찾지 않으면 안 된다"는 것이다. 이 권리찾기는 모든 산문적 현실 및 그것과의 투쟁의 묘사를 통해 행해져야 한다. 이렇게 살펴본 헤겔의 소설론의 공적을 요약하면, ①소설과 서사시를 연결짓는 '일반적인 것'을 명백히 했다는 점이 그 첫째이다. 소설은 모순된 역설적인 형식이지만, 서사시를 그리워하고 있다는 이 달성될 수 없는 지향 속에 자기의 시적 위대성을 발견하고 있다는 것이다. ② 둘째로 소설의 고전적인 부르주아적 이론의 의의는 고대 서사시와 소설과의 사이에 있는 역사적 차이에 근거하여 전형적인 새로운 예술 장르로 소설을 인정한 점이다.[20]

이러한 헤겔의 공적을 인정하면서도 루카치는 헤겔의 한계를 지적한다. 먼저는 그는 헤겔이 자본주의적 분업이 산문적 세계의 근원임을

20 「부르주아 서사시로서의 소설」, 106~107쪽.

알고 있었으나, 그 분업을 매우 불완전하게, 경우에 따라서는 불철저하게밖에 이해하지 못했다고 본다. 헤겔은 부르주아의 삶과 그것을 가장 잘 표현하는 예술형식(소설)을 여러 가지 모순 속에서 보고 있었지만 그 모순 저쪽에 사회적 생각과 개인적 소유 간의 모순이 있음을 몰랐다. 헤겔은 모순의 나타난 형식을 서술하는 데서 그치고 개인과 사회 사이에 있는 모순에서 한 발도 나서지 못했다. 헤겔은 서사시의 주제에 대비하여 소설이 주제를 '사회 내부에 있어서의 모순'으로 규정하는데 이는 형식을 낳는 사회적 기초를 인식한 것이지만 기실은 이 형식의 본질과 특수성의 인식을 위한 예비적 조건에 해당될 뿐이다. 루카치는 이 단계에서 한걸음 나아가, 유물변증법적 방법론을 도입한다. 헤겔은 자본주의 사회의 잃어버린 시적 권리를 되찾는 '부분적인' 길이 소설이라 했음에 대해 루카치는 이를 더욱 확충하여 소설의 역사는 부르주아 삶의 시적 창조를 불가능케 하는 여러 바람직하지 못한 조건에 대한 영웅적 싸움이라 했다. 그리고 그 싸움은 몇 개의 방계적인 것을 제하면 실패하게 되어 있다고 그는 주장한다. 서사시에서의 저 시적 감동(개개의 개성의 생생히 묘사된 정열과 사회적 삶의 결정적인 문제로서의 직접적 관련을 위한 기초)이 자본주의 사회현실 속에서는 불가능해지기 때문이다. 극히 예외적인 소설가만이 자본주의 사회 속에서 겨우 서사시에서와 같은 시적 감동에 이를 수가 있다. 그러므로 루카치는 대서사양식 개념을 도입하여 다음과 같이 주장하게 된다.

> 소설의 중심적 형식적 문제인 서사시적 행동의 창조는 부르주아 사회에 대한 적당한 인식을 요구한다. 따라서 이 문제는 부르주아적 기초에 있어

서는 원칙적으로 달성될 수 없는 것을 요구하는 것이다. 프롤레타리아트의 세계관인 변증법적 유물론만이 가부장제적 봉건적 기타의 여러 관계의 파괴라든가 물질적 생산력의 혁명적 발전이라든가 모든 사회적 분업의 기초에 있는 생산방식의 결과로서의 (인간의 가장 심각한 타락 속에 있는 사회적 진보의 끊어지기 어려운 통일인) 최후의 계급사회로서의 자본주의 사회의 이중성에 대한 바르고 완전한 인식을 주는 것이다.[21]

헤겔에서 출발하여 그를 넘어선 루카치의 관점이 위의 인용 속에 선명히 잠겨 있거니와, 그가 소설을 통해 자본주의 사회의 몰락과 새로운 사회인 사회주의 사회의 도래를 엿보고 있었음이 확연히 드러났다. 이러한 시각에서 그는 소설의 발전과정을 다음과 같이 다섯 단계로 구분하여 정리하고 있다.

①**발흥기에 있어서의 소설** 중세기적 세계의 타락상을 비판하고 바야흐로 눈뜨기 시작한 부르주아 사회의 이상(개성의 자유)의 환상적인 매혹 속에서 시적 감흥을 찾아낸 『돈키호테』가 이에 잘 해당된다. 리얼리스틱한 공상성이 그 특징이다.

②**평범한 현실의 정복** 이는 자본주의 사회의 축적의 시대로서 영국의 데포, 필딩 등의 작품이 대표적이다. 공상이 일층 좁아지며 현실성을 띠게 된다. 부르주아의 진보적 적극적 모험, 상승계층의 낙천주의, 구질서를 파괴하는 혁명적 낭만적 경향이 동반된다.

---

21 루카치, 「토론을 위한 보고연설」, コム·アカデミー文学部 編, 『小説の本質(ロマンの理論)』, 熊澤復六 訳, 淸和書店, 1936, p.12.

③정신적 동물적 왕국의 시 부르주아가 완전히 모순에 도달한 시기. 즉 프롤레타리아트가 '자립적 진보'를 이루는 그 전 단계에 해당된다. 발자크, 괴테 등에 의해 낭만주의가 극복되고, 자본주의 사회의 모순이 전형적으로 노출된 단계이다. 작가의 세계관과 창작방법과의 모순이 드러난 것이 그 특징. 개인과 사회의 통일이냐 분열이냐가 자본주의 사회의 이중성이자 그 딜레마인데, 이 이중성은 서로 고립되며 이를 극복하고자 하는 모순은 창작 방법의 모순으로 폭로된다. 자본주의 사회의 역사적 모순의 왕국(동물적 왕국)을 발견하고 묘사함에 그친다. 이 속에서는 적극적 인물의 탐구가 불가능하다.

④ 새로운 리얼리즘과 소설 형식의 붕괴 프롤레타리아트의 자립적 진출(1848) 이후, 이제는 부르주아와 프롤레타리아의 대립 시기가 도래한다. 그 대립의 결정적인 계기는 플로베르와 졸라에게서 비롯된다. 플로베르와 졸라를 전환점으로 하여 부르주아 사회는 붕괴의 운명을 걸으며, 그것에 따라 씌어진 소설이 프루스트, 조이스 등의 작품이다. 이 노선은 결국 소설 형식의 해체를 가져온다. 한편 새로운 경향이 프롤레타리아트에 의해 이룩되는데, 이는 서사성과 서술의 대립으로 볼 수도 있다. 이른바 졸라적인 자연주의는 『나나』에 나오는 경마 장면과 같이 단순히 장식적이자 고립적인 한갓 '서술'에 불과하나, 톨스토이의 『안나 카레리나』에 나오는 경마 장면에서는 그 장면이 다른 사건과 연결되어 그 사건의 한 구조를 이루는 매개개념 구실을 하는 것이어서 리얼리즘에 입각한 '서사적'인 것이다. 이 새로운 리얼리즘은 ㉠소련에서 비롯되고 있으며, ㉡서구 인텔리층(R. 롤랑, A. 지드, A. 말로)에서도 나타난다.

⑤ 사회주의 리얼리즘의 장래 프롤레타리아 사회에서의 적극적인 주인

공은 그 계급의 이해관계의 공통성 때문에 서사적인 것의 범위가 넓고 크다는 것. 그 주인공의 자기 비판이나 사회 비판도 주인공의 적극성을 손상시키지 않는다고 주장되고 있다. 자본주의의 내부 모순이 제거된 마당에서는 인류의 진보가 인간 능력의 발전에 모순되지 않는다고 보는 이 주장의 전제에는 인간해방이 놓여 있다는 것이다.[22]

이러한 다섯 단계를 거친 소설의 운명은 결국 어떻게 되는 것일가. 루카치의 소견에 기대면 사회주의 리얼리즘이 "가장 심각한 방법으로 형태를 바꾸어 근본적으로 부르주아 유산에서 차용된 소설 형식을 서사시에 접근시키고자 한다"[23]는 것이다. 졸라과 플로베르를 전환점으로 하여, 부르주아의 소설 형식은 붕괴되기 시작하며 프루스트, 조이스에 이르면 그것이 결정적으로 파괴되지만, 다른 한편 그 전환점으로부터 서서히 자립적 전진을 해온 프롤레타리아는 발자크를 흡수하며 사회주의 리얼리즘에 오면 근본적으로 새로운 종류의 소설을 낳게 된다는 주장이다. 그렇다면 사회주의 사회는 무계급사회이니까 계급사회의 소산인 소설 형식은 거기서 전혀 쓸모가 없고 별다른 서사적 형식이 탄생해야 하는 것인가, 아니면 종래의 소설 형식을 그대로 계승발전시켜야 하는 것인가를 우리는 묻지 않을 수 없다. 앞에서 인용된 루카치의 말과 같이 사회주의 리얼리즘에서는 '부르주아 유산에서 차용된 소설 형식'을 그대로 사용하되, 이를 '서사시'에 접근시킨다는 것이다. 서사시적 성질의 증대는 고전적 소설전통(부르주아적 전통)을 완전히 부인하는 것이 아니며, 둘

---

22 「토론을 위한 보고연설」과 「부르주아 서사시로서의 소설」 참조.
23 「토론을 위한 보고연설」, 26쪽.

사이에는 변증법적 관계가 성립된다는 점을 루카치는 강조한 것이다. 그가 이 논의의 끝구절을 다음과 같이 맺은 것은 인상적이다. 즉 사회주의 리얼리즘에 입각한 소설은 내용과 형식의 모든 면에서 (부르주아 소설과) 다르고 서사시적 성질에의 경향을 가졌음에도 불구하고 위대한 부르주아적인 리얼리스틱한 소설과 밀접하게 결부되어 있다. 그러므로 "이 유산의 비판적 섭취와 연구는 사회주의 리얼리즘 소설의 오늘의 발전단계에 있어서 **형식의 문제해결이란 점**에서 극히 중요한 몫을 하고 있다"[24]는 것이다.

루카치의 이러한 결론에서 우리는 다음 세 가지 문제점을 이끌어 낼 수 있다.

첫째, 헤겔이 그의 미학에서 이룩한 결정적인 이론의 계기를 루카치가 계승하고자 했다는 점. 헤겔의 최대의 공적이 서사시와 소설의 관련성을 이론화시킨 점에 있다면 이에 대응되는 것은 무엇일가. 소설과 사회주의 리얼리즘의 관련성을 이론화하는 일이며, 루카치가 이를 이룩한 것이다. 고대 서사시와 자본주의 사회 속의 소설을 대조시키고 두 장르의 차이성과 공통성을 밝힘으로써 둘의 관련성을 드러내는 일과 자본주의 사회의 산물인 소설과 새로운 사회주의 사회의 산물인 사회주의 리얼리즘(이 속엔 형식 개념과 내용 개념이 아직 공존하고 있음)을 대조시키고 두 장르의 차이성과 공통성을 밝힘으로써 둘의 관련성을 드러내는 일은 완전한 대응관계를 이룬다. 이 점에서 보면 루카치는 20세기 미학에서의 헤겔인 셈이다. 그가 헤겔의 관념성을 극복했음은 사실이지만 이 거대한

24 「토론을 위한 보고연설」, 28쪽. 강조는 인용자.

대응관계에 비하면 그런 것은 오히려 미미한 일인지도 모른다.

둘째, 소설을 인류사의 발전법칙과 대응관계로 밀착시킴으로써 그것을 인간해방의 도구로 삼으려 했다는 점. 헤겔도 소설(산문)은 비속해진 개인주의를 극복하여 고대 서사시가 가졌던 시적 성질을 재탈환할 수 있다고 부분적으로 주장했거니와 루카치에 오면 그 주장이 전면성을 띠게 된다.

셋째, 자본주의 사회의 유산인 소설 형식을 사회주의 리얼리즘에서도 비판적이지만 계승해야 한다는 점. 따라서 사회주의 리얼리즘이 '새로운 소설(예술)'이라 할 때도 그 새로움은 단지 변증법적 관련에서만 새로울 따름이다. 또한 새로운 소설이 고대서사시에의 **경향**(강조 루카치)을 띤다고 했을 때도 그것은 어디까지나 '경향'으로 그치는 것이지 서사시의 부활일 수는 없다. 새로운 사회주의 리얼리즘이 종래 소설의 변증법적 발전에 지나지 않는다는 루카치의 견해는 기실은 마르크스, 엥겔스, 레닌의 미학에 닿아 있다는 점에서 벨린스키, 플레하노프, 볼론스키, 루나차르스키, 주다노프, 스탈린 등 소련의 토착적 정통파의 미학과 대립된다. 마르크스, 엥겔스, 레닌의 미학이 자본주의와 사회주의의 대립 속에서 형성되었기에 작가(인간)의 세계관과 창작 방법의 모순의 해결이 미학의 핵심을 이루었음은 당연한 일이다. 한편 사회주의를 이룩한 이후에 정립된 정통 소련의 미학이 보다 직접적인 새로움을 내세우며, 개인과 사회의 모순을 덜 의식하는 것도 당연한 일이다. 그렇지만 사회주의 속에서의 이러한 두 갈래 미학 가운데 앞의 것이 일층 더한 설득력을 갖추고 있음은 어떤 이유에서일까. 이 물음은 사변적으로 해결되는 것이기보다는 역사적 경과에서 볼 때에야 해결점이 명료해지는 것이다. 즉 사회주의 사회가 표면상 이룩되어도 무계급사회가 되지 않고 여전히 그 속에 모순 개념이 깃들고 있기 때문이다. 루카치가 끝내 사회주의 리얼리즘을 지지하면서도 그보다 더 많은 비중을 비판적 리얼리즘에 두었다는 점, 스스로를 정통 마르크스 미학자라 한 점도 이로써 이해될 수 있는 일이다.

이상이 루카치의 『소설의 본질』과 이를 발전시킨 「장편소설」의 내용이다. 「토론회를 위한 보고연설」인 앞의 논문은 토론 결과 두 가지 미미함이 지적되었다. 소설의 주제별 고찰이 소홀했다는 점과 극양식, 로만스, 노벨레 등과의 비교가 없다는 점이 그것인데, 이 중 극양식과 기타 다른 장르와의 비교는 뒤에 『역사소설론』에서 본격적으로 시도되었다.

14. 소설의 장르적 성격과 인류사의 미래

김남천의 「소설의 운명」은 『소설의 본질』과 「장편소설」을 어느 정도 충실히 소개함으로써 일면 최재서로 대표되는 종래의 소설이론을 돌파하면서 다른 한편으로는 암흑기를 뚫고 나갈 소설 창작의 길을 찾고자 하였다.[25] 그는 고대 서사시와의 접근을 지향하면서 우리의 장편소설을 개조해 본다는 생각은 한갓 '당돌한 구상'이라 하고, 우리의 형편에서 가당하고 가능한 일은 "개인주의가 남겨 놓은 모든 부패한 잔재를 소탕하는

---

25 김남천은 일역판에서 말하는 '부르주아 사회'를 '시민계급사회'라 고쳐서 쓰고 있으며 일역에서의 애매한 부분을 삭제하고 있다. 기실 일본역엔 두 가지 점에서 애매성이 지적되고 있다. 첫째는 역자의 능력 부족, 둘째는 루카치 자신의 불철저한 태도에서 유래된 점. 헝가리 피난민으로서 일면으로는 소련 교조주의에 대한 '빨치산 투쟁'을 하면서 한편으로는 히틀러주의에 대항해야 했던 까닭이라고 루카치 스스로가 말한 바 있다.(小田切秀雄, 「ルカーチと日本文学」, 『ルカーチ著作集 2』, 白水社 참조.)

일"이라 본다. 여기서 그가 말하는 개인주의가 무엇을 뜻하는지 확실히 알기는 어려우나, 아마도 자본주의 사회의 특징인 그 '개인주의'의 개념이기보다는(그런 개인주의는 우리 형편엔 아직 없는 것이거나 있더라도 미미할 따름이라 문제가 안 되니까) 개인이 갖고 있는 사상이나 주관을 이름이리라. 이렇게 볼 때 그가 말하는 다음과 같은 결론이 그 바른 뜻을 지니리라.

> 그러나 피안(彼岸)에 대한 구상을 가지고 있지 못한 우리가 무엇으로써 이것(개인주의 극복—인용자)을 행할 수 있을 것인가. 작자의 사상이나 주관 여하에 불구하고 나타날 수 있는 단 하나의 길, 리얼리즘을 배우는 데 의하여서만 그것은 가능하리라고 나는 대답한다.[26]

그리고 그 리얼리즘은 발자크적인 의미에 해당되는 것이다. 작가의 주관이나 사상이나 이데올로기나 세계관과는 무관하게 존재하는 것이 발자크의 리얼리즘이라고 엥겔스가 갈파한 견해를 김남천은 여기서 재천명한 셈이다. 서인식이 「문학과 논리」(『인문평론』)에서 생활인이 직업인으로서 갖는 직분의 윤리문제를 강조한 데에 대하여 김남천이 관심을 갖는 것도 이 때문이다. 직분은 사상이나 이데올로기와 관계없는 곳에서 성립되는 직업 윤리인 것이다. 소설에서 보면 그것은 작가의 세계관과 분리된 리얼리즘이다. 일제하에서, 파시즘 밑에서도 문학을 해야 하는 길이 리얼리즘뿐이라는 것, 현실의 기록자일 때만이라는 것을 그

---

26 앞의 「소설의 운명」, 14쪽.

는 내세운 것이기에 김남천의 「소설의 운명」이 구태여 헤겔이나 루카치의 이론을 이끌고 들어온 데는 별다른 의미가 없다. 차라리 엥겔스의 발자크론을 다시 이끌어들여 리얼리즘을 설명해야 했을 것이다. 그럼에도 그는 이 논문의 대부분을 루카치의 소설론 소개로 채우고 말았다. 그 의도를 우리는 여태껏 문제삼고자 하였다. 그는 기실은 발자크의 리얼리즘을 문제삼은 것이 아니라, 고대 서사시와의 접근을 지향하는 새로운 소설 형식을, 그 피안에 대한 꿈을 그리고자 하였던 것이다. 이 꿈이 70년대 우리 소설이론에서 겨우 다시 논의된 것은 두루 아는 사실이다. 30년대 말기에 전개된 리얼리즘론의 수준은 따라서 비평사에서는 하나의 봉우리인 셈이다. 그러나 김남천의 이 논문은 소개 단계에 지나지 못했음은 두말할 것도 없다. 작가인 그가 실천한 영역은 겨우 자기 고발의 수준인 「경영」, 「맥」 단계에서 끝내 벗어날 수 없었다. 1940년에 씌어진 이 두 작품은 「발자크 연구노트」 수준인 리얼리즘 단계에도 채 이른 것이 아니다. 「소설의 운명」은 따라서 「경영」, 「맥」에서 두 단계나 앞서 있는 셈이다. 8.15해방이 그 단계를 더욱 멀게 했는지 아니면 가깝게 했는지를 밝히는 것은 금후의 과제 중 하나일 터이다.

요컨대 첫번째 『소설의 이론』도 두번째 『소설의 이론』도 현실과는 무관한 그 자체가 작품이었다. 이론이자 동시에 시였고 소설이자 동시에 이론이었다. 이 이원성이 실상은 일원론 속에서 더 휘황하게 빛을 내고 있었다. 나는 이 빛 속에 온몸을 노출하고 싶었다. 문예비평가이자 연구자인 내가 불이(不二)임을 그때 예감하고 있었다. 내가 쓰는 모든 것이 그대로 작품이기를 소망하고 있었다. 그것이 바로 내 운명이다, 라고. 속으로 외치고 외치며.

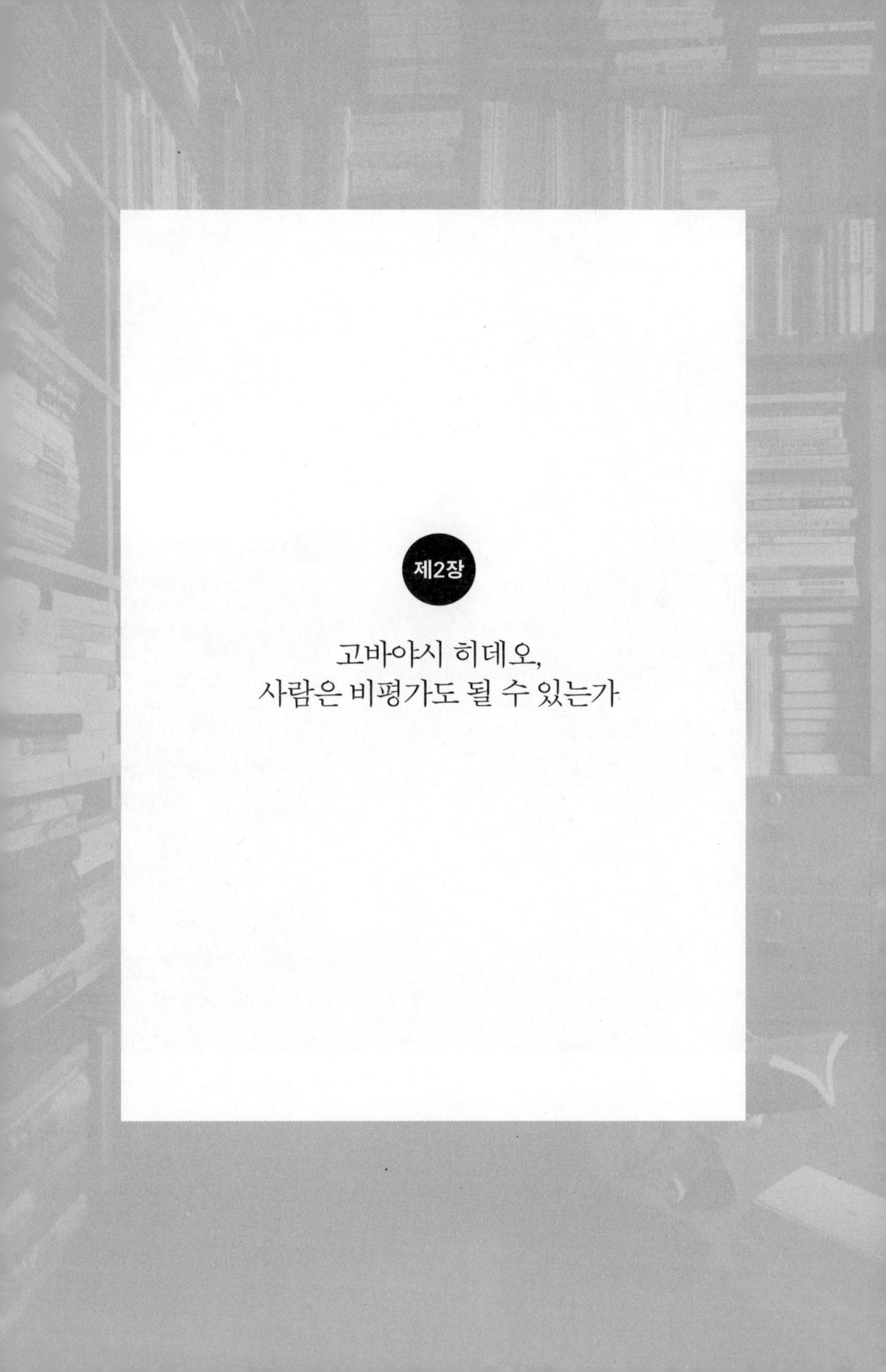

제2장

고바야시 히데오, 사람은 비평가도 될 수 있는가

금각사(金閣寺)

미시마 유키오(三島由紀夫, 1925~1970)

가마쿠라 유키노시타의 자택에서 고바야시 히데오(小林秀雄, 1902~1983), 1962

1938년 4월 중국 항주 서부에서 아쿠타가와상 부상을 지참하고(오른쪽이 고바야시, 왼쪽이 히노)

석굴암 본존불

기쿠치 히로시와 함께 관부연락선에서, 왼쪽이 고바야시 히데오. 1940

고바야시 히데오의 집터

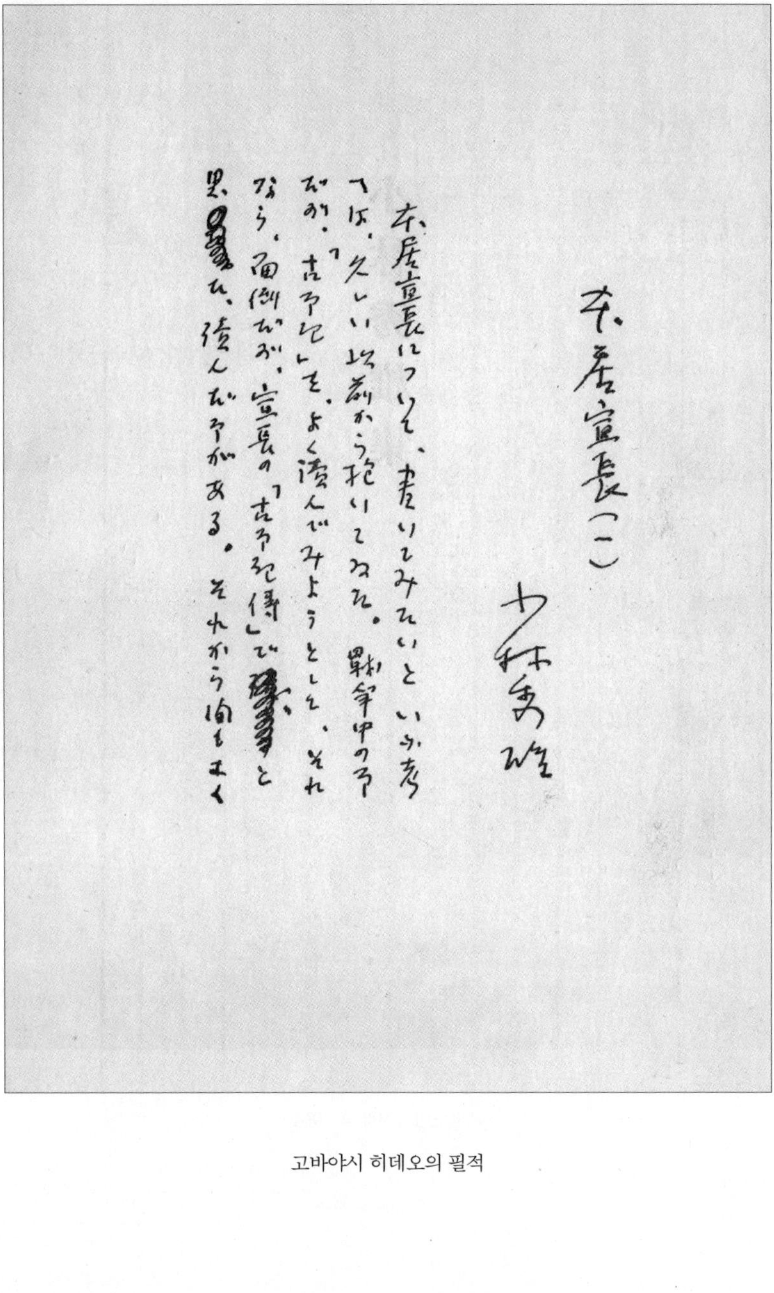

本居宣長（一）

小林秀雄

本居宣長について、書いてみたいといふ考へは、久しい以前から抱いてゐた。戦争中の事だが、「古事記」を、よく読んでみようとして、それなら、面倒だが、宣長の「古事記伝」でと思ひた、読んだ事がある。それから間もなく

고바야시 히데오의 필적

니시노미야시에서, 1964

고바야시 히데오의 무덤

● **제2장**

고바야시 히데오,
사람은 비평가도
될 수 있는가

1. 미시마 유키오의 자결

미시마 유키오(三島由紀夫, 1925~70)의 자살 뉴스에 접한 것은 내가 일본에 온 지 3일이 된 때였다. 방을 구하려 복덕방을 헤매고, 이불, 식기, 밥솥 등 도구 장만에 정신이 없는 때라 해야 정확하다. 도쿄대 근처 식당에서 자위대 총감실에서 할복 자살하는 장면을 TV로 보았지만 도무지 영문을 알 수 없었다. 그날로부터 모든 뉴스의 중심이 이 사건으로 뒤덮였음을 보고 비로소 어렴풋이 이 사건의 중요성을 조금은 알 듯한 느낌이 왔다. 사건이 난 지 두 달 뒤에야 나는 이 사건의 진상을 나름대로 정리할 수 있었다. 나름대로라 했거니와, 1년간 연구용 자료수집차 도일하긴 했으나 당시 나는 조교수라는 직업의 한 옆에 문예비평가라는 직함을 공유하고 있었다. 이 이중성은, 내 글쓰기의 운명적 양상이어서 지금도 이 운명의 멍에를 지고 연자방아를 돌리는 눈 먼 당나귀 신세가 되어 있다. 도대체 이 사실은 무엇을 가리킴일까.

참으로 무모하게도 나는 이 사건을 다룬 평론 한 편을 썼고, 이를 나를 데뷔시킨 『현대문학』(1971. 5.)에 투고했다. 지금 읽어 보니 실로 무모하기 짝이 없다. 어이없게도 흡사 일본문학을 훤히 꿰뚫어보는 듯한 착각에 사로잡혀 있지 않겠는가.

문제는 무엇인가. 곧, 어째서 나는 이런 짓을 서슴지 않았을까. 이는 젊은 혈기와는 또다른 것이다. 앞에서 운명이라 했거니와 연구자와 비평가, 학자와 문예비평가를 한몸으로 살아야 했고, 지금도 그러했기에 그 결과는 어떠했던가. 순수한 연구자도 되지 못했음은 물론, 순수한 비평가도 되지 못하고 만 것이 아니던가. 이 이중성에서 빚어진 글쓰기란 대체 어떤 괴물이거나 심리의 요물이었는지 모르지 않겠는가. 미시마라는 작가가 절복을 했든 말든 나는 공동묘지와 같은 도서관에 죽치고 앉아 내 몸을 죽은 자에 빌려 주고, 그들을 잠시 살려 내어 대화나 하면 되지 않았을까. 그랬다면 육당, 이광수는 물론 이인직이나 김옥균 또 염상섭이 즐겨 읽었던 목소리조차 입수할 수 있었을 터이다. 그러나 나는 그렇지 못했다. 공동묘지에까지 들려 오는 저잣거리의 소음이 내 귀를 가만히 두지 않았다.

훗날 나는 어떤 사회학자의 글쓰기의 태도를 듣고 심히 부끄러웠음을 이 자리에서 고백하고 싶을 정도이다. "나는 연구자인 까닭에 사고하는 것은 팔아먹지만 느낀 것은 팔아먹지 않는다"[1]라고 했는데, 독일에서 연구 중 모친 사망소식을 듣고 급히 귀국했지만 이것을 어느 글에서도 쓰지 않았다는 것이다. 이 분이 과연 연구자로 얼마나 대단한 업적을 냈

1 上野千鶴子, 『上野千鶴子が文学を社会学する』, 朝日文庫, 2003, p. 253.

는지의 여부는 알기 어려우나, 적어도 태도만은 분명했다. 그렇다고 연구일변도의 길에 돌멩이나 잡초 같은 것 혹은 길가의 민들레꽃이나 다리 밑 실개천의 붕어새끼들에 곁눈질쯤은 하지 않았을까. 그렇지만 붕어새끼나 민들레를 내세워 그것을 글로 써서 팔아먹지는 않았을 터이다.

나는 그렇지 못했다. 미시마 유키오의 자살을 팔아먹고자 했다. 사고하는 것이 아니라 느낌이었던 것이다. 왜냐면 문예비평이란 '사고하는 것'에서 한발 물러나 느낌 쪽에 놓인 영분인 까닭이다. '사고하는 것'과 '느끼는 것'의 차이라든가 그 장단점이라든가 기타의 문제점들은 각자의 개성이나 기질에 관련된 것이 아니었을까.

2. 문학적 죽음과 정치적 죽음

나는 이 평론의 서론을 이렇게 길게도 썼는데, 이것만 보면 무슨 연구자의 태도처럼 겉옷을 걸쳤으나 잘 따져 보면 '사고하는 것'이기보다 거의 '느낌'에 기울어져 있었음이 판명된다. 어째서 그러한가. 먼저 나는 내가 본 정경부터 전면에 내세웠다.

> 작년(1970년) 11월 25일 자위대 총감실에서 할복자살한 이른바 미시마 사건은 여러 가지 면에서 일본사회에 숱한 물의를 일으킨 것으로 보인다. 필자가 도쿄에 도착한 3일 후 도쿄대 근처 식당에서 TV 중계방송을 본 때로부터 2월 현재까지 월간, 주간지를 휩쓴 듯하고, 그만큼 찬반 검토가 있는 듯하며, 지난 1월 24일 수많은 조객으로 싸인 장례식이 있은 후로는 (NHK만은 장례식 실황 보도를 보이콧한 것으로 되어 있다.) 일단은 저널리

즘에서 약간 물러난 것이 아닌가 판단된다. 그것은 이 사건의 광적인 사실의 윤곽이 어느 정도 잡힌다는 뜻이기도 하리라.

그러나 잇달아 사고하는 겉모습을 또한 헌 외투처럼 걸치고 있지 않았겠는가. 거기에 무슨 '사고하는 것'이 있단 말인가. 사고함이란 전력을 기울여 백척간두에 섰을 때 나오는 것.

필자가 이 사건에 다소의 관심을 가졌다면 아마도 아래와 같은 이유 때문이었는지도 모른다. 그 첫째는, 미시마 유키오라는 일본 전후 작가의 작품 「금각사」가 다자이 오사무(太宰治), 오에 겐자부로(大江健三郎) 등의 작품과 함께 수년 전 한국에서 번역되어 전후 젊은 작가 혹은 작가 지망생에 약간 읽혔을 가능성 때문이다. 어떻게 읽혔으며 영향 혹은 저항을 받았는가의 여부는 알 길 없으나, 가령 다자이 오사무의 에피소드 처리법, 감수성 등의 영향과는 비교할 수 없다 하더라도, 전혀 없었던 것과는 다를 것이다. 또 이 작가의 한 면은 가와바타 야스나리(川端康成)의 노벨상 수상과 더불어 한국에도 약간 알려졌다고 할 수 있을 듯도 하다. 가와바타의 작품이 여러 권으로 번역되었고, 그 작품 해설 및 인물 해설에 미시마의 글이 실리기도 했던 점을 미루어 보면 사람들은 아마도 두 작가 사이의 문학적인 어떤 체질 같은 것을 눈치 챘을지도 모른다. 물론 이러한 몇 가지 점은 순전히 한국어, 고쳐 말해서 '한글세대'에 국한된 측면임을 분명히 해둘 필요가 있을 성 싶다. 일어를 해독하는 비(非)한글세대의 사람들은, 그들이 약간 관심을 갖기만 한다면 일어로 직접 읽고 이해할 수도 있으리라. 또 극히 호기심이 있는 몇몇은 수년 전 『라이프』(*Life*)지 특집이라든가 영역된 미시마 작품 및 사이덴스티커(Edward Seidensticker)의 작가론도 쉽게 구해 볼 수 없는 바도 아니다. 그러나 이런 약간의 미시마 소개는 퍽 단편적이기 때문에 부분적 사실이 왕왕 빠지기 쉬운 과장과 오해를 낳기 쉬웠고, 그 결과 지적 호기심뿐만 아니라 전후 각국의 문학을 알고 싶어하는 사람들에게는 매우 불만스러운 면이 없지도 않았으리라 추측되는 것이다. 둘째는, 한국민이 갖는 일본 및 그 문화에 대한 생리적인 혐오감을 들 수 있으리라. 일어 및 그 문화를 다소 아는 비한글세대의 사람들 대부분은 그들이 지닌 콤플렉스 때문에 일본문학에 대해 언급하기를 기피하려는 경향이 있지 않은가 생각된다. 그것은 어떤 점에서는 문학만은 독자적이라는 이유로, 한국문학의 독자성이라는 의식이 짙게 작용한 소치일 수도 있다. 그러나 '한글세대'로 보면 서구를 안다는 것 못지않게 일본을 알아야 된다는 어떤 강박관념 같은 것 때문에 일본 문화 및 문학에 대한 호기심이 굴욕감과 뒤섞여 모종의 긴장감 같은 것으로 변질되고 있을지도 모르는 것이다. 가령, 가와바타의 「도쿄인」(東京人)이나 「산의 소리」 같은 지극히 읽기 힘든 작품도 무엇인가 완결된 듯한 느낌을 받을지도 모르는 것이다. 셋째, 미시마 사건이 혹은 그의 문학이 세계적으로 문제가 되더라도 한국 지식인의 결벽성과 자존심 때문에 외신이나 외국인의 평가에 의존하려는 경향이 있을지도 모른다는 점을 들 수 있다. 한국인이 서구인보다 전후 일본문화에 대해 자세하지 못하다는 것이 사실이라면, 그것이 고의적인 관심의 회피에서 연유하든 무관심에서 오든 간에 어떤 의미에서는 우리의 손실이라 할 수 있을지 모른다. 도널드 킨(Donald Keene), E. 사이덴스티커, D. 오르미, 앵거스 윌슨 등 서구인이 미시마 문학을 본 것은 그들의 입장과 문화적 배경에서 본 것이므로 우리가 그대로 수용, 이해한다는 것은 어떤 면에서는 오히려 무지보다 못한 독소적 엘리먼트가 될지도 모른다. 단적인 예를 들면 R. 베네딕트의 명저 『국화와 칼』이 일본문화를 문화인류학적 방법으로 파악한 걸작이라 하나 그 내용의 상당한 부분이 일본 특이성이기보다는 동양의 특이성에 가까운 것으로 파악되는 것이다.

이상 몇 가지 이유를 그럴 듯하게 내세워 보았으나 실상 나에게는 한갓 핑계일지도 모른다. 처음부터 한국인인 나에게 있어 이 미시마 사건은 심히 기분 나쁜 어떤 징후였으며, 이 불쾌한 징후는 지금도 변함이 없다. 한갓된 감정적 영역에서 영영 이탈할 수 없는 민족의식이라는 거창한 역사의식에로 통하고 있었던 것이며, 이 자리지킴에서 논리가 항시 무용하다는 것을 알고 있기만 해도 뜻있는 일이 아닐까 싶다.[2]

3. 사카모토 교수의 비판

논리를 세우고자 온갖 자료를 이끌어 왔지만 보다시피 나는 이 글에서 결국 논리 포기를 서슴지 않았다. 참으로 딱한 것은 거의 무의식 상태에서 그러했음이다. 훗날 곰곰이 그 이유를 캐묻지 않으면 안 되었는데, 마침내 내가 이른 곳은 연구자와 비평가, 논리와 표현의 이중성에서 온 것이었다. 이 모순이랄까 거북함이 내 글쓰기의 에너지 또는 긴장력이 아니었던가. 그렇다면 이것이 어찌 나만의 문제성이었을까. 그럴 이치가 없음을 나는 오랜 공부 끝에 알아차릴 수 있었다.

---

2 재수록. 『한일문학의 관련 양상』, 일지사, 1974, 235~237쪽.

내가 한동안 공부한 것에는 『일본정치사상사 연구』(1952)로 고명한 정치학자 마루야마 마사오(丸山眞男, 1914~96)와 일본 근대비평의 개조로 불리는 『갖가지 생각하는 일』(1929)의 고바야시 히데오(小林秀雄, 1902~83)를 들 수 있다. 엄격한 연구자이면서도 저널리즘에 맹렬히 참여한 현실파가 전자라면 어디까지나 표현자 일변도로 우뚝 선 비평가가 후자임은 모두가 아는 사실. 미시마 사건에서 내가 알고 싶은 것은 이 두 거인의 반응이었다. 그러나 마루야마의 반응은 저널리즘 어느 구석에서도 찾을 수 없었다. 어쩌면 당연한 일이었는지도 모르는데, 2년 전 야스다강당(도쿄대) 사건 이후로 정년을 몇 년 앞둔 그가 학교를 떠났던 것이다. 그 후임인지는 알 수 없으나 도쿄대학 법학부 교수이자 국제정치학자인 사카모토 요시카즈(坂本義和)의 날카로운 비판이 있었다. 그는 미시마 사건의 논조를 '문학적 죽음'으로 다루고 있는 저널리즘에 대해 다음 세 가지 이의를 제기했다.

①죽은 장소가 의도적으로 선택된 자위대 안이었다는 점. 이 사실을 덮어둔 채 문학 쪽에서 이 사건을 일방적으로 의무 부여, 변질시켜서는 안 된다는 것. ②쿠데타의 계획이 미해결인 점. ③미시마가 죽기 전 자위대에서 행한 격문 및 연설은 충분히 정치적이라는 점. 사카모토 교수는 이 사건이 정치적이라 규정하면서도 문학적 현상과의 거리를 재고 있어 인상적이었다. 왈, "물론 미시마 사건의 정치적 의미를 중시한다는 것은 그것을 정치적으로만 포착함을 의미하지는 않는다. 단지 본래 정치적인 의미를 지닌 행위를 전적으로 문학이나 미학의 차원으로 비정치화하는 것은 그 자체가 정치적"(『아사히신문』, 1970년 12월 26일자)이라 했다. 사카모토 교수는, 유학생 C(최상룡), K(김영작) 씨의 지도교수였다. 당초의

지도교수가 마루야마 교수였을 터이나 그가 학교를 떠났기에 후임인 사카모토가 맡았던 것이리라. 이 이후로 종종 나는 사카모토 교수의 글을 눈여겨 보았고, K와 C 양씨로부터 이런저런 정보를 얻을 수 있었다.

C씨의 학위논문 「미군정과 한국민족주의」(1981)는 사카모토 교수의 지도를 받은 것임을 밝힌 바 있다(나남사, 1988, 머리말). 한편 K씨에 대한 사카모토 교수의 격려사는 남다른 바 있었다. 애제자의 정치적 휘말림에서 온 것이었기에 그만큼 아픈 대목이기도 했다.

> 이 책의 저자 김영작 군은 1965년 4월 도쿄대학 대학원의 법학정치연구과에 입학하여 내 연구지도 아래 국제정치학을 전공했다. 1972년 3월 박사논문 「한말에 있어서의 내셔널리즘의 사상과 현실」을 제출하여 9월에 법학박사의 학위가 주어졌다. 그후 릿쿄대학 법학부 교수를 거쳐 1973년 4월에 국제 기독교대학 조교수로서 국제관계를 담당해 오다가 다음해 4월 3일 한국의 법률을 위반한 과실로 인해 일시 귀국 중에 체포되어 현재 복역 중에 있다.

이것은 김영작의 학위논문(東大出版會, 1975)에 쓴 사카모토 교수의 후기의 첫 대목이다. 이 무렵 나는 이 두 후배로부터 많은 정보를 알아낼 수 있었는데 이는 지금 생각해도 내 생애에 있어 통쾌한 일의 하나였다. 내가 자주 그들과 접촉하며 사귄 것은 무엇보다 함께 간 김용구 교수(외교학과) 덕분이었다. 나보다 한 살 아래인 김(조교수)은 두 분의 대선배였고, 그들은 외교학과의 창설자 이용희 선생의 직계 엘리트들이었다. 김 교수와 그들이 주고받는 논의는 팔할이 구한말 정치론이었다. 구한말 국제정세의 어떠함은 김옥균의 갑신정변을 정점으로 하여 심화되어 갔고, 귀동냥만으로도 나는 제법 공부를 할 수 있었다. 또한 중요한 것은 마루야마, 사카모토 등 최고의 정치학자들의 견해와 관련된 논의 곧 대학의 학문과 그 분위기였다. 학문이란 대학에서 하는 것. 그것은 많건 적건 정치적일 수밖에 없다는 사실 앞에 나는 서서히 잠겨들었다. 그 덕분에 훗날 나는 『한국문학사』(1973, 김현 공저) 집필에서 정치·사회경제사의 중요성을 어느 수준에서 도입할 수 있었다.

미시마 사건에 대한 사카모토 교수의 비판의 예리함을 내 나름으로 엿본 것은 지금 생각해도 통쾌하다. 최고 학부인 도쿄대 법학부 교수의 저러한 비판이란, 말을 고치면 전후세대의 종교라 일컫는 거인 마루야마의 비판이라 볼 수 없겠는가. 이러한 정치적 비판이란, 어쩌면 아카데미즘 쪽의 비판이 아니었겠는가. 나는 그렇게 생각했다.

4. 고바야시 히데오의 견해

그렇다면, 마루야마에 버금가는 문학 쪽의 거인은 이 사건에 어떤 반응을 보였을까. 문예지 『신초』(新潮) 임시증간호(1971년 1월)에는 「감상」(感想)이란 표제로 기자와의 대담이 실려 있었다. 이번 미시마 사건에 대한 감상을 듣고 싶다는 기자의 질문에 고바야시는 "난처하다"라고 말문을 텄다. 또 난처하다 함은 단지 내 멋대로의 기분을 말함이 아니라고 했다.

기자 그게 무슨 뜻일까요?

고바야시 그것은, 곧 난처한 성질은 오히려 사건 그 자체 속에 있다는 뜻이오. 그대는 저널리스트의 자격으로 내게 의견을 구하고 있소. 말할 것도 없이 저널리즘이 도저히 놓치지 않을 큰 사건이지만 저널리즘은 아무래도 다룰 수 없는 무언가 매우 고독한 것이 이 사건의 본질 속에 있소.

고바야시는 이 사건을 솔직히 보고자 했다. 이 솔직함, 있는 그대로 보기가 곧 그의 문학적 입장이다. 이 솔직히 보고자 함을 훼방 놓는 것이 부질없는 생각이나 그런 말이라는 것이다. 자기의 경험으로 환원되지 않는 어떤 사상도 믿지 않으니까.

그런 사례로 TV에 크게 얼굴을 드러낸 사토 수상을 들었다. 사토 수상은 이 사건이 제정신이 아니라 했다. 당연히도 정치가가 정치적 사건을 보고 있었으니까. 이번엔 TV에 나온 문인 하야시 후사오(林房雄)의 발언. 침통한 기분으로, 미친 짓이 아니다, 처음부터 끝까지 "제정신"이란 의미의 말을 했다. 그 순간 눈물이 났다고 고바야시는 고백했다. 이 눈물이야말로 이번 문제의 전부라는 것. 요컨대 고바야시가 내세우고자 한 것은 이 사건이 문학적 과제라는 점이었다. 굳이 문학적 처지라 내세울 것까지 없다. 왜냐면, 문학자란 가능한 한 인간 가까이에서 사물을 보는 연습을 모르는 사이에 길러온 족속이니까.

그렇지만, 미시마는 의식적으로, 될 수 있는 한 정치적, 저널리스틱하게 행동한 것이 아닌가, 라는 기자의 질문에 대해 고바야시의 견해는 이러했다. "그렇소. 자결하기 위해서니까. 정치도 저널리즘도, 말하자면 자결을 위한 수단이라는 식으로 행동했고. 거기에는 끝장난 비극성이 드러나 있겠지요. 이 비극성은 있는 그대로 느끼는 방도 외에는 없다. 그리하여 그것을 전적으로 느끼고자 하면 말을 잃게 됩니다 그려. 별 도리가 없지 않은가. 느끼는 축들을 물리치고 이런 저런 해석을 하는 축들도 많겠지만, 그런 것은 그냥 그런 것이어서 대단한 관심이 없습니다."[3]

미시마 문학을 어떻게 평가하는가에 대한 기자의 질문에 대해 고바야시의 답변은 분명했다. 『금각사』(1956)가 나왔을 때 읽고 대담을 했다는 것, 매우 재능 있는 작가로 느꼈다는 것, 뭔가 "이상한, 마적(魔的)인 느낌"을 받았고, 자기와는 기질이 썩 달랐다는 것, 또 근자 그의 소설을 읽지 않았기에 논할 자격이 없다는 점을 분명히 했다. 천하의 미를 대표하는 금각사의 불탄 사건을 소설화한 이 작품을 두고 고바야시와 미시마의 대담(1957)이 있었다. 그 속에는 아주 묘한 대목도 끼어 있었다.

미시마 그 소설(금각사)은 선생의 것을 훔친 곳이 있습니다.

고바야시 어째서?

미시마 그것은 선생이 언젠가 쓰신, 미(美)라는 것은 사람이 생각하는 만큼 아름다운 것이 아니다, 결코 아름다운 것도 아무것도 아니다, 라는 말이 이 소설 속에 들어 있습니다.

고바야시 아, 그랬던가.

미시마 그런 문장도 그 속에 훔쳐져 있습니다.

고바야시 아, 그건 몰랐군요.

미시마 「모차르트」였던가, 어떤 글에 쓰신 것 속에서…….

고바야시 그랬던가요. 좌우간 그대의 라스콜리니코프는 대단한 심미가군요. 미라는 말은 묘한 말이더군요. 미학자가 이 말을 사용하면 할수록 미

---

3 小林秀雄, 「感想」, pp. 138~139.

를 다루는 일에 열중한 사람들은 이 말을 기피하고 있지요. 세잔 같은 사람은 결코 이 말을 쓰지 않고, 그 대신 일부러 다른 말을 쓰지요. 아름다움을 미라고 말하기가 싫으니까.

미시마 라스콜리니코프는 사회주의적 범죄다, 라는 설이 있지 않던가요.

고바야시 있소. 그 사람 속에는 미의 문제는 전혀 없지.[4]

이런 문맥으로 보아, 소설『금각사』속에는 고바야시의 입김이 스며 있었을 터. 그럼에도 고바야시는, 미시마 속에 있는, "마적인 것"을 읽어 내고 있었다. 그런 것은 나와는 이질적이다! 라고. 요컨대 미시마가 아무리 반성적 인간일지라도 그 역시 자기 자신이 투명했을 이치가 없다는 것. 인간으로서 운명이라 부를 수밖에 없는 어두운 부분이 있다는 것. 그렇기 때문에 이 사실을 수용할 수밖에 없다는 것. "삼가 애도를"이라고 할 수밖에. 왜냐면 인간은 누구나 고독하니까.

묘한 얘기지만 이런 일도 있었어요. 실은 며칠 전 미지의 단체에서 미시마 애도모임 발기인에 참여할 수 없느냐고 했을 때 딱 거절했지요. 역시 고독한 사건이란 말로 다한 느낌이어서 이쪽에서도 이것을 고독으로 받아들이는 일은 극히 당연한 일이 아니겠는가. 가령 우익이라는 쪽의 당파성은 그 사람의 정신에는 전혀 무관한데도 사건을 그러한 당파성의 말로 유혹하지요. 사건이 사고 및 물적(物的)으로 보이기에 거기에 씌우는 말도 물적으로 취급되지요. 사건을 상징적 사건으로 감수하고 바로 아는 일

4 小林秀雄,『人間の進歩について—小林秀雄対談集』, 文藝春秋, 1981, p.164.

은 쉽지 않소. 이런저런 해석이 있지만 실상은 모두 알게 모르게 사건을 사고 내지는 물적으로 다루는 일이 있다고 생각하오. 사건이 이 나라 역사랄까 전통이랄까 그런 문제에 깊이 관계있음은 말할 것도 없지만 그에 따라 그 사건의 상징성이란 이 문학자 자신만이 책임질 개성적 역사경험의 창출인 것. 그렇지 않다면 어째서 분명 타인이며 고독하기도 한 나를 움직일 힘이 거기 갖추어져 있었겠는가.[5]

문학자는 고독하다는 것. 이 사실은 모르는 사이에 인간의 운명을 같이 고찰하는 고도의 훈련을 한 인종을 가리킴이라는 것. 고바야시가 선 자리는 바로 여기였다. 미시마 사건이란 새삼 무엇인가. 한 문학자의 죽음이라는 것이 정답이라 고바야시는 '고독'이란 이름으로 내세우고 있음이 잘 드러난다. 당파성을 제거하고 남은 이 사건성이란 무엇인가. 자위대 본부 난입, 할복자살 기타 등등은 한갓 '물적 사고'이기에 당파성이 이를 취급하는 것은 당연하지만, 인간 미시마와 문학자 미시마의 처지에서 보면 이 사건은 상징성을 갖게 된다. 상징성이란 새삼 무엇인가. 문학자 자신만이 책임질 개성적인 역사경험이 만들어 낸 것. 바로 고독의 근거가 여기에서 왔다.

그렇다면 고바야시가 내세우고 그것을 훔쳐서 『금각사』를 썼다는 그 '미'란 대체 무엇인가. 미와 문학, 미와 작품, 그리고 마침내 미와 문예비평의 관계란 무엇인가. 이 물음을 나는 이제 피해갈 수 없었다. 신초샤(新潮社)에서 낸 그의 전집을 입수하여 오랜 동안 어루만지며 이를 알아

5 같은 글, p. 139.

내고자 내 딴엔 혼신의 힘을 기울였다. 워낙 난해하고 표현의 미묘함에 내가 절망했음이 어찌 한두 번이었겠는가.

5. 사람이 비평가도 될 수 있는 곡절

비평이란 무엇인가. 정확히는 '문예비평'이란 무엇인가. 또다시 정확히 말해 문예비평이란 일본에서 형성된 것을 가리킴인 것. 20세기의 신진 비평가는 스스로의 선 자리를 점검하는 마당에서 이렇게 실토하고 있다.

> 나를 포함한 오늘날 문예에 종사하는 사람은 아무런 토를 달지 않고 '비평'이란 말을 사용하고 있다. 물론 '비평'이란 말은 다의적이며 일반명사로 사용되어도 아무 지장이 없다. 그러나 가라타니(柄谷行人) 씨의 경우, 씨의 '비평'은 어디까지나 고바야시에 의해 창시된 근대 일본 특유의, 아주 특수한 문예장르를 가리킴이다. 그것은 또 '안다는 것'에 대해 '믿는다는 것'을 뚫고 나가고자 하는, 역사나 체계를 초월하는 이론을 억지로 꿰맞춘다든가 의미를 찾아내고자 하지 않는다. 내측에서 생기는 것일 수밖에 없는 것을 다루는 비평인 것이다.[6]

서양에서 말하는 에세이와도 별개이지만 루카치가 말하는 영혼의 문제와도 별개의 존재가 아닐 수 없는 것. 가히 일본 특유의 '문예장르'라는 것. 고바야시를 근대비평의 조상으로 치는 것은 이런 문맥에서이다.

---

6 福田和也, 『甘美な人生』, 筑摩学芸文庫, 2000, p. 33.

고바야시의 문단 데뷔는 「갖가지 연구하는 일」(様々なる意匠, 1929)이다. 사상지 『가이조』(改造)가 현상소설 모집으로 문단에 주목을 끈 이듬해 현상문예비평을 내걸었을 때, 최종 두 편이 「패배의 문학」(敗北の文学, 미야모토 겐지宮本顕治)과 「갖가지 연구하는 일」이었다. 투표 결과는 3 대 3. 후자가 2등으로 된 것은 난해하다는 것. 전자는 좌익의 입장에서 아쿠타가와 류노스케(芥川龍之介, 1892~1927)의 자살을 비판한 것이어서 시류에 맞다고 판단한 결과였다. 상금은 1등 1천 엔, 2등 500엔이었는데, 1등 당선을 자신한 고바야시는 1등 상금액을 미리 빌려 친구들과 마셔 버린 뒤였다.[7] 대체 이러한 문예장르로서의 비평이란 어떤 것이었을까. 「갖가지 연구하는 일」의 모두엔 A. 지드의 말이 인용되어 있다. "회의란 아마도 예지의 시작인지 모르나, 예지가 시작된 곳에서 예술은 끝난다"라고. 마음이 맑고 생각이 지혜로움을 일러 예지라 하거니와, 이 예지와 예술이 상극임을 내세운 이유는 무엇일까. 먼저 회의하는 일이 있고 그 다음에 예지가 있다면, 회의함 없이 예술을 논할 수 없지 않겠는가. 그 회의함의 첫줄을 그는 이렇게 썼다.

> 문학의 세계에는, 시인이 있고 소설가가 있듯이 문예비평가라는 것도 있다. 시인에 있어서는 시 쓰는 일이 목표이며 소설가에 있어서는 소설 쓰기가 그 바람이다. 그렇다면 문예비평을 쓰는 일이 목표일까? 아마도 이 사실에는 많은 역설이 잉태되어 있다.[8]

---

7 高見沢潤子, 『兄小林秀雄との対話』, 講談社, 1970, p. 150.
8 小林秀雄, 『小林秀雄集』, 筑摩書房, 1965, p. 260.

물론 고바야시 이전에도 문예비평가가 있었다. 그러나 그 이전에는 자각적인 비평가가 없었다는 선언이 아닐 수 없다. 비평이란 행위가 그 자신의 존재 문제로서 의식되었음을 두고 '자각적'이라 한다면 고바야시가 처음이다. 이 사실을 두고 연구가들은 일본의 근대소설과 비평을 연결시켜 소설=비평의 근거를 마련하곤 했다. 나쓰메 소세키(夏目漱石)에서 시가 나오야(志賀直哉)에서 굴절된 일본의 근대소설이 다시 굴절되어 고바야시에 이르러 '비평'을 낳았다는 것. 소세키가 발견한 '타자'를 시가 나오야가 말살했는바, 거기에는 절대화된 '자기'가 있었다. 고바야시는 이 '자기'를 검정함에서 비롯되었다. 다듬어 말해 고바야시의 비평은 절대자에 매료된 자가 그 불가능함을 알아차리고 자각적으로 자기를 절대화하고자 하는 과정에서 생겨났다는 것이다.[9] 일본 근대소설과 고바야시의 비평이 마주쳤다는 것, 그 저류에는 자기와 타자의 절대성이 깔려 있다는 것에서 엿보이는 것은 고바야시의 비평이 소설을 안고 있는 모습이다. 여기에는 당시 유행하던 인상주의비평이나 객관주의비평(특히 계급주의비평) 따위란 안중에도 없다. 그런 것들은 「갖가지 연구하는 일」의 일종일 뿐이다. 시류에 따라 이럴 수도 있고 저럴 수도 있다는 것이기에 절대의 추구와는 별차원이 아닐 수 없다. 이 '절대'를 중심으로 고바야시는 갖가지 연구하는 일들을 비판했는바, 그 '절대'는 물론 인간의 절대성이다. 이 점에서 그는 아직 낭만주의의 꼬리를 달고 있다고 할 것이다.

Ⓐ"만일 뛰어난 프롤레타리아 작가의 작품에 있는 프롤레타리아의 관념

9 江藤淳, 『小林秀雄』, 講談社, 1965, p. 7.

학이 인간을 감동시킨다면 그것은 모든 탁월한 작품이 갖는 관념학과 마찬가지로 작품과 절대관계, 곧 작가의 혈액으로써 물들었기 때문이다. 만일 이 혈액을 씻어낸 것에 감동하는 자가 있다면 그것은 꾸며낸 마음만이 꾸며낸 것에 감동하는 것이라는, 자연의 교활한 이법에 의한 것이다."[10]

Ⓑ"예술의 성격은 이 세상을 떠난 미의 나라를, 이 세상을 떠난 참의 세계를 우리에게 보이고 있다는 것에 있지 않고, 거기에는 항시 인간 정열이 가장 명료한 기호로서 있다는 점에 있다."[11]

작품과 작가의 절대적 관계, 그것은 다른 말로 하면 인간의 열정의 최대치 강도를 가리킴인 것. 미시마 사건의 경우도 사정은 마찬가지다. 미시마 사건이 문학적인 사건이기에 그 앞에서 '고독'을 느낄 수밖에 없다는 고바야시의 '감상'은 작품과 작가의 절대관계, 열정 바로 그것에서 연유된 것이기 때문이다.

당파성이란, 다시 말해 우익이라는 당파성과는 아무 관계 없는 것이 미시마 사건이라는 것. 따라서 당파성과는 아무 관련 없는 것이 작가 미시마의 정신이라는 이 견해는, 초기에서 만년에 이르기까지 고바야시에겐 불변의 신념이었다. 신용할 수 있는 것은 이것뿐이라고 고바야시는 주장했음이 미시마 사건에서 새삼 확인된 셈이고, 고바야시가 비평을 자각적으로 파악한 것의 요체가 ⒶⒷ에서 확연하다. 요컨대 비평=소설의 도식, 곧 타자의 발견(나쓰메)과 자아의 소멸(시가 나오야)에서 다시 자아

10 小林秀雄, 『小林秀雄集』, p. 263.
11 같은 책, p. 265.

의 발견으로 향하는 정신사적 도식이 선명하다.

이러한 자각적 안목을 처음으로 비평 쪽에서 제기했기에 그는 숙명적으로 비평가이자 동시에 소설가가 아닐 수 없었다.

이토록 엄청난 주장을 신인 고바야시가 문단을 향해 던졌다는 사실을 당시의 문단에서는 알아차릴 이치가 없었다. 고바야시의 존재가 20세기가 끝날 때까지 비평론의 원점으로 군림하고 있음이 새삼 이를 증거하고 있다. 이 원점에 이르는 실마리를 그는 아주 농담조로 지뢰밭 모양 여기저기 설치해 놓았는데, 그 전체를 총괄하는 지뢰는 '신용한다'의 여부였다.

> 나는 오늘 일본문단의 갖가지 연구하는 일들의 적어도 중요한 것으로 보이는 사이를 산보했다고 믿는다. 나는, 뭔가를 구하기 위해 이러한 갖가지 연구하는 일들을 경멸함이 결코 아니다. 단지 한 가지 연구하는 일을 너무 과도히 신용하지 않기 위해 오히려 갖가지 연구하는 일들을 신용하고자 힘쓰고 있을 뿐이다.[12]

후세 사람들은, 이런 대담한 큰소리를 두고, 도쿄의 옛토박이 근성이라 했다.

> 주지하는 바, 그는 '신용하지 않는다'라는 말을 솜씨 좋게 글 속에 써넣음으로써 비평가로서의 지위를 확립한 역설적 작가이다. [……] 그의 문제

12 같은 책, p. 271.

에 있어서는, '신용하지 않는다'라는 부정형의 말이 뚜렷이 보인다. "나는 어떠한 정치 형태에도 정치가에도 믿음을 너무 두지 않는 사람이다"라는 표현이 전형적이다. 이처럼 '나는 무턱대고 신용하지 않는 인간'이라고, 날카롭게 밀어붙인다. 이것이야말로 쇼와(昭和)비평가인 고바야시 특유의 살인적 문구가 아닐 수 없다. 그렇다면 저 날카롭게 밀어붙이는 말이 어째서 '살인적 문구'일 수 있었는가를 생각하지 않으면 안 된다.[13]

여기에 나오는 '밀어붙인다'란 일본어로 '啖呵'(단카)이다. 유마거사가 16나한과 4대보살의 입을 막은 것에서 유래한 이 말은 3대째 도쿄에서 살아온 에도(江戶)토박이의 자부심을 가리킴인 것이다. 현상모집에 응하면서 일등 당선될 것을 믿고 미리 상금 액수만큼을 빌려 다 마셔버린 것은 에도토박이의 기질과 결코 무관한 것이 아니었을 터이다. 그러나 그것만일까. 대체 이 에도토박이는 무엇을 믿고 이런 큰소리를 쳤을까. 이 물음은, 다시 일본근대문학사와 맞닿게 된다. 소설=비평의 굴절 바로 그것.

6. 고바야시의 비평과 루카치의 에세이

여기까지 이르면 이런 의문을 물리치기 어렵다. 곧, 도대체 고바야시는, 무엇을 믿고 저토록 당돌하게도 큰소리를 칠 수 있었을까. 그의 재능이나 자질 또는 도쿄토박이 의식 등이 보통 사람을 기죽게 하는 날카롭게

---

13 蓮實重彦,「批評とその信用」, 高橋康也 編,『批評の創造性』, 岩波書店, 2002, p. 88.

밀어붙이는 말버릇만으로 이것이 설명될 수 없음은 물론이다. 연구가들은 한결같이 고바야시가 보들레르를 비롯, 프랑스 상징파 시인들의 정교한 언어놀이에 젖줄을 대고 있었음을 지적하고 있다. "보들레르의 문예비평을 앞에 두고 배가 파도에 뛰어오르듯 첨예한 분석과 발랄한 감수성의 운동에 내가 목하 놓여 있다"라고 선언할 정도로 그는 자신만만했는바, 그것이 "섬세, 발랄한 감수성"으로 요약되는 젖줄이었다. 이 직접적인 젖줄의 절대성이 서구문학사의 핵심에 놓인 사안이라고 그는 굳게 믿었다.

> 1849년 에드거 포의 사후와 더불어 유례없는 모험이 시가의 모든 협잡물을 제거하여 그 본질을 결정적으로 고립시키고자 한 의도는 보들레르에 의해 계승되고 말라르메의 비밀스런 의식에 이르러 정점에 닿았다. 사람들은 이 문학운동을 '상징주의'라 불렀던 것이다. 그러나 이 운동은 절망적인 정밀한 이론가들에 의해 싸운 가장 지적인 말하자면 언어상의 유물주의 운동이었다. 아마도 그들에 있어서는 '상징주의'라는 명칭은 실로 하찮게 보이는 명칭이었으리라. 낭만파 음악가 바그너, 베를리오즈 등이 음에 의해 문학적 효과를 겨냥한 것을 그들은 거꾸로 문자를 음과 같이 실질이 있는 것으로 사용하여 이를 수집해서 음악의 효과를 내고자 했다. 조금 자세히 말해 그들이 포착한 혹은 포착할 수 있다고 여긴 마음의 한가지 상태는 음악처럼 율동하여, 확정된 언어로써는 표현되지 않는 것이었다. 각자 독자적인 언어의 영상들이 서로 교차하여 비로소 환기될 수 있는 것과 같은 모양의 것이었다. 그러나 우리들의 귀는 악음과 잡음을 뚜렷이 구별하는 구조를 갖고 있다. 음의 순수함은 언어의 외잡 몽롱한

무한의 변모에 비할 바가 아니다. 그렇지만 여전히 그들이 언어의 형상에 의해서 표현될 수밖에 없는 음악적 심경이 있다고 믿는 곳에 그들의 불행이 있고 또 그들의 영광이 있었다.[14]

언어로써는 얻을 수 없는 삶의 열정이랄까 의미랄까 감각을 바로 그 언어로써 얻고자 하는 절망적 운동이란 화엄경이나 법화경에서 말하는 제법실상(諸法實相)에 대응되는 것. 누구보다 이것은 저 중관파의 용수 보살이 갈파한 사실이다. 그러나, 프랑스 상징파의 이런 추구와 노력 및 열정이 종교가 아니라 문학예술임을 염두에 두지 않을 수 없다. 보들레르를 비롯한 이 패거리들은 문학예술을 종교의 영역으로 이끌어 올리고자 한 것이고 그 교주되기를 열망했다. 고바야시, 그는 이 교주들이 탄 배에 감히 올라타고자 했던 것이다. 그 시선에서 내려다보니 마르크스주의다, 무슨 심리주의다 또 무슨 학설 따위란 아이들의 장난으로 보일 수밖에 없었다. '순수'와는 너무도 먼 것으로 보였던 것, 일시적 헛것에 지나지 않았다. 왜냐면 종교란 절대적인 기준 위에 선 것이기 때문이다. 그 기준이란, "섬세하고 예리한 분석과 발랄한 감수성의 운동"이다. 그러기에 비평이란 "구경적(究竟的)으로는 자기의 꿈을 회의적으로 말하기"가 아닐 수 없다. 모두에 내건 지드의 말이 이와 대응되고 있다. 왜냐면 예지란 회의에 비롯됨이지만 예지의 시각에서 예술은 끝나는 것이니까. 여기서 말하는 예지란, 언어와 맞서는 것. 그렇다면 고바야시의 꿈이란 결국 이루어질 수 없다. 왜냐면 순수예술인 시, 소설의 영역인 까닭이다. 고바야

14 『様々なる意匠』, pp. 267~268.

시 그는 실상 "비평=소설=시가"의 등가에 서 있는 형국이었다. 문예비평이란, 시나 소설 모양 순수창작이지 주장, 해석, 설명 따위와는 그 번지수가 다름을 내세운 것이었다.

이런 당돌한 주장 앞에 당황한 것은 정작 현상모집 주최측이었다. 굉장하게 밀어붙이는 용수보살의 부정적 논법 앞에 심사위원측이 당황했음은 물론이지만 이를 결코 물리칠 수는 없었다. 왜냐면 정연한 종교적 체험이니까. 그렇다고 종교와 문예비평을 혼동할 수 없음도 물리칠 수 없는 사실이고 보면 "3 : 3"의 동수가 나올 수밖에 없었다. 마르크스주의 쪽인 미야자와의 「패배의 문학」을 일등으로 결정한 것은, 세속적인 영향 탓이었다. 바야흐로 마르크스주의 문학이 하늘을 가리고 있었음을 감안할 때 별로 놀랄 일은 아니다. 마르크스주의도 일종의 종교였기에 그러하다.

종교로서의 문예비평은 고바야시를 그 교주로 했고, 이 특이한 비평관은 그후 지속적으로 또 힘차게 뻗어감으로써 그 교주 노릇에 손색이 없었다. 일본 특유의 '문예장르'로서 문예비평이란 종교 그것처럼 '아는 것'(지식) 쪽이 아니라 '믿음'(겉으로는 상식, 속으로는 신앙) 쪽이었다. 역사나 세계를 초월한 이론을 내세운다든가 그 의미를 캐고자 함이 아니고 어디까지나 섬세하고 정교한 감수성(육체, 내면)에 기울어진 영역이었다. 이 사실을 잘 드러낸 것에는 널리 알려진 명제 하나로 족하다. "아름다운 '꽃'이 있다. '꽃'의 아름다움이란 것은 없다."(「当麻」, p.366)라고. 제아미(世阿弥)가 한 말을 인용한 이 대목은 육체의 활동에 부딪쳐 관념의 움직임을 수정함을 가리킴인 것.

이 명제가 가리키는 곳은, 도쿄토박이 고바야시의 당돌하게 가슴 서

늘하도록 예리하게 밀어붙이는 말버릇에 멈추지 않는다. 왜냐면, 메이지 이래 수입된 서양철학에 대한 비판이기 때문이다. 서양철학을 수용하여 일본 특유의 독자적 철학을 구축한 『선의 연구』의 니시다 기타로(西田幾太郎)를 두고 고바야시는 "일본어로 쓴 것이 아니며 그렇다고 외국어로 쓴 것도 아닌 기괴한 시스템"이라 비판한 것과 쌍을 이룬다. 요컨대 일본 철학계는 관념을 소화해 내지 못했다는 것. 이러한 몫까지 담당한 것이 문예장르로서의 문예비평이었다.[15] 그렇다면 고바야시의 비평은 당대 저널리즘의 한복판을 가로지르는 가장 활성화된 정신이 아니었겠는가. 가장 섬세하고 예리한 분석으로서의 감수성으로 무장된 내면적인 것에서 가장 고도의 추상적 관념적인 철학 사이를 오르내리는 것이 당대의 저널리즘이었다면 고바야시의 비평은 이 저널리즘과 공존하면서 거기에서 에너지를 흡수함으로써 승승장구할 수조차 있었다.

이러한 문예장르로서의 일본적 비평, 가히 종교라 할 절대적 비평이 일본 특유의 문예비평이라면, 이는 저 서구에서 말해지는 비평(에세이)과 어떻게 같고 또 다른가. 각자가 비교대상이 있었지만 그 중의 하나로, 초기 루카치의 것과 견주어 보면 어떠할까.

『소설의 이론』과 함께 초기 이론을 대표하는 루카치의 청년기 저작은 『영혼과 형식』(*Die Seele und die Formen*, 1911)이다. 여기 실린 10편의 글 중에서 머리에 실린 것이 「에세이의 본질과 형식」이며, 이 책 전체의 구도와 핵심을 내보인다는 점에서 주목된다. 곧 당대의 특출한 글쟁이들인 노발리스를 비롯 카스너, 키르케고어, 게오르게 호프만, 에른스

---

15 東浩紀, 『郵便的不安たち#』, 朝日文庫, 2002, p. 23.

트 등을 대상으로 하여 논의를 진행할 그 공통점은 무엇인가. 이에 대한 해답찾기가 바로 『영혼과 형식』이었다면 구체적으로 그것은 무엇과 견주어야 그 독자성이 인정되는가. 이 물음이 핵심인데 곧 대학에서 행하고 있는 전통적 '학문'이 이에 해당된다.

> 예컨대 이러한 범주에 속하는 훌륭한 글들은 어떤 양상을 띠고 있는가. 이러한 글들의 형식은 어느 정도 독자성을 갖고 있는가, 그리고 이러한 글 속에 담겨 있는 견해와 그것의 형상화가 어느 정도 학문의 여러 영역과 구분되는 하나의 작품을 만들어 내어 이를 예술과 같은 반열에 놓을 수 있는가, 하는 등이 우리가 다루어야 할 문제들인 것이다. 그밖에도 에세이와 예술의 공통점과 경계는 어디 있으며 또 도대체 어떤 점이 에세이라는 작품에 삶을 개념적으로 다시 정립하도록 하는 힘을 부여하면서도 그것을 냉철하면서 최종적인 성격을 띤 철학의 완결성과 구분짓는가 하는 등의 문제가 논의되어야 할 것이다. 물론 이러한 문제점들의 논의는 에세이라는 글이 가질 수 있는 단 하나의 가능한 자기변론이기도 하지만 다른 한편으로는 에세이라는 글에 대한 비판이 될 수도 있다.[16]

여기서 말하는 에세이는 스스로 말했듯 '비평=에세이'를 가리킴인데, 말을 줄이면, 비평이란 무엇인가에 대한 논의에 해당된다. 그것은 ① 예술과 어떻게 다르며, 마침내 ②학문(대학)과 어떻게 구획되는 것인가를 다룬 것이다. ①에 대해서는, 쉽사리 구별될 수 있다고 루카치는 보았

16 루카치, 『영혼과 형식』, 반성완·심희섭 공역, 심설당, 5~6쪽.

다. 왜냐면 비평이 예술이냐 아니냐에 대한 논의가 진부할 정도로 행해졌기 때문이다. 루카치 자신은, 에세이를 일단 예술형식으로 규정했기에(다른 예술형식과 에세이가 어떻게 유사하고 또 다른가를 검토한 후), 참으로 그가 겨냥한 것에로 향했는바, 바로 에세이와 학문의 관계이다. "어떤 몸짓에 의해서도 표현될 수 없으면서 그래도 표현을 갈망하는 체험"이 에세이를 요구했다면, 거기에 부여되는 형식이란 새삼 무엇인가. 이 형식 속에서 운명적인 것을 보는 사람이 비평가라면 그는 과연 학문과 담을 쌓는 존재일까.

> 물론 예술학(Kunstwissenschaft)이라는 것이 존재하고 또 응당 존재해야만 한다. 위대한 에세이스트들은 이 점을 조금도 포기할 수가 없다. 즉 그들이 창조해 내는 것은 학문이 되어야만 하는 것이다. 비록 그들이 지닌 삶의 비전은 학문이라는 영역을 이미 넘어서고 있지만 말이다.[17]

학문과도 다르고, 어떤 예술형식과도 다른 이 독자적인 에세이란 어떤 영역에 있는 것일까. 루카치가 주장하는 핵심 부분은 학문, 예술, 윤리 등이 분화되기 이전의 상태, 이들이 통일을 이룬 상태와 흡사한 단계에 있다는 것이다. 이 미분화의 통일체에서 학문, 예술, 윤리 등이 분화되어 오늘날 독립된 영역으로 발전했음에 비해 에세이는 아직 그러한 발전에 이르지 못한 단계라는 것. 그렇다면 만일 에세이가 발전한다면 어떻게 될까. 이에 대해 루카치의 예측이나 답변은 보류되어 있다. 결과적

17 같은 책, 25쪽.

으로 보아 그가 이렇게 에세이를 최고의 위치에 올려 놓았음에도 불구하고, 『소설의 이론』을 쓴 이후 아무런 분화도 이룩하지 못했다. 말을 바꾸면, 예술에로 분화되든가 학문(철학)으로 분화될 수밖에 없었다. 『소설의 이론』에서 『역사와 계급의식』(1923)에 이르는 과정이란 따지고 보면 에세이에서 학문에로 나아가는 길이었을 따름이다.

잡종의 글쓰기, 기생적 저술에 유사한 에세이를 혼신의 힘으로 독립시키고자 한 루카치도 결국 학문 앞에 흡수되고 마는 시대적 현상을 아도르노는 이렇게 안타까운 목소리로 평가했다. 헤겔적 강단철학의 견고한 동일성이론을 공격할 수 있기를 기대한 그 에세이 말이다.

> 에세이의 오늘날의 의의는 한물간 것이다. 시대는, 일찍이 없었던 정도로 에세이에 있어 형편이 나쁘다. 일반적 합의의 때를 벗은 것은 자극적이라든가 직감적이든가 하다고 한번 칭찬하고 끝맺어 버리는 것이 조직화된 학문이란 것이지만 이 어중이떠중이 삼라만상을 멋대로 제어할 듯 날뛰는 영역과 또 학문이라는 기업체에 점령되어 있지 않지만 그러나 바로 그 때문에 제이종의 영업종목으로 변한 분야의 공소하고 추상적인 것에 안주하고 있는 철학, 이 둘 사이에 끼어 협공당해 존재를 잃고 있는 것이 에세이다.[18]

이러한 평가와는 관계없이 루카치가 시도한 에세이란, 고바야시의

---

18 T. 아도르노, 『문학노트』*Noten zur Literatur*; 『文学ノート』, 三光長治 訳, イザラ書房, 1978, pp. 45~46.

비평관과 어떤 점에서 유사하고 또 차이를 갖고 있는가. 프랑스 상징파에 젖줄을 대고 있음에서 고바야시는 헤겔 쪽이나 호프만 또는 독일 낭만파와는 무관하지만, 그러기에 독일식 '영혼'이란 말을 모르지만, "어떠한 몸짓에 의해서도 표현될 수 없으면서도 그래도 표현을 갈망하는 체험이 존재한다"에서는 서로 닮았다고 할 수 있다. 한편 루카치가 이 형식을 끝까지 밀고 나가지 못했음에 비해 고바야시는 평생 이것에만 매달렸다. 루카치는 그 대신 정치(실천운동)에 몸을 던졌고, 그 때문에 학문적 개념이 요망되었지만 고바야시에 있어서는 그런 실천운동이 아예 없었다. 벌레를 보듯 고바야시는 정치를 싫어했던 것이다. 따라서 그에게는 개념이 무용했다. 아름다운 꽃이 있을 뿐, 꽃의 아름다움을 부정했음이 그 증거라 할 것이다. 영혼을 입에 담지 않았기에 '운명'이란 일본식 기묘한 용어에 그가 외면할 수 있었다. 고바야시를 매료시킨 것은 무엇이었던가. 언어라 할 것이며 또 그것은 저절로 '표현'을 가리킴이었다. 이 표현의 문제에 고심한 고바야시에 있어 한 가지 서광이 비쳤는바, 일본 고전의 영역이 그것이다. 고대 일본어가 있었고, 그것은 그 나름의 표현체계를 갖추고 있었는데, 한자가 도입되면서 그 고유의 체계와의 결합이 이루어졌고 그 과정에서 얻은 것과 잃은 것이 각각 있었다. 이 사실의 중대성은 어디에서 오는가. 바로 여기에 메이지 이후 서양어 도입에서 벌어지는 갖가지 문제점들의 장단점을 비추어 볼 수 있었다. 서양어를 깊이 알면 이에 비례하여 두려움도 커지지 않을 수 없었다. 고바야시가 안중에 둔 것은 바로 이 서양어의 공포에 다름 아니었다. 방법은 하나. 서양어가 가져오는 독기를 물리치는 방도는, 선인들이 남겨 놓은 고전에 있었다. 한문을 도입할 때 잃은 것과 얻은 것의 비교검토의 실험실로서의 일본고전, 이를 탐구하는 일이 생리적 행위로 고바야시를 매료시켰다. 보들레르, 랭보, 말라르메 등 상징파의 바닥까지 "지옥의 계절"을 순례한 바 있는 고바야시이기에 거꾸로 상징파를 물리칠 수 있는 무기가 요망되었던 것이다. "지옥의 계절"을 통과하면서 고바야시의 생리는, 일본고전이 안고 있는 슬기를 훔쳐내고자 했다. 이러한 길목에 대동아공영권이 가로놓여 있었다. 그는 이 거대한 정치적 현상을 못 본 척 고전에 도피한 것일까. 혹은 과연 그의 생리적이자 정신사적 문제였을까.

7. 내 전공의 사정권 속의 고바야시 히데오

고바야시 히데오를 알기도 전에 그는 이미 내 전공 속에 들어와 있었음을 말할 차례에 왔다. 내 전공은 한국근대문학이며 그것은 임시정부를 멀리 둔 식민지 상태의 저항과 좌절 다시 지속적인 반복의 역사에 다름 아니었다. 이 사정거리에 들어오는 역사는 저절로 정신사의 일종인 곡절도 여기에서 왔다. 이러한 정신사의 꼭짓점에 해당되는 시공간이 이른바 암흑기이다. 창씨개명(1940. 2.), 『조선일보』 『동아일보』 등 민간신문 폐간(1940. 8.), 『국민문학』 창간(1941. 10.), 조선어학회 사건(1942. 10.), 조선인지원병제(1943. 3.), 조선인 학병입영(1944. 1.) 등의 일제 전시체제(신체제) 속에서도 문학과 관련된 제일 결정적인 것이 조선어학회 사건이다.

근대문학이란 새삼 무엇이뇨. 국민국가를 전제로 함은 삼척동자도 아는 일이다. 국가어로 하는 문학인 까닭이다. 일제 통치부조차 아예 문학을 제도권 속에 넣고자 하지 않았고, 따라서 한국근대문학은 그 독자성을 유지할 수 있었는데, 임시정부(1919. 4.)의 존재가 보증하고 있었던 까닭이다. 공화제 국민국가인 임정이 규정한 언어로 하는 문학을 두고 근대문학 곧 한국근대문학이 비로소 성립되는 것이라면 해외에 있는 임정은 어떻게 이 문제에 관여했던가. 조선어학회에 국어에 관한 모든 과제를 일시적으로 위임하는 형식을 취했다. 맞춤법통일안(1933)을 비롯한 이들의 기획에 전문단이 참여했음이 이 사실을 증거한다. 조선어학회 사건은 이에 대한 새로운 도전 곧 조선근대문학조차 통치권 속에 넣고자 한 시도에 다름 아니었다. 3·1운동에 준하는, 33인을 구속한 조선어학회 사건이 총독부 업무 시작일인 10월 1일(공휴일)로 잡았음이 또한 상징적인 사건에 다름 아니었다.[19] 이로써 한국근대문학사의 시선에서 보면 암흑기가 아니면 안 되었다. 암흑기라 했거니와 그것은 잠정적 상태 또는 내면성의 영역이었음을 가리킴인 것.

이 내면성에는 고도의 내공(內攻)이 요망되는 것이어서 과연 한국근대문학이 그 내공의 강도를 얼마나 보였는가를 따지는 과제가 빈약하기 짝이 없다 하더라도 그것은 표면상으로 볼 때이다. 가령 해방공간(1945~48)에서 문인들의 일제시대의 자기반성 좌담회(『인민예술』 창간호)에서 이태준과 김사량, 임화 등의 발언에서 그 허점이 잘 드러나 있다. 마음 한구석에선 일제와 타협하고자 하지는 않았던가(임화), 해방을 굳게 믿고 작품을 써서 이를 땅에 묻어둔 자가 과연 있었던가(김사량) 등이 이를 보여 준다고 할 것이다. 물론 다른 한편에서 보면 이 암흑기야말로 특정 근대문학과 무관한 국적불명의 글쓰기공간(이중어 글쓰기)이어서

19 이인, 『반세기의 증언』, 명지대출판국, 1974, 134쪽.

기묘한 제3의 글쓰기공간을 낳았다고 볼 수도 있다. 이 암흑기를 눈앞에 두고 어쩔 줄 몰라 당황하던 조선 문인들을 모아 놓고 앞에 나서서, 종주국 일본의 신예 최고비평가 고바야시 히데오는 어떤 권고를 했던가.

문예총후운동으로 '일본문협'의 기쿠치 히로시(菊池寬)를 필두로 구메 마사오(久米正雄), 고바야시 히데오(小林秀雄), 나카노 미노루(中野實), 오사라기 지로(大佛次郎) 등 다섯 명의 호화진이 서울에 온 것은 1940년 8월 5~6일이었고, 6일 저녁 부민관에서 대강연이 있었다. 이 대단한 일본의 대표적 문인들이 식민의 문인들 앞에서 무슨 소리를 질렀을까. 두목격인 기쿠치 히로시의 강연 제목은 「사변과 무사도」, 구메 마사오는 「문예적 사변 처리」, 고바야시 히데오는 「문학과 자기」. 사느냐 죽느냐의 갈림길에 섰을 때 죽음을 택함이 무사도의 길이라는 것(기쿠치), 러시아문학 번역가인 구메의 시선에서 보면 러시아문학의 위대성이 이루어졌지만 중국문학 쪽에서는 아직 그런 문학이 없다는 것, 일본문학 역시 그런 수준에 이르지 못했다는 것, 이번 사변(중일전쟁, 1937)으로 일본문학의 분발이 요망된다고 갈파했다. 다분히 추상적 발언이지만 한국문인에 충격을 준 것은 고바야시였다. 결론적으로 그는 이렇게 갈파했다. '사변적 작품'을 써서는 안 된다라고. 속기록을 그대로 옮기면 아래와 같다.

> 한걸음 더 나아가 문학의 표현이란 무엇을 의미하는 것인가를 말씀드리면 문학자란 자기가 생각하는 바를 문장으로 번역하는 자는 아니다. 문장을 씀으로 말미암아 비로소 자기를 아는 인간인 것이다. 자기가 어떤 사상을 소유했다고 아직 선명히 모른다. 그것을 작품에서 형태화하는 그 과

정을 통해서만 자기가 어떤 사상의 소유자라 하는 것이 문학자인 것이다. 이것은 문학자에게만 한한 것은 아니다. 예술가는 다 그런 것이다. 이를 테면 베토벤은 어떤 사상을 가지고 그것을 음악에 표현한 사람은 아니다. 음악이란 것을 심포니로 제작하는 과정을 통해서 자기의 사상을 알게 된 것이다. 화가도 그런 것이다. 화폭에 어떤 색채나 선이 들어간 뒤에 비로소 자기에게 어떤 감정과 사상이 있었다는 것을 선명히 인식하게 되는 것이다. 이 표현되기까지란 문학자에게 있어 중대한 과정인 것이다.[20]

이상의 속기록으로 보면 그가 임진난을 다룬 「사변의 새로움」(『문학계』文学界, 1940. 8.)의 원고와 다른 내용이며, 「문학과 자기」(『주오코론』中央公論, 1940. 11.)의 것임을 알 수 있다. 좌우간, 이런 발언이 어째서 조선 문인에게 충격적이었을까. 다음 세 가지로 분석해 볼 수 있다.

첫째, 사변(중일전쟁)과 문학은 무관하다는 것. 이 고도의 역설은 액면 그대로 수용하기엔 상당한 인내심이 요망되었다. 실상 종주국 일본 문인인 고바야시의 자신감 또는 방자함 앞에 조선 문인들이 어리둥절했다고 볼 것이다. 만약 그가 기쿠치처럼 사변적 작품을 쓰라고 대놓고 말했다면 차라리 단순했을 터이다. 그러나 따져 보면 고바야시의 자부심은 그럴 수 없었다. 그는 프랑스 상징파의 세례를 거쳤을 뿐만 아니라, 문학이 특정 사상과 무관함을 잘 알고 있었기에 자기의 문학관을 그대로 말하기만 하면 그만이었을 터이다. 이것이 오만방자하게 들리는 것은 그의 조국인 제국 일본의 보이지 않는 비호 덕분이었다. 그 제국 일본의 비호

20 「문예총후운동 반도 각도에서 성황」, 『문장』 1940년 9월호, 99쪽.

아래인 만큼 감히 이런 소리도 내지를 수조차 있었다.

> 이번 문예총후(文藝銃後)운동의 강연 여행에 참가하게 되어 나는 평소 생각한 바와 다른 말을 조금도 할 수 없습니다. 또 그러한 일이 되리라고 여기지도 않습니다. 다만 평생 문학에 대해 생각한 바를 말함으로써 그것이 다소라도 여러분께 참고되면 하고 바랄 뿐입니다.[21]

그가 행한 평론의 서두이거니와 대전제로 내세운 것이 문학자의 본질규정이다. 사상을 말하는 사람이지 사상을 행하는 사람이 아니라는 것. 후자가 정치가임은 새삼 말할 것도 없다. 사상을 잘 표현하는가 졸렬하게 표현하는가만이 문학자의 소임이라는 것.

그 다음으로 문학이란 처음부터 끝까지 '평화의 일'이라는 것. 장래의 평화를 위해 싸우는 것이 아니라 일 그 자체가 평화적이라는 것.

> 펜의 전쟁이라든가 사상전이라 말하지만, 물론 이는 비유인 것. 싸움은 칼로 한다는 것은 삼척동자도 아는 것. 어떤 대문학도 개미 한 마리 죽일 힘 없고 어떤 대사상도 한 사람의 배고픔을 해결할 수 없다. 이 간단한 사물의 이치가 처절하게 수긍되어 참으로 마음에 견딘다면 말의 힘에 의지하여 실제 사물의 움직임을 이러쿵저러쿵하는 문학자의 애매한 감상적인 자기황홀증은 사라지게 되리라고 나는 믿고 있습니다.[22]

---

21 小林秀雄,「文学と自分」[1940. 8.],『歷史と文学』, 創元社, 1941, p. 52.
22 앞의 책, p. 556.

셋째, 문학을 평화의 일이라 믿거니와, 한편 때가 오면 기쁘게 일병졸로 싸운다는 것.

> 전쟁이 시작된 이상 언제든지 총을 들지 않으면 안 되며 그때가 오면 나는 기쁘게 국가를 위해 총을 들 것이리라. 문학이 어디까지나 평화를 위한 일이라면 문학자로서 총을 든다는 것은 무의미한 일입니다. 싸움이란 병사로서 싸우는 것이고, 총을 쥘 때가 오면 재빨리 문학 따위 폐업해 버리는 것이 좋지 않겠습니까. 간단명료한 사물의 이치이지요.[23]

간단명료한 이 사실이야말로 제일 무서운 것이라고 고바야시가 말할 때, 그 대상은 실상 일본문인을 향해서라는 점에 주목할 것이다. 제목을 「문학과 자기」라 했을 때 그 문학이란 보편적인 것이지만 '자기'란 어디까지나 '일본문인'을 가리킴인 것. 그가 식민지 수도 서울에 와서 한 연설이 바로 이것이었다. 물론 「사변의 새로움」(『문학계』, 1940. 8.)이라고 제목을 갈았지만, 발췌록에 비추어 보면 내용은 서울서 행한 것과 거의 다르지 않았다.

대체 어쩌자고 일본문인을 향한 전쟁과의 대처방법을 그는 식민지 조선문인 앞에서 그대로 외칠 수 있었을까. "소위 사변적 작품을 써서는 안 된다는 것"으로 식민지 문인들이 받아들였다고 했는데, 명민한 고바야시가 이렇게 난폭한 짓을 할 수가 있었을까. 그 마음의 밑바닥에는 조선이 없고 일본만 있었던 것이 아니라면 이런 폭언이 나올 이치가 없다.

---

23 같은 책, p. 58.

일본문인을 향해 먼저 임진왜란을 중심으로 논진을 펼친 「사변의 새로움」을 썼고 다시 「문학과 자기」(『주오코론』, 1940. 11.)를 썼다. 서울에서 행한 것(「문학과 자기」)과 합하면 세 가지 형식의 대동소이한 논법을 펼친 셈이다. 그만큼 절실한 과제인 증거이기도 하거니와, 아무리 그렇더라도 일본문인의 과제였음에 그는 썩 비자각적이었다. 조선인 문인에 대한 자의식의 결여는, 어쩌면 그의 정직함이었을 터이다. 자기를 떠난 어떤 대단한 사상이나 역사도 공허하다는 믿음 위에 섰기 때문이다. 이 점을 음미하기 위해 당시의 상황이 상론될 필요가 있다.

8. 식민지 문사 앞에 군림한 고바야시

고바야시가 한국근대문학 속에 접속된 시기와 내용을 정리하는 일은, 한편으로는 일본문학사의 과제이지만 동시에 한국문학사의 과제가 아닐 수 없다. 나이 38세이고 메이지(明治)대학 문예과 교수이자 문예지 『문학계』의 주도적 위치에 있던 현장비평가인지라 그의 행보 동선은 주목을 끌기에 모자람이 없었다. 더구나 이 무렵 일본근대(국민)문학이란 세계 유례 드문 특이한 고도의 예술성과 사회적 영향력을 갖추고 있었다. 뿐만 아니라 『분게슌주』(文藝春秋), 『가이조』(改造), 『주오코론』(中央公論), 『킹』 등 저널리즘 및 활자언론계의 사업 규모는 최고의 호황을 누리는 분야였다. 문인이 된다는 것은 붓 한자루로 이 거대한 사업에 참여함을 가리킴이었는데, 바로 이때 중일전쟁(1937)이 시작되어 신체제 정국이 도래한 것이었고 잇달아 태평양전쟁(1941)으로 치달았다. 이 전쟁체제 속에서 저널리즘에 기생하여 살찌워 온 문학은 과연 어떤 태도와 방어기제를 갖추어야 했을까. 그 첫번째 태도 표명이 고바야시의 「사변의 새로움」이었다. 이 글이 놓인 위치를 잰다는 것은 단순한 문학사적 의미를 넘어서는 과제에 관련되는 만큼 상세한 검토가 별도로 요망된다. 그것은 두말할 것 없이 한일관계의 '역사성'이다.

이른바 '문예총후운동'이란 무엇인가. 그것은, 중일전쟁이 일어난 지 3년째인 1940년 2월에, 형식상으로는 일본의 문예가협회(일본문협)의 '자발적' 의지에 의했으나, 실질상으로는 내각정보부가 문학자를 동원하여 '널리 지식계급에 호소함'을 목적으로 한 운동이었다.[24] 그 결과 1940년 5월에서 12월까지 일본 전국 및 만주, 조선, 대만에 걸친 각지에서 강연회가 벌어졌다. 문학자들은 가수, 만담가 등과 함께 군인병원을 위문하기도 하였다.

조선 쪽의 기록에 의하면, 기쿠치(菊池) 일행이 부산에 도착하여 첫 강연을 한 것은 1940년 8월 3일이었다. 3일 아침 부산 동래여관에 여장을 푼 기쿠치 히로시(菊池寬), 구메 마사오(久米正雄), 오사라기 지로(大佛次郎), 나카노 미노루(中野實), 고바야시 히데오(小林秀雄) 등은 오후 4시 반에 숙사를 나와 부산 철도호텔에서 야마자와(山沢) 경상남도 지사, 야노(矢野) 부산 부윤(府尹), 다테이시(立石) 상의회두(商議會頭) 등 3인의 환영만찬에 참석했고 기쿠치가 대표로 인사연설을 했는데, 비상시국에 '반도'의 예술가의 애국이 요청된다는 내용이었다. 7시에 부산공회당에서, 사카모토(坂本) 『경성일보』 경상남도지국장의 사회로, 궁성요배·

24 내각정보부(뒤에 정보국으로 명칭이 바뀜)가 표면상으로 내세운 것도, 국민정신총동원연맹(약칭 '정동')이었다. 조선에는 그 조선연맹(1938년 7월 창립)이 있었고, 초대이사장은 총독부 학무국장 시오바라 도키사부로(塩原時三郎)였다.

묵도, 이어서 하마다(濱田) 『오사카매일신보』(大阪每日申報) 부산지국장의 개회사로, 첫 강연이 시작되었다. 구메 마사오(러시아문학가, 소설가)의 「문화적 사변처리」, 소설가 오사라기 지로의 「종군잡관」(從軍雜觀), 군인인 나카노 미노루의 「귀환의 말씀」, 고바야시 히데오의 「사변이 주는 시사(示唆)」 그리고 기쿠치 히로시의 「사변과 무사도」 등의 순서였다.[25] 이 중, 고바야시의 것은 "세계 동서 흥망의 역사를 씨(氏) 일류의 정확한 어휘로 말하고, 나아가 지나사변과 민족의 소장과정을 씨의 역사관으로 뒷받침했다"[26]고 보도되어 있다. 이들 일행은 다음날 8시 30분 부산을 떠나 대구에 도착, 거기서 강연을 했으며, 개선장군과도 같이 서울에 입성하였다. 신문 3면에 큰 사진과 함께 "드디어 오늘밤 부민관에, 불을 뿜는 문예강연, 작가부대, 삽상(颯爽)히도 입성"이라는 제하에 보도되었다.

> 부산, 대구의 강연을 마치고 일로 북상하며 외치는 문인부대 기쿠치 히로시(菊池寬), 구메 마사오(久米正雄), 오사라기 지로(大佛次郞), 나카노 미노루(中野實), 고바야시 히데오(小林秀雄) 등 5씨는 데라다(寺田) 본사 학예부장 등의 안내로 일변 푸른 색으로 펼쳐진 연변의 풍광을 즐기며 선배인 기쿠치, 오사라기 양씨가 웅변으로 경성의 좋은 점을 설명하여 다른 3씨를 친근케 하면서 오후 1시 50분 경성 도착, '아카추키'로 입성. 출영 나온 가야마 야쓰로(香山光郞, 이광수), 요시무라 고도(芳村香道, 박영희) 씨 등 반도문인부대와 감격의 악수를 나누며, 바로 조선신궁에 참배,

---

25 『경성일보』, 1940년 8월 4일자

26 같은 곳

남산에서 바라본 대(大)경성의 위용, 유구한 시(詩)를 감춘 한강의 흐름을 한눈에 본 뒤에 조선호텔에 들었다.[27]

일행은 5일 오후 5시 조선호텔에서 경성부윤의 초청 간담회에 참가했고, 이어서 7시에 부민관에서 강연회가 벌어졌다. 신문 보도엔 물론 다소 과장된 점도 있겠지만, "살인적 청중의 대군(大群)"이라 표현하고 있다. 부민관의 정원이 1,800명인데 이를 넘어 2,000여 명이 왔으며, 이로 인해 예정에 없이 6일에도 같은 강연을 하지 않으면 안 되었다. 장내 정리비가 10전이었다. 6일엔 아예 확성기를 『매일신보』에 설치하기까지 하였다.[28] 강제동원인지 자발적인지의 여부는 알 수 없으나, 당시 서울 인구가 92만 명이고, 그 중 문화적 감각을 지닌 사람이 많지 않았으리라는 점에 비추어 보면 놀라운 일이었으리라. 청중의 박수에 대해 기쿠치는 강연 벽두에 "우리들이 50여 회를 상회하는 각 지방 강연 중에, 경성만큼 열정과 진실을 가진 청중을 대하여 발한 적도 없다"[29]고 말했거니와, 이런 말은 경륜 깊은 거물 기쿠치다운 인사말이겠지만 아주 터무니없는 지적은 아닐지 모른다.

5일의 강연회는 미타라이 다쓰오(御手洗辰雄) 『경성일보』 사장의 개회사에 이어, 오사라기 지로의 「종군잡관」이 첫번째였다. 중국 전선에 다녀온 인상을 말한 그는, 중국측이 라디오로 장기전을 호소함을 들었다고 하며, 우리도 장기전에 대비해야 한다는 요지였다. 두번째로 고바야

---

27 『경성일보』, 1940년 8월 6일자.
28 『경성일보』, 1940년 8월 6일자.
29 『경성일보』, 1940년 8월 7일자. 강조는 인용자.

시가 등단했는데 제목은 「문학과 자기」였다. 발췌된 요지는 이러하다.

> 문학의 경우 표현의 졸렬함과 정교함은 그 작품의 피이자 육체이자 생명이다. 아무리 심각한 것을 생각하고 있다 해도 그 표현이 졸렬하다면 그것은 심각한 것을 생각하고 있지 않는 것이다. 따라서 진짜 자기를 아는 것은 자신이란 것이어서 그 자신을 뚫고 들어간 깊은 곳에 전통이라는 것이 존재한다. 거기에 인생의 신비한 길을 보고 가는 곳에 문학의 길을 생각하고 있거니와, 나는 이 자신과 또한 문학의 힘으로써 일본과 중국을 정신적으로 결합하고자 생각한다. 그렇게 하기 위해서는 일본과 중국이 각각이어서는 안 된다. 일본과 중국이 공감하는 곳에 참된 제휴가 있다고 생각한다.[30]

세번째가 기쿠치의 「지나사변과 무사도」였고, 네번째가 파이야스만 상륙작전에 군소(軍曹; 옛 일본 육군의 계급 중 하나. 오늘의 중사에 해당)로 참전한 나카노 미노루의 「귀환의 말씀」, 끝으로 구메 마사오의 「문예적 사변처리」이었다. 구메의 강연 내용은 "문학을 통해 일반대중과 함께 공감해야 한다"는 것이었다.

이날의 강연회가 대성공을 거두자 주최측(『경성일보』, 『매일신보』, 『오사카매일신보』 경성지국)은 6일 같은 시각에 구메 마사오, 고바야시 히데오, 기쿠치 히로시 세 사람으로 하여금 같은 제목과 내용으로 재강연을 하도록 요청하였다. 이리하여 '살인적 청중의 대군'으로 표현된 이 강연

30 『경성일보』, 1940년 8월 6일자

회는 서울의 이틀밤을 치르었다.

이 강연회는 물론 한갓 강연회로 끝나지 않았다. 6일 아침 10시 50분 이들 문예부대를 둘러싼 정동(精動 : '국민정신총동원조선연맹'의 약칭) 주최 문예간담회가 반도호텔에서 열렸다. 기쿠치, 고바야시, 나카노 3명을 둘러싸고, 정동에서 시오바라(鹽原) 이사장을 포함한 3명과 조선문인협회의 이광수, 박영희, 유진오, 정인섭, 김동환 등이 참가하였다. 이 간담회는 여러 가지 점에서 문제적이기에 뒤에 자세히 검토하기로 하거니와, 기쿠치 일행은, 이어서 미나미 총독이 베푼 오찬회에 참석하고 같은 날 오후 2시 30분 용산 육군병원을 방문, 기쿠치는 군인을 상대로 30분간 일본 무사도의 위대함을 강연했다. 오후 7시엔 경성일보, 오사카매일신보, 일본여행협회 조선지부의 합동 주최로 명월관에서 환영회가 벌어졌다. 구라시게(倉茂) 군(軍)보도부장, 노부하라(信原) 총독부 문서과장, 쓰쓰이(筒井) 총독부 도서과장, 이광수, 유진오 등이 참석하였다. 기생에 둘러싸인 환영회 모습의 스케치 중 인상적인 것은 기쿠치가 우두머리답게 구라시게 보도부장과 귓속말을 주고받고, 구메와 오사라기가 "기생은 참 예쁘다, 참 아름답다" 운운하는 동안, 묵묵히 술을 먹는 고바야시의 모습이다. 고바야시는 "반도 청년에 대해서는 꼭 무릎을 맞대고 말해 보고 싶다. 그들의 기분이 슬플 정도로 잘 알아질 것 같다"라고 격정을 달래고 있었다는 것이다.[31]

이들의 일정은 기쿠치, 고바야시, 나카노 등 3인은 6일 밤 11시 5분에 경성을 출발, 7일 평양에서 강연하고는 만주로 가서 강연하게 되어 있

---

31 『경성일보』, 1940년 8월 6일자.

고, 구메와 오사라기 등은 당분간 금강산, 경주, 부여, 평양 등을 여행할 계획이었다. 일행 중 고바야시는 문인으로는 38세로 가장 어렸다. 일본 문단의 우두머리격인 '분게슌주'(文藝春秋)의 사장이자 잡지 『문학계』의 자금줄이기도 한 기쿠치, 일본문학자협회 회장인 구메 마사오, 원로소설가 오사라기 지로에 비하면, 문단 비중으로 보아 고바야시는 재주 하나로써 그들에 견주는, 신인층이라 해도 되었다. 기쿠치에겐 고바야시가 마치 아들과 같은 관계였을 것이다.[32] 여기서 일본의 일급비평가인 고바야시가 식민지 한국문인들을 어떻게 바라보았는가를 살필 필요가 있다. 자기 본국에서 행한 강연원고를 서울서 읽음으로써 식민지 문인들이 받은 충격을 분석하기 전에 먼저 일단 그것을 검토해 보아야 하는 것이다. 이 점을 엿볼 수 있는 자료는 6일 반도호텔에서 가진 정동 주최 간담회 속기록일 터이다.

이 간담회 참석자는 앞에서 이미 약간 밝혔듯 기쿠치, 고바야시 히데오, 나카노 미노루 3명과 정동의 시오바라(鹽原, 총독부 정무총감이자 정동 이사장), 마스다 미치요시(增田道義, 정동 이사), 오쿠야마 센자(동기획과장) 3명, 그리고 조선문인협회의 이광수, 김동환, 유진오, 정인섭, 박영희, 가라시 마타케시(辛島驍), 스기모토 나가오(杉本長夫), 데라다 사카에(寺田榮) 및 도쿠나가 스스무(德永進, 『오사카매일』 기자) 등이었다. 간담회의 성격은 위의 인적 구성이 말해 주듯 일본문단을 대표하는 기쿠치 히로시와 식민지 조선의 실질적 통치자인 시오바라 정무총감과 조선

32 동인지 『문학계』는 1936년 이래 『분게슌주』의 사주 기쿠치 히로시의 출자로 간행되었으며 고바야시의 「기쿠치 히로시론」(1937)은 이와도 관련이 있었을 것이다.

문인의 대표격인 이광수 등 3자의 간담회로 모아진다. 실제로 이 3명의 발언이 중심을 이루고 있음이 이를 증거한다. 간담회에서 인상적인 것은 기쿠치가 우두머리답게 정무총감에 대하여 어떻게 하면 조선문인협회(이 속에는 물론 일본인도 포함됨)를 도와줄 수 있는가를 시종 거론한 점이다. 회관을 지어줄 수 없는가, 문학상제도를 만들어야 할 것이 아니겠는가, 고료도 올려주고, 발표지면도 주어야 하지 않겠는가, 그리고 필요하다면 자기가 조선문인협회에 가입할 용의도 있고, 자기 잡지에 조선문인의 작품을 싣겠다고 말하였다.[33]

간담회에서 고바야시는 5회 발언한 것으로 되어 있다. 첫번째는 조선에 와서 보니 조선인의 얼굴이 참 '좋은 얼굴'이라는 기쿠치의 지적에 대해 "내 얼굴이 바로 조선인의 얼굴"이라는 익살이다. 두번째 이어진 것으로 자기의 출신이 이즈모(出雲) 지방이므로 다분히 조선과의 왕래가 있었을 것이라는 역시 익살의 한마디이다. 세번째 발언은 이광수가 자기는 중학부터 일본에서 배웠으나, 일본어로 작품을 쓰기 어려움을 말한 것에 대해 아키타 우자쿠(秋田雨雀)가 편집한 조선작품을 읽었는데, 번역문이 매우 졸렬했음을 말한 것. 네번째와 다섯번째는, 이 간담회의 마무리에 해당되는 것이다. 스기모토가 조선문인협회와 내지문단 간에 연락이 없음을 탄식하자, 고바야시는 조선문인협회를 통해 연락이 오면, 자기쪽에서 언제라도 소설의 발표라든가 통신 따위를 싣겠다는 것이다. 즉, 자기가 편집하는 동인지 『문학계』에 싣겠다는 뜻이다. 이미 만주쪽에

33 『경성일보』 1940년 8월 8일자. 기쿠치는 그해 3월에 마해송의 『모던 일본』지를 통해 제1회 조선예술상을 이광수의 「무명」(無明)에다 주었다

서는 연락이 되어 있다는 것, 조선쪽도 매월 통신을 보내주면 실을 방침임을 천명하였다. 실상 고바야시는 『문학계』(1939년 1월)에 일본측의 하야시 후사오(林芳雄), 아키타 우자쿠(秋田雨雀), 무라야마 도모요시(村山知義), 장혁주(張赫宙), 가라시 마타케시(辛島驍), 후루카와 가네히데(古川兼秀, 총독부 도서과장)와 조선측의 정지용, 임화, 유진오, 김문집, 이태준, 유치진이 동원된 좌담회 '조선문화의 장래'를 이미 싣고 있었다.

요컨대 간담회를 계기로 하여 기쿠치 히로시는 약속대로 1940년 3월에 이미 이광수의 「무명」(無明)을 뽑아 제1회 조선예술상을 시상한 것에 이어, 제6회까지 밀고 나갔다. 이상은 기쿠치의 출자로, 그 방계인 마해송의 『모던 일본』지에서 실시하였다. 한편 고바야시는 약속대로 이광수의 심정고백록 「행자」(行者, 『문학계』 1941년 3월)와 「삼경인상기」(三京印象記, 『문학계』 1943년 1월)를 실었다. 특히 「행자」는 고바야시 앞으로 보낸 편지 형식의 글이었다. 기쿠치가 1888년생이고, 이광수는 1892년생이며, 고바야시는 1902년생이다. 이 세 사람의 문인이 현해탄을 사이에 두고, 함께 정치와 문학에 휩쓸렸다는 것은 이 시대를 이해함에 있어 하나의 거멀못이 된다.

9. 강연 「문학과 자기」

고바야시가 서울서 행한 강연 「문학과 자기」는 『주오코론』에 같은 제목으로 발표된 것과는 상당히 다른 내용이다. 우선 서울서의 강연 속기록과 일본에서 발표한 『문학계』 속의 그것이 매우 다르다는 점을 면밀히 살펴볼 필요가 있다. 이 비교에서 우리는 고바야시가 청중을 어떻게 평가하고 있었는가를 엿볼 수 있을 것이다. 속기록에 의하면 강연 첫 부분에서 고바야시는 지금이 비상시국이라는 것, 비상시국에는 비상시국의 정책이 있겠지만, 자기는 정책과 사상을 구분한다는 것, 정치가는 정책을 문제삼으나 문학가는 사상을 문제삼는다는 것, 그런데 비상시의 사상이란 없다는 것을 말했다. 즉, 문학자에겐 비상시의 사상이란 것은 없다고 주장했다. 문학자에게 있어 사상이란 표현 그 자체이기 때문이다.

① 이를 설명하기 위해 그는 비평가를 예로 들었다. 즉, 젊은이들은 심각한 내용을 가졌으나 표현기교가 없다고 말하기도 하고, 비평가들도 "이 작품의 겨눈 바는 매우 심각한 것이나 표현이 빈곤하다"고 말하기 일쑤다. 이런 비평가의 말을 믿는 소설가도 곤란하지만 이런 말을 하는 비평가도 곤란하다는 것이다. 이 예문 부분은 청중의 얕은 수준 때문에 든 것으로 보인다.

② 문학자와 정치가의 차이를 드러내기 위해 두번째 예로 든 것은 목수의 비유이다.

> 문학자의 사상의 가치는 그것을 잘 표현하는가 서툴게 표현하는가, 그 표현 하나가 결정하는 것입니다. 쉽게 말하면 목수가 집을 짓는 것과 같습니다. 목수가 목수다운 가치란 무엇으로 결정되는 것입니까. 사람을 집에 살게끔 하는 실제적 목적을 달성하는가 못하는가, 그것에 의해 결판나는 것이지요. 집을 훌륭히 짓는가 못 짓는가가 목수의 목수다운 가치를 판가름하는 것이어서 졸렬하게 집을 짓는다면 목적 따위란 난센스입니다.[34]

③『문장』지에서 인용된 부분은 ② 다음에 이어진 것으로 강연의 핵

심을 이루고 있다.[35]

④ 문학자와 정치가의 차이를 말하기 위해 다시 든 예는 다음과 같다.

지금부터 80년쯤 전, 찰즈 라이엘이라는 지리학자가 발견한 원리가 있습니다. 그것은 사상의 세계, 역사의 세계에도 해당될 것입니다. 물론 역사와 자연은 틀리지만, 인간의 역사 속에도 그 원리는 있을 수 있습니다. 우리들 생활 즉, 역사의 표면에는 급격한 변화가 일어나는 것처럼 보이지만, 그것은 인간의 관찰이 서툴러서 일어난 착각이고 차라리 투철한 정신으로써 역사를 관찰하면 역사란 실로 완만하게 그러나 쉬지 않고 변화합니다. 이렇게 역사라는 것은 그 표면이 거칠지만, 바다 밑은 언제나 조용한 것 모양 역사의 파도 밑은 조용한 것입니다. 그 밑의 파도에 문학자는 눈을 주는 것입니다. 따라서 밑은, 즉 말을 바꾸면 전통입니다.[36]

⑤ 전통이란 무엇인가. 문학자는 역사의 표면의 변화보다도 그 저류에 흐르는, 천천히 흐르면서 끊임없이 변하는 것(전통)에 이어져야 한다는 것이다. 개인에도 민족에도 이 전통이 있는 법. 이를 떠나선 진짜 인간의 본질이 찾아지지 않는다. 그 예로서 그의 『문학계』 동인과 친우를 들었다.

예컨대, 내 친구로서 사회운동을 한 시마키 겐사쿠(島木健作), 하야시 후

34 『경성일보』, 「문학과 자기」, 1940년 8월 21일자
35 같은 글, 8. 22.
36 같은 글, 8. 23.

사오(林房雄) 등은 나와 가까이 사귀고 있습니다만, 그러한 사람들은 청년시대에 매우 급진적인 사상을 가졌던 것입니다. 그러한 주의를 가졌지만 그러나 과연 그러한 사람들이 믿고 있던 급진적인 실로 과격한 사상이나 주장이 하야시 후사오, 시마키 겐사쿠의 참된 근성을 바꾸게 했는가는 퍽 의문입니다. 봉건사상, 봉건도덕은 실로 한푼어치 가치도 없다고 외친 젊은 문학자가 가마쿠라(鎌倉: 고바야시가 살고 있던 곳—인용자)에도 많이 있습니다만, 하야시나 시마키는 몇 안 되는 봉건적 인물이어서 근성이랄까 뼈대는 조금도 변하지 않습니다. 집에 와서도 아내에 대해서는 남편으로서 호령을 합니다. 나 같은 사람이 도리어 신식이지요. 나는 의리인정의, 마음의 움직임을 가진 사람을 신용합니다. 이를 새롭지 않다고 멸시하는 사람은 내 경험에 비추어 보면, 대개 가짜들입니다. 그것은 왜 그러냐 하면, 우리들에게는 전통이 있기 때문입니다. 거기에 진짜 자기의 모습이 있기 때문입니다. 의리인정에 민감한 인간은 역시 정직한 사람입니다. 비꼬는 것은 아니지만 주의라든가 사상이라는 것은 정말로 마음속에서 인간을 개조하는 능력을 갖고 있는 것은 아니라는 점을 말하기 위해 하나의 예를 든 것입니다.[37]

⑥ 이어서 그는 문학과 과학을 비교하였다. 과학이 실증될 수 있는 보편성을 찾는 것이라면 문학세계는 어디까지나 특수한 세계를 깊이 파는 것이다. 그 예로서, 플로베르가 모파상에게 한 말, "이 세상엔 한 그루 나무라도 같은 것은 없다. 꼭 같은 돌멩이는 두 개가 없다"를 들었다.

37 같은 글, 8. 23.

⑦문학이 특수적 개성적인 세계를 공감을 통해 만인에게 호소한다는 사실을 일층 확실히 드러내기 위해 고바야시는 러시아문학과, 중국문학을 들어 비교하였다. 이 대목이 강연 내용의 요점과도 같기에, 약간 자세히 인용하기로 한다.

> 난징(南京) 함락 무렵입니다. 프랑스의 『메르큐 드 프랑스』라면, 『분게슌주』(文藝春秋) 같은 잡지인데, 거기에 일본 국민성을 논한 논문이 있었습니다. 쓴 사람 이름은 잊었지만, 그런 일류잡지이기에 일류비평가가 쓴 논문이라 생각됩니다.
>
> 그런데 읽어 보니 이런 말을 하고 있지 않겠습니까. 일본의 국민성을 프랑스인에게 이해시키는 일은 매우 어려운 것이어서, 일본의 국민성이라는 논문이 『메르큐 드 프랑스』라는 일류지에 나는 일은 사변과의 관계에서입니다. 보통 프랑스인은 그런 것을 생각지 않지만 사변(중일전쟁—인용자)이 일어나자, 일본이란 어떤 나라인가를 알고 싶어서 그런 논문이 나온 것인데, 그 속에는 「충신장」(忠臣藏)[38]을 놓고 있음을 읽었습니다. 예로부터 일본인이라면 게이샤(芸者), 후지산, 배가르기(腹切)라고 하거니와, 지금이야 정말 그러하랴고 생각하고 있는 터에, 일류의 프랑스인 비평가가 어쩌자고 「충신장」을 이끌어 내고 있습니다. 이와 같이 외국인의, 일본에 대한 지식은 매우 천박한 것으로 명백히 되어 있습니다. 과연

38 이것은 도쿠가와(德川)시대 사무라이들이 주인을 위해 복수한 실제의 사건을 말하는 것으로 사무라이가 할복하는 도리를 전형적으로 드러낸 것이어서, 치카마쓰(近松) 이래 가부키 등으로 연극화되어, 널리 사람들 입에 오르내린 것이다. 프랑스인이 이 예를 통해 일본인을 설명했다는 것이다. 고바야시는 종전 뒤에 일본적 정신이 소홀해져 가는 것을 개탄하여 에세이 「충신장」(1961. 1.), 「무사도」(1961. 3.)를 써 놓고 있다. 글의 톤에서 일본정신의 깊이에 대한 고바야시다운 애착과 감수성이 느껴진다.

그럴 것입니다. 외국인은 일본의 정치적 정세, 경제적 정세는 상당히 확실히 인식하고 있습니다. 밖으로 드러난 움직임은 알기 쉬워도, 사변에 처한 (일본 국민의) 진짜 마음은 외국인으로서는 도저히 알 수가 없을 것입니다. 이러한 경우, 일본의 국민성을, 우리들의 참 마음을 어떻게 하면 외국인에게 알게 할 수 있을까. 그것은 문학이라고 생각합니다.

내가 젊었을 때, 러시아문학이 유행하여 톨스토이, 체호프를 정신없이 읽었습니다. 그때를 회고하면 실로 즐거웠지만 실제로 열심히 러시아문학을 읽었습니다. 지난해 나는 만주에 갔습니다. 하얼빈 거리에 많은 러시아인이 있었습니다. 그 러시아인 얼굴을 보자 바로 떠오르는 것은 청년시절에 읽은 러시아소설, 톨스토이 혹은 도스토예프스키가 쓴 소설이어서 내게 외투를 입혀 주는 호텔의 늙은 보이의 어깨조차 두들겨 주고 싶은 기분이었습니다. "나는 노인을 잘 알고 있지요. 체호프란 러시아소설가가 노인과 꼭 닮은 노인을 쓴 것을 읽었기 때문이오"라고 말하며, 노인의 어깨를 두들기고 싶은 기분이었는데, 이러한 것이 문학의 힘입니다.

오늘날 현대 중국인을 우리들은 이해하지 않으면 안 될 필요에 몰려 있습니다만, 우리는 무엇에 의해 그것을 이해하면 되겠습니까. 현대의 중국인이란 것을 현대중국의 문학이 가르쳐 주고 있는가고 생각해 보면 그것은 매우 의문입니다. 근대문학의 괴테, 톨스토이, 도스토예프스키는 독일인을, 혹은 러시아인을 세계 속에다 알려 준 국민문학자이자 동시에 세계의 문호입니다. 그러한 훌륭한 작가가 중국에 있는가. 예컨대 루쉰은 우수한 작가라고 생각되나, 그것은 예외적 존재이고, 역시 중국에는 훌륭한 근대작가가 나와서, 우리들이 그것을 읽는다면 우리가 오늘날의 중국인을 일층 잘 이해할 것으로 생각합니다. 돌이켜보면 프랑스인이 일본인을 이해하는 경우, 「충신도」를 이끌어 오는 일은 다시 말해, 프랑스인을 움직일 정도의 훌륭한 국민문학을 만들지 못했던 탓이라고 나는 생각합니다. 예컨대 프랑스인이 일본의 긴자를 걷고 있는 사람을 보고 어깨를 두드리며, "참으로 아저씨와 꼭 닮은 아저씨를 일본 소설 속에서 읽은 적이 있소"라고 할 만한 그러한 소설을 유감스럽게도 메이지(明治) 이래, 일본문학은 창작지 못했습니다. 여러 가지 소설이 있지만, 톨스토이나 괴테에 비할 훌륭한 소설은 유감스럽게도 나오지 않았다고 생각합니다. 이와 같은 공감에 의해, 심패시(sympathy)에 의해, 만인에 호소하는 것, 그것이 문학의 힘입니다.[39]

⑧ 이 문학의 힘은 특별한 것이 아니라 우인관계에도 그대로 적용될 수 있다고 고바야시는 주장한다. 이 대목은 과연 고바야시의 논리적 날렵함을 드러낸 부분으로 볼 수 있다.

우인관계란, 공통된 사상, 공통된 주의를 가지면 우인관계가 되느냐 하면, 그렇지만은 않습니다. 공통된 사상, 주의를 가졌다면, 아마도 정치적인 당파는 될 것입니다. 정치라는 것은 공통된 주의주장을 가진다면 어떤 자라도 좋습니다. 그러나 친우는 안 됩니다. 같은 주장을 가져도 싫은 자는 싫습니다. [……] 나라는 인간이 참으로 나에게 돌아가, 나를 정직히 표현하고 있다면, 바꿀 수 없는 내 성격을 친우가 존중해 주는, 그러한 곳에 참된 우정관계가 이룩됩니다. 그 우정관계는 흡사 문학에 있어서의 독

---

39 『경성일보』, 1940년 8월 25일자.

자와의 관계와 같습니다. [……] 자기 자신에 철저하는 일에 의해 친우를 만들 수 있고, 인간의 이해가 깊어지는 것이 문학의 길입니다.[40]

⑨ 이 강연의 끝마무리는 역시 식민지 조선의 문인을 고바야시가 어떻게 바라보았느냐로 향하게 된다. 여태까지의 그의 논리를 볼 때 비상시국이니까 그에 알맞는 식민지 지식인의 태도를 정해야 한다는 이 강연회 자체의 큰 테두리를 벗어나는 것은 아니었지만, 그 말하는 방식에서 고바야시다운 독특함을 유감없이 드러냈다. 문인은 비상시와 관계없이 자기의 본래적 직분만 다하면 된다는 매우 진부한 그의 발언이 모두가 비상시라 하여 들떠 있는 상태에서는 유독 참신하게 돋보이었던 것이다.

내선(內鮮)의 문제에도, 여러 가지 정치적 문제가 있지만, 정치적 일반으로는 결코 해결이 되지 않는다고 생각합니다. 역시 그러한 우정관계로써 결합되어야 한다는 문제가 앞섭니다. 그러한 친우관계를 심각한 친우관계를 만들도록 형편이 좋은 컨디션을 만들어 주는 일에 힘쓰는 것이 정치의 책임입니다. 그러한 조건을 정책에 의해 만드는 일이 정치가의 임무입니다. 그 노력이 끝나면 그 다음은 문학자가 노력하지 않으면 안 되리라고 나는 생각합니다. 이러한 사변이 일어나자 점점 문학자로서의 책임을 우리들은 느끼고 있는 것입니다.[41]

---

40 같은 글, 8월 27일자.
41 같은 글, 같은 곳.

이상이 고바야시 강연회의 전모이다. 전체적인 구성은 문학의 직분과 군부 즉 정치가의 직분을 대립적으로 고찰함으로써 양자의 본질을 밝히고자 한 것이다. 문학자의 직분을 선명하게 드러내었음이 특징적이다.

우리는 이 강연 내용에 대해 다음 두 가지 점을 문제 삼아 볼 수 있다.

첫째, 이 강연회의 제목이 「문학과 자기」이나, 그가 『주오코론』(1940. 11.)에 발표한 「문학과 자기」와 이 강연과는 내용상 많은 차이가 있다는 점이요, 둘째는 문학자의 존재방식으로서의 우정관계에 관한 것이다. 즉 조선문인과 우정관계에 대한 그의 의견이 어떤 허점을 가지고 있느냐에 관해서이다.

첫째 문제는 강연 속기록과 『주오코론』(中央公論) 것을 비교함으로써 금방 드러난다. 강연쪽은 정치가의 직분과 문학자의 직분에 중범을 두고, 여러 가지 예문과 비유를 들어 쉽게 표현한 것이 특징이거니와, 그 예문이나 비유는 강연에서 처음 사용한 것이 아니라, 이미 그가 여러 가지 기행문, 수필, 평론 중에서 사용한 것들임을 밝힐 수 있다.

앞에 인용된 ②의 집짓기와 목수의 비유는, 「전쟁에 대해서」(『가이조』 1939. 11.)에 연결되어 있으며, ④의 찰즈 라이엘의 지리학적 학설에 관한 것은 「사변과 문학」(『신여원』新女苑, 1939. 7.)에서 따온 것이다. 특히 ⑦의 긴 인용은 그의 대표적 기행문으로 치는 「만주의 인상」(『가이조』 1939. 1~2.)에서 그대로 옮겨 놓은 것이다. 물론 문장으로 씌어진 「만주의 인상」 쪽이 월등히 확실하고도 선명하다. 그 한 대목을 보이면 이러하다.

> 난징 함락 무렵, 『메르큐 드 프랑스』 지상에서, 일본정신에 대해 사십칠사(四十七士)의 예를 인용하여 논의한 논문을 읽었거니와, 도대체 메이

지(明治) 이래 우리들이 어느 정도 자기 표현을 완성했는가를 반성한다면 기도 차지 않을 정도이다.[42]

이와 같이 ②④⑦이 각각 그가 이미 발표한 문장에서 직접 이끌어 온 것이라면 ①③⑤⑥⑧⑨는 이 강연회에 독특하게 사용한 것으로 보인다. 특히 수준 얕은 비유를 사용한 ①이라든가, 개성과 전통을 설명하기 위해 자기 친구이며 프로문학에서 전향한 시마키 겐사쿠(島木健作), 하야시 후사오(林房雄)를 예로 든 ⑤라든가 문학과 과학의 차이를 말하기 위해 모파상에게 준 플로베르의 말을 인용한 ⑥ 같은 것은 식민지 조선의 수준 얕은 청중들을 의식한 것으로 보아도 될 것이다. 이렇게 보아 온다면 이 강연회의 요점이 ③⑧⑨에 있음을 우리는 알게 된다. 그중에서도 『주오코론』의 것과 거의 합치되는 곳은 ③뿐이다. 『주오코론』의 것을 인용해 보이면 이러하다.

문장이란 먼저 모양없는 어떤 생각이 있어, 그것을 그리는 것이다. 잘 그리든 못 그리든 좌우간 그것을 문자로써 표현하는 것이라는 사고방식으로부터 벗어나기란 여간 어렵지 않다든가, 그 정도의 것은 누구나 생각하고 있다든가, 문사(文士)란 말 잘하는 사람일 따름이라든가 등등이 세상 보통사람들의 사고방식입니다. 그러나, 문학자가 문장을 소중히 한다는 의미는 생각하는 일과 쓰는 일 사이에 아무런 구별도 없다고 믿는다는 그러한 의미입니다. 서툴게 쓴다는 것은 곧 서툴게 생각하는 일입니다. 졸

42 小林秀雄, 「満州の印象」, 『小林秀雄集』, 筑摩書房, 1965, p. 466.

렬하게 쓴다면 비로소 서툴게 생각한 일이 분명해진다고 하는 것으로는 불충분합니다. 쓰지 않으면 아무것도 알지 못하기에 쓰는 것입니다. 문학을 창조라 하는 것은 알지 못하기에 쓴다는 뜻입니다. 미리 알고 있다면 만들어 내는 일은 의미가 없는 것이 아닙니까. 문학자뿐만 아닙니다. 예술가란 모두 작품을 만드는 행위에 의해 자기를 아는 것이어서, 자기 반성이라는, 일종의 공상에 의해 자기를 아는 것은 아닙니다.[43]

창조 즉 표현, 사상과 표현의 동시성을 고바야시는 이처럼 그의 지론으로 삼았고 이 지론은 그의 문단 데뷔 이래 저 「랭보론」에서부터 「모차르트」에 이르기까지 수미일관하게 뻗쳐 있어 그로서는 새삼스러운 것이 아니다. 그러나 중일전쟁이 벌어져, 문학자에게도 새로운 각오가 요청되는 이른바 비상시국에 있어서는, 이런 발언이 매우 돋보였음에 틀림없다. 『문장』지를 둘러싼 문인들이 이에 관심을 가졌던 것은 앞에서 지적했듯 세대 논쟁의 쟁점과도 관련되어 있고, 더 깊이는 『문장』파의 반(反)근대주의적 정신과도 관련성이 있다.

고바야시가 『주오코론』에 쓴 글에는 강연에는 없는 다음 두 가지 점이 특히 강조되어 있다. 하나는 "문학이란 어디까지나 평화의 사업"이라는 점.[44] 이는 같은 글에서 세 번씩이나 되풀이되어 있다. 다른 하나는 "전쟁이 시작된 이상, 언제든지 총을 들라고 하면, 자기는 즐겁게 국가를 위해 총을 들 것이나, 문학자로서 총을 드는 것은 무의미한 일"[45]이라는 점.

---

43 小林秀雄, 「文学と自分」, 『歴史と文学』, 創元社, 1941, pp. 63~64.
44 같은 글, pp. 55~58.
45 같은 글, p. 58.

총을 드는 것은 군인 신분이 되었을 적만이다. 그러니까 그에게는 모든 것이 명백하다. 문학이 평화의 사업이기에 총을 들라면 총을 들 것이며 문학을 버리면 그만이다. "무엇을 근심할 것입니까. 전쟁에 대처하는 문학자의 각오란 무엇인가라는 질문 자체가 의미를 띠지 못합니다."[46]

이로써 강연 내용과 『주오코론』의 것을 대강 비교하였다. 두 강연을 비교할 때 느껴지는 것은 머릿속에 미리 어떤 생각이 있어 그것에다 말의 옷을 입힌 이른바 비문학적인 것이 강연쪽이라면 『주오코론』의 것은 표현에 해당하는 문학자의 글이라 생각된다. 뒤의 것에서 비로소 표현과 사상이 동시에 탄생하여 문학자의 세계를 이룬 것이라 특히 주장되는 근거는 전통에 대한 통찰에서이다. 즉 "일본이 정의의 전쟁을 하고 있다는 생각을 품는 자는 역사에 대해 아무것도 모르는 사람입니다. 역사를 심판하는, 역사로부터 떠난 정의란 대체 무엇이겠습니까. 공상이 낳은 귀신일 터입니다."[47] 고바야시는 이에 대한 설명을 즉, 예술가의 자유에 관한 문제를 옛 일본의 사무라이 오노 도켄(大野道賢)의 입도(入道) 일화와, 요시다 쇼인(吉田松陰)의 처형 직전의 시 『유혼록』(留魂録)으로 대치하고 있는 것이다. 그것은 논리가 아니라 표현이며, 표현과 동시에 태어난 사상일 터이다.

둘째, 강연에서 고바야시가 결론으로 삼은 우정관계로서의 '내선문제' 해결책에 관한 점. 그는, 문학자란 자기의 개성을 지켜야 된다는 점을 유독 강조하였다. 주의, 주장이라든가 사상이 같은 사람끼리는 동지

---

46 같은 글, p. 58.
47 같은 글, pp. 82~83.

가 될 수 있으며, 그것은 정치가의 레벨에서 가능하나, 문학자의 레벨에서는 우정관계가 문제된다. 우정관계란 주의, 주장, 사상이 같지 않아도 상관없다. 자기 개성과 고집을 각각 가지고 있지 않으면 우정관계는 성립되지 않는다. 주의, 주장이 같아도 '싫은 놈은 싫다'는 사실이야말로 문학자의 세계이다.[48] 여기에서 나아가 그는 '내선문제'를 문학상의 우정관계로 전위시켰다. 이것은 문학작품과 독자 사이의 우정관계와, 일본문인과 '조선문인' 사이의 우정관계로 나눠질 것이다. 앞의 경우는 한국과 일본의 문학상의 과제로서 당시 사정으로는 한국독자가 일본작품을 읽는 일, 한국작품을 일본어로 번역하여 '내지인'에게 읽히는 일이 그 과제일 것이다. 후자에는 신건(申建) 편 『조선소설대표작집』(朝鮮小說代表作集, 1940. 2.), 장혁주(張赫宙) 편 『조선문학선집』(朝鮮文學選集, 3권. 1940. 3~12.), 김소운(金素雲) 역 『조선시집』(朝鮮詩集, 전기·중기, 1943) 등이 해당된다.

한편 두 나라의 우정관계가 문학자끼리의 그것일 때는 사정은 훨씬 직접적일 가능성이 크다. 강연 결말에서 주장되었듯, 두 나라 문인들이 접촉할 수 있도록 그 조건을 만들어 주는 것이 정치가들의 정책이라면 그 다음 단계는 문학자들의 몫이며, 문학인들의 우정관계는 그 원리상, 개성에 의거될 따름이다. 다시 말해 주의, 주장 혹은 사상이 같을 필요가 없다. 의리, 인정이라든가, 고집이라든가, 강한 개성을 가지면 그럴수록,

---

48 고바야시는 「정치와 문학」(1951)이란 글에서 정치에 대한 그의 태도를 세밀히 말하고 있다. 그에 있어 정치란 벌레가 싫다는 것의 범위를 넘지 않는다고 단언하였다. "정치에 관한 이론이나 설교가 어떠하든, 정치에 대한 자기의 근본 생활태도를 정하지 않으면 안 된다. 만일 이것이 자기의 벌레와의 의논(좋음, 싫음) 뒤에 정해진 것이 아니라면 생활태도라고는 하기 어렵다."(「政治と文学」, 『現代文学の発見』 4券, 学芸書林, 1968, p. 430.)

요컨대 인간적 매력에 의해 두 나라 문학의 우정관계가 이루어질 것이다. 고바야시에게 있어 문학상의 '내선일체'란 이런 성격의 것으로 보아질 가능성이 있다. 고바야시 역시 한갓 정책 수행의 일환으로 불려나와 강연을 했지만 다른 연사와는 다른 그다운 면모가 이에 있음은 그가 일급에 속하는 정신의 소유자임을 새삼 증거하는 것으로 파악된다.

10. 고바야시에게 있어 경주는 무엇인가

연보에 의하면 고바야시가 대륙을 여행한 것은 1938년이 처음이다. 이 해 3월 『분게슌주』 특파원으로서 중국에 건너가 전선에 있는 작가 히노 아시헤이(火野葦平, 작품명은 「분뇨담」糞尿譚)에게 아쿠타가와상(芥川賞)을 전달하기 위해서였다. 동 4월 28일 귀국하여 여행기 「항저우」(杭州, 1938. 5.), 「항저우에서 난징에」(1938. 8.), 「쑤저우」(蘇州, 1938. 6.) 등을 발표했고, 이 무렵 메이지대학 교수로 승격하였다. 2차 여행은 1938년 10월에서 12월에 걸쳐 경주, 신징, 열하, 베이징, 대동 등지를 여행한 것이었는데 그 기록은 「만주의 인상」(1939. 1~2.) 속에 표현되어 있다. 2차 여행에서 체험한 것을 적은 것이 이른바 「경주」(1939. 6.)이다.

문예총후운동의 강연회에 참가한 여행이 제3차에 해당된다. 한국, 만주반에 참가한 고바야시는 1940년 8월 2일 일본을 출발, 부산·대구·서울·평양·신징·펑톈(奉天)·다롄·하얼빈을 여행하였거니와, 이상하도 여행기는 쓰지 않았다.

제4차 여행은 1941년 10월 20일 가와카미 데쓰타로(河上徹太郎), 니이 이타루(新居格) 등과 경주, 대전, 서울, 평양, 함흥, 청진 등지에로 다니며 강연 여행을 했고, 역시 여행기는 쓰지 않았다.

제5차 여행은 1943년 6월에서 7월에 걸쳐 하야시 후사오(林房雄)와 한국, 만주, 중국을 여행했으며 제6차는 이 해 12월 혼자서 상하이, 난징 등을 여행하고, 대동아작가대회 난징 개최에 주력하고, 1944년 6월에 귀국하였다.

이렇게 보아 온다면 그의 대륙여행은 중일전쟁이 벌어진 다음 해 1938년에서 종전 한해 전인 1944년까지 무려 6차에 걸치며, 그의 나이 36세에서 42세에 걸친 시기였음을 알 수 있다.

일본이 일으킨 중일전쟁이나 태평양전쟁에 대한 문학자로서의 고바야시의 태도가 어떠했을까를 문제삼는 일은 이 글의 논지에서 본질적인 것은 아니나, 또한 외면될 성질의 것도 아니다. 이 점에 관해 여기서는 다음 몇 가지 점만 지적하기로 한다. 하나는, 전후 『근대문학』 동인 혼다 주고(本多秋五)의 지적이다. 혼다에 의하면, 고바야시의 전시 중의 평론집 『역사와 문학』 속엔 "실로 전쟁지지, 전쟁협력의 말이 많으며 그것이 또한 고바야시다운 특성으로 드러나 있다"[49]는 것이다. 다른 하나는 고바야시와 더불어 『문학계』의 동인이었던 나카무라 미쓰오(中村光夫)의 "씨는 전시의 반동적 풍조가 지식계급이나 문학자의 결점에 연결된 일면을 지녔다고 보고, 그렇다면 그것에 따르는 것이 문학자를 이롭게 할 것으로 믿고 말았다"[50]라는 비판이다. 말하자면 고바야시는 전쟁이라는 현실을 절대화해 버렸다는 것이다. 이에 대해 평전을 쓴 에토 준(江藤淳)

49 本多秋五, 「小林秀雄論」, 앞의 책, p. 35.
50 中村光夫, 「人間と文学」, 『小林秀雄集』, 해설, p.495

은 현실의 '절대시화'를 보는 시점을 문제삼아 고바야시를 변호하였다. 즉 "단 5분 앞의 일을 직각(直覺)하는 침착한 지혜와 그러한 지혜의 협력을 지금같이 제일 필요로 하는 때는 없다", "실제의 일에 처해서는, 날로 새롭게 판단하고 결심하는 것 외에는, 인간의 사상이란 것이 있을 턱이 없다"는 당시 고바야시의 발언을 들어 에토 준은 종전 직후의 시점이 아니라 당시 전시 중의 시점(현실 속의 시점)에서 사태를 바라보아야 된다고 주장한다.[51] 사상이란 현실 속에 있는 것이며, 전시 중의 문학자로선 현실을 '절대화'하는 것이 가장 정직한 삶의 자세일 터이라고 에토 준은 본 것이다. 그러나 물론 우리는 고바야시 옹호론자들이 다케우치 요시미(竹内好)의 논문 「근대의 초극」(1959)에서 제기된 고바야시 비판을 소홀히 보는 것 같다는 점, 특히 대동아문학자대회에서의 강연 「문학자의 제휴에 관하여」(1943. 8.)를 거론조차 하지 않는다는 점 등을 조심스럽게 지적할 수 있다.

이러한 여러 문제에 아직 논의의 여지가 있다 하더라도 고바야시가 일본의 일급지식인이자 일급에 속하는 문학자임에는 의심의 여지가 없는 것 같다. 그런 일급의 안목으로 그는 석굴암이나 무영탑을 어떻게 파악하였을까. 이 물음을 약간 자세히 살펴보기로 한다.

고바야시가 기행문 「경주」를 쓴 것은 2차 대륙여행에서이다.

> 조선의 산은 이미 좀더 민둥산이어야 할 텐데라고 동행인 오카다(岡田)군이 말했다. 그는 8년 전에 보았던 차창의 풍경을 다시 보고 있다. 하야

51 江藤淳, 『小林秀雄』, 講談社, 1965, p. 225.

> 시(林) 군과 부산에서 헤어져 경주로 향하는 도중이다. 긴 여행에 때때로 맛보는 저 쾌감과도 같은 피곤함이 닥쳐왔다. 반쯤은 마음놓은 기분으로 가본 적 없는 땅을 기차에 흔들리며 가는 일은 기분 좋다. 이러한 시간은 일생에 걸쳐 모아 보아도 몇 시간 될까라는 생각을 언뜻 해보았다.[52]

4페이지쯤 되는 짧은 글의 서두 부분에서 보듯, 하야시 후사오(林房雄)와 부산서 헤어진 고바야시는 조각가인 오카다와 동행하였다. 하야시와는 만주개척단시찰 명목이었는데, 고바야시가 하야시와 헤어진 것은 경주를 보기 위해서였다고 생각된다.

두 사람은 경주 불국사역에 내려 불국사호텔까지 자동차로 갔다. 불국사 바로 앞에 호텔이 있었다. 그들은 모 고관부인의 선약 때문에 들지 못했다. 불국사에 대한 그의 인상은 다음 구절이 전부이다.

> 불국사의 건물도 소박한 느낌을 주어 나쁘지 않았으나, 돌(조각)이 훨씬 아름다웠다. 화강암의 난간, 다리, 탑 등 어느 것에도 신라시대의 석공들의 놀랄 정도로 정확한 솜씨가 역력히 느껴지는 쾌감이 있었다. 특히 본당 앞마당에선 석가탑의 이끼도 끼지 않는 좋은 색깔, 누르스름한 표면이라든가, 강하고 간명한 모양은 마음에 남았다.[53]

그들이 석굴암을 향할 때 비가 내리기 시작했다. 10월의 가을비다.

---

52 『小林秀雄集』, p. 459.
53 같은 글, p. 459.

숙소에서 우산을 빌려 산을 오르자 바람이 강하게 불었다. 언덕을 오르자 아이들 4명이 따랐다. 손님을 밀어주고 용돈을 뜯으려는 아이들이었다. 그들을 쫓고 빈약한 잡목길을 그것도 빗속에 걷는 일이 "원래가 고미술엔 정성과 공을 들여 찾는 취미가 없는 나에게는 다소 귀찮았다"[54]고 쓰고, 바로 이어서 석굴암 조각을 그려나가고 있다.

> 석굴암의 조각은 자주 사진으로 보았거니와, 천장 없는 네모인 전실에서부터 천장을 궁형 모양으로 쌓은 원형의 후실에 들어가 거대한 대좌에 앉은 둥근 조각의 석가상을 보았을 때는 적지 않게 놀라고 말았다. 사진으로는, 이 아름다움의 약간을 전할 뿐이라는 투로 말하는 것이 아니다. 아주 새로운 물건을 보는 느낌이었다.
> 상(像)은 아마도 때를 벗긴 것이리라. 진짜 새로운 것으로 보이는 돌의 본바탕에, 입술에는 선명하게 붉은 색이 칠해져 있다. 이 철저한 손질은 시대가 경과된 것에서 오는 맛이라는, 애매한 매혹을 일거에 걷어치우게 한 것처럼 보였다. 상에는 그러한 것은 일체 필요치 않은 의연한 아름다움이 있었다.
> 석가상의 두광은 사이를 두고, 뒤의 벽면에 조각되어 있다. 그 아래의 11면 관음의 부조를 중앙으로 하여 좌우에 입구까지 빙 둥글게 원형으로 되어, 비구와 보살상이 큰 사각형 한 장으로 된 돌에 조각되어 벽면에 새겨져 있다. 어느 것이 나한상인지 보현인지 나는 알지 못하나, 어느 것이나 매우 아름다웠다.

---

54 같은 글, p. 460.

비구의 상은 이러한 형식의 상을 달리 모르기 때문인지는 모르나 각각 오리지널한 형식으로 생각되었다. 일견 과장되고 희화화된 듯 보이는 자태에는 살아 있는 듯한 복잡한 균형이 있고, 일견 유머러스한 표정에는 엄격한 사나이다운 힘이 분명히 읽혀진다. 매우 우수한 아라한 그림 형태에서 느껴질 것 같은, 이른바 살적무생(殺賊無生)이라 말한 가열함과 유유함의 이상한 혼합 같은 것이라고, 나는 멋대로 그런 것을 느꼈다.

비구상에서 얻어진 인상만으로도 나의 감수성은 그 풍부함을 거의 견디지 못했으나 그러한 상과 여자 몸의 보살상과의 대조는 일층 눈에 띄는 것이었다. 보살들의 모습은 아무리 늘리어도 자연스러워서 정직한 균제의 뒤에는 자연스런 여자 몸의 육감이 넘쳐 보였다.

오카다 군은 조각을 전공하고 있기에 여관에 두고 잊고 온 회중전등을 중얼거리고 있었으나, 나에게는 눈에 익숙해진 엷은 어둠의 광선으로 충분했다. 신라가 번영한 때는 일본으로 치면 덴표(天平)시대[나라시대], 중국으로는 당나라 때다. 이러한 조각이 어디까지가 당의 영향이며 어디까지가 일본 불교에 영향을 주었는가를 밝히는 일은, 다행스럽게도 내 무식함이 허락지 않았다. 느껴지는 것은 보다 직접적인, 이런 것을 새긴 인간의 마음이었다.

보살에서 비구에로 들면서 또 본존의 체구를 바라보기도 하는 동안에 이 좁고 둥근 방안에 가득찬 착종하는 아름다움에 나는 점점 피곤해졌다.

나는 입구에 나와 담배를 피웠다. 전실에는 신상 같은 것, 금강역사 같은 상이 역시 부조로 서 있었으나, 나는 거의 주의하여 보지 않았다. 모두 아무것도 아닌 이류품이라 생각되었다. 비는 아직 그치지 않는다. 오카다 군도 말없이 담배를 빨고 있다. 망연하고 울적한 비를 보고 있자니 어째서 아름다운 것을 보았는데 이렇게 피로한가, 라는 질문이 언뜻 머리에 떠올랐다. 어리석은 물음이라 생각할 틈도 없이, 물론, 거기 조각에는 죄가 없다, 라고 나의 마음은 고쳐 느꼈다. 그것은 마치 한 찰나의 응답 같았다.[55]

석굴암을 관찰한 부분은 이것이 전부이다. 그는 석굴암을 보면서 점점 피로해졌다고 했다. 좁은 공간에 착종하는 미를 그는 감당하기 어려웠던 것이다. 그러나 미란 우리를 놀라게 하고, 기쁘게 하고, 또한 절망케, 공포에 떨게 할 수는 있지만, 우리를 피로케 하는 데는 논리가 필요하다. 그 논리를 그는 찾지 못하고 있다. 바로 이 점이 고바야시의 정직함으로 보인다. 그를 피곤케 한 것은 일차적으로는 가을비와 불국사호텔 투숙 거절과 석굴암까지의 빈약한 오르막길이었으리라. 조각의 아름다움에서 연유된 것이 아니었다. 그러나 그는 한순간이지만 생리적 피로와, 미의 감상에서 오는 탄력을 혼동하였다. 그의 그다운 점은 그 혼동을 재빨리 깨닫는 총명스러움에 있다. 그가 일급인 까닭이다. 이 총명스러움은 그를 깊은 사색에로 몰고가는 것이었다. 이 체험은 그에겐 소중한 것이어서 그로 하여금 산을 내려가면서 줄곧 그 피로함의 정체를 따져보게 만들었다. 그러한 아름다움을 보고 마음이 즐겁지 않았음을 느끼자 그는 기분이 썩 좋지 않았다. 조각 쪽에 잘못이 없다면 그 잘못은 고바야시 그 자신 속에 있을 터이라는 생각이야말로 바로 그가 일급 정신의 소유자임을 말해 주는 것인지도 모른다.

---

55 같은 글, pp. 460~461.

> 나 쪽에서 결핍된 것은 충분히 알고 있는 터이다. 그것은 저 조각가가 갖고 있는 부처(佛)이다. 그것은 상상하여 보아 친해지는 것은 아니다. 佛이란 있거나 없거나 둘 중의 하나다. 그럼에도 불구하고 佛이 없는 미(美), 그런 것이 도대체 생각될 수 있는가. 그러면 석굴암의 방속에 가득찬 기묘한 아름다움은 도대체 무엇인가. 확실히 무엇인가를 나는 보았지 않았느냐. 그러기에 피로했던 것이다. 그러면 무엇에서 피로했던가. 나 쪽에 佛이 없다는 것에 피로했던 것이다. 틀림없이 그렇다. 그렇다면, 하고 그 다음을 생각하자, 나는 말을 잊고 말았다. 암중모색의 생각 속에, 길을 내리자, 돌연 에스테틱(미)이란 말이 떠올랐다. 나는 차차 기분이 나빠졌다.[56]

이 장면에서 보여지는 고바야시의 마음의 풍경은 흡사 「감상」(1940. 12.)에서 토로한, 두 가지 고대미술품에 접한 체험과 같다.

체험 ①은 그의 청년시절, 나라(奈良)에 살 적의 일. 그는 박물관에 자주 들렀는데 하루는 매우 강렬한 체험을 했다.

> 박물관의, 당시의 내 말에 따르면, 일본에서 제일 아름다운 방에서 어느 날 유명한 백제관음[57]을 보고 있자니 문득 이것은 외설스럽다고 느꼈다. 보들레르의 일기 속엔 "야윈 여자일수록 외설스럽다"라는 구절이 있는데 실로 그 구절이 느껴졌다고 생각되자 매우 강한 느낌으로 되어 (백제관음을 깔보면서) 히죽히죽 웃고 있자니, 돌연 자기가 웃는 그 얼굴의 의

56 같은 글, p. 461.
57 일본 호류사(法隆寺)에 있는 불상 이름. 김윤식, 『문학과 미술 사이』(일지사, 1979) 참조.

미가 분명히 이해되었다. 모든 것이 사라지고, 보통 때의 건전한 의미를 고스란히 벗어던지고, 유리상자 속에 추상화된 역사의 잔해의, 그로테스크하다고 형용할 수밖에 없는 목우(木偶)의 무리 속에 내가 둘러싸여 있었다. 나는 와카쿠사(嫩草)산으로 도망쳤다.[58]

체험 ②는 1940년 어느 날 쇼소인(正倉院) 황실소장품(御物) 전람회장에서 일어난 일. 친구와 함께 구경하러 갔으나 하도 사람이 많아, 그 자신은 밖에서 기다리기만 하면서 대체 미란 무엇인가를 사색한 것이다. 전람회나 박물관에 가서 구경하노라면 어느 순간 미술을 감상하는 자기의 행위가 대체 무엇인가, 기괴망측한 것이 아닌가 하는 생각이 든다고 그는 고백한다. 이 강한 자의식의 정체는 무엇인가. 이를 그는 '눈뜸'이라 하고, 이렇게 분석해 보인다.

역사에 관한 여러 가지 나의 지식과, 세상 풍습이나 약속에 굴종하는 나의 상상력이 협력하여 날조한, 순일무쌍이라 믿었던 미의 나라가, 보고 있는 동안 붕괴되어 감을 느끼며, 그 대신에 무엇인가 색깔 있는 한 장의 낡아빠진 종이와 간(磨) 유리와 엿보는 사람들의 표정이 마치 역사의 꿈 같은 마법에서 벗어난 것처럼 선명히 나타난다. 이는 심리상의 일종의 반작용을 생생하게 경험케 하는 강한 느낌이며 한순간에 행해진다.[59]

---

58 小林秀雄, 「感想」, 『歴史と文学』, 創元社, 1941, pp. 177~178.
59 같은 글, pp. 176~177.

체험 ①과 체험 ②는 같은 것이다. 자의식이야말로 고바야시의 미를 파악하는 독특한 방식이며 이 방식은 「역사에 대하여」(1937), 『역사와 문학』(1940) 등에 일관하여 흐르는 정신구조이다. Ⓐ '과거란 없다. 과거란 과거라고 부르는 신앙의 의미다'[60]라는 명제에 그의 미학의 한쪽 기둥이 놓여 있는 것이다. 그리고 다른 한쪽 기둥은 Ⓑ 그 자신이 갖고 있는 고독감이다. Ⓐ라는 신앙의 깊이는 하도 웅숭깊어 측정되지 않을 정도이며 또 애매한 힘을 가져, 누구도 벗어나기 어렵고, 따라서 누구도 고독할 수 없다. 한편 Ⓑ에서처럼 누구도 '자기'라는 것, '자기만이 느끼는' 고독감을 갖고 있다. 그러기에 ⒶⒷ를 갖는 것은 건전한 일이다. 고바야시는 여기서 박물관의 미의 감상과 자기의 비평행위를 동일한 것으로 이렇게 말해 놓았다.

> 반성해 보니 나는 박물관에서 나를 엄습한 저 고독감을, 그후 무엇인가 살아 있는 생물 모양 순치해 온 것 같다. 확실히 처치곤란한 생물이었다. 까닭 모를 인생에의 무관심이라든가, 모멸을 말한 것도 그놈이며, 자애라는 이름의 감상이나, 자의식이라는 군더더기를 가르친 것도 그놈이었다. 그렇지만 이제는 이미 그놈과는 낯익었다. 나에게 있어 비평이란 이 순치된 고독감의 적절한 응용에 다름 아니라는 사실을 생각했다.[61]

이런 대목의 사색은 아름답다. 그러나 그에게 있어 석굴암의 아름다

---

60 같은 글, p. 178.
61 같은 글, p. 179.

움과 그것에의 피로감이 역사라는 이름의 신념과 개인의 고독이 균형감을 유지하지 못함에서 연유되었음은 분명한 일이다. 그 균형감이 깨진 요인으로 두 가지를 들 수 있다. 하나는 여행 조건에서 오는 피로감, 가령 궂은 날씨, 산에 오르기, 여관문제 등등일 터이다. 그러나 이러한 외부적 조건은, 석굴암의 미가 주는 힘에 비하면 본질적인 것은 아니다. 다른 하나는 그가 말해 놓았듯 자기에게 '불'(佛)이 없었다는 점. 석굴암에 잘못이 없다는 것을 밝힌 것은 그가 일급임을 새삼 말해 주는 것이지만 그가 석굴암을 보고 피로해졌음도 또한 사실이었다. 그 피로감이 자기 쪽의 '佛'의 결여에 있다는 것은 구체적으로 무엇인가. 이 '佛'의 정체를 알아낼 실마리는 불행히도 찾아내기 어렵다. '佛'이 없기로는 나라의 '백제관음'에는 물론 불교적 예술 전부에 해당되는 일일 터이다. 그렇다면 석굴암의 '佛'이란 그에겐 결국 과거라는 신앙의 대상으로 느껴지지 못함이라 보아질 수 있다. 신라란 결국 그에게는 신앙의 대상이기엔 무리가 있었던 탓이었다. 즉 그가 '백제관음'에서 도망친 것도 보들레르의 일기 때문이 아니라, 그에게 '佛'이 없었기 때문일 터이다. 바로 이 점이 고바야시의 한계일 것이다. 그는 어디까지나 철저한 일본인이었고 따라서 신뢰할 만한 인물이지만, 동양인으로 또는 세계인으로 되기엔 그 나름의 자격과 동시에 한계를 갖춘 인물로 인정된다. 그것은 석굴암에서 느낀 그의 피로감에 정비례하는 것이리라. 만일 그가 일급이고 또한 통달한 전문가라면 석굴암이 조선 것이든 중국 것이든 희랍 것이든 미적 평가엔 아무런 차이가 없어야 마땅하리라. 그가 고미술에 관심을 갖고 처음 대한 것이 이조백자로 알려져 있거니와, 그것을 한갓 골동품으로 보지 않고 미의 일종으로 파악했다면, 그리고 이조백자가 진짜 미라면, 그것은 식민지 백성들의 가난한 조상들이 만들었다는 사실과는 상관이 없으며 희랍 항아리와 다를 바 없었을 것이다. 그는 희랍 조각을 볼 때도 마땅히 피로할 것이다. 희랍의 신화를 그는 갖지 않았으니까.

이로써 우리는 고바야시의 석굴암을 보는 일급의 안목과 그 한계를 살펴보았다. 그는 끝내 석굴암을 "과거라 불리는 신앙"의 자리에서 한 발자국 물러서고 말았던 것이다. 이 사실은 어쩌면 그의 정직성 혹은 엄격성인지도 모른다. 왜냐면 제4차 한국여행 때 그는 다시 석굴암 앞에 섰던 것이다. 그것은 1941년 10월 20일이었다.[62]

> 내(가와카미 데쓰타로河上徹太郎)가 그(고바야시)와 같이 간 대륙여행은 16년(1941)의 조선과 19년(1944)의 상하이였다. 조선에는 여러 사람과 동반한 강연 여행이었으나 부산에 닿자마자 둘이서 6시간 기차를 타고 경주의 불국사, 석굴암까지 올랐다. 나라(奈良)를 닮은 부드러운 그곳 산자락에 비치는 가을햇발을 나는 지금도 잊지 못한다.[63]

가와카미 데쓰타로는 고바야시와는 어릴 적부터의 친구이자 『문학계』의 동인이며 문단의 중심적인 비평가로서, 유명한 「근대의 초극」 심포지엄과 대동아작가대회 등을 기획, 실천한 문학자 중의 한사람이다. 고바야시는 왜 부산에 닿자마자 일행에서 벗어나 6시간이나 기차여행

---

62 이 여행은 제2차 문예총후운동 강연회로서, 고바야시는 가와카미 데쓰타로(河上徹太郎), 니이 이타루(新居格) 등과 함께 대전, 서울, 평양, 함흥, 청진으로 강연여행을 했다.(『近代文学鑑賞講座 第十七卷 小林秀雄』, 角川書店, 1966. 연보 참조.)

63 河上徹太郎, 「小林秀雄」, 『近代文学鑑賞講座 第十五卷』, p. 240. 강조는 인용자.

을 하여 석굴암으로 달려갔을까. 그것도 그의 가장 친한 친구를 대동하고 간 것이었을까. 이 물음에는 정확한 답변을 찾기 어렵다. 일본낭만파의 거두 야스다 요주로(保田與重郎)의 대표작인 「일본의 다리」(『문학계』, 1936. 10.) 속에선 그가 경주를 방문하고 불국사의 청운교·백운교와 일정교(日精橋), 월정교(月精橋)의 설화를 취재하고 있지만,[64] 고바야시의 경주는 그런 설화의 세계와는 무연한 것이다. 그에겐 석굴암의 조각이 문제였을 것이다. 그를 피로케 한 그 '佛'의 정체를 다시 확인해 보고 싶었을 것이다. 그리고 그 '佛'의 낯섦 앞에서 다시 피로해지고 말았을 것이다. 그는 하얼빈의 호텔에서, 거리에서 추방당한 백계 러시아인을 구경하듯 별다른 목적 없는 마음 편한 여행자의 태도로써는 석굴암을 볼 수 없었다. 피로를 다시 안고, 서울로 갔고 이 왕가(王家) 박물관을 보고 평양, 함흥, 청진을 거쳐 주을 온천에 머물며, 도지사가 대접하는 정어리 사시미를 즐겼다. 그해 11월 3일 귀국하자 한 달이 채 못 되어 태평양전쟁이 터졌다.

석굴암에서의 피로감과 문예총후강연회 사이의 거리가 고바야시에게는 얼마나 되는 것일까. 우리 쪽의 시각에서 보면 그 거리는 메워질 방도가 없는 성질의 것이다. 우리 쪽에서는 석굴암을 볼 땐 원시인이 되고 문예총후운동 강연을 들을 땐 문명인의 자리에 설 수밖에 없었지만, 고바야시의 경우엔 석굴암에 섰을 땐 문명인의 자리에 있었고, 문예총후운동 강연회에서는 원시인의 자리에 섰던 것이다.

64 保田與重郎, 「日本の橋」, 『昭和批評大系 — 昭和 10年代』, 番町書房, 1968, p. 89.

한 겨울 지난 석류열매를 쪼기여 홍보석 같은 알을 한 알 두 알 맛보노니,

[중략]

아아, 석류알을 알알히 비추어 보며

신라 천년의 푸른 하늘을 꿈꾸노니.[65]

이 구절은 고바야시의 강연초록을 실은 『문장』지의 중요 멤버인 정지용의 싯구이거니와, 『문장』파의 시각에서 보면 경주는 눈부신 홍보석이어서 쾌감의 상태도 놀라움의 상태도 아니고 바로 홍보석의 상태 그대로이다. 피로감은 상상도 할 수 없는 경지이다. 그것은 물을 것도 없이 '과거라는 이름의 신앙' 즉 역사 때문이며, 그 신앙은 공동체와 더불어 나누는 것이기에 그 속에 있는 한, 아무도 고독감을 느끼지 않는다. 신념 즉 심정적 레벨에서 반응하는 인간은 원시인에 다름 아닐 터이다.

한편, 문예총후운동의 강연을 듣는 경우 『문장』파들은 무엇인가. 『문장』지의 다음 기록이 이를 말해 주는 것인지도 모른다.

> 모든 문화의 사변화(事變化)는 지당지순(至當至順)한 국가체제의 행보이겠지만 **그렇다고 가장 냉철해야 할 정신문화의 담당자들까지 너무 수선스러운 때에** 사변 처리에 대한 의기와 신념을 굳세게 하는 좋은 강연회였다.[66]

고딕으로 표시한 부분에서 느껴지는 것은, 일종의 비판정신이다. 말

---

65 정지용, 「석류」, 『정지용시집』, 시문학사, 1935, 36~37쪽.

66 『문장』 1940년 9월호, p. 99. 고딕 인용자.

하자면 이 강연회를 비판하는 안목이 바로 문명인의 시각일 터이다. 이러한 시각 속에는 특히 "작가들에게 정문일침(頂門一鍼)일 듯"한 고바야시의 강연내용에서 촉발되었지만, 그것조차 포함하여 "가장 냉철해야 할 정신문화의 담당자들까지 너무 수선스러운 때"에 속한다는 뜻이 들어 있다. 『문장』파의 문명인들이, 강연하는 원시인 고바야시를 지켜보고 있었던 것이다. 스스로를 원시인이라 규정한 것은 정작 고바야시 자신이었다.

> 지식의 성질은 인간의 두뇌를 어떻게 하든 공상적으로 하게 하는 경향이 있습니다. 한편 각오란, 문학자의 각오에 한정되지 않거니와 증가하고자 해서, 또 정밀하고자 해서 증가되거나 정밀해지는 것이 아닙니다. 각오란 각오하느냐, 아니하느냐 둘 중 하나라는 간명하고 절실한 것입니다. 지식 속에는 바로 문명인이 있으나 각오 뒤에는 아무리 문명이 진보해도 의연히 원시인이 살고 있습니다. 지식으로 공상화된 두뇌에는 좀처럼 파악하기 어려운 것이 있습니다.[67]

이 구절은 강연 속에는 없고 『주오코론』의 「문학과 자기」 속에 들어 있다. 고바야시가 강연에 나섰다는 것 자체는 그의 강연내용의 우수함과는 관계 없이 바로 원시인의 자리에 스스로를 세웠음을 의미하는 것에 다름 아니다. 일본문단에서는 그 누구보다 문명인의 자리에 섰던 그가 원시인으로 꼴을 바꾼 계기가 중일전쟁 즉 사변이었음은 의심의 여지

---

67 小林秀雄, 「文学と自分」, 『歴史と文学』, 創元社, 1941, p. 60.

가 없다.[68] 그가 도스토예프스키론에 몰두했다는 것은 그의 업적이 말해 주는 것이거니와 이와 관련하여 그가 1935년에 톨스토이의 죽음을 두고 마사무네 하쿠초(正宗白鳥)와 크게 논쟁을 벌인 바 있음을 우리는 상기한다. 이른바 '사상과 실생활' 논쟁이 그것이다. 고바야시의 의견에 기대면 사상이 힘 있고 또 사상다운 까닭은 그것이 실생활과 분리되었을 때이며 따라서 사상과 실생활은 엄연히 분리되어야 그 각각의 기능을 다할 수 있다고 보았다.

이 관점은 물을 것도 없이 문명인의 시각에 섰음을 말해 준다. 이런 입장에 서자, 도스토예프스키의 문학(사상)은 어떠한가, 그리고 일본의 프롤레타리아 문학사상은 어떠한가, 라는 문제에 부딪쳤다. 그가 보기엔 도스토예프스키에 있어서는 사상과 실생활이 분리되었을 뿐 아니라, 사상 쪽이 맹위를 떨치며 실생활 위를 폭주하고 있는 형국으로 비쳤다. 그것은 라스콜리니코프로 하여금 도끼를 휘두르게 하는 야성이며 폭력이고 '악'의 모습이었다. 일본의 프롤레타리아 문학사상도 이와 유사한 꼴 즉 사상이 실생활을 이끌어 가는 조잡한 꼴로 보였다. 그럼에도 불구하고 그가 보기엔 사상의 사상다운 까닭은 실생활과 분리된 점에 있었다. 왜냐면 그것이 문명의 정체이기 때문이다. 그렇지만 문명한 사회에서는 사상과 실생활이 분리되되 서로 균형을 취해 균형감을 갖추고, 견제되어 어느 한쪽이 다른 쪽을 제압하지 않지만, 후진사회 혹은 젊은 사회에서는 사상 쪽이 실생활 속으로 폭주하여, 감당을 하지 못하는 상태를 빚으

68 에토 준은 고바야시가 대륙여행을 겪고 나서, 그의 문학생활에 하나의 전기를 그었으며, 문체의 변화도 이때 일어났다고 지적하고 있다. 江藤淳, 『小林秀雄』, p. 240.

니 도스토예프스키의 세계가 바로 그러한 표본이었다. 이런 사실의 발견이 그의 저서 『도스토예프스키의 생활』(1935)의 주조음을 이루었다. 그는 사상이 실생활을 이끌어 간다는 쪽에 몸을 세운 문명인의 자리에 섰던 것이다.

그러나 중일전쟁(1937) 이후 그는 문명인에서 원시인으로 자리를 바꾸었다. 다른 말로 하면 실생활(사변)이 사상을 이끌어 간다는 쪽에 섰던 것이다. 그는 「사변의 새로움」(1940)에서 이렇게 썼다.

> 이러한 경험(사변)은 일본국민은 물론이고, 동서고금, 어느 국민도 일찍이 부딪친 일이 없습니다. 이번 새로이 일어난 사변이 새로움은 누구나 이해하는 것 같으나, 그 새로움의 정도라든가 성질을 생각해 보면, 그곳에는 쉽지 않은 문제가 있는 것 같습니다.[69]

이 말속엔 사변에 처하였으나 무대인 중국이 하도 넓고 수수께끼 같은 나라여서 거기에 어떻게 대처해야 좋을지 모두 망연자실하고 있다는 뜻이 담겨 있다. 지도 이념은 물론 누구도 '사변'에 대해 정확히 알지 못하는 상태였다. 다만 시시각각 미처 모르는 변수에 의해 사변(실생활)이 달라질 뿐이며 사상은 그것에 따라 질질 끌려갈 따름이라고 그는 판단하였다.

이와 같은 사실의 정견(正見)하기 어려운 새로움으로부터 정치가도 군인

---

69 小林秀雄, 「事変の新しさ」, 『歴史と文学』, p. 87.

도 경제학자도, 문학자와 같은 거리에 서 있다. 적어도 오늘의 문화를 말함에 있어서는 어떤 전문가도 자기의 생각을 자만할 수는 없을 터이다.[70]

이럴 때 신념이 모든 것의 우위에 올라오게 된다. 문명인은 돌연 원시인으로 변하게 되는 것이다. 고바야시는 묵묵히 사변의 새로움이 시키는 대로 대처하고, 이끌려 가는 많은 민중들(일본 국민 대다수) 쪽에 서고자 한 것이다. 이를 그는, "지식인과 민중 사이의 고랑에 자기 몸을 눕혀 다리를 놓는 일"[71]이라고 생각했는지도 모른다. 그러기 위해서 그는 원시인이 되어 일본 국민이라는 신념으로 6차에 걸쳐 대륙여행에 뛰어다녔다. 그는 여행에서 낯선 대륙의 '풍물'을 보았다. 그의 여행기가 '시적'(詩的)인 것은 그가 새로움을 보고자 한 증거이다.[72]

그러나, 그 원시인이 경주의 석굴암 앞에서는 돌연 문명인으로 환원하고 말았던 것이다. 석굴암이 그를 피로케 했던 것의 정체가 이것이었다. 석굴암에 잘못이 있지 않고, 고바야시 자신 쪽에 잘못이 있었다는 것은 석굴암이 갖고 있는 佛을 그가 갖지 못했기 때문이다. 이는, 그가 석굴암을 하나의 보편적 '미'(자기 말로는 에스테틱)로 느꼈음을 뜻한다. 마치 그것은 희랍신화를 갖지 않은 사람들이 희랍조각을 볼 때의 경우와 똑

---

70 小林秀雄,「疑惑 II」,『小林秀雄集』, p. 409.

71 江藤淳,『小林秀雄』, p. 214.

72 고바야시가 제2회 대동아문학자대회(이때 조선 측에서는 유진오, 유치진, 최재서, 이석훈, 김용제, 쓰다 쓰요시津田剛 등이 참가)에서 행한 강연「문학자의 제휴에 대하여」(『문예』, 1943. 10.)에서 말한 내용도「문학과 자기」의 기본 태도에서 크게 벗어나 있지 않다. "군자는 화합하되 같아지지 않으며, 소인은 같아지되 화합하지 않는다"는 공자의 말을 들어 문학자란, 사물과 인간의 마음을 깊이 탐구해 들어가면 도저히 논의될 수 없는 경지에 이르게 되므로 논의 같은 것을 하는 것은 불가능하다고 고바야시는 주장하고 있다. 따라서 '제휴'란 '싸움'과 같이 '곤란한 일'이라고 끝맺고 있다(新潮社版『全集』, p.182). 이로 보면 고바야시의 이 무렵의 기본사상은「문학과 자기」를 원점으로 했음을 알 수 있다

같다. 원시인으로 변모한 고바야시가 석굴암 앞에 서자, 돌연 자기도 모르는 사이에 문명인으로 환원되었을 터이다. 자기도 모르게 이런 변화가 왔다는 것이야말로 바로 그를 피로케 한 이유이다.

고바야시 그는 아마도 일류이었으리라. 청년시절부터 그는 그러한 자질을 가진 남다른 총명함의 소유자였다. 백제관음을 보다가 그 그로테스크함에 놀라 산으로 도망친 것이 이를 증거한다. 보들레르 때문이 아니라, 고바야시 자기 쪽에 백제관음을 둘러싼 '佛'이 없었기 때문이다. 예술품이란 만든 사람이나 시대나 상황을 떠나 누구에게나 미로서 작용해 와야 올바른 예술품이다. 그런 진짜 예술품을 감상하기 위해서는 인종과 시대를 초월해야 한다. 지식인이란 그런 사람에 속한다. 지식인 고바야시는 일단 백제관음에서는 한 번 실패한 그런 사람이었다. 그러나, 사변을 각오와 신념으로 받아들여 사변에다 자기의 사상을 맡겨 버린 원시인 고바야시는 바로 그 때문에 마침내 석굴암을 바로 볼 수 없었던 것이다. 그를 피로케 한 것은 기실은 석굴암이 아니라 원시인에서 문명인으로 환전하는 행위에서 발생한 에너지의 소모였을 따름이다. 그렇지만 그가 아니고는 두 번씩이나 석굴암에 서고자 한 자는 아무도 없었다. 그러기에 그를 피로케 한 그 피로함의 무게는 험한 시대를 살아온 후진사회의 지식인의 견딤의 무게와도 비견될 수 있는 것인지 모른다.

11. 잡종문화론자 가토 슈이치의 비판

이 글에서 내가 고바야시론을 쓰고 있지 않음은 처음부터 밝힌 바이거니와 다만 그를 통해 내가 알아낸 극히 한 부분을 피력한 것에 불과하다. 그것은, 일변으로는 한일문학의 관련성에서 온 것이어서 내가 아니라도 누군가에 의해 검토되어질 성질의 것이며, 다른 한편으로는 내가 종사하는 비평에 관한 것이다. 여기에는 당연히도 평론집 『문학과 사상』(1948)으로 해방공간에서 큰 영향력을 미친 문협정통파의 비평가 조연현이 직접 간접으로 포함된다.

고바야시가 식민지 수도 서울에 와서 조선 문인 앞에서 행한 강연 「문학과 자기」(「사변이 주는 시사」)와 그 연장선상에 있는 「문학과 자기」(『주오코론』)에서 주목되는 것은 국가의 요구에 문학이 임할 수 없고, 다만 국민으로서 임할 수밖에 없다는 발언이다.

> 전쟁이 시작된 이상 언제 총을 들지 않을 수 없는 그런 시기가 온다면 기쁘게 국가를 위해 총을 들리라. 그런데 문학이 평화의 사업인지라 문학자로 총을 쥐는 것은 무의미한 일이다.[73]

문학자와 인간을 준별한 이 주장이란 따지고 보면 일종의 궤변인지도 모른다. 형식논리상 준별될지 모르나 현실적으로는 불가능하기 때문이다. 이 점을 들어 고바야시가 전후 젊은 '근대문학' 동인들의 집중적인 공격의 대상이었음은 주지된 사실이다. 이에 대해 고바야시의 반론이랄까 자기 변명 역시 주지된 사실이다.

> 나는 정치적으로는 무지한 일국민으로 사변에 처했다. 말없이 처했다. 거

73 小林秀雄,「文学と自分」,『歴史と文学』, pp. 57~58.

기에 대해 지금은 어떤 후회도 하고 있지 않다. 큰 사변이 끝났을 때는 반드시 만일 이러저러했더라면 사변은 일어나지 않았으리라. 사변은 이런 식으로 되지는 않았으리라는 논의가 일어난다. 필연이라는 것에 대한 인간의 복수다. 덧없는 복수다. 이 대전쟁은 일부 사람의 무지와 야심에서 일어났다든가 그렇지 않으면 일어나지 않았다든가. 좌우간 나에겐 이런 따위의 반가운 역사관은 갖고 있지 않다. 나는 역사의 필연성이란 것을 가장 두려운 것으로 여기고 있다. 나는 무지하기에 반성 따위는 하지 않는다. 영리한 치들은 잔뜩 반성함이 좋지 않겠는가.[74]

전쟁 중 고바야시는 「근대의 초극」 좌담회에도 관여했고, 그것을 읽고 전선으로 달려간 젊은이도 없다고는 할 수 없다는 비판도 그는 견뎌야 했다. 그러나 그의 안중엔, 국민 고바야시가 있을 뿐 문학자 고바야시란 없었다고 할 수 있을지 모른다. 그렇다면 전쟁 중에 쓴 그의 글들은 어떻게 규정될 수 있을까.

그가 전쟁 중 행한 것은 두 가지 일로 요약된다. 하나는 골동품 수집. 이조 항아리를 비롯 그림, 칼의 잠금쇠 등이 이에 해당된다. 다른 하나는, 일본 고전에 대한 탐구. "꽃의 아름다움이 있지 않고 아름다운 꽃이 있을 뿐"이라는 수필 「당마」(当麻, 1942)를 비롯 「무상이라는 것」(無常という事), 「헤이케모노가타리」(平家物語), 「쓰레즈레쿠사」(徒然草), 「서행」(西行) 등을 썼다. 고도의 응축된 이 수필식 글쓰기란, 그의 철저하고도 방대한 『도스토예프스키의 생활』(ドストエフスキイの生活, 1935), 『사소설론』

74 좌담회, 「고바야시 히데오를 중심으로」, 『근대문학』, 1946. 1. 12.; 江藤淳, 『小林秀雄』, pp. 262~263.

(私小說論, 1935) 등을 거치고 나서 도달한 경지가 아닐 수 없다. 골동품과 고전 탐구의 끝에 만년에까지 물고 늘어진 『모토오리 노리나가』(本居宣長, 1977)가 있었다. 이러한 고바야시의 비평관에 대한 비판 중 내가 보기에 썩 의미 있는 것으로 다음 두 가지를 들고 싶다.

하나는, 고전연구자 사이고 노부쓰나(西鄕信綱)의 견해. "신념 곧 믿는다"에 전적으로 의존하기, 갖가지 이론이란 아무리 대단해도 믿지 않기, 이러한 태도를 지닌 고바야시를 두고 사이고는 "경험세계를 유일한 원전"으로 하여 의식적으로 스스로의 위치를 점하고 비평활동을 해온 경우라 규정한다. 큰 틀에서 보면 문학공부란 ①작품해명을 중심으로 하기와 ②작품 이전의 자기의 신념에 의존하기로 대별되거니와 고바야시는 ②의 극단적 유형으로 분류된다. 사이고는 그 이유를 「문학과 자기」에서 이끌어 냈다.

> 우리들의 불확실한 지식의 나라, 곧 우리들의 공상의 나라의 넓이는 막대한 것이어서 그러한 끝없는 공상을 등에 지고 살아가고 있다는 사실은 우리들이 참으로 미워한다든가 사랑한다든가 뱃속에서 승인하든가 하고 있는 우리들의 직접 경험하는 세계가 얼마나 좁은가에 생각이 미친다면 좀처럼 사람들의 생각은 일치하지 않는 것입니다. 이 좁은 세계만을 확실한 것이라 믿고 이 세계 속에서 자득하는 방도 외에 올바른 길이 없다고 각오하기, 이것이 문학자의 각오라고 여깁니다.[75]

75 小林秀雄, 「文学と自分」, 『歴史と文学』, pp. 74~75.

이를 두고 사이고는 '실감신앙'의 대표격이라 보아, 마루야마 마사오의 '이론신앙'과 대비시켰다. '실감신앙'을 문제 삼을 때 그것은 물론 원초적임을 가리킴이다. 마르크스사상을 과학적으로 연구하기 위해서는 인간 마르크스를 어찌 떠날 수 있겠는가에 해당되는 만큼 그것은 원초적이 아닐 수 없다. 마르크스의 경험세계와 그의 사상의 관련 없이는, '이론과 실감'의 과제란 당연히도 해결되기 어렵다. 고바야시의 논법으로 하면 이론과 실천이란 변증법적 통일이라고 이론가들이 말하지만 실상 마르크스 본인은 그 "통일을 살았던 것"(「마르크스의 식견」, 1931)이라 주장함으로써 당시 지식인적 마르크스주의를 비판한 바 있다. 이것의 정확성 여부는 별도로 하고라도 고바야시가 직접 경험세계에서 한 발자국도 나서지 않는다는 대원칙 아래 마르크스사상을 수용하겠다는 기이한 방도를 제시한 것만은 사실이라 할 수 있다. 그러나 이러한 초기의 자기와 현실 사이에 이론을 개입시키지 않은 소박한 견지가 매우 근사한 비평적 모태였지만 "사회화한 나"(『사소설론』, 1935)를 분수령으로 하여 서서히 그 자체가 하나의 디자인(고정된 견해)으로 존재한 것이다. 말하자면 그가 초기 공격한 갖가지 생각하는 일의 하나로 스스로가 되고 만 것이다. 직접 경험의 세계에 싸여 감추어져야 할 삶의 풍요로움은 상식이라는 이름의 객관주의 또는 현실주의에 수렴되어 경험세계는 자족된 자명성으로 명제화되었다. 열린 지평도 막혀 시간과 운동이 여기서 적지 않게 멈추고 만다.

이른바 '무사'(無私)의 정신도 자아의 극에 있어 자기 망각으로서의 또는 이념적 공동체로서의 보편성과는 달리 실은 무사의 정신이라는 '나'일 수밖에 없다. 여기에 잠긴 일종의 자기기만을 적발하지 않으면 안 된다. 최초의 인용에서도 있는 바와 같이(「문학과 자기」) 직접 경험의 세계를 넘어선 것은 모두 '불확실한 지식'(공상)이며 그러한 시시한 것을 등에 지고 우쭐대거나 심각해지는 것이 지식인이라는 종족이며 따라서 자기 나라가 이웃 나라에게 강도짓하여 공격할 때도 그것 역시 있는 그대로의 현실이어서 권하기만 하면 기쁘게 총을 들면 된다는 식으로 끝없는 현실 추수가 일어나는 것은 당연하다. 상식이란 그러니까 꽤나 리얼리스트다.[76]

'현실신앙'이 닿은 곳은 결과적으로는, 실로 영리한 현실주의자 곧, 군주 일본의 외침에 동조하는 것에 이른 것이었다. 이 얼마나 영리한 처세술인가. 사이고의 겨냥한 곳은, 비평이란 작품(원전)에서 시작된다는 것, 따라서 그것 이전에서 출발하는 "자기의 꿈을 회의적으로 논의하기"로서는 결국 이런 결과에 이른다는 것으로 정리된다.

실감신앙의 결말이 이 지경이라면 이론신앙은 또 어떠할까. 내가 주목한 고바야시 비판의 다른 하나는, 세계주의자이자 일본문화의 '잡종성'의 주창자인 가토 슈이치(加藤周一)의 견해를 들 수 있다. "일본문화 문제는 일본문화가 잡종적이라는 사실을 파악함에서 시작, 그것에 적극적 의미를 찾는 것으로 끝난다"[77]라고 했다. 고대에서부터 일본문화가 잡종성임을 시종일관 주창하는 가토의 비판점이 만년의 고바야시가 혼신의 힘으로 탐구한 모토오리 노리나가(本居宣長)에 대한 비판이었음이

76 西郷信綱, 『古典の影』, 平凡社, 1995, p. 56.
77 加藤周一, 『雑種文化』, 講談社, 1974, p. 50.

또한 흥미롭다. 일본의 민족주의자들은 그 논거의 원조를 모토오리로 삼고 있다. 그러나 매우 딱하게도 모토오리의 대표작 『고사기전』(古事記傳)을 두고, 가토는 그 허점을 이렇게 지적했다.

> 『고사기』에 기록된 것이 거짓인지 참인지 어디까지가 사실인지의 문제가 있습니다. 그런데 전부가 사실이라고 생각해서인지 적어도 그는 그렇게 말하고 있지요. 그것은 그의 놀라운 확실치 못한 저작인 점입니다. 이상한 공존이지요. 『고사기』가 무엇을 의미하는가라는 이런저런 문장언어의 해석은 실로 정확하며 대학자가 아니고서는 안 되는 것이어서 실로 독창적 일의 성과이지요. 그러나 『고사기』의 기술내용이 고대의 사실이었는가의 여부조차 검증하지 않았습니다.[78]

그 때문에 당연히도 모순이 생겨날 수밖에 없다고 가토는 지적했다. 그 추종자들도 이 점에서 자유롭지 못하다. 『고사기』를 그대로 사실이라고 믿는 이 난폭한 짓이란 대체 무엇인가. 내셔널리즘으로 규정할 수밖에 무슨 방도가 있겠는가. 무엇이든 일본 것이 제일이라는 근거 없는 짓이 아닐 수 없다. 그는 중국을 알고자 하지 않았고, 서양에 대해서는 아무것도 몰랐다. 어째서 이런 지경에까지 이르렀을까. 가토의 논리는 여기서 막바로 고바야시에로 향했다.

> 또 고바야시도 이런 사실을 몰랐을 이치가 없다고 여겨집니다. 도망치고

---

78 加藤周一, 『私にとっての20世紀』, 岩波書店, 2009, p. 222.

있지요. 그의 『모토오리 노리나가』(本居宣長)라는 책은 최후의 대작이지만 거기서 도망친 것이 두 가지가 있습니다. 하나는 방금 말한 것과 같이 모토오리의 대학자로서의 얼굴과 극단적 내셔널리스트로서 선동에 가까운, 신바람 나서 엉겁김에 말하고 있는 것과의 모순을 가려내어 설명하고자 하지 않은 점.

다른 하나는 묘입니다. 모토오리의 유언으로 만든 묘는, 하나는 불교사원에, 다른 하나는 신도(神道)식의 묘가 있습니다. 그토록 신도를 기리고 불교, 유교를 배척한 모토오리가 어째서 불교사원에 묘를 두고 동시에 무덤을 별도로 신도식으로 만들었을까. 고바야시 씨는 역시 그 점을 알아차리고 양묘제(兩墓制)를 사용하여 설명하고 있습니다. 그러나 그것은 실수입니다. 양묘제란 오키나와 등지에 있는 고대 신도의 묘이며 2단으로 되어 있지요. 잠시 죽은 자가 머무는 것과 영원히 머무는 것의 두 가지 묘이지요. 이를 갖고 와서 고바야시 씨는 모토오리가 두 가지 묘를 만들었다고 설명코자 했습니다.

그러나 양묘제란 신도 속의 두 가지 묘의 시스템입니다. 모토오리의 묘는 하나는 불교식이며 다른 하나는 신도식입니다. 그런 양묘제란 존재하지 않습니다. 따라서 양묘제로 설명함이란 전혀 무의미합니다.[79]

이에 멈추지 않고 가토는 고바야시의 생리적 체질까지 문제 삼았다. 골동품을 보고는 한순간 진짜다, 가짜다를 결정하기, 이런 것을 두고 주관주의라고 할 수밖에 없다. 골동품이 지닌 외적 역사(질서)를 무시한 채

79 같은 책, pp. 223~224.

자기 멋대로 재단하는 방식으로, 모차르트나 도스토예프스키를 논하지만 이는 그 자신이 갖고 있는 일종의 명인(名人) 정신에 다름 아니다. 스스로가 명인인 까닭에 자기 자신과의 대결의 형국이 아니었던가. 일본 지식인의 대부분이 정치(체제 비판) 능력을 방기한 이유도 이와 무관하지 않다. 가토의 이 논법은 일찍이 마루야마 마사오의 『초국가이론』에서 지적된 무한책임론과 같은 문맥이라 할 수 있다. 그러나 일본문화가 자기 자신 속에만 있다는 이 주관주의는 실상과는 너무도 거리가 멀다. 개인이란 역사 속에서의 개인이며 이를 초월해 갈 수 없다. 이런 이해능력이 고바야시에겐 없다. "전쟁 때는 어느쪽이라도 상관없다"는 식으로 되고 만다.

> 중일전쟁이 중국침략전쟁인가의 여부에 대해 그는 흥미가 없습니다. 흥미 있는 것은 가령 자기를 버리고 나라에 충성한다든가, 그러한 용기와 결단력이지요. 결단해서 어디로 가는가, 결단이 대체 무엇을 사회에, 역사에 미칠 것인가에는 별로 관심이 없다. 결단 그것을 평가한다. 이는 일종의 미학이라 여겨지지만 고바야시 씨의 한계입니다. 동시에 일본의 많은 지식인의 일면을 상징한다고 여겨집니다.[80]

고바야시를 둘러싼 위의 두 가지 대표적인 비판을 살폈거니와, 전자인 사이고에 있어서는 그것은 원전에 앞서 자기를 내세움에 대한 학문적 전후당착의 견지를 문제삼은 것이라면, 후자인 가토에 있어서 그것은 일

80 같은 책, p. 226

본 지식인의 정치감각의 부재의 상징성이었다. 이 두 가지 비판은, 그 지향점이 다르긴 해도 결국 닮은 곳은 한 가지였는바, '미학'이 그것이다. '꽃의 아름다움'이 있지 않고, '아름다운 꽃'이 있을 뿐이라는 것. 이러한 미학이란 물론 일본 철학계의 최고봉인 니시다 철학을 겨냥한 점에서 보면 그 나름의 의미가 없지는 않을 터이다. "니시다의 언어체계가 일본어로 씌어지지 않았고 물론 외국어로 씌어진 것도 아닌 기묘한 시스템"[81]이라고 고바야시가 비판했을 때 그는 일본철학이 미처 소화해 내지 못한 일본어의 힘을 지적한 것이라 할 수 있다. 다르게 말해 고바야시의 미학화된 비평이란, 일본어의 표현력을 수준 높게 수행했음을 가리킴인 것이기에 따라서 일본철학계가 미처 이루지 못한 영역까지 커버하는 몫까지 담당한 것으로 된다. 꽃의 아름다움이 있을 뿐 아름다운 꽃은 없다에서 보듯, 일본철학은 미에 대해 일본어로 소화해 내지 못했음에 대한 통렬한 비판이라 할 수 있다.[82]

고바야시의 최강점은, 이 서양식 '미'를 일본어로 표현하기에 있었고, 만년의 『모토오리 노리나가』에 이른 통로가 여기에로 열려 있었다.

12. 조연현이 바라본 고바야시

이 '미'로 말미암아 종전 후의 고바야시는 『근대문학』 그룹으로부터 혹독한 비판을 입었음은 앞에서 잠시 보았거니와, 해방을 맞은 한국에서

---

81 東浩紀, 『郵便的不安たち#』, 朝日文庫, 2002, p. 23에서 재인용.
82 같은 곳.

바로 이 '미'로 말미암아 눈부신 비평의 새로운 장이 열렸다는 사실은 비평사의 사건성이 아닐 수 없다.

남한 단독정부 수립(1948. 8. 15.)에서 수개월이 지난 1949년 12월 17일에 와서야 단일단체 한국문학가협회가 성립되었는바, 이는 그만큼 난산이었음을 말해 준다. 위원장 박종화를 비롯 서정주, 김동리, 유치진, 백철 등이 중심인 이 조직의 핵심체는 좌익과 대결했던 김동리, 조연현 등의 청년문학가협회였다. 좌익세력이 월북했거나 전향한 마당이기에, 표면상 해방공간이 사라진 형국이었다. 그동안 청년문학가협회는 사력을 다해 맞섰지만 그 세력이 사라진 공백기를 맞게 되자 그동안 시렁 위에 올려놓았던 자체 내의 모순점이 크게 부상했다. 구체적으로 그것은 작가 및 비평가 김동리와 시인 및 비평가 조연현과의 대결형식으로 표면화되었다.

조연현의 문제제기는 다음 장면에서 선명하다.

> 나는 원래 평론이라는 한 개의 문학형식에 대하여 불신임해 온 자다. 그것은 평론이라는 것이 정확해 보이면서도 지극히 애매한 논리라는 방법에 의거해 있을 뿐 아니라 평론이란 창작과 달라 작자가 얼마든지 그곳에서 자기를 속일 수 있게 마련되어 있기 때문이다.
>
> 그러므로 최근에 가장 많이 활동하고 있는 김동리 씨의 여하한 평론적 문자도 나에겐 씨의 가장 저열한 작품의 어느 한 구절보다도 무가치하게 생각되는 것이다. 그뿐만 아니라 우리가 평론에서 요구하고 있는 비평정신이란 것이 평론에서보다도 작품에서 더 많이 발견되는 사실을 성찰해 본다면 평론이라는 문학형식이 얼마나 무용한 것인가를 인정하지 않을 수

없을 것이다. 그럼에도 불구하고 우리는 왜 평론이라는 한 개의 문학형식을 강력하게 유지해 나가고 있는가.[83]

두 가지 점이 지적될 수 있다. 첫째, 비평이란 창작에 비교할 때 열등하다는 것. 둘째, 김동리를 항시 표준으로 하고 있다는 점.

조연현은 이 장면에서 어떻게 하면 김동리를 넘어서느냐 하는 자의식을 뚜렷하게 드러내고 있다. 해방공간에서 봉조새처럼 군림한 억쇠 김동리의 존재는 하도 거대한 것이어서 그 누구도 감히 대적할 수 없었는데 이 사실을 누구보다 절감한 장본인이 조연현이었다. 조연현을 절망케 한 것은 무엇이었던가. 그것은 김동리가 최고 수준의 작가이자 동시에 최고 수준의 비평가라는 사실이다. 최고의 작가 김동리라면 그를 작가로 평가해 주면 비평가 조연현으로서는 그만이지만, 참으로 불행하게도 비평가인 조연현의 비평보다 김동리의 비평이 압도적으로 우세했다. 이 조연현을 절망케 한 것은 바로 이것이었다.

이 절망 앞에서 조연현이 취할 수 있는 길은 다음 두 가지뿐이었을 것이다. 비평가이기를 포기하고, 작가 또는 시인(그의 출발은 시인이었다)으로 나아가기가 그 하나. 다른 하나는, 비평가로서의 김동리의 자리를 빼앗기. 비평가로서 또는 이론가로서의 김동리의 허점을 발견. 이를 폭로하기만 한다면, 시인으로 또는 작가로 되지 않더라도 문단의 제1인자로 군림할 수 있다고 조연현은 보았다. 김동리의 평론집 『문학과 인간』이 간행되었던 1949년을 고비로 하여 조연현의 이러한 조급성이랄까 마음

83 『백민』, 1948년 3월, 54쪽.

의 갈등은 그 절정에 이른 바 있다.

비평가 김동리의 비평(이론)관의 허점 찾기에 이르는 과정을 추적해 보면 다음과 같다.

Ⓐ 비판 정신의 발동에서 나온 가치 판단의 단계. 해방공간의 좌우익 논쟁 속에서 무수히 전개된 비평들이란, 조연현의 안목에 따른다면, 비판 정신의 발동에서 나온 가치 판단의 범주에 든다. 물론 그 중엔 진정한 비판 정신에 의하지 않은 가치 판단의 비평도 수두룩했겠지만, 적어도 계급문학파의 비평이나 이에 맞선 김동리 중심의 민족문학파의 비평은 분명 진정한 비평정신에 의해 쓰여진 평론들이다. 그것은 한결같이 진정한 비판 정신의 발동에서 나온 것인 만큼 상대주의적이며, 따라서 한쪽이 다른 한쪽을 격파할 수 있는 성격이 아니다. 영리하게도 이 사실을 알아차린 김동리가 절대성으로 치달은 것은 당연한 처사라 할 것이다.

Ⓑ 가치 창조로서의 비평 단계. 진정한 비판 정신의 발동에서 나오는 것이 가치 판단이라면 그것은 그 나름의 한 가지 비평 형식이긴 하지만 그때의 비평이란 그 진정한 비판 정신의 근거에 따라 좌우되는 것인 만큼 창조적 표현으로서의 '독자적 형식'이라 할 수 없다. 계급성이나 민족성의 세계관에 좌우되는 그러한 단계에 멈추고 마는 평론이란 시나 소설 또는 철학에서도 가능할 터이며, 따라서 비평의 독자성에 이르지 못한다. 비평이 시나 소설과 동일한 창조적인 행위 곧, 그 자신의 표현으로서의 독자적 형식에 이르는 것이야말로 비평의 구경적 장면이 아니겠는가.

조연현의 생각이 여기까지 이르렀을 때 비로소 그는 숙적 김동리를 물리칠 터전을 마련한 셈이거니와 이 사실은 단연 비평사적이다. 조연현 이전에도 비평가들이 없지는 않았다. 카프 비평가로 임화, 한효, 김남천

등이 있었고, 이론가로 최재서, 김기림이 있었고, 인상주의 비평가로는 김문집, 김환태 등도 있었지만 자각적 비평가로는 조연현이 최초이다. '자각적'이라 함은 비평 행위가 그 자신의 존재의 문제로서 의식되었음을 가리킨다. 조연현 이전의 비평사는 건강한 계몽기에 지나지 않았다. 조연현으로 말미암아 비로소 비평은 한 가지 창조적 표현 형식으로 자각되었는데, 이는 일본 근대문학사에 있어서 고바야시 히데오의 출현에 견줄 만한 것이다.

일본 근대비평의 진정한 출발점으로 평가받는 고바야시 히데오가 정의한 비평이란 이런 것이었다. 곧 "남을 내세워 자기를 말하는 것." 조연현은 이 말을 아나톨 프랑스의 것이라 하지만 이는 이차적인 표현일 것이다. 고바야시를 모델로 하고 그를 정독하며 사숙한 조연현이고 보면(조연현의 도스토예프스키론은 순전히 고바야시의 도스토예프스키 연구에서 말미암은 것이다), 분명 그는 "비평이란 구경적으로는 자기의 꿈을 회의적으로 말하기"라고 적었어야 했다.

> 문학의 세계에 시인이 살고 있고, 소설가가 살고 있는 것처럼 문예비평가라는 인종도 살고 있다. 시인의 바람은 시쓰기이고 소설가의 그것은 소설짓기이다. 그렇다면 문예비평가가 쓰는 것은 무엇을 바람인가?[84]

고바야시의 이러한 질문방식(비평에 대한 자의식)이 우리 비평사에 처음으로 던져진 것은 해방공간에서의 조연현에 의해서이며, 이 점에서

---

84 『小林秀雄集』, 現代文学大系(42), 筑摩書房, 1965, p. 260.

그는 자각적 비평의 선두주자였다.

Ⓒ 가치 창조로서의 비평에서 사상으로서의 비평으로 나아간 단계. "남을 내세워 자기 이야기 하기"와 "자기의 꿈을 회의적으로 말하기"가 얼마나 다른가를 조연현이 미처 깨닫지 못했음이야말로 결과적으로 조연현 비평을 한계지은 것이었는데, 이는 조연현의 조급성으로 규정된다. 여기서 조연현의 조급성은 김동리를 넘어서려는 자의식에서 말미암았다는 사실을 다시 한 번 강조할 필요가 있는데, 모처럼 이루어진 우리 비평사의 자각 단계가 이로써 크게 후퇴해 버린 결과를 낳았기 때문이다. "자기 꿈을 회의적으로 말하기"란 비평이 지닌 최대의 역설이 아닐 수 없다. 이 "회의적으로 말하기"를 수행하면 할수록 그 비평이 소멸되게 마련이기 때문인데, 이에 대한 고민을 할 틈이 조연현에겐 없었다.

조연현의 조급성의 근거가 김동리라는 존재 때문이었음을 증명하기란 실로 용이하다. 김동리의 최대의 약점 찾아내기가 그것. 이는 조연현의 실존적 과제에 해당되는 것인 만큼 절망적인 것이기도 하였다. 그는 자기의 존재를 말살하고자 덤비는 그 무엇으로 김동리의 존재가 스스로를 협박해 오는 것으로 느꼈던 것이다. 그만큼 조연현에게 있어 비평의 독자성 모색이란 명제는 결사적이었다. 이래도 좋고 저래도 괜찮은 방편적 의견이라든가 시류성(정치성)에 속한 사상이 아니라 그것은 "전부냐 무냐"처럼 결사적 행위에 해당되는 것이었다. 이래도 좋고 저래도 괜찮은 의견이나 주장일 수 없다는 것을 그에게 가르친 장본인이 정작 김동리였음은 여기 새삼 강조될 필요가 있다. '구경적 삶의 형식'이라는 절대적인 세계관을 명제화한 김동리의 문학관이야말로 조연현을 야기시킨 제1차적 요인이었다. 이 명제는 하도 고압적인 것이어서 누구나 이 명제 앞에 서면 숨도 제대로 쉴 수 없을 정도였다. 이 명제에 비하면 김동리가 쓴 소설 가령 「역마」(1948)라든가, 여순반란 사건을 다룬 「형제」(1949)라든가, 만주에서 귀국한 피난민의 삶을 다룬 「혈거부족」(1947), 그의 모친을 다룬 「심정」(1949) 따위란 한갓 장난감처럼 보였음에 틀림없다. 이 점을 조연현은 역이용할 필요가 있었다. 창작에 비해 비평이란 제 아무리 대단해도 이차적일 수밖에 없다는 조연현의 지적이 그것이다. 일찍이 M. 아놀드가 이 점에 착목하고 "미는 인생의 비평"이란 명제를 낳았거니와, 조연현의 경우는 김동리 극복의 방식이란 점에서 개인적이라 할 것이다.

"김동리 씨의 여하한의 평론적 문자도 나에겐 씨의 가장 저열한 작품의 어느 한 구절보다도 무가치하게 생각되는 것"이라는 조연현의 지적은 따라서 역설적이다. 김동리의 평론의 한 구절이야말로 그의 어떤 우수한 소설보다 빛난다는 것을 조연현은 이런 식으로밖에 표현할 수 없었다. 김동리가 차지하고 있는 그 절대적 세계관이 지닌 취약점은 과연 없는 것일까와 비평의 독자성 모색은 기실은 동일한 것이기도 하였는데, 이 사실을 조연현에게 귀띔해 준 것은 고바야시 히데오와 도스토예프스키였으며 무엇보다도 직접적으로는 김동리였다. '구경적 삶의 형식'에 대응되는 비평의 도출이 그것. '구경적 삶의 형식'이란 잘 따져 본다면, '삶' 전체에서 도출한 것이 아니겠는가. 그 '삶'을 창조, 실천한 것이 '작품'이 아니겠는가. 그렇다면 그 실천이나 창조의 구경적 형식이란 '문학'을 초월한 것 곧 종교의 영분(領分)이 아닐 수 없다. 김동리의 소설이 형편없어 보이고 그의 비평이 그토록 대단해 보였으며, 해방공간 전체를 휘황하게 밝힌 등불로 인식되었던 것도 그것이 문학 초월의 경지 곧 종교였던 까닭이 아니었겠는가.

김동리의 '구경적 삶의 형식'이 종교일지언정 문학일 수 없음은 물론 더구나 비평의 그것일 수 없음을 조연현이 분명히 깨달은 것은 「문학의 영역」(『백민』, 1948년 8월 발표, 1948년 5월 집필)에서이다. 김동리의 「문학하는 것에 대한 사고」(『백민』, 1948. 3.)에 대한 조심스런 의문으로 시작된 조연현의 이 글은 김동리의 문학관에 대한 최초의 비판이란 점에 그 의의가 있다. 김동리의 위의 글에서 문학하는 것이 '구경적 삶의 형식'이라 하고, '자아 속에서 천지의 분신 찾기'라고도 하면서, 이것이 종교와 구별된다고 하여 이렇게 썼다.

> 이에 대해서 나는 다음 두 가지를 말하려 한다.
>
> 첫째, 내가 말하는 '구경적 삶'이란 반드시 종교를 통해서만 수행될 것이 아니라고 생각한다. 그것은 문학을 통해서든 철학을 통해서든 혹은 정치를 통해서든 교육을 통해서든 가능해야 할 것이며 실로 가능했던 것이다…….
>
> 둘째, '구경적 생의 형식'만을 '문학하는 것'이라고는 생각하지 않는다는 것이다.[85]

김동리의 이러한 주장만으로는 '구경적 삶의 형식'이 종교와 구별되기 어렵다는 것은 쉽사리 지적할 수 있다. 그 자신도 그 미비점을 인정한 듯 "단테, 괴테, 도스토예프스키, 왕유, 도잠의 문학은 어째서 구경적

85 『백민』, 1948년 8월, 45쪽.

생의 형식이 되느냐 하는 것은 다음 기회에 구체적으로 생각하기로 하고"(45쪽)라고 해놓았음이 이 사정을 말해 주고 있다. 조연현의 이에 대한 비판은 참으로 정연하고도 논리적인 것이었음은, 훗날 김동리가 이에 대한 보충설명을 다음처럼 해놓지 않으면 안 되었다는 사실이 잘 설명해 주고 있다.

> 우선 그 형식에 있어 종교는 찬송하고 기도하고 귀의하지만 문학은 사색하고 상상하고 창조(표현)하는 것이다. 그리고 그 내용에 있어 종교는 이미 발견되고 체현된 신에 대하여 복종하고 신앙하고 귀의하지만 문학에 있어서는 각자가 자기 자신 속에 혹은 자기 자신들을 통하여 영원히 새로운 신의 모습을 찾고 구하는 것이다. 그리고 각자가 자기 자신 속에 혹은 자기 자신들을 통하여 새로운 신의 모습을 찾고 구한다는 사실은 문학의 자율성을 침해하는 것이 아니다. 왜 그러냐 하면 모든 '각자'의 '자기 자신'들은 모두 인간들이기 때문이다.[86]

김동리의 이러한 수정문이랄까 보충설명은 조연현의 예리한 비판 때문이었다. 조연현의 논점을 정리하면 아래와 같다.

① '구경적인 생의 형식'은 사상으로 유지되는 세계가 아니라 신앙이나 관념으로 유지되는 세계가 아닌가. 그것은 기도하는 형식 또는 염불하는 형식일 수 있기 때문이다.

② 위대한 작품 가령 『신곡』이나 『파우스트』가 '어떤 구경적인 생의

86 김동리, 『문학과 인간』, 101쪽.

형식'을 지향해 왔을 뿐 아니라 그것을 완성하였다는 사실이라든가 「역마」의 주인공의 마지막 가출(출발)도 이런 범주에 든다고 할 것이다.

그러나 이러한 작품들이 종교적인 것이라 단언할 수 있을까. 문학이 그 구경에까지 이르면 종교적인 세계에 도달하고 만다는 사실로써 이를 설명할 수 있다. 성서의 시편이나 문장은 분명 문학인 것이지만 또 그것이 문학작품이 아니고 종교서인 것은 그 내용이 신에 대한 신앙을 설교했기 때문이 아니라 그 속에 가장 높은 구경적 생의 형식이 기록되어 있기 때문인 것이다.

③ 그렇다면 종교와 문학은 결국 구분되지 않는 것인가. 다시 말해 최고도에 달하면 구분되지 않고 마는 것인가. 그렇지 않을 것이다. 종교와 문학의 분별은 분명 있지 않을 수 없다. 그 구별점은 무엇인가. 문학이 '구경적 생의 형식'을 지향하는 것은 사실이나 그것이 완성되는 순간 그것은 종교나 혹은 그 외의 철학과 같은 다른 영역으로 호적을 옮긴다는 점이야말로 그 구별점이 아니겠는가. 다시 말해 문학의 영역은 어디까지나 '구경적 생의 형식'을 지향하는 '과정'에서만 성립되어질 수 있는 성질의 것이지, 그것이 일단 완성되면 문학과는 별개의 영역이 전개되지 않을 수 없다. 가령 도스토예프스키의 『악령』이나 『카라마조프의 형제들』의 경우를 보면, 종교라고까지 할 수 있을지 모른다. 조시마 신부나 이반이나 스타브로긴 같은 인물들은 성격의 차이에서가 아니라 제각기 어쩔 수 없는 경지인 어떤 구경적 생의 형식을 구현하고 있기 때문이다. 그러나 중요한 것은, 도스토예프스키의 분신들인 작중 인물이 생의 구경적 형식을 발견했으나 그 전부가 '공존'할 수 있는 작가의 구경적 형식은 다시 발견하지 않으면 안 된다는 것이다. 곧, 도스토예프스키는 여러 가

지 구경적 삶의 형식을 창조했지만, 그 자신의 구경적인 생의 형식은 다시 발견해야 할 과제를 여전히 남기게 된다는 점에서 그것은 종교와 뚜렷이 구분될 것이다. 도스토예프스키는 그가 발견한 여러 가지 '구경적 삶의 형식'에 만족하지 않았기에 문학가였다. 왜 그는 만족하지 않았는가. 그곳이 안주할 데가 아니라고 본 까닭이다. 만일 안주할 수 있는 데라고 그가 인식했다면 그것은 곧 종교일 테니까.

④ 문학과 철학, 종교가 구분되는 요인이란 내용상 무엇인가. 일차적으로 문학의 내용은 '사상'이라고 조연현은 규정한다. 종교의 '기초적 내용'이 신앙이며 철학의 그것이 관념인 것처럼 문학의 그것은 '사상'이 아니겠는가. 그렇다면 사상은 신앙이나 관념과 어떻게 다른가. 이 물음은 조연현의 김동리 극복 또는 비판의 거멀못에 해당된다. "사상이란 무엇을 형성하려는 데 있는 것"이라고 조연현은 본다. 그러니까 도달점이 아니라 '과정'에 해당될 터이다. 신앙이나 관념이란 이미 형성되어진 곳에 있는 그 무엇이라면 사상은 그러니까 일종의 무지개와 같다. '구경적 삶의 형식'이란 그 자체가 문학일 수 없다는 결론에 조연현은 이르렀다.

조연현의 김동리 비판 또는 극복의 방식은 하나의 장대한 드라마가 아닐 수 없는데, 그것은 '구경적 삶의 형식'의 허구성을 '사상'이라는 또 다른 허구로 맞선 형국이었다. 김동리 문학관의 허점이 이로써 그 틈을 드러낸 셈이어서 이 장면은 단연 비평사적 과제라 할 수 있다.

'사상'이라 이름한 이 전략적 낱말이란 무엇인가. 메타포로서의 '사상'의 성립근거란 무엇인가. 종교나 관념(철학) 쪽에 김동리의 비평(이론)이 서 있다는 전제에서 출발하기에 '사상'의 메타포가 성립된다는 점이 우선 지적될 것이다. 종교나 관념이 이미 형성된 것이라면, 따라서 고

정불변의 영역이라면, '사상'은 '무엇을 형성하려는 과정'의 메타포인 만큼 열려 있는 것이며 무지개와 흡사한 것이다. 종교와 관념이 비문학이라면 '사상'이야말로 문학의 메타포로 되는 셈이거니와, '사상'이란 이 경우 김동리 비판을 위한 전략이 낳은 특수한 용어가 아닐 수 없다. 김동리조차도 조연현의 이러한 견해를 긍정하기에 이르렀을 때 '사상'은 이제 움직일 수 없는 조연현 전용의 메타포로 군림할 수 있었을 터이다. 그것은 곧 '비평'의 다른 이름이었기에, 김동리의 이중성 가운데 비평(이론) 분야를 조연현이 비로소 독차지할 수 있는 기반이 마련될 수 있었다.

조연현의 고민은 바로 이 순간 탄생되었다고 볼 수 있는데, 왜냐하면 '비평의 구경적 형식'이라는 아포리아가 조연현의 앞을 벽처럼 가로막았던 까닭이다.

비평을 김동리로부터 빼앗은 전략이나 전술까지는 좋았으나, 정작 그 비평을 조연현이 독차지하고자 하는 순간부터 이른바 비평에 대한 자의식이 그를 사로잡기 시작하였는데, 이는 비평의 한계랄까 운명에 관련된 것인 만큼 조연현은 이 운명과의 싸움에 스스로를 내맡기지 않으면 안 되었다. 그 과정은 다음 4단계로 나타난다.

1) 사상과 사상성의 단계

'사상'이 어떤 이념의 진행과정의 메타포라고 보는 것이 문학을 종교 및 철학으로부터 구분짓는 첩경이라 본 조연현 앞에 전개된 것은 '사상성'으로 요약되는 정치, 경제, 사회 등의 이데올로기였다. '사상'이 메타포로 사용되기 위해서는 이 이데올로기(세계관)로서의 '사상성'과 구분짓지 않으면 안 되었다. 사람들은 정치사상, 경제사상이라 거침없이 부르고 있으며, 이런 문맥에서 문학사상이란 것도 사용되고 있지 않겠는가. 메타포로서의 '사상'을 일단 접어두고, 이 '사상성'을 먼저 문제삼아야 했는데, 이때 조연현이 모색한 것은 다음과 같은 것이었다.

> 정치나 경제에 있어서의 사상성이라는 것은 그가 가진 세계관이나 인생관을 현실적으로 실현시킬 수 있는 것임에 반하여, 문학에 있어서의 사상성이라는 것은 그가 가진 인생관이나 세계관의 실존적 가능성을 형성하는 데 있다는 것이다.[87]

문학에 있어 사상성이란 그 자체의 실현 목적이 없음을 특징으로 한다는 것으로 요약되는 조연현의 '사상성'에 대한 검토가 갖는 의의는 해방공간의 정치적 문학의 융성과 관련된 것에서 찾을 수 있다. 문학에 있어서도 정치사상이나 경제사상이 관여됨은 당연하지만, 그 본말을 따지는 일이 간과된다면 문학의 독자성 자체가 소멸될 것이다. 김동리를 물리친 조연현은 지금 김동리와 맞섰던 계급문학 쪽과 혼자의 힘으로 맞서야 될 처지에 놓이게 된 것이다. 조연현이 할 수 있는 것은 사상과 사상성의 구별에 있었다. 문학에 있어서의 사상성이 비록 정치사상이나 경제사상이나 사회사상의 그것이었다 하더라도 문학에 있어서의 사상성은 그것이 '여하한 카테고리적 의식'에서도 아닌, 인간의 순수한 최초의 사념인 데 반하여, 정치사상이나 사회사상은 인간의 '순수한 최초의 사념'인 문학에 있어서의 사상성을 현실 위에 실현해야 한다는 목적 아래 제도와

---

87 「문학과 사상」, 『백민』, 1948년 7월, 20쪽.

관련해서 재해석한 것이라고 조연현이 파악한 것은 문학의 사상성과 정치, 경제의 사상(이데올로기)의 구별이었다. 이는 물을 것도 없이 '구경적 삶의 형식'으로서의 본격문학(사상성)과 계급문학(사상)의 구별을 시도한 김동리 도식의 한 가지 변형이기도 하다.

사상성과 사상의 구별로써 비평의 독자성이 획득될 수 있는가. 이 물음은 실상 조연현의 김동리 극복 과정의 한 변형이나 공부에 지나지 않는다. 이때가 1948년 5월이었다.

이로부터 조연현의 비평가로서의 고뇌랄까 회의가 점점 증폭되기 시작하여 마침내, 비평의 구경적 형식에 대한 그 나름의 모색에 이른 것은 1949년 2월이었다.

2) 비평의 논리와 생리 단계

"잘 되었든 못 되었든 남의 작품을 비평해 본다는 것은 그렇게 어려운 일이 아니다"라고 시작되는 조연현의 이 글은 김동리가 안고 있는 비평의 몫을 쟁취한 다음 단계에 해당된다는 점에 그 의의가 있다. 그것은 비평의 독립성 또는 비평 영역의 독자성으로 요약되거니와, 이러한 비평의 자율성 인식을 천명함에 있어 조연현은 썩 낙관주의적이었음을 그 특징으로 지적할 수 있다. 문제는 이 낙관주의가 전략적인 의도의 산물이라는 점이다. 김동리가 갖고 있던 '구경적 삶의 형식'이 종교나 철학이지 그게 어찌 문학(비평 또는 사상)이겠는가 하고 조연현이 의의를 제기했을 때, 그의 심중에는 과연 독자성으로서의 비평관이 서 있었던가. 물을 것도 없이 이 물음에는 부정적 답변이 나올 것인데, 왜냐하면 비평의 독자성 자체가 실상 어디서도 성립되기 어렵다는 일반론 때문이다. 그럼에도 조연현은 비평의 독자성 또는 문학의 독자성을 내세웠는데, 이는 '구경적 삶의 형식'을 비평에다 적용하는 방식을 그가 알아차리고 있었기 때문에 가능하였다. 김동리가 발명한 대단한 논리인 '구경적 삶의 형식'만큼 절대적이고 보물스런 것을 조연현은 일찍이 도스토예프스키 외에는 본 적이 없었다. 이 대단한 보물을 조연현이 빼앗고 싶었음은 새삼 말할 것도 없는데, 그 빼앗는 방법론이 종교와 문학의 분리론이었다. 종교(철학)와 문학의 구분이 이루어진다면 그 다음 단계는 무엇인가. 물을 것도 없이 창작(소설, 시)과 비평의 구분이다. 창작(문학)이란 비평(이론)에 비하면 비교도 할 수 없을 만큼 우위에 서는 것이 아니겠는가. "김동리 씨의 여하한 평론적 문자도 나에겐 씨의 가장 저열한 작품의 어느 한 구절보다 무가치하게 생각되는 것"이 아니겠는가. 이 진술 속엔 비평가로 입명(立命)하고자 하는 조연현의 자존심이 함의되어 있다. 따라서 이것은 역설적인 상황이 아닐 수 없다. 소설에 비해 무가치하기 짝이 없는 비평에다 조연현은 그의 전 생애를 걸었던 것이다. 그러니까 조연현에 있어 비평이란 이래도 좋고 저래도 괜찮은, 그때그때의 주장이나 의견이 아니라 목숨을 건 절체절명의 것이 되는 셈이다. 그렇다면 과연 그러한 절체절명에 해당되는 비평의 독자성이란 무엇인가.

조연현이 모색해야 할 것은 바로 이 해답찾기였다. 그 해답이란 의외로 가까운 곳에 있었는데, 김동리가 제시한 '구경적 삶의 형식'에 수렴되는 것이었다. 여기에 이르는 과정은 다음과 같다.

① 얼마만큼 대상을 정확히 인식하고 얼마만큼 정당한 평가를 내놓았는가에 비평의 문제가 있다는 것. 과학적이든 주관적이든 인상적이든 그러한 것은 아무래도 상관없는 노릇이다.

② 대상을 정확히 인식하기와 정당하게 평가하기란 오직 비평하는 주체의 확립 여하에서 비로소 달성된다는 것. 주체의 확립이란 어떻게 가능한가. 단순한 의견이나 주장과 구분되는 사상이란 그것이 주체에서 우러나온 것일 때 가능한데, 이 경우 그것은 반드시 '실천과 생활'을 통해서이다. 이를 '개성'이라 부를 수도 있을 것이다. 어떤 주장이나 의견이 일시적인 것이 아니고, 주체적이라면 응당 그것은 그의 삶의 '실천'과 연속되어 있을 것이다. 그렇다면 이 주체성이란 한갓 고집과 어떻게 구분될 것인가.

③ 대상에의 인식이나 평가란 어떤 것이 '가장' 정당한 인식이며 판단인가에 관한 문제. 이 문제의 해답을 조연현은 이렇게 정리한다. 이 세상엔 단 하나의 진리만이 존재한다고 말할 수 없는 것과 마찬가지로 가장 정확하고 가장 정당한 인식과 판단도 하나일 수 없다는 것이다. "사람은 먹어야 산다"와 "사람은 똥을 누어야 산다"가 동시에 성립되듯, 진리란 어디까지나 그것을 비판하는 주체의 여하에 따라 나타난다. 비평에 있어 중요한 것은 '대상'이 아니라 그것을 바라보는 '주체'로 보기 때문이다.

④ 생리적 현상으로서의 비평관에 이르기. 비평에서 중요한 것이 '대상'에 있지 않고 '주체'에 있다면 이는 창작과 동일한 것이 아닐 수 없다. 동일한 현실을 두고 시인, 소설가들이 저마다 다른 창작을 내놓는 것과 마찬가지로 비평도 그러하다. 따라서 비평하는 주체가 동일하지 않다는 명백한 사실을 인식하면서도 비평의 동일한 결론을 요구하는 것은 인간에 대한 깊은 무지인 동시에 비평의 '생리'를 모르는 백치들이나 하는 짓이다. 따라서 비평도 시나 소설과 마찬가지로 하나의 창작이요 작품이

라는 것이다.

⑤ 비평의 구경적 목적은 가치 창조에 있다는 것. 그렇다면 대상에 대한 정확한 인식과 평가란 무엇인가. 이는 비평의 구경적 목적에 이르기 위한 한갓 방편에 불과한가. 조연현은 서슴없이 그렇다고 되풀이하고 있어 인상적이다.

> 나는 분명히 위에서 비평의 최초의 요구는 대상에 대한 정확한 인식과 정당한 평가에 있다고 말했다. 나는 비판이 가진 이러한 가치 판단의 역할을 과소평가하려는 자는 결코 아니다. 다만 비평이 가진 그러한 기능은 비평이 자기를 완성하려는 하나의 형식에 불과하다는 것이다. 이것은 시나 소설이 현실을 직접적으로 취급함으로써 작품을 통해 작가의 세계를 표현하는 것처럼 비평은 대상의 가치를 평정하는 형식을 통하여 자기의 세계를 표현한다는 것이다. 그러므로 비평의 최초의 요구는 가치 판단에 있으나 비평의 구경의 목적은 그러한 가치 판단을 통하여 자기의 세계를 완성해 가는 시나 소설과 마찬가지의 가치 창조의 사업이라는 것이다.[88]

「비평문학론」(『해동공론』 3권 2호)에서도 이러한 주장을 한 바 있거니와, 이번엔 그보다 훨씬 강한 확신에 차 있다고 할 수 있다.

비평의 첫 단계가 가치 판단이고 그 구경적인 것은 가치 창조라고 했을 때 조연현은 두 가지 사실을 확인한 셈이다.

첫째, 비평이 '문학'(사상)이라는 것. 가치 판단이 논리라면 가치 창

---

88 『백민』, 1949년 3월, 39쪽.

조란 생리에 해당될 것이다.

둘째, 비평이 비평하는 주체의 생명의 표현(가치 창조)이라는 조연현의 이러한 문학관은 김동리의 '구경적 삶의 형식'을 비평에 적용했음에 지나지 않는다는 것.

그렇다면 김동리, 조연현 사이에 은밀히 벌어진 정신적 드라마는 이렇게 요약될 수 있을 것이다.

김동리가 문학을 종교(철학) 쪽으로 이끌어 갔고, 따라서 문학을 위험 속에 빠뜨렸다면 조연현은 문학을 종교(철학) 쪽에서 이끌어 내림으로써 문학을 위험 속에 빠뜨렸다고. 왜냐하면 비평과 문학(창작)이 동격으로 놓이게 되었으니까.

비평을 문학의 한 형식으로 바라본 최초의 문인이 조연현이다. 그는 이것을 평생의 포부로 삼았으며, 또 열정이라고도 불렀다. 이 순간 한국 근대비평은 그 자의식을 획득할 수 있었다. 그렇다면 과연 조연현의 저러한 포부와 열정으로 발견한 비평의 독자성은 실제로 가능한가.

그가 배격한 김동리를 어느새 닮아 그는 이러한 비평관을 '신앙'한 것은 아닐까. 1949년 1월의 마당에 그는 이렇게 썼다.

> 나는 이러한 비평문학관에 대하여 얼마든지 많은 이의와 상반되는 견해가 발생될 수 있다는 것을 알고 있다. 나는 그러한 모든 가능성과 가능한 그러한 모든 이의와 견해를 충분히 인정하면서 나는 나의 이러한 비평문학에 대한 태도와 견해를 긍정하고 신앙하는 자이다.[89]

---

89 『대조』, 앞의 책, 40쪽.

비평의 창조화가 조연현에겐 열정이자 신앙의 차원이었음이 이로써 조금 드러난 셈이거니와, 그렇다면 그 열정과 신앙의 결과는 과연 어떠했던가. 조연현의 그 뒤의 행보가 이에 대한 해답이다. 이 해답의 중요성은 조연현 비평의 본질 파악에 있기보다는 차라리 '비평' 자체의 운명이랄까 한계 인식의 파악에 있다.

3) 비평의 문학화의 가능성과 그 불가능성

조연현이 그의 열정과 신앙으로서의 '비평문학(사상)'론에 도달한 지 수개월이 못 된 1949년 9월 현재의 내면 풍경은 과연 어떠했던가. 놀랍게도 그는 걷잡을 수 없는 회의 속에 빠져 허우적거리고 있음이 드러나 인상적이다.

> 나는 최근 이상하게도 문학은 무엇 때문에 하는 것인가라는 회의를 가져보게 되었다.[90]

비평의 '문학화'랄까 독자성을 추구하다 보니 저도 모르게 문학 그것에 대한 회의에 빠졌다는 사실을 위 인용이 잘 말해 주고 있다. 어째서 그는 문학 자체에 대해 회의하기 시작했을까. 비평(가치 판단)이 이제부터 비평문학(가치 창조)에로 나아간 것이니까 문학에 대한 회의란 그대로 비평문학에 대한 회의가 아닐 수 없다. 이 논리 속엔 어떤 정신사적 드라마가 잠겨 있을까. 이 물음이 닿은 곳에 6·25가 있었다. 절망적인 6·25

---

90 「구원에의 갈망」, 『민족문화』 1권 3호, 136쪽.

체험이야말로 조연현에 있어 진정한 비평이었다. 6·25, 그것은 어떤 작품보다 위대한 작품이자 현실이었던 까닭이다.

조연현의 이러한 몸부림이 갖는 의의는 무엇인가. 비평의 독자성을 처음으로 자각하고 이에 대한 해답찾기에서 왔다. 비평에 대한 자의식의 획득은 일찍이 임화도 최재서 또는 백철이나 이원조도 한 바 없음에서 비추어 볼 때 조연현의 문제제기는 이 나라 비평사의 사건성이 아닐 수 없다. 다듬어 말해 비평에 종사하거나 하고자 하는 사람은, 의식적이든 무의식적이든 이 과제에서 결코 자유로울 수 없다. 그렇지만 내가 지적코자 하는 것은 조연현의 수호신이 고바야시 히데오라는 사실에서 온다. 한국인으로 고바야시를 직접 찾아간 유일한 사람이 조연현이었다(내가 본 그의 서재에는 고바야시의 저서들이 즐비해 있었다). 설사 그가 고바야시만큼 명민하거나 외국문학에 능통하지 못했고 또 전통사회의 문화적 세련성의 혜택을 입지 못했다 할지라도 그는 자기 나름으로 고바야시가 해석한 도스토예프스키(그는 『문예』에 도스토예프스키론을 연재한 때도 있다) 및 문학론을 체득했음은 사실이 아닐 수 없다. 부분적으론 오독한 점도 있을 터이며 자기 생리에 맞는 부분만을 수용했을 터이나 제일 중요한 것은 고바야시의 핵심사상을 어김없이 파악했다는 데 있다. 곧 그것은 비평이란 비평하는 주체의 생명의 표현(가치 창조)이라는 점이다. 진리란 어디까지나 그것을 비판하는 주체의 여하에 딸린 문제라는 것, 따라서 중요한 것은 '대상'이 아니라 그것을 바라보는 주체가 아닐 수 없다는 것, 고바야시가 이를 '미'라 했다면 조연현은 단지 '가치 창조'라고 했다. 미든 가치 창조든 대상과 관련 없는 나, 주체에서 온다는 점에서 그것은 똑같은 이른바 '실감신앙'이다.

이러한 수호신을 가진 자는 결코 자유롭지 못한 숙명을 지니게 마련이다. 수호신(Genius)이란 수호천사를 가리킴인 것. 가톨릭에서 말하는 수호천사란 개인의 자각적 의지와 관계없이 강력한 의지를 가진 천사가 있어 그를 조종한다. 인간의 선택의 자유를 뺏은 결과 인간은 노예로 될 수밖에 없다. 천재란 그러니까 모차르트나 고흐처럼 노예가 아닐 수 없다. 보이는 모든 것이 소리이며, 들리는 모든 것이 색깔로 드러날 수밖에 없는 형국이 벌어진다. 조연현도 이 점에서 노예급에 든다고 볼 수 있거니와 그 결정적인 대목은 6·25 직후에 처절하게 증명되었다. 서울이 인민군에 점령됐을 때 숨어서 겨우 목숨을 구한 조연현은 망설임도 없이 이렇게 말할 수 있었다. 몸부림으로서의 비평관이 바로 그것.

> 비평이란 누가 뭐라고 어렵게 풀이해도 그것은 자신의 인생적 경륜(經綸)이 다른 그것과의 교섭이나 충돌에서 빚어지는 문학적 산물이다. 그 때문에 중요한 것은 언제나 자신의 인생적 경륜이지 무슨 주의나 무슨 방법이 아니다. 그러한 편리한 도구 같은 것이 정말 있다면 그런 것은 얼마든지 활용해서 좋을 것이다. 그것을 자신의 인생적 경륜에 의해서 활용하는 것과 자신의 인생적 경륜을 그것에 맞추어 가는 것과는 전혀 그 의미가 다르다. 자신의 인생적 경륜이 무슨 주의로 도식화될 수 없는 것처럼 자신의 고정된 비평적 방식도 사실은 없다고 보아야 한다. 전혀 예측할 수 없었던 사태에 직면할 때 누구나 당황하는 것처럼 어떤 문제에 봉착할 때마다 당황하는 것이 옳은 비평가의 최초의 표정이요 동작이다. 그 당황 속에서 자신의 살 길을 찾아가는 방법만이 진정한 비평의 양상이며 그러한 방법은 결코 미리 준비되어 있었던 것은 아닌 것이다. 그가 자신의 살

> 길을 찾아가는 그 방법은 방법이라고 하기보다는 오히려 삶의 몸부림이며 이 몸부림을 지탱해 가는 것은 그의 인생적 경륜이다.[91]

경륜이란 그러니까 일을 규모있게 잘 처리함을 가리킴인 것. 고바야시의 '미'가 사라진 자리에 조연현이 놓은 바둑돌은 몸부림이었다. 그에겐 외국의 높은 수준의 문학이론도 자국의 풍요로운 고전의 전통도 없었기에 기댈 수 있는 것은 자신의 몸뚱이뿐이었다. 그 결정적인 체험 국면이 바로 6·25였다. 생사의 갈림길에 직면한 조연현에 있어 비평이란 문학행위 이전의 문제 곧 어떻게 사느냐의 직접성이었다. '인생, 어떻게 사느냐'의 철학적 물음과는 별개로, 바로 6·25의 직접성 앞에서 알몸으로 노출된 인간의 몸부림, 이를 두고 그는 경륜이라 불렀다. 그러기에 비평이란 필사적 몸부림이 아닐 수 없었다. "꽃의 아름다움"도 아니며 "아름다운 꽃"도 없는 상황, 절대성이 비평이었다.

> 별안간 6·25동란에 직면했을 때 그것에서 무사할 수 있는 어떤 편리한 생활의 방법이 있었는가. 우리는 다만 사력을 다하여 6·25와 대결했을 뿐이다. 승리만이 우리가 살 수 있는 길이요, 그 승리를 위해서 우리는 최선을 다할 수밖에는 없었다. 개인도 그랬고 국가도 그랬다. 이것이 6·25에 대한 우리의 진정한 비평이다. 그밖에 무슨 6·25에 관한 비평이 있었겠는가, 그 동란의 와중에서 우리는 왜 침략을 당했는가, 적이 침략해 온 이유는 무엇인가, 우리는 왜 승리해야 하는가, 승리를 위한 구체적인 활

---

91 『조연현 문학전집』 4권, 어문각, 14~15쪽.

동은 하지 않고 이런 점을 따지고만 앉았는 것이 6·25의 비평이 되었다고 생각할 수 있겠는가. 이것은 비평에 대한 나의 상징적인 비유다. 비평이 결사적인 행동이 아니고 이렇게도 저렇게도 말할 수 있는 의견이나 주장이라고만 생각되고 있는 한, 그 비평은 삶의 표현과는 거리가 먼 것이 된다.[92]

몸부림으로서의 비평, 사력을 다하는 일, 이 모두는 '경륜'으로 요약되었거니와 그것은 고바야시에 있어서는 '미'에 해당된다. 위의 인용과, 고바야시의 종전 직후의 발언과는 어떤 점에서 같고 또 다른가. 같은 점이야말로 선명하여 놀랍다. 고바야시 비평의 기본노선이 신용(나는 믿는다)에 있음은 잘 알려진 일이다. 처녀작의 맺는 말 "단지 하나의 이론의 틀을 너무 신용하지 않기 위해 차라리 모든 이론을 신용코자 노력함에 지나지 않는다"에서 보듯 "나는 신용하지 않는다"에 해당되는 것이 조연현에겐 '경륜'이었다. 이 점에서 신용=경륜은 거의 일치된 사안이다. 그러나, "나는 정치적으로는 무지한 한 국민으로 사변에 처했다. 묵묵히 처했다. 거기에 대해 시방 어떤 후회도 하지 않는다"라는 고바야시의 발언과 6·25를 겪은 조연현의 발언은 어떤 점에선 정반대라 할 것이다. 사력을 다해 사변에 임한 쪽이 조연현이라면 고바야시 쪽은 묵묵히 처했다는데, 이는 전자엔 기댈 수 있는 '미' 대신 몸뚱이뿐이었고 후자에 있어서는 '미' 속에 칩거함으로써 역사(타자)를 외면한 점이다.

그러나 따지고 보면 사변에 처한 두 사람의 신념은 절대적이라 할

92 같은 책, 17쪽.

것이다. 누가 뭐라든 그렇게 믿는다는 데서야 다른 논리가 통할 수 없기 때문이다. 고바야시는 역사의 필연성 따위를 당초 믿지 않기에 그러했고, 조연현 역시 그러했기에 경륜을 무기로 삼을 수 있었다고 볼 것이다. 신념=경륜의 도식적 견줌이 지닌 비유의 중요성은 어디에서 오는가. 이 물음은 당연히도 비평의 자의식에 대한 모색에서 논의될 성질의 것이다.

13. 마루야마 마사오의 거리 재기

이 글이 고바야시론도 조연현론도 아님은 앞에서 밝힌 바이거니와 그렇다고 정치학자 마루야마 마사오 교수론은 더욱 아니다. 도쿄대학의 아카데미시즘의 최상급에 군림하여 이른바 '마루야마 종교'를 형성할 정도의 이 고명한 정치사상가에 대해 내가 무심할 수 없음도 사실이었다. 미시마 사건을 두고, 사카모토 교수의 지적을 읽으며 그때 내가 감지한 것은 전임교수인 마루야마 비판이었다. 이에 힘입고 또 내 전공과는 관련 있는 마루야마의 계몽적 저술인 『일본의 사상』(岩波新書, 1961)을 탐독한 것은 적지 않게 자연스런 일이다. 그것은 또 당시 일본에 체류하며 공부하는 많은 사람들의 막연한 지향성과도 무관한 것이 아니었다. 대체 일본이란 어떤 사람이 어떤 생각을 품고 살아가고 있는 곳일까. 이 물음을 체험 아닌 논리로 제시한 것의 하나가 『일본의 사상』인 까닭이다. 체험으로 이해할 수 있는 외국인이란 원리적으로 없는 법임을 염두에 둔다면(예외적인 인물이 파리의 모리 아리마사임), 논리적 이해의 차원이야말로 유일한 통로가 아닐 수 없다. 낮에는 도서관에 파묻혔다가 저녁이면 산시로(三四郎)연못가에 앉아 기슭바위에서 몸을 말리고 있는 갈라진 거북 등을 바라보면서 나보다 1년 늦게 도일한 O교수(서양사 전공)와 귀국하면 꼭 일본소개서를 쓰자고 의논한 바 있었다. 그 책은 다름 아닌 베네딕트의 『국화와 칼』(1946)이었다. 서양인이 본 일본론인 만큼 엉성하지만 동서양 비교의 큰 틀이 선명했기에 자극적으로 이해되기 쉬웠다. 이에 비해 『일본의 사상』은 최고의 지성이자 사상가이며 명석한 아카데미시즘의 본바닥에서 나온 저술임에도 불구하고 난해하기 이를 데 없는 것이기도 했다. 적어도 나에게는 그러했다.

이 책은 ①일본의 사상, ②근대일본의 사상, ③사상의 있음의 방식에 대해 ④'자기가 하는 것'과 '틀에 매여 하는 것' 등으로 구성되어 있거니와 이 중에서도 내가 알고자 한 것은 ②였다. 내 전공과 어느 점에서 관련된 것이기 때문이다. 특히 카프(KAPF: 한국계급문학)와 일본의 나프(NAPF)와의 관계란 떼어 논하기 어려운 점이 없지 않았음에 비추어 볼 때 이 저술의 견해는 비껴가기 어려운 것이었다.

대체 마르크스주의 문학이란 무엇이며 일본에서의 그 의의는 어디서 실마리를 찾아야 하는가. 이 제일 중요한 문제에 대해 마루야마가 내세운 것은, 놀랍게도, 마르크스사상이 아니고 고바야시 히데오의 마르크스 비판이었다.

> 우리들이 오늘에 이르기까지, 비평영역에서조차 전혀 과학의 손을 느끼지 않고 왔다고 해도 과언이 아니다. 이런 상태에 있을 때 돌연 극단에 과학적 비평방법이 도입되었다. 말할 것도 없이 마르크스주의 사상에 실려서이다. …… 이것을 수용한 문단에 있어서는 실로 당돌한 사건이었고, 전혀 준비가 안 된 상태였기 때문이다. 당연 그 반향은 그 실질보다 컸다.

이러한 과장된 반향에 의해 그 방법을 도입한 사람들도 그것을 수용한 사람들과 마찬가지로 그 방법에 유사한 방법조차 우리나라의 비평사의 전통 속에는 없었다는 사실을 잊어버렸다. 이것은 비평가들이면 누구도 지적하지 않은 우리나라 독특한 사정이다. 너의 비평은 부르주아 자유주의 비평이니 틀렸다고 말하지만, 비난당한 쪽에서는 자유주의문학비평을 한 번도 해본 자각이 없었다. 그러기에 자기의 비평은 자유주의 비평인가, 라고 한층 자기 도취에 빠지는 모양이 곳곳에서 연출되는 복잡한 희극은 이 우리나라 독특한 사정에서 해석하지 않으면 설명되지 않는다.[93]

훗날 마루야마는 '현실신앙'의 대표자로 고바야시를 든 것처럼 인식된 점에 관해 다소 미흡했음[94]을 시인했거니와, 요컨대, 마르크스주의 앞에 두 손 벌려 막고 선 고바야시의 큰 그림자를 인식한 곳에서 마루야마는 일본적 사상의 틀을 구상했음이 엿보인다. 이 책을 계기로 문단 및 사상계 쪽에서 큰 반향이 일었는데 그것은 '이론신앙' 대 '실감신앙'의 양상을 띤 것이었다. '이론신앙'의 대표격으로 인식된 마루야마의 마르크스주의론은 어떠했을까.

마르크스주의의 경우 정말로 '세계관'에 있었다(종래의 자연주의 등의 과학이란 실증이나 기법 수준에 지나지 않는 것—인용자). 그것은 문학자에 있어 임의로 채장보단(採長補短) 되는 쉬운 기법이 아니라 이른바 인간

---

93 고바야시 히데오, 「비평에 관하여」, 1933. ; 丸山真男, 『日本の思想』, 岩波書店, 1961, pp. 77~78에서 재인용.
94 같은 책, 후기, p. 191.

전체를 붙잡아 놓치지 않는 '논리적 구조를 가진' 사상이었다. 어빙 하우는 "이데올로기는 사회생활의 추상성을 극복하는 수단으로 추상관념을 가지고자 하는 노력의 드러남이며 쫓긴 인간의 정열에 다름 아니다"(『소설과 정치』)라고 했거니와 바로 일상적 세상이 급격하게 비인격적인 것으로 비쳤을 때 마르크스주의는 이러한 의미를 가진 최초의 이데올로기로서 문학계에 끼어든 것이다.[95]

이러한 이데올로기가 어떻게 문학과 정치의 관계를 형성하며 또 그것이 파시즘이라는 전체주의에 도달하는가를 정치한 분석을 통해 마루야마는 보여 주고 있다. 그러나 문제는 이 저술이 던진 충격에서 왔다. '이론신앙' 대 '실감신앙'의 도식, 오해이든 아니든 세상은 전자에 마루야마, 후자에 고바야시를 들기를 주저하지 않았다.

마루야마의 처지에서 보면 '이론신앙'의 두목격으로 치부된 자기의 걸친 옷이 불편하기 짝이 없는 것이었다. 실상 그는, 고바야시 못지않게 비유를 사용할 줄 아는 희유(稀有)하고도 섬세한 감각의 소유자였기 때문이다. 「사상의 있음의 방식」 장에서 그는 '사사라형'과 '문어항아리형'으로 대별하여 절묘한 비유로 일본사상의 존재방식을 표현했다.

나로서는 가령 사회와 문화를 두 가지로 나누어 생각합니다. 하나는 묘한 말이나 '사사라형', 다른 하나는 '문어항아리형'이라 부르겠습니다. 전자는 모두 아시는 바, 대나무 끝을 가늘게 쪼개 묶어 찻잔이나 밥통 등을 씻

---

95 같은 책, p. 80.

는 데 사용하는 도구입니다.[96]

일본형 사상이 문어항아리 식이라는 것, 횡적 조직이 없고 자기들만의 방식으로 있다는 것. 이에 비해 사사라형은, 공통의 기반을 갖춘 것이어서 쉽게 밀리거나 씻기지 않아 조직력을 갖출 수 있다는 것. 요컨대 마루야마의 이러한 비유는, 고도의 미학이기도 해서 고바야시쯤이라야 할 수 있는 것이 아니었던가. 고바야시와 마루야마는 실상 이복형제였을 터여서 '이론신앙'이나 '실감신앙'을 각각 초월하는 것이 아닐 수 없었다. 이 두 걸출한 인물의 비교론이란 일종의 장관이 아닐 것인가.

『일본의 사상』 속에 들어 있는 다음과 같은 장면만큼 감동적인 것은 따로 없다.

> 본래 이론가의 임무는 현실과 일거에 융합함이 아니라 일정한 가치 기준에 비추어서 복잡다양한 현실을 방법적 순서에 따라 정리함에 있다. 따라서 정리된 인식은 아무리 완벽한 것이라도 무한히 복잡다양한 현실을 단호히 포섭할 수 없다. 하물며 현실을 대용할 것도 아니다. 그것은, 이른바 이론가 스스로의 책임에 있어 현실에서, 아니 현실의 미세한 일부에서 의식적으로도 뽐낸 것이다. 따라서 이론가의 눈은 한쪽으로는 엄밀한 추상의 조각에 쏟아지면서 다른 한편 자기의 대상을 바깥 변에 무한한 광야를 이루고 그 끝은 흐릿한 빛 속에 사라져 가는 현실에 대한 어떤 단념과 조작의 과정에의 넘쳐 떨어져 가는 소재에 대한 애처로움이 거기에는 끊임

96 같은 책, p. 129.

없이 뒤따른다. 이 단념과 남은 것에의 감각이 자기의 지적 조작에 대한 엄격한 윤리의식을 배양하며 나아가 활기차게 이론화를 밀고 나가고자 하는 충동을 환기하는 것이다.[97]

이론가 사이고 노부쓰나(西鄕信綱)가 감격했듯 이 대목은 참으로 "아름다운 말"(p.43)이 아닐 수 없다. '이론신앙'과 '실천신앙'의 접점에 대한 통찰이기에 앞서 이 비유는 단연 '미학'이 아닐 것인가. 비트겐슈타인의 고명한 저술 『논리철학논고』의 서문의 첫줄에서 언급된 "이 책은 여기에 표현된 사상을 이미 스스로 생각한 바 있는 사람만이 이해하리라"에 해당된다고 할 만한 것이다. 갖가지 이론으로 무장하여 정작 작품(현실)을 분석(해석)해 본 사람이 아니고는 이론이 감히 미치지 못하는 지평선 너머로 흐릿하게 사라지는 작품의 뒷모습을 볼 수 없다. 바로 그것이 이론가의 에너지의 공급원이란 사실도.

마루야마, 그는 학자(이론가)이면서도 이처럼 섬세한 정신의 소유자였기에 비평가 고바야시의 섬세한 비평정신을 능히 엿볼 수 있었다. 고바야시라는 존재는, 마루야마의 시선에서 보면 현실 저편 끝으로 사라지는 희미한 등불이었다. 이 흐릿한 빛을 감지할 수 있는 것은 정신 쪽이 아니라 감각 쪽이었을 터이다. 일종의 미학이 거기 있었다. 그러기에 마루야마는 세속적 의미에서 '실감신앙'의 '극한형태'로서 고바야시를 인식하는 것(p.191)에 강하게 못마땅해 마지않았다.

---

97 같은 책, p. 60.

14. 루카치와의 거리 재기

여기까지 이르면 출발점에 놓인 루카치와의 거리 측정이 불가피해진다. 『영혼과 형식』에서 『소설의 이론』에 이른 길이 헤겔의 영향권에서 벗어나지 않았다고는 하나, 루카치는 현저히 '생의 충동'이라는 딜타이 쪽에 기울어져 있었다. 비평을 두고 그는 "어떠한 몸짓에 의해서도 표현될 수 없으면서도 그래도 표현을 갈망하는 체험의 존재"라 했을 때 그것은 창작(작품)이 아닐 수 없고 따라서 비평가=작가, 비평=작품의 등식이 이루어진다. '영혼과 형식'이 합쳐지는 신비적 순간을 비평(에세이)이라 했을 때, 그는 저 창공의 별의 지도를 보고 있었다. 그것은 따지고 보면 갈 데 없는 환영이 아니었던가. 갈 수 있고 가야 할 길을 하늘의 별이 지도 몫을 하고 그 별이 갈 길을 훤히 밝혀 주던 시대란 과거의 일이 되고 만 사실을 루카치가 통렬히 체험한 것은 『역사와 계급의식』(1923) 이후였다. 1918년의 독일혁명의 실패, 1919년의 헝가리혁명의 실패를 프롤레타리아정권의 교육상의 지위에 있던 루카치가 체험했을 때 그는 통렬한 희생과 비판 앞에 직면했고, 새로운 역사 창조에로 전환하지 않으면 안 되었다.

그가 속한 사회민주당이 과연 혁명에의 민중조직의 능력이 있었는가. 없었다. 왜 없었는가. 그 해답찾기에서 얻어진 것이 계급의식이었다.

계급의식의 본질이나 기능에는 뭔가 균질적인 것이 있는가. 아니면 그것에는 단계 및 계승의 사위가 있는가. 만일 이러한 단계에 다름이 있다면 그 다름이 프롤레타리아트의 계급투쟁에 있어 차지하는 실천적 의미란 무엇인가.

이런 물음은 마르크스에서 출발하여 마르크스와 대결함으로써 현재를 살아가는 주체성이 아닐 수 없다는 것, 이때 중요한 것은 당연히도 역사와 계급의식의 관계이다. 역사 속에서 진짜 역사창조의 것은 무엇인가. 분명한 것은 개인이 아니라는 것. 개인이란 아무리 대단해도 거대한 역사의 흐름에는 부초와 같다. 만일 개인의 의식이 모두 허위라면 진리는 상대적인 것에 지나지 않는가, 진실이란 없는가. 사회발전을 통해 '진실의 의식'이 어딘가에 있을 터. 그것이 계급의식이다. 역사 속에 활동하는 의식은 이것 외에는 없다. 개인의 주관성이 아니라 객관성이란 계급이라는 것. 부르주아 계급의 경우도 사정은 같다. 루카치에 있어 계급의식이란 개개의 노동자가 공장에서 겪는 '경험적 의식'의 집합체가 아니다. 현실 변혁의 논리는 현실을 관통하는 이념 추구에서 온다고 할 때, 이는 개인의식과는 담을 쌓은 것이다. 개인이 품고 있는 의식이란 엥겔스의 표현으로 하면 허위의식이 아닐 수 없다. 계급의식이란 노동계급이 집단적 자각적으로 갖는 의식(탓으로 돌리는 의식). 경험의식에서 계급의식에로 이르는 통로가 어떻게 되는가에 대해 루카치는 썩 둔감했다고 볼 것이다. 이 조급성은, 실천이 앞섰던 곳에서 나온 것인지도 모른다. 현실을 설명함에 앞서 현실을 세워 가야 할 처지인 만큼 개인의식을 초월한 이념이 요망되었고 이를 계급의식이라 불렀다.

루카치의 비평에서 혁명이론으로 변해 가는 장면을 지켜본 나로서 제일 궁금한 것은 따로 있었다. 비평에서 학문에로의 방향전화의 낌새가 그것. 순수학문이 아닐지라도 루카치는 이론가로 강력하게 등장했는바, 그것은 이론과 실천의 결합을 겨냥한 것이었다. 그 기점이 『역사와 계급의식』이었거니와 그는 이 원점을 맴돌면서 순수학문 쪽인 리얼리즘론을 펼쳤고 동시에 혁명을 위한 운동권에 매진해 마지않았다. 그럼에도 불구하고 그에게는 때때로 출발점인 곧 『영혼과 형식』의 연장선에 있는 『소설의 이론』이 되살아나고 있었다. 스타브로긴의 입을 빌린 『악령』의 도스토예프스키에 대한 무의식 속에 깃든 그리움의 리듬과 환각이 살아 있었던 것이다. 이것이야말로 루카치를 살아 있는 비평가로 만든 힘이 아니었을까. 이에 견주어 볼 때 마루야마는 어떠했을까.

두루 아는바, 마루야마의 『일본정치사상사연구』(1952), 『현대정치의 사상과 행동』(1957) 등의 저술은 일본정치사상사를 학문의 수준으로 끌어올린 최초의 쾌거로 평가받고 있다. 전자는 중세 일본의 정치사상의 구조를 밝힌 것이며, 후자는 근대 이후 천황제 헌법 아래 빚어진 초국가주의 현상을 분석한 것이었다. 어느 것이나 엄격한 방법론(러스키, 막스 베버)에 의거한 것이어서 한치의 빈틈도 없었다. 그러나 이러한 학문적 업적의 밑바탕에는 국가의 폭력에 대한 비판이 짙게 깔려 있었다. 이 경우 국가란 두말할 것 없이 제국일본이었다. 16년 침략전쟁을 이끌어 간 천황제 밀리터리 파시즘이 그것. 여기에는 개인 마루야마의 통렬한 체험, 곧 국가로 인해 입은 떨칠 수 없는 트라우마가 있었다. 제국대학의 최고본산인 도쿄대 그것도 법학부 조교수를 일개 졸병으로 끌고 간 것은 다름 아닌 제국일본이었다. 『일본정치사상사연구』의 원고를 친우에게 맡기고 그가 간 곳은 평양의 모부대였고 거기서 그는 다음 장면에 부딪힌 바 있다.

> 행군 전방에 소달구지에 화물을 끌고 있는 조선인이 가로지른다. 지휘관이 이 자식! 하고 큰소리로 일갈하자 힐끔힐끔 비굴하게 머리를 조아리

며 급히 소를 끌어 열 밖으로 내몰았다. 앞으로 보내고 난 조선인은 이쪽을 지긋이 보고 있다. 그때의 눈길이 너무 인상적이라 견딜 수 없었다.[98]

이 시선의 견딜 수 없음이란 따지고 보면 학문적 저술의 에너지원이었을 터이다. 요컨대 그는 일본의 비민주적 사상 및 체질을 파헤침으로써 이를 민주화로 혁신하기에 그 목표가 있었고 이 점에서 보면 루카치와 별로 다르지 않다. 마루야마, 그는 일본사상을 개혁하려는 야심찬 혁명가였다. 그가 무수히 비평, 좌담, 에세이 등은 물론 집회 등 가리지 않고 활동했음이 그 증거이다. 학문적 본점이 따로 있고, 저널리즘에 뛰어든 것은 야점(夜店)이었던가. 결코 그렇지 않다. 일본의 민주주의화를 정착시키는 일이라면 물불을 가리지 않은 점에서 루카치 모양 마루야마는 운동가요 혁명가에 다름 아니었다. 현실적으로 결과론을 따질 때 루카치도 마루야마도 역사 쪽에 농락당한 꼴이 되고 말았는데, 이 점에도 둘은 매우 닮았다고 볼 것이다. 만년에 이른 마루야마가 회의론에 빠졌지만 그것이 결코 초라한 것일 수 없음을, 문학 쪽에서는 이렇게 유려한 표현을 가능케 했다.

밤에 빠져 있다. 때로는 머리 숙여 생각에 잠겨 있는 것처럼, 그렇게 밤에 빠져 있다. 집에서 안전한 침대 속에서 안전한 지붕 아래에서, 침대 위에 손발을 늘어뜨리고 혹은 몸을 웅크리고 이불보에 싸여서 모포를 덮고 잠들고 있다고 해도 이는 제정신이 아닌 겉모양에 지나지 않는다. 죄없는

98 丸山眞男, 『座(2)』, 197; 苅部直, 『丸山眞男』, 岩波新書, 2006, p.109에서 재인용.

자기기만이란 것이다. 실제로는, 아득한 옛날과 꼭같이 또는 그 이후와 마찬가지로 황야에 있다. 엉성한 천막에 있다. 눈 닿는 데까지 사람과 사람, 군단이 있고 동족들이다. 차디찬 하늘 아래 차디찬 땅 위에 이전에 있었던 곳에 던져져서 팔을 이마에 대고 얼굴을 땅 쪽으로 향해 곤히 잠들고 있다. 그러나 새근새근 자고 있다. 그러나 너는 눈뜨고 있다. 너는 파수꾼의 하나, 섶나무더미에서 타오르는 불을 꺼내어 흔들면서 다음의 파수꾼을 찾고 있다. 어째서 너는 눈 뜨고 있는가? 누군가가 눈 뜨고 있지 않으면 안 되기 때문이다. 누군가 한 사람은 여기 있지 않으면 안 되기 때문이다.[99]

마루야마, 그는 아마도 파수꾼이었을 터이다. 누군가 깨어 있어야 하듯, 시키지도 않지만 본능적으로 그 사명감에 불탔다고나 할까. 아마도 그럴 것이다. 그렇지만, 한 연구가에 의하면, 역사 쪽에서보다도 일본의 민주주의화보다도 개인 마루야마의 위대성이 따로 있었다. 그것은 그가 지킨 엄격한 자기관리에서 왔다. 국가가 주는 어떠한 포상이나 서훈을 받지 않았음이 그것. 천황제를 비판한 그로서는 당연한 일이었으리라. 그러나 그게 그렇게 당연한 일일까. 사르트르조차 지키지 못한 이 자기규칙(베르나르 앙리-레비, 『사르트르의 세기』, 2000)을 마루야마는 능히 지켜냈다는 것. 그 누구가 이 앞에 탈모하지 않겠는가. 요컨대 지속적 미학을 갖추고 있었다.[100]

---

99 F. カフカ,「夜」, 池内紀 訳,『カフカ短篇集』, 岩波文庫, 1987, p. 178.
100 水谷三公,『丸山真男』, ちくま新書, 2004, p. 308.

15. 도스토예프스키 평전과 「고린도후서」 5장 13절

루카치와 마루야마를 제치고 끝까지 나를 붙잡아 놓지 않는 존재가 고바야시임을 말해 볼 차례에 비로소 이른 셈인가. 나는 이 대목에서 한없이 망설이며 또 당황해 마지않는다. 이유는 단 하나. 잘 모르겠다는 점이 그것. 그것은 중기의 명저 『도스토예프스키의 생활』(ドストエフスキイの生活, 1939)의 끝대목 앞에서의 당황함과 크게 다르지 않다.

슬라브어를 해독하지도 못한 그는 대담하게도 도스토예프스키론에 도전했는바, 이 야심찬 저술의 서두를 니체의 『이 사람을 보라』의 인용에서 시작했다.

> 병자의 광학(光學)에서 일단은 건전한 개념이나 가치를 보며, 또다시 거꾸로, 풍부한 생명의 충일과 자신에서 데카당한 본능을 은근한 움직임을 굽어보기—이것은 내가 가장 오랜 연습, 나에게 특유한 경험이어서 만일 내가 무슨 일에 있어 대가가 되었다고 한다면 그것은 이 점에서였다.

도스토예프스키를 니체의 시선으로 바라보겠다는 이 광학에서 고바야시의 의도 한 가지만은 쉽사리 알아낼 수 있다. 곧, 어느 쪽도 범상한 족속이 아니라는 점. 가장 병적인 곳에서 가장 건강한 것을 보는 이 광학장치로 도스토예프스키에 적용할 수 있는 능력이 고바야시에게 있다는 점이야말로 이 저서의 핵심이 놓인 곳이다. 도스토예프스키라는 이 병적인 인물 속에서 가장 건강한 것을 찾아내기만 하면 그 소임은 끝나는 것인 만큼 열쇠를 쥔 곳은 광학장치의 주인공인 니체에 있을 뿐. 고바야시는 그 실험에 종사하는 한 연구자라 할 것이다. 그렇다면 어째서 그는 이 저술의 끝을 기독교 성경으로 끝을 내야 했을까. 그것도 다름 아닌 사도 바울의 인용이어야 했을까.

> 나의 전기작가로서의 소묘는 그의 죽음과 더불어 마치지 않으면 안 된다. 아마도 그의 사상에 대해서는, 아니, 나아가서는 그를 소생케 하고자 힘쓴 나의 사상에 있어서도 우연한 그의 죽음이라는 한 사건과 더불어. 지금은, "불안한, 당치도 않은 그의 작품"에 들어갈 때다. 만년의 그의 생활은 본 바와 같이 평정한 것이었지만 그의 정신의 폭풍은 황량해 있었다. 그가 바울의 말을 몰랐을 이치가 없다. "우리가 만일 마음이 미쳤다면 신을 위함이며 마음 온전하다면 너희들을 위함이다."[101]

이 성경 대목은 「고린도후서」(5장 13절)에서 따온 것이다. 한국어역과 영역에는 이렇게 되어 있다.

> "우리가 만일 미쳤어도 하나님을 위한 것이요 만일 정신이 온전하여도 너희를 위한 것이니."(If we are out of our mind, it is for the sake of God; if we are in our right mind, it is for your.)

나는 이 대목을 잘 알지 못한다. 그러나 고바야시는 도스토예프스키가 이 대목을 몰랐을 이치가 없다고 단언했다. 도스토예프스키가 읽은

---

101 小林秀雄, 『ドストエフスキイの生活』, 新潮社, 1964, p. 214.

것은 슬라브어로 된 것이며 알려진 바로는 러시아정교회 판의 성경이었다. 거기에도 이렇게 적혔는지는 알기 어려우나, 나로 하여금 당황케 하는 것은 일본인 고바야시의 성경이해에 관한 것이다. 바울(사울)에 대한 기록은 「사도행전」에 세 번 나온다. 다마스카스 성 밖의 회심(回心)(사도행전 9장 1~9절)이 갖는 의미는 단연 종교적 차원이어서 삼위일체론처럼 이해하기 어렵다. 이방인인 로마총독 페스토는 회심한 바울을 두고, "바울이여 그대는 미쳤도다"라고 단언할 정도였다. 이방인 고바야시도 사정은 비슷하지 않았을까.

일본인 고바야시가 성경을 이해한 수준의 가능성은 아마도 신앙 쪽이 아니라 논리 쪽이었을 것이다. 니체의 광학장치 쪽이 훨씬 논리적이었을 터이다. 그럼에도 그는 감히 성경에다 승부를 걸었다. 이 도박에는 그 나름의 자신이 섰기 때문으로 보이는데 논리 쪽으로 신앙을 밀어넣기였다.

두루 아는바 도스토예프스키의 회심 장면은 내란음모죄로 기소되어 총살 직전에 사면된 사건(훗날 밝혀진 바에 의하면, 위정자들이 미리 짜놓고 연극을 한 것. 그로스만Leonid Petrovich Grossman, 『도스토예프스키평전』, 1963). 죽었다고 생각한 순간 살았음이 도스토예프스키 생애의 전반과 후반을 가르는 지점이며, 이는 바울의 다마스카스 성 밖의 그 눈부신 체험에 대응되는 것. 죽었다가 살아남이란 새삼 무엇인가. 예수의 부활이 이에 대응되는 것. 실상 기독교란 이 부활을 핵심에 둔 종교가 아니었던가. 이 대응이란, 예수=라스콜리니코프=도스토예프스키에 해당되는 것. 바로 여기에 고바야시의 승부처가 있었다. 어디까지나 논리 쪽에서의 접근이었다.

그러나, 딱하게도 이 논리의 끝에는 감당할 수 없는 심연이 있었다. 부활을 논리적으로 설명할 방도가 논리 쪽에서는 찾아지지 않았다. 비유컨대 그것은 모든 사람들이 지하철 입구로 급히 향하고 있는 판에 거꾸로 걸어나오는 단 한 사람이 있다고 치자. 죽음이라는 '어느 한 점'(죽음)에서 부활함이야말로 황당무계한 사건이 아니었던가. 어찌 이런 일이 일어날 수 있으랴. 그런데 보라, 저기 한 사람이 부활했다. 이를 논리적으로 믿으란 말인가. 어림도 없는 일. 그런데도 그것이 사실이라면 어쩔 텐가. 이 황당무계한 사태를 수용할 수밖에 없는 사람, 그가 이방인 고바야시 히데오였다. 고바야시에 있어 이 황당무계함을 풀 수 있는 길은 종교 흉내내기밖에 달리 방도가 없었다. 이런 사정은 도스토예프스키도 마찬가지였다.

> 도스토예프스키의 어법을 빌리면, 설사 내 괴로운 의식이 진리 바깥에 있는 황당무계한 것일지라도 나는 자기의 이 고통과 함께 있지 진리와 함께 있고 싶지 않다, 라고 여겼음에 틀림없다. 진리란 사람들이 갖고 있는 부끄럽지 않은 화제 이상의 무엇인가, 라고 외치고 싶었음에 틀림없다.[102]

여기까지(『지하생활자』)는 아마도 이방인 고바야시와 러시아정교회 터전의 지식인 도스토예프스키는 비슷한 위치에 있었다고 볼 것이다. 바로 여기에서 그러나 도스토예프스키는 한발 내딛을 곳이 있었다. 성경이 바로 그것. 고바야시에게는 없는 성경을 가진 도스토예프스키 앞에 무릎

102 小林秀雄, 『「白痴」について』, 講談社, p. 306.

을 꿇고 있는 일본인이 여기 있었다. 그는 성경이 학문을 가르치기 위함도 아니며 지식을 얻기 위함도 아님을 잘 알고 있었다. 도리에 맞는 이치를 말하고 있지 않음도. 따라서 논리적인 책이 아니라는 사실도. 사람들은 걸핏하면 성경을 교육적 도덕적인 것으로 여기고 읽지만 정말은 그렇지 않다. 그것은 오직 "종교적 경험이란 것의 표현"[103]이다. 믿느냐 아니냐의 어느 쪽이지, 이를 멋대로 쉽게 읽을 수 없다는 사실 앞에 고바야시가 무릎 꿇고 있는 형국이었다. 이방인이 도스토예프스키를 이해하기 위해서는 논리의 끝간 곳을 좇아 마침내 신앙에로 향하기 마련이었다. 그러나 과연 그것이 가능할까. 그렇지만 여기까지 밀어붙인 사람은 이방인 고바야시가 처음이 아니었을까. 물론 그는 실패했다. 신앙이 없었기 때문이다. "모든 신앙에 의하지 않는 것은 죄이다"(「로마인에의 편지」)라고 『「죄와 벌」에 대하여』(1948)에서 결말을 삼은 것도 이 때문이다. 도스토예프스키와 그의 작품이 성경을 겨냥하여 이루어졌고, 이 광학만큼 확실한 것은 달리 없었다. 이 신앙의 광학에서 보면 라스콜리니코프는 결코 죄인일 수 없다. 아니, 인간은 그 누구도 죄인일 수 없는 것으로 된다. 왜냐면 "죄를 행할 자격이 없는 인간"이라는 사실이 "최대의 죄"임을 알게 되기 때문이다. 바울의 이 말을 고바야시가 간파했던 것이다.

여기까지가 이방인 고바야시의 한계가 아니었을까. 논리의 지평선 너머로 박명 속에 사라져 가는 신앙의 모습을 넋을 놓고 바라볼 수밖에 없었음이 그의 정직함이었으리라. 그는 도스토예프스키의 작품 속으로 결코 들어갈 수 없었다. "불안한 당치도 않는 그의 작품" 속으로 들어갈

---

103 高見沢潤子, 『兄小林秀雄との対話』, 講談社, 1970, p. 220.

차례가 왔음에도 불구하고, 그는 쉽사리 들어갈 수 없었다. 오랜 동안 방황하면서 작품 주변을 맴돌며 『죄와 벌』, 『백치』, 『카라마조프의 형제들』, 『악령』 등을 썼지만 본질적으로 변죽울리기에서 더 나아가기 어려웠다. 신앙이 없었음이 그 근본이유였다.

여기까지 오면 어째서 내가 고바야시에 매료되어 지금껏 그 주변을 맴돌게 되었는가에 대한 한 가지 해명인 셈이다. 이에 견줄 때 고바야시의 「경주」란 어떠할까. 물론 이 기행문의 위치란 제국의 비호를 받고 식민지 서울에 군림하여 망설임도 없이 행한 「문학과 자기」와 완전히 분리시켜 논의할 수 없다. 어째야 할지 전전긍긍하는 식민지 문사들 앞에 선 고바야시의 처지란 그 자체가 정치적이자 시사적(時事的)이며 저널리즘의 현상이기도 했다. 그가 이 사실을 즐겼다는 흔적은 찾기 어렵다 해도 적어도 마음속의 폭풍을 겪었다고 볼 수 있는 대목도 찾기 어렵다. 그렇기는 하나 적어도 그는 「경주」를 역사 앞에 제시해 놓았다. 이 바둑돌에서 그가 겨냥한 승부처는 과연 어디였을까. 이 물음은 훗날 그를 숭배하고 그의 방법론을 배워 한국비평계의 새로운 장을 연 조연현의 존재보다 본질적인 데가 있다.

고바야시의 「경주」(1939)는, 서울에 군림하여 강연을 하기 두 해 전에 쓴 것이며 3차례(1938, 1940, 1941) 조선 방문 중 두번째에 해당된다(조선을 통과한 것은 1938년 두 차례, 1940, 1941, 1943 등 총 5차례). 그가 조각가 오카다 하루키치(岡田春吉)와 경주를 찾은 것은 1938년 10월이었고, 기행문 「경주」를 발표한 것은 1939년 6월이었다. 오카다, 하야시 후사오(林房雄) 등 3인행 조선행에서 어째서 두 사람만이 경부선 대신 6시간이나 걸리는 동해남부선의 시골 기차에 올라탔을까. 먼저 그는 "긴 여행에서 때때로 맛보는 저 쾌감 같은 피곤함"을 글 앞에 걸어 놓았다. 두 사람이 함께 초행길이며 사진에서 자주 본 석굴암을 보기 위함이었다. 10월의 가을비가 내렸다. 우산을 쓰고 언덕을 오르자 아이들 네 명이 따랐다. 손님을 밀어 주고 돈을 뜯으려는 것. 민첩히도 고바야시는 자기의 본색을 또 여지없이 드러냈다. "원래 고미술엔 정성과 공을 들여 찾는 취미가 없는 나"라고. 그러기에 다소 귀찮았다고 할 수밖에. 이윽고 석굴암 대불을 보았고, 그 미를 이렇게 담담히 적었다.

> 상(像)은 아마도 때를 벗긴 것이리라. 진짜 새로운 것으로 보이는 돌의 본바탕에 입술에는 선명하게 붉은색이 칠해져 있다. 이 철저한 손질은 시대가 경과한 것에서 오는 맛이라는 애매한 매혹을 일거에 걷어치우게 한 것처럼 보였고 상에는 그러한 것은 일체 필요치 않는 의연한 아름다움이 있었다.[104]

그는 불상에 대한 지식이나 당에서 신라를 거쳐 일본으로 전래된 불교미학의 역사성에 대해 자기 말대로 무식한지라 전혀 흥미를 보이지 않았다. 흥미의 초점은 "이런 것을 새긴 인간의 마음"에 놓여 있었다. 그것은 보다 직접적인 것.

두 사람이 굴 밖으로 나와 담배를 피웠다고 했다. 울적한 비를 바라보고 있자니 "어째서 아름다운 것을 보았는데 이렇게 피곤한가, 라는 질문이 언뜻 머리에 떠올랐다"고 했다. 어리석은 물음이라고 생각할 틈도

---

104 小林秀雄,「慶州」,『小林秀雄集』, 筑摩書房, 1965, p. 460.

없이. "그것은 마치 한 찰나의 응답 같았다." 이 피로감이란 어디서 온 것일까. 신라의 조각가가 갖고 있던 부처가 자기에겐 없었던 탓이라고 그는 단정하고 있었다. 부처를 가졌는가 아닌가는 상상으로 알거나 이해되거나 친근해지는 것이 아니다. 부처가 있는가 없는가, 둘 중 하나일 뿐. 자기에겐 그게 없다. 그럼에도 그것에서 미를 느끼거나 보았다면 대체 이는 무엇인가. 분석해도 소용없는 일. 피로함의 정체가 여기에서 왔다. 여기서 더 나아갈 수 없다. 한발만 나서면 저 광대한 '미학'이라는 학문이 버티고 있으니까.

「경주」를 쓴 지 한 해 뒤에 쓴 「감상」(1940. 12.)에서 이 점이 좀더 소상하다. 젊었을 때 '백제관음'(호류지)을 보고 있자니 외설스럽게 느껴졌다고 그는 회고했다. 보들레르의 일기 속에 "야윈 여자일수록 외설스럽다"는 구절을 떠올리며 '백제관음'을 보고 히죽히죽 웃고 있자니 돌연 자기가 웃는 그 얼굴의 의미가 분명히 이해되었다고 했다. 모든 것이 사라지고, 보통 때의 건전한 의미를 고스란히 벗어던지고 추상화된 역사의 잔해의 그로테스크한 나무조각의 무리 속에 둘러싸여 있지 않겠는가. "나는 와카쿠사 산으로 도망쳤다"라고 할 수밖에. 역사나 철학, 미학 또 무엇 따위가 끼어들면 미를 망치고 만다는 것. 한 장의 낡아빠진 종잇장, 조각이란 돌멩이 조각에 지나지 않는 것에 무슨 마력이 있는 듯이 덤비는 꼴이라니, 라고 그는 말한다. 중요한 것은 첫눈에 척 보고 모든 것을 판단하는 것. 골동품의 경우도 사정은 같다. 가짜냐 진짜냐, 둘뿐이 아닌가. 척 보고 어느 한쪽에 도박하기, 미도 이와 같다.

그렇다고 미가 골동품처럼 도박의 일종이어도 그만일까. 그렇지 않았다. 어째서 그토록 피로감을 온몸으로 체험한 고바야시가 친우 가와카미(河上)를 끌고 부산에서 6시간이나 걸리는 경주를 재방했을까. 척 보고 직감적으로 파악하는 미만이 전부일 수 없다는 것. 직관을 가능케 하는 조건에 대한 논리적 조작이 요망된다는 것. 이 한가운데 엉거주춤히 서 있는 상태란 무엇인가. 비평의 존재방식이 거기 있지 않았을까. 경주를 그는 다시 방문했음에 이 문제가 관여된다.

> 내가 그와 같이 간 대륙여행은 16년(1941)의 조선과 19년(1944)의 상하이였다. 조선에는 여러 사람과 동반한 강연여행이었으나 부산에 닿자마자 둘이서 6시간 기차를 타고 경주 불국사 석굴암까지 올랐다. 나라(奈良)를 닮은 부드러운 그곳 산자락에 비치는 가을햇발을 나는 지금도 잊지 못한다.[105]

> 반성해 보니 나는 박물관에서 나를 엄습한 저 고독감을, 그후 무엇인가 살아 있는 생물 모양 순치해 온 것 같다. 확실히 처치 곤란한 생물이었다. 까닭 모를 인생에의 무관심이라든가 모멸을 말한 것도 그놈이며 자애라는 이름의 감상이나 자의식이라는 군더더기를 가르친 것도 그놈이었다. 그렇지만 이제는 이미 그놈과는 낯익었다. 나에게 있어 비평이란 이 순치된 고독감의 적절한 응용에 다름 아니라는 사실을 생각했다.[106]

> 백제관음, 석굴암대불, 유리창 속에 갇혀 부식해 가는 미술품 따위에

105 河上徹太郎, 「小林秀雄」, 『近代文学鑑賞講座 第十五巻』, 角川書店, p. 240.
106 小林秀雄, 「感想」, 『歴史と文学』, 創元社, 1941, pp. 176~177.

구역질이 나서 산으로 도망쳤을 때 그에게는 잘못이 없고 잘못은 그런 고미술 쪽에 있다고 오랜 동안 믿었으나, 지금 와서 생각해 보니 꼭 그런 것만이 아니라는 것. '나' 쪽에서도 그 원인이 있었다는 것. 이를 '고독감'이라 불렀다. 마치 이놈을 살아 있는 물체 모양 길들여 왔다는 사실을 깨쳤다는 것. 이 처치 곤란한 놈이야말로 그에게는 '비평'이라는 것이었다.

두 번씩 6시간씩이나 걸려 석굴암을 찾은 것은, 그를 제치면 어떤 일본문사도 감행한 바 없지 않았던가. 자세히는 알지 못하나, 고바야시의 비평에 석굴암과 백제관음이 어느 한 피톨 속에 살아서 돌고 있지 않았을까. 이것이 루카치와 마루야마를 제치고 끝까지 나를 놓지 않는 고바야시의 매력이었다.

16. 고바야시, 루카치, 마루야마 마사오

궁극적으로는, 고바야시가 평생 한눈팔지 않고 죽을 때까지 놓치지 않고 혼신의 힘을 다 쏟은 '비평'이란 대체 무엇일까. 이렇게 솔직히 회고한 바 있어 감동적이다. 평생 비평을 해왔으나, 비평이란 무엇인가에 대해 깊이 생각한 바 없다는 것, 비평이란 것을 쓰고 싶어서 쓰기 시작했음이 아니라는 것, 다만 쓰고 싶은 것을 썼을 뿐이라는 것. 이것이 보통 문단에서는 비평이라 불린다는 것. 문제는 그러니까 늘 실제문제라는 것. 쓰다 보면 그것이 시나 소설 형식을 도저히 취할 수 없는 그런 것이었다는 것. 그러기 위해 온갖 기술, 노력, 성의를 다했다는 것. 그 결과는 어떠했던가. 한 가지만은 분명하다고 이렇게 적었다.

> 여기서 자기가 한 일의 구체적 사례를 되돌아보니, 비평문으로 괜찮게 된 것은 모두 타인에의 찬사였고, 타인을 비난하는 글로 된 것은 그속엔 없다는 것을 분명히 깨치고 있다. …… 비평이란 사람을 칭찬하는 특수한 기술이라 할 수 있다. 사람을 비방하는 것은 비평가가 갖는 기술의 한 가지조차 될 수 없고, 비평정신에 완전히 반하는 정신적 태도라고 말할 법하다.[107]

이어서 그는 비평이 지닌 결정적 난점을 지적했다. '자기 주장의 단념' 또는 '억제'가 그것. 문득 이 장면에서 나는 다시 마루야마와 루카치를 떠올리지 않으면 안 되었다. 고바야시를 가운데 두고 그의 삶과 글을 조금씩 음미해 가면 비례하여 마루야마와 루카치의 모습이 거대한 그림자로 내게 육박해 오는 것이었다. 내게 고바야시는 일종의 심연이었다. 이 심연에 빠져 함몰하지 않기 위해서는 오른쪽엔 루카치, 왼쪽엔 마루야마의 견인력이 절실히 요망되었다. 물론 이러한 요망사항은 원리적으로는, 고바야시와는 무관한 것. 문제는 내 쪽에서 온 것이다.

거듭 말하지만, 반공을 국시로 하는 나라의 교육공무원이 내 신분이었다. 『자본론』조차 감히 언급할 수 없는 학문적 풍토에서 루카치란 무엇인가. 국문학도인 내게 있어 루카치란 사상이나 이데올로기 혹은 혁명이나 정치학 이전에 『소설의 이론』이었고, 『영혼과 형식』이었다. 다르게 말해 살아 있는 생물이었다. 소설이나 비평이란 무엇이뇨. 생명체의 삶의 충동이 아니었던가. 이 점에서 루카치는 본능 쪽에 자리잡은 것이었다.

---

107 小林秀雄, 『考えるヒント』, 文春文庫, 1974, p. 163.

누가 뭐라든 그 무렵 내게 있어 루카치는 살아 있는 '소설'이고 '비평'이었다. 이 점에서 그것은 고바야시의 비평관과 백보오십보의 거리에 있어 보였다. 요컨대 순수했던 것이다. 그러나 『역사와 계급의식』 이후의 루카치는 헝가리혁명정부의 교육상이자 강렬한 정치운동가로 변신하면서 두 가지 기묘한 형태로 발전해 갔다.

첫째, 그는 철저한 학문적 바탕에 기초한 강력하고 촘촘하며 또 빈틈없는 논리를 폈다는 점. 이른바 마르크스미학의 수립으로 정리되는 그의 논리적 전개는 어떤 아카데미시즘도 미치기 어려운 수준으로 보였다. 학문이란 주관성과 무관한 과학(객관성) 위에 선다는 점을 여지없이 그는 증명해 보였다.

둘째, 학문의 목적을 분명히 했다는 점. 바로 혁명을 위한 학문이어야 한다는 점은 거의 절대적 명제였다. 말하건대 그것은 열정으로 무장한 운동이었던 것이다. 그것은 실천을 내세운 학문에 다름 아니었다.

이 두 가지를 동시에 바라보고 있노라면 과학과 실천을 가로지르는 모종의 유토피아의 열정이 뚜렷이 감지되었는데, 그것은 망명객 신세가 된 루카치의 숨소리이기도 했다. 이 장면에서 나는 루카치 속에서 문득문득 미학을 향한 고바야시의 표정을 겹쳐 보고 있었다. 또 말해 내게 루카치는 '소설'이었고 살아 있는 생물이었고, 어떻게 자랄지 미지수의 꿈이기도 했다. 인류사의 저편에 아물거리는 아지랑이라고 할까. 인류사이기에 그 자체가 막연한 유토피아의 일종이어서 허망함에 비례하여 매력적이기도 했다. 인류사의 '황금시대'에 대한 그리움이라고나 할까. 나로 하여금 고바야시의 심연에 빠지지 않기 위한 밧줄의 하나가 루카치였던 이유이기도 하다.

다른 하나의 밧줄이 마루야마였는바, 놀랍게도 이 밧줄은 너무도 견고하지만 동시에 유례없는 섬세함으로 무장된 것이었다. 이 유연성의 구조의 겉모양이 루카치의 그것과 닮았음도 쉽사리 간파할 수 있었다. 본점인 『일본정치사상사연구』가 유례없이 엄격한 아카데미시즘의 소산이지만 이러한 학문과 더불어 그는 야점(夜店)이라 할 저널리즘에 맹렬히 간여했다. 루카치에 있어서의 정치운동이 이에 해당되리라. 그러나 두 사람의 방향성은 썩 달랐다. 전자에 있어 그것은 오직 일본사회 속에 민주주의사상을 심기 위함이었다. 초국가이론을 극복하기 위한 민주주의사상이기에 이 운동은 혁명과는 일정한 거리를 가진 것이었다. 그가 말하는 민주주의가 사회민주주의 쪽에 기울어졌다 할지라도 사정은 마찬가지다. 그러기에 저널리즘에의 활동이란 방편의 일종이 아니었을까. 그러기에 그는 객관성으로서는 포착되지 않는 현실을 박명 속에서 안타깝게 바라볼 수밖에 없었다. 요컨대 이론가의 눈이 한편으로는 엄밀한 추상적 수속에 주력하면서 다른 한편 자기의 연구대상의 바깥의 무한한 광야를 이루어 그 끝은 박명 속에 사라지는 현실에 대해 단념할 줄 안다는 것, 그때 비로소 학문적 수속의 과정에서 탈락해 가는 소재(현실)에 대한 한없는 애착이 생긴다는 것. 이 애착에서 얻어지는 윤리와 에너지를 마루야마는 알고 있었다. 요컨대 미학을 숙지하고 있었지만 이를 단념할 줄도 알았다. 그의 학문적 에너지는 이 단념과 결코 무관한 것이 아니었다. 저널리즘(야점)에서 번번이 주장한 6·25에 대한 그의 견해 곧 내전이기에 북침이든 남침이든 그게 중요치 않다는 것을 미국의 남북전쟁을 사례로 설명하는 따위란 체험자인 나로서는 심정적으로는 승인할 수 없는 이상한 것이지만, 국제정치상의 논리로는 그런 논법도 가능한지 모른다는 의혹을 떨치지 못했지만, 무엇보다 그가 나치스의 총애를 한몸에 받은 대지휘자 푸르트뱅글러(Wilhelm Furtwängler, 1886~1954)의 숭배자이며 고전음악에 깊은 조예를 가졌다는 것에도 나는 당혹해 마지않았다.[108] 예술계의 파시스트도 이해 및 예찬하고 사회민주주의도 주장하는 이런 사태란 대체 무엇일까. 이를 이해할 만한 힘이 내겐 크게 모자랐다.

이에 비할 때 루카치는 어떠했을까. 비유컨대 미학과 혁명이 둘이 아니고 하나였지 않았을까. 이 합일에서 막대한 에너지가 방출되지 않았을까. 혁명이란, 예술 그것처럼 현실에 대한 전면적 부정에서 출발하는 것. 혁명의 진행 동안 혁명가는 예술가와 동지적일 수밖에 없는 것. 이 관계유지는 혁명이 끝날 때까지이다. 일단 혁명이 성공하면 혁명가는 예술가와 적대관계에 서는 것이 원칙이다. 그 순간 혁명가는 현실유지의 관료로 굳어지기 때문이다. 문제는, 혁명과 미학의 일치에서 막대한 에너지가 방출되었지만 이를 제압할 힘이 없었다. 혁명이 실패하면 그의 미학조차 여지없이 무너져 내릴 수밖에 없었다. 혁명 후기 마야코프스키의 자살이 이를 잘 보여 준다.

여기까지 오면 나는 내가 선 자리를 새삼 점검하지 않으면 안 되었다. 고바야시 주변을 맴돌다 스스로도 모르는 사이에 그 심연에 빠져 허우적거릴 때 지푸라기라도 잡아야 할 판이 벌어졌다면 어떠할까. 루카치에게 손 내밀기와 마루야마에게 손 내밀기. 이 두 가지 역시 내겐 범접키 어려운 일정한 거리가 있어 보였다. 허우적거리는 나를 그들이 외면

108 丸山真男·脇圭平·芦津丈,『フルトヴェングラー』III章, 岩波新書, 1984.; 中野雄,『丸山真男 音楽の対話』, 文春新書, 1999.

할 수 없으리라 믿긴 했지만 대신 그들은 필시 내게 모종의 대가를 요망할지 모른다는 우려감이 나를 가로막아서는 것이었다. 사회민주주의 공부를 하겠느냐와 혁명에 동참하겠느냐가 그것. 어느 쪽도 내겐 자신이 없었다. 그렇지만 상상적으로 이들에게 손을 내미는 연기가 내겐 필요했다. 고바야시의 늪에 빠져 죽지 않기 위해서는 이 연기력이 내가 할 수 있는 유일한 길이었다. 카프연구(『한국근대문예비평사연구』, 1973)에 나아갈 때 내 연기력은 루카치에 있었고, 『염상섭연구』(1987)에 돌진해 갈 때 나는 마루야마에 있었다. 설사 자각적인 것이 아니었을지라도 무의식 속에는 그러했던 것으로 회고된다. 그렇다면 나는 결국 이 고바야시의 늪에 발이 묶여 전전긍긍 몸부림치면서 오늘에 이르고 만 것일까. 사람들은 나를 국문학도(인문학자)라고 부르면서 또 비평가라 한다. 그렇다면 이 양다리 걸치기란 대체 무엇인가. 루카치, 마루야마의 흉내였을까 아니면 고바야시의 흉내였을까. 이런 질문방식은 썩 부적절하다. 실상 나는 이것저것 숙고함도 없이 앞만 보고 달려 왔을 뿐이다. 사람들이 보기엔 눈가린 연자방아의 당나귀였는지도 모를 일이다. 그렇다고 "나는 나였다!"라 말할 수도 없다. 굳이 말해 『벽암록』의 말씀대로 시절인연이었을 터.

정직히 말해 나는 좋은 글, 훌륭한 글, 예술적 문체 등을 의식해 본적이 없다. 그냥 썼을 뿐이다. 쓸 것이 너무 많아 다른 것을 고려할 틈이 없었다. 로댕의 조각을 논하는 강연(1907)에서 로댕이 조각가(예술가)일 수 없다고 주장한 릴케의 말버릇을 잠시 빌린다면, 로댕은 단지 "물건을 만드는 사람"에 지나지 않듯 나는 그냥 글을 썼을 뿐이다. 무슨 물건을 만들었을까. 아름다운 물건을 만든 것은 결코 아니었다. 다만 괴발개발 물건을 만들었을 뿐. 고심하며 전력을 기울여 만든 물건이 사람의 손을 떠나 평정과 품위를 갖는다는 것, 그리하여 죽을 수밖에 없는 단명한 인간이나 동물을 향해 조용히 바라보면서 영속하는 뭔가를 사람 마음과 가르고자 한다. 이런 경험이란 최초로 신을 만든 사람들의 경험이 아닐 수 없다. 이 강렬한 체험이야말로 관념이 아니라는 것, 아름다움이란 이처럼 물건을 직접 만들어 본 사람들의 것임을 릴케는 말해 놓고 있었다. 물건을 만드는 가운데서 자기가 사랑하고 있는 것, 또 두려워하고 있는 것, 그리고 그 모든 것 안에 있는 이해 불가능한 무엇이 다시 나타나고 있음을 보게 되는 그런 물건이 아닐 수 없다.[109] 그렇다고 해서 내 글쓰기가 이렇다는 것이 아니지만 적어도 그 속에는 불안, 기쁨, 분노 그리고 주체할 수 없는 슬픔이 섞여 있었음만은 사실이 아닐 수 없다. 정작 예술가란 비전을 만드는 사람이 아니라 물건을 만드는 사람임을 평생 동안 자각하고 실천한 사람이 고바야시가 아니었을까. 만년의 대작 『모토오리 노리나가』(本居宣長)가 그 증거였을 터이다. 이만하면 내가 고바야시의 무덤과 옛집 터전을 찾아간 이유로 족하지 않을까. 작가란 그의 처녀작을 향해 성숙한다는 말도 있지 않았던가.

17. 고바야시의 무덤을 찾아서

2004년 1월 16일(금요일). 하늘은 차고 투명, 영하의 날씨. 아침 9시. 비도 눈도 내리지 않는 시나가와(品川) 역에서 JR 요코스카선(横須賀線)에 오르자 50분 만에 닿은 곳은 가마쿠라(鎌倉)역. 가마쿠라 문학관을 잠시

109 릴케, 『로댕』, 전광진 옮김, 여원사, 89쪽.

돌아보고 바로 고바야시의 옛집을 찾아 나섰다.

내 손에 쥐어진 것은, 한 장의 신문조각이었다. 요시다 히데카즈(吉田秀和)의 「오늘의 오솔길」(『아사히신문』 2001년 11월 27일자)이 그것. 요시다 씨 글에 따르면 가마쿠라 오솔길에서 불문과 선배 고바야시를 자주 만난 것으로 되어 있다. 집에 놀러오라고 권유해서 가보니 루오(Georges Rouault)의 팔레트를 보여 주지 않겠는가. "오사라기의 집과 다실은 오솔길 저쪽에 있었는데 길 쪽에 이층 서고 비슷한 방과 커다란 창이 있어 자주 쇼팽의 피아노곡이 들려 왔지만, 고바야시 씨의 집은 길 가까운 곳에 있는 응접실에 재생기가 있어 자주 음악을 들었을 터인데 그 소리가 바깥으로는 거의 새어나오지 않았다"고 요시다 씨는 적어 놓았다. 음악을 감상할 적에는 엄숙한 자세로 귀를 기울이는 성품이어서 언젠가 그 집에서 함께 레코드를 걸어 한판이 끝날 때까지 조용히 들은 적도 있었다고 했다. 또 가끔 이렇게 묻곤 했다. "무슨 재미있는 것 없어?" 어느 해였는지 크리스마스에 베베른(Anton von Webern)을 선물했으나 그 뒤에 아무 말도 없었다. 그 대신 고바야시는 요시다 씨가 어디엔가 쓴 피아니스트인 솔로몬에 대한 이야기를 읽고, 어느 날 오솔길의 길목에서 딱 마주쳤을 때, "자네, 자네, 솔로몬의 레코드가 런던에서 발견되었다더군"이라고 하지 않겠는가. 그때의 표정에 대해 요시다 씨는 이렇게만 적었다. "늘 하듯 조금 가늘고 높은 쨍하는 목소리로 말하지 않겠는가. 그 즐거워하는, 만족해하는 얼굴. 이럴 땐 진짜 개방적인 정직한 사람이었다."

집을 짓고 뜰도 만들어 대문 옆에는 근사한 산벚꽃나무를 심었고 안쪽에는 갖가지 재미있는 정원수가 심어져 있었다. 대문을 들어서면 마주치는 곳에 목련이 있어, 순백의 큰 바퀴 모양의 꽃이 성대한 봄을 고하고 있었다. 그러나 1983년 그가 죽고 난 뒤 몇 년이던가, 부인까지 모습을 감추고야 말았다.

그 뒤 호감이 가는 미국인 부부가 그 집에 살았다. 그때는 산벚꽃도 목련도 잘 피고 졌다. 이를 볼 적마다 '주인이 없어도 봄은 잊지 않도다'라는 시구가 스쳐가곤 했다. 그런데 그 미국인 부처가 떠난 뒤 며칠간의 여로에서 돌아와보니 그 산벚꽃나무도 잘려 나갔고 잘려진 가지의 벌어진 속이 기분 나쁜 색깔을 보이고 있지 않겠는가. 무참하고 추악한 모습으로 땅바닥에 내동댕이쳐져 있지 않겠는가.

실로 가슴이 아팠다고 요시다 씨는 적었다. 그 뒤는 어떻게 되었던가. 잘려 나간 나무들은 다른 곳으로 옮겨졌고 잇달아 집도 헐렸다. 정지작업이 이루어졌는데 그것도 4등분으로 나눠져 새로운 네 채의 집이 세워졌다. 그리고 그 집들 앞에는 근사한 BMW가 놓여 있지 않겠는가. 길가는 자 그 누구도 여기가 옛날 고바야시의 집이 있던 자리라고 알 사람이 있을까. 오사라기 다실과 얼마나 다른 놀라운 차이인가. 가끔 출판사 사람이 사라진 고바야시 댁 유적지를 그리워 찾아오면 이렇게 말한다고 요시다 씨는 적고 있다. "하기야 씨는 낡음의 예스러움을 연상하는 인물. 고바야시 씨는 예술의 혁명가 랭보에서 출발한 인물인걸 하고 반은 농담조로 말한다"라고. 대체 오솔길의 주인 고바야시는 과연 어떤 인물인가. 요시다 씨의 결론은 조금은 애상적이긴 해도 이렇게 요약되고 있었다.

> 내가 아는 고바야시 씨는 실로 친절한 정이 두터웠지만 반면 무엇보다 그는 깨끗한 사람이기도 했다. 이는 날카롭고 위세 좋게 닦아세우는 저 야시장 장사꾼의 외침 비슷한 말솜씨인 데다, 대담한 비약에 풍부한 그의

문체에서 잘 드러난다. 그 사람은 종종 신중히 글을 쓰지만, 역시 일도양단적으로 쓰고 만다. 지난 전쟁 중 「무상한 것」을 써놓고 나서 그는 단호히 붓을 꺾고 아무것도 발표하지 않은 시기가 이어졌다. 전후에 다시 쓰기 시작했으나 그 출처, 진퇴도 깨끗했다. 최후의 대저가 『모토오리 노리나가』이거니와 어느 날, 아무런 조짐도 없이 바람처럼 내 집을 찾아온 고바야시 씨는 "군, 나왔어"라고 하며 갓 나온 책을 놓고 가지 않겠는가. 그로부터 얼마 지나지 않아 집으로 찾아갔을 때 "역시 나는 이 책은 모르겠소"라고 말씀드렸다. 모처럼 베푼 호의이기에 정직하게 말하는 도리밖에 없음이 슬펐다.

요시다 씨의 고바야시 평가랄까 이해 범주가 내게는 감동적이며 그래서 그의 안내를 받아 여기까지 찾아온 까닭이 이로써 분명해진다. 비평의 신이라 떠받드는 것도 아니고 단지 한 사람의 골목 안 이웃사람의 시선에서 보았음에서 그것은 왔다. 아무리 비평의 신이라도 오솔길에서 마주치면 살아 있는 이웃 노인에 지나지 않는 것. 그는 여기서 마시고 걷고 또 비틀거리며 또 숨져갔다. 그의 전집 속의 저 날카로운 사상이나 문체란 정신의 장식물일 뿐 진짜배기는 아니다. 진짜배기란 그 사람이며 그 마신 물과 산벚꽃과 술집과, 달빛 아래 들리는 골목길의 샤미센 소리에 비틀거리는 사람의 숨소리에 있다. 그렇지만 이 모두는 결국 '쓰는 것'(문학, 예술)에서 말미암지 않았던가. 요시다 씨가 다음처럼 덧붙임으로써 이 글을 맺은 곡절도 이에서 말미암았을 터이다.

뉴욕의 저 일(9·11 무역빌딩 테러사건—인용자) 이후 나는 쓰는 일이 괴롭기 짝이 없다. 그래도 언제까지일지 모르겠으나 나는 쓰기를 계속하리라. 사람은 살아 있는 한 자기가 믿고 사랑하는 것을 힘껏 소중히 하는 길밖에 없으니까.

여기까지가 요시다 씨의 안내였다. 이로부터 나는 내 눈으로 샤미센도 없는 이 오솔길을 보아야 했다. 정오의 태양이 내리쬐는 오솔길. 거기 사등분된 양옥이 서 있었다. 고바야시의 옛집은 간데없었다. 조용했다. 나는 이 집 주변을 가까이서 멍하니 쳐다보고 있었다. 흡사 내 유년기의 옛집터를 보고 있는 듯한 환각에 빠졌다고나 할까. 아무도 오가는 이 없는 오솔길. 얼마나 시간이 지났을까. 되짚어 휴관 중인 오사라기 다실을 지나 큰 길거리로 나왔다. 길 가운데 높은 대지를 만들어 두 줄로 벚나무 가로수가 심어져 있었다. 아직 꽃망울밖에 보이지 않았다. 벚꽃 만발한 이 길을 화복(和服)의 고바야시가 바람을 일으키며 걷곤 했으리라. 이 길을 건너면 관광도시답게 음식점이 즐비했다. 고급 음식점도, 갖가지 기념품 가게도 어우러져 있었고 고서점도 있었다. 사토미 돈, 고바야시 히데오, 나가이 다쓰오, 곤 히데미 등이 드나든 고마치(小町) 길의 스시집 다이시게(大繁)도 옛 모습 그대로 단정히 자리하고 있었다. 고바야시의 자취는 아무데도 없었다.

다시 가마쿠라 역에서 도쿄 쪽으로 한 정거장 갔다. 기타(北)가마쿠라 역이었다. 가마쿠라 역에 비하면 플랫폼만 덩그렇게 노출되어 있는 아주 작은 역이었다. 큰길을 따라 남쪽으로 조금 걸어가자 길가에 이조 문인석 두 점이 지키고 있었다. 왕릉에 서 있는 문인석 두 점, 기껏 음식점 정문을 지키고 있지 않겠는가. 기괴한 모습이라고나 할까. 이런 장면에 부딪치리라곤 꿈에도 생각하지 않았기에 더욱 그러했다. 고바야시를 만나러 가는 길이기에 더더욱 그러했다.

느릿느릿 걸어서 10분 거리에 도케이지(東慶寺)가 있었다. 태양을 등진 서쪽 산기슭에 그 절은 있었다. 산속에 안긴 아주 포근한 절이었다. 그러기에 알맞은 작은 절이었다. 태양을 가슴으로 활짝 안은 지척에 있는 대가람 엔가쿠지(円覚寺)와는 비교도 안 될 정도의 아늑함이 거기 숨쉬고 있었다. 비구니의 절답게 그것은 여성적 분위기와 고적감과 비애미조차 깃들인 유서 깊은 절.

도케이지의 정식명칭은 松岡山 東慶総持禅寺. 엔가쿠지(1282)가 세워진 직후인 1285년 가마쿠라 막부 최고 권력자 호조 도키무네(北条時宗)의 부인 가쿠잔니(覚山尼)가 세운 절. 속칭 가케코미테라(駆込寺) 또는 엔키리테라(縁切寺)라 하는 바, 글자 그대로 바람난 남편이나 강제결혼에 시달린 끝에 도망온 여자를 도와 안전하게 숨겨 주는 특권을 가진 절. 3년 동안 여기서 머물면 속세 인연이 끊어진다는 것. 무수한 실화와 소문이 이 절과 더불어 인연의 의미를 바로 새겼음도 짐작할 수 있는 절. 당연히 융성할 수밖에 없었다. 그러나 메이지유신 이래 정부에선 엔가쿠지의 말사로 처리돼 남성 주지로 바뀌었고 남승 제2대인 걸승 샤쿠소엔(釈宗演)에 의해 크게 중흥된 것으로 되어 있다. 여성운동사에 뚜렷한 선을 그은 이 이름난 절도 1873년 이혼법의 성립으로 그 종말을 고했다. 절이 맡아야 하던 기능을 재판소가 빼앗아 감으로써 가쿠잔니 이래 6백 년을 이어온 이 절의 사법(寺法)은 국가에 의해 흡수된 형국이었다.[110]

---

110 井上禅定, 『東慶寺と駆込女』, 有隣新書, 1995.

태양을 등진 옴팍한 산기슭. 도케이지 입구는 아주 작고 좁았다. 입장료 단돈 100엔을 받고 있었다. 장내 정리비라고 표시되어 있었다. 아주 작고 고풍스런 본당이 오솔길 옆에 저만치 앉아 있었다. 피비린내 나는 정치권력에서 아득히 물러난 여인의 숨결이 들리는 듯했다. 오솔길은 굽으며 펴지며 천천히 산기슭으로 뻗어 있었고 그 길을 톺아 올라도 숨이 차지 않았다. 낙엽을 태우는 연기가 골짜기를 가득 채우고 있었다. 늙은 남녀 청소부들이 불을 지펴놓고 말없이 서 있었다. 거기 한쪽 옆 키 작은 나무 울타리나 풀이 우거진 곳에 고바야시가(家)라는 화강석 표지가 있었다. 그 옆에 기단이 있었다. 상석도 있었다. 작은 탑이 하나 세워져 있었다.

(小林) 戒名 華嚴院評林文殊居士

탑은 오륜탑의 축소판. 아래에서부터 地→水→火→風→空으로 된, 밀교의 우주관을 상징하는 탑. 그러나 카, 바, 라, 캬, 아로 된 범자(梵字)가 빠진 작은 탑. 그 탑 아래 그가 누워 있었다.

내가 말없이 합장하고 서 있기 얼마나 시간이 흘렀을까. 어디선가 거침없는 목소리가 들려왔다. "한반도의 청년이여, 머리에 서리를 인 비평가여!"라는 카랑카랑한 목소리. "그대는 여기서 무엇을 찾고 있는가"라고.

길 고바야시 선생이여, 선생을 찾아 여기까지 왔소이다. 비행기를 타고 현해탄을 건너고, 또 전철도 타고요. 가마쿠라의 선생 옛집에도 갔으나 거기엔 안 계시더군요. 여기로 올 수밖에요.

고바야시 알고 있소. 그대가 나에 관해 두 편의 글을 썼다는 것도. 젊은 시절 나는 그대의 나라, 조선의 문사를 더러 만난 적이 있구려. 『무정』(1917)의 작가 이광수도, 평론가 조연현도. 이광수, 그 사람은 내게 장문의 편지를 보내주었소. 그대도 언급한 바 있는 「행자」(『문학계』, 1941. 3.)가 그것. 법화경의 일본 조종인 니치렌(日蓮) 선사의 표현을 따라 이광수는 스스로를 여래사(如來使), 곧 행자(行者)라 하며 내게 호소해 오더군요. 동우회(同友會) 사건에 걸려 지푸라기라도 잡는 심정으로 그는 대화숙(大和塾)에 입소하여 일본제국 국민이 되고자 발버둥치고 있다는 것. 불자(佛者)의 처지에서 보면 이는 여래의 심부름꾼으로 시방 수련을 쌓고 있다는 것.
제1차 대동아 문학자대회(1942. 11. 3~6.) 도중 이광수를 잠시 만난 적이 있지요. 메구로에 있는 어떤 찻집에서였소. 아오야마 지로와 함께 술을 마셨고 그날 밤에 전후불각 만취했고 하야시 후사오 씨 집에 가서 잤지요. 다음 날 욕탕에서 마주쳤지요. 식민지 문인으로서 그가 얼마나 괴로워했는가는 그의 기행문 「삼경인상기」(『문학계』, 1943. 1.)에서 잘 볼 수 있었지요. 『문학계』는 내가 주관이 되어 하던 순문예지였소. 만일 나라나 교토, 그리고 도쿄가 불국토라면, 그리고 시대가 8~10세기쯤으로 거슬러 오른다면, 반도에서 온 이광수는 오늘날 볼모로 잡혀와, 제1차 대동아문학자대회 사무국장 가와카미 데쓰타로에게 협박당하고 있는 초라한 식민지 문사가 아니라, 일본 국가의 국빈으로 초빙된 담징, 혜자 대사, 행기 등의 신분이 아니었겠는가. 불법계의 시선으로 보면, 시간이란, 근대란, 또 문학이란, 그게 무슨 짝에 들 것이랴. 이광수는 그렇게 외치고 있었소.

길 잠깐, 그러니까 이광수란 이름으로 썼다는 것, 창씨개명인 가야마 미쓰로(香山光郞)의 이름이 아닌!

고바야시 바로 그 점이오. 그대가 잘 지적했듯 그러하오(『일제말기 한국작가의 일본어 글쓰기론』, 서울대출판부, 2003). 시방 그대가 내게 달려들듯 따지고 있는 것이 무엇인지도 잘 알고 있소. 『문학계』에 이광수의 글을 발표해 주는 것이 내가 할 최대의 몫이었소. 문인이란 글을 발표하는 것만큼 소중한 것이 없으니까 다른 방도란 내게 없었소. 나는 대일본제국의 국민으로 그것도 무지한 국민으로 임했을 뿐이오. 국가가 총을 메고 나오라면 그럴 수밖에. 이광수를 만나서도 말없이 술이나 마실 수밖에. 내가 만일 가와카미 군 모양 이광수를 협박했다면 나는 위선자일 터. 꼭 마찬가지로 내가 이광수를 위로했다면 마찬가지로 나는 위선자일 뿐. 무슨 수로 제국이 하는 일에 내가 관여할 수 있으랴. 패전 후 젊은 『근대문학』 동인들이 나를 전쟁협력자라 하여 공격했을 때도 내 심정은 조금도 변하지 않았소. 그대가 자주 읽은 『도스토예프스키의 생활』 머리말에서 말했듯 역사의 필연성이란 없다는 것이 내 비평이니까.

길 "나는 바보이니까 반성 같은 것은 하지 않는다. 영리한 놈들은 반성이나 하면 좋지 않겠는가"(좌담회, 「고바야시를 에워싸고」, 『근대문학』, 1946. 2.)라고도 했지요.

고바야시 한반도의 비평가여, 명예교수여, 그런 질문을 하기 위해 굳이 여기까지 나를 찾아보지는 않았을 텐데…….

길 선생을 뵈면 꼭 한 가지 물어볼 것이 있었소. 선생이 아니고서는 절대로 들을 수 없는 그런 말, 어떤 글이나 책에서도 없는 말.

고바야시 아, 짐작이 가오. 비평이란 무엇인가. 그것 아니겠소?

길 그렇습니다. '글쓰기란 무엇인가'라면 바르트나 데리나, 또는 푸코 등 후기구조주의자들의 재담 어린 저술에서도 어느 수준에서 엿볼 수도 있었소. 그렇지만 '비평이란 무엇인가'만은 선생이 아니고는 제게 대답을 해줄 장사는 없다고 믿고 오늘에 이르렀습니다. 어째서 그런 생각을 품게 되었는지는 묻지 마십시오. 저도 잘 설명할 순 없으니까요. 좌우간 그런 생각을 품고 살아왔소. 그것도 비평가로 행세하면서 말이오. 비평이 무엇인지 모르면서 비평을 해왔단 말이오. 생각하면 등에 식은땀이 납니다.

고바야시 한반도의 비평가여, 내 벗이여. 생각건대 나도 그대와 똑같이 등에 식은땀이 나오. 나는 오랫동안 비평을 써왔지만 비평이란 무엇인가를 모른 채 그래 왔소. 문인이란 모두 하고 싶은 일을 먼저 실제로 하는 족속이 아니겠는가. 나도 비평을 쓰고 싶어 쓰기 시작한 것은 아니오. '쓰고 싶은 것'을 썼는바, 그것이 세상에서는 비평이라 불렸을 뿐. 그 짓을 싫증도 내지 않고 되풀이해 왔던 것이오. 비평을 한다는 것이 내겐 항시 실제 문제였기에 나로선 그것으로 족했던 것. 그대도 알고 있는바, 내게 이조시대 술병을 사게 한 골동품 선생이자 장정가이며 친구인 아오야마 군이 나를 두고 이렇게 말했소.

"저자(고바야시)가 문학을 믿지 않았다면 미술을 논하지 않았으리라. 그가 미술을 논하는 것을 '문학자의 미술론'이라는 식으로 사람들은 생각하고 있다. 문학자 아닌 전문가의 미술론에 객관성이 있다고 믿고 있기 때문에 '문학자의 미술론'이라는 간단한 말이 문학자 자신의 입에서까지 나오는 판이지만 음악을 말하고 미술을 논하고 역사를 말하는 것은 고바야시의 문학인 것이다. 문학적인 색깔을 띤 글이 아니라 그것을 문학으로서 정확히 인식한 것이 고바야시의 미술론이다. 그가 문장으로 미술품 자체를 말하지 않는 것도, 말에 의한 사생의 단순한 여실성(如實性)을 싫어해, 그것은 보는 길밖에 도리가 없다고 그가 항용 말하거니와, 이것도 문학자의 미술에 대한 정확한 태도이다."[111]

내가 쓴 『고흐의 편지』(1952)나 『모차르트』(1947) 등도 미술론이나 음악론이 아니라 문학비평이었던 것. 내겐 항시 실제 문제였으니까.

길 조선의 문학자 이광수도 만난 바 있는 선생의 친구이자 골동(도자기) 선생이며 선생 책의 장정가이기도 한 아오야마 씨는 이렇게도 말했더군요.

"고바야시가 도자기에서 시작해 근대회화를 논하게 되었다고 누군가 말한다 치자. 그러나 도자기에서 시작해 근대회화를 논하기에 이

111 『青山二郎全文集<下>』, 筑摩書房, 2003, p. 228.

른 것은 고바야시의 우연이라고 나는 본다. 근대회화로 들어간 고바야시가 도자기를 농(弄)했을까. 자연물에 가까운 도자기에 안주해서 손안의 것인 회화예술이라 하는 예술론에로 향해 간 것은 고바야시의 행운이라 해도 좋다. 다도인은 선종을 각자의 사상인 듯 후세에서는 말하지만 다도인은 찻잔이 있기에 다도인이 되었다고 늘 말하는 내 의견을 바꿀 생각이 없다. 도자기를 농해 근대회화를 논하기에 이르렀다고 말하는데 그런 투로 도자기를 농한 인간이 있음에 한토막 마음이 걸리는 것은 매우 좋은 일이다."[112]

그건 그렇고, 선생께선 쓰고 싶은 것을 쓰니까, 그대로 비평문이 되고 말았다고 했는데, 그렇다면 그것이 아무래도 시나 소설이라는 꼴을 취하지 못했다는 것이 되지 않겠습니까. 말을 바꾸면 선생 자신에게 비평가적 기질이랄까 자질이라 부를 수 있는 그 무엇이 있었다는 뜻이 되겠는데요. 이 기본적인 심적 태도란 대체 무엇인가, 그 점이 제일 궁금해집니다.

고바야시 나는 내 자신의 비평적 기질이라든가, 또 거기에서 자연스럽게 생긴 비평적 방법을 밝혀서 말할 수 있는 기술을 갖고 있지 못해 실로 유감스럽소이다. 그렇지만 실제로 비평을 해오는 사이 잘 쓰고자 노력은 해왔소. 노력을 거듭해 오는 사이 나는 자기의 비평적 정신이나 비평방법을 의식적이든 무의식적이든 육성해서 명료화할 수 있게 되었지요.

---

112 앞의 책, p. 418.

길 그 명료화에 대해서 듣고 싶습니다.

고바야시 내 실천적 경험을 구체적 사례로 든다면 이렇지요. 비평문으로서 잘 씌어진 것은 모두 타인에의 찬사라는 것. 타인에 대한 나쁜 말을 글로 쓴 것으로는 잘된 비평문이 없다는 것.

길 비평이란 타인을 칭찬하기다?

고바야시 "비평이란 사람을 칭찬하는 특수한 기술(技術)이다!"

길 "사람을 헐뜯는 것은 비평가가 가진 한 가지 기술 축에도 들 수 없을 뿐만 아니라, 비평정신에 전혀 반하는 정신적 태도이다!"[113]라는 거지요.

고바야시 그대가 나를 여기까지 찾아온 것은 내 입으로 말한 '비평이란 무엇인가?'에 멈추지 않기 때문이 아닐까. 조금도 망설임 없이 말씀해 보시게나, 나의 젊은 친구여. 그대는 『나의 인생관』(『考えるヒント(3)』, 文春文庫)까지 깡그리 읽지 않았던가. '내 삶에 후회란 없다'라는 저 칼 한 자루에 생명을 걸고 살아간 역사적 인물 미야모토 무사시(宮本武蔵)의 어록이 그대로 기쿠치 간(菊池寛)이 좋아하는 바이자 동시에 내 자신의 어록이기도 하다는 점을 그대는 알고 있지

113 小林秀雄, 『考えるヒント』, 文春文庫, 1974, p. 193.

않은가. 그러니까 그대는 내게 비평가로 일생을 보낸 것에 대해 만족한가, 혹은 후회는 없는가 따위의 질문을 감히 하지 못할 터이네.

길 그렇지만, 그렇기는 하나, 만족이라든가 후회와는 다른 범주도 있을 텐데요. 가령 마음의 흐름이랄까 법도랄까 그런 것, 그런 차원 말입니다. 제가 잘 표현은 못하지만, 좌우간 뭐랄까, 자연스러움 같은 것이 따로 있지 않겠습니까.

고바야시 대략 짐작이 가긴 하오. 그대는 조금 전 가마쿠라에 있는, 내가 살던 오솔길을 걸었고 거기 내 옛집터도 보지 않았던가. 집도 산벚꽃나무도 흔적 없고, 요시다 군이 부질없이 탄식한 샤미센 소리도 없지 않았던가. 아무것도 없지요. 공(空)이었을 터.

길 그게 이른바 '무상(無常)이란 것'이겠습니다그려.

고바야시 무상이라? 그렇기는 하겠소. 내가 시방 여기 누워 있는 것도 무상이겠고, 만다라식 탑 아래 내 백골 항아리가 놓여 있으니까.

길 언짢으셨다면 용서하십시오. 그런 의도는 전혀 아니었으니까요.

고바야시 그대와는 달리 나는 루카치도 헤겔도 많이 읽지는 않았소. 베르그송이나 파스칼 쪽이 훨씬 마음에 들었으니까. 또 법화경이 보여 주는 관법(觀法)에 이끌렸으니까.

길 어렴풋이 짐작은 하고 있었지요. 그 관법이 이조자기로, 또 경주 석굴암으로 선생의 발길을 이끌었으니까. 식민지 조선이나 조선인과는 전혀 무관한 순수한 관법의 소산이었으니까. 그러기에 골동품(미)이 진짜든 가짜든 무관할 수 있었으니까. 관법에서는 직관이 전부이니까. 이 점에서 보면 조선 민예품에 촉발되어 조선 민족에로 비약, 조선인을 위한 사상가로 발전한 또 한 분의 걸출한 일본인, 야나기 무네요시와는 얼마나 다른가!

고바야시 그대의 심중이 조금은 짐작되오. 한반도의 청년이여, 명예교수여, 헤겔주의자여. 그대는 내게 헤겔의 미학강의를 하고 있음을 아시는가. 헤겔에 따르면 의식이 발전하여 자기의식으로 되고 마침내 정신의 여로에 들면 그 악전고투 끝에 절대정신으로 발전하는 것. 의식의 최종단계, 곧 절대정신은 예술, 종교, 철학이 아니겠는가. 헤겔에 따르면 주관적, 감각적인 것에 기대는 예술이야말로 표상(기도)으로 하는 종교보다 저질에 속하는 것. 개념으로 하는 철학이야말로 절대정신 중에서도 최고하는 것.
이 점에 비추어 보면 예술에 속하는 문학이란 기껏해야 '저질급'에 속하는 것. 세상은 나를 두고 '비평의 신'이라 추켜세우지만, 그래봤자 저질의 문학 속의 일에 지나지 않는 것. 그대가 내게 묻고 있는 것은 바로 이 점이 아니었던가.

길 ………

고바야시 솔직히 말해 나는 야나기 무네요시가 부럽다네. 그대가 일본에 올 적마다 흡사 성소(聖所)인 듯 일본 민예관을 찾아가지 않았던가. 야나기에 참배하기 위함이 아니었던가.

길 일본 민예관에 가면 제가 살았던 시골집의 물항아리, 구유, 접시, 함지박 등이 있지요. 그것들을 만나러 갔을 뿐입니다. 거기엔 누나와 어머니, 그리고 아버지의 모습도 어른거렸으니까요. 선생 말씀대로 누구나 자기의 유년기를 회고하고 사랑할 권리가 있는 법이니까. 그게 문화감각이 아니겠습니까.

고바야시 그대는 나를 위로하고자 하지 말라. 그대는 시방 그대의 무의식을 숨기고 있다네. 헤겔미학 말이지. 예술(미)보다 윗길에 드는 것이 종교(기도)라는 것. 그대가 비평가로서 『칠조어론』(1994)의 작가 박상륭을 그토록 크게 평가한 것도 이 때문이 아니었던가.

길 ………

고바야시 내가 야나기 씨를 부러워하는 것도 이 때문이라네. 씨도 나처럼 골동품(미)에서 출발했었소. 미(美), 그것 말이오. 다만 씨는 조선도자기에서 출발, 점점 발전해 갔다. 조선 민예품 쪽으로 말이오. 게다가 조선민족에 대한 사랑으로 뻗어갔다. 광화문을 헐지 말라고 외친다든가, 조선민족을 야만인이라 멸시하지 말라든가. 내가 보기엔 실로 가당찮은 얼치기로 보였다네. 그런 힘이나 진리란 씨뿐 아니라 그 누구에게도 없다고 나는 믿었으니까. 물에 빠져 죽어 가는 사람 앞에 나타나, 구해 줄 힘도 없는 주제에 어쩌고 저쩌고 씨부리는 형국이었으니까.

길 그런데도 야나기 씨가 부럽다?

고바야시 그렇다네. 부럽다는 것은 후회하기와는 별개인 것. 그대도 알다시피 야나기 씨는 조선 민예에서 출발, 여기서 멈추지 않고, 류큐 민예로 향했고 마침내 일본 민예로 향했던 것이오.

길 마침내 야나기 씨는 『나무아미타불』(1955)에 이르렀음을 가리킴입니다 그려.

고바야시 그렇다네. 씨는 마침내 「미의 법문」(1949)에로 향했던 것.
"設我得佛(설사 내가 부처의 경지에 이르더라도)
國中人天(세상의 사람들)
刑色不同(모양이 다르거나)
有好醜者(아름다운 것 추한 것이 있다면)
不取正覺(결코 부처가 되지 않으리)"
이는 대무량수경(大無量壽經) 48대원 중 제4대원에 해당되는 것.

길 야나기 씨는 그러니까 미를 버리고 종교로 마침내 비약했다?! 그러니까 헤겔미학에 따른 셈이다?! 내가 일본에 올 때마다 야나기를 찾는 곡절도 내가 헤겔도당이기 때문이다?!

<u>고바야시</u> 그대는 또 내게 이렇게 무의식 속에서 묻고 있다. 내 무덤을 보면서 이렇게 묻고 있다. "고바야시 선생이여, 어찌 탑 아래 누워 계시오"라고. "대체 무덤이란 무엇이겠는가"라고. 또 묻고 있다. "무덤이나 탑이나, 장례절차 따위란 모든 것이 공(空)인 마당에 대체 무엇인가"라고. "그래도 그것이 종교에 접근된 것이 아닌가"라고.

<u>김</u> ………

<u>고바야시</u> 한반도의 비평가여, 이제는 알겠지. 내가 어째서 선배 야나기 씨가 부러운가를. 씨는 부처를 갖고 있었다네. 내겐 없는 그 부처. 그대가 자주 인용하는 내 기행문 「경주」(1939)를 다시 펼쳐 보시라. 석굴암 조각 앞에서 내가 어째서 피로감에 젖었는가를. 내게 부처가 없었던 탓이 아니었던가.

<u>김</u> 선생께선 그러니까 이미 1939년경에 종교를 그리워하고 있었습니다 그려. 아니, 그보다 훨씬 전, 자살충동에서 벗어난 직후부터. 저 남빛 바다의 이미지에 빠졌을 적부터. 미란 우리를 절망케 하는 것, 그러기에 부처가 요망된다는 것.

<u>고바야시</u> ………

<u>김</u> ………

얼마나 시간이 지났을까. 서쪽 산 아래인지라 어느새 산그늘이 드리워졌다. 이승인 듯 저승인 듯 분간가지 않는 시간. 어디선가 환청인 듯 들려오는 목소리. "한반도의 비평가여, 명예교수여, 나의 벗이여, 편안히 가시게나. 혹시나 마음 아득하거든 다시 찾아오시게나."

목소리는 또렷한데 아무리 둘러보아도 산그늘과 낙엽 태우는 연기만 자욱할 뿐, 하릴없이 발걸음을 옮기자 길 모퉁이엔 출판계의 제왕 이와나미 시게오(岩波茂雄)도, 저 교토학파(京都學派)의 두목 니시다 기타로(西田幾太郎)도 와쓰지 데쓰로(和辻哲郎)도 함께 누워 있지 않겠는가. 니시다 기타로의 장례위원장이었던 이와나미가 장례식에서 친구 아베 요시시게(安倍能成)에게 니시다 선생 옆에 함께 눕자고 제안한 그대로 그들은 각도를 달리 하여 함께 누워 있었다. 그 유명한 불교학자 스즈키 다이세쓰(鈴木大拙)도 다카미 준(高見順)도 누워 있었다. 진객(珍客)으로 브라이스(R. H. Blyth)가 있었다. *Zen in English literature and Oriental Classics*의 저자. 경성제대 예과 교수(1927~40)를 역임했기에 우리에게도 낯익은 이름. 또 하나 내게 인상적인 이름이 거기 있었다. 아베 무부쓰(阿部無佛, 본명 미쓰이에充家). 『경성일보』 사장, 『국민신문』 부사장을 역임한 아베는 실상 사이토(齋藤) 총독의 언론고문. 이광수를 친아들 모양 돌본 인물(졸저, 『이광수와 그의 시대』 참조).

누워 있는 사람은 누워 있는 법, 산 사람은 움직일 수밖에. 한 걸음 또 한 걸음 무심히 내려오자 맞은편 엔가쿠지 쪽엔 햇살이 눈부셨고, 그 반사된 빛이 하늘가에 머문 매화가지를 조각해 놓고 있지 않겠는가. 바야흐로 벌어질 듯한 붉은 매화. 그 하늘가에 머문 홍매 가지가 내가 갈 수 있고 또 가야 할 길을 아련히 비쳐 주고 있었다.

제3장

글만 쓰되 목숨을 건 글만 쓰다 자결한 사내, 에토 준

에토 준(江藤淳, 1932~1999)

프린스턴대학에서 부인 게이코와 함께. 1962

에토 준과 처 게이코

애견과 산책하는 에토 준

1994년의 에토 준 그리고 『소세키와 그의 시대』 5부 표지(오른쪽 아래)

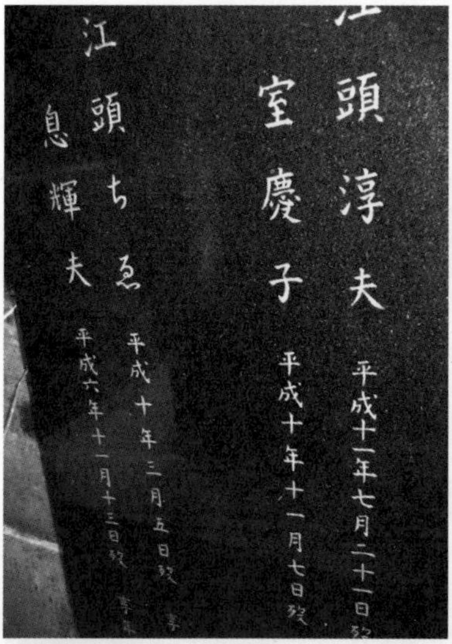
頭淳夫
平成十一年七月二十一日歿
室慶子
平成十年十一月七日歿
江頭ちゑ
平成十年三月五日歿
息輝夫
平成六年十一月十三日歿

設計 谷口吉郎
施工 石勝ガーデン

江頭家之墓

에토 준의 무덤

오에 겐자부로

도쿄 시나가와(品川)역(위)과 임화 임인식(아래 왼쪽), 나카노 시게하루(아래 오른쪽)

● 제3장

글만 쓰되 목숨을 건 글만 쓰다 자결한 사내, 에토 준

1. 에토 준과의 어설픈 만남

'한국근대문학에 미친 일본문학의 영향'을 연구한다는 목적으로 내가 도쿄대학 동양문화연구소 외국인 연구원 자격으로 일본에 간 것은 1970~71년이었다. 결코 길다고는 할 수 없으나 그렇다고 짧지도 않은 일본 체류에서 나는 일본이 '살아 있는 귀신의 나라'임을 통감했다. 하버드 옌칭 장학금으로 가 있던 국립대학 조교수인 내가 가진 일본에 대한 지식이란 실로 빈약했다. 그것은 일종의 콤플렉스의 성격이었는데, 유년기 일본 식민지 '국민학교' 교육을 받았음과 무관하지 않다. 천황이 사는 나라, 동방요배(東方遙拜)를 교육의 수준에서 강요당했음이란, 따지고 보면 엄청난 사건이 아니면 안 되었다. 『상상의 공동체』의 지적에 따르면 크레올 내셔널리즘과 민족어 내셔널리즘 다음의 공정(公定) 내셔널리즘(제국주의)에 와서는 곧, 제국의 식민지에는 중앙집권적 학교교육제도가 도입되어 식민지 수도는 그러한 학교제도의 '로마'로 되었던 것이다. 이러한 학교제도를 낳은 본국과 병행하는 새로운 여행이 거기 있었다. 그러한 여행을 행한 식민지 주민은 제국의 중심의 영달은 없고 토민(土民)은 아무리 교육을 받아도 토민에 지나지 않았다. 이러한 교육을 받은 이중언어의 지식계급이 민족주의의 주된 대변자가 되었다. 내게 있어 일본도 이 화근에서 자유롭지 못했다. 이제 나는, 다시 그 교육의 현장에 서게 된 것이었다. 이 여행(체험)이란 그 첫모습이 어떠했던가. 이 여행의 뒤에 내가 만난 비평가는 고바야시 히데오가 아니라 에토 준이었다. 여기에 이르는 길을 먼저 말해 두고자 한다.

전후세대이긴 하나 거의 한글세대에 가까운 내가 심리적인 것이 아닌 일본에 대한 논리적 예비지식을 가졌다면 루스 베네딕트의 『국화와 칼』 정도였지만, 한편 고도의 서구화를 수행한 일본 근대화의 환상을 어렴풋이나마 느끼고 있었고, 또 그것은 그대로 어느 정도 확인할 수도 있었던 것이다. 그러나 도처에 있는 절(寺), 신사(불교와 샤머니즘의 습합習合)가 폐허의 인상을 전면적으로 거부하면서 생생히 생활 속에 살아 있다는 것, 곳곳에 신을 모셔 놓고 그 신을 맞이하는 제(祭, 마쓰리)가 광적인 양상을 보여 주고 있다는 사실의 체험은 1970년 11월 우에노 박물관에서 목도한 중(中)·일(日)·한(韓) 삼국 도자기전에서 체험한 그 위화감보다 나에게는 현저히 충격적이었다. 연초 메이지 신궁(도쿄), 헤이안 신궁(교토), 가스가(春日) 신사(나라)에서 목도한 하쓰모우데(初詣) 행렬이라든가 전차, 자동차에 매달아 놓은 부적의 물결 등등은 무엇인가. 야나기타 구니오(柳田國男)에 의하면 내신(內神)·외신(外神)의 융합, 제(祭)의 중층성 위에서 제일(祭日)의 다양화를 농경사회의 기반에서 풀이하고 있다(『일본의 제』). 제일은 역일(曆日)에 의하는 것과 간지(干支)에 의

하는 것이 있으며, 기일(忌日)은 그달 보름이 많고(아마도 달밤을 택한 듯) 다음에는 7, 8일과 23, 24일 즉 상현과 하현에 해당되는 듯하며, 사계(四季)가 분명한 농경사회에 기반을 두었기 때문에 춘추제(春秋祭)가 가장 일반적이며, 또한 도시적인 풍모를 띤 기온마쓰리(祇園祭) 등이 세계 최대의 도시 도쿄 속에서 반복되고 있음은 무엇을 뜻하는 것인가. 이 나라가 단순한 특정 지역의 아시아적 국가라면 구태여 누가 의문을 던질 필요도 없겠지만 탈아론(脫亞論)을 내세우고 근대화를 수행한 것으로 자부하며(타국에 그렇게 보였다만) 비(非)아시아 국가로 비약하며 신간센을 완성하고 자동식 문을 단 지하철 전차(어떤 여행자의 기록에 의하면 파리의 메트로가 손으로 문을 열게 되어 있다는 것이다)를 타는, GNP 세계 제2위를 과시하는 이 나라에서 '이세탄'백화점 꼭대기에조차 신당(辯財天神)을 모셔 놓았을 때, 이러한 혼신으로서의 전통과 서구적 근대성이 어떻게 엉겨붙고, 또 가능했으며, 또 가능하느냐의 여부는 마땅히 의문을 던져 볼 수 있는 일이 아니겠는가. 다시 말해서, 이러한 문제에 대해 일본의 지성인들이 어떠한 태도를 취하고 있는가, 그것이 문학에서 어떻게 나타나고 있는 것일까.

이런 물음이란, 논리의 차원이 아니라, 그보다 원초적인 문학의 레벨에서는 어떻게 설명되고 있을까. 젊은 문학도인 내게는 이 점이 궁금했는바, '사소설'이라는 특이한 일본문학을 알게 된 것은 위에서 보듯, '사소설'에 앞서 그것의 역사적 실체와의 만남이었다.

> 압도적인 서구 문화의 세례를 받은 우리들의 의식에는, 이 잉여의 부분(비근대성, 일본적인 것—인용자)에 대한 일종의 치욕감이 있다. 흡사 불

치·업병(業病)의 환자를 안고 있는 집안의 가족처럼 우리들은 자기 자신의 피에 잠겨 있는 이 생생한 폐허를 무시, 망각하려 한다. 그러나 폐허는 언제나 눈뜨고 있어 우리들의 피의 짙음을 일깨우려 하고 있다. 이 한정하려는 의지와 한정당하려는 것과의 격심한 상극, 그것이 일본의 경이적 서구화의 근본에 뻗친 정력의 원천이며, 우리들 행동의 어딘가 괴상한, 그러면서도 왕성한 의욕의 수원(水源)이 아닐 것인가.[1]

전후세대를 대표하는 신예비평가의 이런 발언만큼 명쾌한 것은, 이것을 제하고는 당시로서는 아무데서도 나는 찾을 수 없었다.

2. 내가 처음 만난 전후 일본문학

내가 알게 된 일본 전후문학이란 『세계전후문학전집』(7)인 『일본전후문제작품집』(신구문화사, 1960)에서 본 「태양의 계절」(太陽の季節, 이시하라 신타로石原愼太郎), 「백색인」(白い人, 엔도 슈사쿠遠藤周作), 「사육」(飼育, 오에 겐자부로大江健三郎), 「벌거숭이 임금님」(裸の王様, 가이코 다케시開高健), 「나라야마 부시코」(楢山節考, 후가자와 시치로深沢七郎), 「부로기」(俘虜記, 오오카 쇼헤이大岡昇平), 「신문지」(新聞紙, 미시마 유키오三島由紀夫), 「사양」(斜陽, 다자이 오사무太宰治), 「영원한 서장」(永遠なる序章, 시나 린조椎名麟三) 등이었다. 유독 이들에 당시 문단의 눈이 쏠린 이유는 쉽사리 짐작되었다. 실상 따지고 보면 이인직, 이광수, 염상섭 이래 이 나라

---

1 江藤淳, 「生きている廃墟の影」, 1957; 『江藤淳著作集』 5巻, 講談社, 1967, p. 165.

근대문학의 학습장이 일본근대(국민)문학이었음은 모두가 아는 일. 학습장으로 이처럼 손쉽고 편리한 대상은 달리 없었고 그 때문에 한국근대문학은 일정한 높이에 이를 수 있었다. 그러나 이러한 학습장이 해방과 더불어 금기시되었고, 설상가상으로 6·25로 말미암아 거의 한일문화 루트는 폐쇄일로에 있었다. 가끔 밀입국된 몇몇 사람 외에는 탐문조차 어려운 형편이었다. 이런 목마름의 계절에 나타난 것이 위의 전후 일본소설의 소개였다. 여기에는 설명이 한줄 요망되지 않을 수 없는데, 시나 희곡과는 달리 유독 소설에서 오는 힘에 관련된 사안이다. 어떤 소설도 그것이 소설인 한 상상의 산물이지만 동시에 현실의 반영에 기초된 것이었다. 현실의 정확한 이해 없이 그 상상력의 질을 따질 수 없음을 염두에 둘 때, 폐허에서 출발한 일본전후문학을 이해함이란 그 폐허의 상태(현실)와 이를 넘어서고자 하는 상상력의 질을 동시에 이해함이 아니면 안 되었다. 시도 희곡도 원리적으로는 같겠으나 소설은 이들에 비해 단연 직접성을 띤 까닭에 소설 쪽이 갖는 의의는 친근하고도 직접적인 것이었다. 여기에 또 하나의 조건이 가로놓여 있었다.

"두 개의 전후 10여 년의 문학성과를 대조하여 저쪽의 우세를 생각게 하는 것은 전전부터 기성적인 근대문학전통에 있어 일본문학 측이 우리보다 훨씬 전진되고 높은 것이었기 때문에 결국 전후에서도 그만큼 성적의 차이가 생긴 것이 부득이한 결과라고 생각되는 점"[2]을 시인하지 않으면 안 되었다.

「요한시집」(장용학), 「증인」(박연희), 「유실몽」(손창섭), 「포인트」(최

---

2 백철, 『한일전후문학의 비교검토』, 389쪽.

상규), 「불꽃」(선우휘), 「암사지도」(서기원), 「모반」(오상원), 「파열구」(이호철), 「불신시대」(박경리), 「오발탄」(이범선), 「그레이 구락부 전말기」(최인훈) 등이 이쪽 전후문학의 대표작이라면 일본의 것은 너무 소략하게 선택되었음을 알 수 있거니와, 내가 주목한 것은 이들 전후세대의 비평가로 이어령 단 한 사람을 들 수 있었다는 점이다. 백철, 안수길 등이 구세대의 작가였다면 이어령은 전후세대의 대변자인 평론가였다는 사실은, 비평공부에 임했던 내게 있어 강하게 다가왔다. "우리는 화전민이다"라고 외치며 폐허 위에 서 있고, 여기에다 씨를 뿌려야 한다고 그가 절규할 때 그것은 곧 백철, 안수길 등 기성문인과의 단절선언에 다름 아니었다. 신세대의 대변자다운 목소리가 거기 울리고 있었다. 그렇기에 나는 일본 전후문학을 대표하는 그러한 목소리가 무엇보다 듣고 싶었다. 연구자로 도일한 조교수이지만 동시에 나는 신진비평가이기도 했던 것이며, 이 둘을 아우르고 있는 형국이었다. 한 몸으로 두 가지 기능을 수행하기였던 것이다. 일본전후문학을 알기 위한 것이 비평가인 나였기에 일본전후 비평가의 목소리 듣기가 제일 앞에 놓여 있었다. 그러한 내 정신의 틈으로 들려온 목소리가 에토 준이었다.

에토 준의 목소리와의 만남은, 앞에서 적은 대로 극히 우연이었다. 도일 이래 이곳저곳을 구경하다가 내가 체험한 사실의 최전면에 속한 것이 "살아 있는 귀신들"이었다. 발길 닿는 데마다 폐허가 살아서 숨쉬고 있었다. 대체 이 폐허란 무엇인가. 어째서 귀신들은 최첨단 기술과 경제대국 속에 살아서 숨쉬며 공존하고 있는 것일까. 이 놀라운 물음에 응해온 것이 에토 준의 목소리였다. 실상 에토 준이란 내가 발견한 목소리였기에 일본문학 및 문화와 관련된 사안에서 의문이 생길 적마다 그에게 물어볼 수밖에 없었다. 그는 이때 무어라 할까, 그는 어떤 표정을 지으며 또 성을 낼까. 그는 어떻게 이런 상황을 돌파해 나갈까. 요컨대 내게 있어 그는 하나의 나침반 같은 존재였다.

3. 잉여 부분에 대한 치욕감 — 에토 준의 초기 표정

앞에서 에토 준이 "잉여 부분에 대한 치욕감"이라 했을 때 이를 다케우치 요시미(竹內好)의 논법으로 하면 서양의 어떤 서양적 힘이었을 터이다. "화씨(和氏)의 벽"이라는 고사를 들어 평론가 폐업선언을 한 바 있는 저명한 중국문학 이해자 다케우치 요시미가 "동양에는 본래 서양을 이해하는 능력이 없을 뿐만 아니라 동양을 이해하는 능력도 없다. 동양을 이해하고 동양을 실현한 것은 서양에 있어서의 어떤 서양적인 것이었다. 동양이 가능해지는 것은 서양에 있어서이다"(「중국의 근대와 일본의 근대」)라고 말한 바 있는데, 이러한 발언의 밑바닥에는 패전 이후의 일본의 자기의식을 가능화하기 위해서는 중국에 있어서의 어떤 중국적인 것이어야 한다는 명제가 감추어져 있는 것으로 판단된다.

고명한 사이드의 『오리엔탈리즘』(1978)을 선취한 이러한 논법으로 하면 에토 준의 지적 역시 서구적 지성의 힘이었을 터이다. 에토 준의 이러한 지적을 부연한다면 아마도 다음과 같이 될 것이다. 즉 일본의 문명개화가 통설로는 과거로부터의 단절이라는 것, 그 결과 일본은 서구의 기술 모방, 흡수에 주력하여 소세키가 말한 소위 외발적 문화(「현대일본의 개화」)라는 것으로 보이지만, 그러나 그토록 급격한 근대화를 수행한 그 에너지는 무엇인가. 그 왕성한 민족적 원천은 결국 에도문화가 아닌

가. 이 거대한 살아 있는 연체동물 같은 것, 이 잉여의 부분이 서구적 지성으로 한정하려 해도 불가능할 정도로 손에서 빠져 나가 버린다는 것, 그 잉여의 부분이 일종의 치욕감으로 생생히 살아 있다는 것의 자각인 것이다. 이러한 자각은 비교문명사적으로 잡종문화라는 표현보다도 한결 본질적인 파악이라 해도 되리라. 그렇다면, 이 밑바닥에 놓여 있는 칙칙한 늪과 같은 잉여 부분이 극복되지 않는 한 일본인이 근대인으로 되기는 어려운 일이 아닌가.

이렇게 보아 온다면, 일본문학이 순수히 문학만으로 한정되지 않는, 문학 이외의 다른 문제에 결부되어 있다는 점과, 근대문학의 가능성이 침윤되어 존재하는 양상을 엿볼 수도 있을 것 같다. 특히 현대일본문학을 대할 때마다 부딪치고 논의되는 '사'(私)의 개념, 문학과 정치에 대한 문제가 가로놓여 있음을 보고 처음 나는 몹시 생소하였고, 그 다음에는 사소설 개념과 문학과 정치라는 두 개의 명제가 일본문학이 안고 있는 가장 격심한 열등의식이라는 콤플렉스의 표현으로 느껴지게 되었다. 물을 것도 없이 서구에 대한 콤플렉스인 것이다. 불치, 업병의 환자를 집안에 둠으로써 나타나는 '사'의 개념, 그리고 그토록 다이쇼(大正) 이래 과학으로서의 마르크스주의 이데올로기를 거칠게 겪으면서도 그것이 뿌리를 내리지 못하고 말았을 때, 그 콤플렉스는 틈만 있으면 문학과 정치의 형태로 의식의 머리를 드러내는 것이라 이해되는 것이다.

일본현대문학의 저층에 깔려 있는, 이러한 지성인에게 수치스럽게 파악되는 잉여 부분이 가장 심하게 드러나는 장소가 일상성 속이며, 문학상에서 볼 때, 그것이 바로 산문예술에 관계되는 것이라 할 수 있다면, 일본문학의 소설에서 그 산문 기능이 어떻게 작용되고 있는가는 살펴볼 필요가 있으리라. 편의상 에토 준이 분석한 다음 두 산문을 비교해 볼 필요가 있을 것이다.

Ⓐ"그런 버릇 없는 말을 다른 남자가 했다면 다키코(滝子)는 당연히 성을 벌컥 낼 것이었지만, 이때는 이상하게도 얼굴빛을 달리할 기분이 되지 않고, 다카나시(高梨)의 말이나 감도(感度) 속에 점점 끌려 들어가는, 의외의 분위기가 자기가 아직 여자라는 것의 증거인 양 생각되어 잃어버린 것이 되돌아온 것과 같은 느낌에 마음이 뒤숭숭했다."

Ⓑ"나는 짧고 연한 풀밭 위에 드러누워 난생처음이라 해도 좋을 정도로 실컷 잤다. 다분히 9시간 정도 잤을 것이다. 눈을 떠서 보니 꼭 새벽이 되어 있었다. 나는 일어나려 했다. 그러나 어떻게 된 셈인지 몸 하나 꼼짝할 수 없었다. 위를 향해 누워 있었는데 수족이 잔뜩 대지에 붙어 있다는 것을 알았다. 길고 숱이 많은 머리털도 마찬가지였다."

Ⓐ 문장은 일본의 일급 소설가 중의 하나인 엔치 후미코(円地文子)의 『미미요라쿠』(耳瓔珞)라는 평판작의 일부이며, Ⓑ는 스위프트의 『걸리버 여행기』 속의 한 절이다. Ⓐ의 인상은 조밀하고 습기 있는 생리적, 피부 감각적이라 할 때 Ⓑ는 건조무미하다. Ⓐ의 경우 하나하나의 말의 인상이 선명, 구체적임에 반하여 전체의 이미지가 선명하지 않으며, 다만 분위기라든가 정서가 느껴질 따름이라면 Ⓑ는 추상적이며 지적이며 확실한 윤곽을 지녀 걸리버의 행위가 선명히 떠오르는 것이다. 고쳐 말하면, Ⓐ는 개개의 말이 구체적으로 살아 있어 이른바 동적임에도 불구하고 문장 전체의 인상이 정적 폐쇄적이라면 Ⓑ의 특징은 개개인의 말이

죽어 있다는 것, 즉 평균화되어 정적이지만 문장 전체는 동적이며 행위의 계속을 지향하고 있는 것이라 할 수 있다. Ⓐ의 말이 비기능적이며 하나의 단위가 아니라 '물'(物)로서 개별화되어 있음에 대하여 Ⓑ는 기능적이며 전체 문장의 한 단위의 역할에 충실한 것이다. Ⓐ 문장을 다시 분석해 보면 '성난 모양', '의외의 분위기', '느낌'이라는 세 개의 핵이 있어 다른 단어는 이 세 말 속에 흡수 응축되어 그 인상을 각각 세 토막으로 강조하고 있다는 것, 그 때문에 이 세 언어는 문맥을 구성하는 다른 기호에서 떠올라 묘하게 짙은 현실감을 드러내는 결과에 이르는 것이다. 이 세 단어는 기호가 아니라 '물'(物)인 것이며 인간을 묘사하는 도구가 아니라는 결과에 이르며, 그 결과는 다시 Ⓐ 문장의 주인공이 인간이 아니라 '물'이라는 것으로 되는 것이다. 여기에는 언어라는 기호에 의한 언어의 차원에 재구성된 현실의 부재를 드러낸다. 산문의 기호를 현실 속에 몰입하고 있는 '물'(物)에 환원하여 그것을 강인하게 파악하는 기능이라 한다면 Ⓐ는 반(反)산문적이라 해도 되리라. 이러한 극단적인 감각적 문장이 행위나 행동을 묘사함에 부적당하다는 것은 동시에 윤리성을 결한다고도 할 수 있으리라. 순수히 감각적 세계에는 의지라든가 행위라는 것이 존재할 수 없으며, 따라서 사상을 묘사하기 어려울 것이다. "이러한 경향은 다소의 차이는 있을망정 일본근대소설의 리얼리즘의 공통적 경향"이라 에토 준이 지적할 때 그것은 매우 참신한 문제의식으로 판단된다.

"살아 있는 폐허의 그림자"를 떨쳐 버리는 방도는 없는 것일까. 이를 노예의 사상이라 한다면 「노예의 사상을 배척한다」(1957)를 거쳐 「신화의 극복」(1958)에 뻗쳐 나가지 않으면 안 되었다. 집 안에 불치의 환자를 숨겨두고 살아가기에서 벗어나 태양 아래 한점 부끄럼 없이 사는 방도는 없는 것인가. 이것이 전후 일본문학의 올바른 길이 아니면 안 된다고 에토 준이 말할 때 그것은 물을 것도 없이 서구적인 것의 힘(지성)에서 왔다. 나와 에토 준의 만남의 첫과제이기에 이 점을 좀더 검토할 필요가 있다.

"집 안에 불치의 환자를 감추어 두고"라고 일본의 현문단을 비판했을 때 그것은 문학의 자율성으로 무장한 문단적 물신화에 대한 비판이었다. "문학작품 대신에 문학을, 사회적 존재인 작가 대신에 '작가의 자율성'을, 작가의 인간에 대한 책임 대신에 문단의 특수성을 완고히 믿고 있는 사람들이 저토록 많은가"[3]에서 보듯 '문학의 자율성'이 바로 집 안의 불치 환자라는 것인데 왜냐면 서구문학은 문학의 자율성을 인정하면서도 현실을 동시에 인식하고 있기 때문이다. 기성문단의 폐쇄적 자아 세계를 주장함으로써 문학을 물신화하는 경향을 비판함과 동시에 문학에 있어서의 '실감주의'(實感主義)도 부정하는 태도였다. 여기서의 실감주의란 자기의 일상적 체험에 고집함을 가리킴인 것. 따라서 시대의 상황 속에 매몰되고 만다는 것이다. 요약건대, 문학의 절대적 자율성을 주장하는 신화적 사상에도, 생활 곧 문학하기(사소설)의 실감주의에도 속하지 않는 제3의 길을 그는 모색고자 했다. 이러한 처지에 섰을 때 생길 수 있는 정신의 곤란한 긴장 속에 문학이 참으로 현실과 연속될 가능성을 보고자 한 것. 그렇게 함으로써 작가는 '역사'를 포착할 수 있다는 것이다. 이를 본격적으로 논의한 것이 긴 평론「작가는 행동한다」(1959)이다. 곧, 문학적 상상력과 현실의 행동이 연속된 것으로 논하는 한편 양자의 상이(相異)도 지적하고 있었다.「작가는 행동한다」는 동시에 "작가는 행

---

3 江藤淳,「奴隷の思想を排す」, 1957;『江藤淳著作集』5巻, 講談社, 1967, p. 211.

동하지 않는다"를 논의한 것이었다. 실제상의 행동의 단념 위에 성립된 이미지는 좌절 위에 출발된 행동에 의해 창출된다는 것이 그 요지였다.

4. 비평, 그 필사적 몸부림

여기에까지 오면 신세대의 챔피언 작가 오에 겐자부로(大江健三郎)와의 견해차가 뚜렷해진다. 두 전후세대의 대표격인 이들의 평생을 지속한 적대적 논쟁관계의 빌미도 여기에서 왔다. 오에의 작가적 출발점에 놓인 기본태도는 사르트르의 상상력과 행동의 논의에 있었다. 사르트르에 있어 실존주의란 상황과 직결된 것이었다. 게릴라전에 전면적으로 노출된 사르트르에 있어 실존이란, 하이데거처럼 인간의 정태적인 본질 탐구 쪽이 아니라 나치스와의 전쟁 속의 상황에서 형성된 것인 만큼 '자유'가 무엇보다 앞서 있었다. 이를 액추어리티(긴박성)라 부를 것이다. 오에에 있어 역사란, 바로 '히로시마' 문제였다. 1960년대의 일본의 정치적 사회적 문제에서 히로시마 문제가 바로 직접성으로서의 역사였다면, 에토 준에 있어서는 사정이 좀더 복잡했다. 작가란 행동하지만 동시에 행동하지 않는다는 것이기에 그에 있어 '역사'란 정치적 사회적인 직접성이 아니라 한발 물러선 자리, 바로 '근대'였다. 대체 일본이 체험한 근대란 무엇인가. 그것이 안고 있는 의혹이야말로 에토 준 앞에 가로놓인 '역사'였다.

에토 준이 근대에 의혹을 가지게 된 것은 따지고 보면, 그가 전공한 영문학과 분리되지 않는다. 그의 논리에 기초를 이룬 것은 H. 리드, I. A. 리처드, A. C. 브레들리, S. 체이스 등이며, 기타의 인용들도 매우 상식적인 독법이어서 전공의 천착과는 거리가 멀었다. 그렇기는 하나, 젊은 비평가로서의 목소리 하나는 뚜렷했다.

> 문학은 풍류를 다루는 것도 아니지만 정치·사회의 가치와 무관한 별천지도 아니다. …… 왜냐면 한 인간이 자기의 존재를 증거세우기 위한 육성의 외침인 까닭에. 비평가에 있어서도 이는 꼭 같다. 비평가이기 전에 먼저 나는 한 사람의 인간에 지나지 않는다. '우수유사'(憂愁幽思), '궁핍 속에 뜻을 편다' 이외에 나는 어떤 비평의 방법을 알고 있단 말인가. …… 작가에 있어 그 작품이 텅 빈 이미지로 구성된 것처럼 비평가에 있어서의 그의 논리는 공론(空論) 이상의 것이 아니다.[4]

이 공론에 생명을 부여하는 것은 비평가의 분노를 드러내는 것의 깊이이다. 곧 인간정신의 자유를 입증하는 것이다. 『사기』의 저자 사마천에 의거한 신예비평가 에토 준의 이런 목소리란 아직 제자리를 잡지 못한 불안정 상태에 흔들리고 있긴 하나, 다음 한 가지만은 평생 지속된 핵심적인 것이다. 곧, "'우수유사', '궁핍 속에 뜻을 편다' 이외에 나는 어떤 비평의 방법을 알고 있단 말인가"야말로 에토 준의 평생의 신조였다. 문득 이 장면에서 조연현의 비평관이 연상됨은 웬 까닭일까.

> 문제는 상대방을 극복하기 위한 필사적인 자신의 역량의 발휘다. 비평의 이와 같은 양상은 우리가 살아가는 실상의 모습 바로 그대로다. 별안간 6·25동란에 직면했을 때 그것에서 무사할 수 있는 어떤 편리한 생활의

4 江藤淳, 「若い批評家の信条」, 1959 ; 『江藤淳著作集』 5巻, 講談社, 1967, p. 300.

방법이 있었는가. 우리는 다만 사력을 다하여 6·25와 대결했을 뿐이다. …… 개인도 그랬고 국가도 그랬다. 이것이 6·25에 대한 우리의 진정한 비평이다.[5]

비평이 결사적인 행동이 아니고 이렇게도 말할 수 있고 저렇게도 말할 수 있는 의견이나 주장이라고만 생각되고 있는 한 그 비평은 삶의 표현과는 거리가 멀다는 것이 조연현의 비평관이었다. 이것은 그가 살아온 '경륜'을 가리킴이 아닐 수 없다. '사력' '결사적' 등의 투쟁적 표현이 동원된 것은 6·25의 극한 상황의 체험에서 나온 것이지만 이 극한 상황을 제한다면 몸부림으로서의 비평, 곧 살아온 경륜에 다름 아닌 것이다. 신진비평가 에토 준의 「젊은 비평가의 신조」(1959)에서 표명된 비평은 "양식(良識)과는 무연하며" 속 깊이 당연히 그렇게 될 요청을 비장한 인간의 외침에서 출발한다는 주장은 족히 조연현의 경륜론과 대비될 만한 것이다. 에토 준의 이러한 외침이 경륜과 마주치는 장면이 노골적으로 표출된 것은 문학과 정치의 관계를 두고 논쟁할 때 상대방을 물리치는 필사적 몸짓에서이다. 에토 준의 「펜의 정치학」(1954)은 일본펜클럽 국제회의 개최건에 참가한 경위와 거기에서 자기만이 안건에 반대한 사실을 밝히고, 문학의 정치화를 비판한 것이다. 이 글이 발표된 후, 비판당한 상임이사의 시정요구를 에토는 단호히 거부했는바, 그 경위는 이러했다. "미요시(三好, 상임이사) 씨로부터 테이프를 풀어 들어보니 4월 20일 펜클럽 이사회에서의 자기 발언은 「펜의 정치학」에 인용된 것과 다르다는

---

5 『조연현 문학전집』 4권, 어문각, 17쪽.

점이 판명되어 정정을 요망한다"는 지적에 대해 에토 준이 일거에 거부했던 것인데 그 이유는 이러했다.

> 문학자란 테이프 레코더의 음성에 의해서가 아니라 자기의 기억에 의해 타인의 발언을 기록하는 것이다. 그래서 자기의 기억에 의해 타인의 발언을 기록할 때 문학자는 필연적으로 '묘사하기' 때문이다. 스스로도 작가인 미요시 도오루(三好徹) 씨가 이를 모를 이치가 없다는 이유로 나는 감히 텍스트를 고치지 않고 그대로 두었다.[6]

이것은 누가 보아도 일종의 폭력이거나 고집이라 하지 않을 수 없다. 그 글에서 에토는 문학과 정치의 다른 점을 문학이 "개개인의 육성 이외의 권위는 있을 수 없다"에도 두었던 것임에 비추어 볼 때 특히 그러하다. "육성 이외는 없다"에서 이번엔 "묘사 이외는 없다"로 비약한 이런 수법은 매우 정치적이며 교활한 일종의 경륜에 속하는 것, 요컨대 이겨야 했던 것이다. 언덕으로 소를 끌고 올라가는 김동리식 억지와 백보 오십보의 거리라 할 것이다. "문학은 묘사다"에 반론이 나오면 또다른 논리를 세우면 되기 때문이다. 따지고 보면 조연현의 비평관에서 주목되는 것은 논리도 의견도 주장도 아니고 "필사적 몸부림"에 닿고 이를 실천한 곳에서 왔다. 그러나 에토 준에 있어서는 사정이 한층 가파르고 거의 오만에 가까운 절대였다. '목소리'라 했다가 막히면 '묘사'라 우기면 되는 것, 이를 두고 마치 신처럼 책제목을 『비평과 나』(批評と私, 1987)라 이름

---

6 江藤淳, 『批評と私』, 新潮社, 1987, p. 138.

했다. 록펠러 장학금으로 미국에서 겨우 두 해 머문 주제에 귀국 후 그는 『미국과 나』(1965)라 했던 본새 그대로였다. "미국과 나는 맞선다"는 것. 좋게 말해 패기, 나쁘게 말해 치기가 아닐 수 없다. 고바야시 히데오조차 『비평에 대하여』라는 겸허한 제목 아래 자기의 비평관을 피력했지 감히 『비평과 나』라 하지 않았음에 비추어볼 때 특히 그러하다. 이 점이 또 조연현의 창작에 대한 비평열세론과 구별되는 것이기도 하다.

그럼에도 에토 준의 남다른 곳은 어디에 숨겨져 있었던가. 보수세력의 정치적 두목으로 군림하면서도 그의 내면에는 겉모양과 다른, 그런 것을 누를 수 있는 힘이 숨어 있었다. 이 점만은 평생 절대로 그는 놓치지 않았다. 이른바 초지일관, 「젊은 비평가의 신조」에 나아가기였다. "내면에 비장된 인간의 외침"이 그것. 그의 처녀작 『나쓰메 소세키』(1956)에의 회귀가 바로 그것이었다. 조연현에 있어 그것은 『한국현대문학사』였고, 에토의 『나쓰메 소세키』는 경륜을 넘어선 곳에서 나온 한 인간의 내면에 감추어진 "뜻을 펴는 것"(사마천)의 발현 곧 문학이었다. 그의 『소세키와 그의 시대』가 자살 직전까지 집필한 글쓰기였음이 그 증거이다. 여기에 탈모하지 않은 문학자는, 한·일 어느 쪽에서도 그리 많지 않을 것이다. 조연현도 에토 준도 우리 범인들과 마찬가지로 수많은 실수, 독단, 오기, 밀어붙이기 등이 처처에 놓여 있지만 문학을 논의하는 마당이라면 『소세키와 그의 시대』는 그러한 결함을 넘어서고도 남는 것이 아닐 수 없다.

5. 에토 준의 미국체험

외국인 연구원으로 도일한 나의 속마음은, 초청장의 액면인 '한국문학에 끼친 일본문학의 영향 연구'이긴 해도 이광수 오직 그 한 사람에 국한되어 있었다. 특출한 한국근대문학 연구자인 순종 일본인 사에구사 도시카쓰(三枝壽勝) 교수는 이런 말을 공언한 바 있었다. "필자가 한국어를 배우기 시작했을 때부터 가장 궁금한 존재가 춘원 이광수였다"(「춘원 탄생 백주년 기념강연회」, 1992. 3. 3.)라고. 춘원이라면 중국의 루쉰, 일본의 나쓰메 소세키 등과 더불어 좋든 궂든 한국근대문학의 아비에 해당되는 존재인 만큼 한국근대문학에 나서는 어떤 연구자도 이 관문을 지나지 않으면 안 되었다. 그러나 딱하게도 이광수의 일차자료에 의거한 연구가 당시로서는 많지 않았다. 그 이유 중의 하나는 이광수의 문학적 체험의 원천인 근대적 사고가 일어로 되었음에서 왔다.

연구자는 누군가이든 일단 일본에 가서 이광수의 유학 당시의 시대상과 사상사 및 정신사를 심도 있게 추체험하지 않으면 안 되었다. 이 난감한 일이 국립대학 조교수인 내게 주어진 모종의 학문적 과제였다. 현해탄을 건너기 전에 이 사실은 내게 운명처럼 놓인 것이었다. '이광수와 그의 시대'라는 연구제목이 내 정신 속에 박혔음이 그 증거이다. 나는 나쓰메 소세키 연구를 위해 빅토리아조의 런던의 풍속 및 정신사를 추체험한 에토 준의 학위논문을 연상하곤 했다. 이 제목이 에토 준의 『소세키와 그의 시대』에서 왔던 것으로 회고된다. 실상 나는 에토의 출세작 『나쓰메 소세키』를 이미 갖고 있었지만 그 문학사적 문맥이나 영향관계 등에는 별 관심이 없었다. 요컨대 일본근대문학의 원점이 신인에 의해 시도되었음과 거기서 오는 신선감이랄까 흥미에 가까운 것이었다. 그러나 평전 형식인 『소세키와 그의 시대』는 사정이 크게 달랐다. 평전이 갖는 서사체의 막대한 힘이 나를 가만히 두지 않았다. 1966년 11월부터 연재되기 시작한 이 평전의 제1부가 단행본(新潮社에서 출간)으로 나온 것은 1970년 이었다. 소세키라는 문학자가 시대와의 상호교섭을 다룬 평전인 만큼 문제는 '시대' 쪽에 비중이 놓이지 않으면 안 되었던 것으로 일반적으로 인식되기 마련이다. 그러나 인간으로서의 실존과의 관련성은 과연 어떠할까. 이 점에 에토는 초점을 맞추고 있는 것처럼 내겐 보였다.

> 작가의 작업은 시대를 넘지만 어떤 작가도 어제라는 과거를 등에 지고 내일에 일어날 것을 미리 알지 못하는 한 사람의 인간으로서 하루하루 살아가지 않으면 안 된다. 그 점에도 불구하고 그는 시대라는 화폭 위에만 그의 생애의 궤적을 그릴 수밖에 없다. 나는 소세키의 궤적을 좇으면서 이 점을 새삼스러이 통감하지 않을 수 없었다. 생각건대 우리들도 이와 같이 살아오고 또 살아갈 방도뿐이다.[7]

내가 에토 준의 일거수일투족에 과잉한 반응을 보였음은, 『이광수와 그의 시대』 이후에도 지속된 이유가 여기에서 왔다.

실상 에토는 두 차례 미국 체류를 거치면서 극우보수주의랄까 국가지상주의자, 아비찾기에로 치닫고, 그 두목답게 사회적 발언을 일삼았다. 이를 간략히 묘사해 보임으로 『소세키와 그의 시대』의 무게를 재고 싶기 때문이다. 어떤 글도 무엇에 대해 쓰고, 따라서 읽히고 만다는 이 따분함의 숙명을 알아차리고 이 타동사의 압력에서 벗어나고자 한 최초의 일본인이 에토 준이라는 것, 따라서 『소세키와 그의 시대』가 다른 종류의

---

7 江藤淳, 『漱石とその時代 第1部』, 新潮社, 1970, p. 366.

글과 다르다는 점을 지적한 것은 남을 칭찬하기에 인색하기로 소문난 하스미 시게히코였음에랴.[8]

에토 준이 『미국과 나』(アメリカと私, 1964)를 출간했을 때 30세였다. 1불 360원 외화제한 500불의 시대 록펠러 장학금으로 1962년에서 두 해 동안 프린스턴 대학에서의 체제기에 해당되는 이 책에서 그는 선언했다. "나는 사회에 보탤 신지식은 없다. 내가 가진 것이란 약간의 새로운 체험이다. 그것이 국가에 도움이 될지 내가 알 바 아니다. 내가 아는 것은 그것이 내 일본어에 대한 애착에 뿌리를 내리고 있음뿐이다"(「최후의 통신」)라고. 같은 장학금으로 쓴 「뭐든지 보아준다」(오다 마코토小田實)라든가 『미국감정여행』(야스오카 쇼타로安岡章太郎)의 두 책과 비교할 때 에토의 표제는 설사 그가 일본 비평계의 신예라 할지라도 어쩌면 과대망상 징후군이라 할 그런 느낌이 한눈에 들어온다.

이 체류기에서 표나게 드러난 것을 들라면 단연 사회진화론(social Darwinism)에 대한 체험이다. 도착하자마자 아내가 복통을 일으켜 속수무책 상황에 처해졌을 때 그가 통렬히 깨친 것은 '적자생존의 논리'였다. 미국사회를 관류하는 논리의 철저함을 그는 이렇게 표현했다. "병자는 부적자이며 이는 곧 악이다. 악은 당연 선이라는 적자에 패하게 되어 있다"라고. 자기가 적자임을 증명하는 것은 자기 이외는 없다는 것. 이 원칙에서 나오는 것이 부부개념이다. 도움을 청할 수 있는 것은 두 사람 사이밖에 없는데 이는 애정이나 성욕에 앞선 생활상의 필요에서 나온 것이다. 광대한 미국사회의 비정스러움에서 그가 배운 것은 인간 본래의 야

---

8 蓮實重彦, 『文学批判序説—小説論=批評論』, 河出書房新社, 1995, p. 344.

성스러움이었다. 요컨대 문학이라는 어두운 그늘에 매몰되어 인간 본래의 얼굴이 감추어진 세계에서 미국의 광야, 인간의 치열한 적자생존의 본얼굴을 체험한 것이었다. 명저 『성숙과 상실』(成熟と喪失, 1967)을 낳게 된 동기도 여기에서 뿌리를 둔 것이다. 귀국한 그가 판을 새로 그리지 않으면 안 되었는바, 그것은 어떻게 하든 적자생존법칙의 획득으로 집약될 성질의 것이다. 첫째 정신적으로나 육체적으로나 절대로 적자되기. 문학의 음침한 골짜기 헤매기에서 벗어나 광야로 나서기가 이에 해당된다. 사마천의 분노의 글쓰기와 결별이 아닐 수 없다.

둘째, 일본어에 대한 새삼스런 자각. 영어권에서 영어로 생활하다 보니 그 적응이 거꾸로 일본인으로서의 자기 확인과정을 인식하지 않으면 안 되었다. 요컨대 영어권에서의 적자되기의 반동이 생겼다는 것. "생각해 보니 내가 자기 속의 일본을 되돌아가는 과정은 내가 영어로 살아가는 데 젖어가는 길과 거의 비례했다"고 했음이 이를 잘 말해준다. 그는 망명객이 아니었다. 평전 『고바야시 히데오』(小林秀雄, 1965), 평론 「작가는 행동한다」(作家は行動する, 1959) 등으로 지위를 확보한 마당이고 보면 영어권의 삶이란 일종의 감옥이거나 일시적 통과제의에 지나지 않았다. 당장 귀국해도 일본문단이라는 삶의 놀이터가 그를 기다리고 있는 형국이 아니었던가. 그럼에도 에토 준의 그다움은 단연 발군이었는데, 비정하기 짝이 없는 광대한 고릴라와 같은 미국에 맞서고자 한 점에서 왔다. 이 점을 다음처럼 설명할 수도 있다.

> 이러한 과정을 나는 하나의 교양소설적 언설, 설화구조에 충실한 청년의 사회화의 얘기로 읽었는데 동시에 일인의 문학자가 이러한 문화인류학

의 통과의례 모델 그대로 좋은 상태에서 뚜렷이 재생해도 되는 것일까, 라는 위화감을 갖는다. 에토 준 자신이 말한 대로 그의 일본인으로서의 자기확인은 에토 준이 이해한 당초 미국을 먼저 단일한 규칙의 사회라고 정의했던 것이다. 그러나 실제 그가 적응한 프린스턴 대학은 미국사회 일반에서 격리된 사회이다. 이것은 거의 에토의 기본적 오에관인 "처녀작 이래 이 작가의 작품에 일관해 온 이중구조의 세계"와 같은 세계상이 되고 만 것이 아닌가.[9]

좌우간 귀국한 에토 앞에 일본국가가 언뜻 보였음에 주목할 것이다. 올림픽이 열리고 성화에 불이 붙었을 때 '국가'가 거기 있었다. 그러나 개회식이 끝나자 '국가'는 물 먹은 고래처럼 숨어 버리지 않겠는가. 귀국한 그는 일본의 황폐함에 직면했고 이를 극복하기 위한 발버둥이 시작되는 바, 하나는 당장 살아갈 셋집 얻기에 동분서주하기였는데, 여기서 그는 결국 국가에 헌신했던 조부의 핏줄을 통한 국가를 발견했고, 다른 하나는, 이 점이 중요한데, 소설 월평쓰기의 결과물로 나온 일본사회의 심층분석인 명저 『성숙과 상실』이었다. 이 평론이 갖는 의의는 문학비평의 범주를 넘어선 곳에서 왔다. 물론 비평엔 한계가 있을 수밖에 없다. 어떤 방향에서 그것을 넘어서면 문예비평이 문학적이 되지 않는다. 또 별도의 방향에서 그것을 넘어서면 문예비평이 '비평'이 되지 않는다는 것을 논한 T. S. 엘리엇의 견해에 견주어 볼 때 특히 그러하다.[10]

---

9 大塚英志, 『サブカルチャー文学論』, 朝日文庫, 2007, p. 645.
10 T. S. エリオット, 「批評の限界」, 『文芸批評論』, 矢本貞幹 訳, 岩波文庫, 1962, p. 79.

6. 일본 심층심리 비판—『성숙과 상실』론

천천히 걸어가거라 어미 없는 송아지야
분주하게 걷지 마라 우왕좌왕하는 짓은 그만두어라
풀이라면 발밑에 지천으로 있다
그러니까 천천히 걸어가거라
그리고 너의 여로는 영원히 계속되지 않을 거다
천천히 걸어가라 어미 없는 송아지야 천천히 걸어서 가거라
(Go slow, little doggies, stop milling around,
For I'm tired of your roving all over the ground,
There's grass where you're standin',
So feed kind o' slow,
And you don't have forever to be on the go,
Move slow, little doggies, move slow.)[11]

고명한 『성숙과 상실』의 서두는, 『해변의 광경』(야스오카 쇼타로安岡章太郎 작)의 신타로의 모친이 부르는 노래와 쌍을 이루고 있지만 중심은 단연 카우보이 노래이다. 무수히 반복되는 이 리듬이야말로 이 비평집의 핵심에 놓인 사상이요 논리요 감정이기도 하다. 어미로부터 일찍이 거절당한 송아지가 광야를 가고 있고 그 여로에서 어른이 될 길밖에 없다는 것. 어미로부터 거절당한 송아지의 신세 바로 그것이 카우보이에

11 江藤淳, 『成熟と喪失』, 講談社文芸文庫, 1993, pp. 11~12.

다름 아니었다. 빨리 가봐도 소용없는 노릇. 어차피 도살장 형이 아니겠는가. 미국의 사회학자 에릭 에릭슨의 논법을 좇아, 어미로부터 버림받은 미국인의 사회심리학적 고찰에서 에토 준이 착안한 것은 그 송아지와 자기의 동일성이었다. 그것은 '노래'로만 가능한 것, 곧, '실감주의'에 근거한 것이어서 그럴 수 없이 비장하면서도 안도할 수조차 있었다. 『성숙과 상실』은 이 카우보이 노래로 귀가 멍멍할 정도이다. 미국생활 2년 만에 귀국한 에토 준의 심정이 바로 이 송아지에 다름 아니었다. 그 앞에 펼쳐진 일본이란 폐허 바로 그것이었다.

> 1965년 어느 날 셋집을 찾고자 헤맨 나는 망연자실했다. …… 내가 망연자실한 것은 그 일체가 그림자도 형체도 없어졌기 때문이다. …… 나는 어떤 잔혹한 흥분을 느꼈다. 역시 내겐 되돌아갈 '고향' 따위란 없었다. 억지로 찾는다면 그것은 조부모와 모가 묻혀 있는 아오야마 묘지(青山墓地) 이외는 없다. 산 사람의 세계가 끊겨도 죽은 자의 세계는 이어져 있다는 건, 이것이 '역사'인지 모르겠다, 라고 나는 여겼다. "어쨌든 내 속에는 무엇인가가 완전히 분쇄되어 흩어졌음에는 변함이 없다."[12]

전후란 바로 상실의 시대라는 인식은 이처럼 에토 준에겐 구체적이며 개인적 체험에서 왔다. 이 체험의 특이성은 그가 썼던 이원론(현실과 표현)의 포기에서 찾아진다. 문학적 자율성과 인간적 삶의 양다리 걸치기에서 이제는 현실, 역사에의 전향 곧 역사에의 회귀, 나아가 일본어의

---

12 江藤淳, 「군상」, 1966; 『国文学』, 学灯社, 1971, p.110에서 재인용.

전통에로 향함이었다. 그는 문학이란 무엇인가를 다시 묻지 않으면 안 되었다. 문학이란 사정(私情)을 솔직히 말하는 것에서 시작되는 것인가 아니면, 당초부터 가짜 '정의'(正義)에서 시작되는 것인가. 이 물음에서 그는 전자의 편 곧 일원론에 확고히 섰다. "99인이 '전후'를 구가해도 나는 그 슬픔이 깊게 내 마음에 가장 강렬한 현실이어서 그 이상 나는 그것을 말하는 이외는 방도가 없다."[13]

이 대목은 고바야시 히데오의 『도스토예프스키론』의 선 자리와 닮았다. 『지하생활자의 수기』 주인공의 말에 다름 아닌 것이다. 1+1=2라 모두 말하지만 '나'는 절대로 그쪽을 믿지 않는다는 것. 왜냐면 죽었다가 부활한 사람을 내가 목격했기 때문이다. 나의 괴로운 의식이 진리의 바깥에 놓인 저 "황당무계한 것일지라도 '나'는 자신의 고통과 함께 있고자 한다, 진리와 함께 있고 싶지 않다고 지하생활자가 말했을 때 진리란 무엇이겠는가. 사람들이 갖고 있는 수치스런 화제 이상의 아무것도 아닌 것. 나는 혼자이고 결코 타인들이 아닌 까닭에 '우리 현대인은……'라든가 '우리의 세기는……'라든가는 바보 같은 소리다. 그대들은 진리라는 공통된 화제를 즐기면 된다. 그대들은 멋대로 떠들면 된다. 그대들은 진리라는 공통된 화제(2×2=4)를 즐기면 된다. 그대들의 대신할 수 없는 실질을 팔아서 이성이라 오성이라 떠들지만 그 누구도 대리 가능한 형식을 파는 것은 도대체 수지맞는 거래인가. 그대들은 전부 사기꾼이다."[14]

황당무계한 것일지라도 나는 자신의 고통(실감, 폐허)과 함께 있고자

---

13 『国文学』, p.110에서 재인용.
14 小林秀雄, 『ドストエフスキイ』, 講談社, 1966.

한다, 결코 세속적 진리와 함께 있고 싶지 않다, 는 『지하생활자의 수기』의 주인공의 체험이 귀국한 에토 준의 실감이기도 했다. 진리와 함께 있지 않고 나의 폐허와 함께 있겠다는 것은, 에토 준에게 있어서는, 아무리 황당무계한 것일지라도 그것이 자기만의 것이라는 논법이 아닐 수 없다. 죽은 자 속에서 부활한 자를 체험한 도스토예프스키에 있어서보다 에토 준의 경우가 훨씬 고통스러웠을 것이라고 여겨지는 것은 스스로 죽고 그 속에서 불사조 모양 부활해야 했음에서 왔다. '상실'을 철저히 경험함으로써 '성숙'에 이르는 길의 모색이 불가피한 도정이 아니면 안 되었다.

살 집을 마련하기 위해 동분서주하던 에토가 결국 아비(국가)의 인식에 이르는 과정은 미국서 체득한 적자생존의 포기에 다름 아닌 것, 곧 금융기관의 도움(죽은 부친의 신용을 담보로 한)의 결과였던 것이다. 그가 다시 문학 앞에 섰을 때 그것은 바로 월평이었다. 십수 년을 한결같이 월평에 임한 그가 도달한 것이 바로 상실을 커다란 대가로 지불한 성숙이었다. 이 자기 건설의 역전드라마의 눈부심은 그것이 문학에서 출발, 일본 전후사회의 정신분석에서 왔다. '모(母)의 붕괴'라는 부제를 단 이 장문의 평론이 지향한 곳은 일종의 문화론이었던 것이다. 엘리엇식으로 하면 문예비평에서 크게 일탈한 것, 이미 문예비평일 수 없는 그 무엇이었다. 그것은 그가 위임없이 골똘히 읽고 분석한 월평의 축적에서 왔다 할지라도 비평에의 일탈에는 변함이 없다.

문예비평이 아니면 어떠랴, 그보다 중요하고도 시급한 문제가 있을 경우 그따위 조건쯤은 무시해도 상관없다는 오만과 패기의 근원도 따지고 보면 쉼없이 그가 분석한 월평에서 오지 않았던가. 이것만큼 문학적인 것이 달리 있겠는가. 왜냐면 그가 씨름한 소설이란 '가족'에서 출발

'가족'에 수렴되는 것인 까닭이다. 일본근대소설이란 새삼 무엇이뇨. 가족의 틀에서 한 번도 벗어난 바 없었음을 염두에 둔다면 전후소설에서 '모(母)의 붕괴'의 출현이야말로 '근대소설의 붕괴' 조짐, 그것이 아니면 안 되었다. 그렇다면 『성숙과 상실』은 가장 문학적 비평이라는 입론을 가능케 한다. 전후소설에서 모의 붕괴 징후가 드러남은 과연 어떠했을까. 에토 준의 『성숙과 상실』은 야스오카 쇼타로(安岡章太郎), 쇼노 준조(庄野潤三), 고지마 노부오(小島信夫), 요시유키 준노스케(吉行淳之介) 등 '제3의 신인'(第三の新人)들을 다룬 것으로 전후 일본사회를 '모의 붕괴'를 키워드로 분석한 일종의 문명비평이다. 이들 작품 중 집중적으로 분석한 것은 「포옹가족」(抱擁家族, 고지마 노부오)과 「해변의 광경」(海辺の光景, 야스오카 쇼타로)이다. 유명한 장면 한 대목을 보이면 다음과 같다.

> 신타로는 어릴 적부터 괴로움을 당한 어머니의 노래 가사 하나를 기억하고 있다. '어리기에 죄를 모르고 보챌 때 손에 흔들려 귀찮았음을 잊었는가. 봄은 장맛비, 가을은 뜰의 이슬, 어미는 눈물이 날 때까지 기도했던 것을'이라는 노래가 그것이다. 이른바 그녀의 테마송이었다. 어떤 때는 하루에도 몇 번이나 되풀이해 불렀다. 대체로 그것은 반쯤은 관습적 무의식의 것이었음이 틀림없다. 그러나 듣고 있는 쪽인 신타로에 있어 그것은 무의식인데도 어미의 정서의 압력이 마치 한층 노골적으로 여겨졌다. 그 압력에 자주 그는 어미에게 나는 무엇인가, 어미는 무엇이며 아들은 무엇인가 묻고 싶은 충동을 어린이의 마음속에서 기억하고 있었던 것이다.[15]

15 安岡章太郎, 『海辺の光景』, 講談社, 1959; 江藤淳, 『成熟と喪失』 p.7에서 재인용.

작가가 묘사하고 있는 어미상이란 무상의 모친상에 다름 아니다. 하급관리(육군대위, 서울에서 근무. 승진없는 대위로 끝났던 것[16])의 아내인 어미는 남편 배제, 아들 포옹의 심리구조였다. 아들에게 모든 희망을 걸었기에 아비는 열외신세였다. 이 농밀한 모자관계에서 인식된 것은 '수치스러운 아비' '실망한 어미' '칠칠치 못한 자식' 사이에 근친상간의 삼각형이 성립되었다고 한 여성연구자가 지적했거니와,[17] 이 모자 동맹관계에 있어 아비가 배제된 까닭에 거세공포의 개입이 없다. 따라서 인센트터부(근친간통 기피)에 의한 결정적 억압없이 오이디푸스 전기(前期)의 일시적 기분좋음 속에서 있고 이 상태는 어른이 된 뒤에도 계속된다. 여기다 대고 에토 준은 이를 일본의 '원형'으로 보았던 것이다.[18] '일본의 어미상'을 '일본문화론'에 연결시키는 한편 "남편을 수치스럽게 여기는 모친의 심리적 동요는 계층질서가 고정화된 사회에는 결코 생기지 않는다."[19] 그러나 「해변의 광경」은 에토 준에 있어서 유년기에 죽은 자기 모친에 대한 형언할 수 없는 그리움이 깔린 것이었다고 볼 것이다. 죽은 어미에 대한 무의식적 그리움이 결국 그 어미를 되살리기 위한 충동으로 장대한 상실과 성숙 사이를 오르내렸고 그 끝에 아비, 국가, 공적인 것이 바라보였다. 거기까지 이르기 위한 결정적인 논리 구축은 「포옹가족」의 분석에서 나왔다. 한갓 간통소설로 읽히고 만 이 작품을 에토 준은 문명사적 독법으로 분석했던 것이다. '주책 없는 아들'과 '기분 나쁜 딸'에 의

---

16 安岡章太郎, 『僕の昭和史』, 講談社文庫, 1991.
17 上野千鶴子, 『上野千鶴子が文学を社会学する』, 朝日文庫, 2003, p.123.
18 江藤淳, 『成熟と喪失』, pp. 71, 86~87.
19 같은 책, p. 71.

해 이뤄진 것이 전후 핵가족이다. 주인공 미와 준스케와 도시코는 연애결혼을 했으며 남편은 영문학 교수이다. 외국유학에 떼놓고 갔던 아내는 주일 미군과 간통에 이른다. 이 사실을 안 준스케는 귀국 후 가정 재건에 좌왕우왕하지만 붕괴된 가정은 껍질만 남은 우스운 것이 되고 만다.

에토 준이 관심을 집중한 곳은 「해변의 광경」을 '원점'으로 한 자리에서 「포옹가족」을 검토했음이다. 만일 그 '원점'이 부실하거나 사상누각이었다면 그후의 논의도 그럴 수밖에 없게 되기 쉽다. 그럼에도 불구하고 에토 준의 업적이 힘세고 빛나는 것은 그의 개인적 열정의 정도에서 연유했지 않았을까. 인공적인 '모의 붕괴'가 아니라 '모의 부재'에 대한 생리적 그리움 그 비장감이야말로 논리를 뛰어넘는 에너지의 근원이 아니었을까. 문학비평이 아니어도 상관없는 지점, 바로 그것이 문학이었던 것은 스스로가 텍스트(문학)로 되었음을 가리킴이 아니었을까. 주책없는 아들로서의 남자는 「해변의 광경」의 모자관계처럼 무조건 수용되길 아내에게 요구하지만 '기분 나쁜 딸'인 아내는 이미 남편에 대해 '어미' 같은 헌신을 하지 않는다. 작품상에서는 아내의 '부인병'으로 육체의 붕괴로 표현되지만 이는 모성의 거부에 다름 아닌 것이다. 이러한 논의의 뒤편에는 전후 일본의 미국식민지주의가 깔려 있음도 사실인지 모른다. '미국과 나'란 결국은 '미국의 그림자'에 수렴되는 것인지도 모를 일이다. 그렇지만 결정적인 것은 미국의 그림자에 가려진 모자관계에는 '타자'가 부재한다는 점이 지적될 수 있다. 미국도 모자관계도 타자일 수 없다. 이것을 상실해야 그 대가로 성숙이 가능한 법. 미국의 그림자에서 벗어나기. 모자관계의 근친상간에서 벗어나기란 타자의 발견 곧 '국가'의 발견, 부(父)의 재건에서 비로소 가능한 것이리라.

당초 준스케와 도시코의 연결은 '부부'라는 윤리적 관계이기에 앞서 '모자'라는 자연적 관계를 회복코자 하는 충동에서 유지되어 온 것이며 거기에는 농밀한 '모'(母)와 '아들'로서의 정서가 있는가 아닌가의 이외의 가치기준이 없기 때문이다. '부부' 사이에 '모자'의 육감적 끈을 구하고자 함이란 말할 것도 없이 인세스추어스(incestuous)한 욕구이다. 그것은 섹스에 '모'를 보고자 하는 것이며 성의 쾌락에 '모'의 가슴속에서의 안식의 환영을 보고자 하는 것이다. 이것을 혈연에 동화코자 하는 충동이라 해도 되리라. 곧, 여기에는 '타자'가 없다.[20]

이러한 주장이 남성중심의 사상 곧 준스케의 시점임은 새삼 말할 것도 없다. 페미니스트의 시선에서 나온 비판도 이와 관련된다.[21] 남자들이 본 그러니까 처라는 기호에 기댄 남성의 욕망인 것이다. 여성 쪽에서의 주장의 어떠함은 별도이겠거니와, 에토 준에 있어서의 문제는 '타자'의 도입만이 이 근친상간 콤플렉스에서 벗어날 수 있다는 진단이었고 그것이 그에게는 국가, 아비의 부활이었고 그들과 더불어 성숙해 갈 남성상(가부장제)이었다는 사실이다. 오늘의 논법으로 하면 라캉식의 심리학의 도식 그대로이다. 거울단계(상상계), 상징계, 현실계의 도식에서 상징계(아비의 금지령)가 빠져 버린 전후의 풍경이란 , 에토 준의 시선에는 영락없는 폐허였다. 부(타자) 없는 전후란 기댈 곳 없는 황야였고 타자의 도입 없이는 길이 없었다. 이때 중요한 것은 미국이 타자일 수 없음에서 왔

20 같은 책, pp. 86~87.
21 上野千鶴子, 『上野千鶴子が文学を社会学する』, p.180.

다. 이 '미국의 그림자' 그것은 「포옹가족」의 상황과 흡사했다. 「해변의 광경」의 모자관계와 미국의 그림자는 한치도 다르지 않는 폐허였다. 이를 뛰어넘는 길이 '타자'로의 국가, 아비였다.

그렇다면 그 '타자로서의 국가, 아비'란 하늘에서 떨어진 종자인가, 천만에, 라고 에토 준이 말할 때 전통회귀, 바로 '역사'의 발견에 다름 아니었다. 그 국가, 그 아비란 본래 일본의 것이었는데 이를 다시 회복하는 것에 지나지 않았다. 이것이 지닌 난관은 어디서 왔는가. '미국의 그림자'가 아닐 수 없다. 미국의 그림자가 국가, 부의 눈을 가리고 황폐화를 초래했기에 미국의 그림자를 걷어내는 일이 급선무였다. 헌법 9조를 둘러싼 에토 준의 거인적 분투 모습이 이를 잘 말해 준다.

에토 준의 두번째 도미에서 씌어진 것이 「1946년 헌법—그 구속」(一九四六年憲法—その拘束, 1960)이다. 미국에서 그가 노린 것은 미군정하의 언론통제의 문건찾기였다. 전후 민주주의라는 언론의 자유란 따지고 보면 미군 지배하에 길들여진 가짜(인공적) 자유(인위적 터부)라는 것, 따라서 여기에서 놀아난 모든 언론이란, 물론 문학도 포함해서, 사이비 자유라는 것. 요컨대 순치된 제도로서의 언론에 지나지 않기에 본도에서 벗어났다고 주장했다. 그 논리전개에 20여 년 전과 지금을 혼동했다는 점에서 상당한 무리가 따른 것도 사실이었다.[22] 그렇지만 상실된 부의 재건 없이는 참된 민주주의는 물론 진짜 문학도 있기 어렵다는 것이 에토 주장의 핵심이었다.

---

22 長谷川正安, 「1980年代と憲法9条論」, 松井芳郎, 「喪失の戦後史と戦後史の喪失」, 季刊 『科学と思想』, 1980. 10. no.38.

다만 근대소설이라 하나 일본어로 씌어진 소설인 만큼 국어가 기본적으로 변치 않은 이상 그것은 문학자에게는 무한의 자유를 줄 이치가 없다. 시인에게든 작가에게든 그러한 자유란 주어져 있지 않다. 곧, 부(父)의 문제에 꿰뚫려지지 않은 문학은 결국 이류 삼류 문학에 멈추리라 여겨진다. 어떻게 아비문제가 끼어들 것인가는 매우 어려운 상황에 놓여 있음은 분명하다.[23]

소설이 얼마나 지속될지 알 수 없으나 좌우간 근대의 산물인 소설양식이 이 문제에 걸려 있으며 결국 소설의 운명이란 근대의 운명에 달려 있다고 할 것이다. 이 예측 불능의 근대에다 승부수를 던지며 '국가→부→근대'를 문제 삼아 저항의 보루를 세우고자 한 곳에 에토 준의 노력이 돋보였다고 할 것이다. 요컨대 이는 문예비평에서 출발, 이를 넘어선 방향으로 흘러갔던 것이다.

7. 서브컬처의 등장과 월평 중단 사태

앞에서 나는 에토 준이 소설 월평을 20여 년간 지속했음을(해외체류 또는 일시 휴무를 제한) 강조했거니와 그가 월평을 돌연 중단한 것은 1978년 11월이었다. 이래 그는 문예비평의 영역에서 붓을 들지 않았다. 그 이유를 문학의 서브컬처화(sub-culturized)에로 돌렸다. 서브컬처란 물론 컬처에 대응된 용어이거니와, 이때 대전제로 된 것은 '문학=컬처'였다. 여

23 에토 준 대담집, 『離脱と回帰と— 昭和文学の時空間』, 日本文芸社, 1989, p. 90.

기에서 벗어난 서브컬처란 당연히도 '비문학=서브컬처'에 해당된다.

> 서브컬처란 지역, 연령, 혹은 개개의 이민집단, 특정의 사회적 그룹 등의 성격을 표나게 드러내는 부분적 문화현상을 가리키는 것으로 어떤 사회의 토털컬처(전체문화)에 대응해서 그렇게 부르는 것이다. 다시 말해 어떤 작품은 연령적으로는 젊은층, 지역적으로는 재일(在日) 미군기지 주변, 인종적으로는 황·흑·백 혼합의, 하나의 서브컬처의 반영이라 나는 여기고 있다.
> 그런데 문학작품은 어떤 문화의 단지 반영이 아니고 적어도 그 표현으로 되어 있지 않으면 안 된다. 서브컬처를 소재로 한 소설에 있어서도 전혀 상관없으나 거기에 묘사된 부분적 컬처는 작자의 의식 속에 전체의 문화와의 관련성 위에 놓이지 않으면 안 된다. 그렇지 않으면 그 작품은 표현에 이르지 않는다. 곧, 서브컬처를 소재로 한 문학작품이 표현에 이르기 위해서는 작가의 의식은 한 점으로, 그러한 서브컬처를 넘어서지 않으면 안 된다. 그 속에 매몰되어 있다는 것은 단지 반영에 지나지 않는다.[24]

신진 작가 무라카미 류(村上龍)의 『한없이 투명에 가까운 블루』의 아쿠타가와상 수상을 두고 에토 준이 이 작품이 난센스이며 문학적 감명이 없다고 했을 때 바로 서브컬처의 반영이라 보았던 것이며 그 이유를 좀더 밝힌 것이 위의 인용대목이다. 전체문화에서 벗어난 부분적 문화현상의 반영을 묘사와 구분하여 인정할 수 없다고 에토가 말했을 때 대체

24 『サンデー毎日』, 1976. 7. 25.

그 전체문화란 무엇인가. 상위문화라든가 고급문화와는 어떻게 다른가. 서브컬처란 하급문화를 가리킴일까. 이에 대해 한 전문가는 핵심을 찌른 의견을 내놓았다.

> 에토에 있어 서브컬처란 '대문자의 역사'에 관련된 속에서 비로소 '문학'화하고자 하는 것이며 그것은 에토의 기본적 서브컬처문학에의 정의다. 따라서 에토의 서브컬처 문학론에 부딪치는 곤란함은 서브컬처가 관계를 맺는 '전체문화'가 자기 앞에 항상 부재였다는 것으로 수렴된다. 에토 준에 있어 그 자신이 살고 있는 역사인 '전후' 나아가 '근대' 그것이 무엇보다 하나의 픽션(가구假構)인 것이다.[25]

에토 준에 있어 전후 또는 근대란 일종의 허구에 지나지 않는다는 것, 따라서 있지도 않은 허구를 두고 그것을 준거로 하여 서브컬처를 비판함이란 따지고 보면 자각당착이 아닐 수 없다는 것. 일본의 근대 또 전후란 그 자체가 훼손된 것(픽션)이며 따라서 진짜 현실(실감)에서 벗어난 것인데, 이를 회복고자 함이 바로 대문자의 국가, 아비, 역사에 다름 아니다. 보수진영의 두목 격인 에토가 이 사실을 몰랐을 이치가 없고 보면 그의 심중에 선연히 떠오른 것은 다름 아닌 허구로서의 근대, 전후에 대한 형언할 수 없는 그리움 곧, 유년기에 죽은 모친, 또 국가, 근대에 공헌한 조부의 이미지였을 수도 있었을 터이다.

서브컬처 쪽에 서서 이를 이해코자 한 오쓰카(만화가, 비평가)의 다

---

25 大塚英志,『サブカルチャー文学論』, 朝日文庫, 2007, p. 12.

음과 같은 언급이 아름다운 것은 그 이해의 애착에서 오지 않았을까.

> 구체적인 문화현상으로서의 서브컬처 속에는 물리치기 어려운 '전체문화'에의 욕망이 하나의 본질로서 있음을 나는 그 서브컬처 측의 한 사람으로서 실감한다. 나는 서브컬처의 실작자인 까닭에 그 욕구는 항시 내 속에 억누르기 어려운 바 있었다. 그 때문에 나는 서브컬처의 작가로서 강하게 자기 긍정코자 함과 동시에 진행되는 '전후 민주주의'자로서의 과도하게 휘두른 것을 억제하지 않으면 안 되었던 것이다.[26]

여기까지 오면, 내게 흥미로운 것은 다음 두 가지였다.

첫째 이십 수년을 두고 행해온 소설 월평을 과감히 중단했음이 그것. 그 이유란, 위에서 본 것처럼 서브컬처론이었다. 그 진상이 어떠한지의 여부란 나는 알지 못하며 다만 짐작할 뿐이다. 그러나 이 사실에서 내가 알아낸 것은 에토 준이란 한 비평가의 과단성, 결단력이었다. 어차피 월평이란 지속할 수 없는데 왜냐면 작품이란 시대의 산물인 만큼 시대의 감각이란 세대적 감각에서 자유롭지 못하기 때문이다. 『한없이 투명에 가까운 블루』가 나왔을 때의 당혹감이 서브컬처론으로 퉁겨져 나갔는데, 이는 핑계를 찾는 현상이었을 터이다. 그럼에도 에토의 비평가 포기 선언은 충격적이었는바, 논리를 찾고자 했음이 이를 뒷받침해 준다. 비평가 포기 선언에 대해 비평적 논리를 구사했던 것이다. 이 논리의 구사로써 비평포기선언을 감행한 것은 비할 수 없는 결단력이라 할 것이다.

---

26 같은 책, p. 13.

나는 이 점에 공감하지 않을 수 없었다.

둘째는, 그가 꿈꾸었던 진짜 국가, 아비, 공적인 것, 하늘의 개념이 허구라는 사실을 알아차리고서도 이를 꿈꾸었음이다. 일본의 '근대'의 허구성, 일본 '전후'의 허구성에 대처하는 방도는 무엇이었던가. 과감성, 단호함이 아닐 수 없다. 자기의 '실감'에서 나온 것이 아니라면 아무리 대단한 것이라도 헌 신짝처럼 버리기가 그것이다. 이에 대해서는 고명한 『일본근대문학의 기원』(1980)의 저자의 말을 듣는 편이 빠른 길이다.

> 그런데, 에토 씨를 예로 든다면 나는 오래전부터 의문이 있습니다. 그분은 무엇이든 책으로 내는데, 두 가지만은 책으로 내지 않았지요. 하나는 『문학계』에 연재된 「문학사에 관한 노트」(1965. 6~1966. 7)이고 다른 하나는 「근대 일본문학의 저류」(『군상』, 1963. 6.)입니다. 어쩌면 어디에선가 책으로 나왔는지는 모르지만 내가 아는 한 책으로 나와 있지 않지요. …… 내 느낌으로는 이 두 가지는 매우 중요하지요. 그렇다고 나에 관해서도 같은 것이라고 말하면 곤란하지만. …… 숨기지 않겠소. 내게도 책으로 내지 않은 글이 잔뜩 있으니까. …… 에토 씨는 고칠 것이 있어서 책으로 내지 않았는지 모르지만 좌우간 내가 영향을 받은 것은 이것들이지요. 「근대 일본문학의 저류」에서 나의 『일본근대문학의 기원』이 씌어질 수 있었으니까. 물론 부정적인 느낌이지만 언어 쪽에서 근대문학을 파악고자 한 점에서는 처음부터 가졌던 것으로 여겨지오. 이런 의미에서 나카무라 미쓰오(中村光夫)는 거기까지 이르지 못했지요. 그는 처음부터 심리나 의미의 레벨을 문제삼았지요. 에토 준은 사생문(寫生文, 근대의 문체—인용자)에서 시작해서 어째서 일본의 현대문체가 나왔는가를 문제

삼고 있었지요. 지금 생각건대 대단히 새로운 비평이었지요. 지금 책으로 내도 절대로 새롭고 지금 그가 쓰고 있는 것보다도 훨씬 새로운 것입니다. 그것은 필시 에도(江戸)문학사 쪽도 같으리라 여겨지오. 지금은 패러다임인가 뭔가를 사용하지만 그는 그 당시 이것이 잔뜩 피어 있었지요. 나는, 어째서 그것을 책으로 내지 않았는지 전부터 이상하게 여겼지요. …… '가능성의 중심'이라는 시선에서 말해 참으로 그가 책으로 만들지 않았음에는 매우 중요한 포인트가 있지 않았을까요. 이 지경에까지 오면 추정에 지나지 않지만 그는 자신이 있어, 아니, 뭔가 그러한 데가 있지 않았을까요. 참으로 독창적이지요. 따라서 책이 되지 않았던 것. 그 다음은 생각보다는 타인에 통하는 언어였으니까요. 에토 준에 관해 말함은, 저러한 데가 있기에 어느 누구보다 무섭다고 여겨집니다. …… 나는, 정직히 말해 「근대 일본문학의 저류」가 없었더라면 『일본근대문학의 기원』이 쓰여질 수 없었다고 여기오. 프랑스 비평의 직수입으로 뭔가 쓰여질 이치가 없지요. 기본적으로는 거기에서 시작함이지요. 따라서 마사오카 시키(正岡子規)의 문제도 에토 준의 영향이지요(『일본근대문학의 기원』에 나오는 대목을 말함—인용자). 오늘의 젊은층은 그러한 곳을 건너뛰어 버릴지 모르나 역시 에토 준 때문에 그것은 말해 두고 싶습니다. 역시 영향을 받았지요.[27]

『일본근대문학의 기원』이라는 독창적 저술이 실상은 에토 준에서 배운 것이라는 것, 그만큼 에토 준이 위대하다는 것을 고백한 이 인용에

27 笠井潔 編, 『柄谷行人』, 作品社, 1985, pp. 171~173.

서 내가 느낀 점은 가라타니 고진의 정직한 용기보다도 에토 준의 대담성이랄까 단호함의 드러냄 쪽이었다. 아무리 굉장한 이론이며 논지라도 자기의 성미에 차지 않으면 일거에 던져 버리는 대담함이야말로 에토 준이 아니고는 절대로 불가능하다는 것이다. 『작가는 행동한다』에서 좌절하고, 『고바야시 히데오』에로 회전하면서 예각적 전회점에 이르고, 문체조차 고바야시를 닮아 갔다고 세상에서 말해지지만 실상은 또다른 전회점이 에토 준에겐 있었던 것이다.

『일본근대문학의 기원』의 원형이 「근대 일본문학의 저류」라는 자기고백이란 과연 무엇인가. 문학, 근대, 기원의 3박자로 된 이 책이 일본근대문학의 역사적 연구일 수 없음은 새삼 말할 것도 없다. 이 책이 구상된 것은 1970년대 전반기이고, 이 시기는 지식인의 언설에서 '근대비판'이 대세였다. 또 그것은 60년대 말의 세계적 동향과 연동된 것이거니와 핵심에 놓인 것은 '기원'의 과제였다. 이 책의 폭발력은, 따지고 보면 근대일본문학의 기원도 아니고 근대문학의 기원, 나아가 근대문학이 아니라 '근대의 기원'에서 왔다. 근대의 기원이란 따지고 보면 18, 19세기라는 특정시기의 산물에 지나지 않는 것. 그동안 이를 서양 자체가 은폐하고 있었다. 가라타니의 최강점은 바로 이 은폐를 만천하에 폭로함이었다. 『일본근대문학의 기원』이라는 간판을 걸고 서양(세계)의 근대문학의 기원, 나아가 '근대의 기원'을 문제삼았던 것이다. 정작 놀란 것은 일본 쪽이 아니라 서양 쪽이었다. 코넬대학 출판부에서 번역된 이 책의 서문 격으로 쓴 글에서 저자인 그는 이렇게 주장했다.

'문학'이 성립된 것은 서양의 19세기 후반에 지나지 않음을 푸코가 말했다. '문학'의 규범화는 아마도 국민국가의 확립과 연결되어 있다. 그것은 가령 18세기 영국의 소설이 보여 주는 다양한 가능성을 억압하는 것이었다. 그렇다면 근대문학의 '기원'은 그 이전이 아니라 다름 아닌 19세기 말에야 드러난 것에 지나지 않는다. 그 이전에로의 소급은 근원적인 것처럼 보여서 그 시기에 생긴 전도되었음을 간과하고 나아가 그것을 강조한 것이었다. 따라서 내가 일본 근대문학의 기원에서 문제삼은 것은 단지 일본 문학사의 문제가 아니다. 그것은 당초 '일본문학'이라는 개념과 역시 그것을 만들어 낸 '근대문학'에의 물음이었던 것이다.[28]

푸코의 독법을 한층 직접적으로 강조하고 보강해 준 것이 또 있었는데, 베네딕트 앤더슨의 『상상의 공동체』(1984)였다. "내가 그 책에서 감명을 받은 것은 서양의 내셔널리즘의 기원 고찰에서 비서양의 그것을 향해서가 아니라 거꾸로 인도네시아나 동남아시아에 있어서의 내셔널리즘의 고찰을 통해 거꾸로 서양에 있어서의 내셔널리즘을 고찰한 점이었다"(p. 90)라고 고백했을 때 앤더슨과 더불어 가라타니가 깨친 것은 서양이든 비서양이든 오늘 우리가 말하는 문학(소설)의 중요성이 인식된 것은 '후진국'이라는 사실이었다. 필리핀은 물론 중국이나 한국이 그랬고 일본도 그랬다. 요컨대 내셔널리즘이란 '언문일치'(출판어)와 더불어 시작된 것으로 국민(nation)이란 하나의 '풍경'에 다름 아니었다.

이런 곡절로 이루어진 이 가라타니의 『일본근대문학의 기원』을 본 서양 쪽이 놀란 것은 자기들 서양의 근대 및 문학의 원형을 여기서 새삼

28 柄谷行人, 「『日本近代文学の起源』再考」, 『批評空間』, 1991, no.1, pp. 89~90.

확인한 점이었다. 그러나 내가 지적하고 싶은 것은 따로 있었다. 푸코, 아렌트, 니체, 앤더슨 등도 아닌 에토 준은 어디에 있는가가 그것. 에토 준이 던져 버린 「근대 일본문학의 저류」 없이도 『일본근대문학의 기원』이 씌어질 수 있었을까. 다시 말해 에토 준은 푸코, 앤더슨, 바르트, 아렌트를 훤히 꿰뚫고 있었을까. 결코 그럴 이치가 없다. 에토 준의 비평에서 드러난 것은 H. 리드, 엘리엇, I. A. 리처드 등 영문학 쪽의 낡은 이론서였던 것이다. 그렇다면 대체 에토 준의 역량은 어디서 말미암은 것이었을까. 재학시절 『나쓰메 소세키』를 쓴 저력과 이 총기는 별개의 것이 아니었을 터이다. 나쓰메 소세키를 골똘히 천착함이란 바로 일본의 근대 그것의 본질에 접근될 수 있었다. 푸코도 앤더슨도 아닌 오직 자력으로 체득한 역량의 발휘였을 터이다. 죽을 때까지 그는 이 문제를 한순간도 놓친 바 없다. 『소세키와 그의 시대』(5부작)가 그 움직일 수 없는 증거가 아닐 것인가. 가라타니의 총기도 훌륭하지만 에토 준은 훌륭함을 넘어 가혹하고 또 가열한 데가 있었다. 바로 자존심, 남들과 다르다는 자부심이 그것.

그러나 내가 또 지적하고 싶은 것은 아무리 센 자존심, 자부심도 세월 속에서 지속되기 어렵다는 점. 에토 준의 경우도 사정은 같아 보였다. 나는 에토 준의 다음과 같은 만년의 고백을 사랑한다.

> 30대 초에 미국에서 돌아왔을 때 「일족재회」의 모두에 기록한 대로 비평언어가 성립될 수 없다는 느낌을 받았거니와 앞에서 말했지만 이 문제를 좀 철저히 파보려고 했지요. 역시 근대문학에서 찾고자 함은 불충분한 것. 근대 이전 …… 적어도 1600년 이래의 일본문학을 재검토하기에서 비평언어를 다시 만날 수 없을까, 하는 의문에서 시작, 당시 『문학계』에

12회 도중 2회 휴재했지요. 그것은 당시 미완이라 여겨 10년쯤 지나자 책으로 내지 않는가라고 묻는 출판사도 있었으나 스스로도 이것이 완결된 것인지 미완인지 잘 모르게 됐지요. 5년 전 두번째 미국에 있다가 귀국했을 때 『분게슌주』(文藝春秋)의 편집자가 꼭 책으로 내자고 해서 다시 읽어 보니 아무래도 완결됐다는 느낌이 오더군. 설사 자기가 완결되었다 여기더라도 책으로 냄이란 역시 새로이 자기의 일을 사회에다 대고 묻는 것인 만큼 현재의 독자에게 무의미한 것이 되어서는 안 된다고 여겼소. 그런데 대학(그는 도쿄공과대학 사회학 교수였고, 정년 후 모교인 게이오대학으로 옮겼다—인용자) 강의에서 이 일을 중심으로 조금 변화가 왔고 3년쯤 해봤지요. 그런데 학생 리포트를 읽어 보니까 아무래도 책으로 낼 의미가 있어 보였고, 그래서 금년에 20년 만에 책으로 내게 됐소. 본문 텍스트는 거의 그대로인데 20년이 지났는데도 다시 읽어 보니 이상하게도 오늘의 상황에 딱 들어맞는 느낌이 없지 않네요.[29]

이 무렵이면 가라타니의 책을 비롯 '근대의 초극'을 둘러싼 언설이 비평계를 뒤덮고 있었던 것이다. 에토 준, 그는 이 시대적 풍조조차 깡그리 무시할 만큼 오만하거나 독존적일 수 없었다. 이미 그는 회갑을 1년 앞둔 노인이었고 세속화에도 일가견을 가진 우익 두목으로서의 경륜가이기도 했다.

에토 준이 버린 이론에 발심하여 일가를 이룬 가라타니의 빛나는 승리도 따지고 보면 그리 길지 않았다. 그가 그토록 공들여 밝힌 근대문학

29 江藤淳, 『離脱と回帰と』, 日本文芸社, 1989, pp. 149~150.

의 기원도 거의 무효화되었음을 스스로 선언하지 않으면 안 되었던 것이다. 이른바 '근대문학의 종언' 선언이 그것이다. 이 점에서 에토 준과 가라타니 고진의 관련성은, 단지 일본의 문제에서 벗어나 하나의 보편성의 문제일 수 있음을 강력히 시사한다. 앤더슨의 『상상의 공동체』와 더불어 '근대문학'도 일종의 '상상의 공동체'였던 까닭이다.

8. 나카노 시게하루의 시 「비내리는 시나가와 역」론

비 내리는 시나가와 역(雨の降る品川駅)[30]

— XXX기념으로 이북만 김호영에게

中野重治

辛이여 잘 가거라
金이여 잘 가거라
그대들은 비 오는 시나가와 역에서 차에 오르는구나

李여 잘 가거라
또 한 분의 李여 잘 가거라
그대들은 그대들의 부모의 나라로 돌아가는구나

그대들의 나라의 시냇물은 겨울추위에 얼어붙고
그대들의 XX반항하는 마음은 떠나는 일순에 굳게 얼어

30 『무산자』 제3권 제1호, 1929. 5, 역자 미상, 6쪽.

바다는 비에 젖어서 어두워 가는 저녁에 파도성을 높이고
비닭이는 비에 젖어서 연기를 헤치고 창고 지붕에서 날아다닌다

그대들은 비에 젖어서 그대들을 쫓아내는 일본의 XX을 생각한다
그대들은 비에 젖어서 그의 머리털 그의 좁은 이마 그의 안경 그의 수염
그의 보기싫은 꼽새등줄기를 눈앞에 그려본다.

비는 줄줄 내리는데 새파란 시그널은 올라간다.
비는 줄줄 내리는데 그대들의 검은 눈동자가 번쩍인다.

그대들의 검은 그림자는 개찰구를 지나
그대들의 하얀 옷자락은 침침한 플랫폼에 흩날려
시그널은 색을 변하고
그대들은 차에 올라탄다

그대들은 출발하는구나
그대들은 떠나는구나

오오!
조선의 사나이요 계집아이인 그대들
머리끝 발끝까지 꿋꿋한 동무
일본 프롤레타리아트의 앞잡이요 뒷군
가거든 그 딱딱하고 두터운 번질번질한 얼음장을 두들겨 깨쳐라
오랫동안 갇혀 있던 물로 분방한 홍수를 지어라
그리고 또다시

해협을 건너뛰어 닥쳐 오너라

고베(神戸) 나고야(名古屋)를 지나 동경에 달려들어
그의 신변에 육박하고 그의 면전에 나타나
X를 사로X어 그의 X살을 움켜잡고
그의 X멱 바로 거기에다 낫X을 겨누고
만신의 뛰는 피에
뜨거운 복X의 환희 속에서
울어라! 웃어라!

한일간의 문학적 주고받기의 거의 유일한 작품이자 재일교포 및 조선에 관련된 일본문인이라면 모를 수 없고 또 몰라서도 안 되는 명시이거니와, 이에 대해 화답한 노래가 카프 서기장 임화의 「우산받은 요코하마 부두」(『조선지광』, 1929. 9.)이다.

항구의 계집애야! 이국의 계집애야
독크를 뛰어오지 말아라. 독크는 비에 젖었고
내 가슴은 떠나가는 서러움과 내어쫓기는 분함에 불이 타는데
오오 사랑하는 항구 요코하마의 계집애야!
독크를 뛰어오지 말아라 난간은 비에 젖어 있다.
(부분)

당초 나프(NAPF)의 중앙위원이자 공산당원인 나카노 시게하루(中

野重治, 1902~1979)의 원시 「비 내리는 시나가와 역」(『가이조』改造, 1929. 2.)이 실렸을 때 복자가 너무 많아 거의 판독 불능의 지경이었는데, 터부인 천황을 쳐 죽이는 불경을 스스럼 없이 범했기 때문이었다. 이 복자의 일부를 복원할 수 있는 길이 바로 위에 인용된 조선어 번역이었다. 도쿄 카프지부(이북만 주재, 김두용 중심)에서 낸 『무산자』에 실린 이 시의 역자는 불명하나 아마도 연극공부차 이북만 캠프에 소속된 임화였을 가능성이 높거니와, 좌우간 일본문학의 일방적 유출에서 이루어진 한국근대문학상에서는 보기 드문 현상이라 할 것이다. "만국의 노동자여 단결하라! 그대들은 쇠사슬밖에 잃을 것이 없다!"(「공산당선언」)는 계급사상을 염두에 둔 이 시에는 치명적인 결함이 있었다.[31] 바로 "일본 프롤레타리아트의 앞잡이요 뒷군"이 그것. 이는 민족편견(차별)이 아니었던가. 조선인을 한 번도 반도인이라든가 조선인 또는 제3국인이라는 표현조차 한 바 없는 시인 나카노가 어째서 이런 차별적 표현을 썼을까. 이에 대한 질문에 생전에 나카노는 "민족에고이즘의 꼬리가 드리워져 있는 느낌이 있음을 부정하지 않는다"(계간 『삼천리』, 1975. 5.)라는 자기비판을 했고, 그 뒤에 또 전집 24권에서는, 조선어역을 참조로 해서 없어진 원시의 원고의 복원이 가능했음도 밝혀져 있다.[32]

이 시를 읽은 일본 보수주의 언론계 두목 격이자 천황제 숭배자인 에토 준의 반응은 어떠했을까.

---

31 졸저, 『한일 근대문학의 관련 양상 신론』, 서울대출판부, 2006.
32 윤학준, 「나카노 시게하루의 자기비판」, 『신일본문학』, 1979. 12, 150~151쪽.

이 시를 좋아하오. '일본 천황'이라, 어째서 이런 실례의 말이 나오는 시를 좋아하는가는 모르겠소. 나는 조선인에 특별히 동정심을 가질 이치도 없고 아무것도 아닌데도 "辛이여, 金이여, 李여, 여자인 李여……"라는 저 다그쳐 묻는 것을 읽고 있자면 어째서인지 눈물이 나오. 그것은, 아마도 거기에도 죽음의 감각이 있었던 것이지요. '일본 천황'에 맞서 해협을 건너오는 사람들 속에는 죽음을 각오한 자도 있지 않겠소. 그 격렬함이지요. 이런 대목은, 어떤 시각에서 보면 나카노 씨의 곧 종주국 쪽의 오만스러움이 드러났다고 말할지 모르지요. 그럼에도 그러한 것을 보강하고, 음색을 조율하는 것이 어딘가에서 나오고 있는바, 역시 죽음에의 감각이군요. 그래서 그 죽음의 감각은 당연히도 저 '노래'이지요. "너는 노래하지 말라 / 너는 멋대로 붉은 꽃이나 잠자리의 날개를 노래하지 말라"라는 유명한 절창에 나타나 있는 미의 감각이기도 한 것이어서 그것은 미의 리얼한 것이지요. 포니(phony)의 대극이지요.[33]

요컨대 자기를 넘어섬, 죽음, 그러한 곳에로 이끌어 간다는 것. "시나가와 역만큼 황량한 기분이 드는 역을 나는 알지 못한다"로 시작되는 에토의 지적은 그가 통근하며 갈아타는 곳이었음과 결코 무관하지 않다. 어쩐지 이 시가 맘에 들어 더욱 시나가와 역이 황량하게 느껴졌을 터이다. 그 자신의 고백에 따르면 대학 강의에서도 쇼와(昭和) 초기 시를 논할 땐 이 시를 꼭 내세웠다고 한다. 이 시에서 에토 준이 느낀 것은 물론 공산주의나 이데올로기가 아니었다. '안녕 李' '안녕 金' 등의 고별사의 '래디컬

---

33 江藤淳, 『離脱と回帰と』, 日本文芸社, 1989, p. 67.

한 선율'이 돌연 전율을 일으켰다는 것. 학생들 앞에서 낭독을 중단할 정도였다고 고백한 바조차 있다. 그렇다면 비평포기선언인가.

대비평가이자 쌀값시세만큼 명백한 글을 쓰는 사람[34]인 에토 준이 논리를 포기하고 눈물을 흘렸다는 것은 어불성설이다. 그는 그의 심리까지 쌀값시세만큼 분석해 보여야 했다. 아무리 그것이 불가능할지라도(인생에는 얼마나 그런 경우가 많은가) 그 흉내라도 내야 함이 비평의 소임인 까닭이다. 과연 비평가답게 그는 그렇게도 했다.

> 지금 다시 읽어 보니 당초부터 이 시 속에는 별로 대단치도 않은 이데올로기적 저항을 느끼고 말 적절한 거리의 기축(基軸)이 매설되어 있다. "안녕"하고 부르는 "辛"도 "金"도 "李"도 "여자 李"도 누구 하나 일본인이 아니다. 조선인이면서 동시에 '일본제국 신민'임을 강요당하고 있는 이들이 '일본 천황'에 적의를 품어 경애의 느낌이 없음은 극히 자연스럽다. 그러나 그들은 '비 내리는 시나가와 역'에서 출발, 가버린다. 쫓겨서 기차에 태워져 서쪽으로 서쪽으로 멀리 해협을 건너 '부모의 나라'에 되돌아가는 "辛"이나 "金"이나 "李"나 "여자 李"의 배후에는 많은 거리가 펼쳐져 있다. 그 거리야말로 일본인과 조선인 사이에 개재하는, 넘어설 수 없는 거리에 다름 아니다. 그런데, 여기서 간과해서는 안 될 것은, 시인이 이 시 속에 깔아 놓은 이러한 거리의 기축이 그후의 역사의 추이에 의해 보기 좋게 그 의미를 변질시켜 버렸다는 바로 이 한 가지 일이다.[35]

---

34 『歴史について—小林秀雄対談集』, 文春文庫, 1978, p. 75.
35 江藤淳, 『昭和の文人』, 新潮社, 1989, pp. 41~42.

이 '한 가지 일'이란 과연 무엇인가. 만일 신, 김, 이, 여자 이 등이 건재하고 그 중 누구 한 사람도 일본제국 신민이 아니리라. 말할 것도 없이 조선은 일본 패전의 결과 미소군정에 처했다가 대한민국(RK)과 조선인민민주주의공화국(DPRK)으로 이루어졌다. "저 견고하고 두꺼운 얼음"은 파열된 것이다. 누구에 의해 얼음이 깨졌는가. 그 순간 무너진 쪽으로 얼마나 격렬한 에너지가 솟아났는가 등등은 차치하고 분명한 것은 단 하나, 곧, "절대로 일본 프롤레타리아트"가 아니라는 사실. 얼음을 깬 것은 일본 프롤레타리아트가 절대로 아니라는 사실. 에토 준이 여기서 논의하고 있는 것의 핵심은 이 '절대로'에 있다. 지금 시나가와 역 구내를 오가는 사람들 속엔 물을 것도 없이 그들은 한국 또는 북조선에 속한 사람들이다. 그들과 우리 사이에는 넘을 수 없는 거리가 놓여 있다. 그것은 그들이 가령 '조선 프롤레타리아트'의 자손일지라도 결코 일본 프롤레타리아트의 자손일 수는 없다. 그럼에도 "일본 프롤레타리아트의 앞잡이요 뒷군"이라는 표현은 기괴함을 넘어 부정확하지 않은가. 이를 대체 에토 준은 어떻게 해석고자 덤비는 것일까.

> 나는 그럼에도 반드시는, 도덕적 의미에서만 이러한 태도("일본 프롤레타리아트의 앞잡이요 뒷군"—인용자)를 문제삼는 것이 아니다. 오만이나 위선의 저쪽 깊은 밑바닥에는 의심없이 시인 나카노 시게하루의 …… 어떤 변신의 욕구가 숨어 있다. 따라서 나는 감히 피, 아 사이의 거리를 무시하고 해소코자 하는 「비 내리는 시나가와 역」의 작자의 태도를 여기서 문제삼지 않으면 안 된다.

그런데 조선인에의 동일화를 치열하게 원망함이란 단적으로 말해 '일본 천황'에 대한 '보복의 환희'에 "울고 웃는" 것이 가능한 어떤 사람으로 변신코자 하는 온몸의 고민을 원한 것에 다름 아니다.

아무리 신이나 김이나 이나 또는 여자 이에 있어서만 '일본 천황'의 신민에서 이탈하여 '부모의 나라'에 돌아간 조선인으로서의 본연에 귀일함이란 정당한 욕구의 실현이며 '보복'에의 첫걸음에 다름 아니다. 그러나 이에 반하여 '일본 프롤레타리아트'의 한 사람인 스스로를 흉내 내는 나카노 시게하루가 그 본연에 서고자 할 때 거기에 나타나는 것은 「시골집」(1935년 소설. 전향 후 부자 대면 장면을 다룬 것—인용자)과 '일본 천황'의 정통적 신민이라는 자기의 자세뿐이다.[36]

에토 준의 이 시에 대한 평가의 방향이란 이처럼 명백했음에 주목하지 않을 수 없다. 그에 있어 조선인이라든가 민족, 계급 문제 따위란 안중에도 없어 보인다. 그따위란 아무래도 상관 없는 것. 중요한 것은 단 하나, 『쇼와의 문인』 중 나카노 시게하루야말로 최고의 문사라는 것. 어째서 그가 최고에 속하는가. 에토의 안목에서 보면 나카노만이 '진짜 천황주의자'인 까닭이다. 천황제주의자인 에토 준은 이 시를 통해 스스로의 모습을 새삼 확인하고 있었다.

시인은 웬일인지 이 자기를 격렬하게 너무도 격렬하게 혐오한다. 혐오함이야말로 '일본 천황'에의 '보복' 같은 모양으로 격하게 몽상한다. 그렇지만 시인은 과연 무엇으로써 '일본 천황'에 보복해야 좋단 말인가. 다름 아

36 江藤淳, 『昭和の文人』, p. 46.

닌 '일본 천황'의 정당한 신민으로 살고자 하는 그 평명(平明)한 출생신분 탓인가? 그리하여 시인은 '보복의 환희'를 몽상함이 정당하다 할 수 있는 어떤 것으로 변신코자 절실히 요망한다. 「비 내리는 시나가와 역」이 이러한 "한 사람으로 두 몸과 같은" 자의 노래로 되는 것은 정말로 여기에서이다. 지금 "그 모양과 그림자가 서로 반사하는" 형국을 검토해 보니, 그 깊은 바닥에는 충성의 문제가 서려 있음이 거의 자명하게 여겨진다.[37]

누가 보아도 이 대목에 에토 준의 본심이 약동하고 있거니와, 요컨대 일본 프롤레타리아트의 최고 시인인 나카노 시게하루야말로 따져 보면 진짜 천황주의자이고 천황의 신민이라는 것. 겉으로는 천황주의자라 떠드는 문사들과는 선을 긋는 위대한 문사라는 것. 에토는 이 사실을 "한 몸으로 두 시대를 사는" 후쿠자와 유키치의 논법으로 보았던 것이다.

그렇다면 에토 준이 이 시를 읽고 눈물이 난 까닭은 무엇인가. 이 시의 밑바닥 깊이에 놓인 '천황에의 충성심'이 아니라면 달리 무엇이었겠는가. 또 다르게 말해 에토 준 자신의 '천황에의 충성심'이 아니고 대체 무엇이었겠는가. 그렇다면 나는 에토 준에게 사기당한 것인가. 이 느낌을 나는 오랫동안 물리치기 어려웠다. 이러한 느낌이 조금은 줄어들 수 있는 계기가 두 번 찾아왔다. 하나는, 종전 이후의 나카노 시게하루의 모습이었다.

나카노의 나프에서의 입장은 썩 복잡했는데 일본 공산당 중심의 미야모토 겐지(宮本顕治), 구라하라 고레히토(蔵原惟人) 등은 문학조직을

---

37 같은 책, p. 47.

분열시켜 자기 지배하에 엮고자 했고 이에 대해 나카노는 일본 공산당의 입장에 섰다. 나카노가 이상으로 삼은 당이란 문학조직을 분열시켜 자기 지배하에 두고자 하는 그런 당이 아니다. '현실의 당'과 '이상의 당'의 대립에서, 후자가 밀려날 수밖에 없었는데, 현실정치의 생리를 몰랐음에 이 사정이 관여된다.[38] 밀려난 나카노의 갈 길은 현실의 일본 공산당과 결별하고 자기 마음속의 당의 감각과 역사 속에서 자기 존재이유를 획증코자 했다. '전향'이 그것이다. 곧 한 번 죽었다고 여기고 "다시 글을 쓸 수밖에 없다"는 「시골집」(1935)의 재출발을 선언한 소설이 그것. 전후는 과연 어떻게 되었던가. 그는 일본 공산당의 요청을 받아 재입당하고 마침내 참의원(1947)까지 지냈다. 그런 그가 다시 조선과의 관련을 맺었다면 어찌할까.

맥아더 사령부에서 조선에 기관차를 몇 대 보내라고 일본정부에 요구했을 때 나카노는 칼럼 「기관차 문제」(『아카하다』赤旗, 1946. 3. 11.)를 썼다. 현재 일본에서도 필요한 것이 기관차라는 것. 그것도 성능 좋은 것이어야 한다는 것. 그렇다면 조선에 낡아빠진 기관차를 보내야 할까. 노오!라고 그는 힘차게 외쳤다. 가장 성능 좋은 기관차를 그것도 많이 조선에 보내야 한다는 것. 그렇게 하기 위해서는 천황 일족이 타는 궁정 기관차를 보내야 한다는 것. 자기의 이런 제안에 일본 국철 노동자의 응답도 조선 형제들의 목소리도 듣고 싶다고 결론지었다.

이 장면에서 나는 다시 한 번 '민족 차별'을 연상한다. 『창씨개명』(2008)의 저자 미즈노 나오키(水野直樹) 씨도 그런 의문을 품은 한 분이

---

38 川西政明, 『小説の終焉』, 岩波新書, 2004, p. 159.

다. 도쿄대학 선후배 관계에 있고 카프 멤버 중 두번째로 제국대학 출신(첫번째는 교토제대의 권환)인 후배 김두용은 나카노의 글을 읽고 썩 유쾌했다는 전제 아래 이렇게 적어 마지않았다. "그 기관차에 우리의 거룩한 영령들을 태우고, 우리도 타고, 또 우리 일반 인민도 타서 조선에 간다면 더욱 좋다. 그러나 현재 심각한 교통지옥에 고생하고 있는 일본의 인민대중을 위해 사용하는 것이 제일 적당한 방법이리라"(『아카하다』, 1946. 4. 2.)라고. 여기서 말하는 '우리'란 누군가. 물론 먼저 조선인을 가리킴이고, 앞의 '우리'는 조선인 프롤레타리아이고, 뒤의 '우리'는 당원 아닌 조선인 일반을 가리킴이었을 터이다. 일본 공산당원인 김두용으로서는 이 민족차별 문제를 그대로 안고 재일 조선인으로 살면서 또 일본 공산당 당원으로 살 수밖에 없었을 터이다. 그만큼 민족차별 문제란, 일시적이거나 감정적인 것에 앞서는 과제였던 것이다. 「비 내리는 시나가와 역」이 놓인 자리의 그다음은 이 난감한 문제를 새삼 음미케 하는 데 불발의 시금석이 아닐 수 없었다.

다른 하나의 계기는 에토 준의 자결과 알게 모르게 관련된 사안이어서 내 붓이 떨릴 수밖에 없는 것이기도 하다. 「비 내리는 시나가와 역」을 읽고 눈물을 금치 못한 이유란 결국 무엇인가. 이런 저런 이유라고 에토 준은 온갖 논리를 구사해서 합리화하고 이를 설득시키려 발버둥쳤다. 그러나 그럴수록 그는 실패할 수밖에 없었는데 '눈물'의 이유란 논리 이전인 심정의 소산인 까닭이다. 근본적으로 문예비평가 에토 준은 '시인'이었던 것이다. 그의 자살이 이를 최종적으로 증명해 보였다. '눈물'의 정체가 거기 고여 있었던 것이다.

9. 고바야시와 에토의 대화

오만하기 짝이 없고, 그만큼 자신만만한 논리로 무장한 우익 논객의 두목이자 대문예비평가 에토 준의 위상이란 누가 보아도 빈틈 없고 또 천하에 당당했음은 주지의 사실이었다. 그럼에도 그의 심정 밑바닥에는 '눈물'이 글썽거리고 있었음을 엿보였다는 것은 안타까움이자 그만큼 인간적이라 할 것이다. 어찌 그에게도 사람의 약점이 없을까 보냐. 다만 그는 이 약점을 은폐하기 위해 그토록 과잉반응의 논리로 중무장했는지도 모를 일이다. 사람의 약점이란, 한번 그 피냄새를 보이기만 하면 모든 것이 끝장이기 쉬운데 온갖 벌레나 병균들이 여지없이 무차별로 달려들기 때문이다. 그 온갖 벌레들이란 물을 것도 없이 세속적인 것이자 동시에 자기와의 싸움, 궁극적으로는 삶의 허무와의 싸움이었다. 에토 준에 있어 그 싸움의 무기가 더도 덜도 아닌 바로 글쓰기였다. 글쓰기이되 필사적인 글쓰기가 아니면 안 되었다. 이는 '절대적'이 아닐 수 없다. 이래도 좋고 저래도 좋은 그런 정치적 글쓰기와 근본적으로 다른 것, 필사적 몸부림에 다름 아니었다. 그렇지 않으면 창궐하는 벌레들에게 뜯어먹혀 해골만 앙상하게 남기 마련이니까.

대체 에토 준의 피냄새 나는 상처의 깊은 곳은 어디쯤에 있었을까. 우리는 그의 비평활동의 원점에 나쓰메 소세키가 군림했음을 알고 있거니와 또한 그 다음 자리에 비평가 고바야시 히데오가 우뚝 산맥처럼 그의 글쓰기를 막아서고 있었음도 알고 있다. 훗날 그는 고바야시 히데오의 평전 『고바야시 히데오』(1961)를 썼다. 물론 나쓰메 소세키 평전을 씀으로써 글쓰기의 원점을 삼은 점에서 보면 어디까지나 이것이 본령정계라 할 것인데, 나쓰메론이란 바로 일본의 근대(서양과 일본의 대결 및 그 낙차의 인식)가 평생의 연구과제임을 모르는 사이에 체득했음을 가리킴이다. 이에 비해 평전 『고바야시 히데오』는 원점에서 빗나간 방계적인 과제라 할 것이다. 첫줄에 그는 이렇게 썼다.

> 사람은 시인이나 소설가로 될 수가 있다. 그런데 일단 비평가로 된다는 것은 무엇을 의미하는 것일까. 혹은 사람은 무엇을 대상으로 지불하고서 비평가로 되는 것일까. 적어도 내게 있어서는 고바야시 히데오를 논하고자 할 때 최초에 상기된 것은 이 문제였다.[39]

이 대목은 고바야시의 비평가적 원점인 『갖가지 연구하는 일』의 앞대목에 적힌 다음 대목의 복창에 해당된다.

> 문학의 세계에는 시인이 살고 있고 소설가도 깃들고 있는 것처럼 문예비평가라 하는 것도 살고 있다. 시인에 있어서는 시쓰기가 바람이고 소설가에 있어서는 소설짓기가 바람이다. 그렇다면 문예비평가에 있어 문예비평 쓰는 것이 바람일까? 아마도 이 사실은 많은 역설을 잉태하고 있다.[40]

불세출의 비평가 고바야시 히데오의 목소리를 한치의 가감없이 복창하고 있는 에토 준이 거기 있었다. 원점 『나쓰메 소세키』가 근대연구이

---

39 江藤淳, 『小林秀雄』, 講談社, 1961 , p. 7.
40 小林秀雄, 『樣々なる意匠』, 筑摩書房, p. 260.

며 따라서 학문적 과제에 기울어진 것인 만큼 본질적이자 중후한 과제라면 『고바야시 히데오』는 이에 비해 경기관총과 같은 손에 닿는 무기이자 그만큼 운신의 폭이 자유로운 영역이었다. 그것은 표면상 재기발랄한 것이자 촌철살인적이며 화려한 것이기도 했다. 그러나 그 소용돌이의 핵심에는 태풍의 눈이 도사리고 있었다. '죽음'이 바로 그것. 에토준이 『고바야시 히데오』에서 문제삼은 것이 바로 이것이었다. 자살충동과 그것을 극복하기 위한 필사의 도주가 도스토예프스키연구를 거친 비평적 글쓰기였음을 에토가 발견했다는 것은 무엇을 의미하는 것일까. 문체까지 고바야시를 닮아 버린 이 평전은 실상 에토 준 자신의 구원이 아니었던가. 다만 다른 것이 있다면 자살충동을 날조했음에 있었을 터이다.

더 정확히는, 젊은 날의 고바야시 히데오에 있어 도저히 주체하기 어려운 과제가 자살충동이었음에 비추어 볼 때 젊은 날의 에토 준에겐 그런 것이 없었다. 정반대로, 다윈주의적 적자생존 법칙에 철저한 흡혈귀 같은 청년이 있었을 뿐이다. 그럼에도 고바야시에 매몰되기 위해서는 '자살충동의 날조하기' 외에는 다른 방도가 없었다. "여기서 고바야시 히데오가 과연 어떠한 '자살행동'을 꿈꾸어 왔는가, 그것이 현실에서 그가 일으켰다든가 하는 체험(친구의 애인과의 관계 등등—인용자)의 기억에 의지하고 있는가에 대해서 나는 흥미가 없다"[41]라고 에토는 단언했다. 그럼 어디에 흥미가 있는가. "이를 통해 고바야시가 비평가로 되었음"이 그것이다. 그런 일상적 현실의 지저분한 것을 떨쳐버리고 고도의 관념을 추구하는 것, 바로 거기서 비평이 태어난다는 것. 이 에토의 자살충동의 날

41 江藤淳, 『小林秀雄』, p. 55.

조야말로 평전을 쓴 본심이었다. 이 평전의 결론 격으로 씌어진 마지막 대목이 이 사실을 증거하고도 남는다.

> 20년간 그가 희구해 온 것은 요컨대 일찍이 소싯적의 그가 끝없는 남해의 벼랑에서 쪽빛 바다를 바라본 것이었다, 라고 말할 수도 있다. 그를 비평가로 되게 한 '자살의 이론'이 미의 차원에서 실행된다면 그의 존재 그것이 바로 비평으로 된다. 그의 리고리즘(엄격주의), 그의 데카당스, 그의 실재에의 가혹함 곧 그가 한 개의 투명한 '정신'으로 되기 위해 지목한 갖가지 대가는 그대로 고바야시 히데오라는 그가 그것에 대항해 싸워온 일본의 근대라는 기괴한 시대의 너무도 선명한 음화다.[42]

자살충동을 날조한 에토에 있어 고바야시는 한갓 그림자임이 분명해졌다. 그러나 이 그림자가 마침내 고바야시를 누를 수 있었음이야말로 일본 비평계의 일대 장관이 아닐 수 없다. 실제로 에토 준은 날조한 자살충동의 자물쇠를 풀고 스스로 자살(1999)을 실행했기 때문이다. 이 순간 에토 준은 고바야시 위에 군림할 수 있었는데 왜냐면 고바야시 히데오는, 80세에 선종했던 것이다. 이 역전극은 단연 에토 준의 승리가 아닐 수 없다.

에토 준, 그는 고바야시 히데오에 접근하지 말아야 했다. 이 거대한 소용돌이에서 멀어져야 했다. 태풍과 같은 이 소용돌이의 핵에는 죽음이 놓여 있었기에 그러하다. 영리한 고바야시가 용케도 이 핵의 주변을 돌

---

42 같은 책, p. 270.

면서 한가운데 진입을 피할 수 있었음은 그의 성품의 총명에서 왔을 터이다. 이에 비해 에토 준은 크게 우직, 우매했고 또 맹목적이었다. 요컨대 그는 약했다. 다윈의 사회경쟁주의(다윈이즘)에 발버둥쳤음이 그 증거이다. 그는 비평가가 되지 않고 연구자가 되어야 했을 터이다. 비평가란 자살충동을 안고 이를 잉태시키는 교활한 족속, 그러니까 일종의 방편적 글쓰기라면 그 한발 뒤에 선 약하고 가진 것 없고 우직한 에토 준이 했어야 할 것은 학자급이었다. 물론 제일급의 학자로 되기, 바로 근대연구였다. 원점인 『나쓰메 소세키』가 이 점을 재차 상기시키고 있다. 『고바야시 히데오』도 따지고 보면 일본근대의 연구에 대한 일환이었을 터이다. 오오카 쇼헤이(大岡昇平)가 준 고바야시의 자료(사신)에 크게 도움을 받았고 에토 준이 자랑스럽게 '신자료'라고 말하고 있거니와(「후기」) 이로 볼진대 각 장마다 상당한 각주를 달았음도 눈여겨 볼 점이다. 요컨대 에토 준은 연구자(학자)냐 비평가냐의 접점에서 크게 방황하고 있었던 것이고, 이 점은 그가 아예 비평가로 문단을 호령하고 있을 적에도 가슴속에서 불쑥 분출해 올라왔음에서도 엿볼 수 있을 정도다.

『소세키와 아더왕 전설—'해로행'의 비교문학적 연구』漱石とアーサー王伝説—『薤露行』の比較文学的研究(東京大学出版会, 1975)

이것은 에토 준이 영국 현지에 들러 소세키의 행적과 영향관계를 공들여 밝힌 치밀한 연구서이다. 그는 이 연구서를 들고 이른바 학계에 얼굴을 내밀었다. "나를 비평가로만 보지 말라, 이런 학문적 연구도 나는 한다"는 오기와 자존심에 가득찬 선언의 일종이었다. 학계에서도 이를 수용, 학위를 수여할 수밖에 없었다. 모교 게이오대학은 그에게 문학박사라는 꼬리를 달아주었다. 에토 사후 신진이자 에토의 후배 비평가 야마자키 고타로(山崎行太郎)와 작가이자 비평가인 대가급 오니시 교진(大西巨人)과 논쟁이 난 바 있었다. 발단은 『군상』(2000. 1.)의 오니시와 가라타니 고진과의 대담에서였다. 박사가 된 에토가 자기는 위대하다, 비평가란 시시하다, 급수가 다르다, 라고 말했는데 이 인간은 돼먹지 않은 놈이라고 생각했다고 오니시 교진이 말했을 때 반론을 편 것이 젊은 야마자키였다. 대체 어디에 그런 말이 있는가, 무고하지 말라고 맹렬히 대들었다. 그런 말을, 에토가 살아 있을 때 당당히 말하지 못하고 자살해 죽고 없는 마당에 말하다니, 라고 흥분했던 것이다. 오니시 교진의 대답은 이러했다. 에토의 일기에서 그렇게 읽었다라고. 그러나 그 일기 어느 곳에 그런 표현이 있는가라고 야마자키가 달려들었다. 이 논쟁을 관전한 문단의 반응은 어떠했던가. 문제의 일기 대목에 그 열쇠가 달려 있었다.

> 그렇지만 나는 왜 이 논문을 학위심사의 대상으로 하지 않으면 안 된다고 여겼을까. 아마도 나는 학문의 보편적 기준으로 한번 엄격히 자신을 규제할 필요를 통감했기 때문이다. …… 나는 이 심사를 받는 한 가지 일을 무엇보다 바랐던 것이다. 이를테면, 그것은 과거 20년 이래의 나의 소세키 연구의 보편타당성을 묻는 것이다. 쉽게 말해 단지 문득 생각난 듯한 영역을 넘어서지 못한 것인가 아니면, 학문적 공헌도 인정받을 수 있는 것인가에 대한 공정한 판정에 맡기는 것이다.[43]

보다시피 과연 오니시가 지적한 말은 없다. 그렇다고 해서 그가 없

---

43 小谷野敦, 『評論家入門』, 平凡社新書, 2004, p. 194에서 재인용.

는 말을 지어냈을까. 소설가이자 비평가인 대가 오니시인지라 그는 위 인용 부분을 정확히 해독(속뜻)할 줄 알았지만 신진비평가 야마자키로 말하면 텍스트를 해독할 힘이 모자란 탓에 글자 수에 얽매인 형국이었다. 좋게 말해 에토 준은 비평가와 학자 양쪽에 섰었다는 것. 이 양쪽 어디에서도 꿀림이 없다는 것을 내심에 간직한 것이라면, 오니시의 안목에 따르면 이는 '권위주의'로 느껴졌다는 점이다. 이런 오니시의 해석에 조금은 무리가 없진 않지만 그렇다고 날조된 것이 아님도 사실이라 할 것이다. 다시 말해 야마자키의 "해독력 부족"[44] 또는 편들기라 할 것이다.

이러한 20여 년을 걸친 에토 준의 활동은 요약건대, 일본의 근대 곧 나쓰메 소세키 연구라 할 것인데, 이것이 그다운 것은 문예비평이란 이름으로 행해졌음이다. 그 문예비평이란 고바야시 히데오라는 이름의 그림자였다. 거기에는 '자살충동'이라는 블랙홀이 맴돌고 있었다. 하도 맹렬히 돌고 있어서 정지한 상태의 겉모양을 하고 있었던 것이다. 결정적 대목에 가면 블랙홀에 함몰되어 모든 것이 끝장나게 되고 말 그런 것이었다. 고바야시와 에토 준의 관계란 이런 블랙홀로 표상되는 운명적인 것이었다.

10. 사생활과 공생활의 일원론

고바야시 히데오의 장례식장에 사회역을 맡은 에토 준은 장례식의 엄숙함에서 벗어나고자 문학적 표현을 동원하여 인상적이다.

---

44 같은 책, p. 195.

지난 3월 8일 고바야시 히데오 씨의 장례가 시작되기 한 시간 정도 앞이었다. 사회역에 지명된 나는 식장의 모양을 미리 보고자 아직 회장자의 한 사람도 모이지 않은 텅 빈 아오야마(青山) 장의소 안에 들어갔다. 거기에는 고바야시 씨가 미소 짓고 있었다. "뭐야, 자네, 어찌 된 것인가? 대체 지금부터 누구의 장례식을 치르고자 하는가?"라고, 고바야시 씨가 말하고 있는 것으로 여겨졌다. "누구라니요, 고바야시 씨, 그대인데요"라고 나는 순간 목소리를 내지 않고 말했다.

"아, 그런가, 그런가. 그렇다면 도리가 없군. 잘 부탁한다네"라는 고바야시 씨의 말이 청명한 날씨의 차디찬 바람을 타고 내 귀에 닿았다.[45]

에토 준이 고바야시를 처음 만난 것은 『고바야시 히데오』(1961)가 책으로 나온 때이며 미국 유학 이전이었다. 이 책의 집필에 결정적인 새 자료는 작가 오오카 쇼헤이(大岡昇平)와 고바야시 사이의 청년기의 서신 교환 묶음이었다. 이를 사용해도 좋은가를 백면서생인 에토 준이 편지로 고바야시에게 묻자 이런 엽서가 왔다.

"편지 보았음. 아무쪼록 충분히 사용해 주시압. 고바야시 히데오"

그 필적즉슨 오오카 씨가 준 자료의 것과 한치도 다르지 않았다. 이 한마디가 얼마나 고마웠는지 모른다고, 또한 그것을 충분히 사용했기에 이 책이 쓰여질 수 있었다[46]고 에토 준은 강조해 마지 않았다.

아오야마 장의식이 끝난 뒤 고바야시의 밤샘에 가마쿠라 경찰서가

---

45 江藤淳, 『批評と私』, 新潮社, 1987, p. 50.
46 江藤淳, 『小林秀雄』, 講談社, 1961 , p. 90.

초긴장 상태에 들어갔으나 그 밤샘에 찾아온 조문객은 뜻밖에도 몇천 명에 지나지 않았다. "몇만 명"으로 예상한 것에 크게 밑돌았다. 고바야시의 진가를 아는 사람이 의외로 소수임을 에토는 잘 알고 있었다. 그럼에도 에토는 "놀랐다"고 적어 마지않았다. 고바야시의 가장 괴로웠던 전쟁협력 비판자들이 그때나 지금이나 있었음을 에토가 잘 알고 있었음에 틀림없다.[47]

일본 문사들의 글쓰기의 한 가지 형식으로 특징적인 것은 대담형식을 들 수 있거니와 고바야시와 에토 준의 대담은 두 번씩이나 이루어졌다. 『역사와 문학』(1967. 12.)이 첫번째이거니와 이 대담에서 주목되는 것은 '역사의 불변성'이다.

<u>에토</u> 역사의 본질이란 변하지 않는 것으로…….

<u>고바야시</u> 변하지 않지.

<u>에토</u> 그렇다면 '역사'의 본질을 넘어서는 것은 없겠지요. 불역(不易)이 아니겠습니까.

<u>고바야시</u> 물론 불역이지.[48]

두번째 대담(1971. 6.)은 아예 전체를 「역사에 대하여」라는 제목으로 첫번째로 편집되어 있어 역사에 대해 본격적인 논의가 이루어져 있어 인상적이다. 여기서 본격적이라 함은 역사를 경험적 차원에서 논의함을 가

---

47 같은 책, p. 95.
48 『人間の進歩について—小林秀雄対談集 II』, 文藝春秋, 1981, p. 257.

리킴이다. 이때 경험적이란 이른바 영국인의 경험주의와는 단연 구분된다. 계량화된 경험주의가 아니라 어디까지나 개인적 차원의 일상적 삶의 감각을 가리킴 곧, 대략 『도스토예프스키의 생활』의 서문에 덩그렇게 놓인 '애정'이 이에 해당된다. 역사란 무엇인가를 스스로 물은 고바야시 히데오는 "아기를 잃은 모친의 그리움"에 해당되는 것이라고 주장했다.

> 아이가 죽었다는 역사상의 한 사건에 대신할 것이 없음을 모친에게 보증하는 것은 그녀의 슬픔뿐이다. 어떤 경우에도 인간의 이지는 사물의 대체 불능함에 대해서는 할 바를 모른다. 슬픔이 깊을수록 아이의 얼굴은 또렷이 보이게 된다. 아마도 살아 있을 적보다 더욱 또렷하게. 사랑하는 아이의 보잘것없는 유품을 앞에 둔 모친의 마음에는 그때, 무슨 일이 일어났는가를 자세히 생각해 보면 그러한 일상의 경험 뒤에는 역사에 관한 근본적 지혜를 읽어 낼 수 있으리라. 그것은 역사사실에 관한 근본인식보다도 오히려 근본의 기술이다. 그곳에 우리들은 주어진 역사사실을 보는 것이 아니라 주어진 사료를 계기로 하여 역사사실을 만들어 내고 있으니까. 이런 양상의 지혜에 있어서는 역사사실이란 객관적인 것도 아니지만 주관적인 것도 아니다. 이러한 지혜는 인식론적으로는 애매하지만 행위로서는 우리들이 살고 있는 것과 같은 모양으로 확실한 것이다. (pp.12~13)

어째서 고바야시는 야심찬 방대한 『도스토예프스키의 생활』(1939, 創元社 초판)의 서문을, 실상 이 글은 훗날 『역사와 문학』(1941)에 반복 부연되거니와, 「역사에 대하여」라는 서문으로 내세웠을까. 두말할 것도 없이 지금까지 해온 고바야시 자신의 방식으로, 도스토예프스키가 아니라 그 아무리 대단한 것이라도 행할 수밖에 없음을 천명한 것에 더도 덜도 아니었다. 어떤 과학적 방법론이나 빌려 온 이론을 무기 삼아 논의를 펼치기란 삼척동자도 노력만 하면 가능하겠지만 그런 것은 한갓 허깨비 짓, 대리노릇하는 로봇에 지나지 않는다. 방법은 단 하나, 정면돌파뿐. 그것은 곧, 일상적 삶의 '실감'이 아닐 수 없다. 실로 다음 대목은 도스토예프스키 연구뿐만이 아니라 고바야시 자신의 비평의 원점을 말해 놓은 것이다.

> 나는 일정한 방법에 따라 역사를 쓰고자 여기지 않는다. 과거가 생생히 소생하는 때 인간은 자신의 내면(뒤)의 서로 다른 혹은 서로 모순하는 모든 능력을 가득 차게 사용하는 일을 일상의 경험이 가르쳐 주기 때문이다. 모든 사료는 살아 있는 인물의 허물 벗은 껍데기에 지나지 않는다. 일체의 허물 벗은 껍데기를 신용하지 않는 일도 허물의 껍데기를 모으면 그 인물이 되라고 믿는 일도 같은 모양으로 쉽다. 돌아오는 곳은 역시 보잘것없는 유품과 같은 슬픔만 있으면 죽은 아이의 얼굴을 묘사하는 일에 빠뜨릴 수 없는 모친의 기술 이상으로 다른 것(방도)은 없다. 그녀는 그곳에서 전기작가에 필요한 근본적 기술의 최소한도를 사용하고 있다. 곤란함이란 복잡한 일에 봉착해도 이 최소한도의 기술을 항시 보존하며, 잊지 않는 일이다. 요컨대 나는 '나쁜 생각'들을 경계하면 족한 것이다. (앞의 책, p.16)

이러한 고바야시를 꿰뚫어보고 평전 『고바야시 히데오』를 쓴 에토 준이기에 두 비평가 사이의 소통에 어찌 그림자가 있을 수 있으랴. 앞 가리고 뒤 가릴 그 무엇도 없는 마당이 아닐 수 없다. 에토 준의 최대의 약점을 고바야시는 훤히 꿰뚫어보고 있었고, 그 때문에 에토 준은 흡사 아비 앞에 선 소년처럼 말할 수조차 있었다.

<u>에토 준</u> 또 하나. 이는 매우 익살스럽게 여겨질지 모르겠으나 저는, 아이가 없기도 하여, 개를 좋아하고 또 귀여워하고 있습니다. 그런데 이즈음 아이를 물어 죽인 개의 출현 이래 개를 기르는 것을 죄악시하는 신문기사가 매일 실리고 있습니다. 저는 뭔가 참기 어려웠습니다. 개를 기르는 사람은 인간을 소중히 여기지 않는다, 요컨대 개란 녀석들은 시방 도시생활이 이러함에 모두 욕구불만이어서 언제 물지 모른다, 그러한 개를 사육하는 녀석은 휴머니즘에서 벗어난다. 이런 식으로 쓰는 쪽이 신문인데 저는 매우 불만이어서 도리가 없습니다.

그것은 매우 이상한 논의라고 여깁니다. 곧, 인간에는 배우자가 없거나 아이가 없기도 하는 일이 있지 않습니까. 그러한 사람이 개라도, 작은 새라도 좋으니 그것을 길러 소중히 하는 그 마음의 움직임에 대해 타인들이 입에 올려 잘난 듯이 그렇게 비꼴 것까지는 없다고 여깁니다.

<u>고바야시</u> 그야 그렇지 않은가…….

<u>에토 준</u> 그럼에도 한 가지 잣대로 바깥에서 적용시켜 비판함이 이상하지요. 개가 사람을 문다는 것은 생각하면 너무 당연하여 신문기사가 되는 것조차 이상하지요. 사람이 개에 물리면 신문기사로 된다, 개가 사람에게 물려도 기사가 되지 않는다는 것이 뉴스의 철칙인 것은 신문학 첫장에 쓰여 있습니다. 그것이 시방 신문학 첫장조차 잊고 또 개가 사람을 물었다고 나오는 판이지요. 그런 것은 옛날의 신문기사에 없었다고 여겨집니다.

개를 기르는 것과 기르지 않는 것은 참으로 이야말로 개개인의 마음의 문제인데 그런 것을 천하의 공기(公器)가 왈가왈부할 것이 아니라고 여겨집니다. 그런 것이 현대엔 썩 정의감으로써 써지고 있지요. 그 꼬리에 매달려 '그러기에' 나는 개를 기르지 않는다고 하는 녀석들이 있습니다. '그러기에' 개를 기르지 않음이 아니라 그 녀석은 단지 개가 귀엽지 않기에 기르지 않는다고 여겨집니다만, 이 사실을 속여 '그러기에'라고 말하는 것을 드러내고자 하는 세대에 대해서 저는 매우 분개하고 있습니다.

고바야시 개를 기르는 것은, 개인의 문제이지. 사생활의 문제인데. 그렇지만 오늘날의 풍조에 따른 리얼리즘은 모두 사생활 그것을 사회생활로서 다루고 있지.

에토 준 그렇습니다.

고바야시 그러기에 직접적으로 사생활이란 것을 문제 삼지 않는 것이지.

에토 준 말씀하신 대로입니다.

고바야시 그렇지만 직접적으로는 사생활을 문제로 삼지 않으면 사람 속에 건전한 것이 모두 없어집니다. 그런 점이 있지 않은가. 요컨대 뿌리가 없어지게 된다.

에토 준 정말 말한 그대로입니다.

고바야시 그렇지만 직접적으로 사생활을 문제 삼지 않으면 인간 속에 건전한 것이 모두 사라져 버리지. 그러한 것이 있겠지. 요컨대 뿌리가 없어져 버린다.

에토 준 정말, 말씀하신 그대로입니다. 뿌리가 없어진다고 했지만, 단지 그 뿌리가 없는 데에 얼간이같이 마음이 붙어 있는 사람은 저널리즘 외에도 많이 있다고 여겨집니다만…….

고바야시 많이 있지. 그 중에서 제일 둔감한 축이 저널리즘이겠지. 사물을 보지 않고 떠들기만 하는 것에 관해서라면 저널리즘에 비할 것은 없지. 그렇지만 사생활은 리얼리티에 직결되어 있기에 그것을 없애는 것은 불가능하지.

에토 준 그렇습니다. 사생활에 직면치 않으면 안 됩니다. 사생활 속에야말로 시간이 흐르기 때문에.

고바야시 가와카미(河上徹太郎) 군도 퍽 개를 좋아하더군. 그도 아이가 없기 때문이 아닐까.[49]

이렇게 길게 인용한 이유는 실로 단순 명쾌하다. 대담 인용 첫대목이 '아이 없음'이고, 또 에토 준이 부친급의 고바야시에게 고백한 이 첫말이라면 이에 대해 화답한 고바야시의 말 역시 '아이 없음'이었다. 불문과 동급생이자 그 집 가정교사로 용돈을 벌기도 한 평생 지우인 비평가 가와카미 데쓰타로가 개를 좋아한다는 것. '아이 없음'과 같은 문맥을 이어 놓은 것은, '사생활'의 소중함을 공유함이 얼마나 문학에도 소중한 것인가를 보여 준 사례라 할 것이다(가와카미는 1942년 제1차 대동아작가대회의 사무총장을 맡은 비평가로 이광수를 협박한 인물이기도 하다. 이광수와 고바야시는 친분이 있었다. 이광수의 심정고백서 「행자」는 고바야시에게 편지 형식으로 쓴 것이다).

대체 사생활, 아이 없음, 개 기르기의 3박자란 에토에겐 무엇이었을까. 이 점을 건너뛰면 당연히도 그의 비평 핵심에 이르기 어렵다. 그것은

49 『歴史について—小林秀雄対談集』, 文春文庫, 1978, pp. 16~18.

에토 준이 우익의 두목으로 우뚝 서서 저널리즘적인 공적인 생활에 눈부신 활동을 함에 비례하는 것이기도 하다. '사생활'과 '공적 생활'의 균형감각이야말로 지적 긴장력의 원천이었다. 그의 '공적 생활'의 에너지는 저널리즘을 최고로 이용함에서 온 것이며 그것을 뒷받침한 것이 바로 저널리즘이 무시해 마지 않는 '사생활'이었다. '사생활' 한복판에 개 기르기가 있었고, 그 총 무게는 그가 전개한 공적인 비평 업적과 한 치도 어긋나지 않게 '맞먹는' 것이었다. 다시 강조컨대 '공적 생활'로 표상되는 일본의 국가, 메이지 시대의 조부의 핏줄, 그리고 아비되기에 비평 활동의 핵심이 있었다면 '사생활' 쪽에서는 '개 기르기'가 이에 맞서고 있었다. 이 점에서 개 기르기란 에토 준에 있어 허구일 수 없다. 실감이되 가장 확실한 실감. 고바야시식으로 하면 죽은 아이를 회상하는 어미의 심정에 해당되는 '역사' 그것이었다.

11. 강아지를 키워야 했던 사연

1970년 현재 에토 준은 두 권의 수필집을 냈다. 첫번째 수필집이 『개와 나』(犬と私)였다. '귀여운 책'이라 자평할 정도로 정이 깃든 책이었다. 그도 그럴 것이 '다아키'(Darkie, 검둥이)라는 이름을 가진 코카스파니엘(Cocker Spaniel, 영국산 사냥개) 검은 암놈으로, 낳자마자 곧바로 놈을 얻어서 6년 반 동안 함께 산 얘기.

아이가 없는 우리 부부에 있어서는 적당한 자식 부모 관계의 상대였다. 겉으로 보면 개와 진짜 대화를 한다든가 안고 잔다든가 하는 부부란 미치

광이에 가까운 것이겠으나 뭐라 말하든 이것만은 어쩔 수 없다.[50]

이 놈의 모양은 어떠했을까. 산발을 하면 흡사 물개 또는 해표를 닮았고 온몸이 미끈하게 유선형이었다. 때때로 늪에서 새를 쏠 때의 사냥개인 까닭이다. 이를 보고 있노라면 문득 유년기에 이 동물을 좋아한 기분이었다고 에토는 고백할 정도였다. 6년간 정이 들 대로 든 다아키가 죽었을 때 에토 준은 그 느낌을 어떻게 소화해 냈을까. 이 사실을 적은 것이 『개와 나』이다. '느낌을 소화해 내기'라 했거니와 그것은 고바야시의 경우와 대비시켜 보면 한층 뚜렷해진다. 고바야시의 경우는 어떠했을까. 여기에 대해서는 『역사와 문학』(1941)에서 논의되어 있는 그대로이다. 이 글을 고바야시는 조금 수정하여 『도스토예프스키의 생활』의 서문으로 삼을 만큼 확실한 것이었다. 죽은 자식을 가진 모친의 심정, 그것이 '역사적 사실'의 실체임을 갈파한 고바야시의 안목, 그것의 연장선상에 도스토예프스키가 있었고, 『도마』(当麻)가 있었고, 요컨대 문학이 있었다. 문학 그것은 지평선 너머에 가물거리는 일루션 또는 환상이 아니라 죽은 아이에 대한 모친의 심정으로서의 '역사적 사실'이었다. 그러기에 거기엔 어떤 실증적 사실도 미칠 수 없었다. 그렇지만 아무리 그렇다 치더라도 실생활에 있어 고바야시에겐 죽은 아이가 없었음에 유의할 필요가 있다. 딸아이 하나를 가진 고바야시 부부에 있어 아이의 죽음이란 아예 없었다. 뿐만 아니라 강아지 따위나 애완동물을 기르지도 않았는데, 그럴 필요가 없었다. 만년엔 손주도 있었고, 가족 분위기 속의 가마쿠라

---

50 江藤淳, 『旅の話 · 犬の夢』, 講談社, 1970, p. 270.

생활에서 서양음악 듣기, 글쓰기, 독서하기 등이 전부였다. 가끔 가마쿠라를 방문한 누이의 기록대로라면 당연히도 범속한 오라비일 따름이다.

> 오라비는 어느 편이냐 하면 보통은 말이 적은 편이다. 가끔 넓은 거실에서 마주 바라보면서 오라버니와 나는 잠시 침묵할 때가 있다. 오라버니는 생각난 듯 도자기를 보여 주기도 하고 최상의 성능을 자랑하는 스테레오로 음악을 들려주기도 한다. 그러나 그런 다음에는 어떤 계기로 이야기하기 시작하면 그럴 수 없이 재미있다. 술이라도 조금 마시면 갑자기 웅변으로 변한다. …… 청년시대 일탈된 생활을 한 오라버니는 결혼하자 썩 가정적인 남편이자 아비였다. 문사이면서도 여성관계가 일절 없었다. 단지 도쿄에서 지나치게 술을 마셔 마지막 전차도 놓치고 가마쿠라까지 택시로 귀가하는 일이 가끔 있었다. 그럴 적에 올케는 성이 나서 마중 나가지 않는다. 틀림없이 저물도록 술을 마셔 밤중에 귀가하는 남편만큼 미운 것은 없다. 그런데 겨울 추운 밤 가까스로 이불 속에 따뜻하게 있는 판에 현관까지 나가 문을 열 때는 무사히 귀가함에 감사한 마음은 간데없고 오히려 불끈해진다. 올케가 일어나지 않으니까 딸이 일어나 들여보내 자리에 누인다. 그러나 요즘은 그런 일도 없이 평화스럽다.[51]

보다시피 범속한 인간일 뿐. 낮엔 서재에서 일하고 밤엔 아무것도 안 하기. 저녁참에 목욕, 저녁은 아주 천천히 먹고, 다시 한번 입욕, 일찍 자리에 드는 사나이, 그가 고바야시였다. 이런 발걸음으로 그는 80세로

---

51 高見沢潤子, 『兄小林秀雄との対話』, 講談社, 1970, pp. 179~181.

선종할 수조차 있었다. 그럼에도 그가 남달랐던 것은 죽은 자식을 가진 모친의 슬픔을 선험적으로 알았음에서 왔다. 그것이 문학임을 직관으로 파악한 희유한 인간이었던 것이다.

에토 준은 이에 비견한다면 과연 어떠할까. 무엇보다 에토 준은 고바야시의 직관을 엿볼 수 있는 자질을 갖추었음은 부정할 수 없다. 평전 『고바야시 히데오』에서 그가 문체조차 고바야시를 닮았음이 이를 증거한다. 그렇지만 실인생에 있어 두 사람은 썩 달랐다. 에토 준, 그는 겉으로 강한 척 했지만 실로 약한 인간이었다. 무엇보다 실생활에 있어 그가 '죽은 개를 가진 모친'이었던 것이다. '다아키'라는 사냥개를 6년 반 동안 키운 모친, 그 사냥개의 죽음에 대한 그리움을 가진 모친이었다. 이 경우 슬픔이란, 『화엄경』에서 말하는 '비'(悲)에 다름 아니었다.

> 지금 다아키는 도쿄 부(府) 중의 미군기지 옆에 있는 다마견묘영원(多磨犬猫靈園)에 잠들어 있다. 그 무덤에 있는 In Loving Memory of Babard Belle Darkie라는 영문의 묘비명을 고른 것은 나였다. 검은 귀염받이였던 다아키의 무덤이기에 묘석도 검은 것을 골랐다. 그 위에는 작은 소나무 가지를 심었는데 밤이슬이 내려도 조금은 견뎌내기 쉬울 것 같아서였다. 그로부터 1년 가까이 지났으나 아직도 다아키의 생일날을 기억해 주는 분이 있었다.[52]

이 대목은 『성숙과 상실』은 물론 『미국과 나』, 『소세키와 그의 시대』

---

52 江藤淳, 『旅の話 · 犬の夢』, 講談社, 1970, p. 282.

(1부)·등으로 신진 비평계의 큰 걸음을 걷고 있던 에토 준의 제2 수필집(『旅の話·犬の夢』)에 실려 있다. 여기에 나오는 다마견묘영원이란 다마영원의 한 부문을 가리키는 것. 이 영원은 일본의 이토 히로부미, 도고 원수, 사이토 조선 총독, 기쿠치 히로시 등 거물들이 안치된 최대 규모의 묘단지로 성스러운 곳이었다.

'생일날'이라는 표제로 씌어진 이 글은 죽은 다아키의 생일날을 가리킴이었다. 삿포로 강연에서 이치가야(市谷) 맨션에로 귀가하자 피로한지라 막바로 자려고 마음먹고 문을 열자 화려한 색깔이 어둠속 낭하(廊下)에 있었다는 것. 심홍색 꽃다발이었다는 것. 카드에 메시지가 있었는데 "다아키님 생일 축하. 비비로부터"로 적혀 있었다는 것. 비로소 7월 4일, 오늘이 다아키의 생일이었음을 알았다는 것. 규슈에 있는, 수놈 코카스파니엘을 기르는 모 미망인이 보냈다는 것 등을 알아냈다. 첫 수필『개와 나』를 읽고 문통이 이루어진 사이라는 것. 이 첫 수필집이 가진 매력의 어떠함을 보여 주는 사례라 볼 것이다.『개와 나』(1966)란 따지고 보면『미국과 나』(1965)와 쌍을 이루는 것. 후자란 록펠러 장학금으로 미국에서 두 해 머물다 귀국한 에토가 전 미국을 대상으로 오만하기 짝이 없는 표제인『미국과 나』라 하였는데 이는 그만큼 무모함의 노출이지만 한 가지 분명한 것은 이 표현의 공적(公的) 측면이라는 사실이다. 오만하든 무모하든 한 일본의 젊은이가 초강대국 미국을 상대로 이를 객관화하고자 한 패기는 일찍이 없었다.『성숙과 상실』은 그 결과물의 하나였다. 거기에는 막대한 생산력의 에너지가 있었고, 이로써 에토 준은 국가, 부(父), 공적인 것의 발견에 닿았다. 이것이야말로 미국 체험에서 얻은 보이지 않는 에너지의 원천이었다. 그와 꼭 같은 의미에서 또 그와 동시에 에토 준의 에너지의 원천이 따로 있었는데, 『개와 나』가 그것이다. 미국에 해당되는 것이, 그것도 초강국 미국에 준하는 것이 그에겐 '개' 한 마리였던 것.

이 '개'란, 물을 것도 없이 에토 준의 개성이 아니면 안 되었다. 공적인 것에 대응되는 사적인 것, 이 공적인 것과 사적인 것의 무게란 어김없는 평형을 이루는 것. 만일 한치라도 어긋나기만 하면 그의 비평은 물론 삶의 파탄은 필지의 사안이 아닐 수 없다는 것. 이 점에 '개'란 제국 미국에 맞서는 것.

승전국 미국의 지배하에서 겨우 천황제를 유지하고 있는 취약한 일본의 자유란, 민주주의란 대체 무엇이었겠는가. 일본 국민의 이 치욕스러움의 무의식이란 어찌 역도산(力道山)의 레슬링으로 족할까 보냐. 4년간 일본은 적어도 미국을 상대로 전쟁을 치른 바 있는 그 국가, 그 아비, 그 공적인 것은 대체 어디로 갔단 말인가. 다시 한번 미국의 저력인 적자생존의 다윈이즘을 확인한 『미국과 나』에서 출발한 그는, 그 이전에 가졌던, "집 안에 불치의 환자를 둔 가족의 상황"인 일본문학과 그 사회를 비판했지만, 미국 체험 이후엔 그 '불치의 환자'를 개개인의 마음속에, 그러니까 문학 속에 활성화하는 계기로 삼지 않으면 안 되었다. 요컨대 일본문학에는 '개'가 있어야 된다는 것. 있되 '미국'만큼의 무게로 있어야 된다는 것. 이 점에 에토 준은 실로 행운아였다. 대선배 고바야시 히데오의 불발의 힘이 은밀히 작동되었던 까닭이다. 전후 일본 비평계의 장관이 아닐 수 없다. 이 대선배의 가르침은 실로 간단 명료했다. 데뷔 적부터 분명히 선언한 것으로 비평이란 갖가지 종류가 있다는 것(『갖가지 연구하는 일』) 누구나 그런 것을 할 수 있다는 것, 그렇지만, 비평이 갖출 분명한 것은 개성이라는 것을 내세움에서 왔다. 마르크스주의의 시대적 공적 사회적인 비평이 판을 치는 마당에 고바야시의 이런 주장은, 자칫하면 개성옹호자, 약자의 발언으로 치부되기 쉬웠지만 따지고 보면 결코 그렇지만은 않았다. 그의 안목에 따르면 마르크스야말로 진정한 비평가인데 왜냐면 그를 추종하는 무수한 밀수꾼들과는 달리 그의 개성에서 어쩔 수 없이, 다르게 말해 생리적으로 탄생한 사상이기 때문이다. 다시 말해 고바야시는 자기의 주장을 한 번도 내세우고자 하지 않은 대신 비평의 존재 방식을 시종일관 논의해 왔던 것이다. 이른바 용수보살의 중관론에 가까운 방식이었다. 자기의 주장하는 바가 없기에 타인의 어떤 주장도 여지없이 깨뜨릴 수 있음이 그것(이것을 프라산가[귀류법reductio ad absurdum]라고 함).

역사(공적인 것)란 죽은 아이의 모친의 마음(개성)에서만 찾아진다는 그런 자리 찾기. 바로 비평이 깃드는 곳. 그 결과 사회(전쟁)에 대한 방관적 태도에 기울어질 위험성이 실제로 벌어졌음도 사실이었다. 공적인 역사의 참여를 기피했음이 그 증거이기도 했다. 그렇기는 하나, 또한 에토 준은 당연히도 선배 고바야시와는 썩 다른 면이 있었다. '개'로 표상되는 개성의 측면이 그것. '개'가 필요없는 고바야시가 그야말로 '무사(無私)의 정신'에 거리낌없고 또 순수하게 나아갈 수조차 있었다면, 에토 준은 그럴 수 없다. 적절한 비유일 수는 없겠지만 굳이 비유해 말하면 고바야시가 이목구비, 사지 전체가 손상 없는 온전한 사람이라면, 그래서 적어도 육체적인 어떤 콤플렉스를 가질 필요가 없었다면, 에토 준은 절름발이랄까, 지체부자유의 신세였다. 이를 보강하는 방도로 고안된 것이 바로 '개' 사육이었다. '다이키'라는 이름의 사냥개를 6년 반이나 키웠다는 것, 그후에도 다른 개를 계속 키웠다는 것, 가족과 꼭 마찬가지로 사랑했다는 것. 그 사랑의 깊이가 어떠했는가는 다음의 구절이 암시해 주고 있다.

> 낳자마자 우리에게 와서 조금은 응석부리느라 이불 속에 재우는 버릇 들어 아내와 늘 함께 잤다. 어쩌다 내가 안고 가도 금방 빠져나가 아내 쪽으로 가버려 도리가 없다. 아내가 최근 조금 건강이 나빠 입원했다. 그동안 도리 없이 다아키는 나와 잤지만 번번이 꿈을 꾸는 모양이었다. 꿈을 꾼다고 했지만 이불 속에서 몸을 움직이며 바로 눈을 껌벅인다. 웬일인가 하고 생각하고 있자니 규칙적으로 숨소리가 고르지 않고 힌, 힌 하는 잠꼬대를 한다. 배도 어느새 울렁거리고 감겨진 눈꺼풀을 찔끔거리며 움직이고 있다. 한밤중 이런 모양을 혼자 보고 있는 사이 나는 다아키가 개임을 잊고 불쌍하고 딱해져 "왜 그러느냐, 아빠가 있지 않은가"라고 소리 내고 싶었다. 그러자 다아키는 본디 상태로 되돌아가 일어나서 노래하는 듯한 눈동자로 나를 바라본다. 그녀가 무슨 꿈을 꾸었는지는 알 수 없지만 아마도 동물의 예민한 본능으로 자기를 지켜 주던 사람의 한쪽이 빠졌음에 대한 불안에 겁내고 있었음에 틀림없다. 그렇게 여기면서 나는 세상에는 노력해도 얻을 수 없는 안식이란 것이 있고 그것은, 없어진 뒤에 비로소 가치를 알게 되는 것 같은 성질의 것이구나 하는 사실을 새삼 통감하지 않을 수 없었다.[53]

---

53 江藤淳, 『旅の話 · 犬の夢』, pp. 264~265.

이 대목에 무슨 설명이나 해석이 요망될 것인가. 너무도 투명하여 그림자조차 없는 문장, 고바야시 히데오의 표현으로 하면, "쌀값시세"만큼 투명하다.

요컨대 에토 준의 이 자의식을 세상에다 대고 공언하지 않으면 안 되었다. 이유는 자명했다. 『미국과 나』를 살리기 위한 방도는 『개와 나』 밖에 다른 방도가 없었음이다. 고바야시 히데오가 간접적으로는 『유럽과 나』였고 이에 대응시킨 것이 '모토오리 노부나가' 또는 '도마(当麻)와 나'였다. 이 점에서 두 사람의 내적 구도는 동질적인 것이었다. 다만 고바야시의 경우는, 매우 에둘러, 겉으로는 폼나지 않은 표현을 취했다면 젊은 에토 준은 이를 너무도 투명하게 만천하에 들리도록 외쳐 마지 않았다. 그 이유란 실로 단순 명쾌함에서 왔다. '미국'과 '개'의 동질성과 이질성을 동시에 드러내게끔 한 절박하고도 절실한 이유가 두 가지씩이나 있었음에서 말미암았다. 하나는 미군 질서 속에서 억지로 얻은 전후 민주주의식 언론과 거기에 오염된 전후 문학 상황이고, 다른 하나는, 이 점이 소중한데, '개'로 표상된 그 자신의 불구성(불치의 환자를 집 안에 가진 자)이다. 실상 이 후자의 경우엔 그 자신의 자존심이 걸린 것이 아닐 수 없었는데, 왜냐면 이 자존심의 자기 고백 없이는, 또 그것의 강도 없이는 그가 고발 비판하는 공적인 전후 민주주의가 낳은 전후 문학의 허구성이 무화되거나 강력한 비판력을 잃게 마련인 까닭이다. 그는 '개'를 내세움으로 자기를 과감히 만천하에 고백했다. "나는 개다"라고, "나는 개의 아빠다"라고. 이만큼 자기 정직함이 따로 있겠는가. 그러기에 문학판의 그 누구도 에토 준과 맞설 자는 없었다. 그는 '초인'이었던 까닭이다.

12. 강아지도 처도 글쓰기만큼의 절대적인 곡절

다아키를 다마영원에 묻어 놓은 에토 준 부부는 그 슬픔이랄까 공백을 어떻게 소화해 냈을까. 역시 검은 색의 다아키를 닮은 새끼 암놈을 구해서 키웠다. 이름은 아니. 다아키가 기품 있는 귀부인의 미인이라면 아니는 미니스커트에 고고를 추는 현대풍. 다 큰 아니를 두고 아무도 '그녀'라고 부르지 않았다. 모양이 너무 소년적이었다고나 할까. 가루이자와(軽井沢)에로 이사했을 때 아니에겐 개집을 따로 지어 살게 했다. 거기에 다아키의 사진을 걸어두었다. 세번째 개, 역시 사냥개 암놈이었던 그 개의 이름은 메리. 「세 마리 개들」(三匹の犬たち, 1983)에서 에토는 자기 심리분석을 시도해 마지않았다.

> 당초 개를 좋아하는 사람은 지배욕이 강한 인간으로, 영국인은 개를 길러 자기의 지배력을 적당히 조절한다는 얘기를 어디선가 읽은 적이 있다. 나는 "하늘은 사람 위에 사람을 만들지 않는다"라는 것이 표어인 게이오의숙(慶應義塾)을 나왔기에 사람을 지배한다는 것에 대해 꺼림직함을 느끼고 있다. 그 때문에 개를 기르고 있는지도 모른다.[54]

그렇다면 에토의 개사랑이란 지배력(거대담론)에 동일화하는 스스로의 욕망을 오히려 체념하는 장치라 할 것인데, 아이가 없이 그 공백을 메우기 위해 다아키를 키웠다는 자기 고백과는 모순된다. 모든 권력자는

---

54 大塚英志, 『サブカルチャー文学論』, p. 716에서 재인용.

개를 기른다고 말할 때의 '개'란 세계와의 관련을 단절하는 수단이었다. '가장'이자 거대담론에 동일화된 강대한 '나'에 대한 강한 욕망의 표현을 에토는 감추지 않았다. 문단 보수주의의 두목을 의지적으로 드러낸 곳에 개기르기가 있었다. 그것은 곧 일본의 발견, '국가, 공적인 것'이라는 거대담론을 향한 의지의 표상이었다. 그렇다면 단순한 개 기르기와는 다른 저 다아키에 대한 '지극한 사랑'이란 무엇인가. 가장 약한 인간만이 할 수 있는 자기 정직성이 아니었던가. 그는 이 두 가지 사실을 동시에 천하에 드러내기를 서슴지 않았다. 그가 미국에서 돌아왔을 때 거대담론인 일본(국가)은 전후 이래 해체되고 없었다. 도쿄올림픽에서 비로소 '일본'을 어렴풋이 느꼈을 뿐이다. 그것은 다아키를 기르는 것과 같은 비중으로 그를 성숙시킨 에너지의 원천이었다. 고명한 『성숙과 상실』은 이 에너지가 빚어낸 평론이었기에 그만큼 값진 것이었다.

여기까지 이르면 다아키 뒤에 숨어 있어 다아키를 그녀답게 만든 장본인을 문제 삼지 않으면 안 되게 된다. 곧 에토 준의 부인 게이코(慶子)가 바로 그 장본인. 여기서 하나 짚고 넘어갈 부분은, 어째서 이들 부부가 아이를 갖지 않았는가에 대한 문학적 해석이다. 다음과 같은 지적이 이에 해당된다.

> '전후 민주주의'라는 이념과 일본의 풍토 사이의 갈등을 에토는 여기서 실감하고 있다. 그럼에도 불구하고 에토는 적어도 그 개인으로서는 '국가'에의 욕망을 체념하고자 '개인적 사는 방도'라는 '자유'에 살고자 한다. 에토가 여기서는 자기 신분의 '혈연'을 단절하여 '가족'을 만들고자 하는 것에 관해서는 나는 제2장에서 논한 「내력부인자」로서의 근대 지식

인의 모습을 발견한다. '혈연'이나 '국가'를 단념하고 '가족'을 만든다는 것은 가령 '세대'를 거듭하지 않는다는 것이고, '부부'라는 단위에 자기들의 생을 완결해 버리는 것이다. 나는 어떤 사적 이유로 에토 부처가 아이를 갖지 않았는가에 대해서는 전혀 알지 못하나, 문학자로서의 행동거지로 이해코자 하면 당연한 귀결이라 여긴다.[55]

선명한 시각이라 할 것이다. 문학적 범주를 떠나서 개인적 사정을 극력 경계하는 위의 글이 지시하는 곳은 동시에 부인 게이코의 분석으로 향하게 마련인데, 왜냐면 에토가 과잉할 정도로 부인의 존재감이 자기에게 주는 영향을 공개해 놓았기 때문이다. 무엇보다 먼저 에토는 미국에 도착하자마자 부인이 병으로 갑자기 쓰러졌던 사건을 『미국과 나』에서 대문짝만큼 떠들었다. '소셜 다윈이즘'이 철저한 미국이라는 것, 거기서 살아남기 위한 방도야말로 미국체험에서 얻은 교훈이라는 것.

이 경우 부인은 무엇이었던가. 부인이 아니라 한갓 적자생존이라는 관념의 소도구에 다름 아니었다. 다듬어 말해 에토는 부인을 일종의 소도구로 사용하여 자기의 피해의식을 부각시키고자 했던 것이다. 『처와 나』(『妻と私』, 1999)에서 그토록 아내를 사랑했음도 사실이지만, 이 점 역시 사실이 아닐 수 없다. 처라는 존재는 에토에겐 자기의 건강함, 강인함을 부각시키기 위한 소도구이자 동시에 자기의 허세를 부각시켜 주는 거울 몫을 하고 있었다. 이를 전문용어로 하면 '이행대상'(移行對象, transitional object)이라 할 것이다. 『놀이와 현실』(D. W. 위니코트

55 大塚英志, 앞의 책, p. 721.

Winnicott 지음)에서 나온, 아이들이 때묻은 담요나 특정의 기호품에 과도히 집착함을 가리키는 이 용어는, 유아가 "모친과 융합하고 있는 상태에서 외부에 있는 독립된 것으로 존재하는 상태"에로 이행해 가는 또는 "현실인식을 수용하는 능력이 없는 상태"에서 외적 세계를 수용하는 상태로 이행해 갈 때의 '중간 영역'으로 두 세계를 매개하는 것을 가리킨다. 물론 이런 심리과정은 유아기에만 있는 것이 아니라 어른에도 꼭 같이 있어 누구도 이런 '중간 영역'의 무게에서 자유롭지 못하다. 이러한 발달심리학을 단초로 하여 에토 준을 볼 때는 어떠할까.

무엇보다 나는 이 글 제6절 머리에 『성숙과 상실』에서의 인상적인 카우보이의 노래를 인용했거니와 그것은, 에토의 설명대로 에릭슨(E. Erikson)의 발달심리학을 깃발처럼 내세운 것이었다. 어미에서 분리된 단독자로서의 아들의 성장이란 무엇인가. 이 발달심리학의 분석을 「포옹가족」, 「해변의 광경」에 적용시켰을 때 『성숙과 상실』이 씌어졌다. 실제로 에토의 경우 모친의 죽음은 소년기에 맞았다. 그는 그 자신을 분석한 것이기에 그만큼 열정적일 수 있었다. 이번에는 또 다른 발달심리학인 '이행대상'에 전면적으로 노출되고 있었다. 그 도구가 처 게이코였다.

'이행대상'의 첫번째 측면은 '오타쿠족'에서 선명하다. '중간 영역'에서 한사코 집착하기가 그것. 두번째 측면은 외적 현실 쪽에 과잉하게 적응하여 동일화되고자 함이다. 에토 준은 어느 쪽도 버리고 제3의 길을 선택코자 했는바 그것이 비평의 기조에 뒤틀려 놓인 것이다. 「세 마리의 개들」에서 이 점이 선명하다. 권력에의 의지로서의 개 기르기와 그것에서 벗어나기 위한 개 기르기가 그것. 이렇게 보아오면 '다아키'로 표상되는, '펭귄 아저씨'로서의 물개/물표범으로서의 미끈하게 빠진 것은 에토 준의 육체 쪽이다. 그렇다면 '정신적 심정적'인 쪽은 두말할 것도 없이 처 게이코가 아닐 수 없다. 개가 아닌 인간이고 여인이며 처에 해당되는 게이코인 만큼 그녀는 에토 준에겐 거울 몫에 해당되었다.

에토 준은 물론 그 나름의 스타일이 있었다. 넓은 양복의 조끼형 포켓에 가볍게 손을 찌르고 큰 걸음으로 걷기. 양복은 밝은 회색. 라이터를 켜 담배 피우기, 홍차 마시기, 컵에 차를 부으며 향기 음미하기, 어린이 같은 표정, 얼음을 탄 양주의 술잔을 기울이는 표정, 문사들을 논의하는 청산유수의 말솜씨 등. 그러나 실로 파격적인 것이 있었는바, 집필형이 그것. '완전원고' 쓰기가 그것. 한 자 고친 곳 없을 만큼 치밀하게 쓰기가 그것. 여기에 이르게 한 것이 처 게이코의 몫이었다.

> 이러한 완벽한 집중을 실현키 위한 노력은 이만저만한 것이 아닌데 그 태반을 쥐고 있는 것이 게이코 부인이었다. 부인은 에토 씨의 집필 중에는 늘 집에서 씨의 쓰임에 응했을 뿐만 아니라 전화나 배달 등 씨의 신경을 번거롭게 하는 것이 없도록 정성을 쏟았다. 에토 씨는 언젠가 농담 반 진담 반으로 "나는 전구를 낄 줄도 모른다"고 말했거니와, 그만큼 사실에서 먼 말이 아니라고 여겨진다. 그만큼 생활 전반을 에토 씨는 부인에 내맡겼다. 부인은 그것을 안쪽에서가 아니라 오히려 주역으로 인수하고 있었다. 전화를 해서 부인에게 새 원고의 것이나 씨의 근작에 대해 사방팔방 얘기를 했다. 부인은 씨의 일 전체는 물론 문단, 논단의 모든 것을 꿰뚫어보고, 날카로운 문제의식을 갖고 있었다. 무엇인가 정치 쪽 문제의 얘기를 할 때는 에토 씨가 "이 건에 대해서는 안사람이"라고 부인의 의견을 소개함이 빈번했다. 두 분은 매우 충실한 부부이자 동지라 할 만큼 결합

된 모습을 갖추고 있었다. 부인이 죽었을 때의 씨의 슬픔이 어떠했는가. 혼신의 간병의 정열과 더불어 타인으로서는 헤아리기 어려움이 있었다. 그것은 거의 셰익스피어적이라 할 만큼 비극이었으리라.[56]

두 가지 점이 지적될 수 있다. 부인이란 개가 아니라는 점이 그 하나. 어떻게 다른가는, 위에서 보다시피 집안 살림뿐 아니라 남편의 글쓰기의 보조수단이란 사실을 무엇보다 내세울 수 있다. 그러나 따지고 보면 이러한 보살핌은 부인 아닌 제3자인 비서라도 대행할 수 있는 일이다. 그러니까 게이코 부인이 행한 저러한 일은 통상적으로 말해 예외적이거나 비정상이 아닐 수 없다. 가정주부라면 당연히도 역할 분담이 필수적인 법. 가족을 돌보고, 건강을 다스리고 또 법도를 지키며 이웃과의 교제방식과 그 법도를 가르쳐야 한다. 동시에 또 여인으로서의 그 자신을 가꾸어야 한다. 남편과 마주하는 일은, 다른 많은 가사 중의 한 부분에 해당될 뿐이다. 게이코 부인의 경우는 전혀 사정이 달랐다. 가정주부로서의 일 전부를 포기하고 전적으로 남편의 '글쓰기'의 보조수단에 지나지 않았다. 다르게 말해 에토 준에 있어 '글쓰기'가 삶의 전체성이었기 때문이다. 글쓰기이되 결사적 글쓰기, 사생결단의 글쓰기였음을 가리킴인 것. 글쓰기만이 삶의 전부였던 남편을 위해 전력을 기울여 돕는 일이기에 가정주부의 자리에서 떠나 오직 '남편의 도구'에 멈춘 것이었다. 그 아내가 죽었을 때 남편의 슬픔이 셰익스피어적이라 한 표현은, 따지고 보면 '아내의 죽음'이 곧 '남편의 죽음'인 까닭이다. 자기의 죽음 앞에 망연자실한 허깨비 에

56 福田和也, 『江藤淳という人』, 新潮社, 2000, p. 160.

토 준이 덩그렇게 남은 형국이었다.

다른 하나는, 이 점이 더 중요한데, 개 다아키의 연장선상에서의 일, 곧 개의 '이행대상'에 해당되었음이라는 사실. 개의 부모인 이들 부부에 있어 개란 단순한 개일 수 없었다. 한톨의 핏줄도 섞이지 않은 개의 부모 노릇하기란 새삼 무엇인가. 무엇보다 이 물음에 앞서는 것은 인간인 타자의 개입에 대한 형언하기 어려운 공포감이 숨겨져 있었다. 글쓰기 판에서는 오직 글쓰기만 있는 법. 거기엔 생신(生身)의 '인간'(타자)이란 없다. 글 속에만 살아 있는 인간이 있을 뿐이다. 이 글 속의 추상적 인간을 대상으로 하여 에토 준은 용감하게 『나쓰메 소세키』 『고바야시 히데오』를 써젖혔고, 『미국과 나』 『성숙과 상실』을 썼다. 그 에너지의 근원이 개 다아키에서 왔음은 새삼 말할 것이 없다. 살아 있는 생명체란 다아키밖에 없었던 까닭이다. 베르그송이 말하는 '동물적 생기'(ésprits animaux)에 다름 아니었다. 실상 미국에서 귀국한 에토 부부에 있어 일본이란 폐허 속에서 올림픽을 치른 풍경이 펼쳐진 곳이었고, 그것은 미군정의 지도하에 형성되기 시작한 전후 민주주의 덕분이었다. 이 사실을 논리적 수준에서 파악할 만한 힘이 젊은 에토에겐 거의 없었다. 그렇지만 그저 '동물적 생기' 덕분으로 논리의 수준을 생리화하고 있었다. 당시 일본문단에서는 아무도 이 '동물적 생기'를 알아차리지 못했다. 에토 자신도 비자각적이었음은 첫 수필집 『개와 나』를 만천하에 드러냈음이 그 증거다. 은밀히 감추어야 할 이 사안을 드러낼 만큼 순진한 에토 준이기에 그의 글쓰기엔 원한이나 비판이나 한숨 따위가 끼어들 수 없었다. 대낮처럼 밝은 태초의 아침이기도 했다. 언제부터 에토 준이 '동물적 생기'를 자각하게 됐을까. 다마영원에 다아키를 묻고 가루이자와로 이사해서 제2세대인 아니 놈을 위해서는 개집을 따로 지었을 즈음이 아니었을까. 개 다아키의 임무가 아내에게로 '이행대상'되었음이 거의 확실하다. 아내는, 이제부터 다아키의 자리에서 주인이나 남편인 에토 준에 충성해야 했다.

이때 얻은 것은 단 하나. 에토의 글쓰기의 뒷받침에 혼신함이 그것. 여기에 지불된 그녀의 노력은 실로 헤아리기 어려웠을 터이다. 에토 준의 수준에 육박할 만큼의 정치적인 문단적 감각의 획득이 그것. 그 위에 또 문학적 감각 또한 요망되었다.

게이오여고(慶應女高), 1953년 게이오대학 문학부에 든 게이코와 에토는 동급생. 4년 후 졸업과 동시에 결혼한 것은 1958년 5월 13일이었다. 상당한 정도의 문학적 소양과 교양을 갖추었음에 틀림없지만 다마 영원에 다아키를 묻은 이후엔 여인으로 주부로서의 모든 역할을 전폐하지 않으면 안 되었다. '이행대상'이 막바로 에토의 글쓰기이었고 에토 역시 다아키의 '이행대상'으로서 게이코가 있을 뿐이었다. 두 사람의 이러한 관계에서 지불한 대가는 과연 무엇이었을까. 다아키가 가졌던 '동물적 생기' 그것이 아니면 안 되었다. 니시다 기타로(西田幾多郎)가 가진 이 '동물적 생기'[57]의 포기 없이는 한 발자국도 나아갈 수 없었다. 이 굉장한 '동물적 생기'를 포기했을 때 상상 외의 에너지가 솟아올랐다. 문단은 숨을 죽이며 저 칼날 같은 논리의 힘 앞에 다만 혀를 내두를 뿐이었다. 논리, 관념의 세계가 거기 하늘처럼 열려 있었기에 그 앞에선 어떤 것도 안전할 수 없었다. 영혼을 악마에게 판 형국이었다. 아무리 그려봐도 그림은 회색의 세계인 것. 일찍이 『파우스트』에서 증명한 현상이 바로 에토

57 三木清, 『読書と人生』, 新潮社, 1974, p. 136.

글쓰기였다. "고귀한 친구여, 회색이란 이론인 것. 삶의 황금빛 나무는 초록인 것을."(Grau, teurer Freund, ist alle Theorie // Und grün des Lebens goldner Baum.)[58]

회색에 회색을 칠해도 삶의 초록은 되살아나지 않는 법. 요컨대 이 말은 악마의 입에서 나왔다는 사실만큼 본질적인 것은 따로 없다. 회색의 세계. 그 이론의 세계란, 악마와의 계약 없이도 이루어지는 것. 그러나 삶의 초록이란 악마와의 계약 없이는 절대로 불가능하다는 것. 고바야시 히데오와 다른 결정적인 점, 바로 에토 준도 이 접점에 닿고 있었다. 악마의 글쓰기에 나아갈 것인가, 회색의 이론에 머물 것인가. 그는 양다리를 걸치며 줄타기를 하지 않으면 안 되었다.

이 줄타기에서 부인 게이코의 역할은 거의 절대적이었다. 에토 자신을 정확히 비추는 거울 몫이었던 까닭이다. 그가 악마의 글쓰기로 나갈 때 그녀는 다이키를 염두에 두었고, 그가 회색 이론으로 나갈 때 그녀는 또 다이키를 상기시키는 몫을 했는바, 실상 따지고 보면 이 양자성은 원래 에토 자신의 것이었다. 게이코가 죽었을 때 에토 역시 죽지 않을 수 없는 진짜 이유가 여기에서 온다.

13. 처의 죽음까지 '묘사'한 글쓰기

"5월 22일 오후 6시 반경이었다. 1998년의"라고 시작되는 『처와 나』는 사건의 기록이되 결사적인 글쓰기이다. '악마의 글쓰기'로밖에 표현할

---

58 Johann Wolfgang von Goethe, *Faust I*, 2038 f. Reclam판, 제1부, p. 60.

방도가 없을 만큼 그것은 그러하다. 스스로 신이 되고자 한 66세 사나이의 방법론이기 때문이다.

아내의 죽음조차, 아니 아내의 죽음이야말로 신바람들린 글쓰기의 대상이었다. 그것은 곧 자기 자신의 죽음조차 글쓰기의 대상이었음을 만천하에 공언해 놓았기에 그러하다.

아내 게이코가 입원한 것은 1997년 5월이었고, 죽은 것은 1998년 11월 7일이었다. 그동안의 처의 간병생활 및 그로 인한 그 자신도 입원할 정도로 정신적 육체적 피로에서 실로 기진맥진한 상태였다. 이 지옥 속에서 그를 구출해 준 것이 바로 이 글이었다.

> 1999년 1월 8일에 퇴원하자마자 나는 입원 중에 산적한 가정문제의 처리라든가 세금 신고 준비에 쫓겼다. 그것이 일단락되자 2월 초순의 어느 밤 돌연 뭔가 겪은 바 없는 일종의 이상한 감각이 엄습해 왔다. 자신이 의미도 없이 지금 존재하고 있다는 것. 이런 인식이었다. 그대로 있다가는 발광하기에 틀림없다고 여겨, 좌우간 쓰지 않으면 안 된다고 여겼다.
> 이 뇌리에 떠오른 것은 아내의 밀장날에 이미 전해진, 뭔가 쓴다면 본지에다, 라는 『분게슌주』(文藝春秋) 편집장으로부터의 의뢰였다. 조속히 히라오(平尾) 편집장에 연락해서 가마쿠라의 집에까지 오게 하고자 결심했을 때, 발광할 듯한 기분은 거짓말처럼 사라졌다.[59]

---

59 江藤淳, 『妻と私』, 文藝春秋, 1999, pp. 114~115.[국역본은 『당신의 손이 아직 따뜻할 때』, 김경남 옮김, 중앙M&B, 2000.]

글쓰기=구원의 도식도 선명한데, 주목할 것은 이 경우 그 도식은 반드시 두 가지 요소를 갖추었음이다. 철저함이 그 하나라면 이를 천하에 알림이 그 다른 하나이다. "불치의 환자를 둔" 집안의 가장으로 이를 쉬쉬하지 않고 만천하에 알리기란, 악마스러움이 아닐 수 없다. 철저히 쓰기란, 그만이 하는 것일 수 없고 문사라면 누구나 하는 것이지만 이를 천하에 드러냄이란 에토 준이 유일했다. 잡지 『분게슌주』란 보수적 대중지의 대명사와도 같은 것. 고도 성장의 절정에 이른 일본사회의 대중심리 반영의 중심점에 선 이 잡지에다 에토 준은 처를 망설임 없이 팔아넘겼는데, 그 자신이 이로써 구원받을 수 있었기에 이는 윤리적 차원을 넘어선 필사적인 것일 수밖에 없었다. 글쓰기를 시작하자마자 존재감이 살아났음, 찜찜한 것, 혼미한 것, 요컨대 형언하기 어려운 상실감이 "씻은 듯이" 사라졌던 것. "나, 에토 준이 여기 있다!"라는 자세란, 약한 인간의 절규임에 틀림없지만 적어도 본인은 "나, 에토 준은 남다르다!"라는 몸부림에 다름 아니었다. 인간임을 포기하고서라도 글쓰기를 앞세운 에토 준이란 바로 "신의 자세" 그것이 아니면 안 되었다.

어디까지가 인간의 목소리이고 어디부터가 신의 목소리인가를 이 글에서 막바로 알아내기란 물론 어렵다. 그의 자살에 대한 기록이 아직 없기에 그러하다. 신은 스스로의 죽음을 기록하지 않기에 그러하다. 그렇지만 『처와 나』의 글 속에는 두 가지가 혼재되어 있기에 그만큼 커다란 울림이 왔다. 그 울림은 어떠했던가. 무모하지만 내가 분석해 본다면 이러하다.

1998년 5월 22일 오후 6시 반. 대학(게이오대학)에서 택시로 옛 사토미(里見) 씨의 저택 앞에서 택시를 내려 "왼편에 야도(谷戸)로 통하는 길을 두세 발 걸어 눈앞에 나타나는 내 집에 왔을 때는 이전과는 다른 이상한 느낌이 들었다"라고 머리에 썼다. 집에 이르는 길의 발걸음까지 묘사해 놓았음에 주목할 것이다.

> 집에는 먼저 전등이 하나도 켜져 있지 않았다. 승용차도 없었다. 처가 집을 비웠음을 곧 알아차렸다. 처는 종종 이 시간에 없을 때가 있어 그 자체는 별일 아니다. 단지 그럴 땐 문의 등을 켜둔다든가 현관이 훤하도록 집이 살아 있음을 보이는 증거가 있을 법했는데 이 집은 뭔가 죽어 있다.
>
> 나는 문을 열고 현관 열쇠를 열고 전등을 켜고 현관에도 거실에도 불을 밝히며 걸었다. 어둠 속에서 달려 나오는 코카스파니엘 메리(삼대째 사냥개—인용자)에게 소리를 지를 기분의 여유가 없었다. 그리하여 서재에 들어가 불을 켜고 가방을 둔 순간 책상 위의 전화가 울렸다.
>
> 처라고 여기고 수화기를 들자 낯선 중년의 목소리가 흘러나왔다.
>
> "에토 씨인가요, 주인이신가요……."
>
> "예, 그런데요."
>
> "……실은 댁 부인이 사고를 일으켜서……"
>
> 이럴 경우 허둥대서는 안 된다는 36년 전 미국에서 운전면허를 얻을 때부터의 기본원칙을 떠올린 나는 "예"라고 애매하게 소리를 냈다.[60]

운전을 썩 잘하는 처가 수도공사를 업으로 하는 사람의 트럭과 부딪쳤다는 것. 처의 차문이 망가질 정도의 가벼운 사고라는 것. 그러나 실상

---

60 江藤淳, 『妻と私』, pp. 3~5.

은 3일 후 입원할 만큼 호흡 부진이었다. 왜냐면 그 전부터 처는 말기 종양 환자였던 것. 미용실에서 돌아올 때 사고가 일어났다는 처의 전화를 받았다. 결국 사고처리는 보험회사에 맡겨졌고, 처는 5월 25일 입원했다. 겉으로는 호흡부진이었다. 이 무렵 그는『분게슌주』의 의뢰로「난슈즈이코」(南洲随想: 난슈는 사이고 다카모리의 호)란 수필 연재 제2장 4행까지 쓰고 있을 때였다. 2월 16일 저녁. 64살의 탄생을 맞는 처는 뇌출혈의 흔적이 있어 다시 입원한 바 있었다. 그러나 병원장의 말로는, 병자 본인은 뇌출혈이라 알고 있지만 실상은 종양의 흔적인 듯, 뇌는 물론 폐에도 문제가 있어 보인다고 했다. 결국 전문의의 판단으로는, 이전성 종양이었다. 그것은 거의 말기에 가까웠다. 그러나 내일 이 사실을 당신과 본인 앞에서 밝힐 테니 그리 알라는 의사의 전화를 받았다.

> 수화기를 놓자마자 넋이 나간 듯 망연히 허공을 쳐다보고 있는 내게 산보에서 돌아온 개가 생기 있게 달려 왔다. "자, 메리야, 저녁, 저녁밥!" 하는 처의 밝은 목소리가 부엌쪽에서 들렸다.[61]

그날 밤 그는 잠이 오지 않았다. 가마쿠라의 이층집 침실에, 들리는 것이란 처와 개의 규칙맞는 숨결뿐이었다. 이 숨결 중 하나가 머지않아 정지된다는 것, 이를 견디어야 했다. 본인에게는 '뇌출혈'이라 해놓고, 남편에겐 '말기 암'이라고 처에게 '고지'하라는 주치의의 행위야말로 인간다움이지만 남편인 그에게는 잔인한 짓이었다. 그만큼 그는 무력하고 약

---

61 같은 책, p. 22.

한 존재였다. 이 무력함(인간다움)을 이기는 방법은 오직 하나. 글쓰기, 필사적 글쓰기 "쌀값시세"만큼 분명한 글쓰기. 이를 천하에 공포하기뿐. '고지'를 하지 않기로 그는 결단을 내린다.

"당신은 곧 죽을 것이다!"라고 남편인 그가 처에게 말하라는 의사의 뜻을 무시하고 "뇌출혈이다! 아직 죽을 때가 아니다!"라고 믿고 있는 처를 앞에 둔 그는 결국 '고지하기'를 포기한다. 처편에 섰기 때문이 아니라 그 자신이 처였던 까닭이 아니라면 어느 곳에서도 이를 정당화할 논법은 없다. 자기가 자기의 죽음을 거부하는 심리적 메커니즘이 여기에서 선명하다.

> 당초 그따위 것(말기 암)은 한마디도 하지 않은 채 처와 나는 병실로 향했다. 젊은 간호부가 와서 공식적인 문진을 하는 중 질문이 '가족'에 미쳤다.
>
> "가족 구성은?"
>
> "부인과 나뿐. 또 개가 있지만."
>
> "별거하는 자녀분이 없는가요?"
>
> "아이는 없소."라고 처가 답했다.
>
> "그렇다면 입원 환자분의 계산서라든가 그런 심부름은 누가 하나요?"
>
> "그것은 내가 하지요. 물론 도우미가 있지만 내가 단지 한사람뿐인 가족이니까"라고 내가 말했다.
>
> "정말인가요?"라고 말하지는 않았지만 믿기 어려운 표정으로, 간호부는 흘낏 나를 훑어보았다. 나이깨나 든, 집안일이나 간호 경험이 없어 보이는 이 사내에게 환자의 돌봄이라니, 라는 표정이었다.
>
> 그렇게 여겨도 도리가 없다고 나는 자인하지 않을 수 없었다. 그렇지만

누가 뭐라더라도 내가 하지 않으면 대체 다른 누가 처를 돌보겠는가?[62]

다르게 말해 에토 준 자신이 죽을 때 대체 누가 있어 그의 임종을 지킬 것인가. 없다!는 것. 이 사실을 그는 말해 놓고 있었다. 비장할 수밖에 없는 것은 이 때문이다. 그렇지만 다르게 말해 "신이 되는 길"이 거기 있었다. 니체가 아닌 이상 아무도 신의 죽음을 본 사람은 없다. 신은 혼자 죽기 때문에 임종을 지킬 수 없다.

처가 입원 중 그의 일상생활에 금이 간 것도 사실이었다. 사회활동가이자 언론인이며 교수이며 예술원 회원인 탐욕스런 그이지만 다음 한 가지까지도 건너뛸 정도였다.

"이달, 곧 9월분 『소세키와 그의 시대』 제 5부의 16회분을 쓰는 일이 불가능해졌다. 나는 병원에 매일 갔기 때문이다."[63]

이 대목은 특기할 것이다. 글쓰기의 원점인 처녀작 『나쓰메 소세키』의 연장선상에 있는 『소세키와 그의 시대』는 그의 글쓰기의 최종점이기도 했다. 서브컬처론 이후 문예비평에서 스스로 물러난 그는, 이런저런 언론계 논객이 되어 보수진영의 정론(正論)의 자리에 서서(『산케이신문』 '정론대상' 수상. 1988. 2. 9) 미친 듯이 붓을 휘둘렀지만 따지고 보면 문학 상실의 공허감 메우기의 몸부림에 지나지 않았다. 이 와중에 그를 구출해 준 것이 『소세키와 그의 시대』였다. 이것만은 절대로 놓치지 않고 실로 줄기차게 조금씩 써갔던 것이다. 왜냐면 진짜 문학이라 믿었던 증거

62 같은 책, pp. 27~28.
63 같은 책, p. 55.

이기에 한순간도 의식적이든 무의식적이든 이 끈을 놓칠 수 없었다. 끈을 놓친다는 것, 곧 죽음을 가리킴이었으니까. 달리 말해 소세키는 일본의 '문학'이 아니라 일본의 '근대'였고, '문학=근대'가 분리불가능의 절대성을 이루고 있었으니, 소세키에의 집착은 신만이 할 수 있었다. 에토 준, 그는 이 사실을 깊은 곳에서 체득하고 있었다. 스스로 신이 되는 길만이 거기 있었다.

그렇지만 처의 무게가 소세키보다 강한 순간이 있었다. 비록 '한 달간'이지만 그는 처가 소세키 앞을 가로막았던 것이고 그 순간 그는 나약한 인간 에도코(江戸っ子) 에가시라 아쓰오(江頭淳夫, 에토 준의 본명)에로 강등될 수밖에 없었다.

그의 처는 11월 7일 밤에 숨을 거뒀다. 유체를 가마쿠라 집에 옮겼다. 3개월 반 만이었다. 11월 8일 일시 밤샘. 9일 밀장, 10일 화장으로 밤샘, 11일에 고별식. 유골은 아오야마(青山) 묘지에 있는 집안의 묘소. 집안 종교는 신도(神道)이기에 신관이 주도했다.

이 과정에서 그에게는 중대한 사건이 일어났다. 만 65세인 그는 오줌이 나오지 않는 병인 폐뇨증(배설기관 전체에 이상한 종양이 생긴 병)이었다. 그냥 두면 전립선뿐 아니라 패혈증으로 번져 생명의 위험까지 생긴다는 것. 아내의 죽음이 그의 몸으로 이행된 의식구조가 거기 있었다.

> 일단 '죽음'의 시간에 깊이 젖어 거기에 혼자 남겨져 아직 살아 있는 인간만큼 절망적인 것은 없다. 처의 생명이 다하지 않은 한, 생명이 다할 그 순간까지 '함께 있다', '결코 처를 홀로 남겨두지 않는다'라는 명료한 목표가 있었는데 처가 죽고 없는 지금에 와서는 그런 목표 따위란 있을 수 없

다. 단지 나만의 '죽음'의 시간이, 내 몸과 마음을 사로잡아 의미없는 죽음을 향해 일각일각 나를 쫓아내고 있는 것이다.[64]

폐뇨증은 이를 반영한 것. 3개월의 입원이 요망되었다. 요컨대 그는 처의 죽음으로 인해 자기의 죽음을 새삼 확인하고 있었다.

『처와 나』를 쓴 것은 1999년 2월 25일에 시작, 3월 14일 오후에 마쳤다고 후기에 밝혀져 있다. 병원에 다니는 하루와 집안 일 하루를 빼면 거의 매일 2, 3매씩 130매(400×200)를 썼다. 그는 이를 대중지 『분게슌주』에 발표했고 이어 단행본을 냄으로써 천하에 공포했다. 혼자의 식사란 양식쪽이 제격이라 함은 이미 엄살이 아니었던 것. 그렇다면 삼대째 개 메리는 어떻게 되었으며 그 '대상이행'인 망처는 어떻게 되었을까.

한마디로 벌써 안중에도 없다. 글쓰기에 가려진 것이다. 글쓰기 그것만이 전부였기에 메리도 망처도 글쓰기를 위한 도구이자 대상 그 이하도 이상도 아니었다. 왜냐면 신만이 그렇게 할 수 있기에 그는 신이 되고자 했음이 판명된다. 일종의 '악마적 글쓰기'란 『토지』의 작가도 스스로 말한 바 있지만 에토의 경우는 그 악마적 밀도가 인간의 수준을 넘어서고 있었다. 오랜 동안 입원했다 귀가했을 때 그가 기르던 개가 거칠어져 주인을 물 지경이었을 터이지만 그렇지 않더라도 그토록 귀여워하던 개도 한갓 글쓰기의 방편이었던 것. 아내도 개도 핑계였던 것. 아니, 글쓰기가 아내였고 개였던 것. 이를 설명할 언어가 달리 있을까.

---

64 같은 책, pp. 92~93.

14. 글을 쓸 수 없을 땐 자결하기뿐

1999년 7월 21일 에토 준(본명 에가시라 아쓰오江頭淳夫)이 자살했다. 향년 66세. 유서는 자택 1층 서재 책상 위에 있었는데 4백자 원고지의 3분의 1을 사용. 검은 잉크로 씌어졌고 내용은 처가 죽고 없고 또 자기도 병으로 살 기력을 잃었다는 것. 누구에게 보라는 표시(수신인)가 없고, 끝에는 江藤淳이라는 서명과 날짜 7월 21일이 적혔다. 피붙이라고는 누이와 외질녀뿐이었다.

> 일단 죽음의 시간에 깊이 젖어 거기서 홀로 남겨진 채 사는 인간만큼 절망적인 것은 없다.
> 처의 "생명이 다하지 않는 한 생명이 다할 그때까지 함께 있다. 결코 처를 혼자 남겨두지 않겠다"는 명료한 목표가 있었는데도 처가 죽은 지금은 그런 목표 따위는 아무데도 있지 않다.[65]

해부 결과 사인은 익사. 사망 시간은 21일 오후 7시경. 장례식(본장, 8월 말일)은 일본문예가협회장 수상 오부치(小渕) 씨, 도쿄지사 이시하라(石原愼太郎) 씨가 참석. 더운 여름날. 조사를 읽은 것은 후배 후쿠다 가즈야. "근대 문예의 역사. 일본인의 말의 도의를 일신에 체현한 선생과 동시대에 산 것은 아주 큰 행복"이라 했다. 조사가 끝나자 사쓰마비파의 연주가 이어졌다. 그 울림은 「난슈잔에이」(南洲残影)에서 말한 전적 멸

---

65 같은 책, pp. 92~93.

망(全的滅亡)의 수레바퀴 소리였을지도 모른다. 아마도 해군건설에 몸 바친 증조부 모습에 대한 그리움의 배려가 가고시마의 영웅 메이지 유신의 공신 사이고 다카모리의 그림자로 표출된 것이 아니었던가. 에토의 영구는 해군기에 휘말려 있었다.

처가 죽자 남편이 순사했다는 표현이 있을 정도로 그의 죽음은 평균적 일본인에겐 충격적이었다. 그러나 에토 자신이 죽을 병에 걸려 더 이상 글을 쓸 수 없었던 것인데, 여기에는 일본사회의 세대적 문제도 도사리고 있었을 터이다. 1930년 초두에 태어나 구제고교가 신제(新制)로 바뀌는 시대의 사내가 생존력이 빈약한 점이 그것. 요리도 세탁도 이웃교제도 처에게 맡겨 자기로서는 아무것도 할 수 없는 사내가 돌연 혼자임을 깨쳤을 때 어찌 폐뇨증을 억누르고 이길 힘이 있었겠는가.[66] 그는 고바야시 히데오처럼 음악과 미술 골동품에 나아가지도 않았고, 양식은커녕 일본식 음식도 거칠게 먹는 요시모토 다카아키(吉本隆明)와는 너무도 달랐다.

내가 에토 준의 무덤을 찾아간 것은 2011년 11월 3일이었다. 아오야마 묘지는 시내(미나토구港区) 한복판에 있었는데, 특히 외국인 묘지로 유명했다. 일본의 근대화에 기여한 외국인을 별도로 모신 곳이며 김옥균(金玉均, 1851~94)의 무덤도 여기 있었다. 일본인으로는 소설가 시가 나오야(志賀直哉)를 비롯 러일전의 영웅 노기 마레스케(乃木希典) 왕정복고의 실행자인 오쿠보 도시미치(大久保利通) 등의 거물급이 묻혀 있었

---

66 四方田犬彦, 「에토 준이 기르던 개는 그후 어떻게 되었을까」, 주간 『스파』, 1999. 9. 1. 中央公論特別編集, 『江藤淳 1960』, p. 215에 수록.

다. 해군 중장인 에토 준의 증조부의 무덤도 여기 있었을 터이다. 어떤 연유인지 알기 어려우나 검은 돌에 새겨진 비석엔 江藤家之墓로 되어 있고, 뒷면에 가족들의 이름이 새겨져 있었는데, 그 중에서도 별도로, 에토 준과 그의 처의 이름과 나란히 또 한분의 여인의 이름이 있었다. 이 무덤의 설계자는 유명한 조각가 다니구치 요시로[67]이고 시공자는 세키후지 가덴(石藤ガーデン)이었음을 따로 표기해 놓았다. 입구엔 쇠줄로 채워져 있었는데, 신도식도 아니지만 불교식도 아니었다. "아내를 신도식으로 에토 가문에 바쳤다"고 에토가 적었는데, 그의 사후의 이러한 무덤 방식은 어디서 연유된 것인지 알기 어려웠다. 추측건대 아마도 제일 가까운 피붙이인 숙모 또는 외질녀의 배려이거나 문필가에 대한 살아 있는 일본인들의 배려에서 취해진 것인지도 모를 일이다.

일본 언론들은 에토의 자살에 큰 충격을 받았고 오부치 게이조(小渕恵三) 총리조차 "유감 천만"이라 했다. 대체 그의 죽음이 가져온 충격의 핵심에 놓인 것은 무엇이었을까. 갖가지 이유가 있겠으나 그 핵심에 놓인 것은 '일란성 쌍생아'라는 표현에 있지 않을까. 부부 사이가 이처럼 필사적, 운명적으로 이루어진 경우란 실로 고대적(古代的)이자 자연적이어서 고도성장의 현대 속에서는 상상도 할 수 없는 현상이다. 어떤 언론은 아내에게 순사(殉死)했다고 할 정도였다.(『아사히신문』, 1999. 7. 22.)

사립명문 게이오대학 영문과 동급생인 이들은 졸업과 더불어 결혼, 그야말로 일심동체였기에 한쪽의 죽음은 곧바로 자신의 죽음과 동일한

---

67 다니구치 요시로(谷口吉郎, 1904~79). 도쿄공대에서 에토와 같이 근무했고, 게이오대학 관련 건축작품 및 '제국극장' '도쿄국립박물관 동양관' 등의 작품을 남겼다(『건축대사전』 제2판 彰国社, 1993, p. 1012).

것이었다. 그렇다면 '순사'가 아니라 극히 자연스런 일이 아닐 수 없다. 감동의 원인이 여기에 있었다 할지라도 간과할 수 없는 것은 에토 자신의 병세였다. '순사'에 가려진 진실 부분이다.

> 12월 19일이 되자 돌연 활자가 읽고 싶어졌다. 부원장이기도 한 내과부장이 가져온 문고본이 별 재미가 없어 우연 가방에 든 양서를 읽기로 했다. 21일 오줌을 받아내는 관을 제거한 뒤에는 점점 TV 뉴스를 볼 기분이 되었다. …… 가방 안주머니에 든 것은 반짝 빛나는 것. (그것은) 게이코가 마지막에 낀 비취반지였다.
> 그때 나는 이 반지를 가방 안주머니에 넣어 지금껏 잊고 있었다. 게이코, 그대는 역시 여기 있었던 것이군, 늘 나와 함께 있었군, 이라는 무언의 말을 반지가 하고 있어 눈물이 났다. 나는 잠시 이 반지를 내 결혼반지 위에 끼어 보았다.
> 1999년 1월 8일 나는 병원을 나왔다. 이후 2월 3월에 걸쳐 요양하면서 이러한 문장(『처와 나』)을 쓰게 되었다. 4월부터 또 대학에 나가 주로 대학원생의 연구지도할 날이 시작됐다. 5월 8일에는 게이코의 유골을 아오야마 묘지 소재 우리 가문의 묘소에 바쳤다.[68]

분명한 것은 다음 한 가지 사실. 곧, 자기의 건강 회복이 모든 것을 푸는 열쇠라는 것. 건강만 회복되면 절대로 자살 따위를 할 이치가 없다는 사실. 이 점에서 보면 '순사'라든가 '일란성 쌍생아'의 표현은 사실과

---

68 江藤淳, 『妻と私』, pp. 111~113.

일정한 거리가 있다. 대중심리에 호소한 저널리즘의 얕은 심리층에 다름 아니었다. 이 자살을 두고 유력지 『아사히신문』은 2회에 걸쳐 투고를 모집 그 중 141통을 모아 『에토 씨의 결단』(아사히신문사, 1999. 12. 15. 발간)을 낼 정도였다. 물론 이런 '순사'라는 표현도 한 가지 원인임을 부인키는 어렵겠지만, 또 그것은 세 마리의 개 기르기와도 무관하지 않겠지만, 에토 준이라는 이 탐욕스럽고 강인한 개성의 소유자에겐 아내도 따지고 보면 생존의 우선 순위 첫번째일 수는 없었다고 보는 것이 비평적이라 할 것이다. 그의 수제자격인 게이오의 후배이자 신예 문예비평가의 추도사는 이 점을 신중히 역설적으로 드러낸 바 있다.

지금 생각해 보니 에토 준 씨는 '약함'의 문인이었다. 이 '약함'으로 말미암아 '약함'을 껴안고 허리를 꼿꼿이 펴고, 가슴을 부풀리고 누구도 자기의 임무라고 하지 않은 그런 책무를 어떤 용감한 사람도 뒤따르지 못할 책무를 이끌어 온 것이 에토 준이라는 사람이다, 라고. …… '약함'을 앞에 세운 에토 씨는 원한도, 위로의 노래도 입에 담지 않았다. 에토 씨는 살아남는 일을 택한 것이다. 왜냐면 사는 일이 죽은 자들과의 약속을 다하는 길에 다름 아니기 때문이다, 라고. 요절한 친구 야마카와 마사오(山川方夫)에게 바친 문장에서 말했다. …… 이러한 에토 씨의 자세가 누구의 비호를 구해 자세한 상처도 타인에 책임전가한다든가 위로를 구하는 (풍토인) 일본에 있어 이상하게 비쳤다는 것은 도리가 없는 일이리라. 그러나 에토 씨는 이런 대세에 곁눈질하지 않고 이 아이들 같은 나라에서 (어른답게) 다스리는 자이기를 계속 일관했던 것이다. …… 사람들은 그의 강직한 자세 속에 부드러움, 위험할 정도의 '약함'이 잠복되어 있는 것, '약함'이기에 강한 단념을 보이고 있다는 것에 대해 둔감했다. 그러나 씨의 내면 깊은 곳에는, 얼마나 델리케이트한 것이 있는가는 소세키의 부정형(不定形)한 암부를 선명히 파내는 처녀작 『나쓰메 소세키』에 분명히 나와 있다. 씨는, 소세키와 같이, 그 이상으로 어두운 정신의 지하호수에 잠겨 있었다.[69]

위의 인용에 내가 감히 덧붙일 것은 없다. 조금은 감상적인 것은 추도사이기에 그 정도라고나 할까. 그 형식에 허물이 돌아갈 성질의 것. 주목할 것은 아내 게이코에 대해 일절 언급하지 않았음이다. 사람은 그 누구도 순사하지 않으며 일란성 쌍생아일 수도 없는 법이다. 너는 너고 나는 나다. 이 절대적인 개성을 명민한 문예비평가 에토 준이 한시도 잊은 적이 없었다. 이것이 그의 '약함'의 정체이다. 다시 말해 인간 누구나 갖는 '약함'의 정체다. 에토 준, 그는 이 '약함'을 지적으로 파악하고 있었기에 감정적으로 활용하기 쉬웠다. 그가 전력한 문예비평, 그 출발점에 놓인 처녀작 『나쓰메 소세키』(1956) 속에서 그는 '약함'을 발견했고, 66세에 생을 마칠 때까지 이 화두를 몽매에도 놓친 바 없었다. 그가 세상을 향해 보수파(극우파)의 두목으로 날뛸 때마다 그를 비호해 준 것은 바로 처녀작이었고, 이를 믿고 그는 그만큼 대담무쌍할 수조차 있었다. 이 처녀작 『나쓰메 소세키』란 무엇인가. 네 살 때 모친을 잃고 그 모친의 기억이 스민 집이 전쟁 폭격으로 파괴되자 아이의 삶도 붕괴됐다. 메이지 초기 해군 증조부. 그 심복 조부에 이어진 메이지 국가가 초토화됐다. 이 모두

---

69 福田和也, 「江藤淳氏を悼む一弱さ故に張った胸」, 『朝日新聞』 1999. 7. 22.

를 지켜본 것이 『나쓰메 소세키』였다. 그러기에 나쓰메 소세키는 인간이 아니라 불멸의 존재, 신이 아니면 안 되었다. 그렇게 보면 에토 준의 저토록 '약함'을 지키고 북돋아 주고 격려케 한 것은 바로 이 '신'의 힘에 다름 아니었다. 요컨대 에토 준은 '신의 아들'이 아니면 안 되었다.

그의 자살은 이 신에 대한 최후의 인사이자 결별사였다. 권능의 힘을 입고 66세까지 살았다면 이번엔 이 은덕을 갚아야 했던 것인데, 왜냐면 살아 있는 동안 신의 가피를 입었기 때문이다. 이를 어김없이 또 주밀(周密)하게 그는 수행했다. 그것은 아내의 존재와는 무관한 것. 문예비평가 에토 준만의 몫이었다. 그 결과물이 『소세키와 그의 시대』 5부작(1970~99)이다. 그러기에 이 저술은 저술이 아니라 신에 바친 공물이 아닐 수 없다. 소세키라는 문인의 평전이 아니라 에토 준 자신의 평전이 아니면 안 되었다.

이를 증명하는 일은 썩 간단명료하다. 처가 암으로 죽어가는 과정을 지켜보기, 그것은 신 소세키의 존재에 비하면 별것이 못 되었다. 뿐만 아니라 전립선 고장으로 입원 수술까지 하며 투병한 그 자신의 병도 별것이 못 되었다. 처도 그 자신도 별것이 아니라면 진짜 별것은 무엇인가. 신 소세키였다. 부처도 여호와도 알라도 아닌 나쓰메 소세키였다. 『처와 나』라는 기묘한 '약함'의 고백서에서도 어김없이 그는 신의 존재를 수시로 확인해 마지 않았는데, 실상 다음 사실을 말하기 위해 쓴 것이 『처와 나』이다. 곧, 『나쓰메 소세키와 나』였던 곳에 그의 진심이 놓여 있었다.

Ⓐ 7월의 입원 직후에서 8월 말까지는 병원에 다니는 틈을 내어 『소세키와 그의 시대』 제5부의 원고를 썼다. 7월에 쓴 제14회분에 8월의 제15회

분이다. 『도초』(道草 ; 국역본 제목은 '한눈팔기')에서 마칠까 했는데 그것이 언제 어떤 모양으로 씌어질지 짐작이 안 갔다. 모든 것이 처의 병의 증상에 달렸다. (p.50)

Ⓑ 이달 곧 9월에는 『소세키와 그의 시대』 제5부의 제16회째를 쓸 수 없게 됐다. 어느새 내 병원다니기가 매일매일이 되었기 때문이다. (p.55)

Ⓒ 이런 식으로 죽을까 보냐. 무엇보다도 게이코의 유골을 아오야마의 무덤에 올려놓지 않으면 안 되었다. 이럭저럭 묘지명도 세우지 않으면 안 된다. 기어서라도 서재에 돌아와 『소세키와 그의 시대』를 완성하지 않으면 안 된다. 여기서 죽어 버리면 대학원생의 연구지도하기도 뜻대로 이루어지지 않을 터이리라. (p.107)

Ⓓ 1999년 1월 8일, 나는 드디어 병원에서 퇴원했다. 이후 2월 3월 정양하는 사이 이런 문장도 쓰기에 이르렀다. 4월부터 대학에 가서 주로 대학원생의 연구지도 나날이 시작되었다. 게이코의 유골을 5월 8일에 아오야마 묘지에 있는 우리 집안 묘소에 바쳤다. (p.113)

Ⓐ~Ⓓ에 일관된 것만큼 절대적인 것이 달리 있었겠는가. 극언하면 아내의 죽음 따위는 물론 자기의 병 따위도 안중에 없었음에 틀림없다. 글쓰기만 있고 그것도 나쓰메 소세키만이었다. 만일 그의 묘비명이 있다면 저 유명한 스탕달의 "살고 쓰고 사랑했다"에서 "살고 썼다"로 적었을 터이다. 사랑 따위란 그에겐 있을 턱이 없었다. 그에 있어 나쓰메 소세키란 출발점이자 도달점이었다. 문사 소세키가 아니라 '신' 그 자체였다. 그럼에도 불구하고 에토 준은 한갓 인간이었다. 인간이되 '약함'을 천생으로 지닌 에토 준이기에 신에 대한 글쓰기를 단 '한 달간' 중단할 수밖에

없었다. 제5부 제16회분이 그것. 만일 그에게 이 인간적 '약함'조차 없었더라면 그의 글쓰기는 100% 악마적이라 할밖에 없었으리라. 물론 그의 글쓰기가 악마적이긴 하나, 단 하나 '약함'을 지닌 것이기도 했던 것. 만일 이 '약함'이 없었더라면 그의 글쓰기는 짐승이나 신 또는 괴물스러움이라 할 수밖에 달리 뭐라 하겠는가.

그렇다면 대체 뭣에 대해 그토록 '강'했을까. 동시에 뭣에 대해 그렇게 '약'했을까. '강함'에 대한 의미를 다음 사례로 설명될 수 있으리라고 나는 생각한다.

> 얼마 전 나는 오에 겐자부로 씨로부터 에세이집 『엄숙한 줄타기』를 받았는데, 이것만은 읽어 달라는 저자의 독자에 대한 요구를 표시했는데 '중요'한 에세이 위에 ※표시를 해놓았음을 보고 아연했다. 이것은 선전가의 태도가 아니면 '전후 민주주의세대'의 '기대되는 작가상'이라는 공인(公人)의 몫을 하는 자의 태도로 여겨지기 때문이다.[70]

대체 독자를 뭘로 보고 이따위 건방진 짓을 할 수 있단 말인가. 제까짓게 뭔데 무슨 지도자연 척 떠벌리고 있는가. 이런 에토의 비판만큼 강한 것이 있었겠는가.

그렇다면 '약함'이란 무엇인가. '인간 그것'이 아닐 수 없다. 가령 어떤 외국인(하워드 히베트)의 『일본문학의 걸작을 찾아서』(新潮社, 1965)를 보자. 소세키와 모리 오가이를 동격으로 보고 있으나 둘 다 지식인이기

---

70 江藤淳, 「変節に対して」, 『文芸』, 1965. 6. 中央公論特別編集, 『江藤淳 1960』, p. 14에서 재인용.

도 하지만 전자가 좀더 작가에 접근했기에 후자보다 진짜 작가라는 것. 작가는 결코 영웅일 수 없고, 한갓 인간이되 가장 연약한 인간이라는 것. 소세키의 후기의 『명암』 같은 작품이 그러한 사례이다. 이런 인간의 삶을 그리는 만큼 작가란 우리 보통사람과 꼭 같다는 것. 바로 이것이 에토 준의 문학관이었다. 처녀작 『나쓰메 소세키』의 서문에서도 밝혔으며 평전 『고바야시 히데오』에서도 보통인과 꼭 같은 범속한 한 사람의 비평가를 탐구한 것이었다. "결코 천재 고바야시 히데오의 상(像)이 아니다"로 요약된다는 것이다. 글쓰기란 그 누구도 '인간'에 이르는 길이라는 것. 인간만큼 '약한 존재'가 없고, 그것을 탐구하는 것이 문학이라는 것. 그러기에 이런 문학만큼 강한 것이 없고 또 약한 것이 없다는 것. 에토 준이 선 곳이 바로 여기였던 만큼 그와 맞서고자 하는 자는 바로 '인간'으로 맞설 수밖에 무슨 묘수가 있겠는가. 이런저런 곡절이 있었지만 이것만은 불변의 지속성이었다.

15. 일본의 근대와 나쓰메 소세키

대체 나쓰메 소세키란 무엇인가. 처녀작 모두에 에토 준은 실로 대담한 가설을 깃발에 내걸었다.

> 나쓰메 소세키의 사후 이미 40년의 세월이 흘렀다. 잊어버리기에 충분한 시간인데 작가의 명성은 점점 높다. 그러나 이것을 소세키가 현대에 살아 있다는 증거로 여긴다면 크게 틀린 것으로 그의 명성에는 골동품 특유의 상대주의나 회고적 냄새가 붙어 다닌다. 그를 찬미하려는 목소리는 한결

같이 그를 과거에 밀어붙이는 목소리에 지나지 않는다. 통속적으로 믿고 있는 소세키의 영상은 동양적 체념의 세계에 든 고고한 작가의 모습이며 여기에는 크게 우리의 감동을 자아낸다. 그러나 죽은 자에의 존경에 적당한 감동은 그의 작품이 우리에게 줄 수 있는 감동을 왜곡한다. 여기에서 과거는 결코 완료된 것이 아니라 완료되지 않았기에 가치가 있다는 교훈을 되살리지 않으면 안 된다. 소세키는 무엇 하나 완료된 바 없는데, 그의 위대함은, 그가 행한 일들을 우리들에 향해 던져 맡기고자 하는 자세에 있다. 그것을 받아들이는 이외에 소세키를 현대에 살리는 것은 불가능하다. 우리들은 이런 자세를 뒷받침하는 것을 탐구코자 한다.[71]

게이오대학 학부 영문과 재학생 에토 준의 패기와 목표가 선명하거니와 어떻게 하면 골동품화한 소세키를 활성화시키는가에 목표를 둔 글쓰기였다. 소세키가 죽을 때 도달했다는 '즉천거사'(則天去私)만 두고 보더라도 교사 출신인 그를 둘러싼 제자들의 부질없는 외경심으로 본질을 왜곡시켰다고 에토는 주장했다. 신화 속에 빠진 소세키를 건져내어 그가 정말 하고자 했던 것이 무엇이었던가. 고쳐 말해 소세키가 하고자 했던 사업이 아직도 미완료형이며 따라서 우리가 우리 몫으로 남겨진 것을 인수해야 할 것은 무엇인가. 이것만이 골동품에서 구출해 내는 방도이며 여기에 소세키의 현재형이랄까 위대성이 있지 않으면 안 된다는 것. 그렇다면 그 문제란 어떤 것일까. 이 물음에 앞서 에토는 메이지 문단을 살아온 작가 마사무네 하쿠초(正宗白鳥)의 인용을 내걸어 사태를 제시했다.

---

71 江藤淳, 『夏目漱石』, 講談社, p. 11.

메이지문단은 갖가지 백화요란한 모양이 있지만 이와 더불어 식민지문학의 느낌이 있다. 우리들은 이 식민지문학을 즐겨 자기의 사상, 감정을 배양해 왔다. 오늘날의 마르크스주의, 공산주의 문학에 이르러서도, 오늘풍으로 말해 나는 식민지문학에 불과하다고 여긴다. (『메이지문단 총평』)

이를 소세키 당시에 놓으면 '시라카바' 동인의 인도주의도, 쇼와(昭和) 초기 모더니즘도, 최근 유행의 징후가 보이는 실존주의적 문학도 꼭 같이 식민지문학의 범주에 든다. "이국의 철학을 끊어내어 나머지를 버리는 것은 불가능하다. 그런 짓을 하면 반드시 참담한 결과에 이른다"(V. H. 베이리엘모, 『일본의 매력』)라는 말까지 인용함으로써 에토가 강조하고자 한 점이 뚜렷해졌다.

소세키의 일이란 소세키가 악전고투했던 서양의 식민지문학에서의 탈출이었다는 것, 지금도 이 과제는 유효하다는 것, 따라서 소세키연구란 살아 있는 과제가 아닐 수 없다는 것. 그렇다면 소세키가 직면, 악전고투한 것이란 구체적으로 무엇이었던가. 바로 '문명개화' '문명비평'이 그 정답이었다. 더 자세히는, 문학 이전의 과제, 문학 자체를 규정하는 큰 인식의 틀에 관련된 사안이기에 문학보다 앞서 큰 인식의 틀, '문명개화'에 매달리지 않으면 안 되었다.

두루 아는바, 제5고교 영문학교수인 그가 제국대학 교수요원으로 국가파견 영국 유학 두 해 동안 직면한 고민은 단 하나. 그가 지금까지 익혀온 '문학'과 최첨단의 영문학에서의 문학과는 너무나 큰 차질에서 왔다.

시일이 촉박해지자 구속 없는 독서법이 당시의 나로 하여금 망연자실, 내게 육박했는바, 재패의 궤도에서 벗어났음이 그 원인이었다. 나는 소싯적 한학을 배웠다. 이를 배우는 과정이 짧았음에도 문학은 이러한 것이라는 정의를 막연히 머릿속에서 짚어낼 수 있었다. 영문학 역시 슬며시는 그와 같으리라, 이러한 것이기에 생애에 걸쳐 배워도 후회치 않으리라고, 내가 당시 유행하는 영문학과에 든 것은 전혀 이런 유치하고 단순한 이유가 지배적이었다. …… 말을 바꾸면 한학에서 이른바 문학이란 영어에 소위 문학이란 것과는 도저히 같은 정의 밑에 일괄할 수 없는, 종자가 다른 것이었다.[72]

귀국 후의 소세키가 신경쇠약, 광기에 다름 없는 것으로 평생 신음했음을 통렬히 고백한 이 장대한 「문학론」의 핵심에 놓인 것은 '문명개화'의 수용방식이었다. 근대의 최첨단국 영국의 문학이란 두말할 것 없이 근대의 소산이며 이를 문명개화라 불러마지 않았다. 대포와 기관총 그리고 자본주의로 치닫는 이 굉장한 진보주의를 일본 국가가 수용하느냐 노예가 되느냐의 문제가 거기 있었다. 실상 메이지정부의 목표는 너무도 확실했다. 처음부터 끝까지 문명개화로 향했고, 이에 저항하는 약간의 국수주의적 기운이 없지도 않았으나 오히려 그것은 문명개화 촉진용에 지나지 않았다. 문학 역시 그러했다. 그 결과는 마사무네의 진단 그대로일 수밖에 없었다. '식민지문학'이 그것. 문명개화국 영국의 식민지화야말로 저절로 일본 국가의 목표가 될 수밖에 없었다. 만일 식민지가 되지 않기 위해서는 어째야 될까. 쇄국정책으로 나가고 결국 서구문명국

72 夏目漱石, 「文学論」, 『漱石全集』 11巻, 岩波書店, 1936, pp. 9~10.

에 송두리째 망하고 말 것임은 불보듯 확실한 사안이다.

소세키가 후대에 남긴 과제란 문명개화 거부일 수도 없지만 이를 전면적으로 수용할 수도 없었음에서 왔다. 이를 두고 '문명비평'이라 했다. 거기에 필수적으로 따른 것이 '신경쇠약' '광기'였다. 이러한 신경증의 환자되기에서 벗어날 수 없었던 곳에 소세키의 위대성이 있었다. 인도주의 모더니즘, 마르크스주의, 실존주의 등등의 추종자들이란 소세키의 안목에서 보면 노예문학이겠고, 그렇다고 이를 넘어서고자 하면 그 방도가 달리 없었다. 한 가지 예외란 '신경쇠약' 속에서 글쓰기가 그 길이었다. 이것이 이른바 개인의 고독이며, 이 복잡한 현실과 개인의 관계에서 오는 사람의 삶을 탐구하는 것이 문학이었다. 문명개화와 문명비평, 이 두 가지 사안 속에 끼어 앓고 있음이 소세키의 후세에 남긴 과제이며 이를 드러내는 유일한 글쓰기의 길이 소설이었다. 제국대학 교수직과 문학박사 학위를 거부한 소세키가 아사히신문 문학기자로 나아가 신문사 전속 소설가로 나선 것은 이런 곡절에서 말미암았다.

그렇다면, 소세키가 남긴 과제가 오늘의 시점(1960년대)에서 얼마나 성취되었던가. 에토 준의 출발점은 바로 여기에 있다. 식민지문학이냐, 아니냐의 과제. 이 얼마나 과감한 착상의 패기인가. 그 때문에 에토는 평생을 이에 매달리지 않으면 안 되었다. 일본의 문명개화가 문화식민지의 길이냐 아니냐의 과제. 다시 말해 어떻게 해야 식민지형 문명개화에서 벗어나 주체적인 일본문명개화를 모색하느냐의 과제. 문학 쪽에서 국한시킨다면 식민지문학이 아니라, 일본 독자의 문학이란 과제. 에토가 한동안 『근대일본문학의 저류』를 탐구한 것이 이 사실을 잘 말해 준다. 그러나 에토는 이 『근대일본문학의 저류』 탐구를 소홀히 혹은 포기하고 말았는데 그만한 이유가 있었다. 문명개화 쪽이 문학보다 우선하는 과제로 보였고 또 그것은 젊은 에토의 포부와 야망의 크기에서 온 것이었다. 에토가 버린 카드를 신주 모시듯 한 후배가 가라타니 고진이었고, 그의 고명한 『일본근대문학의 기원』(1980)은 바로 여기에서 나왔다. 가라타니는 식민지문학에서 벗어나는 방도를 독자적 방법으로 피해 나갈 수 있었는데, 이른바 푸코의 『말과 사물』의 방법의 덕분이었다. 서양의 근대도 따지고 보면 한갓 시대적 산물에 지나지 않는 것. 따라서 기원을 따지기란 원리적으로 불가능하다. 막말로 하면 서양문학도 식민지문학이라 할 수 있다. 일본문학이 식민지문학이면 어떠랴. 기원을 따질 수 없는 바이기에 사정은 마찬가지가 아닐 것인가. 오히려 서양인들이 난처한 상태일 수 있다. 모든 문명개화, 그것이 서양 고유의 것으로 착각한 서양인들은 기원이 없는 허구라는 것, 그 굴절과정을 일본의 근대문학 속에서 비로소 확인하고 배울 수 있기조차 했던 것이다. 『일본근대문학의 기원』이 지닌 의의는 일본인을 위해 유효한 것이기보다 서양인을 계몽하기 위한 저술이었던 것이다. 각국어로 번역된 사실이 이를 증명하고 있다.

이런 『일본근대문학의 기원』보다 위층에 놓인 것이 『소세키와 그의 시대』였다. 에토 준의 야심은 쩨쩨하게 '일본근대문학'의 차원이 아니라, '근대'를 가운데 둔 문명개화의 차원이기에 그는 여지없이 「문학사노트」를 버렸던 것이고, 이를 얼른 주워서 전개한 것이 가라타니였다. 물론 그것의 소중함을 알아차리는 총기가 가라타니에 있었음도 놓칠 수 없다. 가장 독창적인 사상가는 에토 준이며 "이 사람은 무서운 사람"이라 고백한 가라타니의 총기가 번쩍이는 곳은 다음 대목이다. 곧 『일본근대문학의 기원』이 에토 준의 『근대일본문학의 저류』에서 나왔다는 사실을 고백한 용기에서가 아니라 이를 여지없이 쓰레기통에 버려 책으로 만들지 않은 에토 준의 심정을 읽어 냄에서 왔다.

> '가능성의 중심'이라는 시선에서 보면 진짜 그가 책으로 내지 않은 곳에 대단한 포인트가 있을지 모릅니다. 이 부근이 아닐까 추측해 볼 수밖에 없지만, 그는 자신이 있어, 또한 뭐랄까 그런 데가 있지 않았을까요. 매우 독창적이지요. 그러기에 책으로는 안 된다. 그 다음은 어쩔 수 없다. 타인에게 통하는 언어라는 것이지요. 에토 준에 관해 말한다면 그러한 데가 있기에 이 사람은 두렵습니다.[73]

에토 준이 버린 문학이라는 작은 울타리를 깊이 파헤쳐 계보적 근대의 단층의 토막들의 밝힘이 의외에도 문명개화로서의 '근대'쪽으로 퉁겨져 솟아올랐지만, 그 때문에 『일본근대문학의 기원』은 거의 『근대일본문학의 저류』의 위치에로 육박했지만, 사부(師父)격인 에토 준은 여전히 제자의 이러한 행위를 거들떠보지도 않았다. 왜냐면 여전히 그의 목표엔 변함이 없었기 때문이다. 곧, '문명개화'로서의 근대가 그것이고, 이와 격투한 진짜 일본인 사부의 제자로 되었기 때문이다. 사부 이름은 나쓰메 소세키. 도쿄제국대학 교수직도 메이지 국가가 주는 문학박사학위조차 거부하고, 한갓 신문사 전속 소설기자로 나아간 이 사부가 어째서 평생 신경증 환자로 때로는 광인이 될 정도였을까. 무엇이 이 사부를 이 지경으로 만들었을까를 밝히는 일이야말로 제자 에토 준의 사명감이었다.

---

73 笠井潔, 『柄谷行人』, 作品社, 1985, pp. 172~173.

그것이 저절로 근대문학, 구체적으로는 소설연구로 될 수밖에 없었는데, 신경증이 소설 속에 녹아 있었기 때문이다. 가라타니의 『일본근대문학의 기원』 역시 소설론임도 이 때문이다.

이 신경증의 기원을 찾는 행위, 바로 이것이 제자 에토 준의 평생의 과제였다. 대학 재학 시절(1956)부터 죽기 직전(1999)까지 한 번도 이 과제에서 이탈한 바 없을 만큼 벅찬 사업이었다. '근대'가 누르고 있었기 때문인데, 신경증의 기원 밝힘과 근대는 분리불가능한 것이기에 다른 어떤 편리한 방도는 있기 어려웠다. 방법은 정면돌파뿐. 소세키의 일거수일거족을 따라밟기, 이른바 추체험하기가 그것. 통상 '평전'이라 하거니와, 총기 있는 제자인지라 사부의 평전쓰기 역시 남다른 데가 있었다. 그것은 그의 총기의 소산이자 동시에 야심의 소산이기도 한데, 생을 건 장대한 교양소설(Bildungsroman) 형식이 그것이다. 영웅이 아닌, 약한 보통인간인 사부를 복원하기, 신경증에 귀착되고만, 그래서 교양소설 형식에서 일탈하고만 그러한 사부의 미완성 형식을 총명한 제자가 완성코자 했다. 『소세키와 그의 시대』란 사부 소세키가 이루지 못한 미완형 교양소설을 약한 보통인간인 제자가 사력을 다해 완성코자 한 격렬하고도 비장한 몸부림이기에 감동적일 수밖에 없다. 『소세키와 그의 시대』는, 그러기에 에토 준의 장대한 교양소설이다. 헤겔의 『정신현상학』 주인공인 의식이 자기의식으로 나아가 정신에 이르고 마침내 절대정신에서 완결되듯, 『화엄경』 입법계품으로 하면 선재동자가 53명의 인물을 편력한 뒤에야 깨침에 이르듯, 에토 준도 그러했다. 왜냐면, 『소세키와 그의 시대』는 5부로 미완결되었기에 그러하다. 이것은 『빌헬름 마이터—수업시대』에서 괴테가 이룩한 것과 족히 비유될 수 있다는 점에서 기념비적이라 할 것인데 왜냐면 자기를 잃을지도 모르는 모험 없이는 달성될 수 없는 영역이기에 그러하다. 대체 평전 형식은 어떠해야 했을까. 자기의 교양소설 쓰기와 그것은 어떻게 같고 또 다른가. 이 물음 속에 그는 정면으로 돌파해 갈 수밖에 없었다.

16. 『소세키와 그의 시대』란 어떤 글쓰기인가

『소세키와 그의 시대』의 제1부는 1966년에 집필, 단행본으로 나온 것은 1970년. 참고서적(내외) 157개를 사용했다는 제1부의 첫줄은 이렇게 시작된다.

> 훗날 소세키란 아호로 세상에 알려지게 된 나쓰메 긴노스케(夏目金之助)가 태어난 것은 게이오(慶応) 3년(1867) 1월 5일(구력)인 것이다. 아비 나쓰메 고헤에나오카쓰(夏目小兵衛直克)는 에도 우시고메바바시타(牛込馬場下; 오늘의 신주쿠 기쿠이초喜久井町)의 명주(名主)로 당시 50세, 어미는 그 후처 지에(千枝)로 41세였다. 5남 3녀의 막내였다.
>
> 이 해 정월, 에도의 시중은 늘 그렇듯 적적했다. 젊은 14대 장군 도쿠가와 이에모치(徳川家茂)는 이미 전년의 8월 20일 조슈(長州) 정벌 도상 오사카성 속에서 죽었으나 다시 25일 저물어 고메이(孝明) 천황이 붕어했고, 긴노스케가 난 5일에 이르러 료안(諒闇; 임금이 부모의 복을 입는 기간)을 위해 나리모노고초지(鳴物御停止; 가무, 음악 등 악기 연주를 일절 금지하는 것. 국장 때 등에 시천행됨)라는 관청의 공고가 나왔기 때문이다. 그렇지 않더라도 그믐인 29일의 혼고(本郷) 고이시카와(小石川) 일대의 큰

화재 탓에 봄을 알리러 온 다이카구라(太神楽)라는, 새를 쫓는 모습도 거리에서는 드물었다. 비가 대단히 적게 내린 신년이어서 거리를 메마른 매운 바람이 불어제꼈다.[74]

평전의 기본구도가 이로써 설정되었는바, 한 아이의 탄생과 그 아이를 둘러싼 시대(사회, 공동체)의 동시적 전개가 그것. 특징적인 것은 '시대'에 대한 규정이다. 사회·공동체로서의 시대가 여기서는 어디까지나 일본 최고 권력자인 도쿠가와계와 또다른 정신계(神道)의 최고권위자인 천황으로 표상되었음이다. 에도 서민사회나 그들의 시대와는 결정적으로 구분되는 차원의 시대 속에다 에도토박이인 한 아이를 달랑 올려놓았음이다. 아이가 커서 어른이 될 때도, 유학을 갔을 때도 소설가가 됐을 때도 사정은 꼭 같았다. 아이의 운명은 일본 국가 최고 권위와의 관련 속에 놓여졌음이다. 적어도 에토 준의 평전 방식의 기본구도가 여기에 있었다. '아이=국가=천황' 곧 천황국가의 시선에서 소세키를 보았고, 그 이상도 이하도 아니었다. 개인 소세키는 아예 없고 메이지 국가만이 아이의 모습으로 드러나 있었다. 이것이야말로 이 평전의 특징이자 연구자 에토로 하여금 평생을 탕진케 한 원동력이었다. 아이=국가(천황)의 위기감과 연구자의 위기감이 나란히 가는 것이기도 하다. 이 아이의 첫번째 위기는 국비로 유학간 런던의 2년간의 체험에서 등신대로 찾아왔다. 1900년 9월 8일에서 1901년 11월 3일까지의 33세의 소세키의 런던 유학일기 중 특별히 눈에 띄는 대목을 보이면 다음과 같다.

---

74 江藤淳,『漱石とその時代』第1部, 新潮社, 1970, p. 7.

그가 요코하마를 출발한 것은 20세기 첫해인 9월 8일, 19일에 홍콩항, 싱가포르, 콜롬보를 거쳐 수에즈운하에 닿은 것은 10월 13일. 나폴리를 거쳐 파리에 닿고, 드디어 런던에 닿은 것은 10월 28일이었다. 공사관에서 서류를 받고, 런던탑 구경, 대영박물관·웨스트민스터 사원 구경, 하숙을 찾아 헤매다. 드디어 11월 12일 미스 마일드(Mild) 집으로 정했다. 유니버시티 대학(보통은 유니버시티칼리지)에 가서 강의를 듣고 지하철을 탔고 런던의 일본인들과도 빈번히 접촉. 점심 대신 비스켓을 먹어 보았는데 한통 80전이었고 커(Ker) 교수의 강의를 들었고, 크레이그(Craig) 씨의 개인교수를 받기로 했다. W. G. 크레이그(1843~1906)는 셰익스피어 전문학자. 11월 22일에 만나 이듬해 10월까지 개인교수를 받았다. 시간당 5실링. 재미있는 노인이라 일기에 적혀 있다.

- 1월 28일. 어제 여왕(빅토리아) 사망.
- 1월 29일. 크레이그 씨에게 갔다.
- 2월 12일. 크레이그 씨에게 가다. 문장 첨삭을 의뢰하다. 엑스트라 차지(extra charge)를 요구한다. 비열한 놈이다.

이때의 일기에서 특징적인 것은, 크레이그 씨에 집중되어 있는데, 그때그때 개인수업료를 냈음이다. 대학 강의 듣기를 포기하고, 개인교사 밑에서 독력으로 공부했음이 선명하다. 물론 고국의 장인 및 아내와의 편지질, 런던 풍물 묘사, 구경한 문화시설, 물가(장미 두 송이 6펜스, 백합 3송이 9펜스. 썩 비싸다) 그리고 일본신문과 잡지 『타이요』(太陽)와의 소식도 접하고 있었다. 그렇기는 하나 하숙에 처박혀 독서에 전력을 기울이었음만은 무엇보다도 확실하다. 어학공부를 목적으로 국가가 파견했는데 어째서 그는 이런 공부방식을 택했을까. 그 자신이 이렇게 그 이유를 밝혀놓았다.

> 도착 후 제일 먼저 정할 것은 유학지이다. 옥스퍼드, 캠브리지는 학연의 수도로서 먼 일본에서 아는 일이라 번민이 없었는데 요행히 캠브리지에 지인이 있어 초대되어 구경차 갔다. 여기 있는 몇몇 일본인을 만나보니 그들은 모두 부호의 자녀들인 신사의 자격을 얻기 위해 해마다 수천금을 쓰고 있음이 확실했다. 내가 정부에서 받는 학자금은 1년간 1,800엔(이 액수가 너무 빈약하다는 지적이 있으나, 당시로서는 유학생으로 충분하다는 연구논문도 있음—인용자)에 지나지 않는바, 이 액수로는 금전이 지배하는 이곳에서 그들과 동등한 몸짓을 생심도 할 수 없었다. …… 나는 하숙에 처박혔다. 일체의 문학서를 가방 밑바닥에 두었고, 문학서를 읽고 문학의 어떠함을 알고자 하는 것이 피로써 피를 씻는 것 같은 수단임을 믿을 정도였다. 나는 심리적으로 문학은 어떤 필요가 있어 이 세상에 나왔고, 발달했고, 퇴폐하는가를 밝히고자 마음먹었다. …… 런던에 산 두 해 동안은 참으로 불쾌한 2년이다. 나는 영국신사 사이에 승냥이 무리에서 낙오한 한 마리 개 신세와 같이 날뛰는 삶을 살았다. 런던 인구 500만이라 듣거니와, 500만 알의 기름 속에 한 방울 물이 되었음이 당시 나의 상태임을 단언해 마지 않는다.[75]

75 夏目漱石,「文学論」,『漱石全集』11巻, pp. 6, 7, 15.

어학연수차 두 해 동안 유학(일본국가는 그후 계속해서 제국대학 교수 요원은 무조건 유학 2년이 강요되었다. 전공공부가 아니라 그냥 학문분위기 구경의 의미였다)에 나아간 소세키가 크게 착각했음이 한눈에 들어온다. 제5고 교수인 소세키로서는 어학연수 따위란 안중에도 없었다. 그가 알고자 한 것은 어학이 아니라 '문학공부'였다. 문제는 그것이 절망적이었던 것이다. 유시에서 한문을 몸에 익혀 그것을 문학이라 알아온 그가 셰익스피어나 밀턴 또 유럽문학을 만나 보니, 그 차이가 너무나 아득하여 절망할 수밖에 없었다. 이를 극복하기 위해서는, "피로써 피를 씻기"뿐이었다. '신경쇠약' '광기'에 휩쓸릴 수밖에 없었는데 그만큼 이 과제가 그에겐 본질적인 곳이었기 때문이다.(귀국 후에도 마찬가지여서 친척조차 신경쇠약 겸 광인이라 여길 정도라 했다.) 소세키의 위대성은 이 남다른 고민에서 왔다. 물론 귀국해서도 '신경쇠약' '광기'에서 벗어날 수 없었음에 그 위대성이 있다. 문명개화, 그것은 일본국가가 짊어진 과제였고, 그 과제의 결과는 대동아, 태평양 전쟁의 종언에서 가까스로 그 실체가 드러날 만큼 심각한 것이었다. 바로 여기에 '문명개화'와 '문명비평'의 역설이 생생히 살아 있었던 것이다. 소세키가 골동품일 수 없는 증거이기도 했다.

에토 준이 『소세키와 그의 시대』라 한 것의 진짜 겨냥한 곳이 여기에 있었다. 소세키에 있어 '시대'란 보통의 시대가 아니라 문명개화에 전력을 기울인 일본근대국가의 허점비판이었기에 여타의 평전과는 질적으로 다른 것이었다.

에토 준이 소세키의 족적을 찾아 런던에 간 것은 1967년이었다. 먼저 찾아야 할 곳은 하숙집. "내 하숙은 도쿄로 치면 후카가와(深川)쯤이다. 다리 저쪽의 끝……"(「런던소식」)이라 쓴 하숙은 템스강 남쪽 지하철

역 근처였다. 1900년 11월에서 다음해 4월까지 머문 곳. 번지를 모르는 기타 옮긴 하숙집을 일일이 찾아 헤맨 에토 준은 실증주의가 갖고 있는 참을 수 없는 권태에서 벗어나고 싶은 욕망을 누르기 어려웠다. 1930년대 천재 작가 이상(李箱)이 도쿄에서 하숙한 곳을 수많은 한국연구자들이 찾아 헤매며 자기 발품팔이에 만족하는 것과는 달리 에토 준은 이를 참기 어려웠다. 그보다 소중한 꿈이랄까. 다른 차원이 요망되지 않으면 그런 발품팔이란 호사가의 소관에 전락하기 마련이다. 제일급의 평전에는 반드시 요망되는 비전(꿈)을 이 평전 저자는 이렇게 적어 마지않았다.

> 번지를 모르는 춧뎅그를 제하면 결국 나는 소세키의 하숙 전부를 찾아다닐 수 있었는데, 그러는 동안에 감정을 누를 수 없을 정도로 맹렬하게 터너(J. M. W. Turner, 1775~1851)가 보고 싶어졌다. 터너는 『도련님』에서 노다이코가 붉은 셔츠에게 "어떻소. 교두(敎頭) 선생. 여기부터 저 섬을 터너섬이라 부르면 어떻겠소"라고 짬을 내어 말하는 19세기 영국화가이다. 폭풍우 속을 질주하는 증기기관차를 그린 「비·증기·속도」(이 그림은 내셔널 미술관에 있음—인용자)는 모네를 비롯 프랑스 인상파에 충격을 준 것으로 말해지고 있다. 나는 지금까지 한 번도 터너의 실물을 본 기억이 없었다.
>
> 이러한 변덕스런 마음의 움직임은 의외로 정확하게 핵심을 찔렀다. 테이트 미술관에 가서 소장품 300여 점에 가까운 작품을 날날이 보고 있는 중 나는 점차 이상한 감동을 느끼기 시작했다. 모네가 런던의 내셔널 미술관에서 처음 터너 그림에 접해 '빛'의 의미에 대해 중대한 힌트를 받은 것은 유명한 얘기다. 그러나 이 두 사람이 이룬 것은 전혀 별개였다. 모네가 '빛

의 분석가'라면 터너는 '빛의 시인'인 까닭이다. 모네에겐 확고히 실제하고 있는 물질적 외계가 그보다 앞선 터너 앞에서는 정말로 소멸하고 있었다. 터너에 있어 '빛'이란 그가 이탈리아 여행 중 발견한 하나의 내적 현실이다. 따라서 그는 즐겨 바다, 하늘을 그리고 그것이 '빛' 배후에 사라져 가는 허실의 접점을 얻고자 했다. 화폭 중앙에 작게 묘사된 배는 그러니까 '빛'을 좇아 해체하여 이윽고 최만년의 작품에 이르기까지 그의 밝은 화면의 구석에 숨어 있는 이상하게 어두운 '그림자'로 변화한다. 아마도 이것이야말로 그의 '혼' 혹은 그의 '나'(私)인 것이다.[76]

미술사에서 너무도 알려진 일이라 에토 준이 아니라도 귀동냥으로도 이 정도는 논평할 수 있는 사안이다. 뭣하면 테이트 미술관에 있는 유명한 W. 블레이크의 시 유고집과 더불어, 프랑스 인상파에 기가 죽은 영국인의 자존심 한가닥이 걸린 문제이기도 했으리라. 그러나 주목할 곳은 에토 준의 다음 시선이 아닐 수 없다.

이러한 현대적인 세계를 터너가 영국이라는 고립된 장소에서 완전히 혼자 힘으로 찾아낸 것은 놀랄 일이다. 영국회화사에 있어서의 터너는, 역시 일본 소설사에 있어서의 소세키와 같은 것이라 할 수 없겠는가. 터너가 이탈리아 여행에서 그 내적 현실에 직면했던 것처럼 소세키도 런던유학에 의해 그의 '나'(私)가 솟아올랐다. 한 인간의 자기 발견에는 이질적 문화와의 접촉은 커다란 역할을 하는 법이다. 그렇다 치더라도 터너와 같

---

76 江藤淳, 「ロンドン · 漱石 · ターナー」, 『旅の話 · 犬の夢』, 講談社, 1970, pp. 36~37.

은 독창적 화가가 소세키에 의해 소개된 이래 끝나 버리고 그후 일본에서는 별로 되돌아보지 않음은 공평치 못한 일이라 하지 않으면 안 된다.[77]

에토 준이 런던에서 깨친 것은 상대화의 시선이었다. 문명개화라는 인류사의 최첨단에 선 런던도 유럽의 가치관에서 따지고 보면 한갓 변방이 아닐 것인가. 터너를 내세우지만 터너의 그다움은 이탈리아에서의 배움에서 온 것이다. 그것은 일본소설사에서 소세키의 존재와 흡사하다. 런던이 소세키로 하여금 신경쇠약, 위경련, 광인되기를 요구하면서 문명개화의 진수를 가르쳤다. 설사 그것이 물질적인 측면이라 할지라도 소세키는 거기서 근대소설의 본질을 파악해 냈다. 영국 유학 없이 소세키의 소설이 있을 수 없다는 것, 나아가 일본소설사의 버팀목이 생길 수 없다는 것.

에토 준의 『소세키와 그의 시대』가 놓인 위치를 옆에서 지켜본 나로서는 또는 나와 같은 처지의 연구자들은 이 상대주의만큼 부러운 것이 달리 없었다. 메이지 말기, 정치소설을 배운 이인직, 『무정』을 써야 했던 이광수, 『약한 자의 슬픔』의 김동인, 『묘지』를 써야 했던 염상섭, 도쿄에서 죽은 사내 이상, 이중어 글쓰기에 용감히 나아간 제국대학 출신의 김사량, 이효석, 유진오 등이 마주쳤던 것은 일본이고 도쿄이고, 정치적으로도 종주국과 식민지의 관계 속에 놓여 있었다. 그들이 일본에서 제일 놀란 것은 '문명개화'의 본고장이라 착각한 점. 그러기에 일본문학예술도 단연 근대적인 그것이고, 첨단의 것이라 믿어 의심치 않았다. 아니, 그

77 같은 책, p. 37.

럴 여유도 힘도 없었다. 사력을 다해 그들은 이를 공부했고, 그 때문에 신경증에 위경련에 또 광인에 가까운 대가를 지불치 않으면 안 되었다. 한국근대소설사는 그 결과물이었다.

그렇지만 그들의 눈을 가린 것이 따로 있었다. 정작 밝은 눈을 가진 일본인의 시선에서 보면 일본문명, 일본문학이야말로 가짜 문명이고 식민지문학에 지나지 않았음이다. 총명한 유클리드의 제자 「오감도」(1934)의 이상조차도 도쿄에 도착하고서야 가까스로 이런 사태를 알아차릴 수 있었다. 영화세트 같은 도쿄의 도시건물, 19세기를 겨우 흉내 내고 있는 사태에 절망한 것은 그의 총기에서 왔다. 곧, 비유클리드 기하학의 힘에서 왔다. 소세키라는 선배를 가진 에토 준들은 당대 최첨단 문명개화의 한복판에 유학하여 2년 동안 헤맨 소세키를 가졌음에 얼마나 큰 자부심을 가졌던가. 빅토리아조의 런던, 인구 500만을 자랑하는, 런던에서 소세키는 드디어 자기를 발견해 냈다. 하숙집을 일일이 찾아 내고 그를 가르친 크레이그 씨의 족적까지 찾아냄이란 얼마나 신바람 나는 일일까 보냐. 꼭 마찬가지로 이인직이 공부한 『미야코신문』(都新聞)사, 이광수가 배운 와세다 고등학교와 전문부 성적표 찾아내기, 김동인의 중학시절의 학적부 등등을 조사하는 일이란 얼마나 신바람 나는 일이랴. 동시에 그것은 얼마나 초라한 일이었던가. 두말하면 군소리. 도쿄란, 일본의 문명개화란, 사이비 문명개화이고 식민지문학(예술)이었으니까. 그런데도 흡사 이를 진짜로 여기고 골똘히 배우고자 발버둥친 이광수들이란 얼마나 초라한 존재들이랴. 언필칭 연구자들 중 서양이 진짜이고, 이를 모방한 것이 일본임을 관념적으론 모르는 사람은 없다. 그렇더라도 그것은 한갓 관념이지 실감으로 육박해 오지 않았다. 실감이란 구체적인 자료에서 오는 것인 만큼 이광수들이 실제로 살았던 자료에 연구가 놓이는 법이다. 비록 『무정』의 주인공 이형식이 일본 유학을 건너 뛰어 '시카고대학'에서 수학하게 했지만 기실은 말뿐이고 거기에 따르는 실체는 없었다. 에토 준의 『소세키와 그의 시대』는 이 점을 상대화할 줄 아는 평전이었다. 소세키가 당면한 런던도, 물질적으로는 최첨단이지만 그 너머에 있는 정신상에서 보면 이탈리아를 고향으로 한 식민지가 아니었던가. 터너를 그 증거로 제시할 수 있었다. 일본 근대가 이 사실을 잊는다면 소세키 이해에도 한계에 이르기에 모자람이 없게 된다.

17. 시대 읽기, 작품 읽기의 낙차

소세키를 골동품에서 건져 내어 지금도 살아 있는 활불(活佛) 같은 존재로 만든 방법의 명칭이 『소세키와 그의 시대』임을 제1부에서 논했다. 곧 그것은 메이지 국가 속의 아이 긴노스케의 성장과정인데 메이지 '국가의 관리'되기에 그 핵심이 놓여 있는 기술 방식이었다. 결혼하여 문사로 활동하고 있는 이 아이는 스스로 국가관리되기를 요망했다. 당시 제5고교(구마모토)에 영어교사 1명의 결원이 났음을 알고 요컨대 취직운동을 벌였고 용케도 교수로 부임한 것이었다. 작품 『풀베개』(草枕)의 여행이 이때의 그의 심정을 반영해 놓고 있다. 이 제1부의 서술방법으로 에토 준이 구사한 방식은 과도한 시의 인용이다. 구체적 자료로서 과도한 본인의 시작품의 사용은 그만큼 다른 자료가 없는 빈 데를 채우기 위한 충동을 제어하지 못했음에서 온 극히 위험한 현상이다. 에토는 망설임도 없이 그렇게 했는데 그만큼 평전가의 머릿속에 그린 지향적 도식에 적절했기 때문이다. 그것이 가져오는 주관성(끼어맞추기)을 어느 수준에서 완화하는 방식 또한 구사했는바, 서술의 직설성, 간명성이 그것이다. 과도한 인용문을 이끌어 와서 이를 풀이하거나 주석을 가하지 않았던 것이다. 너절하게 사진이나 원고지 발표지, 인물 등을 일체 사용하지 않았음도 이와 무관치 않다. 이를 에토 준의 자존심 혹은 결벽성(글쓰기 일변도)이라 부를 것이다.

제2부에서 에토는 자기의 역량을 과시했음은 앞에서 잠시 엿본 바 있거니와 영국 유학 2년에 대한 심층적 탐색이다. '작가 소세키의 탄생'의 준비과정이 런던 유학임을 강조하는 방식인 만큼 영국 유학의 심층체험 분석이 불가피하다고 판단한 결과이다. 무엇이 소세키로 하여금 '신경쇠약'(광인)으로까지 빠지도록 몰아넣었는가를 섬세히 분석함에 비례하여 '작가 소세키의 탄생'의 유별남, 독창성, 곧 '노예문학'에서 일본근대문학에 저항할 수 있는 힘의 근거가 뚜렷해질 수 있었다. 제2부 13절 「나쓰메 발광하다」에서 그 정점을 보였다.

> 긴노스케의 상태를 결정적으로 악화시킨 것은 아마도 문부성으로부터 예의 '학술 연구의 여행보고를 확실히 하라'라는 편지인 것이다. 먼저의 편지가 왔을 때부터 한해가 지났는데도 그는 여전히 보고할 아무런 성과를 올리지 못한 느낌이었다. 방대한 독서의 양과 파리 머리같이 가는 글씨로 쓴 노트는 단지 준비이지 성과는 아니다. 그는 백지 그대로 보고서를 문부성에 보냈고 그 때문에 급속히 최악의 상태에 떨어졌다.[78]

---

78 江藤淳, 『漱石とその時代』 第2部, 新潮社, 1970, p. 199.

같은 영문학 연구로 런던에 와 있던 어떤 이가 소세키의 하숙집 여주인에게 들은 바로는, "매일매일 며칠이고 방에 처박혀 어둠 속에서 비관하며 울고 있다"는 것. 이를 또 문부성의 건과 토대로 해서 '나쓰메 발광하다'의 소문이 전보를 타고 알려졌다.

소세키가 기실 하카타마루(博多丸)로 귀국한 것은 1903년 1월 23일이었고, 도쿄대 문과대학 강사로 출강한 것은 동 4월 20일이었다. 이 장면에서 에토 준은 일전하여 한 시대의 종언을 직감하고 있었다. 바로 러일전쟁(1904~05)이 그것.

귀국한 소세키를 러일전쟁에 대치시키기야말로 에토 준의 겨냥한 곳이었다. 메이지 국가와 작가 소세키를 동일한 비중으로 놓는 곳에 『소세키와 그의 시대』의 구도가 잡혀 있었다. 소세키, 그는 개인이지만 동시에 메이지 근대국가였고, 그 이상도 이하도 아니었다. 말을 고치면, 에토 준의 시선에서 보면 메이지 국가란 소세키에겐 안중에도 없었다. 문과대학 강사 소세키는 러일전쟁과는 아랑곳없이 셰익스피어를 강독했고, 메이지 국가도 이 사실을 모른 척했다. 왜냐면 발광한 영문학자인 만큼 어떤 손도 댈 수 없었다. 박사학위조차 거절했음이 그 증거일 수도 있다. 그러자 소세키의 신경증은 조금은 풀릴 징후가 보였다. 그가 전쟁에 관심을 보인 것은 6월 17일에서이다. "일본 운송선 히타치호(常陸丸)사건에 비추어 볼 때 일본인은 대국기질이 있다"[79]라고 표명한 것이 그것.

에토 준은 또한 이 무렵 검은 새끼고양이가 집에 들어온 사건을 삽입하기도 했다. 신경증 풀림의 조짐에 상당하는 것. 에토 준은 이 전쟁 무

---

79 같은 책, p. 540.

관심의 깊이를 통해 한 작가의 탄생을 묘사했다.

> 긴노스케는 직접 전쟁을 노래하지 않고 전황을 언급한 것조차 드물지만 그의 창작력의 분출의 배후에는 일본군의 승리가 미묘한 모습으로 작용하고 있었는지도 모른다. 난공불락을 자랑하는 여순 요새 203고지는 11월 30일에 시작된 제7사단의 강공으로 함락되고 이 고지에 설치된 28인치 유탄포는 여순항 입구에 널려 있는 전함 레도윈치, 포르타와 이하 러시아 함대를 차례로 격침시켰다. 이런 전황을 들으면서 아마도 그는 영국 유학 이래 머리를 누르고 있던 암운이 개고, 서양 문명의 중압에서 해방된 그 의식의 심부를 느꼈으리라. ……『나는 고양이다』는 『호토토기스』(ホトトギス) 1905년 1월호에 실리기로 했다. 이때 문과대학 강사 나쓰메 긴노스케는 누구도, 아마도 본인 자신조차 깨치지 못한 곳에서 작가 나쓰메 소세키로 변신하고 있었다.[80]

제3부에 오면 에토의 필치는 실로 눈부시게 자유분방하여 인상적이다. 한가운데 '육군개선'을 놓았고, 마지막에 '아사히신문사 입사'를 배치했음이 그것. 이런 방식이 인상적인 것은 다분히 에토 자신의 지나친 자의식의 노출, 의도적 밀어붙이기 식으로 보이기 때문이다. 실상 소세키에 있어 그 위대성은 국가와의 무관함에서 온 것이다. 문명개화를 제일과제로 내세운 메이지 국가란, 소세키로 하여금 발광케 하는 실체이기도 했던 것. 그럼에도 에토는 억지로 국가에다 소세키를 묶고자 했던 것이

---

80 같은 책, pp. 360~361.

다. 사사건건 러일전쟁과 소세키를 연결시키고자 하는 몸짓이 제3부에서는 이런 식으로 표출되었다.

> 육군 개선(凱旋)은 이미 9월 말에서이다. …… 12월 7일 오전 10시 39분, 오야마 이와오(大山巌) 원수의 만주종군사령부가 드디어 제도(帝都)에 개선했을 땐 아직 밤부터 내린 찬 비가 흙이 무너지는 것처럼 쏟아 붓고 있었다. …… 그러나 그 속에서, 연도에 도열한 소학교 생도들은 비에 젖은 쥐가 되어 열심히 작은 기를 흔들었다. 이 모양을 본 오야마 총사령관은 스스로 마차의 덮개를 열어 노구에 비를 맞으며 만족한 기분으로 거수경례로 답했다. 한편 소세키는 이 무렵 멀지 않은 고마고메 자택에서 신년호의 원고에 고투하고 있었다.[81]

러일전쟁에 승리한 메이지 국가의 거대한 위상이 항시 전제되고 그 속에서 병마와 싸우며 오직 '소설쓰기'에 몰두하고 있는 초라한 소세키 모습을 놓아 두고 있지 않았던가. 이 대조적 방법론의 일관성이 돋보였다. 일본 제국의 위대함과 그 연장선상에 있는 국가 수여 박사학위 및 제국대학 교수 자리를 팽개치고, 한갓 신문사 '소설기자'로 나아간 소세키와의 대비를 통해 전기 작가 에토가 드러내고자 한 것은 바로 글쓰기의 위대성, 또는 '근대소설'의 탄생 과정이다.

근대소설이란 무엇인가. 그것은 제국과 맞먹는 무게를 지닌 것이 아닐 수 없다는 것. 여기에 에토의 방법상의 균형감각이 작동하고 있었다.

---

81 江藤淳, 『漱石とその時代』 第3部, 新潮社, 1993, pp. 182~183.

'메이지 시대의식=메이지 국가의식'이란, 다르게 말해 '메이지 제국=근대소설'이라는 또 다른 도식을 의미한다는 것으로 이 사정이 정리된다.

이 메이지 국가와 맞서는 대상이 바로 언론기관이었고 그 대표적인 것이 『아사히신문』이었다. 소설기자로 전업한 소세키 기자작가는, 국가가 준 교수, 박사의 권위를 스스로 팽개침으로써 또 하나의 세계를 구축했는바 그 이름이 일본근대소설이었다. 이것은 1년 8개월 전사자 4만 3천, 전상자 15만여 명, 전병자 20만인에 이르고, 그 미망인 및 자녀들을 안은 메이지 국가와 일본근대문학은 같은 비중이라 믿은 것은 소세키 쪽이 아니라 에토 준 쪽이었다.

제3부의 후기에서 에토 준은 솔직히 그동안의 것은 소세키를 둘러싼 시대 묘사, 그 시대 속의 한 인간의 묘사였다. 제2부를 본 선배 고바야시 히데오는, "모든 것은 작품이라는 일등자료를 어떻게 파악하느냐에 승부가 달린 것"이라 했다. 그렇다면 제4부(1996)에서 에토는 일등자료인 '작품'에로 나아갔을까. 다시 말해 고바야시 히데오의 충고를 따랐던 것일까. 이 물음에는 설명이 조금 없을 수 없다. 『도스토예프스키의 생활』을 마치는 마당에서 고바야시는 「고린도후서」의 바울의 말을 인용했다. "우리가 만일 미쳤어도 하느님을 위한 것이요 만일 정신이 온전하여도 너희를 위한 것이니"(「고린도후서」 5장 13절).

도스토예프스키의 평전쓰기란, 정신이 온전한 축에 속한다. 자료를 모으고 이를 시대별 연도별로 수미일관하게 조립하면 어렵지 않게 이루어지는 법. 그것은 신의 질서에 따르면 된다. 그러나 도스토예프스키의 작품을 마주하고 그 속으로 들어가고자 하면 미치고 환장치 않으면 안 된다. 『죄와 벌』, 『카라마조프의 형제들』, 『악령』 속으로 들어가 보라. 신이 아닌 인간이라면 끝없이 헤매고 끝내 길을 잃고 말기 마련인데, '작품'인 까닭이다. 고바야시는 에토 준의 『소세키와 그의 시대』(제2부)를 읽은 독후감을 그렇게 들려준 셈이다. 그러나 에토 준은 대선배의 충고를 따르지 않았는데, 현명하게도 또는 약삭빠르게도 '작품' 속으로 들어가지 않고 시종일관 그 주변만을 맴도는 방식을 고집했다. 작품이라는 함정을 예측하고 익사하지 않기 위해 용케도 피해갈 줄 알았던 것이다. 만일 고바야시의 충고를 따랐다면 필시 에토 준도 소세키의 『문』 앞에서 미쳤거나 신경쇠약에 걸려 스스로를 폐인으로 망가뜨리기에 모자람이 없었을 터이다. 소세키처럼 에토 역시 이 작품 속에서라면 필시 철저한 '자기본위'에 시종하여 괴물에 전락했을 터이다. 그러나 에토는 『우미인초』, 『갱부』, 『산시로』는 물론 대작 『문』을 두고도 그 표제를 취한 경위라든가 작품에 대한 독자 반응 그리고 집필 도중 위통을 겪었고 마침내 이즈(伊豆)의 슈젠지(修善寺)에서 요양하니 안되었다든가 등등의 기술로 가득 채워 놓고 말았다. 정면승부에서 물러선 형국이었다. 만일 제5부를 끝내 놓고 잇달아 고바야시처럼 에토 역시 아득한 작품 속으로 헤매며 「고린도후서」의 경지에 나아갔을지도 모를 일이다. 불행히도 일본문학은 에토의 성숙을 기다릴 행운이 따르지 못했는바, 66세로 숨졌기 때문이다.

제5부가 간행된 것은 1999년. 제1부로부터 29년의 긴 세월이다. 5부의 소중함과 안타까움이 각별한 것은 이에서 왔다. 그것은 다음 두 가지 점에서 특징적인데, 하나는 헌사에 관한 것. 다른 하나는 미완이라는 점.

헌사란 무엇인가. 고바야시 히데오가 헌사를 쓴 것은 단행본 『모차르트』에서였다. "어머니의 영전에 바침"이 그것. 노모가 읽을 수 있도록 상식을 벗어난, 놀랄 만큼 큰 활자를 사용했다. 에토 준은 『소세키와 그의 시대』 제1부와 2부에 In Memoriam Matris를, 제3부와 4부엔 In Memoriam Patris를 각각 헌사로 내세웠다. 대체 이는 무엇을 뜻하는 것이었을까. 어떤 설명도 에토 준은 언급한 바 없는데, 그럴 필요가 전혀 없었음과 무관하지 않다. 글 전체의 의지가 두 헌사에 해당되기 때문이다. '어머니에의 헌사'가 1~2부라면, 3~4부는 '조국(아버지)에의 헌사'라는 것. 이 사실의 중요성은 소세키와 당연히도 무관한 것이 아니었던가. 소세키와는 관계없이, 평전 작가이자 비평가 에토 준의 어머니이고 아버지이며 조국에의 헌사인 만큼 이 평전은 너무도 에토 준적이라 하지 않을 수 없다. 이 고집이, 오만이, 자존심이, 30여 년을 버티어 온 글쓰기의 근기이자 저력이며 심지어 투명성이기도 했다. 그것은 신경쇠약, 광인이 안 되기 위해 소세키가 『문』, 『갱부』, 『명암』 등 작품으로 향했고 자기본위(『나의 개인주의』)에 잠김으로써 '즉천거사'(則天去私)라는 선문답식 표현으로 자신감을 드러냈음과 족히 대응되는 사례로 볼 수 있다. 에토 준, 그도 '즉천거사'의 경지를 엿보고자 했기에 그러하다.

그런데 이런 자기식 헌사가 제5부에서는 사라졌다. 미완이기 때문이었을까. 그렇기도 하지만 또 그렇지 않기도 했는바, 제5부 이하란, 어머니도 국가나 조국 또는 아비도 없는 혹은 규정하기 어려운 국면의 지평이 엿보였음과 무관하지 않다. '다이쇼(大正) 원년(元年) 구월(九月)'에서 작품 『한눈팔기』(道草) 분석에 걸쳐 미완된 제5부의 마지막 장은 '아비라는 것'으로 되어 있다. 이제야 가까스로 '아비'의 의미 앞에 맞선 형국이다. 3개월 생명 시한부인 투병 중의 66세의 에토 준이 과연 소세키의 최고작 『명암』(明暗)에 어떻게 육박하고자 했을까를 두고, 제5부 해설자는 아름답고도 의미심장한 뜻을 읽어 내고 있었다.

만일 소세키가 다이쇼 5년(1916) 12월 9일에 죽지 않았다면, 이라는 가정 아래 새로운 소설(『명암』의 미완성을 사회 속에 실험하여 완성하기—인용자)의 작자되기를 기대하는 사고방식은 66세의 에토 준의 취할 바는 아니었으리라.

그 대신 오전에 『명암』 집필과 오후 한시 짓기의 양쪽 세계에 소세키가 존재하고 있었다는 사실의 문제가 서술의 중심부를 차지했을 터이다. 죽음의 예감 속에는 노장적 '허명'(虛明)에 가까이 가고 또 떨어지는 흔들림을 반복하는 소세키를 묘사했으리라.

이런 일에 착수하기 전에, 죽음이 이 평전 작가 에토 준을 꽉 안았다.[82]

미완이 아름다운 것은 그것이 완결을 내포하고 있음과 동시에 새로운 지평을 엿보임에서 온다. 이 점에서 『명암』의 소세키는 바로 『소세키와 그의 시대』의 에토 준에 다름 아니었다.

고바야시 히데오가 『도스토예프스키의 생활』을 정결하게 쓰고, 그의 작품 속으로 감히 들어가지 않았다. 『죄와 벌』을 위시 작품 속으로 들어가기 시작한 것은 수년이 지난 후였고 그것도 미완성이었다. 작품이란 사람을 미치고 환장케 하는 것인 만큼 너무도 당연한 일이다. 에토 준도 소세키의 평전을 쓴 다음 그의 작품 속으로 들어갈 참이었을까. 그러기엔 그의 평전쓰기가 너무 결정적이자 절대적이었다. 그렇지 않고, 고바야시의 충고를 따랐던들 그는 틀림없이 고바야시 꼴이 되고 말았을 것이다. 에토는 고바야시의 평전조차 미완으로 남겼을 뿐인데, 이 사실은 일

82 桶谷秀昭, 『漱石とその時代』 第5部, 新潮社, 1999, pp. 289~290.

본근대문학 연구진을 위해서는 썩 다행한 일이었는지도 모를 일이다. 훗날의 비평가 가라타니 고진, 고모리 요이치(小森陽一), 하스미 시게이코(蓮實重彦) 등에 의해 소세키의 작품론이 무성하게 씌어질 수 있었다. 그런 길을 터준 것이 에토 준의 덕분이었다고 볼 것이다.

18. 내가 에토 준에 들린[憑] 곡절

지나칠 정도로 에토 준에 대해 살펴 왔지만, 내 전공이 아닌 만큼 착오, 오독, 인식 부족, 문맥 파악 미달 등 부지기수의 약점들이 잠겨 있을 것임에 틀림없다. 이를 각오하면서도 나는 왜 이런 짓을 염치도 없이 저질렀을까. 누군가 이렇게 묻는다면 나는 별로 할 말이 없다. 이 글 모두에 밝혔듯 내 첫번째 도일 목적은 하버드 옌칭 그란트이긴 해도 한국근대문학 연구에 있었다. 우리 문인들이 배우고 익힌 근대문학이란 그들의 일본체험과 무관하지 않기 때문이다. 조금 비약하면 일본을 통한 '문명개화'의 학습이었다. 조선의 3대 천재인 벽초(가인), 육당, 춘원 등이 그 대표적 사례였다. 어째서 최고 엘리트들이 하필 일본에서 배워야 했을까. 여기에는 청나라 유학생의 사정도 고려될 수 있다. 종주국 청나라를 통해 근대 학습에 나아간 조선조의 '신사유람단'이 여지없이 실패로 끝났음을 상기시킨 조선 조정은 그 물꼬를 일본으로 돌렸음도 역사가 보여 주는 사실이거니와, 같은 한자문화권의 일본이란 동양 3국의 밑변에 놓인 존재이기도 했다.

이러한 일반론이 쉽사리 내 의식에서 알게 모르게 작동했지만 또 하나의 의식은 한층 심각한 것이었는바, '문학도 그러한가'에서 왔다. 문명개화와 문학이란 내속(來屬) 관계에 있긴 해도 또한 별개의 독자성을 가진 것이라는 의식이 나를 끝내 놓아 주지 않았다. 육당, 벽초, 춘원 등이 학습한 문학이란 엄밀히는 일본의 '문명개화'에 속한 것이지 '문학' 그것이라 하기에는 여러모로 역부족이었다. 요컨대 계몽주의의 일환이어서 그것을 이식시키기란 비교적 용이한 일이었다. 「해에게서 소년에게」(1908)에서 보듯 지식으로 무장하여 세계로 항해할 것을 종용하는 것이며 그 지식으로 만든 항해의 기술이나 선박은 동서고금 공통된 것인 만큼 쉽사리 검증될 수 있는 일이었다.

그러나 문학에 오면 사정은 크게 달라진다. 어떻게 다른가를 내게 구체적으로 가르친 사람이 있었다. 『도스토예프스키의 생활』(1939)의 저자 고바야시 히데오였다. 호류지(法隆寺)의 조각 「백제관음」을 보고 산으로 도망친, 경주 석굴암 대불 앞에서 지독한 피로감을 느낀 비평가 고바야시는 『도스토예프스키의 생활』의 끝을 이렇게 썼다. "우리가 만일 미쳤어도 하느님을 위한 것이요 만일 정신이 온전하여도 너희를 위한 것이니"라고. 「고린도후서」(5장 13절)에서 사도 바울이 한 이 말이 어째서 세계 최대의 작가 중의 하나인 도스토예프스키의 생애를 끝장냄에 적절하다고 고바야시는 생각한 것일까. 내가 이 물음 앞에서 아득했음은 다름이 아니라, 고바야시처럼 나도 기독교와 무관하며 따라서 다만 다마스커스의 도상에서 눈먼 바 있는 바울의 회심도 지식의 일종일 터이다. 신앙의 언어가 신앙과 무관한 사람에게도 그대로 인용될 만한 것일까. 이 의문에 고바야시는 일가견을 갖고 있었다. '생애'란 죽음과 함께 끝나는 법. 그 뒤에 남은 것은 작품뿐이다. 그렇다면 '작품'이란 무엇인가. 작가의 죽음이란 사람들의 보기엔 온전한 정신으로 보일 것이다. 죽을 땐 누구나 정상적으로 죽기 때문이다. 그러나 그의 정신(작품)이란 죽음과는 관계없이 미치고 환장할 만큼 폭풍 속에 놓여 있는 법이다. 이 거센 폭풍이 작품이라면 그것은 작가의 '생애'와는 비교도 되지 않을 만큼 소중한 것. 그것의 이름이 '문학'이라는 것. 고바야시가 이 사실을 증명하기 위해 기울인 노력은 『「악령」에 대하여』(1942)에서 『「백치」에 대하여』(1953)까지 장구한 시간이 요망되었다. 중요한 것은 고바야시가 도스토예프스키의 작품에 다가갈수록 스스로 길을 잃고 헤매마지 않았음이다. 대체 무엇이 그토록 명민한 비평가 고바야시로 하여금 미치고 환장케 한 것이었을까. 이 물음의 해답을 쥐고 있는 것의 일반명칭이 '작품'이다. 다듬어 말해 사람을 미치게 만들지 않거나 못하는 작품은 '작품'일 수 없다.

『이광수와 그의 시대』(1986)를 쓰면서 내가 의도한 것은 탄생과 죽음에 이를 궤적이었고 그 이상도 이하도 아니었다. 대표작 『무정』(1917)에 대한 분석도 이 생애 해명의 용도에 지나지 않았다. 그 다음은 어떠했던가. 다시 말해 사람의 정신을 미치고 환장케 하는 이광수의 작품 연구에로 돌입했어야 했다. 거기서 나는 미쳐야 했고 길을 잃어야 했다. 그러나 참으로 딱하게도 나는 그렇게 하지 않았다. 『흙』, 『사랑』, 『원효대사』, 『무명』 등이란 '작품'에 이름할 만한 것일까. 자신이 내게 없었다. 기껏해야 '계몽적인 것'이 아니었던가. 입만 벌리면, 민족, 민족, 독립, 독립이었다. 문명개화의 편이지 문학 쪽의 사안이 아니었던 것이다. 내가 『이광수와 그의 시대』를 끝낸 후 그의 작품론을 포기한 것은 전혀 이 때문이다. 염상섭의 『만세전』이나 『삼대』에로 붓을 돌린 것도 이 때문이며, 그것이 대리만족의 수준에 미치지 못했음도 가릴 수 없는 사실이었다. 이 참담한 상태에서 나를 구해 준 것이 「오감도」의 작가 이상이었다. 그의 유고

(육필)를 분석하고, 그것이 어째서 일어로 쓰여지지 않을 수 없었는가에 마주칠 때까지 나는 한번도 헤맨 적이 없었다(졸저, 『기하학을 위해 죽은 이상의 글쓰기론』, 역락, 2010).

계몽주의라 했거니와 여기에는 또 하나의 기묘한 양상이 목도되었는데 이 역시 한동안 내 길을 막았다. '작가=신'이라는 도식이 그것. "참 문학적 작품은 神의 攝이요 성서이요"라든가 "소설가 즉 예술가이오. 예술은 인생의 정신이요 사상이요, 그네를 대상으로 한 참사랑이오", "예술이 있는 곳에 문명이 있고 문명 있는 곳에 행복이 있소. 행복은 우리가 진심으로 구하는 바이오"(『소설에 대한 조선인의 사상들』, 1969)라고 김동인이 힘차게 주장했다. '작가=신'이라는 이 도식이 기독교 문명권의 신에서 나왔음은 의심의 여지가 없다. 절대적인 것이 신인 만큼 창조자인 작가도 꼭같다는 이 생각이 어이없는 것은 김동인 자신이 이를 의심없이 믿었음에서 왔다. 스스로 신이라 자처한 평양 부호의 차남이자 집안의 귀공자인 김동인은 소설을 통해 스스로 신이 되고자 한 경우이다. 그러나 그는 현실과 이 사상을 혼동했는데 작중 인물을 멋대로 조종하듯 현실 속의 주변 인물들도 그렇게 하기를 마지 않았다. 거기에 응해오는 대상은 기생뿐이었다. 훗날 기생조차 이에 저항하자 길길이 뛰는 김동인의 초라한 모습이 드러난다(졸저, 『김동인 연구』, 1987).

여기까지 이르면 에토 준과 고바야시를 견주어 볼 내 시점 하나가 가까스로 확보된 셈이다.

에토 준, 그는 신이었던가.

이 물음에 흡사한 목소리를 내지른 조선문인이 창조파의 두목 김동인이었음은 앞에서 본 바이거니와, 이 경우 신이란 기독교적인 신을 가리킴이다. 곧 절대적 존재이다. 만일 약한 인간인 주제에 자기의 주제도 돌보지 않고 '작가=신'이라 여긴다는 것은 인간포기 선언에 다름 아니다. 다르게 말해 그는 인간의 자리에서 떠나 괴물이 되든가 짐승이나 악마가 되든가, 좌우간 비인간이 아니면 안 된다. 에토 준, 그는 어느쪽이었을까. 일본식 신도(神道)의 신도인 에토 준이 기독교적 절대신을 흉내 내면서 '비평가=신'의 도식을 획득하고자 몸부림치지 않았을까. 그 결과는 누가 보아도 모순이 아닐 수 없다. 인간을 버리고 신에 준하는 비평가가 되었을 때 그의 육체는 어떻게 됐을까. 육체를 가진 비평가란 짐승이거나 괴물이 아니었던가. 이 사실을 그가 통렬히 깨친 계기가 만년에 찾아왔다. 처의 육체 붕괴에 이어 그 자신도 육체 붕괴의 장면에 전면적으로 노출된 것이었다. 그는 '신=비평가'의 다락에서 내려와 알몸의 '인간'으로 환원돼야 했는바, 이를 자력으로 행했음에 그의 위대성이 있다. '자결'이 그것이다. 그는 자기의 오류를 자기 힘으로 속죄할 수 있었다.

이에 비할 때 고바야시는 어떠했을까. 명인(名人)이란 말에 제일 근접한 인물이 아니었을까. 물건 만들기의 초인적 기량과 정신력을 가진 명인이란, 아무리 굉장해도 무에서 유를 창조하는 신과는 차원이 다르다. 그는 인간의 자리에서 벗어나려 하지도 않았고, 따라서 괴물이나 짐승이나 신이 될 필요가 당초에 없었다. 80세에 선종할 수 있었음도 결코 우연이라 할 수 없다. 도스토예프스키의 작품 속을 초인적 기량과 정신력으로 판독하는 도상에서도 그는 한 번도 자살을 고려한 바 없었다.

그렇다고 해서 에토 준이라는 이 거대한 인물이 어느 수준에서 그 실체를 드러냈다고 할 수 있을까. 물론 어림도 없는 일이지만 그렇다고 그냥 있을 수도 없다. 왜냐면 그가 문예비평가의 한 사람인 까닭이다. 문명개화도, 일본소설도 전문이 아닌 내 관심은 이 문예비평가의 존립방식이었다. 어째서 사람은 시인도 작가도 될 수 있듯 비평가도 될 수 있는가. 고바야시도 에토 준도 처음부터 죽을 때까지 이 의식에서 자유로울 수 없었다. 그러나 고바야시는 신 대신 인간 편에 섰음에 비해 에토는 신 편을 기웃거렸다. 그 결과가 자결이었다. 그의 자결이 일종의 속죄의식임은 이런 연고에서 왔다.

아마도 이러한 에토의 조급성을 부추긴 원인 중의 하나에 다아키(『개와 나』)가 자리잡고 있었을 터이다. 자녀가 없는 에토 부부에 있어 다아키란 개이긴 해도 인간에 다름 아니었다. 다아키 위에 맘놓고 군림할 수조차 있었다. 만일 다아키가 자녀였더라면 자라면서 필시 부모에게 대들었을 터인데 왜냐면 짐승이 아닌 '인간'인 까닭이다. 이 길이 에토에겐 막혀 있었다. 따라서 그의 자살은 이 막힘에 온 통렬한 복수극이 아닐 수 없다. 비극적인 것은 이 때문이다.

19. 글쓰기의 신이 되고자 한 두 사내—다나베 하지메와 에토 준

문득 이 장면에서 신이 되고자 하다가 방향을 바꾸어 인간으로 재탄생한 한 거인을 내가 떠올림은 웬 까닭일까. 『철학의 근본문제』, 『종의 논리』, 『죽음의 철학』의 저술을 가진 니시다 기타로(西田幾多郎, 1870~1945)와 더불어 이른바 '교토학파'라 불린 철학자 다나베 하지메(田邊元, 1885~1962)가 그다. 교토대학 철학교수인 다나베만큼 학문에 전신전력한 경우는 거의 없다고 알려져 있다. 정신의 이완을 철저히 경계하며 세상과는 최소한의 접촉 외에는 연구실을 벗어나지 않았다. 이 철저성의 근거는 과연 어디에서 온 것인가. 학문이 그 알파였고, 오메가였다. 세상에 대놓고 그는 이렇게 당당히 외치고 있었다. 가히 신의 목소리 그대로였다.

> 논리라는 개념의 가장 일반적인 의미는 추론적이 아니면 안 된다. 어떠한 개념을 넓게 풀어도 이 본질을 결하는 것은 허락되지 않는다. 만일 이를 결하면 논리는 표현의 해석과 같은 뜻으로 돌아갈 수밖에 없으리라. …… 헤겔도 "추론은 이성적인 것이며 이성적인 것의 전체이다"(『엔치클로페디』 181장)라고 했다. 그렇기에 논리가 이성의 내용인 것은 새삼 말할 것이 없다면 논리의 본질이 추론에 있음은 그에겐 자명한 것이라 보아도 좋으리라. 아리스토텔레스의 논리학이 분석론을 중심으로 하여 분석론의 주요문제가 추론에 있음은 주지의 일이다. 그 이래 논리의 전통은 헤겔에 이르기까지 추론으로써 논리의 본질을 푸는 것에 있어서는 일치되어 있다. …… 그러나 최근 철학의 경향이 해석론적으로 되어 감에 따라 스스로 해석론적인 것을 표방하는 철학에도 그 주된 경향이 해석론철학에로 나아가지 않은 것이 적지 않다. …… 이러한 입장은 해석론적이지 논리적인 것은 아니다.[83]

그의 논리추구의 철저함은 가히 상상을 넘어서는 것. 자녀가 없음에도 그는 에토 준 모양 강아지 따위는 기르지 않았다(이에 대한 깊이 있는 통찰은 中沢新一, 『フィロソフィア·ヤポニカ』, 講談社, 2011. 아내와 자식의 죽음을 겪은 그래서 인간적인 니시다철학도 훌륭하지만, 다나베의 비인간적 철학

---

83 田辺元, 『種の論理』, 岩波文庫, 2010, pp. 189~190.

도 그에 못지않다는 것이 학문적 수준에서 검토되어 있다). 바야흐로 신이 되는 길목, 철학의 신 강철소리는 추리력, 물컹거리는 해석학 따위를 안중에도 두지 않는 학문의 신이었다. 그러기에 은사격인 니시다 기타로를 정면에서 공격할 수조차 있었다. 신이 무엇을 망설일까보냐. 강아지 따위를 키우며 그 위에 군림하는 약자, 사자의 탈을 빌린 가짜일 수 없다. 강하되 철저히 강할 것, 강철소리가 나도록 강하면서도 절대로 꺾이거나 깨지지 않는 강인함, 철학자 다나베는 그런 유형의 비인간, 바야흐로 신에 육박하는 괴물이며 짐승이기에 유례없는 학문의 화신일 수 있었다. 인간임을 포기한 장면의 하나를 보이면 이러하다.

> 다나베는 이후 16년의 긴 시간 제자들이 재삼 재사 하산을 간청해도 사양했고, 독서, 사색, 집필의 나날을 보냈다. 그간 병처인 지요(千代)를 간호하며 게다가 스스로도 뇌연화증에 쓰러지며 투병을 계속했고 …… 타자의 이해를 초월, 철두철미 자기본위였다.[84]

정부문화훈장 수여식에도 가지 않았고 때와 장소를 가리지 않는 히스테리로 처가 죽은 뒤에는 하녀도 견디지 못해 도망칠 정도였다. 가히 인간화의 길이었는바, 이 포기함의 대가로 주어진 것이 학문이라는 절대성의 과일이었다. 뭣도 모르는 약자들이 사자의 위의를 빌려 입고 이 과일을 탐내다가는 자살의 길밖에 없지 않겠는가. 에토 준은 다나베에 견주면 그 위상이 새삼 뚜렷해질 수밖에 없다.

---

84 竹田篤司, 『物語「京都学派」』, 中央公論新社, 2001, pp. 219~220.

그렇다면 과연 다나베는 신이 되었던가. 이 물음의 판정관은 대학 그것도 철학과가 될 수밖에 없다. 이른바 교토학파라 불린 일본 최고의 지적 영분의 학부에서 다나베는 어떤 위상에 놓였던가. 두 단계로 살필 수 있다.

첫째는 『종의 논리』(1937). 과학철학에서 출발한 그가 니시다의 부름을 받고 교토대학 철학과에 와서 철저히 따진 것은 헤겔철학이었고, 거기서 확인한 것은 비판적 변증법이었다. 개념에 기울어져 비실천적 헤겔의 관념변증법을 비판하는 한편 사실에 기울어진 마르크스 유물변증법도 아닌 양자를 종합하는 '절대변증법'의 입장을 내세웠다. 니시다 철학에까지 이를 적용해 밀어붙였는데, 이를 전문용어로는 '발출논적'(發出論的)이라 했다. 이 논법에 따르면 니시다 철학의 핵심인 '무의 장소'론도 이미 유(有)에 지나지 않는다는 것이다.[85]

대체 『종의 논리』란 어떤 것인가. 하나는 실천적 동기이다. 국가와 개인의 관계 속에 매개항으로 종(種)의 개념을 설정하기가 어째서 실천적 동기일까. 바야흐로 이 시대는 제국 일본의 국가의 요청사항이 가로놓여 있었다. 대동아공영권을 코앞에 놓은 상황에서 개인은 국가와 어떤 관계에 놓여야 할까. 이런 물음이 군국 일본이데올로기 창출에 있음은 물론이다. 다른 하나는, 이 점이 중요한데 '논리적' 구축이다. 이데올로기를 넘어서는 논리(과학)란 무엇인가. 이 점에 철학이 그 극한을 보여야 한다는 것. 이른바 '절대적 논리'가 그것이다. 유(類)와 종(種)과 개(個)의 상호 절대매개의 논리탐색에 철저히 육박한 사례는 일찍이 없었음에 그

---

85 田辺元, 『種の論理』, p. 365.

다운 면모를 보였던 것이다.

> 나는 자기의 능력이 허락하는 한 이 방면의 연구를 금후 기대한다. 그러나 그것은 논지와 떠나서 표현해석의 입장에서 역사철학의 연구를 의도함을 의미하지 않는다. 그와 동시에 현실은 실천적인 매개존재인 만큼 그 구조에 있어 논리의 존재에 대한 프리우스(직관이란 표현에 대한 논리의 원칙을 지키는 우선순위)는 부정되지 않는다.[86]

아리스토텔레스, 헤겔, 하이데거, 엥겔스, 마르크스, 칸트, 모건, 쇼펜하우어, 베르그송, 니체, 후설, 셸링, 스피노자, 리만기하학, 뉴턴, 딜타이, 반야경, 임제록 등을 총동원하여 전개된 『종의 논리』는 철학의 본래의 존재방식인 현실과 논리의 관계를 천명한 점에서 그 표본적 사례라 할 것이다. 그러나 '현실'에 눈을 돌리면 군국주의 일본국가의 이데올로기 합리화라는 비판에서 자유로울 수 없다. 근대의 초극을 두고, 교토학파를 싸잡아 '민족주의적 자기기만'[87]이라 평가됨도 이런 문맥에서이다.

> 본고에서는 다나베 하지메의 『종의 논리』를 비판하기를 피하거니와 교토학파의 역사, 국가철학의 전제적 이해를 보이는 것의 하나로 1939년에 교토대학 학생과 주최한 '일본문화강의'에 기초되어 이듬해 나온 유명한 『역사적 현실』에서 두서 줄 인용하겠다.[88]

86 같은 책, p. 445.
87 広松渉, 『<近代の超克>論』, 講談社, 1989.
88 広松渉, 『<近代の超克>論』, pp. 214~215.

히로마쓰 와타루의 다나베 비판에서 핵심적인 것은 결국은 '팔굉일우' '천황제'의 승인이라는 점에 있었다. 철학이 현실을 문제 삼는 한 이런 비판에서 자유롭기 어렵지만 그렇다고 거기에 이르는 '논리'추구는 끝까지 가야 함도 운명적인 일이 아닐 수 없다. 다나베의 『종의 논리』란 이 점에서 평가될 것이라 할 것이다.

그렇다면 철학이란 무엇인가. 이 문제를 계몽적인 차원에서 논한 것이 『철학의 근본문제』(1949)이다. 연보에 따르면 60세 정년으로 퇴관(1945)한 그는 병처와 더불어 가루이자와 산속의 움막에 가까운 집에 칩거, 77세(1962)로 죽을 때까지 머물렀다. 『철학의 근본문제』는 제자들이 찾아가 강의 들은 것을 기초로 한 논저. 역시 철저성이 밑바닥에 깔려 있다. 그 일례로 『자본론』에 대한 철저한 분석을 들 수 있다. 『자본론』에 들어가기 전에 먼저 할 일은 무엇인가. 마르크스의 학위논문 「데모크리토스의 자연철학과 에피쿠로스 자연철학의 서로 다른 점」이 그것이다. 희랍에서 이미 제기된 이 원자론이 어째서 자본제 아래의 상품의 이중성격(시장가치의 둔갑술)에 적용되는가를 떠나서는 겉돌기 쉽다고 주장했다.

> 지금부터 내가 하고자 하는 말은, 시방 말한 바와 같이 단지 유물론이라 밀어붙일 수 없다는 것입니다. 깊은 변증법적 계기가 『자본론』 속에도 선명한 모양을 보이고 있다는 점입니다. …… 변증법이 참된 변증법이라면 반드시 관념적이라든가 유물론적인 것이 있음(有)의 입장에서 다하는 것이 아닙니다. 그런 대립을 넘어서 무의 입장에 서지 않으면 안 됩니다.[89]

89 田辺元, 『哲学の根本問題·数理の歴史主義展開』, 岩波文庫, 2010, p. 185.

추리를 기본기로 한 논리의 철저화야말로 헤겔의 제자 격인 철학자 다나베의 자세였다. 그렇다고 칸트가 고민한 '이성의 운명'을 그가 몰랐을 이치가 없다.

> 인간의 이성은 그 인식의 한 종류에 있어서 회피할 수 없는 문제에 시달리는 특수한 운명을 지니고 있다. 이 문제를 회피할 수 없는 까닭은 이 문제가 이성 그 자체의 본성에 의하여서 이성에 부과된 것이기 때문이다. 그러나 이성은 이 문제에 해답을 주지 못한다. 왜냐하면 그것은 인간 이성의 모든 능력을 초월한 것이기 때문이다.[90]

이러한 운명적 사실을 뻔히 알면서도 오히려 그 때문에 다나베는 후반부에 오면 이를 또 다른 방식으로 절대적 승부처로 삼지 않았을까. 칸트가 아니라도 많은 철학도들이 운명론자로 마음 편히 살아가는 모습을 보아온 다나베인 만큼 이에 맞서는 길이야말로 그만이 갈 승부처로 삼지 않았을까. 운명이 있을 자리에조차 그는 반야심경의 가파른 색즉시공 공즉시색의 즉(卽)으로 대처할 정도였다.

『철학입문—철학의 근본문제』는 앞에서 본 바와 같이 정년 후 가루이자와 산장에서 가라키 준조(唐木順三) 등 문하생 상대로 행한 강의록인데, 그 핵심은 '과학철학'이란 무엇인가를 밝힌 것이었다. 젊은 시절 『과학개론』을 쓴 바 있는 그가 여기서 밝히고자 한 것은 과학적 철학(scientific philosophy)이었는바, 이에 앞서 『참회의 길로서의 철학』(懺悔

---

90 이마누엘 칸트, 『순수이성비판』 제1판 서언, 전원배 옮김, 삼성출판사, 1982, 30쪽.

道としての哲学, 1946)을 검토할 필요가 있다. 『참회도—metaneetik』는 1944년 교토철학회 강연이며 전집엔 수록되어 있지 않거니와 이를 토대로 그는 『참회의 길로서의 철학』은 전후 첫번째 발표된 논문으로, 『종의 논리』 이래 시대의 흐름에 따른 자기를 반성함을 논의한 것이었다. "절망적으로 스스로를 포기하는" 의미이다. "나는 철학을 포기하고 철학교사를 사임해야 하는 것인가를 생각했다"[91]에서 그 정황이 드러났다. 이 철저한 자기반성은 절대적인 경지이기에 철학과 교학 및 종교가 따로 없었다. "과학은 과학적 철학에까지 자각을 철저히 할 때 필연 종교에 통하지 않을 수 없다"는 것, ①과학 즉 철학, 철학 즉 과학으로서의 교호부정적 매개와 ②과학과 종교와의 직접 결합 통일을 수용하지 않는 두 개의 영역 사이에 '존재의 비유'를 설정하여 중간자로서의 과학철학을 붙잡자는 것이었다. 그러한 사례를 뉴턴의 시간, 공간의 절대성론과 아인슈타인의 상대성론으로 설명한다. 뉴턴이 '절대기준계'의 입장에서 이론적 구성을 했다면 아인슈타인은 '국소적 미시적 입장'에 섰다는 것. 따라서 상대성론은 관측자의 '주체적 행위'에서 출발점을 구하고자 했다고 다나베는 결론지었다. 이는 초기의 『과학개론』(1918)과는 전혀 다른 발상이며, 『철학입문』의 '보설(補說) 제2'(1950)가 이에 이른 것이다. 양자역학이 대상으로 하는 미시적 영역으로서는 가령 신처럼 전지의 존재가 있었다 치더라도 그가 대상계에 관련한 한, 미래를 일의적으로 예측할 수 없다. 동일한 원인이 동일한 결과를 낳는다는 인과율이 적용되는 영역이 아니다.[92]

---

91 田辺元, 『懺悔道としての哲学』, 岩波書店, 1948, p. 36.
92 田邊元, 『田邊元全集』 第12巻, 筑摩書房, 1964, p. 5.

과학철학이란, 『종의 논리』에 대한 자기비판인 『참회의 길로서의 철학』 이후 이처럼 '색즉시공'에서의 '즉'에 접근된 '존재의 비유'를 두었거니와 이는, 스즈키 다이세쓰(鈴木大拙)가 말한 "모순적 동일성"에 이어진 것이기도 했다. 반야심경이란 '동적 전환의 논리'로 파악한 것이었다.[93]

이상이 철학자 다나베의 학문적 전반부의 개략이거니와 여기에서 분명한 것은 사고의 철저성이다. 추론을 앞세운 논리의 철저성. 인간이 할 수 있는 사고의 철저성이란 인간의 한계에 대한 도전이 아닐 수 없다. 여기에 나아갈수록 인간은 괴물이 되든가 짐승이 되든가 신이 되지 않을 수 없다. 다나베는 이러한 인간이었다. 이 점에서 문예비평가 에토 준과 상통한 바 있었지만 그는 끝내 자살하지 않았다. 발광도 하지 않았다. 어째서였을까.

정년 퇴직 후 산속 깊이 머물며 병처가 죽자 다나베는 자살하지 않았다. 있으나 마나 한 처 지요(千代)였기 때문이다. 그에게 처란 그림자였을 뿐이며 자녀가 없었지만 누구처럼 강아지 따위를 기르며 위로받고자 하지 않았다. 왜냐면 '강했기' 때문이다. 그따위 대리위로는 일종의 죄 없는 것이긴 해도 자기기만이 아니었던가. 그에겐 철학, 곧 추리를 근본으로 하는 헤겔적 논리라는 불패의 무기가 주어져 있었다. 추론 곧 논리의 철저성에 매달리고 있는 이상, 두려움이란 없다. 신의 영토에 접근해 간 것이었다. 이런 그에게 병처의 죽음이 무슨 영향을 끼쳤을까. 물론 간단히 추단할 일은 아니다. 그러나 이 '어림 없다'의 불변성, 지속성에 힘을 보태준 계기가 찾아왔다. 그 계기로 인해 다나베의 후반부는 한층 '반

---

93 大橋良介, 『京都学派の思想』, 人文書院 , 2004, pp. 150, 156.

짝거리되 유연해진 철저성'일 수 있었는데 그 결과물이 하이데거의 『생의 철학』을 닮은 해석학에의 접근인 『죽음의 철학』이다.

『죽음의 철학』이란, 『발레리의 예술철학』(1951), 『철학과 시와 종교』 하이데거, 릴케, 횔덜린』(1953), 『죽음의 변증법』(1959), 『말라르메 각서』(1960) 등이 포함한 『죽음의 철학』은 보다시피 생의 철학자 하이데거에 맞닿아 있다. 하이데거의 실존주의란 릴케, 횔덜린에서 하이데거 자신에 의해 상론된 것이거니와 이때 주목되는 것은 '철학과 시'의 관계 또 '철학, 시, 종교'의 관련성이었다. 여기서 사고의 철저성을 무기로 신의 지평을 엿보았던 철학자는 괴물, 짐승, 신의 수준에서 비로소 한 발 물러설 수 있었다. 행위를 전제로 하여 성립되는 변증법에서 벗어나 직관과 표현을 중시하는 해석 섞인 시와 종교가 끼어들었기 때문이다. 그 순간 서서히 짐승, 괴물, 신은 인간의 차원으로 내려올 수 있었다. 이 계기를 지어준 것이 한 여류소설가였다. 운명적 만남이라 부를 수밖에 없는 사건성이 아니었을까.

처 지요가 죽은 것은 1951년이었다. 향년 55세. 다나베의 66세 적이었다. 처의 장례식에 이웃사람으로 나타난 인물이 노가미 야에코(野上彌生子)였다. 작품 쓰기 위해 가루이자와 산장에 머물던 이 여류작가가 걸어서 10분쯤 거리에 살고 있었고, 그후로 다나베와의 관계가 높은 차원에서 이루어졌다. 그녀는 문학을 이끌어들였고 그 대신 철학을 얻어갔고, 그는 또 문학을 받아들임으로써 짐승, 괴물, 신에서 인간으로 내려오기 시작했다. 서로가 쓴 글을 비교해 읽는 일이 바로 인간의 차원을 열어 보였다. 『노가미 야에코 전집』을 가진 문화공로자의 급에까지 오른 그녀란 흡사 살로메 몫을 한 것이었다. 그녀의 일기엔 이렇게 적혀 있을 정도.

그 다음 주 살로메의 자서전을 가져와 내게 보였다. 1951년에 나온 것. 살로메는 니체의 연인이지만 짝사랑의 여인이었다. 그녀는 릴케와도 친했다. 나는 언젠가 아사히뉴스에서 파리의 시골에 사는 릴케부인을 어떤 기자가 찾아간 기사를 봤는데 이런 얘기를 다나베 씨는 알지 못했다. …… 다나베 씨는 엘리엇에서 릴케, 릴케에서 횔덜린 순으로 내게 즐겁게 때로는 정열적으로 얘기했다.[94]

이 두 사람의 '관념상의 사랑'은 사후 공간된 방대한 일기로 말미암아 세상에 알려졌거니와, 만년의 두 사람의 정신과 마음의 흐름은 대체 어떻게 평가해야 적절할까. 이런저런 해석이 난무하겠지만 분명한 것은 짐승, 괴물, 신에게 인간의 차원으로 환원됨이라고 나는 생각한다. 그것은, 비유컨대 아내의 죽음을 계기로 한 것이었다. 아내의 죽음으로 자결하는 방식이 아름다운 것은 에토 준에서 너무도 애처롭게 볼 수 있는데, 그것이 인간적이기 때문이다. 곧 인간의 '약함'이 그것이다. 이에 비할 때 다나베는 만년도 아름답다고 나는 생각한다. 괴물이나 신이 되고자 하다가 인간으로 환원했기 때문이다. 결론적으로는 아름다움이란 인간의 자리에서 비로소 가능하다는 것.

이렇게 말해 놓고 보면 한 가지 의문을 나는 또 떨쳐내기 어렵다. 괴물을 신을 인간으로 끌어내림에 기여한 것이 시냐 종교냐 하는 점이 그것이다. 종교까지는 몰라도, 다나베의 경우 그것은 시(문학)였다. 철학의 강철 같은 지적 강인성에 비해 시란 무엇인가. 릴케, 횔덜린 등에 깊이 관

94 竹田篤司, 『物語「京都学派」』, p. 228에서 재인용.

여된 하이데거가 생의 철학을 발견했다면 다나베는 논리적으로 이를 뒤집고 있는 형국이었다. '죽음의 철학'이라 한 것은 이를 가리킴이 아니었을까. 그는 끝내 일본고전이나 근대시인 따위에 접근하지 않았다. 고바야시 히데오와 다른 점이 여기에서 온다. 그렇다면 에토 준의 아름다운 몸짓, 그 '약함'이란 개인 에토 준의 과제에서 벗어나 그가 선 '문학' 거기에서 온 것이 아이었던가. 철학자 다나베가 몰랐던 것은 이 점이 아니었을까. 에토 준과 다나베 하지메, 두 거인을 앞에 두고 아무래도 에토 쪽에 내 마음의 흐름(turn of mind)이 기울어짐은 웬 까닭일까. 문학(인간) 그것이 정답이라 하면 안 될까. 그것은 끝없는 보통 인간의 '약함'으로 요약되는 것. 천재도 신도 아닌 보통인 '인간'의 약함.

문학자의 눈은, 한편 엄밀한 현실조건을 점검하면서 다른 한편 자기자신의 내면 및 외면에 무한한 광야를 이루고 그 끝의 박명 속에 사라져 가는 현실의 단념과 그로 인해 떨어져 내리는 소재에 대한 애처로움을 끝내 떨쳐 버리지 못하는 것. 이것에 대한 감각이 자기의 내면에 대한 엄격한 윤리의식을 배양하고 이를 에너지로 하여 밀고 나가려는 충동을 두고 표현이라 부르는 것. 문학적이란 이런 현상을 가리킴인 것. 이 섬세한 윤리감각이 바로 에너지의 근원이라는 것. 이것처럼 보통 인간의 약함이 따로 있겠는가. 나비 한 마리도 감당 못하는 거미줄이라고나 할까.

문학 자체의 '약함'이란 새삼 무엇인가. 이 물음이 이광수연구차 도일한 젊은 국립대학 조교수를 방황케 했다. 귀국할 때 나의 행리가 텅 비었던 곡절은 이런 데 있었다. 내가 다시 독한 마음을 먹고 재도일하기까지 무려 10년이 걸렸다. 1980년이었다. 그 무거운 이광수전집(전10권, 우신사판)을 들고 다시 현해탄을 건넜을 때 젊은 조교수는 벌써 중견의 교수로 발걸음조차 무거웠다. 44세의 이 중견교수는, 유년기 누나의 교과서를 엿보며 강변 포플러 숲에서 병자년 윤삼월에 난 이 아이는, 까마귀와 붕어 또 매미와 메뚜기를 속이고, 책을 등에 지고 학문적 구도의 길에 나섰던 기억(졸저, 『내가 살아온 20세기 문학과 사상』, 2005)을 이번엔 온몸으로 실천하지 않으면 안 되었던 것이다. 까마귀와 붕어와 포플러를 속이고 몰래 길 떠난 그 참회록을 혼신의 힘으로 쓰지 않으면 안 되었다. 그들이 알아주지 않든 상관없이 이 길이 나의 윤리감각이자 삶의 도리였던 것이다.

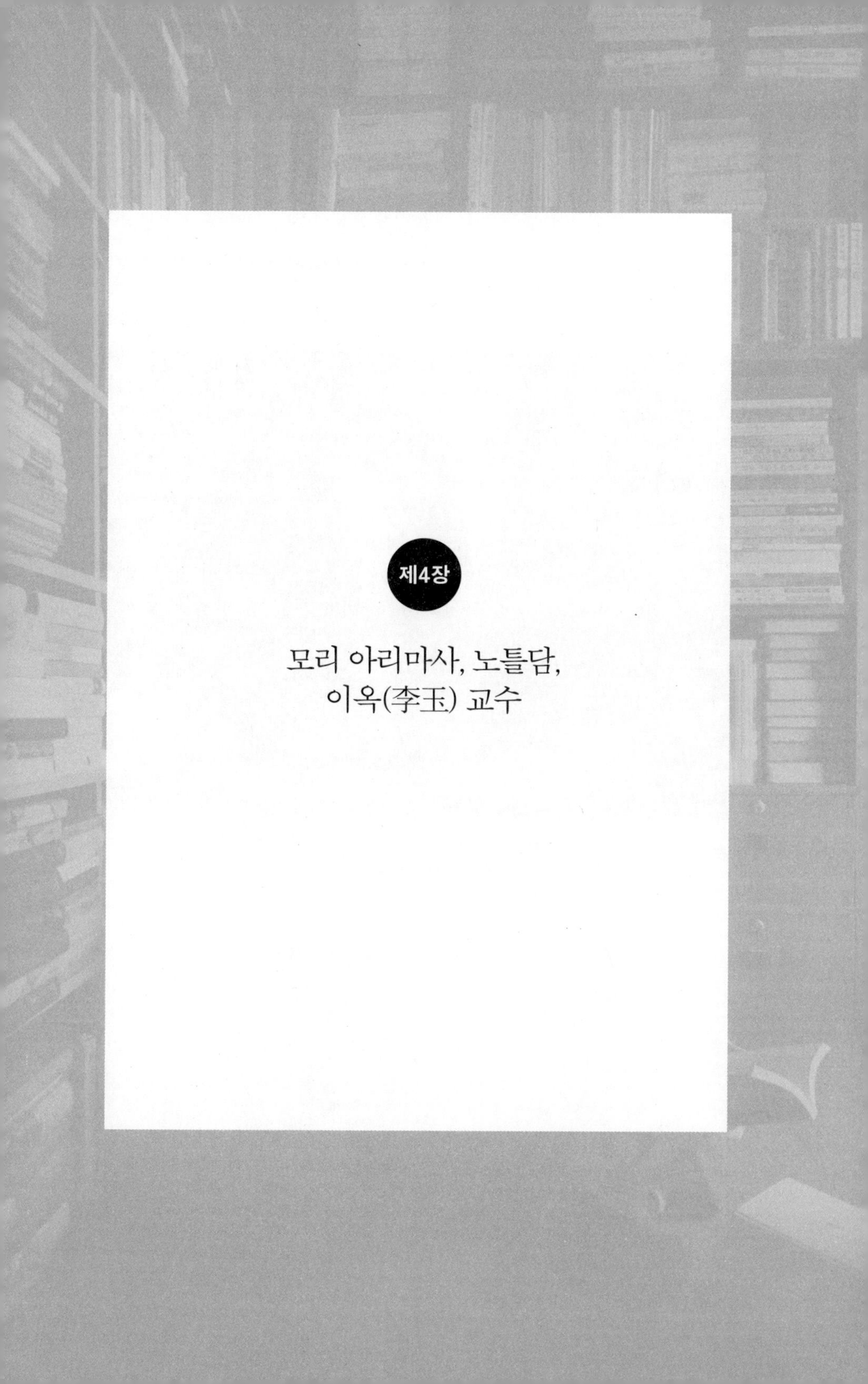

제4장

모리 아리마사, 노틀담, 이옥(李玉) 교수

모리 아리마사(森有正, 1911~1976)

모리 아리마사

이옥 교수(왼쪽)와 함께

노틀담 뒷모습 앞에 선 필자

노틀담 뒷정원

몽파르나스에 있는 이옥 교수의 무덤(위)
이옥 교수 댁, 가운데는 모리 아리마사의 딸 도시코(아래)

● 제4장

모리 아리마사, 노틀담, 이옥(李玉) 교수

1. 1980년, 다시 일본행

1980년 9월 1일. 도쿄에 도착했다. 10년이 지난 도쿄 앞에서 또 나는 길을 잃었다.

길을 찾기 위해 10년 전 나는 하버드 엔칭 그란트를 받아 도쿄에 왔었는데, 그때 내가 찾고자 했던 길이란 "위의 사람은 하버드 엔칭 신프로그램에 기초, '한국근대문학에 미친 일본문학의 영향'의 연구를 위해 도쿄에 파견되면 본 연구소의 외국인 연구원으로 받아들일 용의 있다"(도쿄대학 동양문화연구소장 이즈미 세이이치)에 있었다. 이 초청장에 적힌 대로 나는 혼신의 힘으로 그 길을 찾고자 했다. 그러나 그럴수록 역부족 앞에 절망하지 않을 수 없었다. 가까스로 이광수의 처녀작 「愛か」(사랑인가)와 와세다대학 성적표를 입수했을 뿐 한발도 더 나아갈 수 없었다. 일어 구사능력의 부족은 물론 자료찾기의 길 앞에 방향감각을 잃었는데, 거기에는 또다른 변수가 적용했기 때문이다. 첫번째 변수는 루카

치의 『소설의 이론』이었다. 그러나 이것은 내가 집필하여 아직 출판도 못한 『한국 근대문예비평사연구』(대학출판부에서도 유력한 I출판사에서도 거절당해 무려 5년이나 원고 상태에 있었다)에서 어느 정도 소화할 수 있었다. 그러나 두번째 변수는 실로 나를 아득하게 하기에 모자람이 없었는데, 미시마 유키오의 자살을 계기로 하여 빠져들어 간 일본의 현대 문예비평에서 왔다. 구체적으로 그것은 고바야시 히데오와 에토 준이었다. 당대 최고의 두 비평가를 나는 보지 않아야 했고 읽지 않아야 했다. 귀 닫고 눈이 먼 심봉사이거나 귀머거리 행세를 해야 했었다.

참으로 딱하게도 나는 그렇게 하지 않았다. 눈뜨고 귀기울여서 뭐든지 보고자 덤볐고 엿듣고자 했다. 다름 아닌 개성으로 무장한 심오한 문예비평에 관한 것을 말이다. 훗날 나는 이 짓이 얼마나 망발이자 무모한 짓이었는지를 통감했거니와, 그만큼 내 34세의 젊은 열정, 국립대 조교수의 오기가 맞선 결과로 회고된다. 자료조사도 역부족이었지만 일본 비평 엿보기란 한층 절망적이어서 제1차 체일에서 내가 얻은 것이란 방향상실감이었고 잃은 것은 순진성, 소박성, 미숙성이었다. 잃은 것은 내 젊은 오기였고, 얻은 것은 문예비평에 대한 공포증이었다. 문예비평. 그것은 블랙홀과 같아서 한번 빠지면 헤어날 방도가 없는 것이었다.

나는 나를 찾아야 했다. 그러나 참으로 딱하게도 10년 세월이 흐른 시점에 이르러도 내 길은 잘 보이지 않았다. 방법은 단 하나. 정면돌파가 그것. 서울의 주일대사관을 통해 일본국제교류기금(Japan Foundation)에 도움을 청하기로 했다. 서류작성란에서 나는 솔직히 체일 이유를 밝혔다. 10년 전 여사여사한 목적으로 체일하여 연구랍시고 하긴 했으나 연구는커녕 길을 잃고 말았다는 것. 이번에 가면 정말 제대로 연구를 하겠다는 것. 그러기에 그때의 연구테마를 글자 하나 틀리지 않게 그대로 사용했다는 것. 심사관인 대사관 문화담당자(伊集院 씨)는 다만 빙긋 웃는 것이었다. 짐작건대 내 말투가 너무 진지했기 때문이 아니었을까. 이젠 나이도 젊지 않은 국립대 정교수인 사람이 어찌 저렇게 순진하거나 바보 같을까. 그런 표정이었던 것으로 회고된다.

2. 하루미 레메(黎明) 아파트

1980년 9월 1일. 김포공항에 갔을 때 우연히 삼중당 사장 서건석 씨를 만났다. 일본에 최초로 삼중당 지사를 냈다고 신문에 오르내리던 서씨와 앞서거니 뒤서거니, 출국심사대에 서자 나만 정지시키는 것이었다. 거의 40분이나 대기실에서 조회당한 뒤에야 가까스로 통과되어 나오자 탑승 직전이었다. "무슨 죄를 지었소?"라고 서 사장이 빙긋 웃는 것이었다. 나는 아무 말도 하지 않았는데 할 말이 없었기 때문이었다.

하네다 공항이 아니고 나리타 공항에 닿은 것은 오후 3시 반이었다. 무거운 짐가방(이광수 전집)을 밀고 나오자 출구에는 이상한 일이 벌어져 있었다. 방송에서 내 이름을 부르지 않겠는가. 마중 대기실엔 내 이름이 적힌 팻말이 기다리고 있었다. 국제교류기금에서 나온 직원 한 명과 승용차 운전기사였다. 나름대로 그들은 나를 국제적인 초청손님으로 간주하고 거기에 상응하는 예의를 갖춘 절차로 보였다. 나리타 공항에서 시내까지는 무려 80여 분의 거리. 첫번째 방일 때 학생 및 진보세력이 나리타(成田) 농민 편에서 정부와 맹렬히 저항하던 데모행렬을 무수히 보아온 나로서는 감개가 없을 수 없었다. 강산도 변하는 십 년. 그런데 나는 얼마나 변했는가. 변하기는커녕 그 모양 그꼴이거나 오히려 뒷걸음질하고 있지 않았을까. 당시의 일기 한토막을 잠시 옮겨 보기로 한다.

> 1980년 9월 1일. 도쿄에 도착했다. 10년 만에 도쿄에 와서 롯본기(六本木)에 있는 국제회관에 머물렀다. 국제기금에서 임시로 마련해 준 고급 외국인용 숙소였다. 잠이 오지 않았다. 1978년 9월 1일 나는 미국 중서부 아이오와 대학 부설 I.R.P(International Wrighting Program)에 참가했을 때의 그 막막함이라고나 할까. 새벽 아이오와 시티 교외에 있는 시다래핏 공항에 내리자 눈앞에 펼쳐진 것은 끝없는 강냉이밭이었다. 달랑 혼자서 내렸고, 이 녹색 속에서 하늘만이 높이높이 열려 있었다. 산이나 언덕조차 사라진 곳이었고, 황혼녘이면 하늘을 가로지르는 여객기 비행운이 가까스로 내 영혼을 달래 줄 뿐이었다. 주로 동구권 약소국 문인들을 6개월간 미국을 체험케 하는 이 프로그램의 주관자는 저명한 시인이자 이곳 아이오와 대학 교수인 P. 엥글(Engle) 씨였고, 미국무성의 지원을 받는 기묘한 기관이었다. 강변 포플러 숲에서 자라 까마귀와 붕어를 속이고 길을 떠난 윤삼월 대낮 정오에 태어난 이 아이는 미국의 농촌 중의 농촌인 강냉이밭 한가운데에 서 있었다. 그 누가 이를 두고 미국이라 하랴. 일본 역시 이 아이에겐 마찬가지였다. 도서관 서고 속을 헤매며 공부에 매달렸던 젊은 조교수는 일본을 본 것이 아니라 무수한 자동차 행렬, 지하철, 고층빌딩, 바쁘게 오가는 군상들이었다. 10년간의 삶의 의미란 무엇일까. 그 거리는 어떻게 표상되며 또 규정될 수 있을까. 의식이 투명하지 못해 알 수 없는 큰 흐름에 의해 밀려온 느낌이다. 인생의 중년은 참으로 정의되기 난감한 것인가 보다.

첫번째 방일 때 임시숙소는 고마고메(駒込)에 있는 아시아문화회관이었고, 유학생급의 외국인 숙소였지만, 국제문화관은 격이 달랐다. 임시숙소인 만큼 일주일 이내라는 제한의 조건이 달려 있었다. 나를 안내한 국제기금은 곧 적당한 아파트에 옮길 것을 권했다.

새로 옮긴 곳은, 가치도키바시(勝鬨橋)를 지나고 어시장 쓰키지(築地)도 지나서, 도쿄만 바다를 매립한 곳에 세워진 하루미(晴見)의 레메(黎明) 아파트 꼭대기층이었다. 눈 쌓인 한겨울이면 창 너머로 후지산이 아득히 보이는 곳. 아침이면 갈매기 소리에 잠을 깼고, 저녁이면 TV 앞에서 일본을 보고 있었다.

문제는 낮이었다. 히가시혼간지(東本願寺)를 지나 쓰키지 지하철을 타고 도쿄역에서 와세다대학행 주오선(中央線)으로 갈아탄다. 와세다대학, 도서관 서고에 닿기까지 1시간 반이 걸린다. 이곳 도서관만치 마음 편한 곳은 없었다. 도쿄대학 도서관엔 까다로운 절차를 거쳐 서고에까지 들어갈 수는 있었지만 대부분 복사본이었고, 간섭이 심했다. 근대문학관엔 내가 찾고자 하는 도서는 프롤레타리아계 잡지 외에는 별로 없었다. 이에 비해 와세다 쪽은 모두 갖추어져 있었다.

와세대대학 도서관은 연구자들을 위해 4층에 특별실이 마련되어 있었음을 먼저 들고 싶다. 낡고 충충한 느낌이 들었으나 매우 서민적이었다. 흡사 옛집에 돌아온 탕아의 심정을 자아내게 하는 분위기였다고나 할까. 뜨거운 물과 녹차도 준비되어 있어 도시락을 가져온 연구자들을 배려한 곳.

둘째, 서고 속에는 내가 찾던 자료들이 넘칠 만큼 갖추어져 있었다. 국내에서는 갖추어져 있지 않은 잡지 『조선지광』도, 김옥균의 발문이 붙은 정치소설 『가인지기우』(佳人之奇遇)도 볼 수 있었고, 구한말 서양인들이 쓴 조선 관계 영문서들도 별도로 갖추어져 있었다.

셋째, 와세다대학 백년사의 자료를 직접 볼 수 있었다. 가령 송진우, 김성수 등이 와세대대학 정경부 졸업생으로 되어 있지만 실상은 진짜 대학이 아니고 전문부 수준이었다. 일본 정부는 국립 도쿄대 등 몇 군데만 정식대학(고등학교 3년 졸업생을 대상으로 한 것)으로 했고 사립대학은 명칭만 '대학'으로 했을 뿐 고등학교 과정이 '1년 반'으로 되어 있었다. 이광수가 27세에 코흘리개 일본인 학생과 함께 다닌 것이 1년 반짜리 와세다 고등학부였다. 성적이 일등으로 되어 있긴 해도 실로 우스운 것이기도 했다. 이러한 사립대학이 본격적인 대학으로 개편된 것은 1차대전 승전국 일본의 폭발적인 인재란에 부응하기 위한 조치였던 것이다. 4시 반이면 도서관은 대출 중단, 6시에 닫는다. 다시 지하철을 두 번 갈아타고 걷기도 버스 타기도 하여 하루미 아파트에 닿으면 지하 슈퍼에서 간단한 식료품으로 저녁을 때우고 TV 앞에 앉는 나날이 계속되었다. 요컨대 나는 내 중년의 자의식과 싸우고 있었다.

3. 초조한 내 그림자 밟기

이 승부에서 나는 이겨야 했다. 조금이라도 자의식 쪽에 허점을 보여서는 안 되었다. 필사적으로 일에 매달리기뿐 다른 방도가 어찌 있었겠는가. 중년기의 인생이란 무엇인가. 나는 무엇인가. 윤삼월 정오에 태어난 쥐띠의 아이, 강변 포플러 숲에서 붕어와 까마귀를 속이고 가출하여 동서남북을 헤매기란 무엇인가. 이 사적인 물음만큼 커다란 울림이 내겐 달리 없었다. 이 물음 앞에 서면 시퍼런 심연 앞에 혹은 태산이나 폭포 앞에 선 것처럼 길 잃게 되어 있었다. 다른 어떤 것도 이 물음 앞에서는 무의미한 것이었다. 이 사실을 어렴풋이 짐작할 나이에 이른 나는 실로 잔꾀를 부린 셈이었다. 틈을 주지 않기, 허점을 보이지 않기가 그것. 자료 속에 파묻혀 다른 어떤 잡념도 끼어들지 못하도록 눈가리고 귀막는 방법론이 거기 있었다. 여기 평안도 100리 떨어진 돌고지 마을, 지체 없는 가문, 무당딸인 나뭇꾼 어미와 파락호인 40대 아비 사이에서 난 아이 이보경(李寶鏡; 이광수의 아명)은 11살에 고아가 되었고, 동학 간부 박찬명 대령의 도움으로 글을 배우고 동학 장학금으로 도일했고, 다시 귀국. 이번엔 정부 장학생으로 두번째 도일한 이 아이의 의식 속에는 '민족, 조국, 국가'가 종교 그것으로 인식되어 문명개화와 동격으로 다가왔다. 조국과 문명개화, 이 둘은 때로는 동격으로 때로는 모순관계로 아이를 흔들었다. 아이는 이 모순 속에서 평생 벗어날 수 없었다. 운명이라면 운명이다. 아이가 인식한 조국, 국가, 공적인 것, 부(父), 하늘(天)의 개념을 나는 쉽사리 정리해 낼 수 있었지만 아이가 알몸으로 부딪친 문명개화 쪽엔 관심을 별로 두지 않았거나 못했다.

내가 머문 도쿄대학 교양학부 비교문화연구소(소장 고보리小堀 교수)의 도서관에 나는 또 파묻혀야 했다.(국제교류기금 쪽이 지정한 연구소) 그 도서관에는, 이광수가 공부하던 1910년대의 자료가 빈틈없이 갖추어져 있었다. 한동안 나는 이 도서관에서 당시의 신문, 잡지 기사 등을 상세히 조사하여 카드에 담았다. 이 모든 열중은 오직 하나, 내 자의식에 틈을 주지 않기 위함이었다. 설사 『이광수와 그의 시대』라는 3권짜리 대작이 그 결과물이라 할지라도 이 자의식에 비하면 대체 무엇이겠는가.

잠 안 오는 밤이 늘어갔다. 갈매기 울음 듣기, 멀리 눈 쌓인 후지산을 멍하게 바라보는 때가 나도 모르게 나를 에워싸는 것이었다. 도쿄 타워의 불빛을 보고 있는 나는 무엇인가. 도쿄란 내게 사막에 다름 아니었다. 분주히 왕래하는 사람들은 모조리 이방인이었다. 모두가 지하철 입구를 향해 급히 달려가고 있는데 나만 거꾸로 걸어나오는 형국이라고나 할까. 점점 나는 자의식의 강도에 밀리기 시작했다. 도서관 서고에 매달리기와 자의식에 틈 안 주기의 균형감각이 의외로 빨리 나를 흔들기 시작했다. 간다(神田) 책거리를 헤매는 토, 일요일이 늘어났고, 그 많고도 많은 고서거리에서 나는 문득 나를 부르는 소리를 들었다. 아기야, 붕어와 까마귀를 속이고 여기까지 온 윤삼월 정오에 난 쥐띠(병자생) 아가야, 여기 좀 오렴. 내 이름은 모리 아리마사(森有正), 나는 도쿄 태생으로 한그루 떡갈나무를 멀리 바라보면서 파리로 갔고 거기서 나는 죽었다. 도쿄대 조교수인 내가 어째서 직장도 가족도 팽개치고 천리 이역 땅인 견고한 석회석으로 이루어진 파리에 주저앉고 말았는가를 물어보시라. 이러한 나를 그대는 과연 피해갈 수 있겠는가.

아가야, 또 너는 알고 있어야 한다. 아무리 시급하고 또 역사적 의의를 가진 네 나라의 나쓰메 소세키 같은 존재가 이광수라 할지라도 그와 너는 다르다. 붕어와 까마귀를 속이고 떠난 점에서는 같을지 몰라도 이광수는 천애의 고아였고 동학이 뒷받침한 무력한 '소년'에 지나지 않았다. 이에 비해 너는 어른이 아닌가. 국립대학 정교수의 중년이 아닌가. 이 점에서 너는 나쓰메 소세키와 닮았다고 할 것이다. 소세키의 자의식 그것 말이다.

소세키는 스스로를 찾기에 혼신의 힘을 기울이다 죽었다. 런던 유학시절 그는 5고교 교수이자 중년이었다. 그는 감히 이렇게 말했다. "나는 인간을 대표함과 동시에 나 자신을 대표하고 있다"라고. 인간이 되기 위해 모방이 필수이지만 나 자신이 되기 위해서는 독립이 불가피하다. 모방(이미테이션)만을 중시할 수도 없고 독립(인디펜던트)만을 중시할 수도 없다. 그러나 지금 일본은 어떠한가. 모방이 외압적인 법칙이라면 독립은 내면적 법칙이다. 그 위에 독창적(오리지널한 것)인 것이 없으면 그것은 범속인에 지나지 않는 그런 시점에 와 있다.

> 내가 쓴 소설도 잡지에 나오지만 …… 서양의 것에 비해 조금도 놀랄 것이 없습니다. 단지 옆으로 읽느냐 가로 읽느냐의 차이인 것입니다. 가로로 읽으면(서양책) 썩 교묘해 보인다는 것은 오해입니다. 자기가 그만큼 오리지널리티를 갖고 있으면서도 그것을 모른 채 어디까지나 서양은 위대하다. 위대하다고 하지는 않더라도, 또 좀더 인디펜던트로 되어, 서양을 해치우는 데까지는 가지 않더라도, 조금은 이미테이션을 그렇게 무시하지 않게끔 하고 싶습니다. 예술 분야뿐만이 아닙니다. 나는 문예에 관계가 깊어 이 방면에서 사례를 들었지만 기타 영역에 있어서도 사정은 결코 다르지 않습니다.[1]

적어도 소세키는, 모방과 독립이 꼭 같은 비중을 갖는다는 확신 위에 서 있음이 드러난다. 인간이 되기 위해서는 타자와의 공통기반의 훈련이 요망되며, 개인으로 서기 위해서는 독립이 불가피한데, 이 둘의 비

1 나쓰메 소세키, 「모방과 독립」 1912, 제일고에서의 강연, 『지쿠마 철학의 숲(6)』, pp.258~259

중은 꼭 같다. 다만 러일전쟁(1904~05)을 거친 현재의 일본에서는 모방보다는 독립 쪽이 한층 바람직하다고 주장했다. 사람과 함께 그 사람의 뒤따르기보다는 자기가 뭔가 하고 싶다는 쪽이 오늘날 일본상황에서 볼 때 바람직하다고 진단한 것이었다. 순수한 증류수 같은 인디펜던트는 없는 것이니까.

이만한 지적 힘이 없는 소년 이광수와 그대는 다르다. 소년이란 새삼 무엇인가. 속에 아무것도 든 것 없는 '백지'와 같은 존재이기에 소년이여, 해외로 가서 나폴레옹을 배워 오라는 육당의 꾐에 빠져 수심도 모르고 바다에 뛰어든 철없는 아이와 그대는 다르다. 설사 그대가 『이광수와 그의 시대』라는 방대한 연구서를 썼다 해도, '나는 무엇인가'를 빠뜨린 것이라면 그게 무엇이겠는가. 일종의 제목 표절에다 사기행각, 모방에 떨어진 것이 아니고 무엇일까. 아가야, 내 말뜻을 알아차릴 수 있겠는가. 그대는 이미 그런 연륜에 이른 것이다. 모방단계의 이광수는 끝내 독립성에로 나아가지 못했고, 따라서 창조성에 보편성에 이르기엔 역부족이었다. 그대는 이와 다른 차원에 서 있지 않으냐. 나를 좀 보라. 이런 목소리가 내 아파트 어느 창틈에서 들려왔다. 아주 작게 속삭이며. 그러나 아무데도 틈이 없고 다만 그 전날 고서점에서 산 책뿐. 그 한 권의 책이 『바빌론의 흐름의 기슭에서』(バビロンの流れのほとりにて, 1968, 14판)였다.

4. 도쿄 사역에서 모리 아리마사의 육성이 들렸다!

『흐름의 기슭에서』(流れのほとりにて—パリの書簡, 1959)와 『성문 옆에서』(城門のかたわらにて—パリの手記, 1963)를 넣어 위의 총제목으로 한 것.

잠 안 오는 한밤중 책을 펴자 첫줄엔 이렇게 적혀 있었다.

> 파리에서 10월 8일(1953)
>
> 하나의 생애라는 것은 그 과정을 이루어 생명의 어린 날에 이미 그 본질에 있어, 남김 없이 드러나는 것이 아닐까. 나는 지금 반성하여 여지껏 유년시대를 회고할 때 그렇게 믿지 않을 수 없다. 이런 분명한 사정은 비통하면서도 동시에 한없는 위로에 가득차 있다. 군은 사정을 어찌 생각하는가. 유럽의 정신이 그 갈 대로 간 끝에는 언제 거기에 되돌아오는 희랍의 신화나 구약성경 속에는, 신전의 무녀들이나 예언자들이 장래 영광을 찾아낸다든가 비극적 운명에 노출된 사람들에 대해 예언을 하고 있음을 군은 알고 있으리라 믿는다. 어린 생명 속에는 어떤 본질적 의미가 이미 그 사람의 생애 전부를 머금어 다시 나아가 드러날 수밖에 없는 것이 아니라면 어째서 이런 일이 가능했을까. 또 그것이 옛날 기록을 엮은 사람들의 마음을 야기시켰으랴. 사회에 있어 지위와 그것을 지배하는 근거 또 그것에의 불가피한 배려, 가족, 연애, 교유. 거기에서 생겨난 복잡한 내막의 경위, 그밖의 갖가지의 것으로 그 운명은 뒤덮여 있다. 그러나 그런 일은 머지않아 은밀히 또는 공공연히 노출되리라. 아니 노출될 수밖에 없으리라. 그리하여 사람은 그 자신의 죽음을 죽을 수가 있으리라. 또 그럴 때 사람은 죽음을 두려워하지 않는다.[2]

어째서 도쿄대학 조교수인 이 데카르트 전공의 엘리트가 직장과 가

---

2 森有正,『バビロンの流れのほとりにて』, 筑摩書房, 1968, p. 3.

족을 버리고 파리에 머물며 거기서 죽어야 했을까. 이것만이라면 한 인간의 기구한 팔자소관이라든가 개인적 사정으로 되돌릴 수 있겠으나, 이 책의 서두의 언어로 볼진대, 특정 개인의 차원을 넘어선 것으로 내게 육박해 왔다. 처음에는 잔잔하게, 점점 물리칠 수 없게 내 마음을 마취시키는 에너지원이기도 했다.

희랍신화나 구약성경의 기록가들을 보라. 그들은 한 아이가 태어나면 혹은 태어나기도 전에 그의 운명을 지체없이 점쳤다. 대체 무엇이 이 기록자들의 마음을 형언할 수 없이 야기시켰을까. 이 물음은 단연 신화라든가 종교에 대한 도전이 아닐 것인가. 예언자들의 마음을 읽고 있었던 것이니까. 따라서 저자 모리 교수는 시인도 아니지만 소설가도 아니었다. 그의 문장은 시도 소설도 평론도 아니지만 그렇다고 종교나 철학도 아니었다. 왜냐면 그 어느 것에도 걸쳐 있지만 그 어느 것에도 속하지 않는 단독자 자기 말로 하면 개인이되 그 속에 공동체를 안고 있는 라이프니츠(Gottfried Wilhelm Leibniz)의 단자설(單子說)에 흡사한 것. 하나하나의 개물(個物) 속에 그 전량이 있다는 것. 그것이 인간 영혼을 저울질하는 척도가 아닐 것인가. 사람이란 어디까지나 한 사람의 존재 그대로의 인간이지 그 이상도 이하도 아니라는 것. 신화나 구약의 예언자들도 이 사실을 훤히 꿰뚫어보고 있었을 터이다. 그럼에도 그들은 예언을 일삼았는데 거기엔 그만한 이유가 있었다. 두말할 것 없이 '죽음'의 문제 때문이다. 누구나 피할 수 없는 죽음이기에 이에 맞서는 방법은 단 하나. 자기만의 고유한 죽음이 그것. 릴케도 이 사실을 잘 알고 있었다. 저마다의 고유한 죽음이 있음을 미리 안다는 것만큼 굉장한 일이 있을 수 있으랴. 자기의 고유한 죽음을 안다면 그에게 죽음이 왔을 때 조금도 두려워

할 필요가 없다. 죽되 그 죽음의 의미를 아는 것과 모르는 것 사이에는 엄청난 거리가 있기 마련이다. 예언자들은 이 사실을 잘 알고 있었다. 말을 바꾸면 그 누구도 자기의 고유한 죽음을 죽을 수 없는 법이다. 죽되 뜻밖의 방식으로 죽는 것이다. 만일 자기의 고유한 죽음을 미리 안다면 얼마나 인간은 죽음의 공포에서 자유로울 수 있으랴. 가령 이 아이는 커서 아비를 죽이고 생모와 결혼하는 운명을 타고 났다고 예언자들이 말했다 치자. 이 예언의 실현과정이 그 사람의 운명인 만큼 그가 아무리 발버둥쳐도 꼭두각시일 뿐. 죽는 방식도 정해져 있다. 그러나 당사자만은 이 사실을 모른다. 예언자들만이 알고 정작 당사자들은 모른다는 것이 바로 비극의 지점이다. 예언자들이 신의 의도를 엿듣고 신의 인형처럼 살다 죽어가는 인간을 두고 느끼는 형언할 수 없는 안타까움이 '저마다의 고유한 죽음'의 관념을 낳지 않았던가. 그렇다면 예언자의 운명타령이란 일종의 날조된 관념이 아닐 수 없다.

모리 아리마사의 에세이집 서두란 따져 보면 예언자들과 맞섬이었음이 판명된다. '저마다의 고유한 죽음'이란 있긴 있되 신에 조종된 인형의 것일 뿐. 그런 것이 있다면 얼마나 좋겠는가. 예언자들의 안타까움이 거기에서 나왔다. 모리 아리마사는 이 고유한 죽음을 거부했지만, 그래서 운명에 대들고, 예언자와 맞섰지만 내게 중요한 것은 그 맞섬이 운명에 대한 거부방식인 데서 왔다. 지극히 조심스럽게 그는 이 문제를 다루었던 것이다. 적어도, 일본근대국가를 만들고 거기에 교육의 기초를 놓은 문부성의 최고책임자인 모리 아리노리(森有礼, 1847~1895)를 조부로, 또 메이지 국가의 한쪽 뿌리인 이와쿠라 도모미(岩倉具視, 1825~1893)의 딸을 조모로 가진 이 굉장한 가문의 장남인 그는 유년기에 이미 남김없이 그의 생애 및 죽음까지 완전히 노출되었다고 볼 것이다. 예언자가 아니더라도 이런 유혹에서 자유로울 수 없었으리라. 그렇다면 모리 아리마사인 데카르트 전공의 도쿄대 조교수란 무엇인가. 예언 속에 이 부분까지 들어 있었을까. 아마도 그에겐 이 가문의 엄청난 무게에 누구보다 무겁게 짓눌렸을 터이다. 예언자의 목소리에 그토록 민감히 반응한 것도 이런 곡절에서 왔다. 어떻게 하면 아주 조심스럽게 아무도 눈치채지 않게끔 이에 대한 반역을 시도했을까. 바로 이 점이 모리의 글쓰기였으리라고 나는 직감했다. 은밀히 아주 서서히 그리고 어떤 예언자도 감히 엿보지 않게 운명에 맞서기, 바로 이것이 그의 필생의 글쓰기였다. 그것은, 파리라는 아주 낯선 곳, '바빌론의 흐름의 기슭'에서가 아니면 안 되었다. 그의 글쓰기란 시도 소설도 비평도 아니며 더구나 종교도 철학도 아닌 운명에 대한 아주 미미한 거역임을 나는 직감했다.

> 비단을 반반하게 하는 판자를 새긴 방의 창에서는 어제까지의 창공에 대신하여 회색 가득한 구름이 드리운 저녁의 어둔 하늘이, 그 하늘의 한 구석이 돌층계길 저쪽에 있는 검은 석조의 아파트 옥상에 보인다. 파리의 가을은 벌써 겨울의 시작이다. 조금은 떨어진 곳에 있는 게리유사코가를 통하는 승용차나 트럭의 소리가 때때로 울리고 있다. 작은 호텔 속은 아무런 소리도 없다. 책이나 노트를 쌓아 올린 책상 앞에 나는 시방 앉아 글을 쓰고 있다. 이것은 적어도 의식적으로는 허위의 증언이 안 되도록 단지 그것 그것만을 염두에 두면서. 인간이 경박하다는 한도에서는 무엇을 하든 무엇을 쓰든 어떤 훌륭하게 뵈는 일을 완성했든, 어떤 위대하게 보이는 인간이 되어도 그것은 허위에 지나지 않는다. 그런 사람은 물이 마

른 샘 같아서 거기에는 빛의 파도도 나오지 않으며 다른 빛의 물결도 교차하여 아름다움을 낼 수 없다. 자기 속의 경멸함을 죽이는 것과 그런 것이 가능할 수 있는지의 여부를 알지 못한다. 그 반증 따위만을 나는 매일 보고 있으니까. 그럼에도 나아가지 않으면 안 된다.[3]

파리에서 3년째 살고 있는, 직장도 가족도 포기하기로 결단을 내린 한 중년의 데카르트 연구가인 일본인이 장학금도 끊긴 상태에서 일본어 개인교사, 침술서적 번역 등 닥치는 대로 생활비를 벌면서 원점에 닿은 것이 자기 성찰이었다. 고립무원의 위기감에서 바로 닿은 곳이기에 거기엔 인간 본래의 위선에까지 닿을 수 있었을 터이다. 글쓰기란, 삶 그것처럼 '허위의 증언'이 되어서는 안 된다는 것. 억지로 만들어진 말이나 글이 아니라 샘처럼 저절로 솟아나오는 물줄기여야 한다는 것. 이는 『바빌론의 흐름의 기슭에서』는 물론 그의 글쓰기 전체를 정의하는 것이 아닐 수 없다. 이 샘물찾기란 어떤 예언자도 규정한 바 없는 것이었다. 고유한 죽음을 죽을 수 있는 그런 편리한 것과는 상용하지 않는 것. 곧 그만이 내부에서 키워온 '자유'에의 갈망이었다. 운명에의 거부에 해당되는 이 점을 그는 아주 미미하게 속삭이고 있었다.

생각건대 나는 이미 30년도 전에 여로에 올랐던 셈이다. 내가 열세살 적 아비가 죽어 도쿄의 서쪽 교외에 있는 묘지에 묻혔다. 2월의 흐리고 추운 날이었다. 묘석에는 'M가의 묘'라고 새겨져 있었고 그 밑에 있는 돌로 된

---

3 森有正, 『バビロンの流れのほとりにて』, pp. 4~5.

방에 뼈항아리를 넣게 되어 있었다. 그 무렵엔 오늘날처럼 나무가 무성치 않았다. 나는 일주일 뒤에 혼자서 거기 갔다. 인적이 없고 새의 지저귐조차 없었다. 나는 무덤의 흙을 보면서 나도 언젠가 반드시 거기에 들어가리라고 느꼈다. 그때까지 거기에 들어가기 위해 결정적으로 여기에 다시 돌아오기까지 여기에서 걸어가리라고 여겼다. 그날로부터 이미 30년, 나는 걸어왔다. 회고컨대 불문학을 한 것도 지금 여기까지 먼 이방에 오고만 것도 그 긴 길 가기의 부분으로서 거기에서 나와 거기에로 되돌아가는 길 가기의 도상의 사건으로서 같은 색깔 속에 녹아 버린 것 같다.

많은 문제를 짊어진 나는 여로에 오른다. 이 여로는, 참으로는, 언제 끝날지 모른다. 단지 나는 어린 날 내 속에 뭔지 모르지만 드러난 내 자신의 운명에 자기를 스스로 당착케 하여서 거기에 깊숙히 설 날까지 그치지 않으리라.[4]

예언자의 도전의 목소리를 미미하게 내고 있는 장면이 감동적인 이유란 무엇인가. 아이가 태어날 때 혹은 나기도 전에 예언자가 그 아이의 운명을 예언하는 것은 두 가지 대전제 위에서 그 의의가 있는바, 하나는 그 아이의 신분의 고귀함이다. 왕족이거나 버금가는 귀족층이 아니고서야 예언이 무슨 의의를 가질 것인가. 다른 하나는, 혼(자기 동일성)이란 불변한다는 대원칙이 그것이다. 전자에 있어 그는 어떠했던가. 메이지 근대국가의 교육의 틀을 세운 교육상을 지낸 문명개화론자로, 국수주의자에게 암살당한 모리 아리노리를 조부로 하고, 메이지 국가 건설의 일등

4 같은 책, p. 5.

공신 이와쿠라 도모미의 여섯번째 딸을 조모로 가진 가문의 장남이란, 거의 화족(華族)급이어서 능히 예언자의 입을 빌릴 만하지 않았을까. 목사인 아비와 피아노를 치는 어미, 그리고 누이와 유년기를 보낸 그는 이미 보통인이라 할 수 없었는데, 그 자신이 피아노도 바이올린도 아닌 풍금에 매료되었고, 훗날 죽을 때까지 교회의 거대한 파이프오르간을 통한 바흐연주자로 군림할 수 있었다. 어찌 이에 멈추랴. 목사의 장남인지라 기독교에서 벗어날 수 없었지만 또 그의 화족스러움은 프랑스인 신부가 경영하는 교세(曉成)학교에서 직접 불어공부를 했던 것이다.

> 소학교 시대 반 52명 중 51번의 석차로 아비에 근심을 끼친 오빠는 중학 졸업 때는 우등 일등상을 받았다. 불대사로부터 불어 작문상, 회화상을 차례로 받는 오빠의 모습은 내가 난 후 처음으로 오빠가 자랑스러워 땀이 날 지경이었다.[5]

요컨대 예언자를 야기케 할 만한 특수한 아이였고, 그 성장이었다. 이 아이의 혼은 절대불변인 것. 날 때부터 정해진 혼인 만큼 시대나 나이 또 어떤 상황에서도 그 본질은 변하지 않는다는 것.

예언자의 이러한 확고한 신념이 그럴 수 없이 우리를 야기시킴은 '저마다의 고유한 죽음'에서 왔다. 그러나 이에 대해 서서히 반기를 든다면 어떻게 될까. 화족도 귀족도 인간에 불과하다면, 또 혼 역시 시시때때로 변하고 망가질 수조차 있다면 어떠할까. 모리 아리마사의 전 에세이

---

5 関屋綾子, 『一本の樫の木』, 日本基督教団出版局, 1981, p. 177.

는 이 두 가지에 대한 '인간의 이름'으로 맞선 글쓰기의 더도 덜도 아니었는데, 이를 그는 되풀이해 낮은 목소리로 리듬화하고 있었다. 이 리듬이 곧 바흐의 장대한 파이프오르간으로 발전하여 우주 속으로 서서히 울려 퍼져 나갔다. 이를 엿보는 일이 어찌 장관이 아닐 수 있으랴.

5. 파리의 돌멩이에서 출발하기

그 리듬의 실마리는 이러했다.

> 나는 어릴 때부터 아득한 저쪽에 가고자 꿈꾸었다. 도쿄 서쪽 교외에 있는 내가 태어난 집 이층의 서쪽 창 밖으로는 멀리 정수장의 제방 위에 떡갈나무가 한그루 심어져 있었다. 저녁녘이면 붉게 타는 하늘 속에 이 외로운 나무는 작고 검게 서 있었다. 이 나무는 내게 있어 아득한 저쪽에 있는 것의 상징이었다. 그 무렵은 황혼이 되면 많은 까마귀들이 날아와 가스탱크 옆 숲에 무리지어 우짖고 있었다. …… 어디까지나 아득한 곳에 가서 결코 멈춤 없이 가서 거기서 사랑의 친밀 속에 자신을 완전히 집중시키는 것, 이러한 떠들썩한 형태가 내 속에 이미 형성되어 있었다. 사람이 그리우면서 묘하게 완고한 자기를 옥에 가두어 뿌리를 내리고야 말았다. 그로부터 나는 많은 자연과 사람을 보았고 그에 접해서 많은 것을 배워 프랑스에 오기 전까지 어쨌든 자기에 상응한다고 여긴 자연, 벗, 생활 형태, 사업의 형식이 나의 내부에서 나와 있었다. 거기에 이르기까지의 괴로움을 스스로 말하는 것을 나는 좋아하지 않는다. 지금은 다만 전진하면 그만이었다. 나는 이러한 것을 확고히 하기 위할 참으로 프랑스에 왔

다. 그러나 거기에는 자기의 의식치 못한 무서운 것이 의식 밑에 깊이 숨겨져 있었다.[6]

그 무서운 것이란 새삼 무엇이었을까. 도불 3년 4개월인 현시점에서 통렬히 깨친 것은 유럽 문화에의 접근 불가능에 대한 공포였다. 죽기 전 그가 누이에게 밝힌 바에 따르면, 프랑스정부 장학생으로 파리에 도착하자마자, 대사관의 권고도 무시한 채 소개장도 없이 막바로 데카르트 연구 권위 지도교수(소르본) 잔 비알을 방문, 공부의 포부를 밝혔다. 그 대화 한토막.

<u>교수</u> 내가 그대를 위해 무엇을 하면 되는가.

<u>모리</u> (한 페이지짜리 연구계획서를 보일 수밖에.)

<u>교수</u> 그대가 하고자 하는 것은 내가 지금부터 하고자 하는 것과 꼭 같은 것이다. 그대는 이 일을 나보다 앞서리라 여기는가?

<u>모리</u> 그렇다.[7]

이것이 모리 아리마사가 어째서 파리를 떠나지 않았는가의 이유, 학문적 이유였다. 어째서 이 사실을 누이에게 실토했을까. "잔 비알 교수란 훌륭한 분"이라고 그는 누이 앞에서 실토했던 것일까. 이 지도교수와 그는 친밀한 관계를 유지했고 취직 등의 도움도 받았음은 물론이다. 이쪽

---

6 森有正, 『バビロンの流れのほとりにて』, p. 52.
7 関屋綾子, 『一本の樫の木』, p. 232.

역시 도쿄대학 데카르트 연구의 조교수인 만큼 서로의 학문적 유대가 인간적인 것에까지 미칠 수 있었을 터이다. 바로 그렇기에 그는 파리를 떠날 수 없었는데, 데카르트 철학에 그 근본적 이유가 잠겨 있었다. 서양문명의 밑바닥에 놓은 사물에서 나온 철학이기에 이 사물에 대한 이해 없이는 단 한 발자국도 나아갈 수 없다는 사실이야말로 동양인 모리 교수가 그동안 몰랐던 요소였다. 설사 관념이나 이성으로는 이해했다고 하더라도 별로 도움이 되지 않았는데, 사물은 감각의 차원에서 비롯되는 것인 까닭이다. 사물=감각의 도식에서 출발함이 철학의 비롯됨이라면 사물과 감각을 익히기에 긴 시간과 노력이 요망될 수밖에 무슨 방도가 따로 있으랴. 프랑스정부의 유학기간 2년으로는 어림도 없는 일이었다. 10년, 20년 아니 평생에 걸쳐도 어려운 일. 이 사무친 염원이 파리에서 그를 죽게 만든 진짜 이유, 다듬어 말해 '한그루 떡갈나무'의 변모과정이 아니었던가.

파리에 온 후 3년 4개월 동안 그가 한 일이란 사물과의 만남이었다. 솔리드한 회암석으로 이루어진 거리, 조각, 건축으로 둘러싸인 세계 속에서 그는 헤매어 마지않았다. 인간이란 아무데도 없었다. 그는 파리의 건물과 조각을 샅샅이 뒤지고 프랑스 지방을 헤매고 스페인, 벨기에, 네덜란드, 이탈리아, 런던, 희랍을 돌았다. 건축, 조각이란 무엇인가. 대리석으로 된 돌멩이에 지나지 않는 것. 그런데 그 돌멩이가 살아서 꿈틀거리고 있다면 어떻게 될까. 이런 경험이야말로 일본인 모리 아리마사만이 겪은 고유성이었다. 진짜 학문이란 여기에서 생겨나는 것. 그것을 데카르트가 가르쳐 주고 있었다. 이 사물과의 만남이란 고독 속의 일이 아닐 수 없다. 감각만이 살아 있고, 이 감각만이 '자기가 아닌 것과의 접촉'이기에 인간이 끼어들 틈이 없다. 감각만이 제일 확실한 것이고 감정이나 이성은 그 기초 위에 성장한다. 서양의 사상이나 감정을 알기 위해서는 이 감각의 통로가 필수 원칙이며 그렇지 않은 것은 모조리 변칙이며 일시적 물거품이다. 그가 어째서 차디찬 굳은 돌멩이에 그토록 매달렸는가에 대한 이유는 바로 이것이었다. 또한 사물과의 이러한 거리를 지속하는 길이 파리를 떠나지 못한 이유였다. 노틀담의 돌멩이에 몰두하고 애착을 가졌던 이유는 필연적으로 희랍 조각에로 향했고, 대영박물관의 엘긴 마블(엘긴Elgin 경이 희랍에서 가져온 대리석 조각군)에 그토록 빠져든 곡절에서 확연해진다. 어째서 인류가 짐승의 단계에서 인간의 차원으로 비약해 갔는가를 검토함에 있어 그가 행한 열정은 실로 소름이 끼칠 만큼 열정적인 것이었다.

> 고대 그리스인은 근대인 모양 입으로는 자아의 자각과 그 권리를 주장하지 않고 말없는 침묵 속에 당당하게 그것을 표현했다. 그 이후 켄타로스와 인간과의 투쟁. 뮤즈의 설명서가 가르치는 바와 같이 단지 야만인과 문명인과의 투쟁이 아니라 오히려 거기에 인간이 자기의 자연성, 수성(獸性)을 극복하는 정신의 자각의 과정이라 여기지 않으면 안 되리라. 나는 이 고대 그리스인의 조각을 보고 있노라면 인간의 자각이란 것을 '자의식'과 혼동해서는 안 된다는 사실을 몇 번이고 느끼지 않을 수 없었다. 인간의 자각이란 것은 인간의 자유와 더불어 인간 존재의 사실상의 확립이라고 한다면, 자의식이란 차라리 인간 개체가 자기를 확대코자 하여 불가능을 깨달음에서 오는 불행한 의식이리라. 정의(定議)가 한 번 참으로 주어지면 그 이후는 이것의 흉내내기에 이르고 무엇의 발견도 놀라지 않게

된다. 그러나 우리들은 언제나 이 놀라움을 새로이 느껴가도록 하지 않으면 안 된다.[8]

희랍 조각상을 비롯 돌멩이에 지나지 않는 사물의 인간화과정을 겪어 가고 있는 일본인 모리의 노력에서 그 차디 차고 솔리드한 대리석들이 피와 살을 얻어 미(美)로 꽃 피어오르는 과정이란 얼마나 감동적인가. 인간과의 접촉을 극력 피한 대가로 얻어진 이 과정이야말로 모리 아리마사의 고유성이다. 스스로도 이 황홀경에 발이 묶여 죽을 때까지 원점인 파리를 떠날 수 없었다. 다음 장면이 아름다운 이유는 이로써 자명하다.

1954년 12월 26일 대영박물관을 견학하여 희랍 조각에 매달리는 어느 순간 그의 파리의 일상을 소상히 적고 있다.

지금의 내 파리에서 시작된 생활을 적겠다. 아침 눈 뜨면 시계는 5시 반. 곧 세수하고 커피를 끓여 빵과 함께 먹는다. 8시 반까지 밥벌이를 위해 동양의학 불역을 하고 마치면 외출. 집 앞 카페에서 30프랑의 카페오레를 한 번 더 마신다. 생 자크와 게류샤크 모퉁이에서 역전까지 버스를 타고 파레 로이알에서 내려 걸어서 비브리오테크 내쇼널에 들어간다.

거기서 저녁 6시까지 일(데카르트 연구)을 한다. 식사는 근처 작은 카페에서 샌드위치와 커피를 먹고 때로는 내가 손수 만든 것을 가져가 먹는다. 소르본, 콜레주 드 프랑스의 강의 혹은 또 다른 강의를 듣기 위해 비브리오테크(도서관)를 나오는 외에는 늘 도서관 책상에 앉아 연구를 한다. 오

---

8 森有正, 『バビロンの流れのほとりにて』, p. 202.

후 6시에 연구가 끝나면 다시 버스로 되돌아와 싼 식당에 들어가거나 내 방에 와서 자취를 한다. 그로부터 10시 반에서 11시까지 자유로운 시간, 일본의 신문잡지에 실릴 글을 쓰기도 하고 편지를 쓰기도 하고 독서 및 기타, 일주에 한 번 불어작문 연습, 한 달에 두 번 M부인 집에서 하는 하이데거를 독어로 읽는 모임에 간다. 이상의 일과가 월요일에서 금요일까지이고, 토·일은 완전히 쉬면서 자유롭게 지낸다. 나는 이런 절차를 앞으로 4, 5년간 밀고 가야 하리라. 이런 생활은 외견상 단순히 규칙적이면 그럴수록 성공한 것으로 된다. 나는 자기의 생활이 도불 3년으로 일단 마무리된 시점에서 영국 런던을 견학한 것은 실로 의미가 깊다고 느낀다. 나는 오늘의 파리생활이 그대로 영국에 이어서 성립되었음을 알았고, 이런 생활만을 위해서 있는 런던에 깊은 애착과 존경을 느꼈다.[9]

옛날 도쿄에서 있을 때 우편엽서에서나 보듯 파리의 이미지가 용해되어 현실과 융합된 장면이라고나 할까.

여기까지 읽었을 때 나는 이광수도 일본도 문학도 깡그리 잃고 책을 덮을 수밖에 없었다. 너의 '바빌론의 흐름의 기슭'은 어디쯤인가, 라는 물음이 어디선가 들려왔기 때문이다. 까마귀와 붕어를 속이고, 등짝에 몇 권의 책을 짊어지고 집을 떠나 이곳 도쿄에 두 번씩이나 와 있는 너는 무엇인가. 무엇을 찾고자 하는가. 이광수, 염상섭 또는 김동인을 찾겠다고. 어림 반푼어치도 없는 일. 그 이전에 너 자신을 찾아야 했다. 너 자신을 정의(定義)해야 했다. 중년이 된 나이에서야 가까스로 이 경지에 닿

9 같은 책, pp. 57~58.

다니. 가엾을 지경이 아니랴. 그러나 딱한 것은, 그런 사실을 알긴 했는데, 방법을 알지 못함에서 왔다. 모리 아리마사는 그 방법을 데카르트를 통해 알아내었음이다. 감각에서 출발하기. 감각이란 오성이 만날 수 있는 절대타자였다. 차고 굳은 대리석에 온몸으로 부딪치기, 그 돌멩이가 서서히 미로 변모될 때까지 부딪치기가 그것. 내겐 이런 것이 없었다. 무조건 『이광수와 그의 시대』를 그리고자 달려든 꼴이었다. 그것은 흡사 수탉이 새벽도 아닌 초저녁에 목을 빼어 새벽이라고 외치고 있는 형국이었다. 나는 참담했다. 이광수도 시대도 없고 문학조차 없는 곳에까지 나는 뒷걸음질 치지 않으면 안 되었다. 이광수 이전에 나를 찾아야 했다.

6. 릴케에서 배운 변모의 의미—체험과 경험의 준별

모리 아리마사가 내게 가르쳐 준 것은 다음 두 가지.

하나는, 윤삼월 정오에 태어난 쥐띠의 아이도 예언자의 엄숙한 운명지시에서 쉽사리 또 함부로 벗어날 수는 없다 해도 서서히 아주 미미하게 자기를 변모시킴으로써 예언을 한층 부드럽게는 할 수 있다는 점. 다른 하나는, 사상(학문)도 그러하다는 것.

나는 그가 쓴 많은 에세이 중에서 변모에 대한 그의 음성을 좋아한다. 아름다울 뿐만 아니라 기다림을 잊게 함으로써 기다림을 실현하는 것을 읊었던 까닭이다.

> 노틀담의 뒤뜰에 심어진 어린 나무——이것은 나에게 여러 가지로 기억됩니다. 어린 나무가 심어질 때는 지금부터 대체로 7, 8년 전이지요. 그것

이 10센티에서 15센티쯤의 보리수 묘목을 심은 것. 그 전에는 같은 곳에 직경이 약 1미터에서 1미터 반 정도인 마로니에가 심겨져 있었지요. 수십 개의 마로니에가 정정하여 노틀담을 반쯤 가릴 정도로 높이 솟아 낮에는 하루 중 해가 잘 들었지요. 천장이 전부 청색 마로니에잎으로 흡사 마로니에잎의 집처럼 보였고, 비가 내릴 때도 거기에 가면 전혀 젖지 않았소. 그것은 내게 있어서도 파리의 거의가 존대한 장소여서 말로써는 다할 수 없는 근사한 것이었어요. 꽃 필 때면 붉고 흰 꽃이 피고 젊은 잎이 돋아 녹색이 깊어집니다. 말할 수 없이 아름답습니다. …… 그것이 어느 때 전부 잘리고 말았소. 나는 놀라 그 주변에 이상한 일이 벌어지리라 여겼지요. 그런데 그 대신 작은 묘목, 이번엔 마로니에가 아니고 보리수의 묘목이 심어졌소. 그때 나는 생각기를, 직경 1센티도 안 되는 묘목이 직경 1미터 또 1미터 반에까지의 대목으로 반드시 자라리라는 느낌이 들었소. 그때 나는 실로 깊은 감동을 받았소. …… 지금 보고 있노라면 아무리 보아도 그 보리수가 크게 보이지 않소. 그전에 1년 되어 이미 직경 5센티쯤 되어 있었소. 작은 손가락만 한 것이 이미 큰 나무로 되었소. 그만큼 커질 때까지의 과정은 아무리 보아도 보이지 않지요. 이 눈에 보이지 않는 성장, 그것은 역시 생명이라는 것의 경험이라는 그러한 것의 성장과정이었던 것이죠. 또 전마선(傳馬船)의 경우인데 이 역시 참으로 아름답지요. 가령 바람이 똑바로 불어오면 그것이 흐르는 속도를 빨리하여 거슬러 오르는 배는 흐름과 바람과의 양쪽에 끼면 거의 움직이지 않아 보이지요. 보고 있노라면 옆에서 걷고 있는 동행인 쪽이 빠르지요. 그러나 천천히 위로 올라가지요. 모터가 총가동되어 있을 정도. 때로는 예닐곱 척이 이어져 하류에서 상류로 올라가고 있습니다. 아, 올라갈 수 있을까 여겨질 정도. 그런데 잠시 후 이미 상류 쪽으로 사라진 것입니다. 그토록 느릿느릿 올라가는 것이 어째서 이토록 빨리 사라지고 마는가, 그것이 틀림없는 실감이지요.[10]

논문 「변모」(transfiguration)에 대해 그가 다시 쉽게 풀이한 위의 인용문이 감동적인 것은 실감을 그대로 들려주기 때문이다. 실상 이 대목을 연상하면서 나는 AKSE(유럽한국학회)에 참석키 위해 갔고 노틀담 뒤뜰에 앉아 일본인 모리를 떠올리곤 했다(졸저, 『내가 읽고 만난 파리』, 2004).

'변모'라 했거니와 모리의 철학적 사색의 핵심에 놓인 것은 '경험'이다. 그것은 릴케적 의미에서 온 것이자 이를 뛰어넘은 것이기도 했다. 관념상 릴케의 '변모' 개념이 데카르트의 힘을 빌려 모리에겐 훨씬 투명해졌던 것이 아니었던가.

릴케와 모리의 관계는 모리 자신이 번역한 『피렌체 일기』(1956년 번역 출판)의 역자의 해설에서 상세하다. 모리가 제5구 아베 드레베가 4번지의 한 방에서 릴케가 일찍이 머물며 『말테의 수기』를 썼던 제5번지 호텔의 한 방을 바라보면서 이 책을 번역한 것은 1956년이었다. 루 살로메에게 보내는 편지 형식을 띤 사색의 글이 불역(1946)된 바 있는데 이를 대본으로 한 것. 30대 중반의 모리가 릴케에서 큰 충격을 느낀 것은 물론 『말테의 수기』에서이거니와, 거기서 그는 실상 그 자신을 보고 있었다. "사람들은 살기 위해서 이 도시(파리)로 모여드는데 내게는 그것이 도리

---

10 森有正, 『生きることと考えること』, 講談社, 1970, pp.112~114.

어 죽기 위한 것으로 생각된다"라고 시작되는 『말테의 수기』는 소설이기에 앞서 말 그대로 수기이며 그래서 모월 모일이라는 고백체 일기형식의 글쓰기이다. 일기체 편지형식이란 모리의 글쓰기의 원형이거니와 이는 릴케와 분리시켜 논의하기 어렵다. 실로 동질적인 감각, 모리 자신의 표현으로 하면 레소넌스(resonance; 자기 내부의 공명)이다. 릴케를 통해 자기 자신을 확인하는 글쓰기. 요컨대 『피렌체 일기』(릴케의 초기작)란 죽기 위해 파리에 온 모리 자신의 목소리에 다름 아니었다. 이를 '인간적인 걷기'의 시발점이라 했다. 그렇지만 실상은 다소 막연한 상태였다.

> 파리에 정착한 내 속에 일어난 것은 감각의 소란이자 동시에 하나의 방향이 있었다. 한마디로 말해 어떤 것의 본원지에 왔다는 감각. 그 의미에서의 소란이었다. 다만 그 '본원지'라고 막연히 내가 느낀 그 끝은 무엇인가에 대해서는 어떤 자각도 반성도 없이 그러한 감각만이 내 속에서 살아 있었다. 때문에 나는 오랜 동안을 파리 거리의 영향과 혼동했다. 더욱이 이 혼동이 일어남에는 그 나름대로의 깊은 이유가 있었는데 지금 거기에 대해서는 말하지 않겠다.[11]

이 혼란이 10년 동안 지속되었다면 어떠할까. "파리에는 1년이란 10년과 같다. 단지 10년째까지는"이라는 말이 있거니와 이는 유아가 소년이 되기까지의 시간, 성숙의 과정에 해당된다. 유아인 30대 중반의 한 일

---

11 森有正, 「再刊後記」, ライネル·マリア·リルケ, 『フィレンツェだより—ルー·サロメへの書簡』, 森有正 訳, 筑摩書房, 1970, pp. 101~102.

본인이 가까스로 소년으로 성장하는 시간이 십 년이었다.

이 성장과정에서 그가 찾아낸 것은 경험과 체험의 준별이었다. 모리 자신이 아주 쉽게 청중에게 설명해 놓은 바에 따르면, 우리에겐 하나의 경험만 있고 그 하나의 경험이 체험적인 것으로 응고되느냐 아니면 경험적인 것으로 유연하게 열려 있는가, 문제는 여기에서 온다고 했다. 경험이나 체험 등이 따로 있는 것이 아니라 경험이 응고되어 그대로 나에게 현재형으로 팍 통하느냐, 응고되지 않고 내 속에 녹아서 현재형으로 작용은 하되 원형을 알아볼 수 없는 형태로 되어 닥쳐 올 새로운 사태에 작용하느냐가 있을 뿐.[12] 감각이 순화되어 자기 비판을 되풀이하여 쌓이게 되어 자기 형성하는 것을 경험이라 하고, 단지 감각의 집적물인 '체험'과는 엄밀히 구별한다. 유럽에서 체험은 경험에로 순화되는 경향이 있고 일본에는 경험이 체험으로 변질되는 경향이 있다는 것. 그는 이 점을 사상과 결부시켜 철학적으로 『경험과 사상』(経験と思想, 1978)에서 어렵게 논의했지만 그 참뜻은 아주 간단한 논법이라 할 수 있다. 경험이 녹아서 그 본래의 형체를 알아볼 수 없는 상태라면, 반대로 체험은 녹지 않고 그대로 굳어져 나의 성장을 방해한다는 것.

모리 사색의 핵심이 '경험'과 '체험'의 준별에 놓여 있다는 것, 이때 경험에 전적으로 매달렸다는 것은 의심의 여지가 없다.

그러나 따지고 보면 이것은 릴케의 '경험=변모'에 직접적으로 연결되어 있다. '리소넌스'라고 했듯 모리 역시 릴케 모양 스스로 이 경지(내적 동기)를 갖고 있었기에 릴케가 바로 자기임을 서슴없이 확인한 형국이

12 森有正, 『生きることと考えること』, p. 100.

었다. 『젊은 시인에게 보내는 편지』(1903)에서 릴케는 이렇게 썼다.

> 사람은 전 생애를 두고, 될 수 있으면 긴 생애를 두고 참을성 있게 기다리며 의미와 감미(甘味)를 모으지 않으면 안 된다. 그러면 아마 최후에 겨우 열 줄의 좋은 시를 쓸 수 있게 될 것이다. 시는 보통 생각하는 것같이 단순히 애정이 아닌 것이다. 시는 체험인 것이다. 한 가지 시를 쓰는 데도 사람은 여러 도시와 사람들과 물건들을 봐야 하고 짐승들과 새의 날아감과 아침을 향해 피어날 때의 작은 꽃의 몸가짐을 알아야 한다. 모르는 지방의 길, 뜻하지 않았던 만남, 오래전부터 생각하던 이별. 이러한 것들과 지금도 분명치 않은 어린 시절로 마음 가운데서 돌아갈 수 있어야 한다. 이런 것들을 생각할 수 있는 것만으로는 넉넉지 않다. 여러 밤의 사람의 기억, 진통하는 여인의 부르짖음과 아이를 낳고 핼쑥하게 잠든 여자의 기억을 가져야 한다. …… 그러나 이러한 기억을 가짐으로는 넉넉지 않다. 기억이 이미 많아진 때 기억을 잊어버릴 수가 있어야 한다. 그러고 그것이 다시 돌아오기를 기다리는 말할 수 없는 참을성이 있어야 한다. 기억만으로는 시가 아닌 것이다. 다만 그것들이 우리 속에 피가 되고 눈짓과 몸가짐이 되고 우리 자신과 구별할 수 없는 이름없는 것이 된 다음이라야 그때에라야 우연히 가장 귀한 시간에 시의 첫말이 그 한가운데서 생겨나고 그로부터 나아갈 수 있는 것이다.[13]

무수한 체험을 하되, 이를 깡그리 잊어야 한다는 것, 추억이 '우리

---

13 『박용철 전집』(2), pp. 5~6. 여기서는 강두식 역, 『세계문학전집』, 25권, 정음사, 190쪽.

속에서 피가 되고 눈짓과 몸가짐이 되고 우리와 구별할 수 없는 이름 없는 것이 되어야 한다는 것'(Erst wenn sie Blut werden in uns, Blick und Gebärde), 이를 두고 '변모'라 하겠는데 모리의 견해도 이와 꼭 같다.

문제는 이 원점에서 모리가 사상 쪽으로 진전시킨 점에서 릴케와 구분된다. 시쓰는 릴케와는 달리 데카르트 전공의 철학자인 모리는 이 경험(변모)과 사상의 관계에로 돌파해 가야만 했다. 내가 모리에서 배우고자 한 두번째 덕목이 여기에서 왔다. '경험'이 한 사람의 '인간'을 정의한다는 것. 외면적으로 감각된 개체로서의 인간이 그대로 한 개의 인간으로 정의한다고 할 것 같으면 그것은 '한 마리의 개는 한 마리 개다'의 이상일 수 없다. 한마디로 각자 자기의 경험을 충실히 밀고 나가 심화시키고 살찌우며 순화되도록 노력하면서 살고 배우고 듣고 읽고 하는 등등은 경험 이전의 내적 에너지의 재축에 따르는 것이다. 이것이 시간적으로 먼저 있지 않으면 경험이 경험다운 기본조건에 미달인 셈이다. 사색은 이 생활상의 사실 다음에 온다. 사상은 별도로 있는 것이 아닌 까닭이다.

> 각자가 각자인 것은 각인의 경험에서만 그러하다. 거기에만 참된 자주와 독립의 기초가 발견된다. 다른 데서 온 관념, 사건도 각자의 경험을 통해 깊이 조직되고 풍요롭게 개척되기에 이르는 것은 이 때문이다. 각자는 고유한 경험 없이는 실제로는, 개인으로서는 '무'와 진배없다.[14]

가령 내가 물속에 이상한 것이 헤엄치고 있음을 눈으로 본다. 이는

---

14 森有正,「解説」,『フィレンツェだより』, pp. 168~169.

나의 경험이다. 그러나 그것이 무엇인지 누구에게도 모르게 되어 있다. 단지 그러한 것을 나는 경험하고 있다. 그런데 여기서 내가 '이는 물고기다'라고 한다. 또는 그것이 A라고 한다면 'A는 물고기다' '물고기란 이런 것'이라고 한다. 좌우간 물고기라는 모든 사람이 알고 있는 말과 자기만이 보고 가졌고 느끼기도 한 것이 아닌 물고기의 실체와 결합된다. 이를 모리는 '정의'라 했다. 곧, 나만이 본 물고기가 말을 통해 타인에게도 의미를 갖게 되는 것, 이러한 한 개물이 보편성을 얻는 것을 정의라고 했다. 개, 종, 류 등이라 말하지만 그러한 차원의 다름에 있어서는 보다 개적인 것을 보편적인 것으로 결합되게끔 할 때 비로소 정의가 성립된다. 이를 또 dénomination(이름짓기)이라 할 수 있다. 여기에 어떤 것이 있는데 이를 물고기라 이름 짓는다. 정의(definition)란 이외에 다른 방도란 없다. 정의라는 것이 말이고 정의하는 것은 우리의 경험이기에 이 경험을 저 어떤 말로 정의하는 것이다. 사상이란 것도 공허한 곳에서 나오는 것이 아니라 경험에서 나올 수밖에 없다.

릴케도 모리도 이 점에서는 같았지만 시인 릴케가 『두이노의 비가』에로 향해 사상을 육화시켰다면 모리는 사상에 매달려 이를 데카르트 쪽으로 밀고 나갔다. 이 점에서 둘은 샴쌍생아라 할 것이다. 9년째 『말테의 수기』의 독어독서회에 참가한 모리임을 염두에 둘 것이다.

> 어제 릴케의 『말테의 수기』의 일절을 하이네만과 함께 읽었고, '깊이 감동했다'라고 하기보다 두려움에 온몸이 벌벌 떨림을 느꼈다.[15]

---

15 森有正, 『バビロンの流れのほとりにて』, p. 206.

도대체 이 몸의 떨림이란 무엇인가. 더 이상 정의할 수도 없는 상태라 할 수 없을까. 왜냐면 릴케가 놓인 자리를 규정할 어떤 '말'도 따로 없기에 그러하다. 보편성에로 연결될 통로조차 막힌 장면이었으니까. 모리도 타인에 이를 통로, 이른바 '정의'되기의 길을 스스로 닫고 있지 않았을까.

7. '부정한 유부녀'에 비친 모리의 인간스러움

모리가 죽은 것은 1976년이었다. 모리의 저술이 불티나게 팔리는 그 한복판에서 그가 죽었는데, 내가 도쿄에 두번째 체류한 것이 1980년이니까 4년 전에 타계한 인물이다. 파리를 흡사 문화의 수도이자 교양과 패션과 미술의 도시로 알고 있는 일본 대중 앞에 모리의 수상록만큼 매력적인 것은 달리 없지 않았을까. 문체 또한 극히 사색적이었고 게다가 모리 아리노리의 손자이며 전 도쿄대학 조교수였음을 알고 있는 독자층인지라 파리 및 유럽문명에 대한 막연한 갈증은, 고도성장의 과일을 잔뜩 안은 일본인 관광 열기에 기름을 부은 형국으로 군림했다고 볼 것이다. 적어도 노틀담을 보고자 하는 관광객이라면 모리의 책을 들고서야 비로소 숨을 쉴 수 있지 않았을까.

그렇기는 하나, 또 아무리 그렇더라도 그의 인간적 고민이나 약점에 대해서는 별로 관심을 보이지 않았는지도 모른다. 실상 따져 보면 표제인 『바빌론의 흐름의 기슭에서』가 심오한 종교적 문맥에 이어진 것이 아니었을까. 어쩌면 이방인의 노마드적인 스스로의 방랑의 깊은 곳을 표상한 것이 아니었을까. 내게 궁금한 것의 하나가 여기에서 왔다.

도쿄대 지위도 잃고, 두 아이의 아비인 그는 결국 이혼할 수밖에 없었다. 아들은 처가, 딸은 그가 맡기로 한 이혼이었다. 그후 그는 프랑스 여인과 재혼했다. 부친이 없는 딸을 가진 여자였다.

> 프랑스인의 딸은 처음엔 부친을 얻었기에 잘 따랐다. 부친으로 모리 선생을 깊이 사랑하게 되었다. 프랑스에서는 부권이 매우 강하기에 딸을 남편에게 빼앗길까봐 그런 공포심에서 그 여인은 이혼을 요구했다. 그때 선생은 정신과 의사인 나의 누나에게 어쩌면 좋으냐고 상의하러 왔다. 자기 배우자가 정신적으로 병들었을 때 이혼에 응한다는 것은 비양심적 행위가 아닌가, 함이 선생의 고민이었다. 결국 선생은 이혼하지 않을 수 없었다. 아무래도 선생은 몇 번이고 자기를 상처내게끔 한 부적절한 여성과 결혼했는가. 이것만이 이해할 수 없는 것이었다.[16]

제자가 쓴 이 기록을 앞에 놓고 나는 말을 잃고 한참이나 천장을 바라본 '경험'을 가졌다. 저토록 깊이 있는 자기 정의를 할 줄 안 모리가 어째서 그의 사색집 어느 곳에도 전처, 후처 등에 대해 한마디 언급도 없는가 하는 사실. 그렇다면 그는 위선자인가. 자기의 고상한 사색만을 펼쳐 놓고 "보라! 여기 내가 있다"고 한 파락호인가. 그럴 이치가 없다고 나는 믿었다. 그는 틀림없이 그의 '경험' 속에다 이혼과 결혼 기타의 상처, 또 자기 자신의 신체적 결함도 틀림없이 그리고 은밀히 고백했음에 틀림없다. 겉으로 그것이 쉽게 보이지 않았을 따름이다. 그러나 제목 『바빌론의 흐름의 기슭에서』를 보라. 아브라함과 그 아들, 신의 약속, 또 카인과 아

16 伊藤勝彦, 『天地有情の哲学—大森荘蔵と森有正』, ちくま学芸文庫, 2000, p. 128.

벨의 관계의 물줄기를 사막 속에서 은밀히 감추어 놓고 있지 않았던가. 그는 이 사막 속에 시퍼렇게 흐르고 있는 물줄기에 모든 경험을 풀어내고자 했다. 결코 인간이 신이 될 수 없고 어디까지나 인간으로 머물게 한 신의 배려를 그 강물줄기에 풀어내고 있었다. 그는 스페인내전 때 총살된 시인 로르카의 「간음한 여인」을 은밀히 인용해 놓았다. 물론 잔 프레보의 불역. 이 긴 시의 인용이란 실로 예외적인 일이 아닐 수 없는데, 『바빌론의 흐름의 기슭에서』 전편을 통해 시를 인용한 곳은 오직 두 곳뿐이었고(하나는 일본고전가요집), 그만큼 모리에게 이 시란, 산문으로 에세이로 그 고상한 문장으로는 닿을 수 없는 가장 원초적이자 근원적 깊이에 닿은 것이었다. 구약성경의 분위기가 물씬 풍기는 세계라고나 할까.

그리고 나는 그녀를 강으로 데리고 갔다,
아가씨인 줄 알고.
하지만 남편이 있었다.
산티아고 축제의 밤이었지.
거의 약속이나 한 듯이
가로등들이 꺼지고
귀뚜라미들이 불을 밝혔지.
마지막 길모퉁이에서
잠든 그녀의 가슴을 만졌지.
그러자 갑자기 그 가슴은 내게
히아신스 꽃다발처럼 벌어졌지.
속치마의 풀기가 내 귀에

열 개의 칼로 찢긴
비단 조각처럼 들렸지.
이파리들에 은빛조차 없는
나무들이 불쑥 키가 크고,
강 먼먼 곳에서는
개들의 수평선이 짖어 댔다.

*

찔레덩굴과 갈대
가시나무, 골풀을 지나,
그 머리칼 덤불 밑
진흙 위에 구멍을 팠지.
나는 넥타이를 풀고
그녀는 옷을 벗었어.
나는 권총 찬 허리띠를 풀고
그녀는 네 개의 속옷을 풀고……
수선화도 소라도 그렇게
고운 살결은 아니겠지.
달빛에 비친 유리창도
그렇게 반짝이진 않지.
그녀의 허벅지가 마치 놀란
물고기처럼 내게서 빠져나갔지.
절반은 빛으로 가득 차서,

절반은 추위로 떨면서.
그날 밤 나는 내 인생
최고의 길을 달렸지,
박차도 고삐도 없는
자개 빛 암말을 타고.
사나이로서 난 그녀가 내게
한 말들을 떠벌리지는 않겠다.
지혜의 빛이 나로 하여금
대단히 사려 깊게 하니까.
키스와 모래로 얼룩진 그녀를
나는 강에서 데려왔다.
바람이 백합꽃 칼들과
씨름을 하고 있었다.

나는 나답게, 정식 집시
신사답게 행동했지.
밀짚 색깔의 반반하게 생긴
커다란 반짇고리를 선사했지.
그리고 사랑하고 싶지는 않았지.
왜냐하면, 남편이 있으면서
강으로 데려갈 때
내게 아가씨라고 했으니까.[17]

---

17 로르카, 「부정한 유부녀」, 『로르카시선집』, 민용태 역, 을유문화사, 2008, 188~190쪽.

어째서 이 시가 그토록 모리를 감동시켰을까. 이혼, 재혼, 다시 이혼, 그리고 일본으로부터 딸을 데려와서 동거하면서 중년 고비를 넘어선 그가 한 편의 시 앞에서 한밤중 울지도 웃지도 못하며 안절부절하고 있다. 그 자신의 설명이 있긴 하지만 이런 설명이 무슨 소용이 닿겠는가. 누구보다 그 자신이 이 사실을 알고 있지 않았을까. 신앙이 아니고는 모든 것이 죄라는 사실을.

어젯밤 페데리코 가르시아 로르카(Federico García Lorca)의 선집을 다 읽었다. 그 깊은 감동은 무엇으로도 형용할 수 없다. 유럽을 구성하는 한 가지 요소의 순수한 모습이 거기에는 있다. 나는 그것에 한없이 야기된다. 그가 아무 죄없이 프랑코파 경찰에 보호받기를 원해 나아갔다가 총살되고 만 그 최후는 모든 의미에서 마음을 친다. 정치와 예술의 본질적 구별을 그 이상 알몸 형태로 드러낸 사례는 없으리라. 거기에는 인간 개인의 모습과 의의가 숨쉬기 어려움으로 채워져 있다. 우리들은 그것을 어떻게든 뚫지 않으면 안 된다. 로르카와 스페인의 전통적 가요, 음악, 시, 거기에는 인간 가운데의 벌어진 틈이 참으로 개인과 사회를 슬프게 끈으로 엮어 어쩔 도리가 없게 그 검은 입을 열고 있다. 인간과 인간을 연결하는 것은 이 암흑의 심연에서이다.

자기의 하는 일, 작품, 종교 등의 깊은 의미는 여기에 있지 다른 곳에는 없다. 거기에는 구극에 이르기까지 고독한 개인의 의식과 자기의 하는 일에 의한 보편에의 그리움이 있다. 그것은 독재자의 피(血)의 공동체와는 얼마나 본질적으로 다른가. 피라는 것은 직접 손에 닿을 수 있는 끈이라는 것이다. 그것은 이른바 민주주의, 사회주의라 불리는 것에까지 얼마나 깊이 갉아먹고 있는가. 중요한 것은 '벌어진 틈'에서 나오는 차디찬 감각을 잃지 않음이다. 그것은 따뜻한 피의 반대이다. 격렬한 애욕에는 언제나 죽음의 그림자가 비치고 있음은 이 때문이다.[18]

이러한 심정 표백은 다분히 위선적이다. 로르카를 파시스트인 프랑코 독재와 시인의 죽음으로 호도하고 있는 것처럼 보이기 때문이다. 검은 입을 벌리고 있는 '벌어진 틈'이 어째서 예술과 정치의 문제이겠는가. 실상 그것은 인간 본질의 그것이 아니었던가. 인간 모리 아리마사의 것. 그는 자기 자신의 것을 얘기했어야 했다. 로르카를 핑계 삼을 이유란 무엇인가. 여자는 간음한 여자, 흐름의 기슭을 오가며 남편이 없다고 말하는 여자. 귀뚜라미 울고 있는 불 꺼진 성벽 끝에서 여자의 유방을 만지고 있는 '나'는 어디로 갔는가. 『성문 옆에서』, 『흐름의 기슭에서』를 합해서 비로소 만들어진 글쓰기가 『바빌론의 흐름의 기슭에서』가 아니었던가. 이 얼마나 고도의 솜씨인가. 인내인가. 내공(內攻)인가. 자기 얘기를 절대로 입 밖에 내지 않음 바로 그 때문에 그는 저토록 많은 사색적 글쓰기로 위장한 것이 아니었던가.

이렇게 본다면 모리라는 사람은 참으로 정직하다. 로르카를 빌려 실상은 종교를 구약성서를 말하고 싶었기 때문이다. 자기의 운명 말이다.

로르카의 말이 끝난 다음에는 복음서의 말이 이어지고, 밤바람에 거역하는 칼처럼 이리스의 꽃처럼, 왜냐면 여자는 그리스도에 대해서도 완전히

---

18 森有正, 『バビロンの流れのほとりにて』, p. 360.

똑같은 말을 했으니까. 로르카의 시의 말은 아름답게 빛나는 모래처럼 검게 열린 '벌어진 틈' 속에 떨어진다. 그러나 그 자신이 죽어 못 속에 떨어질 때 갑자기 '벌어진 틈'이 메워져 그의 하는 일은 언제나 거기에 머문다. 만일 하는 일이 이러하지 않다면 하는 일에는 무슨 의의가 있으랴. 하는 일이란 필연적으로 그러한 것이다. 인간 조건 전체가 그러한 것으로 되어 있다.[19]

'명확한 오성'(지혜의 빛)이라는 로르카의 말에서 복음서의 의미를 읽고 있었지만, 목사의 아들이며 구약성경에 깊은 독법을 갖춘 모리는 이를 별도의 논문으로도 발표한 바 있다. 가면을 벗은 육성은 이러했다.

Ⓐ "그렇지만 이러한 가운데를 통해 신은 아브라함을 부르고자 하는 일은 점점 분명해진다. 결코 어떤 신학적 교조나 경전이나 사상체계 속에 인간은 신을 만날 수 없다. 인간에는 어떤 경우에도 감추고자 하는 혹은 감추어진 한 구석이 있다."[20]

Ⓑ "인간의 원망을 초월하는 신의 소명 속에는 인간이 살아온다. 이 깊은 진리는 아무리 퍼내도 마르지 않는다. 신은 인간을 초월하기 위해서는, 곧 인간을 초월코자 하는 인간을 신은 조용히 인간 속에 다시 밀어 넣는다. 거기서는 신은 인간이 구극적(究極的)으로는 인간인 근거로서 모습을 드러낸다."[21]

---

19 같은 책, p. 362.
20 森有正, 「アブラハムの信仰」, 『土の器に』, 日本基督教団出版局, 1976, p. 32.
21 『光と闇—森有正 説教·講演集』, 日本基督教団出版局, 1977, pp. 162~163.

Ⓐ, Ⓑ는 사색의 글인 모리의 가면을 일단 벗고 자기의 속마음을 드러낸 것이라 할 것이다. "인간을 넘어서고자 하는 인간을 신은 조용히 인간 속으로 되돌린다"는 것. 이를 한 연구자는 '아브라함=모리 아리마사'의 등식을 세웠다. "신앙은 모순의 해결이 아니고 모순을 낳는 모태"임을 이 연구자는 모리의 이혼-재혼-이혼에서 엿보고 있었다. 요컨대 모리는 인간 수준에 가까스로 놓인 것이다. 또 이 연구자는 모리의 미학이란, 하늘 높이 솟은 고딕건물 첨탑을 바라보는 환각 그러니까 외발적인 회심임을 간파하고 있었다. 이를 내발적인 것과는 달리 순수감각에서 찾았고, 이를 또 니시다 철학 『선의 연구』와 비교하기도 했다.[22]

모리가 전력을 기울여 쓴 수상적 에세이란 일종의 가면이라고 나는 생각한다. 모든 글쓰기가 본질적인 의미에서 그러하다는 의미에서 그러하다. 고백체라든가 허구체, 시나 산문이나 희곡 또는 비평 등의 형식체계가 있고, 그 체계가 이루어낸 고유한 수사학이 있고, 또 지켜야 될 암묵의 질서와 기품이 있는 법이다. 모리의 에세이도 이 범주의 일이다. 거기에는 '이혼-재혼-이혼'이라든가 아브라함과 신과의 대화라든가 신이란 모순의 해결이 아니라 모순을 낳는 모태라는 것 등의 문제란 끼어들 틈이 없는 법이다. 그러기에 모리가 로르카의 시를 빌려 모종의 심정고백을 감행한 것은 일종의 예상 외의 일탈이 아닐 수 없다. 그만큼 이 일탈은 의미 깊고 또 아픈 대목이 아닐 수 없다. 에세이의 질서가 파탄될지 모른다는 각오 없이는 불가능할 만큼 큰 용기의 산물이다. 이와 유사한 또 다른 일탈의 사례를 나는 『붉은 노틀담』에서 확연히 감지했다.

---

22 杉本春生, 『森有正—その経験と思想』, 花神社, 1978. 위의 인용 Ⓐ, Ⓑ는 이 책에 의거.

노틀담이란 무엇인가. 이 물음만큼 결정적인 것이 따로 모리에 있었던가. 감각 감각 하고 말끝마다 들먹이며 체험과 경험을 준별했지만, 또 데카르트를 이끌어 오기도 했지만, 따지고 보면 인간 기피현상에로 수렴되는 것. 피가 흐르는 죄의 덩어리인 산 인간이 두려워 말없는 무생물인 돌멩이에로 도망친 형국이 아니었던가. 이 무기물인 돌멩이에 하도 깊이 매달리고 보면 그 돌멩이의 내력에 주목할 수밖에. 요컨대 대리석으로 만들어진 돌멩이 무덤에서 새겨진 인간의 흔적이 눈에 띄기 시작했고 그 압도적이고 거대한 장면을 그는 노틀담에서 발견한 것이었다. 꽃무더기로 가득한 돌멩이를 판독했을 때의 놀라움이라니! 돌멩이의 인간화, 돌멩이에서 인간으로 향하는 통로의 발견에 더도 덜도 아니었다. 이 통로를 가운데 두고 그는 돌멩이에서 인간으로 왔다가 인간에서 돌멩이로 되는 리듬감각을 생의 에너지로 삼고자 했다. 다시 말해 돌멩이에서 인간으로 되고자 했다. 그것이 '이혼-재혼-이혼'이었다. 일본과의 이혼(disolation) 프랑스와의 재혼(consolation), 다시 프랑스와의 이혼! 요컨대 불가능한 일이었다. 신이 아니고는 불가능한 것. 어리석게도 그는 신이 되고자 했다. 아브라함이 되어 신의 목소리를 듣고자 했다. 그 결과는 어떠했던가, 참담하게도 혹은 자비심 깊게 신은 조용히 말해주었다. 인간으로 되돌아가라, 라고. 오른쪽 다리를 저는 네 자신의 육체로 되돌아가라, 라고.(지나가는 말로 이옥 씨는 내게 모리가 다리를 조금 전다고 했다. 이 지적은 어떤 기록에도 없다.) 이 말의 참뜻을 그가 몰랐을 이치가 없다. 인간으로 되돌아가라는 충고의 불가능함을! 신이 충고한 본뜻은 사물로 돌멩이로 대리석으로 되돌아가라는 것임을! 인간으로 되돌아감이란 일종의 오만이라는 것임을! 영영 돌멩이에 되돌아 그 출발점을 헤매어야 함을! 희랍 조각을 비롯 온갖 고대 유적, 교회 건축, 하늘 높이 빛나는 교회첨탑의 환각에 빠져 그 환각을 미학으로 승화시키는 길밖에 없음을. 이것이 desolation과 consolation의 리듬감각임을!

이 얼마나 딱한 운명이자 무서운 운명인가. 예언자들이 태어나기도 전인 아이에게 내린 예언이 아니었던가. 이 아이는 혼자 아무리 몸부림쳐도 이 운명에서 벗어날 수 없다. 다만 벗어나고자 몸부림을 칠 수 있다. 로르카의 시를 빌려 이를 방편으로 삼아 몸부림을 쳤다. 로르카의 시란, 그 자체가 운명에의 일탈을 위한 몸부림이기에 그럴 수 없이 침통할 수밖에 없다.

이 점에서 그는 참으로 정직했다. 위선으로 채워진 수상적 에세이에서 일탈하는 장면이었기에 이를 아는 사람은 감동할 수밖에 없는데 왜냐면 그 한가운데 용광로처럼 타오르는 노틀담이 자리하고 있었기 때문이다.

8. 아, 저 아득한 노틀담!

대체 노틀담이란 그에게 무엇인가. 은빛 냄비, 타오르는 용광로 같은 것. 모든 것을 집어삼키며 정제하고 새로운 미를 만들어 내는 마법의 솥이었다. 만일 노틀담이 없었더라면 그가 파리에 머물 수 없었을 뿐 아니라 죽을 수도 없었다. 요컨대 절대적이었다. 20년 이상 파리에 머물며 감각, 경험, 데카르트, 또 파이프 오르간, 또 뭣뭣을 들먹이며 거드름을 피운 것도 오직 믿는 데가 있었던 것이다. '이혼—재혼—이혼'을 거듭한 것도 사정은 꼭 마찬가지. 노틀담이 거기 있었기 때문이다.

Ⓐ "밤, 노틀담 앞에 가서 봤다. 오늘밤은 조명도 없고, 검은 하늘 속에 선 대가람의 돌의 흰 부분이 회색의 윤곽 모양으로 어둠속에 떠올랐다. 그것은 참으로 아름다웠다. 거기에는 생트 클로틸드 교회(Sainte Clothilde; 19세기에 만든 고딕양식의 원상에 기초한 건축)와 비교할 수 없을 만큼 진짜 아름다움이었다. 미는 미이되 그 이상 설명할 수 없다고 하는데 참으로 그런 것 같다. 그러나 나는 그 미의 근거를 찾아갈 땐 그리하여 그 설명되지 않을지도 모르는 것의 주위를 돌아볼 때는 참으로 사상이 생겨나는 것이라고 여겼다. 그렇게 해서 생긴 사상은 사상적 철학적인 책을 읽고 그것을 사상이라고 여겼던 것과는 비교할 수 없는, 엄밀하고 강인한 것이다. 여기에 닿을 때는 책 속이나 머리로 생각한 사상은 껍질에 지나지 않음이 깨쳐지리라."[23]

Ⓑ "구름 낀 하늘을 비치며 푸르고 검게 탁한 센강 지류를 넘어 노틀담의 팔비(성당 앞뜰)에 섰을 때 나는 거기에 전혀 새로운 노틀담을 봤다. 좀 정확히 말해 늘 변화없는 노틀담이 전혀 별개의 인상을 낳고 있는 느낌이었다. 정면은 실로 섬세하게 하나의 생물처럼 보였다. 상부의 가는 기둥들, 천장, 눈먼 창, 조각상, 세 개의 입구의 불균형의 거대함과 그 복잡한 장식. 그것은 하나의 규칙을 가지면서 거기에는 하나의 식물적인 생명이 흘러 그것이 하부에서 서서히 상승하고 있다. 더욱 이상한 것은 내부의 광경이었다. 거대한 늘어선 기둥은 참으로 커다란 나무를 줄기 모양 보여 그 위에서는 둥근 천장의 가지가 진짜 나뭇가지 모양으로 퍼져 있다.[24]

---

23 森有正, 『バビロンの流れのほとりにて』, pp. 167~168.
24 같은 책, p. 239.

Ⓒ "지금 갑자기 생각되는바, 이번 여행에 나서기 전에 재미 있는 경험을 했다. 파리의 동쪽 역에서 표를 사고자 가는 도중 버스로 생 미셸 다리를 건널 때 노틀담을 쳐다보자 이상한 인상을 받았다. 노틀담의 정면이 평평하여 실로 거대하게 보였다. 거기에는 파리 거리의 균형을 잃은, 구름 낀 거대한 돌벽이 솟은 인상이었다. 실로 파리답지 않은 이국적인 …… 그것은 실로 비파리적 이국적, 저 근대미술관에 있는 루이 비뱅(Louis Vivin, 1861~1936)이 그린 기하학적 노틀담이나 란스의 대가람이 빚어낸 것에 흡사한 인상이었다.[25]

사색적 글쓰기의 수사학 속에서 보인 Ⓐ, Ⓑ, Ⓒ가 얼마나 절제된 것인가는 수사학의 장치 속에서 나온 것인 만큼 한층 절실해 보인다. 그의 파리 생활은 노틀담이 쥐고 있었다. 이 거대한 회색 돌멩이로 된 선박이 그를 구해 주는 생명줄이었다. 파리가 그토록 안전한 곳임을 확인해 준 것이 노틀담이기에 그 어떤 논리에 앞서는 실감이었다. 그는 이 실감, 노틀담과의 접촉에서 얻은 사상이 '경험'이며 이를 관광객의 '체험'과 준별할 수 있었다. 그는 수사학의 압력에서 한 발 떨어진 곳에서는 이를 좀더 개인의 '체험' 수준에서 다음처럼 제시해 놓아 인상적이다.

Ⓓ "자신에 대해 생각해 보니, 과거 10년간 이런저런 의미에서 자기의 활동이 약해질 때, 심신이 쇠약해질 때는, 특히 계절의 바뀜을 날카롭게 느낀 것 같다. 그러나 수년 전부터 노틀담 사원의 바로 옆에 살게 된 이래 별

25 같은 책, p. 373.

다른 의미로 내 속의 계절감이 급히 세어진 느낌이다. 반쯤은 검은 800년의 세월이 스며 있는 가람의 돌의 벽이 얼마나 민감히 빛에 반영하는가는, 이렇게 눈과 코로 살면서 싫어도 하루 수십 회 보며 확실히 알게 되었다. 이 거대한 건축이 빛의 변화 속에 드러내는 계절의 추이에 대해 실로 안정된 좌표축의 몫을 다해 그 부동의 포럼에 비친 미묘한 변화는 참으로 선명했다.[26]

Ⓔ "지금은 야만에 가깝다. 쓰기를 마치고 창밖을 보자 어둠속에 노틀담의 바깥 조명등에 어름풋한 어둠에 비치며 바람에 살랑거리는 새까만 마로니에잎 위에 언제부터인지 모를 자세로 떠오른 듯이 드러나 있다.[27]

Ⓕ "노틀담의 모습을 못 본 지 이미 한 달 반이 갔다. 10년간의 파리 생활 동안, 이 돌의 가람은 언제나 내 시야에 있었다. 겨울 안개 속에 깊게 그림자 그림처럼 희미하게 보일 때, 마로니에 꽃향기의 5월 한 점 구름 없는 아침 하늘에서 쏟아지는 태양빛을 받으며 은으로 된 화로처럼 빛날 때, 혹은 모든 것을 낳는 해질녘 거칠게 흐르는 흑운 밑에는 석양에 붉고 검은 깃발을 세우고 보기 싫은 거대한 짐승처럼 드러누워 있을 때, 내 마음은 신기하게도 공명하고 어떤 때는 자기 속에 깊이 침잠시키고 빛은 느낌에 치닫고 또 어떤 때는 자기 세계를 보는 빛 속에 녹아 텅 비게 되는 듯 여겼고, 어떤 때는 붉게 뜨거운 정념의 아픔을 의식하는 것이었다. 이러한 세월의 흐름, 계절의 반복 속에 나는 나이를 먹어 갔다. 그것은, 노틀담만의 것이 아니었다. 자기를 잊고 있는 모든 것이 모든 사람과의 관계 속

---

26 森有正, 『遥かなノートル·ダム』, 筑摩書房, 1967, pp. 38~39.
27 같은 책, p. 71.

에도 같은 것이 일어났고, 나는 나이를 먹어 갔다. 따라서 노틀담은 내게 있어 하나의 기연(機緣)에 불과했다, 라고 말할 수 있다. 무슨 기연인가, 라고 사람들은 물으리라. 그러나 정직하게는 나도 잘 모른다. 그러나 그것이 뭔가의 기연(기회, 짬)에 지나지 않음만은 확실하다.[28]

Ⓐ~Ⓒ가 지닌 수사학의 세련도와는 달리 Ⓓ~Ⓕ의 문체는 다분히 개인적 고백체의 목소리를 띠고 있음이 확연하다. 그를 파리에 묶어 둔 것은 파리도 프랑스도 아니고 노틀담이었다. 한갓 '기연'이라 했지만 실상은 노틀담에 발목이 잡혀 있어 꼼짝달싹할 수 없었다. 유년기에 창 너머로 보였던 한그루 떡갈나무에 다름 아니었다. Ⓔ에서 보듯이, 귀국한 그가 강연을 마치고 호텔에 돌아와 문득 어둠속 창 너머를 보자 거기 노틀담이 아득히 솟아 있지 않았던가. Ⓕ에서 보듯, 체험과 경험을 준별하고 '경험'이야말로 순수경험, 자기 정의를 가능케 하는 진짜 사상임을, 그리고 이것만이 자기의 독창성임을 『경험과 사상』(1978)에서 제법 철학적으로 논증했지만, 따지고 보면 이는 '노틀담의 경험'에 지나지 않았다. 모리는 이 점을 모국에 돌아와 한 달 반 만에 일본 독자들 앞에서 털어놓지 않으면 안 되었다. 노틀담 그것은 절도 아니고, 건축도 아니고, 돌멩이도 아니지만 여기에다 그는 알파요 오메가의 깃발을 달았다. 돌멩이에 매달리기, 이는 오른발이 부자유한 그의 인간기피증의 변호에서 나온 지극히 인간스런 현상이 아니었던가. 서둘러 다시 노틀담으로 되돌아가야 했다.

---

28 같은 책, pp. 74~75.

Ⓓ~Ⓕ란 1966년 잡지 『전망』에 발표한 글인 만큼 일본 독자를 상대로 한 것이지만 모리 자신의 후기에 따르면 1956년경에 쓴 한 편을 '기념으로' 수록한다고 밝혔다. 도대체 무엇에 대한 기념이었을까. 그야 노틀담 Ⓓ~Ⓕ로서는 다할 수 없는 또다른 노틀담이 있음을 가리킴이 아니었을까. 그는 혼자 깊이 묻어둔 이 또다른 노틀담까지도 일본 독자 앞에다 통째로 내보이고 싶었는지도 모른다. 「붉은 노틀담」이 그것이다.

"파리는 어두운 그림자가 풍부한 도회다"라고 첫줄을 삼은 이 글은, 어째서 그가 아끼고 숨겨 왔는가를 묻도록 나를 재촉했다. 내가 알아챈 것은 로르카의 시 「부정한 유부녀」에 버금가는 또는 그보다 더 심각한 것이라는 점이다. 수상록 에세이 『바빌론의 흐름의 기슭에서』에 수록하지 않았음에서도 이 점이 엿보인다. "P는 이런 파리의 도시 남쪽 B가라는 밝고 작은 골목 북쪽 끝, A가와의 교차하는 곳에 있는 싼 호텔 6층에 살고 있었다"라고 서두를 열고 있는 이 글은 P와 그의 교유를 내용으로 하고 있다.

P는 의사였다. 일요일이면 자주 그를 찾아갔다. 유행소설 이야기, 영화, 여자 얘기 등이 대화 내용. 스페인계 프랑스인인 P는 29세의 덩치 큰 청년. 스페인계라 했거니와 격정적이지만 둘이서는 자주 밤거리를 걷기도 했지만 주고받은 말이 기억에 남지 않을 만큼 무난한 관계였다. 그런 어떤 5월 말, 폭우가 스쳐간 밤중에 돌연 누군가 문을 두드렸다. 비에 쫄딱 젖은 P였다. 젖은 레인코트를 벗을 생각도 않고 들어선 그는 여행가방을 들고 있었다. "그날 밤 나는 P의 불행한 얘기를 들었다"라고 모리는 적고 잇달아 이렇게 덧붙였다. "그것은 참으로 불행한 얘기였다"라고. 대체 어떤 것이 진짜 불행한 얘기일까.

P와 나 사이의 대화는 조용한 것이 아니었다. "할 만큼 했다", "반드시 죽여 버리겠어!"라는 격렬한 말과 "좀 기다리지 그래"라는 말. 여자 문제였다. 언제가 P가 보여 준 사진을 떠올렸다. 두 손을 뒤로 하여 머리를 떠받쳐서 웃고 있는 여자. P가 많은 여자 편력 끝에 드디어 찾아냈구나, 라고 모리는 생각했다. P는 여인 문제에는 늘 과묵했다. 플라토닉한 것은 전혀 아니었다. 그 정반대였다. 짐승 같은 표정을 띠곤 했으니까. 그렇다고 P가 리얼리스트냐 하면 그런 것도 아니었다. 그러한 관능의 연소를 통해 또는 그런 것에서 뭔가 별다른 것을 찾고 있는 것 같았다. 요컨대 이 슬픈 불행한 얘기, 연애의 꼭지점에서 일어난 삼각관계가 모리를 당황케 했다. 누구도 적극적인 책임자는 아니었다. 잘 들어보면 적어도 세 사람도 함께 동정할 가치가 있었다. 모리는 시종 냉정했다.

여자는 P의 아이를 뱄다. 모리는 이 점에서 대화의 길을 뚫고 싶었다. 그러나 착각이었다. P를 위로할 수 없었던 까닭이다. P가 모리에게 온 것은 폭발하게 된 무엇인가를 내뱉기 위해서일 뿐이었다. 조금 진정된 P는 일어나 가고자 했다. "다시는 때려서는 안 돼"라고 하자 P는 말없이 나갔다. 모리는 반복했고 P는 오른손을 가볍게 들어 "절대 안 돼ge te donne ma parole!"라 했다.

> 나는 그를 보내고 밖에 나왔다. 비가 그쳐 있었다. 신선한 따스한 바람이 생 자크 교회와 농아학교 벽 사이의 거리에서 호텔 앞 광장으로 불고 있었다. 그는 가스등의 빛에 등을 비추면서 생 자크 가의 어둠속으로 사라져 갔다……(원문대로) 가스등에 비친 탓에 벽이란 벽은 검은 빛이 섞인 녹색에 돌층계는 끈적끈적하게 검게 빛났다. 멀리서의 프레보는 생 미셸

에서 중앙시장으로 가는 트럭의 달리는 소리가 멀게 가깝게 들렸다. 벽, 돌층계, 굳게 닫힌 건물의 대문, 그속으로 가는 P의 굳은 구둣발 소리.[29]

그런데 P가 일주일 뒤에 다시 찾아왔다. 화해를 구해 찾아온 여자를 다시 팼다는 것. 그리고 모든 것이 끝장났다는 것. 모리는 P를 탓하지 않았다. 또 그런 인연도 없었다. 다만 가만히 P의 안정되어 단아한 얼굴을 볼 따름. 듣건대, P의 여자와 관계한 사내는 P의 친구였고, 알고 보니 사정을 모르고 관계했음이 드러났다 했다. 모리는 이를 부정할 마음도 없었다. 다만 뭔가 일어났다가 사라졌다는 것만이 느껴졌다.

모리는 이 느낌을 바깥 풍경, 곧 파리의 거리에다 투영할 수 있는 능력을 갖추고 있었다. 모든 내면의 사건들을 파리의 거리, 건물, 돌층계, 그리고 그 위에 내리는 빗줄기에 대응되는 것. 이 고도의 기예를 모리는 연마하고 있었다. 구원의 길이 거기 있었다.

그날은 역시 아침부터 폭풍이 불 조짐이 있었다. 남쪽 교외로 가는 버스를 타는 그와 길 모퉁이에서 헤어져 나는 생 자크 가를 노틀담까지 내려갔다. 벌써 저녁 7시가 지났다. 내 마음속에는 그 무엇이, 어떤 불투명함도 가스도 없는 투명하고 차디찬 물이 물쟁반 속에서 소용돌이치며 흘러나오는 것처럼 끊임없이 두루뭉수리로 푹 끊어진 사소한 부분이 확산되어 사라져 갔다. 이는 사상도 아니지만 감정도 아니다. 하물며 기분일까 보냐. 이러한 것보다는 훨씬 직접적인 것, 한층 인간적인 것인 그 무엇이

29 같은 책, p. 114.

었다. 이것이 유럽이라는 것인가? 나는 뜻도 없이 헉하고 느꼈다. 나는 생자크 고개를 내려갔다.[30]

이 장만큼 모리의 깊은 심정고백을 달리 찾기 어렵다고 나는 생각한다. P란 실상은 모리 아리마사 자신이 아니었던가. 이혼(일본)→재혼(프랑스)→다시 이혼(일본)의 도식이 드디어 결정적으로 붕괴되는 장면으로 보이기 때문이다. '이혼(일본)→재혼(프랑스)→다시 이혼'의 도식에서 다시 이혼이 일본일 수 없음이 그것이다. 그렇다면 프랑스인가. 천만에! 다시 이혼했을 때 모리는 돌연 길을 잃었다. 길 잃고 낯선 파리 거리를 헤매는 고아! 이를 가장 정확히 반영한 것이 노틀담이었다.

이 고아에 있어 내면풍경이란 외면으로 드러난 파리 거리를 대표하는 노틀담이 아니면 안 되었다. 모리 아리마사의 글쓰기의 본질이 여기에서 출발했고 또 끝났다.

수사학을 걷으면 알몸의 노틀담을 드러내기, 이것이 진짜 고백체이며, 지식인도 교수도 데카르트 연구자도 아닌 한 너절한 또는 오른발을 질질 끌면서 살아간 적극적인 '인간'이었던 것이다. 사상도, 감정도, 기분도 아닌 것. 바로 그냥의 인간. 더러운 육체와 거기에 걸맞은 정신을 가진 인간! 에토 준이 문학의 이름으로 모색한 보통인간상.

여기에 어찌 거짓이 끼어들 틈이 있으랴. 여기에 어찌 사상, 미학, 감정 또 무엇무엇이 감히 끼어들 수 있으랴. 없다! 이 '없다!'를 무엇보다도 외부에 있는 노틀담에서 증명해야 했다. 내부를 노틀담에 투영함이 아니

30 같은 책, pp. 114~115.

라, 그냥 내부와 외부의 융합, 변모, 경험이어야 했다. 이때 진짜 노틀담은 어떠했을까. 나는 노틀담과 모리가 만나는 이 장면만큼 감동적인 것을 그의 글에서 체험한 적이 없다. 정직함인 까닭이다. 모리도 정직했고 노틀담도 함께 그러했다. 자, 보시라.

> 아, 저 무슨, 시뻘건 노틀담이랴! 나는 나도 모르게 소리질렀다. 아직 본 적도 없는 색깔과 모습의 노틀담이었다. 노틀담은 새빨갛게, 아니 거무튀튀한, 추잡스런 도색(桃色)으로 섬 속에 서 있다. 그것은, 저 역사가 스며 있는 검은 색을 띤 흰돌이 규칙적으로 쌓아올려진 장중, 단려한 하나의 문명의 상징처럼 조용히 서 있는 노틀담이 아니었다. 불안이, 저주가, 파괴가, 거무튀튀한 혈액으로 되어 피 맺혀 피에 가득차서 광란하는 거대한 생물체처럼 그 노틀담은 검붉은 기분 나쁜, 폭풍을 밴, 조금도 붉지 않은 검은 구름이 큰 강물처럼 격렬하게 흐르는 하늘 아래 서 있었다. 시뻘건 돌의 끝에는 낡아서 사라져 가는 풍우의 침식에 뒤가 아플 만큼 노출되고 있다. 거대한 짐승을 떠받치고 있는 아르크 부단 위에는 금방이라도 떨어져 내릴 듯하게 여겨질 정도로 지쳐 있다. 모든 것이 피로, 퇴후(頹朽) 그리하여 폐잔(廢殘)의 모습이었다.
>
> 여기에도 뭔가가 끝나고 있다. 진짜로 끝나 있다. 이것이 노틀담의 진짜 본디의 얼굴인지도 모른다, 라고 나는 중얼거렸다.[31]

P는 실상 모리 자신이 아니었던가. 그러니까 그토록 아름답고 장려

31 같은 책, pp. 115~116.

하고, 뭐뭐하다고 입에 침이 마르도록 온갖 수사학이란 수사학을 동원하여 써제낀 모리의 노틀담, 유럽문명 또 희랍 조각이란 한갓 껍데기에 불과한 것. 그 진짜 본모습이란 이처럼 처참하도록 붉고 무서운 짐승 바로 그것이 아니었던가. 사상도 감정도 기분 따위도 아닌 짐승으로서의 인간.

일단 여기서 나는 결론을 맺고 싶다. 로르카의 「간음한 여자」(「부정한 여자」)와 이 시뻘건 노틀담이 등가라는 하나의 결론 말이다. 그의 글쓰기 전체를 통해 자기 자신을 감추어 놓고 주절대며 잘난 척했고, 혼자 고고한 척 유럽문명의 본질을 간파했다는 표정으로 여름방학이면 어김없이 귀국하여 강연, 강의, 잡문, 논문 등을 써갈기며 일본과 유럽문명의 차이를 떠벌렸지만 단지 이런 것은 은빛으로 하늘 높이 솟아 장미의 창으로 빛나고 있는 노틀담의 겉모양의 수사학에 지나지 않는 것. 정작 그 자신은 송두리째 빠져 있지 않았던가. 이 점에서 그의 고백체란 수사용의 가짜였다. 그가 얼마나 허세꾼이며 연약하고 고독한 존재임을 비로소 등신대로 드러낸 것이었다. 그 결과를 보시라. 드디어 그에게도 강인해지는 순간이 오고 있었다. 그는 강인해지기 시작했다. 로르카의 「간음한 여인」이 그 하나라면 「붉은 노틀담」이 그 다른 하나였다. '이혼—재혼—이혼'에서 일본과 결별, 프랑스와 재혼, 그리고 다시 프랑스와 이혼함에서 온 강인함, 그것은 이미 일본도 프랑스도 아닌 제3의 그 무엇, 요컨대 '모리 아리마사'라는 고유성의 발견이었다. 이 강인성의 외부화가 '시뻘건 노틀담'이다.

이 강인함의 본뜻은 '인간스러움'에서 왔다. 로르카의 말이 끝난 다음에는 복음서의 말이 이어진다고 모리는 분명히 말했다. 밤바람에 맞서 칼처럼 피어 있는 이리스(백합) 꽃과 같이, 그 '간음한 여자'는 그리스도에게도 꼭 같은 말을 했으리라고 모리는 단언했다. 요컨대 '인간을 넘어서고자 하는 인간을 신은 조용히 인간 속으로 밀어넣었다'는 것.

데카르트 공부를 위해 파리에 간 젊은 조교수인 한 일본인이 데카르트는커녕 그만 파리에서 길을 잃고 헤매었고, 그 헤맴에서 가까스로 깨친 것은, 길을 되찾을 수 있을지도 모른다는 신념이었다. 그는 스페인계 프랑스인 P였고, '간음한 여인'을 안았다가 '지혜의 빛'(오성의 빛)에 의해 인간으로 되돌아간 시인 로르카였다.

9. 이옥 교수와 모리의 딸과의 만남

1980년 9월의 두번째 방일은 내겐 배수진을 친 형국이었다. "그 무거운 이광수전집 10권을 가방에 넣었다"고 했거니와, 이번에도 첫번째 체일(1970~71) 때처럼 나는 방황하다 내 자신을 잃었음을 통감하지 않으면 안 되었다. 정직히 또 정확히 말해 두번째 방일 쪽이 한층 심각했는데 이광수에 접근하면 할수록 내가 이광수인가 이광수가 나인가의 난감한 문제에 마주쳤던 것이다. 이를 부추긴 것이 모리 아리마사, 노틀담이었다. 하늘 위로 솟아 오백 년을 견뎌 온 노틀담의 첨탑을 바라보며 자기를 송두리째 잃고 파리에 주저앉아 버렸고, 또 거기서 생을 마감한 한 일본인 조교수의 모습이 어째서 잠 못 이루며 도쿄타워 불빛을 바라보는, 광주의 5월을 겪은 중년의 한국 교수를 혼란에 빠트렸을까. 지금도 나는 그 곡절을 잘 설명할 수 없다. 고백체 수사학 때문이었을까. 먼 곳에서 대한 그리움 탓이었을까. 혼자서 자취하며 데카르트 연구에 몰두하고 있는 학구적 열정에 턱없이 매료될 나이는 이미 지났지 않았던가. 굳이 또 말해 보라면, 일본인 모리의 인간기피증 혹은 인간에 대한 공포심에 공감했기 때문이라 할 수는 있다. 그는 인간이 무서워 돌멩이에 매달렸다. 노틀담, 희랍 조각(엘긴 마블), 샤르트르의 대성당, 기타 등등 이 모두는 석회석이거나 대리석, 그래 봐야 돌멩이에 지나지 않는 것. 이 돌멩이가 지닌 매력이 있다면 아무 말도 하지 않지만 시간에 따라, 계절에 따라 수시로 그 음영이 달라진다는 것, 또 바라보는 이쪽의 감정에 따라 민감히 반응한다는 점이 아니었던가. 그는 이 사실을 선배인 체코 시인 릴케에서 배웠다. 프라하 태생인 독일어 사용자인 릴케는 라틴어족 사이를 방황했고, 파리에 와서 로댕의 비서로 머문 적도 있었다. 방랑벽이 몸에 밴 릴케에서 모리가 배운 것은 이른바 변모(transfiguration)라는 것. 세상 속에서 이것저것 무수한 일과 사물을 체험하되 이를 깡그리 잊어야 한다는 것. 그 체험이 피가 되고 살이 되어 살아 있어야 한다는 것. 이를 변모라 불렀는데, 모리는 이를 '경험'이라 개칭하여 '체험'과 구별했고, 이로써 사유의 기본을 삼았다. 경험이든 체험이든 출발점은 '감각'이며 거기엔 인간이 낄 수 없다. 돌멩이만이 거기 고스란히 기다리고 있었다. 이 돌멩이에 새겨진 의미판독이야말로 모리의 미학에 다름 아니었다. '이혼 재혼 이혼'이란 이 미학이 빚어낸 인간적 희극, 혹은 꼭 거쳐야 될 실패담이 아니면 안 되었다.

이광수 연구를 위해 각오하고 나선 내게 모리의 행적이 어째서 나를 길 잃게 했을까. 지금도 이를 잘 설명할 수 없다고 했거니와, 이에 대한 답변은 내가 쓴 『이광수와 그의 시대』(1986) 속에 알게 모르게 경험되어, 변모되어 있다고 할 밖에 없다. 이광수, 그에게는 돌멩이가 놓일 자리에 돌멩이보다 무겁고 어두운 민족, 조국, 국가, 공적인 것, 하늘이 있었다.

선험적으로 놓인 '민족'이기에 어떤 선택의 여지도 있을 수 없었다. 경험적인 어떤 것도 학습될 수 없는 운명이 거기 있었다. 11살에 천애고아가 된 이 아이를 수습하여 가르친 곳이 천도교(동학)였고, 거기서 어린 그가 알아낸 것은 개인보다 큰 가치 있는 무엇의 있음이었다. 동학 파견 유학생(21명)의 하나로 일본 유학에 임한 이 고아에 있어 돌멩이란 민족 그것이었고 그 이상도 이하도 아니었다. 알게 모르게 모리가 내게 가르쳐 준 것은, 바로 이 점에서 왔다. 이 차이란 얼마나 굉장한 것인가.

선험적인 것으로서의 민족과 선험적인 것으로서의 돌멩이. 굳고 딱딱하고 확실한 돌멩이의 미학과 막연하고, 생리적 정서적인 것이 뒤엉킨 규정하기 어려운 민족이라는 개념의 윤리학이 뚜렷이 인지될 수 있었다.

잠깐, 그대는 시방 뭔가를 건너뛰고 있다고, 누군가 쉽사리 지적할 것이다. 왈, 그런 인식은 일종의 '회고적 착각'의 일종이 아닌가, 라고.

철학자 베르그송(Henri-Louis Bergson, 1859~1941)은 현재의 일이 과거에 그 그림자를 투사해 그 과거에 원래 감추고 있었다고 보는 견해를 두고 『사상과 움직이는 것』(1934)에서 '회고적 착각'이라 했다. 이 회고적 착각(소행적 효과, 소행적 운동)을 이렇게 설명했다.

> 우리들이 오늘날 19세기의 낭만주의를 고전주의 작가 속에서 이미 있었던 낭만주의적인 마음에다 연결시키는 것은 조금도 지장이 없다. 단지 고전주의가 갖는 낭만주의적 측면이 그런 식으로 이끌려 나오는 것은 어느 때 출현한 낭만주의 소행적(遡行的) 효과에 의한 것일 뿐이다. 루소, 샤토브리앙, 비니, 위고 등 대단한 인사들이 나타나지 않았더라면 전에 있었던 고전주의 작가 속에는 낭만주의가 느껴지지 않았을 뿐 아니라 그런 것은

'실제로는 없던 것으로 된다'라고 하는 것은 고전주의 작가의 낭만주의가 실제화되는 것은 그러한 사람의 작품 속에서 어떤 면을 끊어낸 결과이지만 그 끊어냄의 독특한 모양이 낭만주의 출현에 앞서 고전주의의 문학에 실재되어 있지 않았음은 흘러가는 구름 속에 예술가가 그 공상력의 가는 데를 따라 무정형의 덩어리를 갖추면서 보는 재미있는 데생이 그 구름 속에 실재하지 않음과 같다. 예술가의 그 데생이 이 구름에 대한 것처럼 낭만주의는 고전주의에 대하여 소행적으로 작용한 것이다. 낭만주의는 소행하여 과거 속에 자기 자신의 선구 형태를 만들어 내고 선행자들에 의해 자기 자신을 설명코자 한다.[32]

이 논법에 따르면 내가 공들여 읽고 헤맨 나쓰메, 에토 준, 고바야시 등은 물론 모리에 관한 것도 이러한 '회고적 착각' '소행적 효과' '소행적 운동'이었을 터이다.

그러나, 행인지 불행인지 나는 이 '회고적 착각'에서 몇 발자국 벗어날 수 있었음을 여기에다 적고 싶다. 『바빌론의 흐름의 기슭에서』(Sur Les Fleuves de Babylone)를 머리맡에 놓아두고, 심심할 때, 답답할 때 또는 앞이 막막할 때, 아무 페이지나 펼쳐 놓고 있노라면 이상하게도 마음이 진정되는 것이었다. 그 중에도 유독 내 마음을 가라앉히는 것이 두 가지였다. 하나는 그가 만난 조선인 L씨. 다른 하나는 딸 도시코에 관한 것.

---

32 ベルグソン, 『思想と動くもの』, 河野與一 訳, 岩波文庫, 1952, pp. 30~31; 木田元, 『偶然性と運命』, 岩波新書, 2001, pp.12~13에서 재인용.

Ⓐ "오늘은 소르본의 H박사(지도교수)에 초청되어 정월 초하루를 H교수 집에서 보냈다. 아침 대사관의 신년초대에 나아갔다가 또 H교수에게로 갔다. 조선어 강사 L씨도 와 있었다."[33]

Ⓑ "정오. 조선어 강사 李군 집에 아그노엘 교수와 초대받았다. 지쳐 버려 저녁의 와르 선생 집에서 하는 레슨에 실례했다."[34]

대체 여기에 나오는 李강사는 누구일까. 번개처럼 내 머리를 스치는 것은 훗날 파리 7대학의 정교수인 이옥(李玉)이었다.

인연이 있어 나는 몇 번 파리에 들른 적이 있다. 하나는 한국문학번역 관계 세미나, 다른 하나는 AKSE(Association for Korean Studies in Europe). 그 중심점에 이옥 교수가 있었던 만큼 나는 이옥 교수에서 모리 교수를 겹쳐볼 수 있었다.[35]

조선어학회 사건(1942. 10.)에 연루되어 옥고를 치르면서 한쪽 다리를 절게 된 민족변호사이며 대한민국 초대 법무부장관인 이인(1896~1979)의 장남이며 연세대 교수였던 이옥 씨가 어떤 연유로 교수직을 버리고 파리에 머물렀으며 마침내 고구려 연구로 그 어렵다는 프랑스 국가박사로 되고 제7대학 한국학 정교수로 되었는가에 대해 나는 아는 바 없다. 다만 내가 아는 것은 조선어학회 사건 전말이 적힌 이인의 『반세기의 증언』 속의 한 대목이었을 따름이다.

---

33 森有正, 『バビロンの流れのほとりにて』, p. 258.
34 같은 책, p. 342.
35 졸저, 「모리 아리마사의 파리, 이옥의 파리」, 『내가 읽고 만난 파리』, 현대문학사, 2004.

나로서는 사건을 맡아주지 않아서 고맙다는 사례는 처음이다. …… 나는 이 작은 삼뿌리를 큰애(玉=현 파리대 교수)에게 달여 먹였다. 그래서 그런지 그애는 사십이 넘은 오늘날(1974년 현재) 감기 한번 앓는 일 없이 건강하다. 그 까닭이 꼭 산삼에 있는 것인지는 모를 일이나 나는 안 될 것을 안 된다고 한 덕책이 아닌가 하고 이따금 생각한다.[36]

변호사 아비 덕에 강원도 산삼뿌리를 달여 먹은 40대의 파리대학 교수 이옥 씨를 알게 된 것은 1988년 라이든(네덜란드)에서 열린 AKSE 대회에서였다. 책에서, 또 소문으로만 듣던 이옥 씨는 부체크(프라하 찰스대학) 교수와 밤 늦도록 호텔 로비에서 술판을 벌여 놓고 논쟁을 하고 있었다.

부체크 어째 하필 '서자'(庶子)인가. 기껏 서자가 세운 나라가 조선이라면 조금 품위 없이 말해 첩의 자손이 아닌가?

이옥 서자란 적자를 뺀 나머지 아들들을 가리킴인 것. 그야 어쨌든 여기 나오는 '서자'란 그대나 일반인들이 아는 것 같은 '아들' 개념이 아니다. 본인의 연구에 따르면 서자란 서성(庶星)을 가리킴인 것. 이는 고대 중국의 천문학에서 말하는 별자리인데…….

나는 이 장면을 두고두고 잊기 어려웠다. 이옥 씨가 파리에 주저앉은 마음의 한자락이 어렴풋이나마 엿보였음과 무관하지 않다. 씨의 전공은 조선 고대사 고구려연구였음인데 이는 무엇을 가리킴일까. 민족 변호

36 이인, 『반세기의 증언』, 명지대출판부, 1974, 104쪽.

사이자 조선어학회 사건으로 3년의 옥고를 치른 부친의 민족주의와 은밀히 맥을 잇고 있음. 또 그것이 학문으로 이루어졌음이 아니었겠는가. 고대사에의 상상력이란 낭만적 성격을 띠기 쉽다는 일반적 한계에도 불구하고, 그 상상력 앞에는 노틀담 따위도 실로 별것 아니었다. 모리가 두 번씩이나 언급한 '조선어 강사'라 했거니와 씨에 있어 '조선어'란 그 자체가 자족적이며 상상력의 원천인데, 신성한 그 무엇인 까닭이다. 조선어학회 사건의 전말을 아는 사람이라면 이 조선어란 데카르트나 파스칼 또 릴케로 대표되는 수사학적 사유와는 그 선 자리가 다른 것이었다. (씨는 내게 두 가지 사연을 들려준 바 있다. 생존시 씨를 찾아온 부친에게 모리 아리마사를 소개하자, 부친 왈, 그 대단한 가문의 후손이로고, 라고. 다른 하나는 부친이 남긴 유언장. 모든 재산을 한글학회에 기증하겠다는 것. 후손에겐 남기지 않았다는 것. 오늘날 광화문 신문로에 있는 한글회관은 이 유언으로 세웠다는 것.)

파리에서 한국어를 가르친다는 것. 그것을 고대 조선사와 등가로 여겼다는 것, 이로써 씨는 한국어를 내면화시켜 국수주의 운동이 아닌 학문의 차원으로 밀고 나갔다는 것. 이 사실을 증명하듯 씨가 내게 보여 준 저술은 다음과 같았다. 지금 내 서재에는 씨의 서명이 붙은 5권의 저술(두 권은 공저) 중 간행 순서대로 보이면 아래와 같다.

Ⓐ "Recherche sur l'antiquité coréenne, ethnie et société de Koguryŏ", Collège de France Centre D'études, 1980.

Ⓑ *La Corée : des origines à nos jours, Séoul : Aesam Hakhoe*, Paris : Léopard d'or, 1989.

Ⓒ *Claude Balaize, Li Jin-Mieung, Li Ogg et Marc Orange, La Corée*, Presses Universitaires France, 1991.(que sais-je?)

Ⓓ *La Mythologie Coreenne et son expression artistique*, Léopard d'or, 1995.

Ⓔ 이옥·주용립·지병목,『고구려연구』, 주류성, 1999.

Ⓐ는 처녀작으로 국가박사논문. 통일신라론에 묶여 위축된 고대 상상력을 깨뜨린 논문. Ⓑ는 고대에서 조선조에 이른 한국사를 다룬 것. 선친이 만든 애산학회(愛山學會, 애산은 이인의 아호)의 도움에 의한 것. Ⓒ는 유명한 크세주 문고의 하나로 대중성을 띤 것. 흥미로운 것은 조선사의 옛 영토엔 만주까지 포함된 지도를 삽입해 놓은 점. Ⓓ는 역사연구에서 예술적 상상력으로 옮겨 가는 만년의 여유로움이 잘 드러난 것. Ⓔ는 씨가 7대학 정년(1993)을 맞아 일시 귀국하여 경기대 초빙교수(1995~97)로 있을 때의 것. 프레스센터에서 이 책의 출판기념회가 있었는데, 파리에서 길러낸 씨의 제자들과의 공저 형식을 취한 것.

보다시피, 씨의 안중에는 조선 고대사뿐. 아무리 대단한 노틀담이고 개선문이고, 또 무엇이라 하더라도 어찌 끼어들 틈이 있었겠는가. 그러나, 회고컨대 나는 씨의 이러한 거인적 작업을 논리적으로 이해할 수는 있었지만 심정적으로는 그렇지 못했다. 당시의 나는 문예비평가라는 알량한 감수성에 기울어져 서구의 세련된 수사학에 매료되어 있었다. 노틀담, 릴케, 엘긴 마블, 그리고 바빌론의 흐름의 기슭을 헤매는 '간음한 여자'의 몸짓 등을 떨쳐 버리기엔 역부족이었다. 씨도 이 점을 잘 알고 있었는데, 모리에 대한 내 관심을 간파한 까닭이다.

첫번째로 내가 모리에 관해 물은 것은 1988년 라이든에서의 AKSE 대회 때였는데, 씨는 다만 내 관심에 조금 의아한 표정을 보였다. 모리에 대한 인상과 교유관계를 건성으로 들려줄 뿐이었다. 두번째는 1990년 11월, 파리에서 열린 세미나였는데, 뜻밖에도 씨는 모리의 딸 얘기와 함께 만남을 주선해 주지 않겠는가. 씨의 초대로 씨의 집에 갔을 때 모리의 딸이 기다리고 있었다. 40대쯤 된 심리학 박사. 아비처럼 몸집이 컸다. 아비가 근무한 동양어학교(이날코) 일본어 전임교수라 했다. 활달한 이 독신주의자는, 이옥 씨의 집안과는 오랜 동안 한식구처럼 가까웠다 했다. 특히 씨의 부인이 딸처럼 보살폈다는 것. 스스럼 없는 분위기가 금방 느껴졌다. 한국문학교수가 부친의 책을 읽었음에 대해 좀처럼 믿어지지 않는 표정 따위는 아예 없었다. 그녀는 바야흐로 씨의 주선으로 7대학 일본학과로 옮기게 되었다고 했다.

모리의 책 속에는 이 딸에 대한 기록이 여러 곳 들어 있다. 이혼시에 아들은 부인 쪽, 딸은 부친 쪽으로 해결했음에서 온 현상. 딸이 파리에 온 것은 8년째 되는 해였다.

Ⓐ 오늘밤 9시, 딸은 친구들이 있는 곳에 머물고자 갔다. (『바빌론의 흐름의 기슭에서』, p.264)

Ⓑ 딸이 일본에서 온 이래 감기로 쉰 것에 겹쳐 극도로 혼란된 삶이 겨우 안정을 찾았다. 딸은 곧 S가(家)에 맡기기로 했다. 참 다행이다. 오늘은 아침부터 왔다. 낮부터 샤펜 씨 집으로 데려갔고 잔느 뵈이유브 씨와 친구가 되었다. 지금부터 때때로 마그리트 시에 양에, 샤펜 씨의 집에 데려갈 참이다. (같은 책, p.264)

Ⓒ 오늘 오후 S가에 있던 딸이 돌아왔다. 두 사람의 생활이 시작되다. (같은 책, p.276)

Ⓓ 늦은 봄이 수일 동안 일제히 찾아왔다. 어제 일요일, 딸과 이웃 몇 아이를 데리고 뱅센 숲에 갔다. (같은 책, p.285)

Ⓔ 저번 와르 선생 집에 둔 딸이 아직 오지 않는다. (같은 책, p.326)

Ⓕ 오늘은 오랜만에 엄동이 닥쳐왔다. 일본 교회에서 낸 서류가 왔기에 프랑스 개혁파 교회에 전적 수속을 마쳤다. 딸은 오후부터 S씨 일가와 자동차로 어딘가 산보를 가버렸다. 혼자서 조용한 아파트에 있다. (같은 책, p.335)

Ⓖ 오늘 오후 딸과 영화를 보다. 설날은 바깥에 나가지 않고 지냈다. (같은 책, p.351)

Ⓗ 내일은 아침 일찍 님에 나가서 거기서 파리행 급행을 탈 참이다. 짐도 꾸렸다. 한 달에 걸친 여행은 이로써 끝나고 있다. 딸에 있어서는 6월 말 런던에 간 이래 석달 이상이 된다.(같은 책, p.390)

여기에 그려진 딸이 시방 심리학 박사로 7대학 일본어교수로 이옥 씨 가족에 둘러싸여 나와 대면하고 있었다. 이옥 씨의 딸과 자녀는 친구였기에 이런 분위기가 이루어진 것이었다.

세번째는, 1997년 4월 스톡홀름에서 열린 AKSE대회 때. 씨는 잠시 망설이더니 모리의 딸 모리 도시코가 자살했다는 것. 그 말뿐이었다. 나는 더 물어볼 수도 그런 처지도 아니었는데, 설사 물었더라도 이옥 씨가 뭐라 대답할 것이랴. 다만 그 순간 내 머리를 스친 것은 이옥 씨 부부와 함께 청요리에 포도주까지 마신 그녀와 함께, 저 멀리 노틀담을 바라보면서 전차를 기다리는 이미지였다. 그때 노틀담은 흐린 안개 속에 괴수처럼 웅크리고 있는 것처럼 보였음이다. 그녀와 나는 발자욱 소리를 크게 내면서 파리의 밤 풍경에 넋을 잃은 표정을 지었다. 그녀는 그만큼 수줍어하는 것이었다. 미네르바 호텔에 돌아온 나는 오랜 동안 잠을 이루지 못한 것으로 회고된다.

네번째로 씨가 내게 보여 준 것은 내 근무처로 보내 준 CD 한 장. 모리 아리마사의 장례식 녹음 및 거기 사용된 모리의 파이프 오르간의 CD.

모리 아리마사가 파리 살 페트리에르 병원에서 급서한 것은 1976년 9월 18일 11시. 1976년 10월 25일 페르라셰즈 묘지에서 화장. 파리에서의 고별식에는 일체의 종교색은 없었다. 자신이 연주한 파이프 오르간이 흐를 뿐. 몇 명의 가족, 벗들만이 지켜보는 간소함이었다.

10월 11일 유골은 일본으로 실려왔고 시부야의 나카시부야(中渋谷)교회(목사인 부친이 시무했던 곳)에서 고별식. I.C.U(국제기독교대학)에서 또 고별식. 묘지는 다마영원 소재 가족묘. 향년 65세. 이옥 씨가 왜 죽은지 한참이나 지난 시점에서 장례식 CD를 내게 주었는가를 나는 조금 알 것 같았다. 예술에 대한 열정을 아끼며 간직하라는 뜻이 아니었을까. 고구려의 민족주의가 지닌 딱딱함에 대한 씨 자신의 '경험'을 비쳐 준 것이 아니었을까.

10. 자기가 연주한 파이프 오르간 속에서 죽어서 귀국한 사내

AKSE 때문에 또 다른 이유로 나는 한동안 거의 두 해꼴로 파리를 들렀고 늘 7대학 바로 지척에 있는 호텔 미네르바에 머물곤 했다. 그 다음날은 어김없이 장미 한송이를 들고, 몽파르나스 묘지를 찾았다. 사르트르와 보부아르가 나란히 누워 있는 곳. 내겐 물론 사르트르도 보부아르도 안중에 없었는데, 슬프게도 거기에 곁눈질할 연륜은 넘어섰던 것이다. 거의 유일한 한국인 이옥의 무덤이 거기 있기에.

분류번호 12구(중앙) 남쪽 제1행. 남서향. 인가번호 2001. 148PA. 이름은 Li Ogg. 사망일자 2001. 7. 28. 향년 73세.

흑색 오석으로 된 비석은 이곳 규격품, 묘비명은 이러했다.

Li Ogg

8. Novembre 1928 이옥 28 Juillet 2001

Professeur honoraire de L'Universite de Paris VII

Fondateur des Etudes de Coreennes en France

Chevalier de L'Ordre National du Merite

Commandeur de L'Ordre des Palmes Academiques

Commandeur de L'Ordre National du Merite

de la Republique de Coree

파리 7대학 명예교수, 프랑스에서의 한국학 창설자, 교육명예훈장, 국민공로훈장 그리고 대한민국 국민명예훈장이 새겨진 묘비명엔 오직 한글 '이옥'이 우뚝했다. 그것은 묘비명의 한가운데 놓여 있었다.

한글 '이옥'이 프랑스어를 누르고 우뚝 선 묘비명. 유럽에서의 한국학 청설자. 이 둘로 요약되는 7대학 교수가 잠든 곳. 이는 대체 무엇인가. 내가 여기서 함부로 모리 아리마사와 이옥을 비교할 생각은 추호도 없다. 그렇게 오만방자하기에는 내 나이가 너무 무겁다. 내가 감히 할 수 있는 것이 있다면 '느낌'뿐이다.

두 사람에 대한 '체험'을 나름대로 나는 했고, 릴케 말대로 이 체험을 모조리 잊을 만한 세월이 갔다. 모리 말로 하면 '경험'이다. 이 경험이란 느낌으로만 알 수 있는 것. 이 느낌을 이 자리에서 조금 말해 보면 안 될까. 왜냐면 "저마다의 고유한 죽음을!"이라고 태어나기 전부터 정해진 예언과 그것에 충실했던 두 사람이지만 그들은 그 예언을 깨뜨리기에 조금씩 조금씩 노력함으로써 '보통 인간'으로 살았으니까. 이에 대한 내 나름의 느낌 말이다.

먼저 이렇게 보면 어떠할까. "사람은 그 자신의 죽음을 죽을 수 있다면 그는 죽음을 두려워하지 않으리라."(『바빌론의 흐름의 기슭에서』, p.3) 날 때부터 아니 태어나기도 전에 그의 운명이 점(예언) 쳐져 있다면 그의 죽음 역시 고유한 그만의 것이 아닐 수 없다. 운명에 따르면 그만이니까. 그는 노력할 필요도 없는 셈이다. 그렇지만 참으로 다행하게도 그런 사람은 거의 없다. 그러기에 구약성서나 희랍신화 기타 전설에 적힌 예언자의 목소리에 형언할 수 없는 감동이 오지 않았던가. 운명이란 당초부터 없는 것. 설사 있더라도 사람은 그런 괴물에서 벗어나고자 온갖 계략을 꾸미며 몸부림쳤지 않았을까. 모리도 이옥도 이 점에서 결코 예외일 수 없다. 그 결과 그들이 죽은 죽음은 그들이 몰랐던 죽음이 아닐 수 없다. 자기도 모르는 죽음의 두 가지 형태가 20세기 초두 파리에 있었다. "사람들은 살기 위해 이 도시로 모여드는데 내게는 그것이 도리어 죽기 위한 것으로 생각된다"라고 한 20세기 초두. 릴케는 『말테의 수기』(1904) 첫줄에 적었거니와, 모리도 이옥도 이 점에서는 한 치의 다름도 없다. 그리하여 두 사람은 함께 파리에서 죽었다. 문제는 이 죽음을 다스린 두 사람의 방식에서 왔다.

앞에서 나는 『바빌론의 흐름의 기슭에서』 속의 로르카의 시 「간음한 여자」와 「붉은 노틀담」(『아득한 노틀담』)을 통해 모리의 내면 깊숙이 갈라진 틈을 엿보고자 했다. 곧, '이혼(일본)→재혼(프랑스)→(재)이혼(프랑스)'의 도식이 그것이다. 도쿄대학 교수직도 두 아이의 아비 노릇, 또 남편 노릇도 깡그리 버렸음이란 따지고 보면 그를 키워낸 일본 자체와의 이혼이 아닐 수 없다. 이 사실은 그가 독신으로 살 수 없음을 상징하는 것. 재혼(딸을 가진 프랑스 여인)이 불가피한 이유이기도 한데 왜냐면 파리에 정착한다는 것 자체가 프랑스와의 재혼에 다름 아닌 까닭이다. 프랑스 여인과의 재혼이란 단지 상징적인 표현에 지나지 않는다. 이를 지탱해 준 것이 바로 노틀담이었다. 정식명칭 노틀담이란 성모 마리아에 해당되는 것이지만 모리에 있어 그것은 미학으로 군림했다. 석회석의 돌멩이로 거기 있었다. 이를 온갖 수사학을 동원하여 판독한 결과 그 돌멩이에서 미학을 건져낼 수 있었다. 모리가 공부한 전통적 서양의 수사학적 교양의 덕분이었다. 그러나 여기에는 결정적인 것이 은밀히 감추어져 있었다. 살아 있는 인간에 대한 공포증이 그것. 인간 혐오사상이란, 사도 바울의 표현으로 하면 살갗에 박힌 가시였다. 다시 이혼할 수밖에. '재이혼'이란 이를 상징하는 것. 이 경우에도 그를 지탱해 준 것은 노틀담이었다. 돌멩이만이 그를 위로하고 안심시켰다. 그 돌멩이가 시뻘건 괴물이 되어 육박해 올 때까지 그는 여기에 매달릴 수밖에 없었다. 인간 혐오증은 그만큼 절대적이었다.

마침내 모리는 파리에서 죽었다. 수사학에 스스로 도취되어 방황하는 모리를 릴케가 지켜보았음에 틀림없다. 이 점에서 두 사람은 쌍생아였을 터이다. 그러나 결정적으로 다른 점이 있었는데, 릴케가 끝끝내 방황했음에 대해 모리의 방황은 한시적이었음에서 왔다. 모리의 죽음은 파리에서이고, 화장도 여기서 치렀지만 유해는 끝내 본국으로 돌아가 그가 태어난 도쿄에로 귀환했다. 이를 두고 일본과의 '재재혼'이라 할 수 있지 않겠는가.

어째서 모리는, 생애를 건 노틀담을 버리고 귀국해야 했을까. 이런 저런 사정이 있었을 터이나, 문제는 이 귀국한 사실 자체는 천금의 무게를 갖고 있음에 틀림없다. 말을 바꾸면 그의 파리행이란, 또 노틀담이란 그를 지켜준 자존심이자 보호막이었지만 그것이 결정적인 것이 못 되었음이다. 일종의 세련된 수사학, 그것도 릴케 식의 수사학이었다. 수사학에 죽음을 걸 수는 없다는 사실의 발견이 그의 귀국 속에 담긴 참뜻이 아니었을까. 안타까움이란 여기서 왔다. 파리에서 화장도 했고 아무 종교적 격식도 없이 스스로 연주한 바흐의 파이프 오르간 소리로 고별식을 올렸다면, 그것으로 족한 것. 나름대로의 완벽한 노틀담이었을 터이다. 그럼에도 그의 유골은 고국으로 돌아왔다. 그는 결코 가짜 망명객, 또 진짜 관광객과 무엇이 같고 다르단 말일까. 잠시 파리에 가서 노틀담을 구경하고 돌아온 것과 어떤 점이 굳이 다르다고 하랴.

비교함이란, 아무리 정확해도 일종의 추측의 범주 내의 짓이지만 이옥의 경우는 어떠할까. 나는 이옥의 파리행의 동기라든가 그 곡절에 대해 아는 바 없다. 다만 연세대 교수인 그가 가솔(2남1녀)하여 도불한 1960년대 초 그러니까 한국의 존재가 유럽에서 극히 미미한 때였음을 알 뿐이다. 이 불모의 땅에서 '조선어' 강사노동을 하여 식솔을 먹여 살렸는데, 그 방법이 '조선어'였다. 부친이 초대 법무부 장관이지만 실상은 조선어학회 사건으로 옥살이를 한 가문의 장남이 어째서 가문을 떠나 불모의 파리에 정착했을까.

이 물음에 나는 민첩할 수 없다. 다만 내가 아는 것은 그의 파리행이 한국과의 '이혼'이 아니라는 사실이다. 굳이 말해 '사이비 이혼'이라 할 성질의 것이다. 식솔을 거느린 파리행이란, 비유컨대 이민의 일종이지만 그렇다고, 한국과 담쌓은, 귀국 불능의 망명객도 아닌 처지, 이 기묘한 형태를 이옥은 살고 사랑하다 파리에서 죽었고, 그의 무덤은 몽파르나스 묘지에 있다. 어째서 이옥의 유골이 귀국하지 않았을까. 해답의 하나는 실로 간단하다. 그 방식이 가장 합당하다고 본인도 가족도 또 주변 사람들도 인식했기 때문이다. 이옥에 있어 파리란, 바로 한국땅이었다. 한국도 또한 한국땅이었다. '파리=서울'의 등식 속에 살았기에 죽음의 처리 방식도 이와 같았을 뿐이다.

대체 무엇이 이옥으로 하여금 이런 대담한 삶의 방식을 지탱케 했을까. 내 관심이 놓인 곳이기도 하다.

결론부터 말해 이옥에 있어 삶의 방식이란 '민족주의'에서 왔고 또 거기에 수렴되는 것.

모리는 두 번씩이나 이옥을 두고 '조선어 강사'라 했다. 이 '조선어'란 생계의 수단이자 동시에 부친 이인의 '조선어학회 사건'에 직결된 것. 일제의 고문으로 한쪽 다리를 못 쓰게 된 이인을 부친으로 가진 이옥인 만큼 그의 '조선어 강사'란 생계수단이자 그 이상이었다. 자존심이랄까. 실천적 판단력(양심)의 근거이기도 했다. 이 사실은 그의 학문적 성취인 국가박사 논문에서 결정적으로 확인된다. 「조선의 고대사—고구려 연구」란, '조선어'에 그 뿌리를 둔 것이었다. 이 집요하고 거칠고 강력하고 또 야성적이기도 한 이옥 앞에 노틀담 따위가 안중에 들어올 이치가 없다. 파리란 그러니까 그냥 고대 조선사 속의 고구려에 다름 아니었다. 거기에는 청룡, 백호, 주작, 현무가 하늘과 땅을 가리고 있었다. 파리란 한갓 사냥터였고, 노틀담이란 사냥꾼의 움막에 다름 아니었다. 이 갈 데 없는 낭만적 상상력이 이옥을 에워싸는 삶의 에너지의 공급처였다.

그럼에도 그가 리얼리스트인 것은 가족과의 삶에서 왔다. 가족이란 그에겐 낭만적 상상력을 지상으로 이끌어 내려 '인간에로' 되돌리는 유대 몫을 했다.

이상을 다듬어 말해 본다면 어떤 표현이 적절할까. '민족의식' 또는 '민족주의'라는 흔해 빠진 말에 닿게 마련이다. 다만 파리가 이 '민족의식'을 일깨워 주기에 적절한 곳이었다고 할까. 그가 몽파르나스에 드러누운 이유이기도 하다. 묘비명에 새겨진 대로 유럽에서의 한국학의 창설자이기에 그의 소속은 유럽이어야 했다. 귀국할 필요란 당초 없었다.

여기까지 함부로 논의한 것은 따로 내 나름의 이유가 있음에 관련된다. 내가 해야 할 『이광수와 그의 시대』가 그것. 대체 11살에 고아로 이 소년이 어째서 저토록 철저한 '민족의식'에 전면적으로 노출되었을까. 흡사 그것은 중년의 모리 교수가 노틀담에 전면적으로 노출된 것과 흡사해 보였다. 이광수에겐 철들면서 모든 의식이 '민족'으로 집약되어 다른 어떤 의식(종교, 사상, 철학, 교육)도 끼어들 틈이 없었다. 북장로파 미션스쿨인 메이지학원(明治學院) 중학시절 아침 예배 때마다 "하느님 우리 일본제국을 위해……"라는 기도 소리에 질려 평생 기독교를 거부했던 아이 이광수는 도무지 구제불능자였다. 어떤 논리나 감정으로도 설득할 방도가 있을 수 없었다. 이 점에 비추어 볼 때 이광수는 모리 쪽에 기울어질 가능성이 높았다. 성숙한 민족주의자인 이옥조차 고대 낭만적 상상력의 함정에 빠질 뻔한 그 민족의식은 이광수로서는 감당할 만한 것이 못 되었다. 이광수에 가능한 것은 이 '민족의식'을 수사학으로 돌리는 일이었다. 평생 이광수는 이 수사학에서 자유로울 수 없었다.

『이광수와 그의 시대』라는 내 저술 속에서 모리 아리마사가 작용한 것은 이와 같은 수사학(소설)이었다. 이 노틀담으로 요약되는 수사학의 본뜻은, 이옥의 낭만적 상상력과 맞설 때 비로소 그 의의가 선명해졌다. 이번에는 11살의 고아 이광수의 수사학을 검토할 차례가 온 것이다. 내가 이를 얼마나 심도 있게 처리하는가의 여부는 간단하다. 다름 아닌 내 속에 있는 '민족의식'의 성숙도일 터이다.

제5장

『국화와 칼』
– 앞에 놓였던 것과 뒤에 놓였던 것

루스 베네딕트와 결혼한 1914년경의 스탠리 R. 베네딕트(왼쪽)와 캘리포니아 시절의 루스 베네딕트(오른쪽)

유년 시절의 루스 베네딕트와 여동생 마저리

루스 베네딕트, 1931

전미여성대학인협회 공로상 수상시의 루스 베네딕트. 1946. 6

『국화와 칼』 초판 표지

『국화와 칼』 최근판(2008)

● **제5장**

『국화와 칼』
– 앞에 놓였던 것과 뒤에 놓였던 것

1. 도쿄대 동양문화연구소와 그 주변 풍경

제1차 체일(1970~71) 중 나는 나를 외국인 연구원으로 초청해 준 도쿄대학 동양문화연구소(당시 소장 이즈미 세이이치泉靖一 교수의 사망으로 공석 중) 도서관에 한동안 개근했다. 동양문화연구소라는 이름답게 동양 관계 자료를 모은 곳이었는데, 짐작은 했지만 상상 외로 많은 북한 자료들을 접할 수 있었다. '많은'이란 좀 어폐가 있지만, 도무지 터부시된 북한 자료이기에 몇 점만 봐도 많은 것인데, 문학전집을 비롯, 단재의 「용과 용의 대격전」, 「꿈하늘」 등이 실린 자료란 난생처음 본 것이었다. 나는 손이 닳도록 노트에 베끼고 또 베꼈다. 당시 한국에서도 단재 전집이 간행되었지만, 소설 「용과 용의 대격전」은 미수록이었다. (순한글로 표기된 「용과 용의 대격전」이 훗날 단재 전집에 수록될 땐 국한체로 바뀌었는데, 아마도 본래의 모습을 염두에 둔 것이었을 터이다. 왜냐면 원고 자체가 북쪽에 있었으니까.) 내가 정성을 기울여 베낀 것은 많았는데, 그 중에서도 내 전공에 관련된

『현대조선문학 선집』(현대조선문학선집 편찬위원회 편, 조선작가동맹출판사, 1959년 3만 부 한정판)이었다. 이 중에서도 『평론집』(제8권, 윤세평 편)은 내겐 매우 충격적이었다. 막연히 그러리라고 짐작한 것이 실물로 제시되었기 때문이다.

이익상, 이상화, 한설야, 김수산, 윤기정, 송영, 박승극, 리기영, 김우철, 한식 등 10명의 사진(이 중 중심에 놓인 것은 한설야와 리기영)을 앞세운 이 평론집이 그들의 한국근대평론사의 요약임은 새삼 말할 것도 없었는데, 중요한 것은 이들 10명의 평론가들이 모두 프롤레타리아(카프)계라는 점이었다. 이상화, 김수산 등이 끼어 있긴 해도 이는 과도기적 현상으로 볼 수 있다면 나머지는, 카프 중 원리주의자들이었다. 임화 일파가 반동으로 숙청된(1953) 마당이기에 카프가 반토막으로 났긴 해도 북조선문예총동맹이 주도권을 쥔 이 마당에서 한설야 중심의 체제로 구축된 것이었다. 전집이 국가적 규모로 행해진 마당이고 보면, 김일성 주체사상이 등장하기 이전 곧 1967년까지는 한설야, 이기영 중심체제였던 것이다(졸저, 『북한 문학사론』, 1996). 편자 윤세평은 이렇게 이분법으로 비평사를 정리했다.

> 예술을 생활의 진리 우에 튼튼히 세우며 인간의 참다운 권리—근로 대중의 이익을 위하여 복무하게 하는 것은 프롤레타리아문예평론의 가장 중요한 사상의 하나였다. 불합리한 사회를 근본적으로 혁신할 것을 주장한 초기 프롤레타리아문학의 창작 실천이 그러하였던 것처럼 이 시기 진보적 평론은 인민을 위한, 인간의 참다운 권리와 행복을 위한 열렬한 옹호자였다. (8쪽)

평론사란 그러니까 카프비평사를 막바로 가리킴이었다. 다만 일제의 탄압으로 또 맑스레닌주의에 입각한 당의 지도를 받지 못해 제한적이었다 할지라도 오직 프롤레타리아비평만이 있을 뿐 나머지는 반동적인 부르주아비평의 발악이 있을 뿐으로 인식된 것이었다.

이러한 자료 베끼기에 정신이 팔렸다가 문득 5층 창 너머 아래를 내려다보면 으레 점심 때쯤이면 붉은 깃발을 휘두르는 데모대가 캠퍼스를 휘젓는 풍경을 볼 수 있었다. 말할 것도 없이 학교 직원들이었다. 처음 도서관 건물에 들어섰을 때의 놀라움에 비하면 더욱 그러했다. 복도마다, 교수 연구실 앞 벽마다, "XX교수 물러나라!"는 커다란 붉은 글씨의 삐라들이 버젓이 붙어 있었다. 아카몬(赤門) 앞에서 데모용 각목 기타 도구를 파는 나라. 반공을 국시로 하는 한국의 교육공무원 신분인 내 놀라움은 도를 넘어 두려움과 함께 꿈속을 헤매는 듯한 환각을 떨치기 어려웠다. 북한 서적을 판다는 '고려서점'이 무서워 먼 발치에서만 바라볼 뿐 한 구석으로 밀려난 책방의 『자본론』을 흘깃 보아도 가슴이 두근거렸던 나로서는, 북한 자료 베끼기란 일종의 국사범에 해당되는 범죄가 아닐 것인가. 당시 김포공항 출입자 총수가 연간 3만 명 수준에 지나지 않았다. 이런 시대란, 비유컨대, 저 『열하일기』의 저자나 『일동기유』(日東記遊)의 저자의 그것이라 할 것이다. 바로 여기에 학문적 열정(호기심)과 현실적 문제의식의 갈등이 다시 한번 나를 아득하게 했다. 아무리 알량한 열정이라도 열정은 열정이며, 아무리 대단한 현실적 문제라 해도 문제의식이 아닐 수 없었다. 여기에서 생기는 긴장력을 나는 필사적으로 싸워 물리쳐야 했다. 그러나 딱하게도 이 유혹에서 자유로울 방도를 나는 알 수 없었다. 그것은, 때가 되면 배가 고파지는 이치와 같았다.

멍하니 창 밖의 붉은 물결을 바라보고 있자면 점심시간인지라 어김없이 배가 고팠는데, 그것은 지적 갈증과 등가였다. 빠른 동작으로 서둘러 도서관을 나와서 벨츠(Belz) 동상을 급히 지나 아직 검게 불탄 흔적이 있는 야스다(安田)강당 구내식당으로 달려갔고, 배를 채운 뒤에는 으레 산시로(三四郎)연못의 '나의 자리'에로 향한다. 어째서 나는 염치도 없이 '나의 자리'라 했던가. 어째서 나는 거기서 마음의 안정을 조금이나마 얻었을까.

2. 5월제와 소련영화 고리키의 「어머니」

먼저 두 가지를 말해 두는 것이 좋겠다. 하나는 연못. 다른 하나는 5월제. 도쿄대는 정문 외 아카몬(赤門)이란 붉은 색의 대문이 있다. 옛 어떤 영주가 살았던 저택의 소방서였다. 천황이 내린 저택인지라 만일 화재라도 난다면 큰일인지라 소방서를 지어, 만일에 대비했다 한다. 붉은 문(赤門)으로 한 것은 화제예방용의 장치를 가리킴인 것. 미국인 고용 문부성 학감 모를레의 안목으로 유신 이후 방치된 가가 마에다 가(加賀前田家) 약 10만 평에서 1877년 의학부, 법학부, 문학부, 이학부 등을 세웠는바, 그 전신은 가이세 학교(開成学校)와 도쿄 의학교였다. 한편 정문은, 은행나무를 심어 가로수를 만들었으며 경제학부는 후에 만들어졌다. (제국대학 중 문학부가 독립된 곳은 이곳과 교토대학뿐이고 나머지는 법문학부 속에 법학부, 경제학부, 문학부 등이 통합되어 있었다.) 초기에는 서양인 교수가 중심축을 이루었고, 서양에 유학한 일본인의 귀국으로 점차 대체되는 방식을 취했는바, 제국대학 교수가 되기 위해서는 반드시 서양유학 2년간을 거쳐야 했음도 이를 설명해 놓고 있다.

혼고(本鄕) 7정목(丁目)의 방대한 부지에 세워진 이 대학 구내는, 즐비한 소나무 숲과 야생스러운 정원으로 구성되어 있었는데 그 한가운데 제법 큰 연못이 있었다. 아카몬과 더불어 이 연못 이름인 산시로연못은 이 대학을 가리키는 자부심 담긴 상징이었다.

두루 아는바, 이 연못 이름은 나쓰메 소세키(夏目漱石)의 고명한 소설 『산시로』(三四郎, 1908)에서 유래되었다. 시골서 올라와 이 대학에 입학한 산시로는, 촌놈 중에 촌놈으로 전차가 왕래하는 도쿄의 풍물, 현미경의 놀라움, 대학 풍속 등에 멀미가 나서 찾아든 곳이 이 연못이었다.

> 정중히 인사를 하고 지하실(현미경 있는 곳 — 인용자)에서 올라와 사람 다니는 곳에 나와 보니, 바깥세상은 아직 쨍쨍 햇볕이 내리쬐고 있다. 더웠지만 심호흡을 했다. 서쪽으로 기운 해가 비스듬히 넓은 언덕을 비춰, 언덕 위 양쪽에 있는 공과대학 건물 유리창이 타는 듯이 빛나고 있다. 하늘은 맑게 갠 가운데 서쪽 끝에서 타오르는 불꽃이 엷고 빨갛게 뿜어와 산시로의 머리 위까지 화끈하게 달아오르는 듯이 생각되었다. 옆으로 비치는 햇볕을 반쯤 등에 받으며 산시로는 왼편 숲속으로 들어갔다. 그 숲도 똑같이 석양을 반쯤 등허리에 받고 있다. 거뭇거뭇한 푸른 잎사귀 사이는 물들인 것처럼 빨갛다. 굵은 느티나무 줄기에서 쓰르라미가 울고 있다. 산시로는 연못가에 와서 웅크리고 앉았다.
>
> 아주 조용하다. 전차 소리도 안 들린다. 아카몬 앞을 통과할 전차는 대학의 항의로 고이시카와를 돌아가게 되었다고 고향에 있을 때 신문에서 본 적이 있다. 산시로는 연못가에 웅크리고 앉아 언뜻 이 사건을 생각해 냈

다. 전차조차 지나가게 하지 않는 대학은 상당히 사회와 동떨어져 있다.[1]

내가 소설 『산시로』를 읽은 것은 훨씬 훗날이지만 이 연못가의 '나의 자리'는, 어쩌면 산시로의 자리였는지도 모른다는 느낌을 밀어내기 어려웠다. 막연하나마 시골 대학생 산시로에서 연못 이름이 유래되었음은 소설을 읽기 전에 널리 알려져 있었기 때문이다. '나의 자리'라 했거니와 바위에 걸터앉으면 멀리 시계탑 건물이 보이는 곳. 소나무 숲속에는 송장까마귀떼의 울음이 이따금 기분 나쁘게 들리는 곳. 도쿄는 전체를 통해 송장까마귀떼로 가득 차 있었는데 산시로 주변이라 해서 다를 수 있으랴. 때때로 아침녘이나 저녁 답이면 우에노 시노바즈(不忍)연못에서 날아올라 도쿄만으로 먹이사냥 갔다가 귀환하는 가마우지의 높고 날씬한 비행 솜씨도 장관이었다. 대낮이면 연못 속에 붉은 색 잉어도 꼬리를 유유히 치며 다녔고, 연못 속에 돌출한 바위 위에는 거북이떼들이 몸을 데우고 있곤 했다. 이 속에 앉아 있노라면 이광수도 소세키도 안중에 없었고 내 존재는 물론 일본조차 그러했다. 있는 것이라곤 연못과 소나무 숲과 송장까마귀떼들. 이러한 나를 깨우쳐 주는 것이 멀리 솟아 있는 시계탑과 야스다 강당이었다. 다시 도서관으로 가야 했지만, 이 연못이 없었던들 내 발걸음은 훨씬 무겁지 않았을까. 산시로가 시골 모친에게 보낸 편지에 적었듯, 나는 고국의 친지들에게 아주 잘난 척 이렇게 적었던 것으로 회고된다. "이곳 학교는 대단히 넓고 좋은 곳으로 건물도 매우 아름답다. 한가운데 연못이 있다. 연못 주위를 산보하는 것이 즐거움이다.

1 나쓰메 소세키, 『산시로』, 최재철 역, 한국외대출판부, 1995, 23~24쪽.

전차에는 이제 익숙해졌다"(『산시로』, 36쪽)라고. 다듬어 말해 나는 촌뜨기 대학생이었다.

이 연못을 송두리째 휘저어놓은 사건 하나를 말할 차례가 이제야 온 것인가. 1975년 5월 5일(수)의 내 일기 한토막.

> 하마마쓰에서 야마테선을 타고 와서 오카지마치에 들르다. 쌀 5kg(100엔), 김치(150엔), 북어(800엔), 하밀감(100엔) 저녁을 해먹다. 원고 손질하다. 도쿄대학 5월제를 꼭 구경하고 싶다. 또 레닌그라드 무용단의 「백조의 호수」도 관람하고 싶다. 그 세계 수준들. 이러한 욕망이 무슨 의미를 띠는 것인지 훗날에야 알게 되리라.

5월제는 1929년에 시작된 '공제사업'의 발전형태. 5월 하순 2~3일을 휴교, 학생이 중심체가 되어 학내 연구시설 공개, 연구성과 전람회 등을 보이는 행사. 어째서 하필 5월인가. 4월에 입학한 신입생과의 교류, 좋은 계절, 정력 발산 등을 겨냥한 교내 축제. 구내식당, 매점 등이 외부의 전문 사업체에 맡겨져 시중보다 싸게 파는 것이 큰 매력. 의료시설 이용도 무료.[2]

내가 이 오월제를 꼭 보고 싶었던 이유의 하나는 작가 오에 겐자부로(大江健三郎)와 무관하지 않다. 그의 대뷔작이 재학 중에 쓴 『기묘한 일』(『도쿄대학신문』 5월제의 당선작)이었다는 점. 5월제엔 단편소설 경합도 있었음을 알 수 있었다. 나의 일기 한토막을 보이기로 한다.

---

2 『東京大学総合研究』, 日本リクルートセンター, 1979, p. 28.

1971년 5월 15일(토). 아침 현 씨(현용준, 제주대 교수, 민속학자) 집에 가서 막힌 일본어를 묻고, 10시쯤에 어제부터 시작된 5월제에 가다. 맨 먼저 보고 싶은 것은 무성영화가 상영되고 있는 공대 강당. 1928년도에 제작된 고리키의 「어머니」.

놀라워라. 첫장면이 감독의 거대한 사진. 감독 사진부터 시작되는 활동사진이라니! 그 다음은, 커다란 황소를 산 채로 칼로 살을 저며내는 장면. 예술성 여부를 떠나 놀라운 힘드는 활동사진이었다. 원래 활동사진이란 이런 것이라는 듯한 그런 당당한 모습이 거기 있었다. 상업영화에 익숙한 사람들에겐 신기하다고나 할까. 영화가 끝나자 박수소리가 들렸다. 학생 단체인 영화동호회에서 마련한 것이었다.

그 다음 작품은 「스타이키」. 신주쿠 모극장에서 심야에 본 것이라 그냥 나오고야 말았다.

야스다강당 앞에는 남녀 포크댄스판. 또 윤무도 있었다. 길가에는 술, 과자, 콜라 등을 차려놓은 학생들이 호객행위를 하고 있었다. 산시로연못도 예외일 수 없었다. 일본식 돗자리를 마련해 놓고 고기 굽는 냄새가 진동했다.

각 학부마다 강연회, 찻집, 전시회를 열고 있고 그 속에는 베트남, 조선문제, 자위대 문제, 부라쿠(部落) 문제 등을 다루는 심포지엄이 만국기처럼 펼쳐 있었다. 이 엄숙한 분위기를 비웃듯 도서관 앞에는 히피족 음악회가 벌어져 남녀 제멋대로 돌아가고 있고…….

오늘의 시점에서 보면 한국의 어느 대학도 최소한 이보다는 더 화려하고 요란한 5월 축제 또는 10월 축제가 있지만 40여 년 전의 도쿄대 5월제는 그 자체가 하나의 사건성으로 보였다. 잠깐, 그래봤자 서양의 대학 축제의 모방이 아니었던가. 아마도. 그렇지만 군부 아래 반공을 국시로 하는 서울의 하늘 밑에서는 이런 축제란 상상도 할 수 없는 괴물스러움이었다.

3. 산시로 연못가에 앉아 『국화와 칼』의 번역을 모의하다

내가 있는 맨션은 고마고메(駒込)역 근처였다. 아침 이웃 신사(神社) 숲에서 일찍 송장까마귀떼의 울음으로 잠이 깨면 다방으로 달려가 커피, 에그프라이 그리고 빵 한조각으로 아침을 때우고 버스로 혼고 도쿄대학으로 향한다. 그때까지만 해도 전차도 다니고 있었다. (그해 이 전차는 철거되었다. 나는 온 동네 전차 연변 사람들이 나와 마지막 전차를 향한 안타까운 이별을 하는 장면을 목도할 수 있었다.)

1971년 4월 15일(목) 일기에는 좀 특별한 기록으로 채워져 있음을 본다. 귀국 후 내가 하고자 하는 일의 계획표가 엉성하나마 적혀 있지 않겠는가. 내 관심의 영역이 어디쯤인가를 보이는 원시적인 자료였다.

귀국하면 해야 할 계획

Ⓐ 이광수 평전 5천 매쯤 쓸 것.

『소세키와 그의 시대』 정도의 해석 시도. 요컨대 일본 체험을 중심점으로 했을 때 시대성이 투명해질 듯.

Ⓑ 단재의 소설, 고전연구. 민족적 상상력 + 사회학적 상상력 융합 시도. 「꿈하늘」과 「용과 용의 대격전」을 통해 본 근대=식민화의 도식 검토. 이

광수 평전과 대칭적 입장. '근대+민족주의'와 '반근대+민족주의'(아나키즘)의 도식.

Ⓒ 리얼리즘론. 고전적 리얼리즘, 비판적 리얼리즘, 사회주의적 리얼리즘(Socialistic Realism)의 관계론. 루카치적 시각 도입. 한국근대문학사의 새로운 구도 모색. 분단문학의 과제와 그 위치 측정의 가능성 모색.

Ⓓ 일본이란 무엇인가. 일본사, 일본근대사, 그들의 자본주의 발달사. 메이지 국가 성립과 서양숭배 사상의 실상. 이를 이해하기 위해 일본인론 검토가 불가피함. 그러나 너무 막연하고, 또 방대한 과제라 갈피를 못 잡음. 그렇더라도 이를 피해 갈 수 없음.

Ⓔ 『국화와 칼』을 번역할 것.

이 중 귀국 후 내가 한 것은 Ⓔ뿐이었다. 당초 겨냥한 이광수 평전은 엄두를 낼 수 없었는데, 내 자신의 역량 부족에서 왔음은 물론이다. 무엇보다도 나는 이광수가 체험한 일본근대를 어느 수준에서 이해할 만한 힘이 없었다. Ⓑ에 관해서는 논문 두어 편을 썼을 뿐 더 이상 진전되지 않았는데, 발상법 자체가 불모(도식)였던 것으로 회고된다. Ⓒ는 내게 큰 힘이 되긴 했어도 루카치의 리얼리즘론의 진행에 선뜻 나아갈 수가 없었는데 두 가지 걸림돌 탓이었다. 루카치의 정치한 독일관념론에 대한 공부 부족이 그 하나라면 다른 하나는 루카치의 공산당 입당이었다. Ⓓ는 부분적으로 가능할지 몰라도 실로 막연한지라 장님 코끼리 만지기 식이었다. 훗날 안 일이지만 민족성이나 문화연구란 상대주의를 떠날 수 없는 것이었다. 나머지 최후의 Ⓔ는 어떠했을까.

귀국 후 10년간, 계획대로 한 것은 단 하나 Ⓔ뿐이었다.

물론 나는, 학위논문인 「한국근대문예비평사연구」(1975)를 완성했고, 「한일문학의 관련 양상」(1974)을 썼다. 후자는 아사히신문사 출판국에서 오무라 마스오(大村益夫) 교수 역(1975)으로 간행되었는데, 사정을 모르는 사람들은 흡사 이것을 두고, 무슨 연구서인 듯한 오해를 갖기 십상이었다. 「한일문학의 관련 양상」이라는 큰 제목을 내건 것부터가 일종의 허세였다. 일본문학에 대한 무지에서 출발했기에 비교론이나 영향관계를 짚어낼 수 없었다. 그러나 당초 마음먹었던 『국화와 칼』의 경우는 달랐다. 번역되어 실로 널리 읽혔던 것이다. 그 경위와 성과, 그리고 인류학이라는 학문의 성격 등에 관해 상론해 둘 의무는 물론 권리조차 나는 갖고 있다고 오랜 동안 생각했고, 지금도 이 생각엔 별로 달라진 바 없다. 2008년 현재 23쇄를 찍고 있는 『국화와 칼』이기에 이에 관한 주변적 얘기도 내겐 하나의 특권적인 것이라 할 만했다.

이 책에 관해서는 맨 먼저 지적할 것은 공역이란 점과 산시로연못에 대한 것이다. 1971년 5월 15일(토)엔 이렇게 적혀 있을 뿐이다. "현(용준) 교수 하숙집에 가서 잘 모르는 일본 대목을 배우고 10시가 지나 도쿄대 도서관 앞에서 오군을 만나다"라고. 여기 나오는 오군이란 오인석(서울사대, 서양사 전공) 교수이거니와 그는 나와 대학 동기였다. 문부성 교환프로그램에 따라 나보다 늦게 이곳에 왔고, 총장인 하야시 겐타로(林健太郎)의 지도를 받고 있었다. 지적 기갈증과 함께 육체적 에너지 소요량도 많아서 도서관에서 헤매다 점심시간만 되면 실로 민첩히 식당으로 향했고, 배를 채우고 나면 이번엔 서서히 걸어 산시로연못으로 갔고 거기 '우리의 자리'에서 붉은 잉어떼의 느린 움직임과 부동의 자세로 햇볕 쬐는 거북을 감상했다. 우리는 앞서거니 뒤서거니 모종의 사명감에 불타올랐는데, 대체 일본이란 무엇인가라는 과제였다. 서양사 전공인 그가 일본에 온 것, 한국문학사 전공인 내가 일본에 온 것은 같았는데, 이런 신세란 비유컨대 뭍에 오른 물고기, 저잣거리에 나타난 멧돼지였다고나 할까. 이 비유를 뚫고 나는 이렇게 말했다. 귀국하면, 짬을 내어 우리가 『국화와 칼』을 번역하면 안 될까, 라고.

귀국해서 우리는 만사 젖히고 이 책 번역에 몰두했고, 제법 큰 원고 뭉치를 보따리에 싸서, 당시 제일 힘센 출판사인 을유문화사로 갖고 갔다. 이 출판사를 고른 이유는, 학문적 출판에 공헌한 곳으로 정평이 나 있었기 때문이다. 우리 기대와는 달리 이 원고보따리를 지긋이 내려다보는 노련한 편집장(안춘근, 작고)은 가타부타도 없이 그냥 두고 가라고 했다. 다른 출판사로 옮겨갈 수도 있긴 했으나 사정은 마찬가지일 것으로 짐작한 우리는 명령대로 따를 수밖에 없었다. 책이 출판된 것은 그로부터 만 1년 반이 지난 1974년 2월이었다. 을유문고 제132권째. 머리에 '해설'을 실었는데 나는 다음 두 가지를 강조했다. 하나는 전역이 아니라는 점.

> 본서의 일본어판 역자인 하세가와 마쓰지(長谷川松治)는 이 저서에 대해 여러 가지 비판을 가하고 그 중 서너 장이 특히 우수하다는 투로 말하고 있으나 그것은 어디까지나 일본인으로서의 비판인 것이다. 문제는 우리가 한국인으로서 일본문화를 어떻게 이해하는가에 있을 것이다. 그러므로 역자는 한국인의 입장에서 이 저서 13장 중 '보다 본질적이라고 생각되는 10장'만을 선택한 것이다.[3]

---

3 루스 베네딕트, 『국화와 칼』[1판], 김윤식·오인석 역, 을유문화사, 1974, 3쪽.

총 13장 중 10장만 번역하고 나머지 3장은 문고판 분량에 맞추어 보류했다는 것은, 큰 실수였다. 훗날 이를 보충했거니와, 생각의 짧음의 결과였다. 나머지 3장이란, 을유문고판용 분량을 고려한 면도 없지 않았으나, 당시의 우리 판단으로는, 일본인 특징이라기보다, 동양인 특히 한국인에게도 적용되는 것처럼 보였던 것이다.

다른 하나는, 계몽적 저서가 아니라 학문적인 저술이라는 것.

> 역자가 이 저서를 번역하려 마음먹은 것은 오래 전이었다. 그러나 이에 대한 전문가들이 있을 것으로 예상되어 주저했는데, 우리나라에서는 아직까지도 일본 연구가 황무지인 것으로 판단되어 이에 무지를 무릅쓰고 감히 번역해 본 것이다. 우리의 입장에서 가장 잘 알아야 할 일본에 대한 탐구가 우리만큼 무관심한 상태에 놓인 풍토는 아마 없을 것이다. 개개인의 일본인상기나 체험기 따위는 오히려 그 주관성 때문에 해독을 끼칠지 모른다. 그러므로 가장 좋은 방법은 학문적으로 우리나라 학자들에 의해 일본 연구서가 나오는 일이다. 그러나 그것은 시간을 요하는 문제일 것이다. 1973년 6월 역자[4]

『국화와 칼』이란 전문학자의 저술이라는 전제 위에 번역의 의의를 무겁게 실은 것이었다.

내가 사용한 텍스트는 하세가와 마쓰지의 일역판(1948, 社会思想研究会出版部)이었고, *The Chrysanthemum and the Sword: Patterns of*

---

4 같은 책, 5쪽.

Japanese Culture(Charles E. Tuttle Company, 1970, 22판)를 참고했다. 이 영어 원판은 일본서 간행된 것으로 용어해설과 색인이 상세했다. 일어도 신통치 않았지만 그렇다고 영어에 유창한 것도 아닌 내가 제일 고민한 것은 전문용어와 일본사회에 대한 지식이었다. 어느 정도 이런 것들을 소화해 내었다 하더라도 우리말로 옮김에는 서툴기 마련이었다. 오역 및 졸역의 가능성은 전문용어의 우리말을 대응시킬 만한 역량 부족에서 왔을 터이다. 그것은, 우리의 인류학적 수준의 불모성과 결코 무관한 것이 아니었다. 게다가 우리 두 사람은 인류학자가 아니었다. 머리말에서 "학문적 저술"이라 해놓고도 우리는 이 방면의 전문가가 아니었기에 도무지 자신이 없었다. 원주와는 별도로 역주를 자주 삽입했음이 이 사정의 반영이다. 일본 황실의 상징인 '국화'는 알겠는데 그 반대쪽인 '칼'이기에 앞서 '검'(劍)으로 번역해야 옳은 것 같아도 보였으나, 일역 쪽은 '칼'을 택하고 있었다. 훗날 인류학자 이광규 교수의 해설을 따로 싣지 않으면 안 되었던 까닭이 여기에서 왔다. 이 교수 역시, 이런 풍토를 의식한 듯, 후술하겠지만 사려 깊게도 평명한 해설에 멈추었다.

4. 죄의 문화, 수치의 문화론

우리의 역서가 간행되었을 때, 공교롭게도 『월간 중앙』(1974. 2.) 부록으로 『국화와 칼』이 나왔다. 그렇다고 해서 우리가 걱정할 처지는 전혀 아니었다. 출판사와 계약을 맺을 때 당시의 관례대로 매절(賣切) 형식 곧, 원고 매수로 환산해서 목돈을 주는 그런 계약에 의거했기 때문이다. 잘 팔려도 안 팔려도 역자와는 무관했다.

그렇기는 하나, 명색이 공부한다는 우리로서는 신경이 쓰이는 일이기도 했다. 『월간 중앙』 판을 자세히 검토해 보니, 네 가지 점을 지적할 수 있었다. 초역(抄譯)이라 밝힌 점이 그 하나. 13장까지 했지만 번거로운 대목은 건너뛰었는데 특히 제3장의 일본역사 설명 부분이 현저했다. 다른 하나는, 각주를 전부 생략한 점. 용어집도 각주는 물론 역주도 없고 또 간략하게 소개 외에 어떤 해설도 없음에서 볼 때 이 책을 계몽서로 인식한 징표가 아니었겠는가. 셋째, 이 점이 중요한데, 한자 사용이 많고 그것도 그래도 노출해 놓았음이었다. "요컨대 德川將軍은 각 藩 속의 '카스트' 전직을 고정하고 어느 계급이고 모두 봉건 영주에 의존하도록 한 것이다. 大名는 각 藩의 계층제도의 頂点에 서 있었다."(제3장, 63쪽) 이러한 문체는 바야흐로 독서계 전면에 나선 순종 한글세대와는 담을 쌓기에 모자람이 없는 것이었다.

넷째로, 역자를 밝히지도 않았다는 점.

이 별책 부록은, 뭔가 나를 불안케 했다. 불안이란 말이 어폐가 있다면 찜찜했다고나 할까. 을유문고 제7쇄(1981. 3.) 때까지 계속되었는바, 완역에 대한 압박감이 그것이다. 당시 각 대학에서는 양서 읽기 운동이 붐을 이루었고, 어떤 대학에서는 신입생의 필수 교양 과정이기도 했음을 염두에 둘 때 더욱 압박감이 왔다. 이러한 추세와는 아랑곳하지 않은, 이광규 교수의 전문적 번역이 '대학고전총서'의 하나로 나왔다. 『베네딕트』라는 표제로 나온 이 책의 제1부는 저자에 대한 생애 및 업적을 다루었고, 『국화와 칼』 번역은 제2부로 되어 있었다(서울대출판부, 1985).

을유문화사에서는 이에 대한 대응책이 요망되었다. 매절해 버린 원고인지라 역자인 우리와는 무관한 일이나 두 가지 방도가 고안되었음을 보았다. 하나는 문고에서 해방시키기. 판형을 국배판(菊倍版)으로 한 것. 다른 하나는, 13장 전부를 포함, 완역하기. 이 완역에 나는 특별히 기여한 바 없지만 1991년 2월을 기해 역자서문을 다시 첨가해야 했다. 당초 문고판으로 이 역서가 나왔을 때 10개 장만 역출했다는 것 그러나 이번엔 독자의 요청으로 이를 문고에서 해방시켜 단행본으로 간행하면서 완역본으로 만들었다는 것 등등. 그리고 책표지에 우선 '완역판'(제2판, 1991)이라 크게 한자로 내세웠다. 이것이 이른바 제2판(문고판이 제1판임)이었고, 제1판과 연속되었기에 제1판이 바로 총 24쇄에 해당되었다.

그러나, 그럼에도 불구하고, 뭔가 모자라고 아쉬움을 독자들이 갖고 있음에 틀림없다고 나도 출판사측도 예감하고 있었다. 역자인 오교수도 나도 인류학 전공자가 아니라는 어김없는 사실이 그것. 그 결과 고안해 낸 것이 이광규 (서울대)교수의 '해설' 싣기였다. 당초 내가 쓴 '해설'이 '역자서문'으로 바뀌고 그 대신 이광규 교수의 전문가다운 긴 '해설'이 첨가되었다(제4판, 2002).

"루스 베네딕트의 『국화와 칼』을 좀더 깊이 있게 이해하기 위해서는 우선 '인류학'에 대한 개략적인 정리가 필요하다"라고 말문을 연 이광규 교수는 전문가답게 '모든 인류의 가치는 똑같다'는 상대주의를 머리에 내걸고, 인류학의 발전 계보를 정리해 보였다. 첫째는 진화주의. 모건을 위시 마르크스, 엥겔스, 백남운 등이 이에 속한다. 둘째, 진보주의에 반대하는 전파주의. 문명이란 특수환경과 결부되어 물결처럼 번져나간다는 학설. 셋째는, 기능주의. 말리노프스키가 주장한 이 기능주의는 어떤 문화행위도 특정한 기능이 있다는 것. 넷째가 『야생의 사고』로 고명한 레비스트로스의 구조주의. 친족연구에서 보여 준 치환과 변환의 법칙이 이에 속한다. 다섯번째는, 푸코로 대표되는 후기구조주의 또는 상징주의. 상징주의는, 개별적인 것에 치중함에 역점을 둔 것이다. 인간은 의미를 창조하는 동물인 만큼 인간의 보편적 특징보다 개별적이고 특수한 것을 찾으려는 것이다.

그렇다면 『국화와 칼』은 어느 지점에 놓인 것일까. 말할 것도 없이 상징주의계이다. 이렇게 인류학사 속에 『국화와 칼』의 위치를 교과서 식으로 잘 드러내어, 일반독자용 해설을 잘 보여 주었다. 그만큼 한국의 인류학 수준이 일정한 궤도에 올랐음을 보여 준 쾌거로 평가될 수도 있었고 그만큼 『국화와 칼』에 대한 독자층의 지적 갈증 해소에 일정한 보탬이 되었고, 동시에 이 책의 성가(聲價)를 높였음도 사실이라 할 것이다.

그러나 역자인 내 안목에 따르면, 또 내가 검토해 본 이 책에 대한 일본인 측의 이런저런 반응에 비추어 볼 때 납득하기 어려운 부분들이 없지 않았다. 인류학자의 목소리를 계속 유지하지 않고, 한국인으로서의 논자의 맨 얼굴의 비침이 그것들이다.

Ⓐ "또한 같은 동양권이라도 우리와 많은 것이 같으면서도 다른 점 또한 많다. 그 중의 하나가 일본사람들은 충과 효를 같은 의식선상에 둔다는 점이다. 충과 효가 대치되는 상황이 발생하면 일본인들은 둘 중에 충을 선택하지만 우리는 효를 선택한다. 좀더 극단적으로 이야기하면 일본에는 효라는 개념이 없다고도 할 수 있다. 혹자들은 '한국인과 일본인이 1대 1로 있으면 한국인이 훨씬 우세하지만 집단으로 있을 때는 그 반대이다'라는 말을 한다. 일본인의 강점은 단결을 잘하고 우리는 국가라는 공적인 개념에 충성하지 못한다는 뜻이다."(398쪽)

Ⓑ "도요토미 히데요시가 우리 도공들과 학자들같이 기술과 학식이 있는 사람은 모조리 잡아가는 바람에 당시 우리나라는 완전히 초토화되었다. 도쿠가와 막부 이후 일본을 만든 것은 한국에서 잡혀 간 포로들의 공이었다."(398쪽)

Ⓒ "일본은 수천 년 동안 내려온 토착신앙을 기초로 신토이즘을 만들고 서양에서 교육제도를 받아들여 교육칙령을 만들었고 그 교육칙령을 쓴 사람이 '해석서'를 만들었다. 그런데 그것은 이퇴계 선생의 사상을 그대로 옮겨 놓은 것이었다. 바로 메이지유신 시대의 교육현장이다."(399쪽)

Ⓓ "『국화와 칼』을 통해 일본을 단편적으로나마 이해할 수 있었다면 이제 구체적인 예를 통해 일본과 한국을 좀더 구체적으로 이해해 보자. 3남 1녀를 둔 아버지가 땅 열두 마지기를 가지고 있다고 하자. 이것을 아이들에게 상속을 해줘야 하는데 전통 한국식은 딸을 제외시키고 큰아들, 둘째 아들, 막내아들 순으로 6:3:3으로 배분한다. …… 중국은 절대 공평하게 준다. 철저한 균분주의이다. …… 일본은 단독상속이다. 모든 재산은 큰아들에게 집중된다. 그래서 일본도 직계가족이다. 그러나 일본의 가족제도는 대나무같이 한가닥 한가닥으로 내려오고 우리는 소나무같이 줄기와 가지가 있다. 상속제도에서 일본과 우리는 큰 차이가 있다. 일본은 아들이 시원치 않으면 아들 이외에 '아토토리'를 정한다. 사위나 조카 혹은 친인척이 아니더라도 누구나 아토토리가 될 수 있기 때문에 재산을 상속받기 위해서 엄청난 경쟁을 하게 되는 것이다. 그 점이 바로 일본의 근대화를 빠르게 진척시킨 동인이다."(402쪽)

이교수의 해설 중 Ⓐ를 먼저 검토해 보면 충효에 대한 학문적 비교에서 벗어나 일반인의 상식 수준에 멈추었음이 판명된다. 이는 전문적 해설을 기대하는 쪽에서 보면 크게 실망스럽다. Ⓑ에 오면 사정은 더욱 악화되어 어안이 벙벙할 따름이다. 이런 식의 단정은 실례의 말씀이나 술자리에서 하는 농담 수준이 아닐 것인가. Ⓒ의 경우도 너무 단정적이다. 마치 이퇴계 선생이 일본 근대교육철학의 주춧돌인 듯한 오해를 일으키기에 모자람이 없을 정도다. 그러나 Ⓓ만은 썩 다르다. 일본과 한국의 상속제도의 차이를 제시하고 그것이 가져온 두 나라의 근대화와의 차이를 지적하고 있거니와 이교수의 '해설' 전체를 통해 Ⓓ가 제일 빛나는 것은 이교수의 전공에 대한 발언임에서 왔기 때문이다. 「한국왕조시대의 재산상속」, 「한국가족연구의 제문제」 등의 연구영역에서 선구적이자 제일인자의 학자인 이교수인 만큼 이 방면의 논지는 단연 독보적이다. 그러나 여기에서 조금 어색한 대목이 있는데, 문제는 이 가족제도 비교란 정작 『국화와 칼』의 해설에서는 극히 지엽적이라는 사실에 있다. 당시 이교수의 전문영역이 가족제도였기에 아직도 문화인류학 쪽으로 심도 있게 나아가기 이전의 흔적이 아니었을까.

이광규 교수의 해설 「죄의 문화와 수치의 문화」에서 또 하나 지적될 것은 정작 해설이 이 제목에 적절하지 않았음이다. 왜냐면 정작 이 '해설'엔 이 부분의 언급이 거의 없기 때문이다. 『국화와 칼』에서도 이 부분은 극히 소박하고 간단하긴 하다. 세계의 많은 문화 중 '죄의 문화'와 '수치의 문화'로 대별하고, 일본 문화는 후자에 속한다는 것, 이는 물론 일본 문화 특유의 것이 아님을 지적해 놓았던 것이다. 그럼에도 '집단주의'와 함께 마치 일본 문화의 고유성인 듯 오해하고 있는 까닭을 이교수는 밝히지 않았고, 그럴 생각도 갖지 않았던 것이다. 만일 그랬더라면 해설의 제목「죄의 문화와 수치의 문화」를 달지 않았을 터이다.

그럼에도 불구하고 이교수의 이러한 해설의 의의는 적지 않았다. 이교수는『국화와 칼』을 따로 번역한 바 있고(1993) 논문「문화화의 형」까지 검토한 인류학의 전문학자인 만큼 이교수 해설은 그만큼『국화와 칼』의 대중적 명성에 기여했던 것으로 평가될 수 있었다. 비록 그 해설에서 "그러나 루스 베네딕트의『국화와 칼』은 일본의 일부분을 이해하는 데 도움은 될 수 있을지언정 일본의 종합적인 면을 파악하는 데는 불충분한 것이 사실이다. 이것은 어쩔 수 없는 서양인의 한계일 것이다"(401쪽)라고 했음에도 불구하고, 한국 측 인류학자의 자존심의 일단의 드러냄이라는 점에서도 일정한 의의가 인정된다.

5. 어째서 '고전'인가

2008년 4월 현재 김윤식·오인석 공역『국화와 칼』은 제5판 1쇄를 냈다. 그동안의 이 책의 판매현황을 보이면 다음과 같다. 제1판 24쇄, 제2판 18쇄, 제3판 20쇄, 제4판 22쇄. 문고판 이래 대형판에 걸쳐 판매 부수를 정확히 알 수는 없으나, 판권에 적힌 것은 총 84쇄인 셈이다. 매절로 원고를 팔았기에, 또 출판법 개정 이전에 번역된 것인 만큼 출판법 개정 이전의 한동안 수입은 출판사의 것이었다. 그럼에도 내 관심이 자주 간 것은 공역자로 내 이름이 한 번도 빠짐 없이 적혀 있었던 까닭이다. 다만 판이 바뀔 적마다, 역자 서문에 손질을 해달라는 부탁을 받았고, 그럴 때마다 초판 머리말을 쓴 죄로 무성의하게도 끝에다 몇 자 적어 넘기곤 했을 뿐, 다른 기여는 한 바 없다. 그러나, 제5판 1쇄에 와서는 사정이 판이해졌다.

표지에서부터 순 일본식 우키요에(浮世絵)의 일종인 일본여인(디자인 비따 김진이)의 컬러 그림을 왼편에 크게 내세우고 오른편에 큰 글자 '국화와 칼'과 조금 중간 글자 '일본 문화의 틀'이 흰바탕에 선명히 드러냈고, 그 한가운데에 '루스 베네딕트 지음, 김윤식·오인석 옮김'의 작은 글씨가 선명했다. 이는 제4쇄 표지인 붉고 우중충한 표지와는 크게 대조적이었을 뿐 아니라 도전적이기조차 했다. 선전용 붉은 색 띠를 둘렀는데, "한국어판 독점계약 출판"이란 표시가 검은 색으로 붉은 바탕을 누르고 있는 형국. 'KBS <TV 책을 말하다>의 테마북 방영', '『교수신문』 교수들이 추천한 최고의 일본 관련 도서', '한국간행물윤리위원회, 대학 신입생을 위한 추천도서' 등이 흰 글씨로 선명했고, 게다가 "일본을 다룬 가장 객관적인 책으로 손꼽히는 고전"이라는 문구를 달고 있지 않겠는가. 아무리 선전용이라 하더라도 이쯤되면 실로 낯간지러운, 빈축거리가 아닐 수 없다. 조금이라도 학문을 아는 사람이라면 '고전'이라 한다면 몰라도 '가장 객관적인 책'에 이르면 비소(鼻笑)를 물리치기 어려울 터이다. 기껏해야 보통의 '일본 연구서'의 하나일 따름인 것이다.

이렇게 판을 벌렸기에 응당 출판사 측은 이에 상응되는 조치를 장만하지 않으면 안 되었다. 독자를 속여서도 안 되지만 독자 측도 이젠 속힐 정도로 허약하지 않음을 염두에 두지 않으면 안 되었다. 21세기 하고도 그 초반부 10년을 눈앞에 두고 있는 이른바 글로벌시대가 아니겠는가. 아무리 판을 벌인다 해도, 이 시대를 감동시키는 것은 적어도 내용상에서라면 한 가지뿐인데 정직성이 그것이다. 있는 그대로 보여야 했다. 그것은, 이 책의 원판 보여 주기에서 왔다.

원래 이 책의 출판은 1946년에 나온 것이지만 이안 부루마의 서문이 붙은 것은 2005년이었다. 을유문화사가 미국 보스턴의 휴톤 머플린 출판사와 독점계약을 맺은 것은 놀랍게도 2008년으로 되어 있다(한국국제저작권센터). 국내에서 독점권이 비로소 보장받은 셈이었다.

여기에서 한 가지 의문을 누르기 어려운데 그동안 어째서 다른 출판사들이 이 책 번역 경쟁에 끼어들지 않았냐는 점이 그것. 말을 바꾸면 그만큼 을유문화사가 이 책에 대해 공을 들이고 관리에 애쓴 결과로밖에 다른 설명방도를 찾기는 어렵다. 실상 이 책 전문을 가장 현대적인 한국어로 재조정했음을 그 공적으로 평가할 수 있다. 뿐만 아니라 이번 제5쇄의 경우에서는 또 다른 점이 크게 엿보였다.

Ⓐ 원저자의 '감사의 말'을 맨 앞에 내세우기. 이 속에는 두 가지 점이 주목된다. "내가 이 책을 쓰기 위해 자료를 수집하는 과정에서 그들이 베풀어 준 도움과 친절에 이 자리를 빌려 감사를 표한다. 특히 전쟁 시기 나의 동료였던 로버트 하시마(Robert Hashima)에게 특별한 감사를 전한다. …… 특히 극동지역 담당 부이사 조지 테일러 교수에게 감사를 표한다."(4쪽) 일본계 미국인 로버트 하시마는 일본에서 자랐는데 1941년 미국으로 와서 이 책 저술에 크게 기여했음과 전쟁 정부국에서 이 책 저술의 의혹을 받았음이 우선적으로 드러나 있음이다.

Ⓑ 이안 부루마(Ian Buruma, 1951~)의 서문을 옮겨 실었다는 점. 라이든 대에서 공부한 인류역사학자이자 저널리스트인 부루마의 서문이 의미하는 것은 과연 무엇일까.

Ⓒ 역자의 「서문」. 나는 이 「서문」에서 아무 말도 덧붙일 것이 없었다. 바야흐로 세계적인 전문가 부루마의 「서문」이 모든 것을 말해 주고 있는 바람에 비전문가인 내가 무슨 토를 달거나 입을 열 수 있으랴. 이광

규 교수의 '해설'도 감히 끼어들 처지가 못 되었다.

대체 부루마는 『국화와 칼』을 어째서 '고전'이라 규정했을까. 실로 궁금한 대목이 아닐 수 없었다. 역자인 나뿐 아니라 그동안 이 책에 관심을 가져온 구안자라면 실로 당연한 조바심이 아니면 안 되었다. 일본인의 반응이 아니라 유럽인의 반응인 까닭이다.

"다른 나라의 문화를 이해한다는 것은 결코 쉬운 일이 아니다"라는 말머리로써 시작한 부루마의 대전제는 '어느 정도'의 관대함이다. 정작 이 관대함은 저자 베네딕트가 내세운 대명제에 다름 아니었다. 세계는 모든 사람의 마음이 통하는 감성적 형제애가 지배하는 곳이 아니며 개인에게도 국가끼리도 사정은 크게 다르지 않다. 문제는 '어느 정도의 관대함'에서 '어느 정도'에 있다. 다른 나라의 문화가 지닌 관점이 비록 자기 견해와 충돌하더라도 그 나름의 가치를 갖고 있다는 사실을 인정함에는 쉽게 흥분하거나 열광하는 자는 훌륭한 문화인류학자라 하기 어렵다. 베네딕트의 최강점은 '어느 정도의 관대함'에서 나아가 '매우 비상한 관대함'에 있었다. 정부 국무성에서 일본 문화분석을 요청받은 1944년 6월이면 바야흐로 태평양전쟁 한복판이었는바, 적국 문화 이해란 '매우 비상한 관대함'을 갖기엔 고도의 전문지식 이상의 이념이 요망되었다. 미국인이 갖고 있는 일본인에 대한 편견을 물리치기 위해선 전문지식과 함께 인간에 대한 모종의 신념(열린 마음)이 요망되었던 것이다. 물론 전문가라 해서 꼭 유리한 것만은 아니다. 융통성 없는 편협한 견해를 고집하기 쉽다. 새로운 발전이나 아이디어가 자신의 전문지식에 어긋나면 방어기제가 작동하기 때문이다. 이러한 난점들을 극복한 『국화와 칼』의 최강점은 무엇인가. 일본이라는 타자의 윤곽과 특성이 의도했던 것만큼 명확히 드러났는가의 여부에서 그것이 왔다. 부루마가 주목한 것은 바로 이 점인데, 곧 기독교/반기독교의 도식이었다. 서양인 부루마는 서양인답게 기독교의 '죄의식'이 지닌 모든 행동 규범의 무의식에 주목했던 것이다.

나는 정치적 사건에 대한 문화적 해석에 항상 의심을 가져왔다. 그리고 베네딕트에 의해 유명해진 수치의 문화와 죄책감의 문화에 대해서도 한 때 의구심을 표명한 적이 있다. 문화 분석의 위험성은, 그것이 세계를 너무나 정적이고 단일한 것으로 가정한다는 점이다. 베네딕트는 이러한 위험성을 잘 알고 있었다. 베네딕트는 장기간에 걸친 한 국가와 문화의 다양한 변화를 인정하면서도, 특정한 문화 패턴이 쉽게 사라지지 않는다는 믿음을 갖고 있었다. 베네딕트가 영국 민족에 대해 말했듯이 "다른 기준과 다른 기분이 서로 다른 세대에 걸쳐 나타났던 것은 역설적이게도 영국인들이 매우 영국인다웠기 때문이다."

그렇다면 일본인들의 '자아'는 어떨까? 베네딕트의 위대한 책을 다시 읽으면서 나는 그녀의 능숙한 접근법에 놀라움을 금치 못했다. 죄책감과 수치심의 차이에 대해 이야기할 때도 그녀는 절대적인 기준을 정하지 않고, 다만 특정 부분에 더 강조점을 둘 뿐이었다. 일본인들도 죄책감과 수치심을 모두 알고 있다. 그러나 일본사회는 서구사회보다 절대적인 윤리 기준을 덜 중요하게 생각하는 반면, '좋은 행위에 대한 외부의 인정'에 더 의존한다. 일본인들은 타인의 의견에 매우 민감하다고 베네딕트는 말한다. 수치심이란 사회적인 의무를 충족하지 못했을 때 생긴다. 죄책감은 발각되지 않은 범죄에 대해서 느끼지만, 수치심은 타인의 시선에 의존하여 생긴다. 곤란한 상황에 처한 일본인들의 행동—어머니에 대한 복종 때문에 사랑스러운 아내의 요구를 무시하는 아들, 친구가 베풀어 준 친절에 어떻게 보답해야 할지 몰라 난감해하는 일본인 여대생 등—에 대한 베네딕트의 묘사는 너무나 생동감이 넘쳐 마치 자신이 직접 관찰한 것 같은 인상을 준다.[5]

그러나 따져보면 죄의식과 수치의식, 죄의 문화(gulty culture)와 수치의 문화(shame culture)에 관해 베네딕트가 언급한 대목은 제10장 「덕(德)의 딜레마」에서이며 그것도 기리(義理)와 기무(義務), 주(忠)와 고(孝), 인(仁)과 인정(人情)에 관한 보충설명으로 제시된 것이었다. 원문으로 따져 겨우 몇 페이지에 지나지 않았는데, 워낙 논의의 대상인지라 그 대목을 잠시 보이기로 한다.

여러 문화의 인류학적 연구에서 중요한 것은, 수치를 기조로 하는 문화와 죄를 기조로 하는 문화를 구별하는 일이다. 도덕의 절대적 기준을 설명하고 양심의 계발을 의지로 삼는 사회는 '죄의 문화'라고 정의할 수가 있다. 그렇지만 그와 같은 사회의 사람도 이를테면 미국의 경우처럼, 그 자체로는 결코 죄가 아니지만 어떤 바보 같은 짓을 저질렀을 때 치욕감을 느끼고 상심하기도 한다. 이를테면 경우에 알맞은 복장을 갖추지 않았거나, 실언을 했다는 이유로 매우 번민하는 경우이다. 수치가 주요한 강제력이 되는 문화에서도 사람들은 당연히 누구라도 죄를 범했다고 느끼는 경우에는 번민한다. 이 번민은 때로는 매우 강렬하다. 더욱이 그것은 죄처럼

5 이안부루마, 「서문」, 루스 베네딕트, 『국화와 칼』[5판], 김윤식·오인석 역, 을유문화사, 2008, 9~10쪽.

참회나 속죄에 의해 경감될 수가 없다. 죄를 범한 사람은 죄를 감추지 않고 고백함으로써 무거운 짐을 내려놓을 수 있다. 고백이라는 수단은 우리의 세속적 요법과, 거의 공통점이 없는 많은 종교 단체에 의해 이용되고 있다. 우리는 고백이 기분을 가볍게 해준다는 사실을 알고 있다. 수치가 주요한 강제력이 되는 사회에서는 참회승(懺悔僧)에게 과오를 고백했다 해도 전혀 마음이 편해지지 않는다. 오히려 나쁜 행위가 '사람들 앞에 드러나지' 않는 한 고민할 필요가 없으며, 고백은 도리어 스스로 고민을 자초하는 일로 생각된다. 따라서 '수치의 문화'에서는 인간에 대해서는 물론 신에 대해서도 고백의 관습이 없다. 행운을 기원하는 의식은 있으나 속죄의식은 없다.

참다운 죄의 문화가 내면적 죄의 자각에 의거해 선행을 하는 데 비해, 참다운 수치의 문화는 외면적 강제력에 의거해 선행을 한다. 수치는 타인의 비평에 대한 반응이다. 사람은 남 앞에서 조소당하거나 거부당하거나, 혹은 조소당했다고 믿음으로써 수치를 느낀다. 어느 경우에나 수치는 강력한 강제력이 된다. 그러나 수치를 느끼기 위해서는 실제로 그 자리에 타인이 같이 있거나, 혹은 적어도 같이 있다고 믿을 필요가 있다. 그런데 명예가 자신이 마음속에 그린 이상적 자아에 걸맞도록 행동하는 것을 의미하는 나라에서는, 사람들은 자기의 비행을 아무도 모른다 해도 죄의식에 고민한다. 그리고 그의 죄책감은 죄를 고백함으로써 경감된다.[6]

과연 위의 장면은 고도의 문학적 상상력의 발휘를 방불케 하거니와,

---

6 같은 책, 295~296쪽.

이 내면화과정의 설명에서 베네딕트는 부루마의 선입관처럼 정적이고 단일화로 오독되기 쉽지만 잘 따져보면 그런 염려를 유려하게 뛰어넘은 것이었다. 부루마가 탄복한 것은 여기에서 왔다. '고백'의 예식의 유무에 대한 분석은 이 책 전편을 문화인류학에서 해방시킬 만큼 높고도 휘황한 차원이었다. 이 사실을 부루마는 에둘러 이렇게 표현해 놓았다.

> 이 책이 고전인 것은 저자의 지적인 명확함, 그리고 유려한 문체 때문이다. 베네딕트는 난해한 용어를 쓰지 않고 복잡한 사상을 쉽게 풀어내는 능력을 지닌 작가였다. 문체는 그의 사람됨을 반영하는 것이라고 한다. 베네딕트는 훌륭한 인간성과 영혼의 관대함을 지닌 작가였다. 저자의 결론에 동의하지 않는 독자라 하더라도 전쟁 시기에 씌어진 가공할 만한 적에 대한 묘사인 이 책이 오늘날 읽어도 그다지 기분 나쁘지 않을 것이다. 마지막으로 이 책에는 반세기 동안 일본과 일본인들에 불어닥친 엄청난 변화의 소용돌이에도 불구하고 오늘날 여전히 진실인 내용들이 많이 포함되어 있다.[7]

부루마의 결론은 한마디로 이 책이 '영원한 고전'이라는 것. 그 이유를 '문체'에서 찾았다. 문체란 이 경우 '그의 사람됨의 반영'인 만큼 문화의 훌륭함이란 곧 그의 사람됨의 그것을 가리킴이 아닐 수 없다. '작가'라는 말을 부루마는 연거푸 표나게 내세웠음은 이로 볼 때 결코 우연일 수 없다. 다듬어 말해 『국화와 칼』은 '작품'이었던 것이다.

---

7 같은 책, 13쪽.

작품이기에 그 작가에 대한 연구 곧 '베네딕트론'이 나올 수밖에 없고, 먼저 그것은 평전 형식이어야 했다. 후배 M. 미드가 이 몫을 감동적으로 맡았다. 그러나 이러한 작가론에 앞서 검토되어야 될 두 가지 문제점을 넘어야 했다. 하나는, 일본인의 이에 대한 반응이고, 문화인류학의 이론적 범주에 대한 위치 문제가 그 다른 하나이다. 『국화와 칼』이 하늘에서 씨앗이 떨어져 생긴 것일 수 없듯 그 분야 연구사의 일환일 뿐이고 또 그것이 당사자인 일본인의 반응에 좌우되는 측면이 가로 놓여 있기 때문이다.

6. 일본학계의 반응

『국화와 칼』이 나왔을 때 패전국 일본인이 놓인 상황은 일단 놀라움이었다. 먼저 일본학계는 특집(『민족학 연구』, 1950. 5.)을 위시하여 논의가 시간이 갈수록 복잡해졌음을 본다. 그 중에서도 초기의 반응에서 주목되는 것은 가와지마 다케요시(川島武宜)의 평가이다. 부루마가 주목한 죄의 문화/수치의 문화에 대해 가와지마는 일언반구도 없었다. 그 부분이 들어 있는 제10장 「덕의 딜레마」에 대해 이렇게 보았던 것이다.

> 「덕의 딜레마」라는 제10장도 또한 흥미롭다. …… 그러나 왜 이러한 도덕체계의 분열과 모순, 또한 인간의 도덕정신의 분별, 그 통일적 인격의 불성립이 생겼는가에 대한 설명은 예리한 저자의 분석에도 불구하고 주어져 있지 않다. 그것은 '역사적'으로만 주어질 수 있다고 나는 생각한다.[8]

8 川島武宜, 「評価と批評」, R. ベネディクト, 『菊と刀』, 長谷川松治 訳, 社会思想社, pp. 381~382.

어째서 그는 죄/수치의 문화를 깡그리 무시했을까. 이런 의문은 가와지마의 독법의 정직성과 무관하지 않다. 실제로 죄/수치의 문제는 이 책의 중심축의 하나인 하이어라키(hierarchy)를 따라서 읽었던 결과인 것이다.

당초 이 책의 역서가 일본에 나왔을 때, 패전국 일본이 받은 충격은 실로 컸다. '일본문화의 비판'으로만 읽혔음을 가리킴인 것. 일본에 온 적도 없는 학자의 도도한 일본인론에 망연자실할 수밖에 없었다. 점령군 미군의 압도적 힘이 책 위의 원광처럼 빛나고 있었다. 그러나 한국전쟁을 겪고 패자부활전에 나선 1966년에 나온 개정판에서는 사정이 크게 달랐다.

> 그러나 지금은 사정이 일변해 있다. 기적적인 경제부흥에 힘입어 이른바 안정무드가 넘쳐 일본문화와 역사에의 관심과 자신이 되살아나고 있다고 여겨진다. 회한의 정에 들볶여 세계 앞에 몸을 낮추는 대신에, 반대로 서구의 휴머니즘의 한계를 지적하는 논의가 나타나기도 하는 오늘의 상황이다. 지금 여기서 이 책을 올바르게 본래의 가치에 있어서 평가될 시기라고 여겨진다.[9]

보다시피 1966년도에 와서는 초판 때의 사정과는 판이하게 달라졌다. 점령국 학자의 일본인 비판을 꼼짝없이 액면 그대로 감수함으로써 스스로를 반성해야 했던 때와는 달리 이젠 거꾸로 공세를 취할 태세에까

---

9 長谷川松治,「改版に寄せて」, R. ベネディクト,『菊と刀』, 社会思想社, 1966, p. 398.

지 왔다. 이 책의 최초의 역자 하세가와 마쓰지(長谷川松治)는 1972년에 개정판을 내면서 베네딕트가 의거한 일역서적의 오류까지 따진 판이 벌어졌다. 서양이면 또 미국이면 별것이냐라는 자존심 회복의 길을 열고자 했을 때 제일 큰 문제점은 무엇이었을까.

> 이 책은 일본인의 외면적 행동묘사와 그러한 행동의 배후에 있는 일본인의 기본적 사고방법 — 일본문화의 패턴 — 의 분석으로 이루어져 있고 그 외면적 생활의 변화에도 불구하고 어떤 민족의 문화의 패턴은 좀처럼 변하는 것이 아니다, 라는 문화인류학적 신념에 일관해 있다. 서구의 선과 악, 정신과 물질의 이원대립관의 전통 위에 서서 이 책 속에도 '죄의 문화'와 '수치의 문화', 의무의 세계와 인정의 세계, 은혜와 의무, 나아가 '기무'(義務)와 '기리'(義理)의 대비라는 식으로 이분법적 사고를 분석의 주요무기로 사용하고 있는 저자가 어디까지 일본인의 가치관의 체계를 파헤침에 성공했는가, 라는 점에 관심의 초점을 놓을 형편에 있다.[10]

서양적 이분법의 사고에 대한 일본인의 역습이 시작된 것인데 그 중심에 놓인 제일 높은 평가단위(기준)가 죄의식/수치의식이었다. 그것의 중요성은 인간의 영혼에까지 육박하는 종교의 영역에까지 이른 곳이었다. 여기에 일본인은 착목함으로써 자존심 회복의 근거를 마련할 수 있었는데, 바로 '서양=미국 : 동양=일본'의 도식이었다. 미국 대 일본의 대결로 요약되는 것이 암암리에 깔린 '죄/수치'의 등가사상이었다. 그것은

10 같은 글, 같은 곳.

스스로 불러들인 원자탄의 참화를 거꾸로 돌려 원자탄 피해국으로 세계 속에 평화주의를 선포하는 심리와 같은 무의식적 구조였다. 아시아 민족 2천여 명의 희생을 몰고 간 일본이 평화주의자로 둔갑한 히로시마 평화 위령제의 세계화 운동이야말로 패자부활전의 진상이었다. 『국화와 칼』도 이와 흡사한 운명으로 재부상한 형국이었다.

과연 일본인인 우리는 '수치의 문화'인가.

일본으로 하여금 그답게 한 것에 대한 가정으로 『국화와 칼』이 일본인에 제시하고 그후 긴 논의의 대상이 된 것은 두 가지이다. 첫째, 일본인이 사회조직의 원리로서의 '집단주의'이고, 둘째 일본인의 정신태도로서의 '수치의 문화'이다. 말할 것도 없이 『국화와 칼』에도 몇 가지 중요한 일이 지적되어 있지만 이상의 두 점이 일본문화론의 큰 논점으로 받아들여졌다. 그럼에도 집단주의는 구미의 개인주의와 대비되고 수치의 문화는 죄의 문화와 비교되었지만, 후자의 '죄'와 '수치'의 대비에 관해서는, 베네딕트는 거의 몇 페이지 논했을 뿐이며 그것도 세계 많은 문화는 죄의 문화와 수치의 문화로 대별하여 분류되고, 일본문화는 수치의 문화에 속하는 것이라 했지, 수치의 문화가 일본문화뿐의 특유한 성격이라 하지 않았다. 그러나 이것이 일본문화 곧 수치의 문화로서 파악하여 많은 일본문화론의 중심테마로 되었다.[11]

---

11 青木保, 『「日本文化論」の変容 – 戦後日本の文化とアイデンティティー』, 中央公論新社, 1999, pp. 50~51.

베네딕트는 일본인이 죄를 느끼지 못하는 종족이라든가 개인에 중점을 두지 않는 민족이라고 전면적으로 주장한 바 없다. 서양인도 집단주의가 있고 수치를 중시하는 면도 있다는 것, 다만 전체적 경향을 지적했을 뿐이다. 그럼에도 이 수치의 문제에 일본인이 심한 콤플렉스를 느끼는 본심은 어디에 있을까.

사태는 이에 멈추지 않았음에 주목할 필요가 있다. 사쿠타 게이이치(作田啓一)는 『수치 문화 재고』(恥の文化再考, 1967)에서 가족제도와 관련된 분석에서 M. 셰라에 근거하여 반발했고, 또 제목 '국화와 칼'이 문학적 표제임은 쉽사리 알 수 있다. '문화의 유형들'이라는 복수형을 부제로 사용했지만 아름답고 고귀한 국화(황실의 상징)와 정반대의 일본도에서 상징되는 제목이 문학적이기에 대중성을 띠었고, 많은 독자층을 가져 전공서가 갖는 딱딱함을 극복했지만 여기에는 프로이트의 정신분석이 큰 영향을 미쳤다는 지적도 나온 판이었다. 그 근거는 미국 인류학의 편향성에서 찾는다.

1940년대 미국에서는 인간의 성격이란 유아기의 키우는 방식에 따라 성격이 달라진다는 프로이트 학설을 내세운 국제적으로 알려진 W. 라벌(인류학자이기보다 리포터)과 G. 고아라 두 사람의 주장이 큰 설득력을 얻었다. 가위질 하듯 일본인이 호전적이고 형식주의적인 것은 유아기에 있어 배변훈련(토일렛 트레이닝)이 극히 일찍 또 엄격했기 때문이라 결론지었다. 이러한 주장이 그대로 베네딕트에 의해 『국화와 칼』 속에 수용되었기에 베네딕트 자신에 있어서도 프로이트의 영향이 또한 강했음은 당연한 것으로 파악됐다. 또 이 책 속에는 기타에도 오늘날에서 보면 가소로운 희극적인 해석이 몇 가지 보인다. 이런 점에서 우리 일본에 있어서 『국화와 칼』의 평가를 크게 떨어뜨렸다고 하지 않을 수 없다.[12]

심지어 『논어』를 근거로 해서 중국도 수치의 문화라는 주장까지 나왔다.[13] 깎아내리는 것도 이쯤 되면 일본인의 자존심 회복의 정도가 짐작된다. 패자부활전에 화려히 솟아오른 일본인들의 자존심의 궁극적 근거는, 세계 최강국 미국과 4년간 전쟁을 했음에서 왔다. 전쟁에는 질 수도 이길 수도 있는 법이다. 졌다고 해서 수치스러울 것도 없고 부끄러움에 사로잡힐 수도 없지 않은가. 오히려 이 수치를 역이용하여 죄에 도전할 수도 있는 법이다. 이때 첨예한 의식이 바로 서양(미국) 대 일본의 재대결 의식이다. 새로운 태평양전쟁의 시작에 준하는 심리의 역공이 무르익기 시작한 것이 1970년대이며, 『국화와 칼』도 대중문학작품에 지나지 않는다는 대담한 논법이 속류 전문가 입에서 거침없이 흘러나왔다. 그중 비교적 심도 있는 연구서는 사회학자 소에다 요시야(副田義也)의 『일본문화시론』(日本文化試論—ベネディクト『菊と刀』を読む, 1993)이며 『국화와 칼』과 『문화의 양식』의 관계를 따졌다.

그러나 이 책에서 제기된 죄의 문화와 수치의 문화라는 이분법적 문화론이 다시 인류학적 관심사로 학계에 재등장한 것은 일본이 세계경제 제2의 자리에 올라간 1990년대 이후이다. 1996년 여름 스위스에서 열린 에라노스회의에 초대되어 「일본문화에 있어서의 악과 죄」를 발표한 철

---

12 祖父江孝男, 「人類学者の日本探険史」, 『伝統と現代』, 1971年 8月, p. 17.
13 森三樹三郎, 『名と恥の文化』, 講談社, 1971.

학자 나카무라 유지로(中村雄二郎)의 견해는 흠집 내기와는 차원이 다른 새롭고 격조 있는 다른 논의를 전개했다.

> 수치의 문화는 일본인의 미의식의 감각 혹은 '미의식'과 밀접히 관련되어 있다. 세계적으로 보아 우리들 일본인이 델리케이트한 미의 감각에 있어 뛰어났기에 미의식이 때때로 윤리의 대신을 하고 있음은 널리 알려진 것이다. 이 가파른 미의식은 자기 자신을 격렬하게 규제할 때만이 아니라 타인을 평가하거나 비판할 때도 유효한 기준으로 되었다.[14]

이 철학자의 논점은 수치→미의식→숭고의 도식이었음이 판명된다. 미의식이 방자한 쾌락주의에 떨어지지 않고, 숭고에로 상승하는 것은 오직 가파른 자기규제에서 온다. 대략적으로는, 이런 숭고는, 훈련에서 얻어지는 것이 아니다. 미 속에서 숭고를 건져냄이란 무엇을 뜻함일까. 칸트에 근거하여 숭고란 안이한 감정이입이나 감정의 발산에 지나지 않는 미의식에 대한 부정 곧, 반미의식 성격을 갖고 있다. 일본적 미의식이 이에 속한다는 것이다. 일본인은 일상생활의 차원에도 미적 감각으로써 통일적으로 되어 있어 사물의 판단에 있어서는 미가 진이나 선 대신의 몫을 한다는 것. 곧, 행위나 인간에 대한 평가로서 '더럽다'라고 말할 때 그것은 단지 미적 판단을 넘어서 윤리적 평가나 진위의 평가까지 포함한다.

수치의 문화론에서 서양 대 일본의 이원론적 사고를 넘어서는 방도

---

14 中村雄二郎,『術語集〈2〉』, 岩波新書, 1997, pp. 138~139.

가 드디어 그 모습을 잠시 보였다고 할 수 있다. '수치'를 숭고에로 이끌어 올림으로써 자존심 대결이라는 패자부활전의 오기를 순화시킬 수 있었고 이는 곧 일본문화의 성숙도를 보여 준 사례라 할 만하다. 정치학자 마루야마 마사오의 저서 『일본의 사상』(岩波新書, 1961)에서 이 문제를 철저히 외면한 것에 비해 하나의 가능성을 연 것이다.

7. 문화인류학의 족보

대체 문화인류학이란 어떤 학문이며 『국화와 칼』이 이 학문 계보의 어느 단계에 놓이는 것일까. 이제야 이 문제를 검토해 볼 차례에 왔다. 학문을 문제삼을진대, 공중에서 떨어진 것일 수 없는 계보의 산물이기에 이 논의를 상세히 살필 필요가 있다. 앞에서 잠깐 이광규 교수의 인류학 계보에 대한 언급이 있었거니와 『국화와 칼』을 빌미 삼아, 또 이 책의 위상 파악을 위해서라도 문화인류학에 대한 계보학적 논의를 15개 항목으로 잘라서 좀더 따져 보기로 한다.

먼저 문화인류학이 대두한 배경을 살필 필요가 있다. 물을 것도 없이 그것은 서양의 제국주의와 함께 탄생한 것임을 염두에 둘 것이다. 진보주의, 문명론의 사상적 근거가 다윈이즘과 과학사상이었는데 이들의 결합을 철저히 이룬 곳이 바로 빅토리안 사이언스라 불린 19세기 최강국 영국이었음은 모두가 아는 사실이다. 비서양의 모든 토지가 식민지로 노출되어 오직 정복의 대상이었는데, 거기에는 먼저 선교사, 군인의 순서로 식민지 개척이 진행되었는바, 무엇보다 이때 선교사나 군인의 개입을 가능케 한 문화 차이에 대한 연구가 요망되었다. 당초 그것은 문명/야만의 도식이었음은 새삼 말할 것도 없다. 이를 통틀어 문화진화론이라 할 것이다. 오늘날 개별과학으로서의 인류학은 문화진화론과 함께 태어났다고 해도 과언이 아니다.[15]

① **문화진화론** 문화진화론이란 개별과학의 분화(생물학, 지질학, 고고학, 문헌학 등)의 소산임을 먼저 지적할 수 있다. 그 방법은 ㉠비교법이 머리에 온다. 계몽사상인 진보의 개념에 따르면 문명/야만의 도식 곧 발달진화의 측도에 따라 높낮이의 차이가 분류 가능하다는 것. 말할 것도 없이 그 근거는 19세기 서양문명에서 온 것이다. ㉡잔존의 개념이 도입된다. 『원시문화』(1871)를 쓴 타일러(Edward Tylor)의 잔존의 의미는 이러하다. 일찍이 실제상 목적, 예의상 목적으로 행해졌으나 새로운 사회상태에 이식되어 당초의 의미를 잃고 구태의연한 것이 잔존인데, 이를 통해 문명/야만 도식이 선명해진다. 인간 본성의 보편적 동일성 대신에 진화발달의 과정의 동일성을 파악, 이 과정을 진보라 부름으로써 일층 지적 영위에 나아갈 수 있다고 믿었던 것이다. 야만시대, 미개시대, 문명시대로 가르고, 그 각각의 사회구조를 분석한, 엥겔스에 크게 영향 미친 『가족의 관념의 발달』의 저자 모건(Lewis Morgan)이 그 대표적 사례이다. 문화란 넓게는 민족지의 뜻으로 여겨 지식, 신앙, 예술, 도덕, 법, 관습 등 사회구성원에 의해 획득된 기타의 능력과 관습이 포함된 총체적 복합이라는 데까지 이르렀을 때 문화과학으로서의 인류학의 기초가 놓인 것이며, 유명한 프레이저(James Frazer)도 이 계보를 발전시킨 것으로 되어 있다. 프로이

15 이하는 綾部恒雄 編, 『文化人類学15の理論』, 中公新書, 1984를 참조함.

트에 크게 영향 미친 프레이저를 염두에 둘 것이다. 그 기저에 놓인 것은 적자생존에 의한 유럽 문명임엔 변함없었다.

②문화전파주의 지리적 영역이 도입된 새로운 민족 개념이 이 범주에 든다. 인류의 기본관념을 원질관념이라 할 때 그것은 각 민족의 개별적(지리적 환경) 조건을 포함한 것인 만큼 인문지리학의 도입이 요망되었다. 문화 요소의 분포를 지도에 기입함으로써 '문화권'의 개념이 확립되었다. 지리적 공간에 있어 문화 요소의 독특한 복합을 보이는 연구인 셈이다. 이론의 주관적 판단을 제어하기 위해 도입된 것이 그레브너(Fritz Gräbner)의 유명한 '형태의 기준'이다. 이에 따르면, 부합되는 사물의 특징은 사물 자체의 본질에서 필연적으로 결과된 것이 아니며, 또 그 재료가 지리적 기후적 조건에 의해 결정된 것도 아니라는 사실이 먼저 필요조건으로 된다.

두번째 특징은 양적 규준이다. 세번째가 공통언어문제이다. 이렇게 되면 실로 '문화권'이라는 개념은 복잡해질 수밖에 없다. 이 문제에 영국 아닌 미국에서 심도 있게 검토한 학자가 베네딕트를 가르친 컬럼비아 대학의 보아스(Franz Boas, 1858~1942)이다. 물리학에서 인류학에 전향한 보아스는 에스키모 조사에서 시작된다. 정밀성을 무기로 내세운 그는 문화현상을 전 세계에 걸쳐 추적한 영국식 그레브너(Fritz Gräbner)의 방법론에 맞서 문화현상을 진공상태로 볼 수 없다고 주장했다. 이때 보아스는 인간심리에도 주목했거니와 그의 연구 영역은 미국 원주민에 한정되었음이 또한 지적된다. 그 제자인 위슬러(Clark Wissler)도 사정은 같았다. 그에 의하면 문화전파란 자연적 전파형식과 의도적 계획적 전파형식을 구별코자 했다. 요컨대 모든 것을 전파주의로 설명할 수는 없다 해도 전파설로 설명 가능한 것은 할 수밖에 없다. 그러기에 문화전파의 연구는 기본적으로는 문화사 연구의 일부로 된다. 지금은 전파설이 부분적으로 고려되는 상태에 있다.

③기능주의 인류학 말리노프스키, 브라운 등의 이름과 기능주의를 분리할 수 없다고 말해진다. 기능이란 특정 개인이나 기관에 부수된 역할·행사·목적 등의 뜻인 만큼, 말리노프스키 말대로 "단지 고립된 사실들의 인식뿐 아니라 본질적인 관계와의 결합을 머금고 있다는 점에서 볼 때 기능주의적"이라 할 수 있다는 것이다. 1920년대 초두에 등장한 기능주의란 무엇이며 그 위상은 어떠한가. 이 물음에는 먼저 문화전파주의와 전파주의와의 비교를 떠날 수 없다.

다시 요약하면 진보주의란 인류사라는 공통된 일반법칙에 따르며 그 발전의 정도는 빠름과 늦음이 있지만 진화함에는 틀림없다. 가령 모건 식으로 하면 원시혼례제→집단혼제→대우혼제→일부일처제 등의 진화가 그것. 그러나 미개사회를 실제로 조사해 보면 사정이 크게 달랐다. 한계가 드러났다. 반진보주의 측의 유력한 이론인 전파주의는 또 어떤 허점이 있었던가. 극단적으로 말해 이집트문명 일변도로 세계 모든 문화가 단일하다는 기묘한 논법에서 벗어날 수 없다. 설사 이집트문화가 가장 발달한 것이라 하더라도 수용자의 독창성에 의해 얼마든지 변형되기 때문이다. 요컨대 그 밑바닥에는 서양중심주의가 깔려 있었다. 이를 비판하고 등장한 기능주의의 특질(방법)은 어떠한가. 요약건대 ㉠추론에 의한 인류사의 재구성을 부정함 ㉡현실에 존재하는 사회제도의 연구

(필드워크 중시) ㉢사회나 문화를 구성하는 개개의 요소를 전체로 이해하기 ㉣개개의 요소는 전체 속에 일정한 몫을 한다고 보아 이를 '기능'(뒤르켐의 용어)이라 부른다는 것. 등으로 된다. 그러나 이 기능주의 역시 그 약점이 여지없이 드러났는바, 균형상태의 지나친 강조가 사회변화 설명에 걸림돌이라는 것. 역사 배제도 지나쳤고, 생물학적 요구도 걸림돌이라는 것이다.

어느 학설이나 그 생산성은 시대적 사정에서 좌우되는 것인 만큼 각 시대에 상응하는 이론이 우세할 수밖에 없다면 기능주의는 그 다음 단계인 문화양식론에 밀릴 수밖에 없다. 물론 이 문화양식론 역시 그런 처지에 놓일 것도 자명하다.

④ **문화양식론** 한마디로 문화양식론은 루스 베네딕트(1887~1948)의 학설을 가리킴이다. 창시자이자 추진자의 유일한 학자인 그의 학설은 문화상대주의로 요약된다. 너무도 직관적 예술적이었기에 후계자를 갖지 못한 점도 지적될 수 있다. 『국화와 칼』의 문체가 이를 증거하고 있다.

먼저 알아둘 것은, 많은 사람이 오해하듯 그의 학설이 '문화의 유형론'이 아니라 '문화의 양식론'이라는 사실이다. 『문화의 패턴』(*Patterns of Culture*, 1934)이 그의 대표작이거니와 여기서 패턴(틀, 型)이란 미국 서남부 니스족과 평원의 인디언과의 차이를 설명하기 위해 니체의 아폴로형과 디오니소스형(『비극의 탄생』)을 채용했다.

여기서 중요한 것은 2차 시도한 것은 두 인디언족의 에토스(기질, 특질)의 차이를 밝히기 위한 조작개념이란 점이다. 이는, 인간문화를 아폴로형/디오니소스형으로 유형화한 것은 결코 아니라는 점. 이를 전문가

들조차 오독하고 있을 정도이다. 후배인 M. 미드(1901~78)의 말에 귀 기울일 필요가 있다.

> 그녀는 기술된 문화들의 강조점을 그 주장에 근거를 주기 위해 개인의 퍼스낼리티의 기술을 끌면서 아폴론적, 디오니소스적, 파라노이아(편집광)적 등의 이름을 붙였다. 그러나 그녀는 '유형론'을 건설코자 한 것은 아니다. 니체적 혹은 정신분석적 레벨이 모든 사회에 정당하다고 믿지도 않았다. 또 무엇인가의 완결적 체계가 만들어져 거기에 과거, 현재, 미래의 모든 인간사회가 맞아 떨어진다고도 여긴 것은 아니다. 오히려 그녀는 그 가능한 얼개가 다할 수 없을 만큼 많고 또 다양함에 한정을 짓고자 하지 않는다는, 인간의 문화들의 발전의 도식에 구애되고 만 것이다.[16]

문화양식론이 유형론과 다름을 어째서 전문가들조차 오독도 하며 또 그것이 베네딕트 이해에 어째서 결정적인 것일까. 문화유형이라 할 때 알려진 문화를 그 이전에 준비된 여러 가지 유형의 어느 한 가지를 정리, 분류함을 가리킴이다. 그러나 '문화양식'이라 하는 경우는 문화를 특정짓고 있는 통일적 표현형태의 개성적 일회만 일어나는 성격을 논하는 것이며 나아가 결정된 유형에로 분류되는 것은 아니다. pattern of culture를 '문화의 제양식'이라 번역해야지 '문화의 제유형'이라 해서는 안 되는데 왜냐면 문화의 Type(유형)이 아닌 까닭이다.

이러한 양식론의 학설사적 배경은 어떠했을까.

---

16 M. ミード, 「序文」, ルース・ベネディクト, 『文化の型』, 米山俊直 訳, 社会思想社, 1973, p. 4.

1930년대 학계에서의 중심부는 기능주의였다. 필드워크를 기초로 하는 기능주의는 문화란 이를 구성하는 부분들의 단순한 집단이 아니라 그것들이 유기적으로 결합되어 하나의 통합적 전체임을 실증해 보인 점에서 획기적이지만, 그 한계도 뚜렷이 지적될 수 있다. 곧, 인간의 본성이나 욕구가 어떤 문화에 있어서도 같지는 않다는 점이다. 같은 상황이 민족에 따라 갖가지로 이용될 수 있고, 어떤 상황 아래서는 어떤 욕구가 더욱 절실한가는 다르기 때문이다. 기능주의가 객관적 사실로서의 통합적 전체가 정태적으로 파악되나 그 주관적 측면에 있어서는 거의 무시되었다고 평가되었다. 기능주의가 내포한 이런 약점에 착안하여 문화의 '내면적 가치관'을 탐구하여 그 문화의 제도, 습속 등을 사람들의 '주관적 태도'의 나타남이라 보고 이를 포착하는 방법이 베네딕트의 문화양식론이다.

베네딕트의 방법론이 구체화된 것은 「북미에서의 수호령의 관념」(1923), 「남서부 문화에서의 심리학적 유형」(1928)이거니와, 여기서 제기된 것이 문화의 '에토스'라는 용어였다. 퍼스낼리티(개성)를 한단계 크게 한 것으로서의 에토스란 개성의 차이에 의한 문화의 측면을 강조한 것으로 인간의 잠재력 중 어느 부분만을 강조한 것이다. 여기서 베네딕트는 양식 또는 pattern 대신 type(유형)을 도입한 인상을 남겼는바, 미드의 지적에 의하면 정신의학의 용어를 사용함으로써 양식에 대한 오해의 소지를 남기긴 했다. 이를 그녀 자신이 바로 잡은 것이 「문화의 과학」(1929)이다. 이 논문에서 주장된 것은 모성애, 부성애, 소유욕 등이 본능이 아니고 생후 획득된 후천적이라는 것이다.

베네딕트는 이 논문 속에서 처음으로 독일문화철학 쪽의 딜타이라든가 스펭글러에 힌트를 얻었다고 고백했지만 동시에 이들의 유형적인 사상을 그대로 이용한 것이 아님도 고백했다. 이 문화철학의 방법이 오히려 민속학 분야에 미개사회의 분석에 이용될 때만 유용하다고 본 것이다. 니체의 아폴로형과 디오니소스형의 도입도 이를 가리킴이었다. 다소 모색기의 혼란을 거쳐 「인류학과 이상(異常)」(1934)에 와서 정상과 이상이 문화권에 따라 다름을 들어 문화양식론의 뼈대인 '상대주의적 견해'를 정착시켰다. 『문화의 패턴』(1934)에서 비로소 이론적 틀이 확정되었는바, "문화란 일회적이자 상대적이다"가 그것. 문화란 필연적으로 자기의 의지에 의해 통합되어 가는 측면에 방법론적 시각을 둔 것이다. 그 결과물이 바로 『국화와 칼』(1946)이다.

앞에서 이미 살폈듯 이 책에 대한 찬반양론이 분분했거니와, 요컨대 베네딕트의 이 책이 과학으로만 평가될 수 없음 곧 과학과 예술의 결합물임을 증명한 것이기도 했다. "여사의 본질은 과학과 예술의 경계, 이론의 미소속지대"(존 베넷트)이기에 자질이 약한 연구자의 손에서라면 죽도 밥도 아닌 것으로 떨어지기 쉬운 그런 것이었다. '과학적 직관'이 제일 적절한 지적일 것이다. 이를 '인류학적인 유력한 창조'라는 표현도 같은 문맥에서 나온 것이다.

⑤네덜란드 구조주의 레비스트로스의 구조주의의 뼈대를 제공한 네덜란드 구조주의는 레이든 대학의 레이든학파를 가리킴인 것. 식민지 연구에 오랜 전통을 가진 네덜란드인지라 동인도 섬들의 지리, 민족학 강좌(1877)가 창설되었고, 이 학파의 특징은 ㉠'민족학적 연구영역'이라는 개념을 사용한 점 ㉡순환론이 갖는 의미를 중시한 것 ㉢포괄적 분류체계에 강한 관심을 가진 것 등이 지적된다.

⑥문화와 심리인류학 문화인류학은 네 단계로 진행되었는바, 제1기는 미개/문명의 단일적 진화론의 시기. 제2기는 식민지 확대에 따라 미개부족 연구조사로서 진보주의와 더불어 그 사회의 독자성을 인정하는 것. 제3시기는 제2기의 민족지적 자료에 대한 이론화. 제4시기는 1960년대 이후이다. 심리인류학의 위치 제3기는 ⓐ사회와 개인의 심리를 별 차원으로 보고 준별하는 파와 ⓑ그 관계를 강조하는 파로 대별되는바, ⓑ가 바로 이에 해당되며 베네딕트의 은사인 보아스로 대표된다.

정신분석의 영향과 더불어 문화와 개인의 관계를 탐구한 것이 언어학자 사데어와 베네딕트였다. 매우 다양하고 복잡한 심리인류학은 이를 통일할 이론이 아직 없는 만큼 그만큼 유연성을 가졌다고도 볼 것이다.

⑦신진화주의 진화론의 재흥으로서의 신진화주의의 주창자는 화이트(Leslie White, 1900~75)와 그 추종자들이었다. 일종의 이단이라 할 수 있고 그만큼 전투적이었다. 그 특질은 문화진화의 단계를 연간 일인당의 포착에너지의 양이라고 본다. 에너지 사용이 많아도 효율적이기 위해서는 기술이 있어야 하고, 따라서 문화란 'F×T→C'로 된다. 이를 두고 보편진화론이라 부른다. 이 모두는 컬럼비아와 미시건 대학 중심으로 전개되었다.

⑧마르크스주의와 인류학 모건의 잘못된 이론에 기초를 둔 구식 마르크스주의 인류학에서 벗어나 새로운 시각을 도입한 것은 1960년대의 프랑스에서이다. 오늘날 '마르크스주의 인류학'파라 부르는 것은 이를 가리킴이다. 알튀세르의 구조주의 영향 밑에서 이론을 세운 메이야수(Claude

Meillassoux), 테레(Emmanuel Terray) 등이 이에 속한다. 그 특징은 ㉠모건·엥겔스설의 극복, ㉡인류학의 이론들에 개방적 성향, ㉢친족 조직을 상부구조와 하부구조로서 살피고 있는 점, ㉣생산력 결정론의 극복, ㉤자본주의적 생산양식과 전통적 생산양식의 접합관계 중시. 요컨대 마르크스주의의 교조적인 몇 가지를 파기함이 그 성과라 할 것이다.

⑨ **구조주의** 레비스트로스 곧 구조주의라는 도식은 너무도 유명하거니와, 『친족의 기본구조』가 그 대표작이며 『야생의 사고』가 그 뒤를 잇는다. 대체 구조란 무엇인가. 야콥슨의 구조언어학에서 근거를 둔 것으로 구조란, 이원대립론에서 출발된다. 교통신호에서 적색은 정지, 녹색은 진행을 가리킴인 것. 많은 색깔 중 이 두 가지의 대립에서 의미체계가 달라진다. 언어도 같다. 많은 소리 중 특정 소리의 자의적 결합에서 의미가 발생한다.

> 이와 같이 대립적 조합에 의한 의미의 생성은 레비스트로스가 신화연구에 있어 정혼을 기울인 문제영역이다. 신화란 생과 사, 남과 여, 또는 자연과 문화라는 기본적 이항대립을 조정하는 문화장치이다.[17]

이 여세를 몰아 그는 상징적 이원론에까지 나아가 문학, 철학 등에까지 휘둘렀다. 검정 불가능한 곳에까지 덤볐고, 그 결과 역사의 소멸을 가져왔다. 역사 없는 인간의 본질에의 환원이란 실상은 사리에 어긋나는

---

17 山下晋司, 「神話論理から歴史生成へ」, 小林康夫 編, 『知の論理』, 東京大出版部, 1995, p. 134.

것이 아닐 수 없다. 정태적 연구에서 동태적 연구(역사창조)에로 나아감이 사실에 가까우며 뜨거운 사회이지 찬 사회는 아닌 까닭이다. 레비스트로스는 마르크스의 유명한 정식인 '인간은 자기의 역사를 만든다. 그러나 그 역사를 만들었음을 알지 못한다'를 들었거니와, 전반부는 역사중시, 후반부는 민족학의 정당화라 할 수 있다. 레비스트로스는 이 점을 알고 있었다. 사르트르와의 논쟁도 이에서 말미암았다. '역사 없는 사회'란 없다는 것이 인류학의 정설인 만큼, 그의 구조주의는 그 화려한 활동에도 불구하고 역사와 신화의 교환이라는 한계점에 닿고 만다.[18]

⑩ **생태인류학** 1960년대 이래 등장한 생태인류학의 특질은 직접관찰과 계측을 중시하며 그 핵심에 놓인 것은 인간과 환경의 상호관계이다. 여기에는 ㉠문화생태학, ㉡문화진화론, ㉢영장류학과 생태인류학 등이 포함된다.

⑪ **상징론** 인류의 행동의 주요한 동인을 물질적인 욕구를 합리적으로 충족하는 것이라 보는 인간관에서 의미와 상징작용이야말로 인간적 특징으로 보는 인간관이 있을 수 있다. 근래에 와서는 있는 그대로의 사회와 기능을 중시하는 입장에서 문화와 의미의 연구를 겨냥한 쪽으로 변해 가는 사정을 반영한 것.

⑫ **인지인류학** 이질적 문화를 어떻게 포착할 것인가. 자기가 자란 문화의

---

18 같은 글.

눈으로 이질문화를 보는 자리를 어떻게 하면 조금이나마 극복할 것인가에서 인지인류학이 출발된다. 연속분류 혹은 민속분류학이라는 영역이 이에 대응된다.

⑬ **해석인류학** 1950년대에 불리기 시작한 해석인류학은 인간이 의미를 구하는 동물이라는 데서 출발된다. 이론가 기어츠(Clifford Geertz, 1926~2006)에 따르면 '의미'란 인식, 감정, 도덕을 포함한 사고 일반이며 지각이나 관념이나 정념이나 이해나 판단 등을 포함한 포괄적 개념이다. 이는 '상징'과도 연결된다. 어떤 물체, 행위, 사건의 관계 등 어떤 '의미'의 운반수단이 상징인 까닭이다.

⑭ **문화기호론** 1960년대 이후 빈곤해진 기호론을 활성화시키기 위한 것. 퍼스(Charles Sanders Peirce), 소쉬르 등의 과학을 도입한 것이다. 소쉬르 언어학과 야콥슨의 시학이론이 모델로 되어 있다.

⑮ **현상학과 인류학** 1970년대 이후 미국 중심으로 연구된 것으로 인류학 전체로 볼 때 미미한 수준이다. 뿐만 아니라 아직도 모색 중이어서 분명한 방법론이나 뚜렷한 이론적 입장이 거의 없다. 메를로퐁티의 문제제기로서의 신체론과 후설의 기본입장인 '생활세계'에 근거를 둔 이런 경향은 인류학 자체의 반성이란 점에서 볼 때 열린 영역이라 할 수 있다.

이상 15가지 인류학 유형을 번거롭게 살펴본 것은 오직 『국화와 칼』의 위상을 점검하기 위함이었다. 말을 바꾸면 『국화와 칼』이 문외한인 나로 하여금 이 지경에까지 몰고 간 것이었다. 그렇다고 해서 내가 문화인류학에 대해 새삼 흥미를 갖거나 이해의 수준을 높인 것도 아니다. 다만 내가 알아낸 것은 『국화와 칼』이 문화양식론이라는, 내면적 주관적 가치관의 도입에 관련되었다는 점 하나이다. '과학과 예술의 경계선'의 모색으로 요약되는 그 외롭고도 섬세한 마음가짐이었다. 그런 경계선 모색이란 본원적으로는 외로움[悲]에서 온 것이라는 사실 하나이다.

8. 창조적 독법

『문화의 패턴』이나 『국화와 칼』의 학문적 높이나 그 가치가 아무리 대단해도 결국은 한 사람이 지어낸 책이자 업적이다. 극히 제한적인 개인적 산물이 아닐 수 없다. 작가 루스 베네딕트란 대체 어떤 인간일까. 어디서 나고 자랐으며 어떤 골짜기의 물을 마시고 살다 갔을까. 인문학에서 이것보다 소중한 것이 따로 있겠는가.

루스 베네딕트의 인간적인 측면에 관해 알려진 사실들은, 15년 후배인 저명한 인류학자 마거릿 미드(미국자연사 박물관)의 『인류학자의 연구생활: 루스 베네딕트의 저작집』(1959)과 『루스 베네딕트: 그의 초상과 작품』(1974)이 있다. 그녀의 사진조차 일기, 사전, 시, 평론 등의 자료를 수집한 것은 루스의 친구에 의한 것이며 미드가 평이하게 평전 형식으로 정리한 것이다.

미드에 따르면 베네딕트가 태어난 것은 1887년 뉴욕에서이다. 부(父)는 의사였는데, 두 살 때 죽었고, 모(母)와 여동생의 3인 가족이었다. 모는 도서관에 근무하여 가족을 다스렸다. 루스 자매는 모의 모교인 바서 대학교(Vassar College)를 나왔고 1년간 사회사업단에 근무, 그 뒤 서부로 가서 교사 노릇을 했고 누이동생은 결혼하여 아이를 낳았다. 루스가 스탠리 R. 베네딕트와 결혼한 것은 그녀가 만 27세 적이었다.

유년기 그녀는 신체적 결함을 갖고 있었다. 한쪽 귀가 고장 났고, 간질증세가 있었다. 이 발작은 초조(初潮) 이후에도 계속되어 월경의 주기가 6주간에 걸쳤는데 무려 10년간 그러했다. 또 그녀는 사람 앞에서 울지 않기, 아픔을 참기의 버릇을 가졌다. 성경에서 지식을 얻었고, 시 짓기에 흥미를 가졌다.

남편 스탠리는 코넬 대학 출신의 생화학자로 1914년에 결혼 1936년 죽을 때까지 대학 의학부 교수였다. 뉴욕에 살면서 그녀는 시 짓기에 몰두했고, 사피아, 미드 등에게 보여 주기도 했으나 출판에 이르지는 못했다. 남편 스탠리는 학자답게 사람을 기피하고 조수 외엔 친구가 없었다. 게다가 고혈압증 환자였다. 결혼생활은 처음부터 잘 되지 않았다. 1930년 결혼 후 15년째 둘은 별거, 스탠리는 그후 6년 만에 죽었고 유산을 그녀에게 남겼다. 결코 어느 쪽도 재혼하지 않았다.

결혼생활이란 사생활에 속하는 것인 만큼 제3자가 함부로 엿볼 수 있는 곳이 아니지만 미드의 기록에 기대면, '아이를 낳지 못함'이 제일 큰 걸림돌이었음이 드러나 있다.

결정적인 인생의 전환기가 1919년에 찾아왔다. 루스는 바로 이 해에 뉴스쿨 포 소셜리서치(New School for Social Research)에 가게 되었고 두 해 동안 청강했다. 출산(出産)의 희망이 아직 있었고 이 청강도 처음에는 지적 흥미의 일종에 지나지 않았다. 그러나 이즈음 어려운 수술을 하지 않으면 아이를 낳을 수 없음을 알았다. 스탠리(남편)는 수술에 동의하지 않았다. 아이 없는 공허한 결혼생활에 직면하여 루스는 점점 '자기 일 개인의 노력과 창조'를 추구치 않으면 안 된다는 것을 생각했다. 때마침 알렉산더 골덴와이저(Alexander Goldenweiser)와 엘시 클루 파슨스(Elsie Clews Parsons)의 극히 대조적 강의를 청강한 루스는 이때 인류학을 발견했다.[19]

인류학에 몰두하게 된 계기가 결국 '아이 못 낳음'에 대한 보상심리에서 왔음을 미드가 지적하고 있었다. 동생의 아이를 돌보기도 하며 아이 갖기를 소망한 그녀였으니까. 보상심리란 새삼 무엇인가. 이것은, 주체의 '소외'(Entfremdung)라는 실존적 사실에서 출발하지 않으면 설명하기가 불가능하다. 자기의 자유에서의 불안에서 주체는 사물 중에 자기를 구하고자 한다. 이는 도피의 한 방법이다. 참으로 이는 근본적 경향이어서 아이가 젖을 뗌으로써 전체에서 떨어지자 곧바로 거울 속이나 양친의 시선 속에서 자기의 소외된 실존을 구하고자 한다. 미개인은 초과적 힘이나 토템 중에서 자기를 소외한다. 문명인은 개인적 혼이나 자아, 명성, 재산, 사업 속에서 자기를 소외한다. 이를 두고 보부아르는 '비진정성'이라는 사르트르의 용어를 내세웠다. '올바르지 않은 삶의 방식이라는 의미'(실존주의 철학의 용어)인 '비진정성'의 최초의 유혹이라 했다.

19 M. ミード, 『人類学者ルース・ベネディクト—その肖像と作品』, 松園万亀雄 訳, 社会思想社, 1977, p. 34.

남근은 사내아이에 있어서는 분신의 몫을 함에 적합하다. 이는 그에 있어 저 자신이자 동시에 별도의 객체다. 하나의 완구이자 인형이며 동시에 그 자신의 육체이다. 부모나 유모는 그것을 흡사 작은 인격인 듯이 다룬다. 이것이 아들에 있어서는 인간보다도 보통 한층 교활, 현명, 약삭빠른 제2의 자아로 됨을 알게 되리라 여겨진다.[20]

그녀에 있어 인류학 입문이란, '비진정성'의 일종이 아닐 수 없다. 문제는, 자기 소외의 철저성에서 왔다.(당시 컬럼비아대학에는 인류학과가 없었고 대학원 과정이 창설된 수준이었다. 지도교수였던 보아스가 죽은 후 학과장 대리를 맡았으나 결코 정식 학과장이 될 수 없었던 것은 그녀가 여자였기 때문이라고 미드는 말했다. 미국 정부의 일본연구 위촉을 받은 것도 그녀의 신분 유동성과 무관하지 않아 보인다. 당시 미국사회가 얼마나 남성 중심주의적이었는가를 보여 주는 사례의 하나로 들 수 있을지 모른다. 드디어 그녀가 컬럼비아대학 정교수로 된 것은 1948년의 일이었다. 철저성의 근거도 이와 무관하지 않을 듯하다.) 이 철저성은 일종의 비합리적 신비주의적 성격을 띤 것이어서 논리적으로 객관화하기는 어렵지만, 루스의 경우는 사정이 썩 달랐다. 『국화와 칼』이라는 실체가 살아서 사람들의 분석을 기다리고 있기 때문이다.

다시 한번 『국화와 칼』을 바라보기로 하자. 이 경우 문제적인 것은, 그것이 더도 덜도 아닌 '작품'이라는 사실이다. 작품이라 전제했을 때 제일차적인 과제로 떠오르는 것이 작가의 '의도'임은 삼척동자도 아는 사

---

20 シモーヌド・ボーヴォワール, 『第二の性』(IV), 生島遼一 訳, 新潮社, 1959, p. 90.

안이 아닐 수 없다. M. 미드를 위시 온갖 날고 기는 학자들이 나서서 『문화의 패턴』과 『국화와 칼』을 샅샅이 분석하고 따지고 비판하고 정리하는 일, 이를 싸잡아 작가의 의도찾기라 할 것이다. 작가는 이렇게 말했다, 라든가 작가의 겨냥한 곳은, 여러 정황으로 보아, 여사여사하다고 힘주어 지적하는 일들이란, 아무리 그럴 듯해도 '작품'을 앞에 두고서는 별 의미가 없다. 이는 작품이란 열려 있다든가 작가의 무의식도 담겨 있다는 문예비평식 전가의 보도 휘두르기와는 다른 차원이 있기 때문이다.

작가가 스스로 '의도'를 밝혔다 해도 작품은 그 의도대로 되지 않았을 뿐만 아니라, 독자 측에서도 의도와 다름에 당혹하는 것은 모든 '작품'이 갖는 본질적 측면이 아닐 수 없다. 가령, 작가의 의도대로 읽으면 아무런 감동도 없다고 독자들이 여긴다면 어떻게 되는 것일까. 실상 훌륭한 작품이란 작가의 의도와는 관계 없이 뭔가에서 오는 감동이 따로 있지 않았던가. 작가의 의도를 먼저 알고 그대로 따라 읽으면 어떤 결과에 이르겠는가. 두말 할 것 없이 '그 의도'라는 고정관념(두뇌로 이해한 것)에 오염되어 다른 것은 눈에 들어오지 않는다. 당초 작가는 의도를 밝히지 말아야 했다.

그러나 그는 하늘에서 떨어졌거나 또 땅에서 솟아난 신종자가 아니라, 이미 덧칠된 고정관념에 덮여 있다. 루스의 경우 그것은 그동안 그가 연구한 업적이 이에 해당된다. 이 '의도'의 늪에서 벗어나 진짜 작가의 의도(육성)를 듣는 길이야말로 참된 독법이 아닐 수 없다. 작곡자 세자르 프랑크(César Franck)의 발표장에 청중이 있거나 말거나 작가 스스로 "음, 생각대로의 소리가 났어"라고 말하기, 체호프(Anton Chekhov)가 한국에서 무대에 자기의 『세 자매』 공연을 보고, "아, 내가 저렇게 썼던가!"라고

감탄하기야말로 작가의 진짜 육성(의도)이 아니었겠는가. 이를 창조적 독법이라 할 수 없겠는가.[21]

여기까지 논의를 이끌어 온 것은『국화와 칼』의 육성을 듣고자 함이 아닐 수 없다. "아, 내가 저렇게 썼던가!"라고 스스로 감탄하는 목소리. 내가 진정으로 알고 싶은 곳이 여기에 있었다.『국화와 칼』에 대한 창조적 독법의 실마리는 어디에서 찾아야 할까.

『국화와 칼』은 제1장 연구과제, 제2장 전쟁 중의 일본인, 제3장 각자 알맞은 위치 갖기, 제4장 메이지유신, 제5장 과거와 세상에 빚을 진 사람, 제6장 만분의 일의 은혜 갚음, 제7장 기리(義理)처럼 쓰라린 것은 없다, 제8장 오명을 씻는다, 제9장 인정의 세계, 제10장 덕의 딜레마, 제11장 자기 수양, 제12장 어린아이는 배운다, 제13장 패전 후의 일본인 등으로 구성되어 있다. 제1장은 연구동기, 방법론 등 이른바 작가의 의도가 들어 있음에 비해 제13장은 제목 그대로 희망사항이랄까 예측의 일종이어서 이 책 이해에 표면적 안내의 몫에 해당된다. 이런 의도의 제시는, 이 책의 성격을 구성하고 있어 누구도 외면할 수 없는 구속사항이지만 그 이상일 수 없다. 말을 바꾸면 독자 측의 '창의적 독법'을 방해하는 요인으로 작동되어 있다. 만일 창의적 독법을 가능케 하는, 저자의 의도 저 너머에 있는, 저자 자신도 깨닫지 못한 꿈의 영역이랄까. 무의식의 영역이 있다면 (있기에 이 책은 고전의 반열에 든다) 필시 제2장과 제12장 속에 깃들어 있음에 틀림없다. 꿈의 영역이라 했거니와 비유컨대 이는 화엄경에서 말하는 그리움[悲]이 아닐 수 없고 보면 이 책에서 이 '그리움'을 찾아내는 것

21 内田義彦,『読書と社会科学』, 岩波新書, 1985, pp. 80~84.

이 가장 긴요한 사항이 아닐 수 없다.

이전 시선에서 볼 때 제2장은 전쟁 중의 일본인의 제도분석이며 거기에서 얻어낸 해석이 제3장을 이루었음이 판명된다. 제4장은 일본 근대사의 고찰이며, 제6장에서 8장까지는 인류학적 해석 부문에 해당된다. 이른바 에토스(문화풍토)에 대한 저자 특유의 해석학에 속하는 것이고, 제10장과 11장은 저자의 고민의 깊이를 보여 주는 것이자 동시에 이 책의 가장 정채 있는 부분을 이루고 있다.

> 각자의 영혼은 원래 새 칼과 마찬가지로 덕으로 빛난다. 다만 그것은 갈지 않으면 녹이 슨다. 그들이 곧잘 말하는 '자신의 몸에서 나온 녹'(みから出た錆)은 칼의 녹과 마찬가지로 좋지 않다. 칼과 마찬가지로 사람은 자신의 인격이 녹슬지 않도록 조심해야 한다. 그렇지만 설사 녹이 슨다 하더라도 녹 밑에는 여전히 빛나는 영혼이 있고, 그것은 다시 한번 갈아 내기만 하면 된다. …… 그들의 비평은 주인공이 '기리와 인정' '주(忠)와 고(孝)' '기리(義務)와 기무(義務)'의 갈등에 얽혀 있다는 데 주목한다. 주인공이 실패하는 것은 인정에 빠져 '기리'와 의무를 등한시하기 때문이거나 '주'의 채무와 '고'의 채무를 등한시하기 때문이거나 '주'의 채무와 '고'의 채무를 동시에 변제할 수 없기 때문이다. 그는 '기리' 때문에 올바른 일(기리, 의무)을 행할 수 없다. 그는 '기리'에 몰려 가족을 희생시킨다. 그런 식으로 그려져 있는 갈등은 모두 자체적으로는 구속력을 가진 두 의무 사이의 갈등이자, 의무는 모두 '선'이다. 어느 의무를 선택하는가는 엄청난 부채를 지고 있는 채무자의 선택과 상통하는 바 있다. 그는 어떤 부채를 우선 상환하고 다른 부채는 무시한다. 그렇지만 하나의 부채를 상환하

라고 해서 다른 부채를 면제받지는 못한다.[22]

이른바 '47로닌(浪人) 이야기'(일명, 추신구라)를 예로 들어 설명한 이 장면이 전형적 일본식 '덕의 딜레마'이거니와, 이 설명에 이어 문제적인 '수치의 문화'에 대한 언급이 '죄의 문화'와 대비적으로 거론되었다. 수치를 아는 사람이라는 영어표현은 virtuous man(유덕한 사람)이나 man of honor(명예를 중히 여기는 사람)로 되거니와 일본인에 있어 이는 양심의 결백, 신에게 의로운 것으로 여겨지는 것, 죄책감이 서양의 윤리에서 차지하고 있는 것과 비슷한 의미라고 보았을 뿐, 수치의 문화가 그대로 일본인 전체를 규정한 것은 아니었다. 요컨대 '덕의 딜레마'를 설명함에 '죄의 문화'를 대비시켰던 것이다. 달리 말해 저자는 제10장에서 혼신의 힘을 기울여 본질에 육박했던 것이다. 가장 정채 있는 부분이 제10장이라면 제11장은 이에 대한 부록의 성격을 띤다. 수치의 문화에 대한 형성과정 곧, 자기훈련을 일상생활 속에서 적용해 보였기 때문이다.

『국화와 칼』은 이 제10장을 위해 씌어졌다 해도 결코 지나친 말은 아니었다. 저자는, 모든 자료와 인류학적 지식을 이용해서 이질문화 국민인 일본인에 대한 해석에 골몰했거니와, 그것은 참으로 난감하고 어려운 과제에 다름 아니었다. 적어도 최강국 미국과 4년간 전쟁을 하는 또 다른 최강국인 까닭에 그 문화가 어찌 호락호락하랴. 어림도 없는 일이다. 이를 저자는 참으로 난폭한 방법론을 썼다. 사사건건 '미국과 비교하기'가 그것. '난폭하다'고 내가 감히 말한 것은 상식 수준에 속함을 가리

22 루스 베네딕트, 『국화와 칼』[5판], 김윤식·오인석 역, 을유문화사, 2008, 265~266쪽.

킴이다. 그녀가 아는 미국이란, 평균적인 미국인 그녀 자신의 지식이나 정서에서 온 것이다. 인류학자인 그녀 자신은 미국인 전문연구자가 아니었을 뿐만 아니라 뉴욕 태생의 아이를 낳아서 길러 보지 못한 선주민(미개인) 연구에 뛰어다닌 연구자였다. 이러한 상식으로 번번이 그녀는 도피하여 정면승부를 교묘히 피해갔다. 그리고 이 사실을 그녀는 조금도 숨기거나 감추지 않았다. 이것이 내가 본 이 책의 실상이었다.

9. 루스 베네딕트의 그리움[悲]

그렇다면, 이 책이 고전인 까닭은 어디에서 찾아야 하는가. 부루마는 '저자의 지적 명확함'과 '유려한 문체'에서 찾았다. "난해한 용어를 쓰지 않고 복잡한 사상을 쉽게 풀어내는 능력을 가진 작가", 요컨대 자기 문체를 가진 작가라는 것. 저자가 작가인지라 『국화와 칼』은 여지 없이 '한 작품'이다. 어떤 작품에도 작가의 '의도'가 있는 법이며 그 의도는, 그가 지금껏 써온 업적 속에 녹아 있지만, 특별히 그 책을 쓰게 된 동기로서 드러낸 경우도 있다. 『국화와 칼』은 둘 다가 '의도'로 작동되어 있다. 『문화의 패턴』과 『국화와 칼』의 제1장이 이에 해당된다. 그러나 이것만으로는, '고전'의 설명에 닿을 수 없다. 고전이라면 필시 저자의 무의식 또는 그리움[悲]이 잠겨 있어 그것이 시대나 장소를 넘어서 사향노루의 뿔에서 나는 냄새 모양 은은히 풍겨져 나오기 때문이다. 『국화와 칼』에서 나는 그 '그리움'을 이 책의 제11장에 잠시 그리고 형언할 수 없는 아득함으로 엿볼 수 있었다.

'어린아이는 배운다'라는 표제를 단 제11장은 이렇게 첫줄을 삼았다. "일본의 갓난아이는 서양인이 상상하는 것과는 아주 다른 방법으로 양육되고 있다"라고. 미국인 부모는 일본에 비해 신중함과 극기를 훨씬 덜 요구하는 생활에 맞추어 아이를 양육하고 있다. 그럼에도 불구하고 미국인은 아이가 태어나는 순간부터 그의 작은 소망이 이 세상에서 최고 지상의 것이 아니라는 점을 가르쳐 준다. 그러나 일본인의 육아법은 이와 전혀 다르다고 저자는 단언했다.

이처럼 아이들에게 관대한 국민은 아이를 원하는 경향이 매우 강하다. 일본이 바로 그렇다. 그들이 아이를 원하는 첫번째 이유는 미국의 부모가 그런 것처럼 아이를 사랑하는 일이 즐겁기 때문이다. 그러나 일본인이 아이를 바라는 것은 그뿐 아니라, 미국에서는 훨씬 작은 비중을 차지하는 다른 여러 이유 때문이다. 일본인이 아이를 원하는 가장 큰 이유는 정서적인 만족을 얻기 위해서가 아니라 자신의 대를 잇기 위해서다. 만일 대가 끊기면 그들은 인생의 실패자가 된다. 모든 일본 남자는 아들을 얻어야 한다. 그는 자신이 죽은 후 매일 불단의 위패 앞에서 명복을 빌어 줄 자식을 필요로 한다. 그는 가계를 영원히 이어가기 위해, 또는 가문의 명예와 재산을 유지하기 위해 아들을 필요로 한다. 전통적인 사회적 이유로서 아버지가 아들을 필요로 하는 것은, 어린 자식이 아버지를 필요로 하는 경우와 다름이 없다. 아들은 장래에 아버지의 위치를 이어받는데, 그것은 아버지를 밀어내는 것이 아니라 안심시키는 일이라고 생각한다. 얼마 동안 아버지가 '집'의 관리자 역할을 맡고, 그후에는 자식이 이어받는다. 만일 아버지가 자식에게 호주 상속을 이어주지 못하면, 그가 관리자 역할을 해온 일이 헛일이 되어 버린다. 이런 뿌리 깊은 연속성의 의식 때문에 성인이 된 자식이 아버지에게 신세를 지는 일이 미국에 비해 훨씬 오래 계속되어도, 서양 여러 나라에서와 같이 부끄러운 일, 면목 없는 일이라는 느낌을 갖지 않는다.

여자도 아이를 원하지만, 그것은 정서적 만족을 얻기 위해서만이 아니다. 여자는 어머니가 됨으로써 비로소 가정에서 지위를 확고히 할 수 있다. 아이가 없는 여자가 가정 안에서 갖는 지위는 대단히 불안정하다. 비록 이혼당하지 않더라도 앞으로 시어머니가 되어 아들의 결혼에 발언권을 가지고 며느리에게 권력을 휘두르는 날이 오는 걸 즐겁게 기다릴 수 없다. 여자의 남편은 대가 끊어지지 않도록 사내아이를 양자로 들인다. 그런 경우에 여자는 일본인의 관념에 따르면 패자가 된다. 일본의 여자들은 아이를 많이 낳기를 바란다. 1930년대 전반의 평균 출생률은 인구 1,000명당 31.7명인데, 이것은 동부 유럽의 다산국과 비교해 보더라도 높은 비율이다. 1940년의 미국의 출생률은 인구 1,000명당 17.6명이었다. 더구나 일본의 여자는 일찍부터 아이를 낳기 시작한다. 그리하여 19세의 여자는 다른 연령의 여자에 비해 가장 많이 아이를 낳는다.

일본에서 분만은 성교와 마찬가지로 은밀히 행해야 하는 것으로 여겨진다. 진통으로 괴로워하는 여자는 큰소리로 소란을 피워서는 안 된다. 그것은 아이를 낳는다는 사실을 이웃에 광고하는 셈이 된다. 갓난아이를 위해서는 미리 이불을 갖춘 작은 침상을 준비한다. 태어나는 아이의 침상은 새로 장만하지 않으면 불길하다고 생각한다. 새것을 살 여유가 없는 가정에서도 이불보와 솜을 세탁하여 '새롭게' 꾸민다. 작은 이불은 어른의 이불처럼 딱딱하지 않으며 훨씬 가볍다. 따라서 갓난아이는 자기의 침상에서 자는 것을 편안하게 여긴다. 그러나 그들이 갓난아이 침상을 따로 만드는 이유는, 새 사람에게는 새 침상을 주어야 한다는 일종의 공감주술에 기초한 것이라 생각된다. 갓난아이의 침상은 어머니의 침상 옆에 붙어 있지만, 갓난아이가 어머니와 같이 자는 것은 스스로 어머니와 자고 싶다는 몸짓을 할 정도로 자란 다음의 일이다. 첫돌이 지나면 갓난아이는 양손을 뻗어 자신의 요구를 전한다. 그러면 갓난아이는 어머니의 이불 속에서 어머니의 품에 안겨 잔다.[23]

이러한 육아기의 묘사가 추상적임은 한눈에 알 수 있다. 저자 자신이 직접 아이를 낳아 길러 보지 않았기에 구체성을 띤 묘사가 불가능했음은 말할 것도 없다. 그렇지만 바로 그렇기 때문에 아이에 대한 꿈, 그리움이 비원으로 저만치 놓여 있었다. 그것은 그녀 자신의 영혼을 비추어 보는 일본의 거울이다.

일본인이 사용하는 두세 개의 상징적 물건은 자녀 훈육의 불연속성에 근거를 두고 있는 그들의 양면적 성격을 분명히 하는 데 도움을 준다. 가장 빠른 시기에 형성된 측면은 '부끄러움 없는 자아'이다. 그들은 그 '부끄러움 없는 자아'를 어느 정도 보존하고 있는가를 살펴보기 위해 자신의 얼굴을 거울에 비추어본다. 그들은 "거울은 영원한 순결성을 비춘다"고 말한다. 그것은 허영심을 기르는 것도 아니고, '방해하는 자아'를 비추는 것도 아니다. 그것은 혼이 깊은 곳을 비춘다. 인간은 그곳에서 자신의 '부끄러움 없는 자아'를 보아야 한다.

---

23 루스 베네딕트, 『국화와 칼』[5판], 338~339쪽.

사람들은 거울 속에서 영혼의 문인 자신의 눈을 본다. 그리고 이것이 '부끄러움 없는 자아'로서 살아가는 데 도움을 준다. 이 목적을 위해 언제나 몸에 거울을 지니고 다니는 사람도 있다. 그 중에는 자신의 모습을 비춰 보고 자신의 영혼을 반성하기 위해 집안의 불단에 특별한 거울을 놓아두는 사람도 있다. 그는 '자기 자신'을 받들어 모시고, '자기 자신'에게 참배한다. 그것은 분명히 이례적이다. 그러나 이런 일은 일본인이 보통 행하는 것을 조금 더 발전시킨 것뿐이다. 대부분의 가정에는 불단에 거울이 참배의 대상으로 모셔져 있다. 전쟁 중 일본의 라디오 방송은 돈을 모아 거울을 사서 교실에 비치한 여학생을 칭찬하는 노래를 일부러 제작하여 방송하기까지 했다. 그것은 전혀 허영심의 표현이 아니었다. 그것은 끊임없이 그녀의 마음속 깊이 있는 잔잔한 목적을 위해 몸을 바치는 것으로 평가받았다. 거울을 보는 것은 그녀의 정신적 기품이 높다는 것을 증명하는 외면적 행사였다.

일본인의 거울에 대한 감정은 아직 아이들의 마음속에 '관찰하는 나'가 심어지지 않았던 시기부터 만들어졌다. 그들은 거울 속에서 '보는 나'를 보는 것이 아니다. 그 속에 비추어지는 자아는 옛날 유아기에 그랬던 것처럼, '부끄러움'이라는 스승이 필요 없는 본원적으로 선량한 것이다. 그들이 거울에 부여하는 상징적 의미는, '숙달'이라는 자기 훈련에 관한 사고방식의 기초가 된다. 그들은 '보는 나'를 제거하고 어린아이의 직접성으로 복귀하기 위해 끊임없이 자기를 훈련한다.[24]

---

24 같은 책, 377~379쪽.

이 거울은 저자 자신의 것이다. 그녀는 이 거울에 자기 영혼을 들여다보고 있었다. 루스 베네딕트. 그토록 아이를 갖고 싶었으나 신체적 조건으로 결국 얻지 못한 아이에 대한 꿈을 그녀는 영혼의 거울에서 보고 있었다. 그것은 기품이 높다는 것의 증거이며 여기에서 이른바 '숙달'이라는 자기 훈련의 사고방식이 이루어졌다. 이 그리움이 숙달에로 향했을 뿐이다. 그녀는 일본 연구에서 '거울'을 찾아냈고 그것에 자기의 영혼을 비추어 보았다. 이것이 그녀 특유의 '문체'이다. 그 거울은 본래 자신이 갖고 있었던 것. 잠시 잊었던 거울이었다. 거기 비친 거울에 루스 베네딕트의 영혼은 어떤 표정을 지었던가. 아기에 대한 비원으로 성화된 마리아상이 아니었을까. 나는 이 사실을 간접적으로 증명해 보이고 싶었다.

전후 그녀는 미국 인류학회의 지도적 인물로 부상했고, 유럽 여행을 하고 귀국한 직후 61세로 관상혈전증으로 죽었다. 『국화와 칼』 이후 그녀가 힘을 기울인 분야에 주목할 것이다. 「유럽 몇 나라의 육아 양식」(1949)이 그것이다. 이 논문이 겨냥하고 있는 것은 전후 인류학의 방향 제시에 해당되는 것인데, 장차 국민성 연구를 위해서는 아이 훈육방식의 비교론으로 되어 있다.

> 구체적인 사례로 강보(swaddling)라는 관습을 보자. 이것은 갓난아이를 포대기로 싸고 다시 끈이나 포대기로 묶어 두는 관습으로, 중앙유럽과 동유럽 여러 나라에 널리 분포되어 있는 관습이다. 강보관습에 관한 연구는 이것이 지역이나 국가에 따라서 어떻게 다르냐 하는 것도 흥미로운 것이지만 이것보다 더 중요한 것은 강보관습을 통해 성인과 미성년 사이, 부모와 자녀 사이에 어떤 전달(communication)이 이루어지느냐 하는 것이다.

부모와 자녀 사이의 전달이란 어머니의 기쁨과 서러움, 야단과 칭찬 등을 민감하게 받아들이는 어린이가 어머니의 목소리, 태도, 얼굴의 표정 등을 통하여 어머니의 뜻을 받아들이는 것이다. 어머니의 뜻이란 사회가 시인하는 전통적 생활양식이며 이것을 통해 어린이는 생의 전략을 습득하는 것이다. 어머니의 목소리와 태도가 문화를 전달하는 매개체라면, 강보 또한 전달의 수단인 것이다.

강보관습의 경우에는 러시아인을 대표로 들 수 있다. 러시아인은 갓난애를 팔과 다리를 바르게 하고 포대기로 싸서 끈으로 묶는데 어찌나 심하게 묶는지 요람판(cradle board)에 묶는 것같이 단단하며, 어린이의 숨이 막힐 정도로 묶는다. 러시아인들이 이렇게 심하게 어린이를 결박하는 것은, 사람이 원래 갖고 있는 거센 성격을 완화하기 위한 것이라 한다.

강보가 지나치게 심하다고 생각한 정부는 젊은 어머니들에게 강보관습을 없애는 운동을 전개하면서, 강보에서 자란 어린이들이 다리의 근육이 약하다는 것을 그림으로 보여 주며 선전을 하고 교육을 시켰다. 그러나 강보의 관습이 러시아인에게서 사라지지는 않았다.

강보가 그대로 유지되는 이유는 우선 어린이를 운반할 때 강보가 아니면 불안하게 생각되는 것이고, 젊은 어머니들이 밖에 나가 일을 하면서 어린이를 집에 두어야 되는데 이때 강보에 싸두는 것이 안심이 되기 때문이다. 무엇보다 러시아인은 서구인들과 달리 몸을 움직이는 것을 좋아하지 아니하고, 눈을 주요시하여 대화를 할 때도 눈으로 감정을 표시하는 것이 발달하였다. 따라서 러시아인은 눈을 '영혼의 거울'(mirror of the soul)이라 한다. 이러한 것을 훈련하는 데 강보가 유리한 것이다.

러시아인은 강보의 관습에서 성장하였기 때문에 성인이 되어서도 신체적 고립을 즐기는 습성이 있다. 그들은 혼자 고독한 환경에 있기를 좋아하고 사생활의 침범을 가장 싫어한다.

우울하게 보일 정도로 조용하고 고독을 즐기던 사람이, 술을 마시고 취한 것도 아닌데 갑자기 감정이 복받치면 그것을 억제하지 못하고 폭발적인 감정을 노출시킨다. 예컨대 제정러시아시대에 있어 귀족들은 흔히 거울을 깨뜨리고 장롱을 때려 부수는 히스테리 같은 폭발적인 행동을 하였다. 또한 농민들도 지주의 집을 태워 버리는 경우가 더러 있었다.[25]

아이의 훈육방식이란 무엇인가. 아이를 낳고 키워 보지 못한 자의 눈에서만 강렬하고도 선명히 포착되는 것이 이 분야가 아니었을까. 구체성을 지니지 못하고 따라서 추상적일수록 그 강도는 한층 선명해지는 것이 아니었던가. 이것이 학문에 확실성을 가져올 수 있었다. 루스 베네딕트만이 할 수 있는 고유의 형식이었다.

국민성 연구가 전후 인류학의 과제라면 어째서 하필 '육아양식'(child rearing)이 제일 중요한 것으로 인식되었을까. '영혼의 거울'에 그 정답이 들어 있다고 나는 생각한다. 루스 베네딕트에 있어 인류학이란 무엇이었던가. 아마도 학문의 일종이었을 터이다. 그러나 그 겉옷을 걷어내어 알몸을 보이고, 또 그 알몸조차 걷어낸 연후 최종적으로 남은 생명의 에너지, 그것은 영혼만이 남는다. 『국화와 칼』이 고전인 것은 오직 제11장에서 왔다. 유럽 여행 중 루스 베네딕트가 노틀담 성당 첨탑을 보며 "Isn't it unbearable that that is all about nothing?"(저것이 아무것도

---

25 이광규, 『베네딕트』, 서울대출판부, 1993, 68~69쪽.

아니라면 어찌 참을 수 있겠는가?)라 한 것에서도 이 점이 엿보인다. 문화상대주의를 넘어서 상승작용이 보다 높은 곳으로 향하기, 종교랄까 정신의 강인성 이 그것.

고전이란 새삼 무엇인가. 고유한 문체라고 말해질 때 문화상대주의를 넘어선 상승작용 높은 곳, 거기에는 '영혼의 거울'이 있음을 가리킴인 것. 이 거울이 유년기 훈련에서 얻어진다는 것, 숙련을 통해 완성된다는 사실에서 가까스로 학문과 연결된다. 그러기에 학문보다 훨씬 먼저 '영혼의 거울'이 있어야 했고, 학문 뒤에도 그것이 있어야 했다. 박명 속에서도 빛나고 있는 이 거울의 실체를 지니고 있는 한 어떤 학문도 엄격한 윤리의식이 배양될 터이다. 『국화와 칼』은 이 점에서 고전이긴 해도 '애처로운 고전'이 아닐 수 없다.

10. 그리움의 정체, 아이를 낳고 키워야 하는 일

『국화와 칼』이란 한 국문학도인 내게 무엇이었던가. 제1차 체일에서 36살의 국립대 조교수인 나는 오교수와 이를 번역하고자 산시로 연못가에서 획책하고 귀국하여 서툰 솜씨로 번역한 것은 회고컨대 큰 죄악이 아니었을까. 판이 바뀔 적마다 공교롭게도 내가 머리말을 조금씩 보태었을 뿐 오늘날처럼 빈틈없는 훌륭한 번역본의 이룸에 거의 관여한 바 없다. 비전문가가 함부로 나서서 손을 댈 처지가 아니었음을 생각하면 후회막급이지만 실로 어쩔 수 없게 상황이 돌아가고 말았다. 젊은 혈기에서 온 사명감 따위란 오늘의 처지에서 보면 유아기적 사고 축에나 드는 것이리라.

만일 번역본이 뜻있는 것이라면 그 공적은 을유문화사의 사려 깊은 관리에다 돌려질 성질의 것이다. 바로 그 때문에 나는 이 역본에 보이지 않는 압력을 받아왔고 드디어 그것이 『국화와 칼』이라는 원본에서 온 것임을 알아차리게 되었다.

그렇다고 해서 문외한인 내가 이 책 원전에 막바로 다가갈 수 없어 딱하기 짝이 없었다. 한동안은 이 책 이름만 나와도 가슴이 철렁했을 정도였다. 이러한 내 앞으로 『문화의 형』(文化の型[원제: *Patterns of Culture*] 요네야마 토시나오米山俊直 옮김訳, 社会思想社, 1973)과 『인류학자 루스 베네딕트: 그 초상과 작품』(人類学者ルース・ベネディクト—その肖像と作品, M. 미드 지음, 마쓰조노 마키오松園万亀雄 訳, 社会思想社, 1977)이 성큼 다가왔다. 정독을 하다 보니 미국이 인류학이라는 학문에 어떤 방식으로 기여했는가를 조금은 짐작이 갔다. 『국화와 칼』이 미국 정부의 전쟁 수행을 위해 착수되었음도 이런 문맥에서였다. 그렇다면 학문이란 국가의 요청에 의해 이루어지거나 좌우되는 것인가. 이 사실을 회의한 것은 저자 자신이 아니었을까, 하는 느낌이 내게 감지되었다. 전후 이 책을 둘러싸고 세상의 관심이 미국 대 일본의 대결의 결과 미국이 월등 우월하다는 것으로 읽히고 있음에 제일 큰 불만을 가진 것은 저자 자신이었을 터이다. 이 책은, 저자의 처지에서 보면 '자기 소외'의 일종이지 그 이상도 이하도 아니었다. 다만 그 소외의 강도가 그리움[悲]이었음에서 한층 애처로웠던 것이다. 아기 낳지 못한 여인의 한(恨) (국문학자의 표현으로 하면)이었을 터이다.

이 자리에서 나는 또 고백하지 않을 수 없다. 아기가 없어 강아지를 키우며 자기 소외를 극복한 에토 준(江藤淳), 아이가 없음에도 조금도 자기 소외 없이 밀고 간 다나베 하지메(田辺元)를 늘 염두에 두었음이다.

자살한 에토와 루스 베네딕트에겐 애처로움이 물결처럼 나를 에워싸는 것이었다. 이 애처로움의 물결, 그것이 나의 것일 수도 있는 것일까. 이런 망상에서 나는 자유로울 수 없었는데, 내 '영혼의 거울'이 자주 흐려졌음에서 오는 망상이었을까. 요컨대 나의 그리움[悲]이었을까.

제6장

미첼의 『일제하의 사상통제』에 마주치다

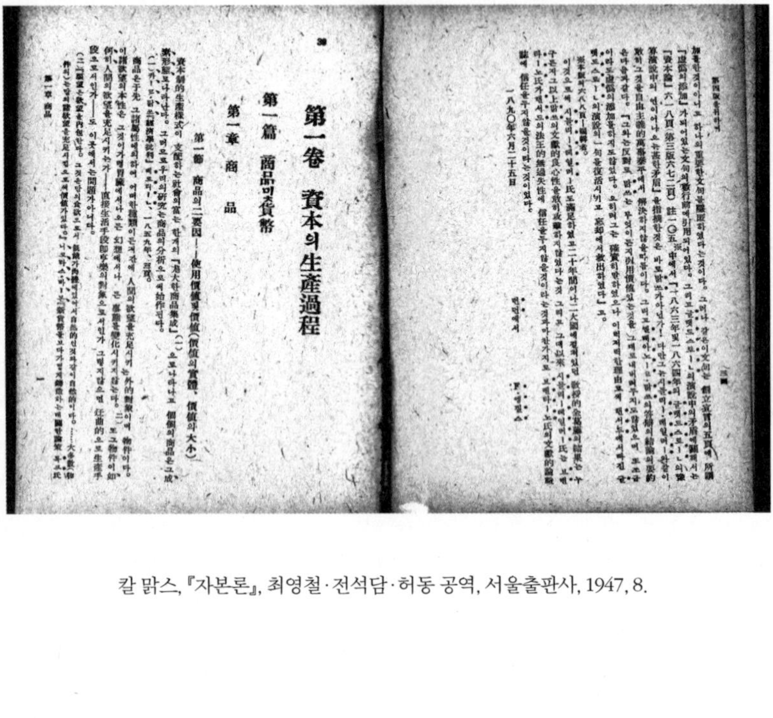

칼 맑스, 『자본론』, 최영철·전석담·허동 공역, 서울출판사, 1947, 8.

THOUGHT CONTROL IN PREWAR JAPAN

Richard H. Mitchell

CORNELL UNIVERSITY PRESS ITHACA AND LONDON

Richard H. Mitchell, *Thought Control in Prewar Japn*, Cornell University Press, 1976.

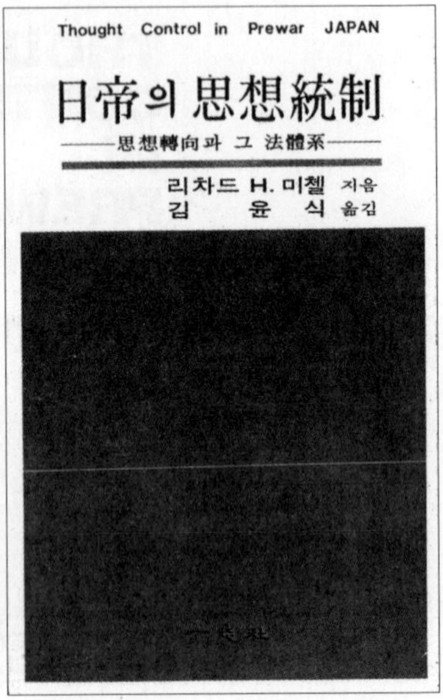

『한국근대문학사상사』, 한길사, 1984(왼쪽)와 『일제의 사상통제』, 일지사, 1982(오른쪽)

左翼文化運動의核心
푸로藝盟廿三名公判
明廿八日 全州法院에서開廷

文化○爭을敢行한
藝盟十年의歷史
活動한人物과經緯

各專門學校學生과
連絡하야左翼演劇

「無産者」等을發刊

出廷被告廿三名의
住所姓名과職業等

秘密會合을繼續
各部門을獨立結成

昨夜殺人劇發生

六名溺死의慘事

카프 전주사건 공판 보도, 『조선일보』 1935년 10월 27일자

● 제6장

미첼의 『일제하의 사상통제』에 마주치다

1. 처녀작 『한국근대문예비평사연구』의 빈약성

제1차 일본 체류(1970~71)에서 내가 겨냥한 웅대하지만 조금은 막연한 것이 한국 근대문학의 주축들이 읽고 만난 일본이었고, 이 일을 도와준 곳이 하버드 엔칭 뉴프로그램이었다. 34살의 국립대학 조교수인 나는 부끄럽게도 포부만 컸지 이룬 것은 아무것도 없었다. 다시 현해탄을 건널 땐 텅 빈 빈손이었다. 그 빈손엔 여기저기 가시에나 찔린 듯 피멍이 들긴 했다 해도 빈손임에는 틀림없었다. 귀국 후 나는 학위논문인 『한국근대문예비평사연구』(1973)에 몰두했고, 그 연장선상에서 시국적 문제들에도 남들처럼 관심을 기울였던 덕분에 중앙정보부와 보안사에 연행되기도 했고, 조심스럽게 강의실에서도 "우리가 갈 수 있고 가야 할 길을 하늘의 별이 지도몫을 하고, 그 별빛이 우리의 갈 길을 훤히 비추어 주던 시대는 복되도다"라는 공산당에 입당하기 전 헤겔주의자인 루카치의 『소설의 이론』(1916) 읊기를 마지 않았다. 왜냐면 나는 교수이자 동시에 루카치처럼 문예비평가로 자처했기 때문이었다. 반공(反共)을 국시(國是)로 하는 대한민국에서 문학한다는 것은 무엇인가. 군부독재 아래서 문학하기란 두 가지 큰 과제 앞에 직면해 있었다. 분단문제(이데올로기)와 노사문제(근대화)가 그것. 이 두 과제가 맞물려 일으키는 갈등이 매우 난감한 것은, 유사 이래 처음 겪는 영역이었음에서 왔다. 4·19의 「광장」(1960, 최인훈)을 가져 버린 이 나라 문학판의 힘은 강철소리를 낼 만큼 카랑카랑한 긴장력을 갖추고 있었다. 카프 중심의 '한국근대문예비평사'를 연구한 젊은 나로서 문예비평만큼 매력적인 것은 없었는데, 그것은 '문학적 현상'에 대한 '학문적인 것'이 분리불가능한 상태를 이루고 있는 장소였음에서 왔다('문예비평'이란 용어는 일본 문단의 용어). 정치적 활동이 봉쇄된 19세기 차르 밑의 러시아에서 문예비평이 정치의 방수로(放水路) 몫을 했다는 크로포트킨의 말을 인용하면서 1930년대 조선의 문예비평을 이에 견준 바 있는 비평가는 임화(1908~53)였다. 만일 임화가 1970~80년대의 한국문학과 그 문예비평의 역동성을 보았더라면 꼭 같은 말을 되풀이했을 터이다. 글쓰기/읽기라는, 문자 행위 자체가 이데올로기적임을 『글쓰기의 영도』의 롤랑 바르트가 논의하기도 전에 이 나라 문학판에서는 이미 상식적 차원에서 인식되고 있었다. 나는 학문에 몰두하면서 문예비평을 버리지 않았는데, 다르게 말해 학문과 문예비평 쪽이 나를 그냥 두지 않았음이다. 샴쌍생아여서 분리불가능한 사안이었다.

그러나 참으로 딱하게도 이 긴장력에 내 두뇌가 견딜 만한 유연성이 점점 떨어지기 시작했다. 이데올로기도 반석 모양 요지부동이었고, 이를 통해 에너지를 얻고 있던 문학판도 그러했다. 이 딜레마에서 나는 도망치고 싶었다. 비유적으로 말해 심해 얼음덩이 밑에서 숨구멍을 찾는 '일탈'의 일종이었다. 태평양 건너기로 이 사정이 정리된다.

1978년 9월, 그러니까 5월의 광주사건이 터지기 두 해 전 나는 드디어 태평양을 건넜다. 미국 중서부 아이오와(Iowa)대학 부설 국제작가워크숍(International Writing Program)에 참가하기 위해서였다. 시인 폴 엥글(Paul Engle) 교수가 주도하는 이 기획은 미국무성이 스폰서로 되어 있는 것. 주로 동구권, 아시아권의 문인을 초청하여 한 학기 동안 상호교류와 미국 체험을 도모하는 취지로 되어 있었다. 장왕록, 최인훈 등이 이미 다녀간 이곳에 간 나는 온통 강냉이밭으로 둘러싸인 아이오와시티라는 시골 동네에서 마음의 안정을 얻었던가. 참으로 유감스럽게도 아니었다. 마음은 오히려 방황을 거듭할 뿐이었다. 하버드대학에 들러 보름 동안 강의실을 헤매어도, 뉴욕에서 UN빌딩에서 강연을 들어보아도, 또 내친 김에 펜타곤과 국회의사당이 있는 워싱턴 D.C.를 기웃거려도, 흡사 환각 속을 거니는 나그네에 지나지 않았다. 펜타곤 정문과 포르노점이 마주하고 있는 초강국 미국이란 그 자체가 신기루에 다름 아니었다. 내친 김에 토론토까지 달려가 나이아가라 폭포와 오대호의 장관을 비행기 창 너머로 보았지만 사정은 마찬가지였다. 나는 또 대서양을 건너가기로 했다. 카우보이, 존 웨인, 역마차의 서부를 떠나 대서양 저쪽 세계란 어떠할까. 이 물음 역시 내게는 또 다른 환각에 지나지 않았다. 파리에 먼저 들러 노틀담을 보았고, 『말테의 수기』에서 릴케가 죽기 위해 사람들이 파리로 온다는 그 파리에서도 나는 무감동했다. 요컨대 나는 시골머슴처럼 안목이 없었다. 살기 위해 파리에 온 것도 아니지만 죽기 위해 온 것도 아닌 사람도 있을 법하지 않았을까. 내가 바로 그런 엉거주춤한 자리였다. 서지도 앉지도 못한 엉거주춤한 몸가짐. 그 몸가짐으로 반 고흐 미술관(암스테르담)까지 치달아, 「까마귀 나는 보리밭」과 「과수원」과 「꽃피는 아몬드 가지」 그리고 「별 많은 밤」을 보아 버렸다. 그렇다고 해서 내 마음에 숨구멍이라도 트이었냐 하면 그렇지도 않았을 뿐 아니라 더욱 마음 아득함을 부추길 따름이었다(졸저, 「문학과 미술 사이」, 일지사, 1979).

방법은 하나, 정면돌파가 그것. 당시 내 유년기의 그리움이 향한 곳, 누나의 교과서에 실린 일본, 바로 그 근대에 온몸으로 부딪치기가 그것. 현해탄 건너기, 근대의 장소, 거기에서 나는 1년 동안 헤매어 마지않았다. 그렇다. 다만 헤매기였다. 고바야시 히데오(小林秀雄)가 막아서고, 에토 준(江藤淳)이 팔을 벌리고 내 앞에 서 있었다. 금지된 구역을 함부로 들어서지 말라고. 짐을 싸들고 귀국할 수밖에. 첫번째 정면돌파는 이 참담으로 막을 내렸다. 그러나 귀국한 나는 할 일이 너무 많았다. 『한국근대문예비평사연구』를 간행했고, 그 연장선상에서 동화와 같은 루카치 흉내를 낸 문예비평의 현장에서 동분서주해 마지않았다. 그러나 참으로 딱하게도 또 당연히도, 이데올로기의 반석은 미동도 하지 않았다. 내가 또 길을 잃지 않고 무슨 방도가 따로 있었겠는가. 그러는 동안 5월의 광주까지 보아 버렸다. 군화로 무장된 현실체제는 미동도 하지 않아 보였다. 나는 다시 길을 찾아 나설 수밖에 없었다. 두번째 정면돌파, 제2차 체일이 그것이다.

2. 저항민족주의만이 전부였던 이광수들

1980년 9월 1일의 도쿄 일기엔 이렇게 적혀 있어, 일본에 대한 나름대로의 객관적 시각이 슬며시 머리를 내밀고 있다. 설사 그것이 아직 유치하고 서툴지만 적어도 죄없는 자기기만에서 제법은 벗어나 있음을 드러냈다. 태평양과 대서양을 건넜음에서 온 모종의 일탈이랄까. 아득함 같은 것이 꿈틀거리지만 바로 이것이 아마도 작지만 성숙의 한 실마리였을 터이다.

10년 만에 다시 본 도쿄.

1980년 9월 1일 도쿄에 왔다. 10년간의 삶의 거리는 무엇으로 잴 수 있을까. 나는 그 잣대를 갖고 있지 못했다. 의식은 깨어 있지 못하고 알 수 없는 큰 흐름에 밀려 표류하지 않았던가. 만 44세의 중년이 10년 전 만 34세의 젊음과 비교함 자체가 근거 없는 자기기만이 아니었을까. 왜냐면 10년 후의 나란 무슨 어른급의 인간으로 제법 근수깨나 나가는 인물이나 된 듯한 착각이 거기 있었지만 이 착각도 따지고 보면 성숙의 일종이 아니라고 할 수도 없지 않겠는가. 10년 전의 일본과 외견상 도쿄는 같았다. 아니다. 외견상으로도 달랐다. 자동차가 커졌고 지하철도 더 생겼고 에도코(江戸子)의 표정도 TV의 프로그램도 미국을 닮아 가고 있었다.

국제교류기금(제팬 파운데이션)의 호의로 왔기에 그들이 잡아 준 숙소는 록본기에 있는 무거운 국제문화회관이었다. 짐이라야 그 무거운 이광수전집(우신사판)뿐. 그 짐을 벗어놓을 곳을 찾는 일이 급선무였다. 초청자 측에서 마련한 숙소는 가치도키바시(勝鬨橋)를 지나 쓰키지(築地) 지하철역에서 버스로 몇 정거장쯤에 있는 바닷가 고층아파트 꼭대기층이었다. 도쿄만의 간척지에 세워진 아파트인지라 새벽은 갈매기 울음소리로 잠을 깼고, 맑은 날이면 후지산 정상이 하얗게 모습을 엿보이는 곳이기도 했다. 그 무렵 긴자에 있던 아사히신문사가 쓰키지 쪽으로 옮겼고, 어시장은 더욱 복잡해졌고, 히가시혼간지(東本願寺)의 가을맞이 행사는 장중함을 더해갔다. 나는 매일 가치도키바시를 걸어서 쓰키지 지하철까지 갔고 거기서 시내로 갔다.

시내로 갔다고는 하나, 내가 매일 간 곳은 도쿄대학 교양학부 도서관이었다. 형식상 이곳을 택하는 것이 좋으리라는 국제교류 측의 조언을 수용한 까닭이다. 마침 교양학부엔 비교문화연구소(소장 고보리 게이이치로小堀桂一郎 교수)가 있었기 때문이다. 외부 연락의 편의상 나는 이곳 외국인 연구자의 자격으로 도서관에 출입했다. 이광수 연구의 결판을 내리자는 비장한 각오였던지라, 무엇보다 이광수들이 공부했던 1910년대 신문·잡지 등을 살피는 일이 첫번째 과제였다. 역동적으로, 나는 이 일에 몰두했다. 눈에 보이는 것, 귀에 들리는 것이 모조리 세기말의 풍경이고 언어고 문자였다. 나머지는 모두 사막이었다. '사막 Tokyo!' 이 사막에서 나를 가까스로 구해 준 것이 두 가지. 한 권의 책 『바빌론의 흐름의 기슭에서』(모리 아리마사)가 그 하나. 다른 하나는, 나쓰메 소세키였다. 내 일기엔 이렇게 적혀 있다.

> 1980년 10월 26일. 오랜만에 東大(文京区)에 들렀다. 도서관 잡지실에 넋을 잃고 앉아 있었다. 몇 년치의 잡지들이 갖추어져 있었는데 그 중 『문학과 여행』(『국문학』 특집호)를 우연히 펼쳤다. 나쓰메 소세키의 영국체험을 논한 글을 접했다. 에토 준을 통해 귀에 못이 박히도록 배운 내게 이 글이 준 충격을 나는 잘 설명할 수 없다. 피로함에서 왔을까. 도쿄를 사막으로 인식한 내 정신력의 쇠약에서 말미암았을까.

소세키가 밤에 도버를 건넜기에 그 흰 빛깔을 몰랐다는 것, 하숙을 5곳이나 전전했다는 것, 대학 청강을 포기하고 개인교수를 받았다는 것, 나이 40세가 넘었다는 것 등등. 그렇다면 나쓰메란 인물은 관념과 새빨갛게 고압적으로 달구어져 아무 짝에도 쓸 수 없는 괴물이 아니었을까. 이에 비해 27세에 독일에 간 모리 오가이(森鷗外)의 순발력에 비하면 어떠할까.

이광수는 세 번 일본유학에 임했다. 동학 장학생 지명의 하나로 도일한 것은 1906년이었고, 두번째는 1907년(구한말 정부장학생)이었다. 세 번째는 1916년(김성수 장학금), 그러니까 15세, 16세, 25세의 연륜이었다. 순발력이랄 수도 없는, 소년기에서 청년기에 이르도록 일본 체험 속에 전면적으로 노출되어 있었다. 소세키나 모리 오가이와는 비교도 할 수 없는 체험이 그 속에 숨쉬고 있지 않았던가. 내가 해야 할 일은 이광수들이 공부하던 무렵의 제국일본의 지적 분위기 파악이 아니면 안 되었다.

이 공부의 방향성은 최소한 기본조건이 아닐 수 없다. 이광수들의 뼈를 튼튼히 했고, 근육을 만든 것이기 때문이다. 이광수들이 자라서 『무정』(1917), 『민족개조론』(1922)을 쓰고, 동우회 사건으로 옥고(1939)를 치렀을 때, 그리고 창씨개명(1940. 2.)에 앞장서고, 대동아작가대회(1943)에 솔선 참가, 내선일체의 깃발을 치켜들고 나섰고, 학병권유(1942)차 다시 도쿄에 들렀을 때, 제국 일본이 이광수들에게 준 대가는 참으로 무거웠다. 지식을 전해 준 제국 일본은 이번엔 치안유지법으로 송두리째 옭아매었던 것이다. 이를 '주기와 받기'라 할 수도 있겠지만, 이 주고/받기의 게임에서 손해를 본 것은 이광수들일 수밖에 없는데, '민족'이 걸려 있었기 때문이다.

그렇다면 문제는 자명하다. 아예 지적 원조를 받지 말아야 했다. 주고/받기 게임에 나아가지 말아야 했다. 소년들이여 바다로 향해라!고, 육당은 대책도 없이 떠벌리지 말아야 했다. 현해탄의 수심(水深)의 깊이부터 가르쳐야 했다. 무턱대고, 소년들아, 바다로 가라!고 외쳤기에 무수한 이광수들이 겁도 없이 현해탄을 건넜다가 나비처럼 날개가 젖어 빈사 직전에 돌아와, 거울 앞에 서 있다. 모든 것이 자업자득인지라 수원수구(誰怨誰咎)이리오.

제국 일본이 이광수들에게 '준 것'에 대한 대가로 요구한 것은 이른바 대동아공영권의 이념이었다. 내선일체로 위장한 이 공영권의 이념이 제국 일본의 민족주의(천황제 파시즘)임은 삼척동자도 아는 일. 지적인 것의 제공의 대가의 반대급부란 너무도 엄청난 것이매 숨도 쉴 수 없었다. 너무나 확실하면서도 유령처럼 불가사의한 '민족'이란 것이 한가운데 가로놓였기 때문이다.

여기까지 생각이 미치자 두 가지 과제가 분리불가능한 괴물로 내 앞에 놓여 있음을 직감했다. Ⓐ이광수들이 공부하는 지적 위상의 파악이 그 하나. 이는 당시 일본의 학교제도, 교과서, 신문잡지 등 언론에 비친 학술적·과학적·풍속적·정서적 방면의 실상 조사로 어느 정도 극복할 수 있었다. 이 방면의 연구와 아울러 『무정』을 비롯한 이광수의 지적 상상력의 저술을 분석 검토하는 과제가 이광수 연구의 전반부에 해당되리라. Ⓑ그 후반부는 어떠할까. 이번엔 제국 일본이 이광수들에 '요구한 것'에 관련된 사안이 아닐 수 없다. 대가란 혹독한 것이어서 도저히 피해 갈 수 없었다. 바로 치안유지법이 그것. 지적 공부에 기갈증이 난 이광수들 앞에 이번엔 치안유지법의 철조망이 속절없이 앞을 가로막는 형국이었다.

더욱 난처한 것은 Ⓐ와 Ⓑ가 분리불가능이라는 점이었다. 나는 Ⓐ와 Ⓑ를 동시에 공부하지 않으면 안 될 이른바 양면작전의 실로 벅찬 궁지에 몰리고 말았는데, 행인지 불행인지 도쿄대학이 그 방도의 실마리를 내게 제시하고 있었다. 지금 생각해도 이 실마리는 기적과도 같은 일이 아닐 수 없었다. Ⓑ의 방도가 그것. 이 방도의 중요성은 이광수론에만 적용됨이 아니라 내 학위논문이자, 한국근대문학사의 중심부에 놓인 카프 재해석에로 나를 몰아간 사실에서 왔다.

3. 도쿄대 법학부의 세미나 교재, 『일제하의 사상통제』

'기적과도 같은 일'이라 했거니와 그러나 따지고 보면 과연 그러할까. 그 기적이란 당시의 나의 내면적 욕구에서 온 것이 아니었던가. 그 욕구의 해방이 도쿄대학이었을 뿐이 아니었던가. 적어도 도쿄대학이라면 주고/받음, 제국주의와 식민지, 언어내셔널리즘과 공정(公定, official)내셔널리즘의 논리적 구조(앤더슨이 논증한 『상상의 공동체』[1983])가 최소한 논리적 수준에서 논의되고 연구되어 일정한 해답을 갖추고 있지 않았을까. 이런 막연하나마 거의 확신에 가까운 믿음을 나는 갖고 있었다. 오쓰카 히사오(大塚久雄)가 버티고 있었던 곳, 또 마루야마 마사오(丸山眞男)가 현직으로 둥지를 튼 곳이 아니었던가. 직접적이든 간접적이든 이곳에는 지적 해결책이 있었을 터이다. 다만 내 아둔한 눈과 귀가 그것을 찾아내지 못하고 겉돌고 있지 않았을까. 이러한 막연한 믿음의 근거는 이렇다. 곧 대학이란 진리탐구의 도장이라는 사실. 세계 어느 대학도 국적과 별도로 이를 초월하는 진리탐구의 장소라는 사실. 이러한 상식적 일반론에 뚫고 들어갈 계기를 내게 준 것도 도쿄대학이었다.

어느 날 나는 도쿄대학 지하에 있는 세이쿄(生協, 전국학생협동조합)에 들러 보았다. 북조선산 꿀도 팔고 있을 뿐만 아니라 갖가지 고급 전자제품을 비롯 양복점까지 갖춘 세이쿄란 흡사 학생용 백화점을 연상시켰다. 노트와 볼펜만 파는 서울대학의 구내매점만 보아온 내게 이곳은 별천지로 보여 마지않았다. 그 중에서도 내게 제일 신기하고도 그럴 듯한 것은 이상한 프린트물의 판매코너였다. 지난 학기 모모 교수들의 강의록. 학생들이 듣고 이를 책자로 만든 것. 교수 중 특히 법학과 교수들은 자기의 연구한 뜨끈뜨끈한 그래서 독창적이자 생경한 학문의 성취를 강의한다는 것. 그러니까 대중용 저서가 아예 없다는 것. 박사학위 따위도 아예 받은 바 없다는 것. 단독 논문으로 결판을 낸다는 것. 그러기에 직접 그 강의를 듣지 않고는 안 되게 되어 있다는 것. 사실 여부와 관계없이 그때 내가 들은 정보는 그러했다.

신기한지라, 이를 들추어 보던 내 머릿속으로 스쳐 간 것은 헤겔의 가장 쉬운 책 『미학강의』였다. 청강생들 노트의 복원이었다고 해서 이 책의 진가를 아무도 의심치 않았다는 사실은 또 무엇인가. 이런 생각과 더불어 그 노트 속에서 나는 한 권의 책이 원서대로 동그마니 서 있음을 보고야 말았다.

Richard H. Mitchell, *Thought Control in Prewar Japan*, Cornell University Press, 1976.

전(前)학기 법학과 대학원 세미나용이라는 각주가 붙어 있지 않겠는가. 제목 그대로라면 일제시절의 일본국가가 행한 사상통제인 만큼 제국 일본의 국가적 이념에 도전해 오는 모든 이념과의 싸움이 아니었을까. 더 좁히면 마르크스주의의 도입을 허용한 제국 일본이 이번엔 그것을 철저히 막아내야 하는 기획이 이 책의 연구과제였을 터이다. 그렇다면 이 책이야말로 내게 계시와도 같은 지평선이 아니었던가. 말을 바꾸면 도쿄대 법학부에 있어서도 사정은 마찬가지. 그들의 맹점을 일개 미국 연구자가 일깨워 준 형국이 아니었던가.

저자 미첼은 세인트루이스 소재 미주리대학 역사학 교수. 위스콘신 대학에서 공부했고, 학위도 거기서 받았다. 이 책 외에도 *The Korean Minority in Japan*(University of California Press, 1967)이 있다. 그의 부인 겸 조수가 일본인임이 머리말에 밝혀져 있다.

내가 이 책에 충격을 받은 것은 어떤 곡절에서 말미암았을까. 귀국하자마자 나는 이 책을 번역했다. 왈,『일제하의 사상통제』(일지사, 1982). 내가 이 책을 공들여, 때때로 공부해 가면서 번역한 데는 두 가지 큰 이유에서였다. 두말 할 것 없이 제일 큰 하나는 이광수연구였고, 다른 하나는, 앞에서 막연히 품었던 지적 사상의 주고/받기의 변증법이었다. 그러나 이 책은 이 막연한 변증법을 넘어서고 있었다. 쇠망치로 머리를 얻어맞은 것처럼 어리둥절할 수밖에 없었던 체험을 어떻게 설명하면 적절할까.

저자 미첼은 이 책 서문에서 이렇게 썼다. "이 책에서의 나의 목적은, 거의 검토되지 않은 이 주제를 음미함에 있다"라고 말문을 연 미첼은 내무성 자료는 물론 사법성 자료에 기초를 두고 있었다. '검토되지 않은 주제'란 이를 가리킴이다. 일역판 서문에서 그는 이 점을 크게 내세우고 있었다(일역판은『戦前日本の思想統制』, 日本評論社, 1980. 역자는 오쿠다이라 야스히로奧平康弘 도쿄대 교수와 에바시 다카시江橋崇 호세이대 교수).

전전(戰前) 일본에 관한 연구자는 지금까지 주로 국가에 의해 억압당한 운동이나 개인을 다루었고, 억압적인 법률들의 고찰·형성·집행의 책임을 진 관리를 빼놓았다. 본서는 이 불균형을 시정하고자 사상통제에 쓰인 법기술이나 행정기술을 정밀히 조사했다. …… 본 연구는 '수정주의'의 낙인을 찍을 자들이 반드시 생기리라 믿는다. 그들에 있어서는 본서가 어떤 점에서는 정신통제의 시스템 창조를 옹호하는 시도로 느껴지기 때문이리라. 그러나 내가 겨냥한 바는 과거에 생긴 사태의 옹호에 있지 않고 어느 편이냐 하면 그것을 명료한 그대로의 모습을 보여 줌에 있다.

이 '수정주의'에서 내가 알아차린 것은 다음 세 가지 사실이었다.

첫째, 일제로 말미암아 피해를 입은 쪽의 갖가지 억압형태에 대한 연구. 일본 공산당으로 옥살이를 한 측의 저술들이 이에 속한다. 『일본 통치하의 조선』(1971)의 저자 야마베 겐타로(山辺健太郎)가 그런 전형적 사례이다(이 책을 1980년대 서울대학생들이 금과옥조로 읽고 있음을 본 모 일본유학생의 신기한 표정을 지금도 잊기 어렵다). 이들이 입은 상처란 제국 일본의 폭력인 만큼 악 중에서도 최고의 악이 아닐 수 없다. 갈 데 없는 불균형이다.

둘째, 마루야마 마사오의 경우. 서구적 지성과 방법론으로 일제를 비판하기가 그것. 유명한 『현대정치의 사상과 행동』(1964)에서 말하듯, 서구와는 달리 일본헌법은, 국가를 초월(ultra-nationalism)해 버렸다는 것. 천황제가 이를 대변하고 있다. 비판의 잣대가 서구 민주주의인 만큼 일본은 이를 닮아야 비로소 근대 민주주의 국가의 반열에 오를 수 있다는 것. 왜냐면 서구 민주주의란 서구의 것이자 동시에 인류사의 것이니까. 그러나 이 역시 제국 일본의 국가적 폭력에 의해 피해를 입은 자의 발언이 아닐 수 없다. 적어도 최고학부인 도쿄대 법학부 조교수를 징집하여 졸병으로 복무(평양 주둔)케 한 일본국가였지 않았던가.

셋째, 바로 이 점이 중요한데, 제국 일본의 경영자 측의 현실적 및 사상사적 과제에 대한 연구가 그것. 첫째와 둘째에 대한 논의가 정통적 역사연구로 되어 있는 사상사 및 역사학의 흐름에 비추어 보면 단연 '수정주의'라 하지 않을 수 없거니와 구체적으로 그것은 내무성과 사법성의 관료들에 대한 연구가 아니면 안 되었다. "만일 네가 제국 일본을 운영해야 할 처지라면 어떻게 하겠는가." "주인인 네가 해야 할 임무와 기술과 노력은 어떠해야 할까." "남의 종노릇이나 하고, 감옥에나 끌려 다니는 신세가 아니고, 주인으로 감옥을 경영하는 처지에 너는 서 보았는가." 그러기에 '수정주의'도 그 응분의 값을 받아야 마땅하지 않겠는가.

위의 세 가지 연구 영역이란, 최소한 '균형감각'을 요망하는 시점에까지 사상사, 역사학은 나아가고 있었다. 이 '균형감각'의 안목이란 내가 당초 가졌던 막연한 주고/받기의 안목보다 한층 본질적이라는 느낌을 물리치기 어려웠다. 이 책 번역과정에서 이 느낌이 하나의 실체를 이루며 그 속에 가랑잎처럼 번롱당하는 카프문학과 이광수의 모습이 박명 속으로 사라지는 환각에서 나는 자유로울 수 없었다.

4. 사상전향과 법체계

이 책의 번역 부제를 나는 '사상전향과 그 법체계'라 했는바, 이는 원작의 표기와는 관계없음에 주목할 것이다. 나름으로 이 책의 핵심이랄까 독창성, 곧 수정주의라 부를 근거가 여기에 있다고 확신했음에서 온 것이다.

이 책에서의 나의 목적은, 이 거의 검토되지 않은 주제를 음미함에 있다. 즉, 메이지 시대(1868~1912)와 다이쇼 시대(1912~1926)의 반체제파에 대한 정부의 태도를 검토함에 이어서, 치안 유지법의 기초, 제정, 적용 및 그 특색의 연구이다. 사상범을 처우하기 위한 특별한 여러 기술의 발전에 관해서는 1925년에서 1926년 겨울에 생긴 교토가쿠렌(京都学連) 멤버의 체포과정에서의 치안유지법의 첫 적용에서 시작하여 1928년 3월 18일의 1,600명에 이르는 용의자의 대량 검거에로 이어진 한 묶음의 상세한 분석이 필요하다. 사상범(국가 권력에 의해 범죄자라 간주된 사상을 가진 자)에 대한 일본의 처치는 독자적인 것이었을까. 특히 문제의 저 '전향'(轉向)의 활용은 특수한 것이었던가. 치안유지법 위반의 혐의로 검거된 수만 명 중에서, 실제로 일본인으로서 사형에 처해진 것이 겨우 한 사람뿐이었음은 무슨 까닭일까. 나치스 독일, 스탈린 시대의 소련 및 모택동주의의 중국에서 채용된 사상통제와 어떤 유사성이 있는가. 이와 같은 여러 가지의 중요문제의 해답을 찾기 위해 이 책은 일본 근대사의 어두운 부분에 역사의 스포트라이트를 비추어, 이미 상당히 고찰되어 온 논쟁(예컨대 전쟁 전의 국가의 탄압적 성격)을 재검토하고자 한 것이다. 동시에 또 전쟁 전의 민주주의의 한계, 1930년대의 고도의 권위주의적인 통치의 흥륭, 그리하여 제2차 세계대전 후의 정치에서의 심각한 국내 분열을 우리가 이해함에 이 책은 도움이 될 것이다.[1]

---

1 리처드 H. 미첼, 『일제의 사상통제』, 김윤식 옮김, 일지사, 1982, 2~3쪽.

'사상전향과 법체계'로 위의 사정이 요약된다.

표나게 지적되어 있는 바와 같이 일본 국가의 경영자들은 사상범을 다룸에 있어 그 막강하고 악명 높은 치안유지법으로 단 한 사람을 처형했을 뿐이다. 그 한 사람이란, 1944년 11월 7일의 오자키 호쓰미(尾崎秀實)의 사형집행이다. 이 역시 잘 따져 보면 적절한 사례라 하기 어렵다. 오자키의 사형집행은 이른바 '조르게(Sorge) 사건'(독일인 리샤르트 조르게가 소련의 스파이로 활동하다 체포된 사건)에 연루된 것이어서 치안유지법뿐 아니라 국방보안법에 관련되었음을 고려할 때 적절한 사례라 하기 어렵다. 그렇기는 하나, 겨우 한 사람만이 처형되었음이란 실로 놀라운 일이 아닐 수 없다. 스탈린, 나치스, 모택동의 경우와 비교해 보면 가히 불가사의할 정도라 할 만하다. 대체 어째서 이러한 결과에 이르렀을까. 이 의문을 풀기 위해 이 책이 씌어졌는 바, '전향' 속에 그 해답이 들어 있는 만큼 전향과 이를 유도한 인물 및 법체계의 기술적 운영이 대응되고 있었다.

어째서 이런 결과에 이르렀을까. 이 문제의 실마리를 저자는 사법성의 막후 실력자이며 훗날 수상까지 지낸 히라누마 기이치로(平沼騏一郎)의 명민한 법체계 운용에서 찾았다. 그 직계 시오노 스에히코(塩野季彦) 중심의 사법성 사상과의 비공식 설치(1926)에서 비롯 유럽 및 미국을 시찰하고 돌아온 44세(1931)의 미야기 미노루(宮城実) 공소원 부장을 도쿄 지방재판소 판사로 임명함에서 비롯된다. 다음과 같은 장면은 일본 특유의 방식이라 할 만하다.

미야기는 재판을 신속, 원활히 함에 주된 관심을 갖고 있었기에 피고인 측의 지도자와 타협했다. 즉, 피고인 측의 지도자가 일반피고인을 통솔하여 이전에 행해진 공산주의자의 재판에서 생긴 것 같은 심리(審理)의 방해가 되는 분열을 예방한다면 재판의 공개가 계속되도록 허락된다. 미야기, 히라타 등 사법관료는 특정한 공산당 지도자인 사노 마나부, 도쿠다 규이치(德田球一), 시가, 나베야마 사다치카(鍋山貞親) 등과 한묶음의 절충의 기회를 가려 재판의 구속에 관해 합의에 이르렀다. 이 논의에 기초하여 사노 마나부(佐野学)는 9개 항목에 걸치는 요구서를 작성하여 미야기에 제출했다. ①각각 다른 시기에 검거된 피고인에 통일재판이 주어질 것. ②재판이 빨리 행해질 것. ③재판을 공개로 할 것. ④예심은 빨리 종결해 줄 것. ⑤특정한 사항에 관한 피고인 대표의 진술이 허락될 것. ⑥피고인의 행동에 책임을 지며 또한 재판소 측과 절충을 할 옥중위원회의 대표의 설치를 허락할 것. ⑦신병 구속 중의 자는 보석해 줄 것. ⑧지방에서 행해진 재판에 옥중위원회의 위원이 참가하여 증인이 될 수 있도록 허락할 것. ⑨법정에 각서, 참고자료 등을 갖고 갈 수 있도록 허락할 것 등이었다. 미야기는 이 중 ⑦항을 제외한 다른 항목은 전부 동의했다.[2]

놀라운 것은 미야기 판사 측과 수감 중인 사상범과의 '타협'이 이루어졌음이다. 사상범(공산주의자)을 다룸에 있어, 취한 당국의 이러한 조치에서 오는 내 느낌은 참으로 난감한 것이 아닐 수 없었다. 적어도 사상범은, 결코 죄인일 수 없다는 사실이 그것. 사상범의 자부심의 근거는 어디에서 말미암은 것이었을까. 일본 국가의 체제[國體]란 천황제에 근거

2 같은 책, 130~131쪽.

한 군국 파시즘이었는바, 이에 맞선 체제가 천황제 부인의 사상범이었다. 이들은 서로 대립된 것이자 동시에 동급의 세력권이었다. 그들의 중심문자는 제대신인회(帝大新人會) 출신이 아니었던가. 사상범의 간부들과 미야기 판사, 히라누마 검사 등은 같은 학교 책상에서 공부한 동창관계였음을 염두에 둘 것이다. 적어도 도쿄제국대학은 미노베 다쓰키치(美濃部達吉) 교수의 헌법(천황기관설)을 정규과목으로 가르쳤고, 아나키즘은 물론 공산주의사상 연구도 백일하에 열어 놓지 않았던가. 이쯤 되면, 두 개의 '국체'가 암암리에 용인된 형국이었다고 할 것이다. 천황제 일본국가 대 비천황제 사회주의 국가의 대결로 이 사정이 요약된다. 비록 사세불리하여 천황제 파시즘 앞에 굴복했지만, 그것도 6만 명에 이른 사상범이 옥중에 있지만, 그들의 자존심만은 실로 당당한 것이었다.

미야기 판사의 승부처가 여기에 있었다. 바로 사상범의 '자존심'이 그것. 방법은 하나. 정면돌파였다. 옥중으로 찾아가 사상범 두목들을 만나 '타협'하기가 그것. 요컨대, 어쩌면 좋으냐는 것. 어떻게 하면 법체계도 운용하고, 그대들의 '자존심'도 살릴 수 있겠느냐. 바로 여기에 '법체계의 기술적 측면'과 '전향의 심리적 분석'과의 연결고리가 문제의 핵심으로 부각된 것이었다. 미야기는 이 일로 은배(silver medal)를 받고 대심원 판사로 승진되었는바, 그는 국가의 요구와 사법의 독립이 모순되지 않았음을 하나의 신조로 삼았을 터이다.

이 재판의 놀라운 성과는 두목격인 사노 마나부와 나베야마 사다치카의 센세이셔널한 '전향'(텐코, conversion)이었음은 널리 알려진 일이다. 잘 따져 보면 사노나 나베야마는, 공산당원이며 코민테른의 지휘 아래 있었지만, 그들의 자존심의 강도에 따라 '고매한 이상'을 품고 있었다.

그것이 군국주의 일본체제를 대체할 수 있다고 믿었다. 그러나 만주사변(1931)을 계기로, 또 기타의 이유로 격심한 패배감에 마주쳤다. 무엇보다 당활동이 국민으로부터 격리되었음에서 오는 이 패배감은 돌이킬 수 없는 것이었다.

"지금까지 당의 입장대로 나간다면우리는 자기 나라의 패전주의(敗戰主義)의 깃발을 내세우지 않으면 안 된다. …… 현재 일어난 전쟁에 패배해야 한다고 나는 말할 수 없다. 나는 그런 것을 생각조차 할 수 없다"라고 나베야마가 말했을 때 그 이면에는 천황제 승인이 깔려 있었다. "대다수의 인민이 천황 숭배에 충실하며 일본의 전쟁 목적을 지지하고 있다"고 보았기에 나베야마의 현실감각은 실로 날카로웠다고 할 것이다. 이들 두목의 옥중전향선언이 발표되었을 때의 그 충격은 추종자들에겐 가히 청천벽력이었다.

> 사노와 나베야마는 1933년 5월 말경 긴 성명서로써 당국에 자기들이 전향함을 명백히 했다. 1933년 6월 10일, 신문이 이에 관해 일제히 보도했다. 이 보도는 당원들에게는 청천벽력이었다. 사노, 나베야마의 5월 성명서는, 당이 천황제에 반대하는 입장은 좋지 않으며, 천황제가 일본인의 중심에 위치한다는 사실을 코민테른은 이해하고 있지 않다고 비판했다. 각국은 저마다의 국민성, 역사상황에 근거하여 그 혁명을 수행하지 않으면 안 된다. 일본의 경우는, 바로 천황의 지도성을 의미하는 것이다. 또한 열강의 일원으로서 일본은 일본보다 약한 이웃나라를 병합할 의무를 지고 있다. 따라서, 자기들은 만주에서의 일본의 활동을 완전히 지지하며, 또한 코민테른에 대한 일본공산당의 추종을 비판한다. 그들에 있어 일본

공산당은, 천황의 지도 밑에 활동하는 공산당으로 자리 바꿈해야 한다고 그들은 주장했다.[3]

당국은 사노와 나베야마에게 공동성명을 위해 공동작업을 했고 또한 자유를 주어 보도기관에 공동성명을 내게 했다. 또한 그것을 관보에 실었고, 그것을 복사하여 재감 중인 공산당원에 뿌렸고 사노, 나베야마가 다른 공산당원과의 접촉을 하게끔 권장되었다.[4]

그 결과 1933년 7월 말까지 미결수 30%, 기결수 36%가 이 큰 전향의 물결에 올라탔다. 1928년에서 1941년까지 치안유지법 검거자 홍수 약 6만 6천 명인바, 그 중 5,500명 즉 약 8%가 기소되었고 약 6,200명은 기소유예처분. 2,700명은 유보 처분, 기소대상자는 1만 1천 명 미만의 성과를 올렸다.(「치안유지법 위반 좌익관계자의 처리상황」)

공개재판은 큰 성공을 거두었고, 대량 전향이 일어났고, 공산주의자들은 결정적인 타격을 입었다. 문제는 그 다음에 제기됐다. 승리한 당국은 공산주의자들에게 뭔가를 해주어야 함이 그것. 사법성 사상과에 버금가는 사상경찰이 탄생되어, 재판에 박차를 가하면서 사법성과 내무성의 갈등도 생겨났고, 후자의 『특고월보』(特高月報)의 교류로 가까스로 반목이 완화될 정도였지만, 긴급한 과제는 전향자에 대한 보호와 관찰(대책)에서 왔다. 국가는 이들 사상범의 재방방지를 위한 관찰과 보호체계

3 같은 책, 136~137쪽.
4 青木貞, 「特高教程」, pp. 166~182.

(prohation system)를 수립, 이를 법률로 규정함으로써 당연히도 이들 전향자를 사회에 복귀시킬 의무가 주어졌다. 사회인으로 활동하기 위해서는 무엇보다 직업알선이 요망되었다. 이 문제의 해결을 위해 당초엔 민간인 단체가 조직되었으나 역부족이었다. 국가가 드디어 나선 것이 이른바 「사상범 보호관찰법」이었다. '사상범'이라는 범주가 법체계에 굳건히 확립된 것은 1936년 제67회 제국의회에서였다. 사상범의 사회환원이란, 당연히도 가족주의에 되돌아감을 가리킴이었는바, 이에 대한 저자 미첼의 결론이 내겐 퍽 흥미로웠다. 루스 베네딕트의 『국화와 칼』과 같은 문맥을 보였기 때문이다.

> 사법성의 전향 정책의 놀라운 성공의 배후에는 일본사회의 기본적 특질이 있다. 일본사회는 현저히 동질적 사회로서 개인주의적 사상과 보편주의적 이상보다는 집단의 단결과 자기중심적인 사고가 강했다. 확실히 전향계획의 성공의 대부분은 견고히 구성된 가족제도를 국민이 갖고 있음에서 연유되었다. 가족의 매력이 180도 전향의 결정적 이유로 되었다.[5]

이 결정적 이유를 빼면 다음 세 가지도 고려의 대상임엔 틀림없다. ①관헌과 사회압력에 취약한 점, ②코민테른의 강요된 일방적 지령에 대한 반발, ③심문, 고문, 죽음 등에 대한 두려움이 그것. 그 결과 태평양전쟁(1941)의 상황에 이르자 좌익계 문예단체 소속 작가 500명 중 95% 이상이 전향했고, 기소된 총계 2,440명의 공산주의자 중 1,246명이 전향자,

---

5 리처드 H. 미첼, 『일제의 사상통제』, 184쪽.

1,157명이 준전향자, 비전향자는 겨우 37명에 지나지 않았다. 사상범 보호관찰법이란 당연히도 식민지 조선에도 그대로 적용되어야 할 법체계였다.

5. 『한국근대문학사상사』를 써야 했다

이 책이 내게 준 신선함은 이 글 머리에서 말했듯 직접적으로는 내 학위논문 「한국근대문예비평사연구」(1973)가 관련되어 있다. 이 연구에서 내가 제법 공들인 곳은 카프(Korea Artista Proleta Federatio; 에스페란토 성어)의 성립근거와 그 구성원의 발굴이었다. 내가 카프 중심으로 한국 근대문예비평사를 체계화한 것은 그것이 근대 곧 세계사적 시각에 관련 되었음에서 왔다. 카프(KAPF)는, 일본의 나프(NAPF), 소련의 라프(RAPP)에 직결된 조직체이자 운동의 성격을 띤 것이어서 서툴긴 해도 한국 근대문학이 세계사에 연결되는 최초의 시도이자 그 실천의 장이 아니었던가. 이것만큼 가슴 벅찬 사건성이란 내가 살아온 1980년대까지도 없지 않았던가. 더 말하면 군소리일 뿐이라고, 나는 믿고 있었다. 곧, 근대가 십자포화를 맞고 있는 장면.

이러한 믿음에는 시대성에서 온 것이어서 논리적 설명들이 도입될 수조차 있는데 이는 3·1운동의 좌절과 많건 적건 관련된 것이었다. 민족총동원으로 표현되는 3·1운동이 임시정부(공화제, 1919. 4.)를 낳았지만 어디까지나 해외에서의 일이었고, 국내에서의 실상은 민족운동의 한계를 드러냈음이 사실이었다. 민족주의만으로는 식민지에서의 해방의 한계점을 인식한 세력권의 등장이 이에 해당된다. 보수주의 작가 염상섭조차 공공연히 스스로를 심퍼사이즈(sympathizer, 동조자)라고 했는바 민족주의에 대한 한계가 곧 공산주의에 손을 내민 형국이었다. 세계를 양분할 만큼 거대한 계급투쟁사상과 민족주의의 결합이야말로 당면한 역사진행노선임을 염상법이 내세웠을 때 그것은 그 자신의 것에 그치지 않았다. 코민테른(국제공산주의조직)의 지도하에 조선공산당(1925)이 조직되었고, 같은 해에 카프가 이루어졌던 것이다. 일본의 경우 계급사상의 도입이란 계급해방 곧 노동자의 인간해방에 초점이 놓여 있었지만 한국의 경우는 무엇보다 식민지에서의 해방이 앞섰고, 계급해방이란 어디까지나 방편상의 이상주의에 속하는 것이었다. 이 이중성을 떠나면 사태를 올바로 파악할 수 없다고 나는 믿었다. 계급사상이든 민족주의든 일종의 방편이고 목표는 오직 민족해방이라는 것. 그 다음 사태는 아무래도 그때 가서 고려될 사안이 아니겠는가. 그것이 얼마나 어려운 과제인가를 해방공간 3년(1945~48)에서 넘치도록 우리가 겪어왔지만 적어도 탈식민지의 명분이 문학사는 물론 정신사적 원점이라는 논리 없이는, 카프문학의 위치를 제대로 잴 수 없다고 나는 믿었던 것이다.

그러나 이러한 믿음이 송두리째 흔들린 계기는 전주사건(1934~35)에서 왔다.

실상 카프의 제1차 검거(1931) 때만 하더라도 원점의 논리는 건재했다. 비록 재건공산당사건(코민테른 8월 테제에 의거, 해산된 조선공산당의 재건운동)에 연루된 것이긴 해도 카프는 건재했다. (따져 보면 카프 멤버 중 조선공산당 당원은 김팔봉의 형이자 조각가 김복진 한 명뿐이었다. 서기장 임화도 당원은 아니었던 것이다.) 이에 비할 때 전주사건은 차원이 달랐다. 카프 멤버 23명을 1년 반에 걸쳐 기소한 이 사건의 성격은, 카프 해산(1935.

5.)을 가져왔을 뿐 아니라, 나프와 같은 운명의 일환이었던 것이기에 제국 일본의 사상통제와 직결된 것인 만큼 독자적 카프 연구로서는 한계점이 아니면 안 되었다. 『한국근대문예비평사 연구』가 지닌 한계점이 바로 여기에서 왔다. 요컨대 이 저서는, 내가 할 수 있는 가능한 최대의 실증적 연구에 더도 덜도 아니었던 셈이다. 두 차례에 걸친 일본 체류에서 내가 통렬히 깨달은 것은 '실증주의 넘어서기'라 부를 새로운 차원의 연구과제로 정리된다. 그 연구의 입구에 놓인 것이 '전주사건'과 '일제의 사상통제의 관련 양상'이었는바, 구체적으로는, 미첼의 바로 그 책 『일제의 사상통제』였다. 종래의 역사관을 벗어나 수정주의로 나선 미첼이 내게 가르친 것은, 물론 나로서는 너무도 난감한 것이어서 조금도 실감이 오지 않았지만 논리적으로는 가능했는바, 그만큼 나도 탄력성을 가진 내면성을 키워온 내공(內攻)의 덕분이었다. ①일제의 피해자의 역사관도 ②서구식 민주주의의 논리도 아닌 ③국가경영자의 논리도 엄연히 있다는 것, 있되 주류적으로 있다는 것이 그것. 이 ③에 비하면 ①이란 약자의 르상티망(니체)에 불과하며 ②란 기껏해야 서양숭배자의 노예근성이거나 관념유희에 지나지 않는 것. ③의 현실지배세력과 관념(이데올로기)의 대결형태의 가냘픈 그러나 끈질긴 인간다운 모습이 ①이 아니었던가. 여기에서 드러난 것이 이른바 '전향론'이었다. '전향'이란 무엇인가. 내가 이해한 것은 ①, ②와 ③의 싸움 곧, 인간 대 권력의 갈등으로 정리될 성질의 것이었다. '인간' 대 '권력'으로서의 전향론을 내면에 깔면서 나는 또 하나의 저술을 기획하지 않으면 안 되었는바, 『한국근대문학사상사』(1984)가 바로 그것이었다.

대체 전향이란 무엇이며 우리에 있어 전향이란 또 무엇인가. 전향의 일반론에서 다시 한국적 전향론이란 무엇인가.

나는 이 문제에 힘을 쏟았다. 전향에 관한 일본 쪽의 논의를 가능한 한 살폈고, 특히 '전향문학'에 관해서는 원작을 찾아 음미까지 했다. (서울대 도서관 6층에는 경성제국대학 도서가 잘 보관되어 있음) 일본의 전향문학과 카프 해산 이후의 우리의 전향문학을 비교함이 내가 겨냥한 곳이었다. 그 준비과정으로 나는 일본 자료를 최대로 활용했다. 바로 이 점이 미첼의 저서가 지닌 전향의 정치사상적 과제에서 벗어나 이를 온전히 문학 쪽으로 이끌어 냄으로써 미첼을 넘어선 나의 독자성이라 믿었던 것이다. 그 근거의 하나를 전주사건 공판기록에서 새삼 확인할 수조차 있었다. 다음 표는 일본의 전향자 통계이다.

죄태 / 사상상태	공산주의	무정부주의	유사주의	민족운동	계
총괄	2,440	56	154	60	2,710
전향	1,246	26	78	27	1,377
준전향	1,157	29	75	33	1,284
비전향	37	1	1		39

(사상의과학연구회思想の科学研究会 편, 『전향転向』〈上巻〉, 平凡社, 1959, pp. 23~24.)

보다시피 총 2,440명 비전향자는 37명으로 되어 있지만 전주사건의 결과는 어떠했던가. 비전향자는 단 한 명도 없었다. 그렇다면 이들 모두가 위장전향(false conversion)에 나아간 자들일까.

저명한 공산주의자인 작가 하야시 후사오(林房雄)는 위장전향에 대해 이런 견해를 폈다.

구좌익의 개인이나 단체를 공격하기 위해 사용되고 있는데 공격자의 악의나 단견을 빼고 보면 이 말은 맞다. 가령 전향이 10년에 걸쳐 완성된다고 치면 처음 3년이나 5년은 '위장전향'에 틀림없다. 이 '10년'이란 단지 비유적 숫자이다. 전향의 결의와 노력을 가지면서 일생 걸려도 마침내 전향을 이루지 못하고 죽을 수도 있다. 인간의 갱생이란 그만큼 곤란한 것이라고 나는 믿는다.[6]

하야시의 이런 발언은 전주사건 체험자들의 것일 수도 있지만, 또한 별 차원의 것이 아닐 수 없다. 하야시처럼 망설임도 없이 일직선으로 군국주의에로 치달은 것과는 달리 전주사건 석방자들에 있어 위장전향에는, 근본적으로는, 조선의 민족주의 의식이 깔려 있었다. 모든 것을 일제가 망치고 있지 않았던가. 하야시는 이 사실을 잘 알고 있었다. 일본 전향자의 나아갈 길은 국가(천황제)에 있었다. 그렇다면 조선인 전향자는 어째야 할까. 그는 이렇게 말한 것으로 알려졌다. "씨가 조선여행에서 귀국한 뒤 어디선가 쓰기를 '우리들은 전향해도 돌아갈 국가가 있으나 그들에게는 그게 없다'라고."[7] 나아갈 국가가 없는 마당이기에 참으로 난처하다고 맨 정신의 하야시는 주장할 수밖에 없었을 터이다. 그렇지 않으면 조선작가는 조선어를 버리고 모두 일어로 창작하라는 논리에로 치달을 수밖에 없었다.[8]

위장전향이냐 아니냐의 과제가 개인의 선택사항에 준한 것이었음

---

6 林房雄, 『転向に就いて』, 湘風会, 1941, p. 15.
7 김용제, 「日本への愛執」, 『국민문학』, 1942. 7. p. 26.
8 「조선문화의 장래」, 『文学界』, 1939. 1. 좌담회 p. 276.

이 일본의 경우라면 한국의 경우는 어떠했을까. 이렇게 질문될 때 가능한 한 가지 척도를 나는 문학에서 찾고자 했다. 일본의 전향문학과 우리의 전향문학의 비교가 이에 해당된다. 그 접근방식은, 조금 지루할지 모르나 당시의 나로서는 혼신의 힘을 기울인 것이어서 간추려 여기에 다시 보이고 싶다. 내가 지닌 능력의 한계도 함께 드러나겠지만 주의 깊은 독자라면 그 밑에 깔린 내 중년의 열정이 감지되길 바라기 때문이다.

6. 전향소설의 일본적 양상

1) 전향이란 무엇인가

전향이란 과연 무엇인가. 이 물음에 대한 답은 앞에서 이미 말해진 것 가운데 어느 정도 암시되었을 것이다. 보통 전향이란, ①공산주의자가 공산주의의 포기를 의미하는 전향으로, 이는 소괄호에 넣을 수 있는 것이며 ②진보적 합리주의적 사상의 포기를 의미하는 전향으로, 중괄호에 넣어질 수 있다. 가령 일본의 경우 서양의 합리주의적 사상을 믿던 사람이 그것을 버리고 천황제에 귀순을 하든가 동양적 자연주의에로 나아갈 경우가 이에 해당된다. ③대괄호에 넣을 수 있는 전향은, 일층 폭넓은 것으로 사상적 회전 형상 일반을 말한다. 가령, A. 지드가 공산주의에 접근한 것도 전향이며, 거기에서 멀어진 것도 전향이어서 좌우를 불문하고, 이 범주에 들 수 있다. 이 중에서 ①의 전향을 중심으로 하여, ②의 전향에 관련을 지우는 것이 일본근대문학상에서는 거의 통설로 되어 있다.[9]

---

9 本多秋五, 『転向文学論』, 未来社, 제3판, 1979, p. 216.

한국의 경우와 이 사정을 비교해 보는 일은 한국근대문학사상의 해명에 매우 중요한 과제이거니와, 우선 우리는 일본 측에선 전향문제가 ①, ②에 걸치는 것이지만 한국쪽에서는 겉구조상에서는 마찬가지로 ①②이나, 속구조상으로는 ①에만 관련된다는 사실에서 두 나라 사이의 전향사상구조가 결정적으로 구분된다는 점에 주목한다. 작품을 통해 이 점을 확인하고 그 이유를 드러내고자 함이 이 글의 한 가지 목적이거니와, 이러한 작업은 단순한 비교문학적 시야를 넘어서는 것이어서 몇 가지 시각이 함께 요청된다. 하나는 ①의 일본적 성격이며 둘째는 ②의 일본적 성격이다.

일본의 경우 치안유지법과 직결된 ①의 전향은 단순한 진보적 사상에 대한 통제에서 연유된 것이 아니라 이른바 '고쿠타이'(國體) 개념에 관련된 것이었으며, 따라서 ①의 전향은 시간이 경과되면 그럴수록 필연적으로 ②를 향해 나아가지 않을 수 없었다. 공산주의자가 그 사상을 포기하는 것에 멈추는 일과, 거기에서 일층 나아가 천황제사상에로 귀순하는 것 사이에는 어떤 논의가 가로놓였던 것일까. 이 물음은 전향론 일반을 위해서도 음미될 필요가 있다. 그것은 전향문제를 어떤 일정한 고정된 시간 속에서 보는 관점에서 벗어나 시기적 단계 혹은 경과과정에서 살피는 시각이 요청됨을 뜻하는 것이기도 하다. 감옥에서 끝내 전향하지 않은 이른바 비전향자의 경우도, 종전 후의 시각에서 보면 일종의 ①의 전향에 해당되는 것으로 보아질 수 있다고 주장되는 것도 이 때문이다. 1934년도의 공산주의사상과 종전 후의 그것이 같은 범주에 드는 성격이라 볼 수 없음은 당연한 일이 아니면 안 된다.

전향론이 이처럼 복잡한 양상을 띠는 것은 그것이 직접으로 문학(예술)과 정치의 관계일 뿐 아니라 매우 은밀한 의미에서도 문학과 정치의 함수관계를 이루기 때문이다. 문학과 정치의 관계는 어느 사회 어느 시대에나 있는 것일 뿐 아니라, 그 관계가 대립적인 것으로 파악되어 왔음이 예술사의 상식으로 되어 있다. 문학이 예술인 한도에서는 그것은 인간을 억압하는 인습을 파괴하여 새로운 세계를 창조한다. 그 세계가 조만간 인습으로 변할 것이며, 이를 다시 파괴하는 작업이 예술이라면 예술은 영원한 부정의 되풀이일 터이나, 이 점에서 보면 예술은 그 원본성에서 혁명과 닮아 있다. 그 원본성에 있어 문학은 현상유지를 목표로 하는 정치와 상용되지 않지만 대체로 이 양자의 대립은 은밀히 내면화되어 표층으로 드러나지 않음으로써 내적 긴장을 유지하는 게 보통이다. 드물기는 하나 어떤 특정시대에는 양자의 대립이 표층으로 분출해 올라와, 물리적 폭력 행사에까지 이는 수가 있다. 1930년을 앞뒤로 하여 일본 및 한국에서 벌어진 전향론은 그 드문 사례의 하나이다. 그러므로, 전향문제를 일반화시키기에 앞서, 특정한 나라나 사회의 역사적 사회적 조건을 검토하는 일이 불가피하다. 즉, 전향론, 전향소설, 전향문제 등의 개념이 일차적으로는 1930년 무렵 일본문단에서 논의된 구체적 사실에서 벗어나지 않는다는 사실에서 우리의 논의는 출발되어야 한다. 따라서 우리는 먼저 다음 두 가지 점을 검토하지 않을 수 없다. 하나는 일본의 전향문제이며, '전향문학'의 개념 파악이 그 다른 하나이다.

2) 전향의 사회적·역사적 조건

먼저 우리는 전향문제가 1930년대를 전후한 일본사상계에서 비롯되었다는 사실을 분명히 해두어야 한다. 사상전향이란 어느 시대 어느 나라에나 알게 모르게 있는 일이지만 우리가 지금 논의하고자 하는 1930년대 우리 소설에서의 전향문제는 그러한 전향문제 일반에까지 연장되지는 않고 다만 일본사상계의 그것과 직접적으로 관련된 부분에 한정된다. 따라서 최소한 일본사상계의 앞뒤 사정과 경과를 살펴두지 않을 수 없다.

일본의 전향문제는, 법체계상에서는 치안유지법에 직결되어 있다. 치안유지법이 제정된 것은 1925년으로, 보통선거의 실시와 때를 같이 한 것이다. 이 법안을 서둘게 된 직접적 동기는 도쿄제국대학 경제학 교수 모리토 다쓰오(森戶辰男)의 논문 「크로포트킨의 사회사상연구」(『경제학연구』 1920. 1.)와 황태자를 저격한 아나키스트인 난바 다이스케(難波大助)의 과격행동으로 알려져 있다. 물론 무정부주의에 대한 일본정부의 통제는 대역사건으로 고토쿠 슈스이(幸德秋水)를 처형한 1911년까지 거슬러 올라가는 것이지만, 요컨대 외래사조로서의 무정부주의를 가장 위험한 사상으로 간주한 것이 1920년대 초반까지의 일본정부 측 태도였던 셈이다. 모리토의 논문은 크로포트킨의 무정부주의를 요약한 것으로, 그 사상이 단순히 아름다운 공상이 아니라 합리적 근거를 갖고 있다고 결론지은 것이다. 검찰은 이를 기소하여, 유죄판결을 내렸다. 모리토를 기소함으로써 국가는 언론출판에 대한 새로운 한계를 포고한 셈인데, 그 논쟁점은 고쿠타이 문제의 해석에 있었다. 대학 및 사상계에 침투한 아나키즘과 함께 난바에 의한 무정부주의적 행동은 사상통제가 곧 치안유지법에로 직결케 되는 계기를 보수주의자들에게 안겨다 준 격이었다. "고쿠타이 또는 세이타이(政體)를 변혁하거나 사유재산제도를 부인함을 목적으로 결사를 조직하거나 이를 알고도 이에 가입한 자는 10년 이하의 징역 또는 금고에 처한다"를 제1조로 하는 치안유지법이 제출된 것은

1925년 2월이었다. 이 법이 처음으로 적용된 것은 1925년부터 시작된 교토가쿠렌(京都学連) 사건에서였다. 이를 계기로 일본정부는 공산주의 조직을 철저히 검거하기 시작하는 한편 1928년과 1941년에 치안유지법을 일층 보강 완비하였다. 일본의 사회주의운동이 다소 막연하면서도 과격한 무정부주의에서 조직적이며 치밀한 공산주의에로 전개된 사실, 그리고 치안유지법의 성립과 그 강화는 엄밀한 대응관계를 이루는 것이다.

공산주의를 치안유지법으로 조직적으로 탄압하기 시작한 것은 1928년의 이른바 3·15사건에서부터라고 할 수 있다. 홋카이도(北海道)에서 규슈(九州) 남단까지 수천 명 관헌을 동원하여 일시에 감행한 수사에서 500여 명이 기소되고 당의 중요문서들이 압수되어 곧 판독되었다. 사법성에서는 직제상의 사상계 검사를 배치 운영하였는데, 심문과정에서 그들은 거꾸로 공산당의 본질을 배우면서 기소할 수 있었다. 1928년에서 1941년까지 공산당관계 피의자 총 6만 2천 명 중 기소된 것은 5천 명에도 못 미쳤으나 사상보호관찰법에 의거, 보호관찰처분에 처해진 것은 9천 명에 가까웠다.[10] 공산주의자들을 다룸에 있어 사법성이 안출해낸 방식을 살피지 않고는 어째서 저러한 숫자가 나왔는가를 이해하기 어려울 것이다.

교토가쿠렌을 다스릴 적에 이미 부각되었듯 공산주의자들은 양가의 출신이어서 장래가 약속된 청년층이었으며, 당국자와 같이 엘리트코스인 제국대학의 학생이 많았다. 말하자면 그들은 다름 아닌 기존 권위체제의 일원으로서 종래의 낡은 무정부주의적 과격분자와는 달랐다. 그

---

10 리처드 H. 미첼, 「일제의 사상통제」, 146쪽.

러므로 이들을 법적으로 처리함에 있어서는 전통적인 형사수속을 재고하지 않으면 안 되었다. 공산당재판을 적절히 수행한 공적으로 은상을 받고 대심원판사로 승진한 미야기 미노루(宮城實) 재판관은 재판 전에 피고인들과 몇 가지 원칙, 가령 피의자를 정치범으로 다룰 것, 재판을 공개로 할 것, 예심을 빨리 종결해 줄 것, 통일된 재판이 주어질 것, 피고인의 행동에 책임을 지며, 또한 재판소 측과 절충할 옥중위원회의 대표의 설치를 허락할 것 등의 사전합의를 했던 것이다. 말하자면 재판관과 피고 사이에는 어느 정도 공평한 게임의 규칙이 적용되었다고 보아진다. 이러한 공평의 원리는 공산당도 고쿠타이파도 함께 기성권위체제 속에 놓여 있었음을 궁극적으로 승인한 것이어서, 재판을 훨씬 성공적으로 이끌 수 있었던 것으로 평가되고 있다.

이와 꼭 마찬가지의 원리가 사상보호관찰법이다. 전향을 한 사람은 처벌을 하지 않고 갱생의 길을 법적으로 보장해 놓은 것이다. 많은 연구가들이 일본의 사상전향연구에서 이 사상보호관찰법을 법적인 조치 이전의 문제 즉 전통적인 사무라이의 윤리관에 연유되었다고 보는 것은 우리에겐 흥미있는 부분이 아닐 수 없다.[11] 물론 여기서 일본의 법체계라든가 전통적인 관습이라든가 내무성, 사법성의 구조를 살펴볼 틈이 없지만 요컨대 공산당사건의 재판이 단순한 사건이 아니라 이른바 일본의 '고쿠타이'를 흔든 거대한 사상사적 과제였음을 이로써 우리는 알아차릴 수가 있다.

---

11 Robert N. Bellah, "Continuity and Change in Japanese Society" in Bernard Barber and Alex Inkeles(eds), *Stability and Social Change*, Boston, Mass.: Little, Brown and Company, 1971, pp. 388~389.; 堀 一郎·池田昭 訳,『日本近代化と宗教倫理』, 未来社, 1966 참조.

그 사상사적 과제가 어떤 방식으로 해결되었는가를 문제삼을 때 비로소 우리는 '전향'이란 말에 부딪히게 된다. 대체 전향이란 무엇인가. 우선 우리는 이 말이 정치적 용어임을, 다시 말해, 재판과정에서 정식으로 등장된 것임을 주목하지 않으면 안 된다. 자백과 갱생을 기반으로 하는 전향문제는 우선 일본사회에 알맞은 것이었다. 1931년 3월에 공산당 사건의 처리방법으로 정식으로 채택된 전향은 개전의 상태를 고려한 5단계의 기준을 마련하였다. 전향자의 항목에 위로 3기준, 준전향자의 항목에 아래로 2기준을 두어 구분하였다. 그 5기준이란 ①혁명사상을 버리고 일체의 사회운동에서 벗어날 것을 서약한 자, ②혁명사상을 버리고, 장래 합법적 사회운동에 진출하고자 하는 자, ③혁명사상을 버리긴 했으나 합법적 사회운동에 대한 태도 미결정자, ④품고 있는 혁명사상에 동요를 보여 장차 그것을 버릴 가능성이 있는 자, ⑤혁명사상은 방기하지 않았으나 장래 일체의 사회운동에서 이탈할 것을 맹세한 자 등이다.[12] 이 5항목 중 ④, ⑤항에 해당되는 층이야말로 문제적이라 할 것이다. 기실 앞으로 논의된 전향문학의 개념에서는 문학이 삶의 섬세한 모럴감각을 다룬다는 뜻에서 ④, ⑤항이 주된 관심으로 부각될 것이다. 위의 5항목을 두고 볼 때, 이른바 공산당 최고간부인 사노 마나부(佐野学), 나베야마 사다치카(鍋山貞親)의 유명한 옥중전향선언 「공동피고동지에 고하는 글」(1933. 5)의 위치 및 수준은 어느 정도일까. 이 옥중선언이야말로 공산당 전향사상 뚜렷한 이정표를 긋는 것이기에 이에 대한 점검은 일단 짚고 넘어가야 될 부분이 아닐 수 없다.

---

12 리처드 H. 미첼, 『일제의 사상통제』, 162쪽.

최근의 세계적 사실(소련의 사회주의를 포함해서)은 우리에게 가르치고 있다－세계사회주의의 실현은 형식적 국제주의에 의거하지 않고 각국의 특수한 조건에 따라서 그 민족의 정력을 대표하는 노동계급의 정진하는 '한 나라 사회주의 건설'의 길을 걷는다는 사실을. 민족과 계급과를 반발케 하는 코민테른의 정치원칙은 민족적 통일의 강고함을 사회적 특질로 하는 일본에 있어서는 특히 통하지 않는 추상이다. 가장 진보적인 계급이 민족의 발전을 대표하는 과정은 특히 일본에 있어서는 잘 행해진 터이다. 세계혁명의 달성을 위해서는 자기 나라를 희생하는 일도 두려워하지 않음은 코민테른적 국제주의의 극치이며 우리들도 또한 실로 이것을 떠받들어 왔다. 그러나 우리들은 지금 일본의 우수한 제조건을 각성했기 때문에 일본혁명을 그 누구의 희생에도 제공하지 않을 결심을 했다.[13]

이러한 구절이 담긴 사노, 나베야마의 공동서명의 전향선언문이 『가이조』(改造)에 발표됨으로써 일본사상계에 준 충격은 대단한 것이었다. 이 선언문의 최대의 모티프의 하나가 코민테른 테제에 대한 공공연한 비판에 있었음은 두루 아는 사실이다. 코민테른(국제공산당)의 테제란, 여기서는 구체적으로 말해 3·2테제를 일컫는다. 이 체제는 반전임무를 규정한 것으로서 반동적 전쟁에 대해 세계의 전위적 공산당원은 비록 자기정부일지라도 적극적으로 그 패배를 절실히 요망하여, 소련동맹 옹호에 나아가지 않으면 안 된다는 것을 규정하고 있다. 옥중에서 이들 두 최고책임자들은 일본사상사, 불교사 등의 심오한 사상서를 읽었으며 그

13 本多秋五, 『転向文学論』, 未来社, 제3판, 1979, p. 179.

결과, 일본사상의 우수성을 깨달아 3·2테제에 반발하게 되었다고 말해지고 있다. 코민테른이 소련연방의 한마디를 각국 공산당의 최고 슬로건으로 삼기 위해 각국 노동계급의 이익조차 희생하게끔 한다는 것은 세계 노동자운동의 발전에 비추어 볼 때 옳지 않다는 것, 따라서 코민테른에서 단연 분리되어 다가오는 새로운 사회적 변화에 적응해야 한다는 것이 두 사람의 공통견해의 표면상에 드러난 모습이다.

이렇게 시작된 전향논의가 오늘날까지도 끊임없이 일본사상사의 주요쟁점으로 부각되어 논쟁의 꼬리를 물고 있음은 사상의 존재방식이 얼마나 섬세하고 까다로운 것인가를 새삼 우리에게 실감케 하는 사실이거니와, 전향론의 기폭제라든가 돌파구몫을 한 사노, 나베야마의 케이스를 검토한 종래의 연구의 방향을 보면 대체로 다음 세 가지로 정리된다.

① 외적인 조건으로서의 생명의 위협

전향을 "권력에 의해 강제되었기 때문에 일어난 사상의 변화"라고 규정할 적에는[14] 원칙적으로 모든 전향은 이 규정에서 벗어나지 못한다는 뜻에서 권력에 의한 강제는 전향의 기본항인 셈이다. 강제 수단에는 투옥, 사형, 고문 등의 폭력뿐 아니라 이권부여라든가 매스컴에 의한 선전 등 간접적 강제도 포함되지만 그 으뜸조건은 폭력에 의한 강제 즉 생명의 위협일 터이다. 당의 최고간부인 사노, 나베야마의 전향 동기도 그들이 투옥되어 무기형에서 15년형을 받은 사실로 미루어 일단 투옥에 의한 폭력의 위협이 전향조건의 하나를 이루었다고 보아 큰 잘못이 없다.

14 思想の科学研究会 編, 『転向』, 平凡社, 1962, pp. 33~34.

② 신봉하던 사상에 대한 내적 동요라는 조건

당의 최고간부인 두 사람이 단지 ①의 조건만으로 공동전향에 임했다고 보기에는 난점이 있다. 미결수 30%, 기결수 36%가 순순히 따를 만한 영향력을 끼친 사노, 나베야마의 전향론엔 적어도 그것에 상당한 논리적 거점이 있음에 틀림없다고 보아야 한다. 그것은 다름 아닌 코민테른의 테제에 대한 회의이다. 앞에서 이미 살펴보았듯 이들의 공동선언 속에는 3·2테제를 더 이상 따를 수 없다는 점이 명백히 표명되어 있거니와, 또한 그 속에는 "지금까지의 당의 입장대로 나아간다면 우리는 우리나라의 패전주의의 깃발을 올려야 하며, 지금 일어난 전쟁에 대해서 우리나라는 전쟁에 져야 한다고 말하지 않으면 안 된다"[15]라는 표현조차 포함되어 있다. 1931년의 만주사변, 1932년의 상해사변, 그리고 도처에서 일어난 일본우익의 테러사건을 위시하여 전쟁으로 기울어져 가는 대중적 동향을 어떤 관점에서 평가할 것인가라는 점이 일본공산당의 당면 과제였다. 두 사람의 공동성명은 기실은 이에 대한 하나의 해답으로 보아진다. 대다수의 인민이 천황숭배에 충실하고 일본의 전쟁목적을 지지하고 있는 마당에 그들만이 코민테른의 지령대로 천황제폐지를 주장하며 전쟁반대의 처지에 계속 버틴다는 것이 옳은 일인가. 이러한 회의 또는 비판이 물론 상식적 수준에서 행해졌을 턱이 없음도 사실이다. 그들이 코민테른의 3·2테제를 비판했다고 하나, 그것은 어디까지나 부분적인 비판이지 공산주의 또는 코민테른 전체를 전면적으로 거부한 것은 결코 아니었다. 천황제가 일본인의 중심에 위치한 것인 이상에는, 이를 시인한 바

15 鍋山貞親·佐野学, 『転向十五年』, 労働出版部, 1949, p. 153.

탕 위에서 공산주의 또는 코민테른을 지지한다는 뜻이었다. 각국은 저마다의 국민성과 역사적 상황에 근거하여 당의 혁명을 수행해야 한다는 것이다. 그러므로 일본의 경우엔 그것은 천황의 지도성을 의미하게 된다. 일본은 열강의 하나로, 일본보다 약한 이웃을 병합할 의무가 있다는 것, 그러기에 그들은 만주사변을 지지한다는 것이다. 이들에게 있어 일본공산당은 천황의 지도하에 활동하는 '신공산당'으로 체질개선을 꾀하지 않으면 안 된다고 주장되었다.[16]

이렇게 보아온다면 이들의 전향 동기는 민족주의적 공산주의로 보아질 수가 있게 된다. 천황의 지도하에서의 공산주의란 기실은 천황제 군국주의와 동일한 것에 불과하며 따라서 '신공산당'이란 일종의 말장난에 불과하다고 보아질지 모르나 사실은 그렇게 간단하게 결론지어질 성질의 것이 아니다. 오늘날 세계 어느 지역의 공산주의도 자국의 민족주의를 기본바탕으로 하여 전개하지 않는 것은 없다는 사실로 미루어 보면, 그 사정이 드러날 것이다. 이렇게 보아올 때, 사노와 나베야마의 공동선언의 동기로는 ②가 ①보다 일층 본질적이라 보아질 수 있다.

③ 대중으로부터의 고립에 대한 두려움

두 사람의 전향의 내적 모티프의 궁극에 있었던 것은 대중으로부터 당과 그들 자신이 분리되는 것에 대한 두려움이라 보는 견해가 요시모토(吉本)에 의해 표명되었는데, 이것은 가히 날카로운 통찰이라 할 만하다. 전향이 외적으로 주어진 강제에 보다 내적인 생존의 문제로서의 생활감각

16 같은 책.

인 '대중으로부터의 고립감'에 더 큰 이유를 두고 있다고 볼 때 그 고립감이란 대체 무엇인가.

3) 전향의 사상사적 과제

이 물음에 관해서는 다음과 같은 두 평론가의 견해가 시사적이다. 하나는 오다기리 히데오(小田切秀雄)의 견해인데, 그는 「퇴폐의 근원에 대하여」(1953)에서 이른바 나프(NAPF)의 지도적 인물이며 옥중에서도 전향하지 않고 끝내 사상을 지킨 이론가 구라하라 고레히토(藏原惟人)를 위시, 그러한 비전향축에 속하는 사상가를 두고 그들이 그들의 신봉하는 이데올로기를 끝내 배반하지 않고 생명의 위협을 무릅쓰면서 그것을 지켜온 것은 기실은, 대중을 무시 내지 배신한 것이라는 관점을 세워 날카롭게 비판한 것이다. 일본의 프롤레타리아문학이 1934년 봄에 나프(NAPF, KOPF) 해산을 계기로 급속히 붕괴된 이유란 무엇일까, 이렇게 오다기리는 스스로 묻고, 그 까닭은 나프 지도부의 이념이 일본 민중과는 담을 쌓고 독불장군 같은 곳에 있었기 때문이라고 주장하였다. 주지하는 것처럼 일본 프롤레타리아문학운동은 1928년 3월 나프 창설을 계기로 크게 성장했으며, 1931년 나프가 코프(KOPF, 일본무산자예술연맹)로 발전적 해소를 할 때까지 공산주의문학운동은 예술적으로는 물론 조직적인 면에서도 급속히 발전했다. 1932년 봄부터의 탄압 가중과 그것에 의한 붕괴는 이 시기의 문학운동의 특질과 근본적인 관련을 가진다. 그것은 프롤레타리아문학운동의 지나친 정치주의적 편향이라고 말해지기도 한다. 이 편향은, 기실은 문학운동에서이기보다는 그것의 바탕인 일본 공산주의운동 자체에서 연유된 것이었다.

프롤레타리아문학이 공산주의문학에로 자기를 이끌어 올리는 일이 과연 일본의 풍토에서 가능했던 것일까. 일본의 경우, 끝내는 공산주의 문학운동이 아닌, 프롤레타리아문학운동에 멈추어야 했던 것이 아닐까. 이 물음에 대한 깊은 통찰이 없이는 사태를 올바로 파악하기 어렵다. 작가동맹의 지도자들은 프롤레타리아문학운동을 직접 공산주의문학운동으로 이끌어 올림으로써 스스로를 전위적인 부분에 집결시키는 노선을 최선의 것으로 삼았다. 조직 내의 아나키즘, 절충파, 기타 불투명한 요소를 깡그리 배제하고자 했던 것이다. 그 결과 그들이 가장 신경을 써야 될 노동자, 농민 즉 민중의 생활과 깊은 관련이 있는 소박한 문학적 현실을 배제하기에 이른 것이다. '전위의 관점'에서 세계를 본다는 명제가 그것이며, 이에 충실하면 할수록 민중과는 멀어지는 결과를 초래했다. 문학운동은 이러한 전위적 철저성에 의해 예술적으로도 조직적으로도 급격히 발전했으나 그것은 전위적 부분만의 고립적 진전일 뿐, 일본 근대문학의 민중적 부분과 결합하는 데에는 마침내 실패한 것이다. 프롤레타리아문학이 노동자계급만이 아니라 그보다 폭넓은 민중적이고 민주적인 요구를 예술적으로 반영하지 못한 것은 이 운동 자체의 커다란 한계인 셈이다.[17]

이러한 비판 입장에 선 오다기리의 견해와 함께 요시모토의 관점도 매우 날카로운 것으로 보인다. 요시모토에 의하면 전향사상이란 "일본의 근대사회의 구조를 총체의 비전으로 파악하고자 시도하다가 실패했

---

17 小田切秀雄, 「퇴폐의 근원에 대하여」, 『小林多喜二』, 有信堂, 1969, p. 273.

기 때문에 인텔리겐차 사이에서 일어난 사상변환"[18]이라고 규정되거니와, 그에 의하면 전향은 3가지 유형으로 분류된다.

제1유형은 사노와 나베야마의 사례에서 보듯 관헌의 탄압이라든가 또는 대중으로부터의 고립감에서 오는 두려움 때문에 전향을 하는 유형. 요시모토는 권력에 의한 강제가 전향의 최대의 동인이라 보지 않고, 대중으로부터의 고립감, 즉, 이름없는 서민조차도 천황을 위해 죽고자 원하는 군국주의 밑에서 이들 국민 대다수와의 연대감에서 고립된다는 것에 대한 두려움이 전향의 참된 동기라고 파악했던 것이다. 어느 쪽이든, 요컨대, 이 유형의 사상적 추이는, 일본사회의 봉건적 성격의 우성유전적 요소(일본적인 관습 또는 삶의 모럴)에 무조건 굴복한 것이라고 해석될 수 있다.

제2유형은 나프의 지도적 인물이며 감옥에서도 끝내 전향하지 않고 신봉하던 공산주의사상을 지킨 구라하라 고레히토(藏原惟人), 미야모토 겐지(宮本顯治) 등 이른바 종래 비전향자라 불린 사람들을 포함한다. 이들은 마르크스주의(또는 자기가 신봉하는 어떤 특정한 사상이나 신조)를 하나의 원리로서 완결되고 완전한 것이라고 파악한 결과 그것을 자기가 소속된 일본이라는 사회에 적응시켜 검증하고자 하지 않고 오히려 그러한 일에서 도피한 경우이다. 감옥에서 끝까지 어떤 사상을 지킨다는 것은 그 사상이 현실에 맞는가 아닌가를 검증하는 일과 별개로 분리되어도 좋은 것일까. 여기까지 추구해 간 요시모토의 촉수는 날카로운 것이라 할 만하다. 가령 사회주의 또는 공산주의운동이란 노동자민중을 해방시키

18 吉本隆明, 「転向論」, 『芸術的抵抗と挫折』, 未来社, 1959, p. 168.

는 거룩한 운동이라 치자. 그럼에도 당시 민중의 대부분이 천황을 위해 목숨을 기꺼이 버리겠다고 나서고 있었던 게 현실이라면, 그 훌륭한 마르크스주의사상을 사상 자체로 신봉하며 끝까지 지킨다는 것이 무슨 의미가 있는 것일까. 이러한 의문이 하나의 구체적 사실로 증명된 사태가 종전 후에 명백히 드러남으로써 이러한 관점이 큰 거점을 갖게 되었다. 즉, 전후 일본공산당은 천황제가 없어진 마당인데도 여전히 노동자 민중과는 별로 관련이 없는 고고한 정당으로 되어, 일본사회개혁에 여지없이 실패했던 것이다. 오다기리나 요시모토의 비판이 솟아난 것도 이러한 사실을 전제로 한 것임은 새삼 물을 것도 없다.

제3유형은 소설 「시골집」(村の家, 1935)에서 드러나는 나카노 시게하루(中野重治)의 경우이다. 나카노는 옥중에서 정치활동을 포기한다는 자인서를 쓰고 보석 출감을 요구한다. 이 사실은 작품 「시골집」의 주인공 벤지(勉次)가 작가 자신임을 정확히 드러낸 것이다. 이 작품이 전향소설의 대표작 가운데 하나로 꼽히게 된 근본이유도 이 점에서 유래되거니와, 여기서 당초 공산당인 나카노(주인공)가 '정치활동을 버린다'는 자세를 분명히 하고 있음에 우리는 주목할 필요가 있다. 그러나 '정치활동을 버린다'는 자세를 통해 그가 '새로운 종류의 정치활동'을 감행해 가는 심리적 변화과정을 우리는 엿보게 된다.

작품의 주인공은 시골 출신으로 도시에 진출하여 공산당운동에 가담한 지식인이다. 공산주의운동 즉 정치활동을 버린다는 조건하에 그는 출옥하여 시골 고향으로 내려간다. 주인공은 33세이고 그 아비는 69세이다. 아비는 가난하고 무식한 농민이나 조합운동과 동리 일에 헌신적이며 정직한 일본적이고 봉건적인 인물이다. 아들이 감옥에 있을 때나 재판 때에도 온갖 일을 돌보아온 그런 위인이다. 돌아온 아들을 향해 그 아비는 준엄하게 꾸짖는다. 자기가 선택한 사상에 죽을 수 없을 정도라면, 그런 것에 대해서 글을 쓰는 일은 앞으로는 집어치워야 한다는 것이 늙은 아비의 생각이었다. '정치적 활동을 버린다'는 조건은 공산당 문필가인 주인공에게는 공산주의적 문필활동을 포기한다는 뜻이리라. 아비가 자식의 이러한 생각을 공격하는 것은, 전향이란 사나이답지 못한 비겁한 짓이며, 따라서 이왕 전향을 했으면 죽은 듯이 한평생 입놀리지 않고 살아가야 한다는 뜻이 은연중 내포되어 있다. 다른 말로 하면, 일본의 봉건적인 우성유전으로서의 요인이 아비를 통해 아주 잘 드러난 셈이다. 이에 대해 아들인 주인공은 "무슨 뜻인지 잘 알지만 역시 앞으로도 계속 쓰고 싶습니다"라고 대답한다. 이 작품의 결말 부분은 부자간이 대작하면서 얘기하는 장면으로 이렇게 되어 있다.

> "어떻게 할 참이여."
>
> (라고 아비가 물었다.) 벤지는 마음을 정할 수가 없었다. 다만 그는 지금 붓을 던진다면 정말 막판이란 생각이 들었다. 그는 그런 생각이 논리적으로 설명될 수 있으리라고 여겼으나, 자기가 아비에 대립할 수는 없다고 느꼈다. 그는 한편으로는 어떤 함정 같은 것을 느꼈다. 그는 그것을 느끼는 것이 부끄러웠다. 그것은 또 자기 자신에게 부끄러움을 느끼지 않는 증거인 듯한 느낌도 들었다. 그러나 그는 무엇인가 느낀 경우, 그것을 그 자체로 해명하지 않고 다른 것으로써 눌러 없애 버리는 것은 결코 하지 않으리라고 생각했다. 이는 그들의 조직의 파괴를 통해 자기의 경험으로써 두 해 반 동안에 취득한 것이다. 자기 자신은 마음 밑바닥에서부터의 부끄러

움을 느끼지 못할지 모른다. 그러나 함정을 함정이라 느끼는 것을 자기 자신에게 거부할 수는 없다. 만일 이것을 깨어 버린다면 이야말로 끝장이다. 그는 자신이 기질적으로 타인에게 자신을 잘 설명하지 못하는 ××××인가고 생각되어 막연하고 멍청한 서글픔 같은 것을 느꼈으나, 역시 다음과 같이 대답했다. "잘 알겠습니다만, 역시 계속 쓸 작정입니다."[19]

주인공이 아비에게 이렇게 대답했을 때 일본의 서민 속에 있는 봉건적 우성유전과 대결함으로써 새로운 경지를 열어가는 혁명가의 모습이 드러난다. 그것은 외부의 강제라든가 대중으로부터 고립되는 것에의 공포 때문에 전향한 사노, 나베야마의 유형과 다르며, 대중에 대하여는 무관심하면서 자기 사상에만 일관하여 논리를 지킨 구라하라, 미야모토의 유형과도 구별된다. 이를 제3의 유형 또는 '불가피적인 전향'이라 부르고 있다.[20]

여기까지 이르면 이제 우리는 전향자와 전향소설(문학)의 개념 및 그 관계를 조심스럽게 살필 수가 있게 된다.

4) 전향문학의 성격

일본에서 전향문학을 논한 글다운 글로는 스기야마 헤이스케(杉山平助)의 「전향작가론」(1934. 11.)이 있다. 여기서 그는 마르크스주의 예술가가 사회정세에 응해서 정면적인 항쟁의 태도를 취하지 않고 어떤 종류의 사

---

19 中野重治, 「村の家」, 『經濟往來』 1935年 5月号, pp. 243~244.
20 思想の科学研究会 編, 『転向』, p. 354.

상적 및 생활적 태도의 유연성을 띠는 경우를 지칭하고 있는데, 이것은 어디까지나 '전향작가'를 규정한 것이지 '전향문학'을 규정한 것은 아니었다. 그러나 마르크스주의를 믿던 문학가가 전향하여 쓴 문학을 전향문학이라고 일차적으로 불렀던 것이 당시의 시대적 감각이었음은 의심의 여지가 없다. 그러나 일본이 전시체제를 향해 나아가자 전향에 대한 문단적 감각도 일층 날카롭고 깊어지지 않으면 안 되었다. 이런 단계에 이르면 전향한 작가의 작품 중에서도 사상문제를 특별히 창작의 동기로 삼은 작품만을 '전향문학'이라 규정하기에 이른다. 이러한 일본적 사정과 전향문학의 전개과정을 살펴보면 다음과 같다.

먼저 우리는 일본의 전향문학의 거의 대부분이 작가의 전향을 취급한 것임을 염두에 두지 않으면 안 된다. 노동자나 농민이나 전위정치가의 전향을 다룬 작품을 생각하기는 거의 불가능하다는 사실이야말로 특징적 현상이라 할 만하다. 시마키 겐사쿠(島木健作) 같은 작가는 문학가 아닌 주인공을 내세워 작품을 쓰기도 했으나 그런 것은 예외적 현상이고 게다가 독자도 비평가도 일본의 전통적 소설감상법에 따라서 작중인물을 작가 자신이라 보고 읽기 때문이다. 이러한 관점에서 전향문학의 전개과정을 다음과 같이 4단계로 나눠 고찰해 보기로 한다.

첫단계, 1932년을 전후한 하야시 후사오(林房雄), 도쿠나가 스나오(德永直) 등의 전향노선. 1932년이라면 그 전해에 구라하라 고레히토(藏原惟人)의 유명한 논문 「예술적 방법에 대한 감상」이 발표되어 창작방법상에서 '전위의 눈'과 '주제의 적극성'이 강력히 주창되던 해이다. 이해 4월에 출옥한 하야시 후사오는 프롤레타리아작가로서의 자신에 대한 회의를 여러 글에서 드러내기 시작했으며, 그러한 회의과정을 다룬 장편

「청년」이 발표된 것은 사노, 나베야마의 전향선언이 발표되기 한 해 전이었다. 1933년에 가메이 가쓰이치로(亀井勝一郎)가 「동지 하야시 후사오의 근업에 대하여」(1933. 9.)에서 비판과 공감을 동시에 제기하였으며, 1933년엔 도쿠나가 스나오가 「창작방법의 새로운 전환」(1933. 9.)에서 '주체의 적극성'이 작가의 창작에 도움을 주는 것이 아님을 주장하였다. 이무렵 코프(나프) 주류는 구라하라 고레히토 등이 감옥에 있었기 때문에 고바야시 다키지(小林多喜二), 미야모토 겐지(宮本顯治), 미야모토 유리코(宮本百合子) 등으로 구성되었으며, 이들로부터 하야시, 도쿠나가, 가메이 등은 맹렬한 비난을 받았다. 하야시는 '우익적 편향'이라 비판받았고, 가메이는 '조정파', 도쿠나가는 '교란자'로 불리웠다.

둘째 단계, 1934년에서 1936년에 걸쳐 본격적으로 진행된 전향문학은 1932년 3월 코프 탄압 사건으로 감옥에 간 이른바 코프 및 작가동맹의 중심인물인 나카노 시게하루(中野重治), 구보가와 쓰루지로(窪川鶴次郎), 무라야마 도모요시(村山知義), 미야모토 유리코(宮本百合子), 야마다 세자부로(山田清三郎) 등이 약 두해 반을 경과한 1934년 봄에 일제히 출감함으로써 비롯된다. 이러한 작가들의 활동재개는 사노와 나베야마가 전향성명을 내고 작가동맹이 해산된 사실이 세상의 입에 오르내린 직후의 일이어서 주목의 대상으로 되기에 족했다. 엄밀히 말해 전향문학이란 이 단계에서 열려진 것이며, 그만큼 고민에 차고 긴장된 문학적 현상이었다. 무라야마 도모요시의 「백야」(白夜, 1934. 5.) 「귀향」(歸鄕, 1934. 5.), 시마키 겐사쿠(島木健作)의 「문둥병」(癩, 1934. 4.), 나카노 시게하루의 「시골집」「소설 못 쓰는 소설가」(小説の書けぬ小説家, 1936. 1.), 다카미 준(高見順)의 「옛 벗을 잊을소냐」(故旧忘れ得べき, 1935. 2.), 도쿠나가 스나

오(徳永直)의 「겨울 모습」(1934. 12.) 등이 제2기 전향문학의 범주에 드는데, 이 중 전향문학의 본래적 성격이자 제2단계적 특징을 대표하는 전형적 작품이 나카노의 「시골집」과 무라야마의 「백야」로 꼽히고 있다.[21]

연극운동에서도 크게 두각을 드러낸 바 있는 무라야마가 소설을 쓴 것은 약 2년 정도이며, 장단편 합해서 30여 편인데 그 대부분이 전향문제를 다룬 것이다. 이 작품을 분석함으로써 이른바 전향소설의 본질을 엿보기로 한다.

「백야」에는 세 사람의 인물이 나온다. 상당한 재능을 가진 작가이며 공산주의 운동에 깊이 관여한 가노 에이지(鹿野英治)가 주인공이다. 결혼생활 7년에 접어든 그의 아내 노리코는 시골서 자라 도쿄에 와서 여학교를 나온 문학소녀였으며, 잡지사 기자를 거쳐 가노와 결혼한 것이다. 노리코의 집안에서는, 비록 재능은 있다고 하나 가난하고 문벌 없는 가노를 사위로 받아들이기를 꺼렸으나, 가정적이 못 되는 노리코의 처지도 있어서 혼인이 승낙된 것이다. 노리코가 노동자들의 아동을 위한 잡지편집장으로 발탁된 시점에서부터 이 작품은 시작된다. 편집회의에는 매력적인 남성인 기무라 소키치(木村壯吉)가 등장한다. 기무라는 고등학교를 마치고, 독일과 소련에서 4, 5년 철학, 문학을 연구하고 3, 4년 전에 귀국하여 공산주의 문학운동에 깊이 관여하기 시작한 인물이다. 기무라는 매우 우둔한 문장으로써 예술론이라든가 비평을 쓰기 때문에 처음엔 주위의 시선을 끌지 못했으나, 순서를 건너뛰지 않고 차근차근하게 이론을 전개하고, 확실한 결론에 도달한 것이어서 점차 그의 인기는 상승, 마침

21 『転向文学論』, p. 200.

내 날카로운 비평가를 능가하게 되는 인물이다. 그의 이론은 단연 공산주의 예술운동의 이론적 지도자급에 이른 것이다. 사려 깊은 작은 눈, 5척 8촌의 키, 네모진 이지적인 턱을 가진 기무라에게서 독자들이 실제의 인물인 구라하라 고레히토(藏原惟人)를 연상하게 되는 것은 극히 당연한 일이다. 노리코는 점차 기무라의 인간적 매력뿐만 아니라 이론적 지도자로서의 능력에도 끌려 사랑하는 관계를 맺으며, 기무라 역시 노리코를 사랑한다. 그러나 두 사람은 아직 결정적 상태에는 이르지 못한다. 한편 가노는 이미 노리코를 사랑하지 않고, 공산주의 극단의 여배우이자 가정적이라 소문난 유부녀인 연상의 여인을 사랑하며 이 사실을 노리코에게도 고백한다. 그러면서도 아직 두 사람의 부부관계는 계속된다. 이러한 찰나, 기무라도 가노도 체포되어 감옥살이를 하게 되며, 노리코는 두 남자 사이를 오락가락하며 뒤치다꺼리를 한다. 2년 반 동안의 그 과정에서 기무라는 끝까지 전향하지 않으며 가노는 전향하여 출감하게 되는데, 과연 가노의 전향동기는 무엇이었던가. 나카노의 「시골집」에는 전향심리가 직접적으로 드러난 부분이 없지만 「백야」에서는 전향심리가 매우 섬세하게 포착되어 있다. 그 부분을 이끌어 내면 다음과 같다.

Ⓐ……(감옥)에 있을 동안 가노는 기무라가 자기와는 달리 끝까지 한마디도 발설하지 않았음을 알고는, 벽에 머리를 부딪치며 자책했으나 그런 일은 자기에겐 불가능한 것임을 깨닫지 않을 수 없었다. 어두운 (감방)구석에 앉아 그는 몇 번이나 그런 (고문의) 경우의 광경을 상상하면서 남이 보지 않는 곳에서 스스로 자기의 육체를 탓해도 보았으나, 자기는 그러한 경우엔 필경 더 견디지 못할 것임을 자인하지 않으면 안 되었다. 감정의

둔감함이라든가 활동의 불규칙함이라는 측면에서는 그가 다소 경멸하고 있는 마쓰이 신조(松井信造)가 기무라와 같은 태도를 취하고 있음을 알았는데 오랜 동안 쌓아올린 자신감이 그가 꿈속에서조차 찾고 찾는 구실임에도 불구하고, 바삭바삭 붕괴되어 감을 어찌할 수가 없었다. 그는 어둡고 긴 낮 동안 기무라와 마쓰이의 모든 부분을, 삶의 태도를, 학력을, 얼굴을, 모습을, 버릇을, 문장을, 단어 하나하나를 해부하여 낱낱이 자기와 비교해 보는 것이었다.[22]

Ⓑ이리하여 두 해 가까이를 (감옥에서) 살았다. 전혀 바람이 통하지 않는 두번째 여름을 넘길 무렵부터 그의 마음은 무엇인가 끝 모를, 누르기 어려운 것에 침식되기 시작하였다. 헤아릴 수 없는 먼 옛날부터의, 얼굴도 이름도 생애도 없어져 버린 부모의 또 그 부모의 부모의, 피와 살이, 이름 짓기 어려운 그 무엇이 그 끝의 작은 혈육인 그를 집어삼켜 버릴 것처럼 생각되었다. 아무리 울부짖어도 아무런 반응도 없는 것이었고 그런 것과의 밤낮을 안 가리는 싸움에서 그는 저도 모르게 소리내어 신음하고, 손으로 머리를 때리며, 손톱으로 벽을 할퀴고 있었던 것이다.[23]

이 두 토막은 전향심리의 묘사로서는 매우 불충분하지만, 이만큼 깊이 추구된 소설도 일찍이 없었다고 지적되었다. 이 작품에서 우리가 새삼 주목하는 것은 주인공 가노와 아내 노리코가 이혼 직전에 마침내 화

---

22 村山知義, 「白夜」, 『中央公論』, 1934年 5月号 창작란, p. 21.
23 같은 글, p.25.

해하기에 이르는데, 그것이 기무라의 비전향을 통해서라는 점에 있다. 기무라 때문에 가노와 노리코의 사이가 이혼 직전까지 간 것도 사실이지만 그 기무라 때문에 두 사람이 다시 결합되는 것도 사실이라면 전향의 의미란 이들에게 있어서 무엇인가. 우리는 가노 부부가 서로 자기들의 애인이 있음을 고백했고, 그런 다음에 가노와 기무라가 동시에 감옥에 갔음을 보았다. 노리코가 두 해 동안 남편 치다꺼리를 했지만, 남편을 계속 사랑할 것인가 기무라를 사랑할 것인가의 고민과정을 통해 몰라보게 자기를 성숙시켰음은 이 소설의 큰 강점이다. 노리코는 감옥에 있는 남편에게 자기는 기무라를 사랑하므로 헤어지자는 뜻을 전달하고자 했으나 실패하였다. 검열을 거쳐야 하는 편지였기 때문이고, 또 면회를 통해서도 사정은 마찬가지였다. 참으로 노리코가 남편에게 말하고 싶은 것은 이혼이라든가 그런 것이 아니고, 남편의 자기 멋대로의 삶의 태도에 대한 불만 내지 비판이었음이 판명된다.

> 나는 당신이 나와는 마치 타인같이 느껴져 두려웠습니다. 생각해 보면 당신은 나에 대해서 그처럼 지독하게는 느끼지 않은 듯이 생각되었습니다. 그래 나는 자기가 매우 박정한 사람이 아닌가도 생각되어 당신의 불행함에 대해 가슴이 아프기도 했습니다. 이러한 기분에 싸여 있을 적에 당신은 나를 꾸짖고, 자기 멋대로의 도덕을 내게 강요하는 편지를 (옥중에서) 여러 차례 보내왔기에 나는 최후의 그 편지를 쓴 것입니다. 나는 그 편지에서 다음과 같은 말을 하고 싶었으나 검열이나 기타 이유로 사실을 분명히 말할 수가 없었습니다. 내가 말하고자 한 뜻은 당신과의 지금까지의 결혼생활이 바른 의미에서 조금도 도덕적이 아니었다, 그러나 자기는 결

혼생활에 있어 일층 도덕적임을 바라고 있다, 그 때문에 당신 멋대로의 방식으로는 이젠 되지 않을지도 모른다라는 것이었습니다.[24]

가노가 옥중에서 전향을 하게 된 직접적 동기는 노리코가 쓴 이 편지 때문이었지만 참된 동기는 이보다 훨씬 깊은 곳에 자리를 잡고 있다. 그것은 노리코가 말하는 가노식의 '도덕적인 것' 때문이다. 가노가 말하는 도덕이란 자기 멋대로 규정한 일방적인 것이어서 타인은 물론 아내조차도 인격체로 대접하지 않는 태도이다. 가령 가노가 아내를 향해 기무라와 육체관계를 맺었는가를 추궁하는 다음과 같은 대목을 보면 이 태도가 분명히 드러난다.

"만일 내가 그러한 것을 했다면 어쩔 터이오?"

"안 돼, 절대로 안 된다."

"안 되다니요……"

"이혼이다. 즉각 이혼이다."

이때 그녀의 모습은 한순간 움츠러들었으나, 그녀는 더욱 반항적인 눈빛을 떠올렸다.

"자기는 얼마든지 그것을 하는 주제에."

"별 문제다."

"그런 멋대로의 짓이라니. 남자가 멋대로 그래도 좋다면 여자라고 못할 것 없어요. 만일 여자가 그런 짓 하는 게 나쁘다면 남자도 나쁜 것이지."

---

24 같은 글, pp. 42~43.

"그렇게는 안 돼. 도저히 참을 수 없으므로 별 문제다."[25]

이 대화에서 잘 드러나듯, 가노의 도덕이란 이런 것이며, 이 도덕은 기실 남성 중심인 동양적 내지 일본적 서민의 윤리감에 다름 아니다. 가노가 말하는 도덕이란 공산당의 그것과는 전혀 관계없는 일본 서민의 그것, 요시모토(吉本)의 표현을 빌리면, 봉건적인 우성유전의 일종이다. 이것에 어떻게 대결하고 어떻게 극복하는가를 묻는 일이 작품 「백야」의 문제점일 터이다.

이 작품에서 주인공 가노는 4년 동안(감옥에 가기 전 두 해와 간 뒤의 두 해)에 걸친 노리코의 삶의 고백을 듣고서야 비로소 자기가 얼마나 주관적이며 이기적이었는가를 깨닫게 되는데, 이 깨달음이야말로 전향소설의 기본축을 이룬다. 그 깨달음이 기무라라는 비전향자를 통해서 가능했다는 사실이 전향소설의 성격을 결정짓는다. 그러므로, 이 소설의 결론 부분을 그대로 옮겨 음미하기로 한다.

노리코의 고백을 들으면서 가노는 우선 깊은 절망에 빠졌다. 노리코의 마음은 지금 타인의 마음과 결합되었으며 그 타인은 손 닿기 어려운, 자기보다 훌륭한 존재였고 더욱 중요한 것은 그 결합이 예컨대 어떤 일이 일어나도 절대로 변할 수 없다는 점이 분명해진 사실이다. 이러한 사실을 고백하면서 혹은 아이들 모양 미소짓기도 하고, 부끄러워 얼굴을 가리기도 하고, 안절부절 얼굴을 찡그리기도 하고 눈물을 닦지도 않고 흐르는

---

25 같은 글, p. 32.

대로 내버려 두기도 하는 이런 노리코는 이전의 노리코와 완전 동일한 노리코이다. 자기는 그녀의 가치를 발견할 수 없었으며 단지 윽박질러 괴롭힐 따름이었는데 기무라는 금방 그것을 알아차리고 깊은 사랑을 키울 수가 있었다는 데 생각이 미치자 그는 우울해졌고 또한 부끄러운 기분을 감추기 어려웠다. 이런 기분은 질투심과는 전혀 인연이 먼 것이었다. 그는 기무라와 노리코가 결혼한다면 얼마나 아름다운 생활을 낳을 것인가를, 세세한 구석까지 눈앞에 그려볼 수가 있었다. 두 사람이 그렇게 하여 가노의 상상력이 미치는 한에서는 가장 완전하고 행복하게 아름다운 결혼생활을 갖는다는 것이 얼마나 그에게도 바람직스러운 것인가. 그러나 자기의 마음을 돌아보자, 이것은 실로 뜻밖이지만, 그에게 노리코는 절대로 떠나가서는 안 되는 존재로 되는 것이었다. 이것은 기무라가 단지 한 사람의 연인으로서 그녀를 선택했다는 것에서부터, 그녀의 본질적인 가치가 생각하면 할수록 분명해졌던 탓이며, 또 노리코가 최근 3년 사이, 기무라와 그 사이를 왔다갔다한 것에 깊게 마음 닿은 때문이기도 하지만, 그러한 것의 밑바닥에는 역시 오랜 동안 상극하면서도 쌓이고 쌓인 부부애라는 것이 있었던 것이리라. 왜냐면, 노리코도 그러한 것이 있음을 느끼고 있었기 때문이다. 가노는 어떻게든 노리코를 놓치고 싶지 않았다.

"그래 당신은 어떻게 살 참이오? 역시 바람 피울 참인가요?"라고 노리코가 묻자, 가노는 이맛살을 찡그리며 자기의 마음속을 더듬었다. 그리하여 이렇게 말하지 않을 수 없었다.

"바람 피울 생각은 없어. 그렇지만 역시 바람 피울 경우가 되면 피우겠지." 그녀는 배시시 웃었다. 그 웃음은 마음 편한 대로 해보시라는 뜻 같기도 하고, 또한 어쩔 줄 몰라하는 뜻 같기도 했다. 본질을 알 수 없는 표정으로 그녀는 그를 본다.

"당신은 기무라 씨에 대해 어떤 기분이야요?"

"기무라에 대해 아무리 생각해 보아도 조금도 증오심이 느껴지지 않아. 이는 내게도 참으로 뜻밖이다. 그렇지만, 미워하는 마음이 없을 뿐만 아니라 이를 통해 점점 존경하는 기분이 솟아나는군."

그녀는 자기 뜻대로 되었다는 듯한 표정으로 생글생글 웃었다. 그녀는 자기가 금방 푸는 문제나, 자기 뜻에 알맞은 것을 듣거나 말할 때에는 마치 아기 같은 얼굴로 생글거리지만, 다른 한편, 무엇을 사색하기 시작하면, 노파 같은 표정을 짓는 것이다. 앞에서부터 그녀의 얼굴에 오고가는 이 두 개의 표정을 지켜보면서, 가노는 그녀가 무슨 일이라도, 꿰뚫어 보고, 결심하고 있는 것처럼 보이지만 실은, 그녀 자신, 가노 자기 모양 긴 백야(白夜) 속을 방황하고 있는 것은 아닌가고 여겨졌다.[26]

「백야」는, 앞에서 지적한 바와 같이 모스크바에서 유학하고 1926년에 귀국하여 일본의 공산주의문학의 이론적 지도자로 군림하면서 프롤레타리아 리얼리즘론을 제시했고, 1932년 4월에 체포되어, 옥중에서도 끝내 전향하지 않고 8년 후인 1940년에 출감한 구라하라 고레히토(藏原惟人)를 모델로 한 것으로 지적된다. 이러한 인물을 주인공 가노에 대치시킴으로써 주인공은 자기는 사상전사로서뿐만 아니라 연인으로서도 그에 미치지 못한다는 것을 선명히 드러낸다. 요컨대 자기는 인간적인 측면에서 도저히 그에 미치지 못한다고 하지만 그렇다고 그러한 자기를

26 같은 글, pp. 46~47.

이젠 쓸모없다든가 쓰레기 같은 존재라고도 생각하지 않는 그러한 입장이 전향소설의 특질이다. 좌절을 모르는 사상전사를 이상적 인물로 우러러보고 그 인물이 헌신하는 사상 그것에 대해서도 한점 의혹을 갖지 않아야 함에도 불구하고 자기는 퇴폐했다는 것, 그러기에 잘못은 결국 자기에게 있지만, 그러나 자기로서도 어쩔 수 없었다는 것이 전향소설의 일본적 성격으로 보아진다. 그것은 전통적인 가족주의에로 되돌아가는 것이다. 외적 강제에 의한 감옥 속의 전향심리를 다룬 「백야」에서 조금 나아가면 전향 후의 상태를 평상적 상태로 간주하는 단계에 이르게 된다. 때를 같이 하여 이상주의와 합리주의적 사고방법을 부정하는 쉐스토프의 불안철학이 서구를 휩쓸고 그것이 일본문단에 스며들어 큰 영향을 끼쳤으며, 구(舊)나프 문사들에게도 이것은 큰 영향을 던졌다. 불안사상을 흡수하고 그것을 통해 도스토예프스키를 재해석함으로써 전향소설에 나타난 작가적 갈등은 일층 문학적으로 심화되어 마치 지식인 소설의 특징처럼 보이게끔 되기도 하였다.

셋째 단계는 1936년 이후의 것. 전향의 최후를 이루는 것이 하야시 후사오(林房雄)의 팸플릿 「전향에 대하여」(1941)이다. 전향을 검토할 경우 완전전향, 위장전향, 보통전향 등으로 갈라서 고찰함이 보통이거니와 이 중 완전전향이 논의의 초점을 이룬다. 완전히 전향하기 위해서는 세 가지의 정신적 단계를 거치지 않으면 안 되는데 그 세 가지의 순서를 따질 필요는 없다. 첫단계에는 당의 정체에 관한 의문(천황제의 문제점), 당 내부의 모순(이론과 실천), 당에의 환멸(검거 후의 자연스런 감정)이 포함된 것으로 보인다. 둘째는 정신적 단계로서, 패배한 당지도자라는 표본으로서 또는 가족이 더 중요하다는 결의에 의해 전향의 구실이 주어지는 것이다. 이에 이어져 전향의 용인이라는 매우 곤란한 차례가 온다. 여기에는 많은 경우 새로운 사상을 발견하여 잃어버린 사상에 대체하는 일이 요망되었다. 사노 마나부(佐野学)와 나베야마 사다치카(鍋山貞親)는 전향을 표명한 후에도 그 전향에의 의심을 푸는 데 7년 이상의 세월이 필요했다고 단언하고 있다.[27]

보통의 경우 공산주의를 버린 뒤의 정서적 공백을 메우기 위해 마음으로부터 초국가주의(천황제)의 신봉자가 되는 방법을 취한다. 이 방법을 취한 예로서 가장 저명한 인물의 하나가 도쿄제국대학 재학 중 가쿠렌(学連)사건(1926)에 의해 최초로 검거된 바 있고, 1931년에 두번째 검거되었다가 이듬해 출감한 작가 하야시 후사오이다. 그의 전향의 특징은 어디까지나 완전전향에 있었다. 그것이 철저한 우익노선인 천황제 신봉임은 새삼 말할 것도 없다. "마르크스주의에서의 절연 혹은 이탈로써 나의 전향이 완수되었다고 한다면 그것은 전향이 아니라 단순한 정지에 불과하다. 경박한 혁명가 대신에, 한 개의 바보가 탄생한 것에 지나지 않는다"는 입장에 섰던 하야시는 10년에 걸친 자기 자신의 체험을 바탕으로 논의를 전개했기에 상당한 설득력을 가진 것으로 평가되었다. "가령, 전향이 10년 걸려 완성된다면 처음 3년에서 5년간은 '의장(擬裝)전향'에 지나지 못한다. 이 10년이란 것은 원래 가정된 숫자이다. 전향의 결의와 노력 없이는 일생으로써 완성치 못하고 죽을 것"이라고 하야시가 말할 때, 그 밑바닥에는 "나는 전향생활이 벌써 10년째"[28]라는 체험이 놓여 있다.

---

27 『일제의 사상통제』, 182쪽에서 재인용.
28 林房雄, 『転向について』, 湘風会, 1941, p. 14.

하야시에 의하면, "전향의 근본동기는 비할 바 없는 고쿠타이(國體)에의 자각"이며, 전향의 길을 열어준 것은, 일본의 고쿠타이뿐이다. 하야시의 이 팸플릿은 쇼후카이(湘風会; 전향자단체)에서 간행된 것이며, 가메이 가쓰이치로(亀井勝一郎), 스기야마 헤이스케(杉山平助), 나카노 시게하루, 야스다 요주로(保田與重郎), 도쿠나가 스나오(徳永直), 아사노 아키라(浅野晃) 등 구(舊)나프 문사들 및 천황제 지지파 문사들의 추천문이 실려 있는 점에서 역사적 문헌의 성격을 띠고 있다. 이러한 노선에서 보면 완전한 전향이란 천황제 신봉에로 귀일된다. 공산주의 사상이 놓였던 자리에 천황사상 즉 고쿠타이를 대치시킨 것이다.

하야시의 이러한 전향론 사상은 당시 식민지였던 한국프롤레타리아 작가에겐 매우 문제적이었다. 하야시는 전향작가를 논하는 머리말에서 "조선의 작가는 전향해도 돌아갈 조국이 없다"라고 공언한 바 있었으며, 이 때문에 바야흐로 친일문학에로 나아가던 최재서, 김용제 등을 난처하게 만들기도 했었다.[29] 이상과 같이 1930년대 초기에 일어난 전향문제는 1934년의 심화과정을 겪어 마침내 고쿠타이에의 철저한 귀의에로 낙착되었다. 그리고 이러한 사실은 전향자들의 사회적 재출발을 도모케 하기 위해 고안해 놓은 사상보호관찰법이라는 제도적 장치로써 뒷받침되었다. 그 결과 사법성은 기소된 총계 2,440명의 공산주의자 중 1,246명이 전향자, 1,157명이 준전향자이며 비전향자는 겨우 37명이라고 1943년 3월에 발표할 수가 있었다. 특히 좌익계 문예단체 소속 작가 500명 중

29 최재서, 「조선문학의 현단계」(朝鮮文学の現段階), 『転換期の朝鮮文学』, 人文社, 1943, p. 93.

95% 이상이 전향했던 것이다.[30]

여기까지 이르면 우리는 새삼스럽게 프롤레타리아의 전위시인들이 침략전쟁을 적극적으로 옹호하는 전위시인으로 돌변한 그 심리적 메커니즘을 알아차릴 수 있다. 일본의 프롤레타리아 전위시인들이 붕괴해 간 과정은 특히 흥미로운 바가 있다. 탄압 때문에 전위적 관점에서 행하는 예술적 저항을 할 수 없게 되고 발언이 봉쇄되며 더구나 서민(민중)들로부터까지 외면당하게 되자 그들의 내부세계에 있던 정치의식은 간단히 분해되어 생활의식과 연결되지 못했음을 드러내었다. 이들은 천황제를 지지하면서도 독특한 생활의식을 갖고 있는 서민층과 동화되지 못하게 되었을 때, 어떠한 시적인 방도를 찾았을까. 이 점에 대해 어떤 연구가는 이렇게 지적하고 있다. 주목하지 않으면 안 되는 것은 "일본의 서민의식의 표현은 반드시는 적극적인 전쟁 협력의 의지로서만 나타난 것이 아니며 퇴화된 정서의 표현으로 성립되었음에 지나지 못함에도 불구하고, 프롤레타리아의 '전위'적 시인들은 거의 예외없이 적극적인 전쟁협력 장면을 소재로 삼음으로써 '초'절대주의체제의 '전위'로서도 가히 교묘하게 적응하고 있다는 사실"[31]이라 하고, 이러한 사실이야말로, 일본에 있어서의 예술적 저항과 그것의 좌절의 특징이라 규정하였다. 말을 바꾸면, 프롤레타리아 시에 있어서의 전위적 정치의식과 억압된 계급으로서의 생활의식의 표현 속에는 내재적 접합점이 없기 때문에 여기에는 예술사상으로서도 정치사상으로서도 암흑지대가 생길 수밖에 없었다. 프롤레타

30 思想の科学研究会 編, 『転向』, pp. 23~24.
31 吉本隆明, 『芸術的抵抗と挫折』, p.165.

리아 시가 태평양전쟁기에는 사회로부터 소외된 자기의식에 견디지 못하여 일본의 서민의식에 동화했을 때, 종래의 그 전위적 의식은 내부에 있는 '봉건성의 강대한 요소들'(나카노의 「시골집」의 아버지의 의식)을 공통된 뿌리로서 기댈 수가 있었다. 그 기댐이 지나칠 때, 이들은 서민보다 앞질러 전쟁예찬, 천황제숭배에로 나아가는 길을 걷는다.

요컨대, 아시아적 후진사회에서 민족주의적 욕구와 계급적 욕구가 모순없는 채로 결합될 수 있다면, 서구적 자본주의사회에서는, 이와는 달리, 근대화의 욕구와 계급적 욕구가 바로 결합될 수 있다. 그러나 일본의 절대주의사회의 독특한 구조는 둘 중 어느 것에도 해당되지 않는다. 그렇다면 그것은 어떤 유형인가. 권력 측에서 행해진 "봉건제의 이상하게 강대한 요소들"을 체제화하여 "독점자본주의가 현저하게 진전된 발전"의 측면에서 이것을 이용하고자 하는 정책이 일제의 특징이며, 이 정책이 효과를 발휘한 것으로 분석된다. 따라서 "봉건제의 이상히도 강대한 요소"와 "독점자본주의의 현저히 진전된 발전"이라는 두 요소가 결합적 관계인가 불가분의 단일체계로서 마주보는 관계인가를 검증하는 일은 사상사의 중요과제가 아니면 안 된다. 이러한 사상사적 과제가 전향사상에서 첨예하게 드러난다는 사실이야말로, 우리가 이토록 집요하게 전향문학에 관심을 두는 이유임은 새삼 말할 것도 없다.

7. 전향소설의 한국적 양상

1) 전향선언문의 허황함

한국에 있어서의 전향문학은 앞에서 살펴본 구 카프(KAPF)의 지도적 비평가 박영희와 나프(NAPF)에도 가담한 바 있다고 알려진 카프 소장파 백철의 요란한 전향선언문과는 일단 구별할 필요가 있다. 박영희가 전향 선언문에서 라프(RAPP, 1934년 해체)도 나프(1931년 코프KOPF로 되었다가 이것 역시 1934년에 해체)도 해체된 마당에 아직 카프(1935년 5월에 해체) 만이 남아 있음을 해괴하게 여겼다는 점, 라프 산하 기관지 「리터레투르나야 까세타」지에서조차 "정당한 창작적 분위기를 작가를 위해 조성할 것"이라 외친 대목을 인용했다는 점, 그리고 라프가 검열관이었다고 주장한 점 등에서 우리가 느낄 수 있는 첫째 항목은 그가 프롤레타리아예술운동을 코민테른의 일환으로만 파악했다는 사실이다. 국제적 추수주의에 불과했을 뿐 프롤레타리아예술을 한국적 현실에 적응시켜 독자적인 예술운동으로 정착시키겠다는 사상이 없었기에 소련이나 일본의 그것이 해체되니까 카프도 단번에 무의미한 것으로 비칠 수 밖에 없었다. 둘째 항목은 라프와 논쟁을 벌였던 소련의 형식주의파 가령 쉬클로프스키의 견해를 예술의 본질론으로 착각한 사실이다. 가령 박영희가 "라프의 평가는 예술적 성질에 관심하지 않았다. (중략) 그들의 유일한 표준은 정치였다"[32]라고 말한다는 것은 예술과 사회의 관계를 몰각한 단순한 생각임을 스스로 드러낸 것이다. 설사 개인적인 현실상의 절실한 사정이 있었다 할지라도 '얻은 것은 이데올로기이며 상실한 것은 예술 자신'이라고 카프운동을 결산한 것은 설득력을 얻기 어렵다.

두루 아는 바와 같이 예술과 사회의 관계를 ①인과관계로 보는 견해(벨린스키 이래 오랜 동안 소련문학이론의 기본선)도 있고, ②준인과관계로

32 박영희, 「최근문예이론의 신전개와 그 경향」, 『동아일보』, 1934년 1월 10일자.

보는 견해, ③등가관계로 보는 시각, ④사회와 예술이, 프로이트에서처럼 전혀 무관하다고 보는 시각 등이 있고 또 있어 왔으니까.

2) 보호관찰법의 적용

사상보호관찰법에 의거한 이와 같은 전향자 문제를 식민지인 한국에는 어떻게 적용했을까. 이 물음에 대해선 아직도 만족할 만한 자료발굴도 조사연구도 행해져 있지 못한 형편이다. 우리가 손쉽게 접할 수 있는 것은 1938년 7월 21일 부민관에서 거행된 「전조선전향자대회」기록과 같은 해 5월의 「경성보호관찰소」에 관한 르포이다.[33]

두루 아는 바와 같이 조선에서의 불온사상으로선 공산주의, 무정부주의, 민족주의 등이 등가이며, 이들에 관한 탄압이 동시에 진행되었다. 어느 것이나 그들 '고쿠타이'(國體)를 정면으로 부인하는 사상이기 때문이다. 이에 대한 탄압이 조직적으로 시작된 것은 일제가 본국에서 공산주의자를 검거하던 노선상에서였다. 따라서 이들 사상범을 전향시키고, 이를 일본인화하는 것은 그들 법체계의 일원화를 위해선 당연한 조처였다. 본국에서 실시된 보호관찰법을 식민지인 조선에 적용한 것은 본국보다 수개월 뒤인 1939년이다. 1925년 한국에서 처음으로 공산당을 검거한 이래, 그 검거사건은 1931년 만주사변을 계기로 하여 다음의 표[34]와 같은 하향선을 긋고 있다.

조선에 있어서의 전향문제가 표면화된 것은 1936년 상반기에 출현

---

33 전향자대회 르포는 『사해공론』(四海公論) 4권 8호를 볼 것.
34 「사상객들은 전시하에 얼마나 전향했는가—경성보호관제소에 나타난 현상」, 『삼천리』(三千里), 1938년 5월호, p.143.

	검거건수	검거인원
쇼와(昭和) 8년(1933)	436건	3,659인
쇼와 9년(1934)	148건	2,310인
쇼와 10년(1935)	144건	1,678인
쇼와 11년(1936)	110건	2,641인
쇼와 12년(1937)	60건	439인

한 '대동민우회'(大東民友會)에서이다. 일찍이 좌익운동의 거두이던 차재정·안능·이승원 등이 조직한 이 단체가 '일본제국의 깃발 아래로!' '공산주의 박멸' 등의 기치를 들고 서울시가행진과 시국강연회를 함으로써 전향자의 사회적 활동을 처음으로 드러내었다. KAPF계의 전향은 그 두 번째 물결이었다. 그 결과 조선 내에 있어서 보호관찰법에 수용될 자격을 갖춘 사람은 1,300명을 헤아렸다. 그 중, 1938년 5월 현재 경성보호관찰소에는 150명이 수용되고 있었다. 서울엔 경성구호회(京城救護會), 개성엔 개성태성회(開城太成會), 또한 춘천동포회(春川同胞會), 충북유인회(忠北有隣會), 대전자강회(大田自彊會), 공주관업원(公主慣業院) 등이 있었음을 감안하면 그 숫자가 더욱 많았을 것이다. 물론 이들을 총괄하는 것은 경성보호관찰소였다.

1937년 11월 현재 보호관찰소의 알선으로 서울의 전향자 150명 중 17명이 생활안정을 얻었고 학교교원에 복직한 자가 6명, 관공청에 취직한 자가 31명으로 되어 있다. 이 중, 민간신문사에 1명, 『경성일보』(京城日報, 일문)에 1명, 『매일신보』(每日申報, 한글)에 1명, 그리고 각 신문지국에 수명 등이 포함되어 있다. "각지의 저널리즘 제기관에는 거의 대부분의 중견층에 전향자가 산재해 있다고 보아도 좋을 것"[35]이라 지적된 점은 주목을 요한다. 무직자는 86명인데, 그들에게도 취직을 알선하였으나 마땅한 자리가 없었기 때문에 보호관찰법에 따라 생활보조금으로 하루 최저 40전을 지급하였다. 경성보호관찰소의 경우, 매월 두 번씩 조선신궁(神宮)에 참배하며 국방헌금을 내고, 시국강연을 듣는 것이 일이었다. 물론 전향을 부정하는 자도 5, 6명 있었다.[36]

3) 동반자 작가의 전향소설

한국에 있어 전향문학은 카프문사들의 전주사건 이후에 비로소 나타나기 시작하거니와, 이 사정에 대해서는 '전향소설'이란 명칭을 가장 두드러지게 사용한 전향당사자인 비평가 박영희의 문학사적 저술에서 먼저 엿보기로 한다. 그에 의하면 프로문학의 붕괴 이래 사실상 작품에 새로운 도덕성을 가진 인간이 나타나기까지에는 극히 점진적으로 그 진전을 보여 주었다는 것이다. 그것은 의식문학파의 작가들이 1935년 이후 점진적으로 먼저 개성발견에 눈뜨게 된 사실에서 시작하였고, 그후 그들은 이 개성을 통해 모럴 또는 도덕성을 파악하고자 노력하는 경향을 보였다. 그렇지만 이곳에 있어서의 제약성은 여태껏 자기가 가지고 있는 "자기 계급적 장벽의 구멍을 통해 본 새로운 세계를 내다보는 태도"에서 벗어날 수 없었다는 점이라고 박영희는 주장하였는데, 이것은 다른 말로 하면 감옥에서 나온 카프문사들이 변해진 새로운 세계를 그릴 때의 문제

35 같은 글, p.145.
36 같은 글, p.146.

점을 지적한 것에 다름 아니다. 그들이 종래의 계급적 장벽의 구멍을 통해 새로운 세계(동아의 신체제, 친일적 세계)를 본다는 것은 곧 전향문학을 가리키는 것이며, 거기에는 아직도 평범한 미련이 있고 우울이 있고 불확실한 그 무엇이 있거니와, 이러한 경향이 1935년 이후에서 1940년을 넘는 동안 더욱 현저해져, 한국소설의 내면화를 이룩한 것이다. 박영희는 해방 후의 첫 문학사에서 전향소설의 양상을 아래와 같이 기술한 바 있다.

> 이런 것은 이기영의 단편 「수석」(燧石) 「설」이라든지, 한설야의 단편 「이녕」(泥濘) 등에서 볼 수 있는 경향이었다. 이 작품에 나타난 주인공들에게는 의식생활로부터 현실생활에 옮긴 후에 일어나는 생활고에 당면한 고뇌가 있었다. 가령 말하면 감옥에서 나온 사상청년은 먼저 먹고 살아야 할 실제적 생활 때문에 직업에 충실하여야겠다는 아주 세속적인 인간으로 되는 것이었다. 이런 것들을 속칭 전향소설이라고 할 것이나 여하간 이러한 과도기의 인간형이 새로 생긴 것이었다.[37]

박영희는 여기서 '속칭 전향소설'이라 했지만 어떤 관점에서 보면 이러한 경향이야말로 우리 소설의 내면화를 가능케 한 지식인의 고민을 다룬 유일한 것이라는 점에서 그것은 '속칭'이 아니라 바른 명칭이라 보아질 수 있다. 다른 말로 하면 한국에 있어서의 전향소설의 본질과 유형을 검토하는 일이 30년대 중반에서 40년대 암흑기에 이르는 우리 소설사

---

37 박영희, 『한국현대문학사』(미출판원고), 18~20장.

의 깊은 곳이며, 이 계보에 대한 날카로운 의식이나 철학 없이는 우리 소설사의 맥락이 제대로 파악되기 어려운 터이다. 동시에 이것은 우리 소설의 그 후의 창작에 있어서도 걸리는 문제점이 아닐 수 없다. 사상 문제로 고민하는 소설의 계보가 전향소설의 형태로 이 무렵 형성되어 그 가능성을 보였으나, 전향소설이 그대로 신체제문학에 이어졌다는 조건 때문에 그 후엔 이런 계보가 계속 성장할 수 없었던 것으로 파악된다. 소설이란 무엇이며, 리얼리즘이란 무엇인가를 묻는 70년대에로 올수록 전향소설에서 제기된 문제점들이 일층 탄력성을 띠게 되는 것은 결코 우연이 아니다. 그러나 이 말을 뒤집어 보면, 30년대 후반기에 등장한 전향소설의 성격 자체가 그 명칭에서 풍기는 고민상과는 달리 상당히 취약하고 안일한 것이었음을 말해 주는 것이기도 하다. 우리가 여기서 한국형 전향소설의 특징을 밝히고자 하는 것은 이런 이유 때문이다.

한국형 전향소설의 특징은 무엇인가, 작품주제별로 그것을 분석해 보는 방법도 있을 수 있고 작가의 계급적 성격을 중심으로 하여 그것을 분석해 보는 방법도 있을 수 있겠는데, 이 글에서는 후자를 취하기로 한다. 전향문학 또는 전향소설이 작가 자신을 주인공으로 함이 원칙은 아니라 할지라도 중요한 조건 중의 하나라는 점에서 작가적 성분을 분석하는 방법은 일차적으로 필요하다. 전향소설에서는 설사 주인공이 작가가 아닐지라도 작가의 분신과도 같은 지식인으로 되어 있음이 하나의 원칙이다. 모든 지식인 소설이 그대로 전향소설이 될 수는 없지만 모든 전향소설은 지식인 소설의 범주에서 벗어나지 못한다. 그러므로 전향소설의 검토는 작가의 계층적 성격에 따른 분석이 행해진 다음에 주제별 검토가 뒤따르는 것이 순서일 터이다.

동반자 작가 출신의 전향소설

동반자 작가란 소련문단에서 유래된 명칭으로 일본을 통해 도입되어 1930년을 전후한 한국문단에서도 사용되었다. 1934년을 전후하여 비평가 김팔봉이 분류한 동반자적 경향의 문인 속엔 유진오, 장혁주, 이효석, 이무영, 채만식, 조벽암, 유치진, 안함광, 안덕근, 엄흥섭, 홍효민, 박영성, 한인택, 최정희, 이합, 조용만 등이 들어 있다.[38] 어떤 근거에 의거하여 이런 명단의 작성이 가능했는가는 알아내기 어려우나, 대체로 KAPF에 가입하지 않고도 KAPF노선을 지지하거나 했던 적이 있음을 기준으로 한 듯하다. 그렇다면 안함광, 홍효민을 포함시킨 것은 아마도 착각의 소치일 터이다. 동반자 작가로 문단에 데뷔하여 활동하다가 계급 사상에서 일찌감치 이탈한 작가로 우리는 이효석, 유진오, 채만식 등을 들 수가 있다. 이들은 사상이라는 시류에 민감했듯 그것에서 벗어나는데도 민감했는데, 그 민감함이 어떤 자기합리화를 거쳤는가를 점검하는 일은 곧 그들이 전향소설을 어떻게 썼느냐를 묻는 일에 해당된다.

「도시와 유령」(1928)에서 출발, 동반자적 작품을 쓰던 이효석이 인간의 원시적 동물적인 본능에 창작동기를 부여함으로써 방향전환을 한 것은 「돈」(豚, 1933)이후이다. 그후 그는 「수난」과 「장미 병들다」(1938)를 썼는데, 이런 작품은 이른바 '후일담문학'에 해당된다. 「수난」은 여기자 유라가 지난날의 좌경사상가이며 이제는 감옥에서 나와 백수건달로 전락한 B를 동정하다가 마침내 정조까지 유린당한 이야기를 다룬 것이며, 「장미 병들다」도 이와 유사한 인물들을 내세워 같은 주제를 다룬 작품이

---

38 김팔봉, 「조선 문단의 현재와 수준」, 『신동아』, 4권 1호, 46쪽.

다. 여주인공 남죽은 좌익 연극단 소속 여배우다. 7년 전 예술과 사상을 위해 그토록 열정을 쏟았던, 청신하고 아름답던 남죽이 이젠 추잡한 창녀가 되어, 그녀를 유혹하던 건달에게는 물론 그녀를 동정하고 아끼고 사랑한 극단 「문화좌」의 각본을 맡은 현보에게까지도 성병을 선사하는 것이다.

> 참기 싫어요, 견딜 수 없어요 — 죄수 같이 이 벽속에만 갇혀 있기가. 어서 데려다 주세요, 데이빗.……이런 생활은 나를 죽여요. 이 추위, 무서움, 공기가 나를 협박해요—이 적막. 가는 날 오는 날 허구헌 날 똑같은 회색 하늘. 참을 수 없어요. 미치겠어요. 미치는 것이 손에 잡힐 듯이 알려져요. 나를 사랑하거든 제발 집에 데려다 주세요. 원이에요. 데려다 주세요…….[39]

이것은 왕년에 극작가인 현보가 번역하고 남죽이 출연한 유진 오닐의 걸작 희곡 「고래」 속의 한 구절이다. 북극해상에서 애니가 남편인 선장 데이빗에게 애원하고 호소하는 대목이거니와 7년 전에 남죽이 이 애니 역을 맡았었는데, 지금 병들고 타락한 남죽이 카페에서 술을 마시며 그 대사를 외고 있는 것이다. 그 남죽으로 말미암아 난생처음 성병에 걸린 현보가 "실상 웃지도 못하고 울지도 못할 난처한 표정"을 짓는 것으로 이 작품은 끝난다. 과연 후일담문학이란 이름에 걸맞은 센티멘털리즘에서 못 벗어난 작품으로 평가된다. 이효석은 좌익운동을 한 사상가의

39 이효석, 「장미 병들다」(삼성판 『한국현대문학전집』), 220쪽.

타락상을 그리되, 그것을 성적인 타락상으로 그려냄으로써 일층 센티멘털한 요인을 부각시켰다. 그것은 객관적 현실을 그리고자 한 것이 아니라 작가의 주관적 추상적 동정심으로써 창작에 임한 탓이다.

한편 유진오의 경우는 어떤가. 「김강사와 T교수」(1935)는 이 작가의 대표작으로 치는 단편인데, 이것은 동경제국대학 독문과 출신의 한국인 재사 김만필이 귀국하여 서울에 있는 사립인 S전문학교 강사로 취임하는 과정과 거기서 얼마 있지 못하고 쫓겨나는 곡절을 매우 치밀한 솜씨로 그려낸 작품이다. 이 작품은 식민지하의 지식인과 지배 민족의 지식인과의 갈등을 다룬 것으로 읽을 수도 있고, 어느 사회에도 있음직한 T교수라는 인간형을 다룬 것으로 읽을 수도 있다. 마찬가지로 김만필이 끝내 학교에서 쫓겨나는 이유는, 그가 처세술에 서툴렀음에 있을 따름이리라. 그러나 소설이란 시와는 달라서 구체적 현실적 조건, 즉 일상적인 의미관련을 지나치게 추상화시킬 수가 없다. 김만필이 한국인 지식이라는 조건과 T교수가 일본인이란 조건을 추상화해 버리면 공허만이 남을 따름이다. 이런 관점에서 보면 김만필에게 있어 아킬레스건에 해당되는 것은 대학시절에 좌익단체에 가담했던 점이다. 이 약점을 주인공이 깊이 감추고자 하는 점이 이 소설의 한쪽의 지향점이며, 이 사실을 굳이 드러내고자 하는 점이 또 다른 한쪽의 지향점이다. 주인공 김만필의 실패는 감추고자 하는 지향점이 드러내고자 하는 지향점에 의해 패배당한 데에 있다.

"선생님이 동경제대서 「문화비판회원」으로 활동하실 때만 해도 그렇지는 않았지요?"라고 순진하게 묻는 S전문학교 학생의 물음에 김만필은 안절부절, 그런 사실이 없노라고 부정해 마지않았다. "아뇨, 그건 무슨 잘못이겠죠. 나는 그런 회는 모르는데"[40]라고 김만필은 부정하지만 학생들은 그 회가 당국의 압력에 의해 해산될 때 김만필이 일장 연설을 한 사실까지 알고 있는 터였다.

이 작품은 히틀러가 구라파 위에 바야흐로 세력을 떨치고, 천황제 군국주의와 치안유지법에 의한 사상탄압이 일본본토는 물론 식민지인 한국에까지 가혹하게 작용하던 1935년 전후의 지식인의 삶의 조건을 그린 점에서 문제작이지만, 전향소설의 범주에 들기는 어렵다. 주인공이 대학 때 신봉하던 좌익사상을 몰래 감출 수 있는 한 끝까지 감춤으로써 남을 속이겠다는 그러한 삶의 방식은 사상과의 대결이 아니라 일종을 기회주의적 태도이다. 비유하면 과거를 가진 여인이 그 과거를 깊이 감추고자 하는 것과 흡사하다. 이런 것을 두고 우리는 전향미달형 소설이라 불러도 될 것이다.

이 항목의 끝으로 우리는 동반작가인 채만식의 「치숙」(1938)을 분석해 보기로 한다. 「세길로」(1925)로 문단에 등장한 채만식의 동반자적 성격은 그의 대표작 「태평천하」(1938)에 등장하는 좌익사상가 종학을 통해서도 드러나거니와, 「치숙」은 채만식 특유의 풍자적 방식으로 씌어진 단편이다. "우리 아저씨 말이지요, 아따 저 거시기, 한참 당년에 무엇이냐 그놈의 것, 사회주의라더냐, 막걸리라더냐, 그걸 하다, 징역살고 나와서 폐병으로 시방 누웠는 우리 오촌 고모부 그 양반……" 이렇게 시작되는 「치숙」의 화자는 일곱살에 고아가 되어 소박맞은 오촌고모의 도움을 입어 성장했고 지금은 일본인 점원으로 있는 눈치빠르고 얄팍한 젊은이

40 유진오, 「김강사와 T교수」(삼성판), 295쪽.

이다. 이런 세속적인 젊은이의 눈에 비친 전과자인 오촌고모부의 모습은 어떠한가. 그는 대학을 나와 좌익운동을 한다고 가산을 탕진했으며 조강지처를 버리고 학생 출신의 첩을 얻어 발광해 돌아다닌 사람이다. 그가 5년 징역을 살고 나오니까 첩은 진작 달아났고 버렸던 조강지처가 식모살이로 감옥수발을 들었을 뿐 아니라, 지금도 무위도식하는 그를 먹여 살리고 있는데, 놀랍게도 그는 조금도 고마워하거나 미안해하지 않는다. 어째서 그러한가를 화자는 조금도 이해할 수 없도록 꾸며놓은 것이 작가 채만식의 소설수법이다. 채만식의 풍자방식은 단순한 소설적 기법의 레벨을 넘어서서, 일종의 정신 자체로 되었음이 특징적이거니와, 「치숙」에서의 문제점은 두 사람의 다음 대화 속에 놓여 있다.

"이애!……"

"네"

"네가 방금 세상 물정이랬지?"

"네"

"앞길이 환하게 틔었다구 그랬지?"

"네"

"환갑까지 십만 원 모은다고 그랬지?"

"네"

"네가 말하려는 세상물정하구 내가 말하려는 세상 물정하구 내용이 다르기도 하지만 세상물정이란 건 그야말로 그리 만만한 게 아니다."

"네"

"사람이란 건 제 아무리 날구 뛰어도 이 세상에 형적없이 그러나 세차게 주욱 흘러가는 힘 — 그게 말하자면 세상물정이겠는데 — 결국 그것의 지배하에서 그것을 따라가지, 별수가 없는 거다."

"네?"

"쉽게 말하면 계획이나 기회를 아무리 억지루 만들어 놓아도 결과가 뜻대루는 안 된단 말이다."[41]

무식한 조카놈에게 왕년의 좌익사상가이며 감옥에서 나와 폐병을 앓고 있는 33세의 아저씨가 타이르는 이 대목이야말로 이 작품의 주제이다. 요컨대 '세상물정'에 따라야 한다는 것. 다른 말로 하면 좌익운동이라는 것도 '세상물정'의 하나여서 그것이 어떤 땐 "세차게 주욱 흘러가는 힘"일 때도 있고, 또 어떤 시대엔 보잘것없는 것일 수도 있어서 "제 아무리 날구 뛰어도" 억지로 할 수 없다는 논법이라 해석된다. 그러므로 「치숙」에서도 사상과의 대결이라든가 전향심리를 읽어낼 수는 없다.

이렇게 보아온다면 동반자적 작가 출신의 작품에서 어떤 공통점이 분명히 드러난 셈이다. 그들에겐 좌익사상선택이 다분히 시류적인 것이었고, 그러기에 시류가 변할 때 그것을 버리는 것도 자연스러운 것이라는 수준에서 멈추고 만다. 이효석의 센티멘탈리즘, 유진오의 과거 감추기, 채만식의 세상물정을 타고 흐르기 등등이야말로 기실 동반자적인 체질이며 그러한 세계관의 한계를 드러낸 것으로 평가된다.[42]

---

41 채만식, 「치숙」(문원각 판), 89쪽.

42 예외적인 것으로는 송영의 단편 「음악교원」을 들 수 있을 것이다. 주제와 분위기가 「김강사와 T교수」와 비슷하다.

4) 旧舊카프문인의 전향소설

카프 소속 문인의 전향소설

카프계 문인은 종로사건(1931)과 전주사건(1934) 등 두 차례의 검거사건을 통해 전향을 하게끔 직접간접으로 외부적 압력을 받았기 때문에 이 문제가 창작에 내면화되었음은 일단 자연스런 일로 보아진다. 따라서 이들에게선 사상선택과 그것의 포기가 자기의 삶과 직결되었다고 보아야 되며 작품을 통해 그 고민상을 드러낸 부분을 검출하는 일도 그리 어려운 것은 아니다. 그리고 그러한 고민상은 이 사상에 깊이 공감했던 작가일수록 밀도가 짙을 것임도 예상되는 터이다.

백철의 중편소설 「전망」(1940)은 이른바 세대론과 신체제론을 다룬 것이다. 이 작품이 전향소설의 한 유형을 이루고 있음은 사실이되, 과연 이것을 한 편의 소설로 받아들일 수 있는가는 의문에 속한다. 그것은 평론가가 돌연 소설을 썼다는 뜻에서 하는 이야기가 아니다. 그는 「비애의 성사」를 씀으로써 만천하에 전향선언을 했고, 경성보호관찰소를 거쳐 「매일신보」에 취직한 후 문단을 향해 「시대적 우연의 수리」(『조선일보』, 1938. 12.) 「사실과 신화 뒤에 오는 이상주의 문학」(『동아일보』, 1939. 1.) 등 신체제를 옹호하는 주장을 한 바 있는데, 그 주장을 이번엔 소설을 통해 한 것이기 때문이다.[43] 「전망」은 평론가로서의 작자가 장편소설의 진흥을 위해 제시한 이른바 종합소설(시, 수기, 일기, 독백, 신문기사 등이 혼합된 소설)의 형태를 취한 것인데 자살해 죽은 주인공 김형오의 일기 속엔 이런 구절이 들어 있다.

---

43 김윤식, 『한국근대문예비평사연구』, 383쪽. 이 책에서는 「전망」이 세대론적 측면에서 분석되어 있다.

5년 만에 나는 붉은 성문을 나와 다시 태양을 바라볼 때 과연 내 정열은 소생하고 이상은 갱생하는 것을 느꼈다. 그러나 그것조차가 하나의 순간의 흥분임을 나는 그때 생각고저 하지도 않았다. 내가 나와서 그대로 동경에서 머물러서는 안 된다는 명령을 받고 여기 내 고향으로 돌아왔을 때 사람들은 나를 쇠사슬을 끌르고 나온 프로미슈-즈로서 맞아주질 않았다……그러나 그것까지는 내게 결코 큰일은 아니었으나 무엇보다도 큰 것은 내가 직접으로 현실을 직면해볼 때에 그 현실에선 아무 진리를 발견할 수 없다는, 인젠 나에게서 마주막으로 진리가 떠나갔다는 절망을 느끼게 된 것이다. 내가 아주 실망하고 스스로 자포자기의 상태로 떨어져내린 것도 이때부터다. 이렇게 될 때에 지금까지 나의 가슴에 자라온 그 자존심과 오만한 사상은 자기의 길을 떠나서 삐뚤어지고 비굴해지고 어두워지게 되었다. 그리고 지금까지는 몰랐던 과도한 피로와 함께 건강이 허물어지기 시작한 것도 이때부터다.[44]

과연 김형오의 자살이유는 무엇일까. 우리는 위의 윗점 친 부분에 일단 주목한다. 김형오가 5년 만에 감옥에서 나왔을 때 그는 전향한 상태였던가 아니면 끝까지 전향하지 않고 형기를 마치고 복역한 것인가를 우리는 묻지 않으면 안 된다. 이 5년이란 숫자는 이상하게도 채만식의 「치숙」, 이기영의 「설」(1938), 한설야의 「이녕」에도 공통되어 있다. 공산당재판이면 몰라도 카프나 나프 작가의 경우 옥중에서 전향한 문인의 복역기간은 2년을 넘지 않음이 「백야」(白夜)를 쓴 무라야마 도모요시(村山知

44 「전망」, 『인문평론』, 1940년 1월호, 208~209쪽. 윗점은 인용자.

義), 「시골집」의 나카노 시게하루(中野重治)의 경우로 보아도 자명하다. 한국의 경우 카프의 전주사건공판은 전원 집행유예로 사건 1년 만에 출옥시켰던 것이다. 나프의 간부이며 끝내 전향하지 않은 구라하라 고레히토(藏原惟人)의 경우 8년(1932~40)만에 석방되었음을 본다. 만일 김형오가 끝내 사상을 버리지 않았다면 석방되었을 때, "정열은 소생하고 이상은 갱생하는 것을 느꼈다"는 것이 사실일 수 있을까. 이 물음에 대한 대답은 아무래도 부정적이리라. 그는 아마도 5년 동안의 사색에서 사상에 대한 회의를 더했을 것이다. 만일 김형오가 감옥에서 전향한 것이라면, 새로운 정열이나 이상 못지않게 어떤 죄책감이나 수치심 때문에 괴로워해야 옳을 것이다. 주위의 사람들이 김형오를 영웅으로 대접하지 않는 것은 과연 무슨 탓일까. 우리는 이 대목에서 그가 옥중에서 전향한 때문이 아닌가 추측한다.

「전망」에서 김형오의 자살동기는 매우 불투명하게 되어 있다. 그것은 작가가 한 인간에 있어 사상과 삶의 관계를 깊이 있게 통찰하지도 사색하지도 못했기 때문이다. 작가는 김형오가 현실에 절망한다고 해놓고서, 금방 다른 곳에서는 중일전쟁의 전초전인 노구교(蘆溝橋)사건에 대한 신문기사를 김형오가 읽고, "이 일이 더 발전을 하든지 그대로 그치든지 간에 이것은 근래에 없던 하나의 역사적인 장면이 분명하다. 내 눈 앞에는 어떤 새로운 광명이 떠오르는 것 같다"[45]고 표현하는 장면이 나온다. 그만큼 이 소설은 종잡을 수 없는 혼란투성이다. 다른 말로 하면 자살의 동기가 애매모호하며 소설적 처리를 거치지 않고 일종의 소재상태에

45 같은 글, 210쪽.

머문 것으로 평가된다. '시대적 우연성의 수리'라든가 '사실의 세기'라는 말들이 당시의 시대상을 상징하는 것으로 비평계에서 논의되었는데, 그것은 중일전쟁 및 태평양전쟁을 두고 한 말들이다. 전쟁의 잘잘못을 따지기 전에 이미 전쟁은 시작되어 버렸으며, 그것은 개개인에게는 일종의 우연성이 아닐 수 없다는 것, 따라서 이 우연성을 한 개의 엄연한 사실로 수리할 수밖에 없다는 것이 고바야시 히데오(小林秀雄)를 비롯한 일본평단의 주된 입장이었다. 식민지인 한국에서는 비평가 백철이 이런 노선에 서서 평론을 썼다. 보통 전향이 공산주의 사상을 버리는 것이라면 이제는 천황제를 신봉하는 '완전한 전향'에로 나아가지 않으면 안 되는 단계에서 「전망」이 씌어졌음을 알 수 있거니와, 이러한 완전전향을 다루었던 작품으로는 신인급인 정비석의 「삼대」(1940)와 김남천의 「경영」(1940), 「맥(麥)」(1940) 등이 있다. 「삼대」는 구(舊)카프맹원이 아닌 신인의 작품이며 또한 「전망」 모양 세대론에 기울어져 있으므로 우리의 논의에서 벗어난다.

「경영」과 「맥」은 중편급이며, 매우 공들인 연작형태의 작품이다. 카프의 중요한 멤버이며, 카프해산 당시(1935. 5) 서기장 노릇을 한 김남천은 원래 비평가였다. 그는 고발문학론을 제시하여 카프 이후의 문학이 나아갈 길을 모색하였다. 자기고발의 단계를 거쳐, 발자크적인 리얼리즘노선을 제시함으로써 그는 평론 「소설의 운명」(1940)을 쓸 수 있었다. 콤·아카데미 내에서 논의된 리얼리즘론에 이어진 「소설의 운명」은 유토피아를 강렬히 의식한 루카치의 견해를 반영한 것이며, 따라서 김남천은 카프의 사상을 일층 높은 수준에서 계승 발전시킨 것이라 할 수 있다. 「소설의 운명」이 우리 비평사에서 가장 높은 수준의 하나에 속한다고 평가되는 것은 결코 우연한 일이 아니다.[46] 물론 이러한 이론의 탐구와 소설 창작은 반드시는 일치하는 것은 아니라 할지라도 결코 무관할 수는 없다. '사실수리'(事實受理)를 비평의 원리로 내세운 비평가의 창작소설이 「전망」으로 드러나듯 「소설의 운명」을 탐구하는 비평가의 창작소설은 일층 선명한 비판적 안목을 드러낸다. 그것은 「맥」에서 나타나는 선연한 유토피아적 세계관이며 그 세계관의 보편성을 검토하는 안목에 관련된다. 그리고, 이 모두는 전향소설의 한국적인 유형을 이루는 것이기도 하다.

「경영」의 주인공은 아파트의 여사무원 최무경이다. 과부의 무남독녀인 최무경이 아파트 여사무원으로 취직한 것은 그의 애인이며 사상운동으로 말미암아 2년간 서대문 형무소에 수감중인 오시형의 뒷바라지를 하고, 또 오시형이 출감하면 이 아파트에 머물게 하고자 함이었다. 이 작품은 최무경이 2년(이 햇수는 전향자들에게 실제로 적용된 것)만에 출감하는 오시형을 마중가는 데서부터 비롯된다. 처녀의 몸으로 취직까지 하여 온갖 고생을 뚫고 뒷바라지를 한 그녀의 공적도 보람없이 출감한 오시형은 평양서 온 그의 부친을 따라 가버린다. 수절하던 어머니조차 개가를 해버렸고 애인마저 놓친 최무경은 결국 아무도 믿을 수 없고, 오직 자기만을 위해 살기로 결심, 오시형을 위해 마련한 아파트에 자기 자신이 든다는 것이 대충의 줄거리이다. 친일파요 유력인사인 아버지와 좌익사상가인 아들 사이를 갈라놓았던 장벽이 어째서 여지없이 무너지고 말았는가를 묻는 일이 우리의 관심사임은 새삼 물을 것도 없다. 작품상에 암시된 오시형의 전향동기는 아버지를 따라 가기로 결정한 오시형이 야속해

46 김윤식, 『한국근대문학양식논고』, 아세아문화사, 1980, 284~285쪽.

하는 최무경에게 독백이라도 하듯 낮은 소리로 읊조리는 다음 구절 속에 들어 있다.

> 옛날과는 모든 것이 다른 것 같애. 인제 사상점이 드무니까 옛날 영웅심리를 향락하면서 징역을 살던 기분도 없어진 것 같다구 그 안에서 어느 친구가 말하더니……달이 철창에 새파랗게 걸려 있는 밤, 바람소리나, 풀벌레 소리나 들으면서 잠을 이루지 못하는 때엔 고독과 적막이 뼈에 사모치는 것처럼 쓰리구……[47]

이를 분석하면 영웅심리와 고독이다. 그러므로 전향동기는 영웅심리의 소멸과 고독감의 증대에 있었던 셈이다. 그러나 그 어느 것이나 추상적이고 실체가 없다. 이러한 상태에서 오시형은 평양의 부회의원이자 상업회의소 간부인 아버지를 따라 나서는 것이었다. 이 작품에 대한 작가의 강조점이 최무경에의 동정에 있음은 쉽게 파악된다. 다른 말로 하면 오시형이 최무경 앞에서 갖는 '부끄러움'을 작가는 몇 번이나 암시하였다. 바로 이 점이 전향자에 대한 작가의 비판이자 그 안목이다.

「경영」의 그다음 이야기를 다룬 것이 「맥」이다. "방도 직업도 이제나 자신을 위하여 가져가겠다"고 결심한 최무경은 아파트에 임시로 입주한 전직 대학강사인 영문학자 이관형과 사귀며, 그를 통해 전향자 오시형의 사상적 과제와 인간됨됨이를 비교 검토하게 되는데 이로써 「맥」은 우리말로 씌어진 전향소설의 최고봉을 이룬다. 작품 구성상에서 보더

47 창작집 『맥』(麥), 을유문화사, 1947, 161쪽.

라도 오시형으로 대표되는 다원사관(多元史觀)과 회의론자 이관형에 의해 부분적으로 대표되는 일원사관을 대립시키고 그 사이에다 방향을 가늠하고자 노력하는 최무경으로 대표되는 지식인 일반을 놓음으로써 균형감각을 확보하고 있다.

대체 오시형을 감옥에서 전향하게끔 만든 이른바 다원사관이란 무엇인가. 그것은 마르크스주의가 일원사관에서 속한다는 점에서 일단 설명된다. 학문상으로 그것은 동양학의 건설이다. 일본을 맹주로 하여 대동아공영권을 만들고, 그로써 서양과 대결한다는, 이른바 천황제 신앙사상도 이와 관련되어 있다. 한편 이관형이 바라보는 일원사관의 변형은 어떠한가. 최무경과 토론하는 과정에서 그것은 이렇게 드러난다.

> 동양에는 동양으로서 완결되는 세계사가 있다. 인도는 인도의, 지나는 지나의, 일본은 일본의, 그러니까 구라파학에서 생각해 내인 고대니 중세니 근세니 하는 범주(範疇)를 버리고 동양을 동양대로 바라보자는 역사관 말이지오. 또 문화의 개념두 마찬가지 구라파적인 것에서 떠나서 우리들 고유의 것을 가지자는 것. 한 번 동양인으로 앉아 생각해 볼 만한 일이긴 하지오마는 꼭 한 가지 동양이라는 개념은 서양이나 구라파라는 말이 가지는 통일성을 아직것은 가져보지 못했다는 건 명심해 둘 필요가 있겠지오. 허기는 구라파 정신의 위기니 몰락이니 하는 것은 이 통일된 개념이 무너지는 데서 생긴 일이긴 하지만, 다시 말하면 그들은 중세(中世)를 가지고 있지 않습니까. 그 중세가 가졌던 통일된 구라파 정신이 아주 깨어져 버리는 데 구라파의 몰락이 있다고 하지 않습니까. 그러나 그들이 그들의 정신의 갱생을 믿는 것은 통일을 가졌던 정신의 전통을 신뢰하기 때

문이겠습니다. 불교나 유교는 이러한 정신적 가치로 보면 훨씬 손색이 있겠지오. 조선에도 유교도 성했고 불교도 성했지만 그것이 인도나 지나를 거쳐 조선에 들어와서 하나로 고유의 사상이나 문화의 전통을 이룰 만한 정신적인 힘은 가지고 있지 못하지 않었습니까. 허기는 그건 불교나 유교의 탓이라기보다는 우리 조상들의 불찰이기도 하지만.[48]

이것은 기실 작가가 이관형을 통해 전향자 오시형을 비판하는 대목에 다름 아니다. 서울 굴지의 무역상인을 아버지로 하고 누이가 음악전공, 아우가 삼고(三高) 독문과에 다니는 부르주아 집안의 출신인 이관형은 대학강사 자리에서 쫓겨난 뒤 허무주의 상태에 빠져 퇴폐적 삶에 허우적거리고 있는 청년이다. 통제경제가 바야흐로 시작되면 이 집안도 풍비박산의 위기에 서게 될 뿐만 아니라, 그 주변의 여러 독버섯 같은 기생충들도 함께 몰락할 운명에 있다. 학벌 파벌에 희생물이 되어 대학에서 쫓겨난 이관형이 문주란 같은 마담과 퇴폐적 삶에 빠졌다가 거기서 탈출하려는 몸부림이 최무경과의 만남으로 된 것이다. 물론 두 사람이 서로 호감을 갖고 마음을 열 수도 있지만 그러한 전망을 아직도 떠올릴 수 없는 상태에서 「맥」은 끝나고 있다. 물론 우리는 어째서 이 작품의 제목이 「맥」인가를 물을 수 있다. 아마도 작품상의 겉주제는 「맥」의 의미에 있을 것이다.

인간의 역사란 저 보리와 같은 물건이다. 꽃을 피우기 위해서 흙속에 묻

48 같은 책, 223쪽.

히지 못하였던들 무슨 상관이 있으랴. 갈려서 팡으로 되지 않는가. 갈리지 못한 놈이야말로 불쌍하기 그지 없다 할 것이다.[49]

이관형이 반 고흐의 말이라 하여 최무경에게 들려준 아포리즘이 곧 '보리'에 관한 것이다. 흙속에 묻혔다가 싹이 돋아 꽃을 피우는 쪽이 나으냐 갈려서 빵이 되는 것 좋으냐를 묻는 일과 흙속에 묻히는 것보다 갈려서 빵이 되는 것이 나은가, 그렇지 않으면 흙속에 묻혀서 많은 보리를 만들어도 그 보리 역시 빵이 되지 않는가, 그러니 결국 마찬가지가 아닌가를 묻는 일은 각각 다른 차원일 터이다. 작자는 "흙속에 묻혀서 많은 보리를 만들어도 그 보리 역시 빵이 되지 않는가"라는 쪽에 선 사람이 하이데거라고 했거니와 허무주의자인 이관형 역시 이쪽에 서고 있다. 그러나 최무경이는 "마찬가지로 갈려서 가루가 되기보다는 흙속에 묻혀 꽃을 피워보자" 쪽에 선다. 미래에의 희망과 꿈을 파시즘의 계절에서도 품겠다는 것이다. 이런 점에서 '보리'는 상징적이다. 겨울을 견디는 식물 중 곡식으로서는 보리밖에 없기에 더욱 그러하다. 이렇게 본다면 「맥」의 겉주제는 ①갈려서 당장 빵으로 되겠다는 전향자 오시형형 보리 ②흙속에 묻혀 꽃을 피우는 과정을 겪는 최무경형 보리 ③어느 쪽이나 어차피 마찬가지라는 이관형형 보리의 대비에서 찾아진다. 그러나 이 작품의 참주제는 따로 있다. 그것은 작가가 무의식 중 드러낸 작중인물에 대한 애착에서 찾아진다. 「경영」에서도 그러했듯 오시형의 부자가 단번에 화해한 사실을 작가가 지나가는 말투로 지적한 점이 그러하다. 출감 1년 후, 최

---

49 같은 책, 224쪽.

무경에게 연락도 없이 서울에서 최종심의 재판을 받는 오시형의 모습이나, 재판관에게 다원사관을 피력하는 오시형 옆에 그의 아버지와 그와 약혼설이 있는 도지사의 딸이 나란히 있는 모습을 작가는 여전히 지나가는 말투로 그려 놓았을 뿐이다. 바로 이런 점이야말로 작자가 최무경에게 갖는 애착이자 전향자 오시형에 대한 경멸의 표명에 다름 아니다.

「이녕」과 「설」의 모럴

한설야의 「이녕」은 주인공이 작가라는 점, 보호관찰소가 중요한 작품배경을 이룬다는 점에서 이기영의 「설」보다는 훨씬 구체성을 띤 전향소설의 유형을 이루게 된다. 신문기자 출신으로 5년 만에 출옥하여 집에 돌아온 주인공 민우는 세 아이의 아버지요 가장으로서 집안을 다스릴 힘이 없다. 보호관찰소에서 직장을 알선해 줄 때까지 기다리며 이른바 삶의 진창 속에 빠져 있는 형국이다. 「이녕」에는 자질구레한 가정생활 얘기가 대부분이다. 출옥한 남편을 가진 아내들의 신세타령이나 남편자랑, 자라는 아이들 걱정 따위가 그것인데, 이런 것들을 삶의 진창이라 불렀다면 그럴 법한 일이다. 그러나 이 작품에서 작가가 드러내고자 하는 것은 주인공 민우가 어떻게 진창에서 벗어나느냐는 것이다. 다른 말로 하면 민우가 별수 없이 보호관찰소의 마에무라(前村) 씨의 알선으로 창고회사에 취직을 하지만 그것으론 진창에서 빠져나올 수가 없고, 정신적 삶의 진창을 빠져나올 또 다른 방도가 고안되어야만 한다. 정신적 진창에서 벗어나는 길은 인간으로서의 품격이랄까 자존심을 되찾는 일에 관련된다. 그 자존심회복이 이 작품의 결말인 족제비사건이다. 자기집 닭을 훔쳐가는 족제비를 잡기 위해 주인공은 "손아귀에 기운이 번쩍 솟았고" "손이 떨렸다"는 사실이 기실은 주인공이 자존심을 회복하는 대목에 해당된다.[50] 이러한 미물과의 싸움이나마 치르지 않고는 주인공은 보호관찰소에서 알선해 주는 창고회사에 갈 수가 없었던 것이다.

한편 「이녕」과 거의 비슷한 인물과 배경과 분위기를 가진 「설」은 삶의 진창은 물론 정신적인 진창에서 벗어나지 못하고 허우적거리는 교원 출신 전향자 창훈을 다루고 있다. 5년 만에 출감해 보니 그의 아내는 여러 가지 장사를 두루 하면서 남매를 키우고 있었다. 소학교를 마친 딸이 고무공장에 취직하여 가계를 돕는 판이었다. 창훈은 가장으로서, 아비로서의 권위를 유지하고 있기는 하나, 끝내 자존심을 회복할 방도를 찾지 못한다. 이중과세철폐를 시행하는 총독부 정책에도 불구하고 마을마다 음력설을 쇠지만, 어린 딸이 고무공장에 출근하고, 장만한 것 없는 설날에 집을 나선 창훈은 술에 취해 집과는 반대방향을 헤맬 따름이다. 그를 구해줄 보호관찰소도 없고, 자력으로 직업을 구할 방도도 없다. 친구들과 어울려 금광에 손을 대지만 그것이 허황하다는 것의 인식뿐만 아니라 그러한 것이 생리에 맞지 않는다는 점이 그를 더욱 절망으로 몰아넣는다. "그가 요지음 착수한 것은 금광이다. 유유상종으로 그는 전에 친하던 어떤 친구의 소개로 금광 한자리를 얻어 놓았다. 그것을 물건을 만들어서 팔아먹자면 적어도 몇천 원의 자금이 필요하다"[51]라는 구절이 포함되어 있는 「설」은 「이녕」에 비하면 월등히 허황되고 무책임한 작품이다. 작가가 구체적인 현실을 문제 삼기보다는 주관적인 생각으로 「설」을 쓴 탓

---

50 「이녕」, 『문장』, 1939년 5월호, 31쪽.
51 「설」(1939년도판 조선작품연감), 인문사, 1939, 101쪽.

이다. 이러한 한계에도 불구하고, 「설」은 「이녕」과 함께 출감한 사상범을 주인공으로 삼은 점, 그들이 현실의 진창 속에 빠져 허우적거리는 꼴을 통해 당시의 현실을 그리고자 한 점에서 전향소설의 한 유형을 이룬다.

5) 전향의 초극방식 : 자굴감의 길

전향자의 심리 : 「심문」(心紋)의 세계

전향소설이 전향자의 전향동기 혹은 전향심리를 다룬 것이라면, 한국소설에서 그런 유형은 매우 드물거나 부분적으로 암시될 뿐이었음은 여태껏 우리가 검토해 본 바대로이다. 우리 소설에서는 전향자가 어떻게 지난날의 자존심을 회복하느냐를 중요한 과제로 삼았음은 「이녕」에서 엿볼 수 있었거니와, 이 문제가 구카프 출신도 아닌 신인층에 의해 깊이 탐구되었다는 사실은 주목에 값한다. 최명익의 「심문」(心紋, 1939)이 그것이다. 일찍이 임화는 이것을 아래와 같이 비판한 바 있다.

> (심문)은 한 시대의 지적 분위기를 재출(再出)시키는 데 성공하였다. 그러나 이 분위기나 기분이라는 것은 새롭다느니보다 오히려 구시대의 그것의 연장이다. 문제는 거기에 무슨 새로운 해석이 가해져 있는가 여부다. 허나, 지적 운운이 도달하는 심연을 그리기에 이 작자에는 어딘지 절실한 체험감이 부족했고 그것을 부정하거나 초월하야 보기에는 또한 최씨는 역시 구전대인(舊前代人)이었다.[52]

---

52 임화, 「창작계의 일년」, 『조광』(朝光), 1939년 12월호, 134쪽.

우리는 이 비판 중 "어딘지 절실한 체험감이 부족했고"라는 대목에 일단 주목한다. 그가 말한 절실한 체험이란 아마도 이 작품에 나오는 좌익사상가이며 전향자인 여옥의 애인 현혁의 심리파악을 두고 한 말로 보이기 때문이다. 작가 최명익은 비록 나이는 많으나 역시 구카프문인은 아니고 신인급이기 때문에 그런 작가가 전향자의 심리를 어떻게 정확히 알겠느냐는 뜻으로 해석된다. 그러나 임화의 이러한 해석은 그가 비평가로서 이 작품을 '출중한 작품'이라고 전제한 후에 행해졌음을 또한 우리는 놓쳐서는 안 된다.

「심문」의 주인공이자 화자인 김명일은 3년 전에 상처했으며 중학에 다니는 딸을 데리고 있는 전직 도화교사인 중년화가이다. 무직인 그는 가끔 그림을 그리긴 하지만 재취도 하고 싶지 않고, 그렇다고 다른 어떤 종류의 삶에 대한 의욕도 없이 지내던 중, 딸을 기숙사에 넣은 뒤로는 삶의 변화를 구해 만주에서 사업하는 친구 이(李)군을 찾아 시속 50킬로를 달리는 특급으로 서울을 떠나 하얼빈으로 가는 데서 「심문」이 시작된다. 하얼빈에선 이군만이 아니라 여옥이도 자기를 기다리고 있는 것이다. 여옥은 도쿄 유학시절엔 문학소녀로 당시의 어떤 청년투사의 연인이었으나 뒤엔 다방 마담이 되어 '나'와 어울리고, 그림모델 노릇을 함으로써 가까운 사이로 된 이지적이고도 창녀적인 양면성을 띤 복잡한 여인이었다. 그림으로 되기엔 여옥이 신상이 너무 산만하였다. '나'가 생활의 변화를 찾아 하얼빈에 가는 것도 따지고 보면 여옥와의 애욕을 통해 어떤 실마리를 얻고자 하는 잠재적 욕망에 이끌린 탓인지 모른다. 여옥은 하얼빈의 어떤 지하실의 카페에 나가고 있었다. 두 사람은 자연스럽게 어울려, 서로 마음이 통하지만, 중년인 '나'의 감정의 복잡성 못지않게 여옥의 감정도 복잡하였다. 여옥은 옛 좌익투사이며 지금은 아편중독자로 전락한 애인 현혁과 동거하며 그에게서 헤어나오지 못하고 있는 형편이었다. '나'의 출현으로 여옥은 이제 '나'냐 현혁이냐를 결단하지 않을 수 없게 된다. 이 작품의 결말은 여옥의 자살로 되어 있다. 현혁이 파락호로 전락했지만 끝내 여옥을 사랑했음이 판명되었기 때문에, 현혁의 협박과 질곡에서 빠져나와 '나'에게로 옴으로써 새로운 빛을 찾고자 했던 여옥의 길은 막히고 만 것이다. 이 작품의 긴장감은 그 제목이 표시하듯 인간을 인간이게끔 하는 기품의 섬세한 무늬를 드러냄에서 찾아진다. 한때 좌익이론의 헤게모니를 잡았던 현혁을 사모하던 젊은이는 많았다. 여옥이도 그 중의 하나였으나 현혁이 5,6년간의 감옥살이에서 나왔을 때에도 끝내 하얼빈까지 따라와 그를 돌보고 있는 사람은 여옥이뿐이다. 자포자기에 빠진 현혁이 여옥이 카페에 나가 벌어다 주는 돈으로 호구는 물론 아편까지 먹는다는 것은 그가 여옥을 사랑하고, 여옥 역시 그를 사랑했음을 증명한 것이나 다름없다. 현혁이 여옥에게 마약을 강권하여 그녀로 하여금 지옥을 느끼게 했을 때도 사정은 같다. 이를 계산에 넣지 않고 여옥이 현의 손아귀에서 빠져나가기 위해 고안해 낸 계략이란 여옥을 통해 상당한 돈을 '나'가 현에게 주는 방식이었다. 현이 여옥을 필요로 하는 것은 오직 호구와 아편만을 얻기 위한 수단이라 판단한 것이다. 이 계략에 의하면, 만일 그 돈을 현이 받는다면 여옥은 자유로이 놓여나 '나'와 귀국하여 새 삶을 열 수 있는 것이고, 그 돈을 받지 않는다면 사정은 원점으로 되돌아가는 것으로 된다. "현(玄)이 설마 돈을 요구할라구요"라는 생각과, "여옥을 내어주는 몸값을 요구할 것이다"는 갈림길 속에 이 작품의 긴장감이 출중하게 확보되어 있다. 돈을 요구하면 여옥과 '나'는 홀가분히 귀국할 수 있고 그렇지 못하면 '나'는 여옥이를 잃고 닭 쫓던 개 신세가 되어 귀국할 터이다. 그러나 정작 이 계략은 엉뚱한 방향으로 전개되고 만다. 현은 돈을 선뜻 받았을 뿐만 아니라 여옥이를 사랑한다는 사실까지 명백히 증명해 버렸던 것이다. 이 의외의 사태 앞에 여옥은 절망하여 자살하지 않으면 안 되었다. 대체 무엇이 현으로 하여금 그러한 행동을 하도록 만들었는가. 이 물음이야말로 이작품의 참주제이자 전향소설의 깊이 있는 독특한 주제인 '자기굴욕감'(자굴감)에 관계된다.

> 우리(여옥과 현) 앞에 나타나신 것이 고의건 우연이건 간에 김선생 자신이 의식적으로 나를 모욕했다고 생각하시지는 않으실 터이니까, 단지 그뿐이라고 아무런 책임감도 안 느끼시겠지요. 그러나 내가 모욕을 당하고 여옥이의 마음이 흔들리고, 그래서 우리 생활이 흐트러진 것은 너무나 분명한 사실입니다. [……] 사실입니다. 김선생의 의식적 모욕이 아니라고, 우리 앞에 나타난 김선생으로 해서, 이렇게 우리가 받는 모욕감과 고통을 어떻게 합니까? 김선생 때문에 받는 이 모욕감이 김선생의 책임이 아니라면 나는 어떻게 해야 합니까?
>
> 물론 김선생의 책임이라고만도 할 수 없겠지요. 이런 내 모욕감은 김선생과의 대조로서 비교도 안되는 약자의 모욕감이라고 할 것입니다. 그렇다면, 그렇다고 지금의 내가 다시 강자가 되어 김선생에게서 받은 모욕과 박해를 설욕할 수가 있을까요? 지금 김선생은 내게 여옥이를 내놓으라고 내 앞에 뻗치고 앉아 있지 않습니까! 그것이 박해와 모욕이 아니고 무엇입니까? 그렇지만 나는 설욕할 만한 강자가 될 수 없습니다. 영원이 될 수 없습니다.

……그래서 나는 피로써 피를 씻는다는 격으로,—그렇다고 김선생의 모욕을 모욕으로 갚을 수 없는 나는, 내 자신을 내가 철저히 모욕하는 것으로 받은 모욕감을 씻어 볼밖에 없습니다. 그러자면 김선생에게 자진하여 여옥이를 내주는 것입니다.

김선생 때문에 마음을 흔들린 여옥이를 그대로 내 옆에 두고두고 모욕감을 느끼기보다, 내가 자굴해서 물러가는 것이 오히려 내 맘이 편하겠지요. 그렇다고, 김선생을 따라가는 여옥의 행복을 위한다거나, 김선생의 연애를 축복하자는 것도 아닙니다. 오늘 아침까지도 여옥이에게 그런 말을 했습니다. 그러나 내게 그런 인간다운 생각조차 남었을 리가 없지요. 그저 김선생과 겨룰 수 없는 폐인의 자굴(自屈)입니다.

……나는 여기 더 있을 필요가 없는 사람입니다. 가겠습니다.[53]

현은 스스로를 철저히 모욕하는 방식을 서슴없이 감행했는데 그것은 여옥의 방열쇠를 '나'에게 건네며 돈을 요구하는 쪽이었다. 철저한 악인으로 나선 것이다. 이 극단적인 자굴행위야말로 전향자 현혁의 자존심의 마지막 근거이자 동시에 여옥에 대한 애정의 발로에 다름아니었다. 그것이 인간적 기품의 하나가 아니라면 대체 무엇이라 불러야 될 것인가를 이 작품은 묻고 있다. 여옥이 끝내 자살해 버리는 것은 따라서 당연한 귀결이다. 아편중독 때문에 자살한다는 여옥의 유서란 이것에 비하면 별로 대수로운 것은 아니다. 현이 아파트 열쇠를 팔지 않고 선선히 내주는 쪽이 여옥을 사랑하는 증거로 삼는 차원을 훨씬 뛰어넘는 곳에 이 작품

---

53 최명익, 「심문」(心紋), 『문장』, 1939년 6월호, 43~44쪽.

의 모럴이 놓여 있다. 그러나 우리에게 관심이 가는 곳은 전향자 현혁이 비록 병적인 상태라 할지라도 마지막 인간다운 기품이랄까 자존심을 '자굴감의 철저'에서 찾고 있었다는 사실이다. 철저히 자굴해 보임으로써 전향자로서의 자책감을 보상하고자 하는 삶의 방식은 전향자가 살아가는 방식의 특이한 한 유형을 이루어 놓았다.

우리는 전향자의 삶의 방식이 「이녕」에서는 '족제비잡기'의 형태로 되어 있음을 보았고, 「심문」에서는 철저히 자굴해 보이는 방식임을 보았는데, 이 모두는 결국은 자존심회복에 관련된 것임을 알아차리게 된다. 이처럼 우리의 전향소설에서는 「백야」나 「시골집」 모양 전향하게 되는 상황의 심리를 다룬 것은 전무하고, 전향한 후에 그 전향자가 살아가는 방식에 관한 것이 주종을 이루었음이 판명된다. 그 원인이 무엇인가를 물을 때 이 논의는 또 다른 차원으로 전개될 가능성을 갖는다. 카프문사들이 이데올로기에 대한 신념이 빈약한 추수주의자들이란 점, 식민지 상황의 검열문제, 사상과 삶이 유착되지 못하고 또 그것을 표현하는 작가적 역량이 부족하다는 점 등이 그 원인의 일부를 이룰 것이다. 그렇지만 근본적인 것은 옥중에서도 사상을 지키고자 고민한 문인이 단 한 사람도 없었던 탓이 아니면 안 된다. 사상을 받아들일 적에도 시류적 흐름에 의거했듯 그것에서 벗어날 적에도 같은 상태였음이 전향소설의 빈곤에서 확인되는 것이다. 감옥에 갔다 온 것만 해도 내심으로는 대단한 자부심을 갖게 한다는 점을 가장 한국적인 전향소설인 「이녕」과 「설」에서 확연히 읽을 수가 있다는 사실은 거듭 주목을 요한다. 이를 쓴 두 명의 작가가 카프의 중심인물이자 가장 중요한 작가이기에 특히 그것은 그러하다.

6) 전향소설의 소설사적 계보

전향소설의 소설사적 전개가 이에서 끝나지 않고 해방 직후에도 그대로 이어졌음을 우리는 또한 놓칠 수 없다. 약간의 변형이기는 하나 지하연의 「도정」(道程, 1946)과 허준의 「속습작실(續習作室)에서」(1948)가 그런 계보를 이었다. 특히 전자는 좌익투사로 6년 만에 감옥에서 나온 주인공 석재의 내면풍경의 변모과정을 해방 전과 후를 통해 매우 선명하게 드러낸 문제작이다. 학생 때부터 그는 좌익사상운동으로 검거된 바 있는데, 그 자신의 독백에 의하면 "이십대엔 스스로 절 어떤 비범한 특수인간으로 설정하고 싶어서였고, 삼십대에 와서는 모든 신망을 한몸에 모은 가장 양심적인 인간으로 자처하고 싶어서였고……"[54]였다. 이 독백 속엔 출옥 후에 그를 가장 견디기 어렵게 한 것이 '외로움'이며 그 '외로움'이 그를 둘러싸고 그의 의식을 갉아먹었다는 뜻이 들어 있다. 그에게 곤욕을 가하는 것은 감옥도 타인도 세상도 아니고 안에 있는 자기 자신이었다. 결국 사상문제는 '인간성'에 닿고 마는 것이다. 나만이 잘난 척하고 나만을 생각한다는 것은 뒤집어 보면 남의 희생으로 삼아 왔음에 대한 자책감으로 통하는 것이다. 그것은 철저한 이기심이다. 결국 '내가 나쁜 사람'이라는 애매한 자책 아래 서게 되면 그것은 형태도 죄목도 분명치 않은, 일종의 '윤리적'인 것이기 때문에 더 한층 내면화로 치닫게 마련이다. 자부심이란 기실 죄책감과 등가인 셈이다. 이런 해방 전의 상태가 해방을 맞아 어떻게 변모되는 것일까는 우리의 관심사가 아닐 수 없다. 해방이 되자 석재의 친구이며 돈을 기천 원 꿰차고 광산하러 뛰어다니던, 자기

54 지하연, 「도정」(道程), 『문장』, 1946년 7월호, 창간호, 51쪽.

말대로 하면 '나 같은 부랑자'인 기철이 서울에서 재빨리 공산당을 조직하여 그 두목의 자리에 올라섰다. 해외인사들은 아직 돌아오지 않았고, 지하에 있던 인사들이 아직 활동하지 않는 과도기에 기철이 당을 조직했다는 것은 석재의 심정으론 절대로 용납할 수 없는 일이지만 한편 현실적 논리적 측면에서는 시인할 수밖에 없는 것이었다. '앞에도 적이요 뒤에도 적인 오늘'의 현실을 문제 삼는다면 석재의 결벽증 또는 윤리성은 크게 얼굴을 드러낼 처지가 못 되지만 그렇다고 그 윤리성을 떠나거나 소홀히 한다면 어떠한 '적'도 마침내 격파할 수 없는 노릇이다. 목적과 수단을 가리지 않는 것이 공산주의라면 그것은 일시적으로는 그들이 말하는 적을 이길지 몰라도 조만간 그 한계가 드러나고 말 것이다. 석재가 취할 수 있는 행동은 우선 '당'에 가입하는 일이다. 그렇지만 자신의 결벽증 혹은 윤리성을 표면화하지 않을 때 그 가입이 무의미하다는 것을 그는 깨닫고 있었다. 그는 입당 서류에 이름, 주소, 직업을 쓰고, 그다음 칸의 '계급'란에 '소(小)부르주아'라 썼다. "투사도 아니요, 혁명가는 더욱 아니었고…… 공산주의자, 사회주의 운동자—모두 맞지 않는 이름들"임을 그는 이 순간 깨닫는다. 우리 근대사에 있어서 사상운동이 결국 이러한 수준에 머물렀음을 위의 대목이 정직히 보여 주는 셈이다.

> "……흠……?"
>
> 그는 6년 징역(懲役)을 받은 적이 있는 과거의 당원인 자신에 대하여 무슨 보복이나 하듯, 일종의 잔인한 심사로 무심코 피식이 고소를 하는 참인데, 대체나 신기한 말이다. 과시 탄복할 정도로 적절한 말이었다. — 지금까지 그는 그 자신을 들어, 뭐니 뭐니 해왔어도, 이렇게 몰아, 단도대에

올려 놓고, 댓바람에 목을 뎅긍 칠 용기는 없었든 것이다. 그러나, 이제 막 피식이 고소할 순간까지도, 참아 믿지 못한 이 "심판" 아래, 이제 그는 고시라니 항복하는 것이었다. 다음 순간 그는 몸이 헛전 하도록 마음의 후련함을 깨닫는다——통쾌하였다.

그러나 이와 동시에 무엇인지 하나, 가슴 우에 외처, 소생하는 것이었다. 드디어 그는 전후를 잃고, 저도 모를 소리를 정신 없이 중얼거렸다.

(나는 나의 방식으로 나의 "소시민"과 싸우자! 싸움이 끝나는 날 나는 죽고 나는 다시 탄생할 것이다. …… 나는 지금 영등포로 간다, 그러타! 나의 묘지가 이곳이라면 나의 고향도 이곳이 될 것이다…….)[55]

전향소설은 이 대목에 와서 일단 종말을 고한다. 전향자의 대부분이 자기 및 가족이나 자기계층의식을 돌보지 않고, 빌려온 사양사상을 단지 관념적으로만 수용했던 셈이어서 그것이 현실의 견고함에 부딪치자 여지없이 공중분해되지 않을 수 없었다. 전향자 대부분이 기실 '소시민'에 불과하고, 따라서 소시민의식에 젖어 있음에도 불구하고, 이 엄연한 사실을 고의적으로 혹은 저도 모르게 깨닫지 못한 곳에 전향자의 비극이 있다. 감옥에 갔다 온 것에 일종의 자부심을 갖는 「이녕」과 「설」의 주인공이나 철저한 자굴감을 기름으로써 자책감에 빠진 「심문」 속의 현혁이나 함께 일종의 소시민의식에서 벗어나지 못했음은 불을 보듯 환한 사실이다. 자부심이나 자굴감이 함께 윤리적 문제라는 점, 그것이 소시민의식에서 빚어진 모럴 감각이라는 점이 소설 속에서 세밀히 검토되지 못하

55 같은 글, 67쪽.

고 오늘에 이르렀다는 사실은 우리 소설사의 넓이와 깊이를 크게 제약한 것이라는 관점에서 비판될 수도 있을 것이다.

8. 전향론의 사상사적 변이양상

미첼의 『일제하의 사상통제』로 말미암아 내가 『한국근대문학사상사』라는 통속적 저술을 쓰지 않으면 안 되었다고 모두에서 적었거니와, 그 진상은 다음 두 가지로 간추려진다. 선행 『한국근대문예비평사연구』가 지닌 실증주의적 측면에서 벗어나 바야흐로 사상사적 방면으로 열린 지평 위에 섰음이 그 하나라면 다른 하나는, 이 점이 중요한데 '전향과 법체계'라는 논리구조에 대한 해명이다. 어떤 연구도 그 방향성이 있기 마련이며 동시에 그것에는 기초개념이 가로놓여 있다. 방향성은 그 본래의 성격상 무한대로 확산되기 마련이라면 이를 적절한 선에서 견제하는 강력한 구심력의 작동이 요망된다고 할 때 그것이 바로 『한국근대사상사』에서는 '전향과 법체계'였다. 제목이 통속적임에 비추어 단재의 아나키즘, 흥사단의 준비론 사상(춘원, 주요한 등), 리얼리즘론, 루카치론, 임화와 나카노 시게하루, 고바야시 히데오의 강연행각, 가톨리시즘(정지용), 신민족주의(도남), 전향론 등등으로 구성되었으나, 그 중심부에 놓인 것은 단연 전향론이었다. '사상전환과 전향사상'이라 표제를 단 제4장이 이에 해당된다. 이 책이 비록 통속적이라고 했지만 실상은 매우 래디컬한 것이었음은 새삼 말할 것도 없다. 머리말에서 이 점을 조급하게도 깃발처럼 내걸었다.

문학에 관한 사상으로서의 문학사상이 가장 강렬히 발현될 수 있는 역사·사회적 조건과 거기서 부수되는 요소들, 그리고 그로 인해 드러나는 사상을 밝히는 일이 문학사적 과제보다 우선한다는 관점에서 한국근대문학사상사의 실마리를 찾을 수 없을까. 분단상황 아래서, 분류사의 첫 시도인 『한국근대문예비평사연구』(1973)를 쓴 이래, 저자는 이 문제를 오래도록 생각해 왔다. 문제적 상황에 대한 해답의 철저성이 문학사의 울타리를 넘어서는 그 구체적 양상은, 1920년대 중반에서 30년대에 걸쳐 전개된 문학운동에서 매우 선명히 드러났다고 판단되었다.[56]

"문학사의 울타리를 넘어서는 사상사"라고 감히 언급했던 것이다. 문학사를 논하면서 그것보다 우위에 사상사를 올려놓은 기묘한 형식이 그때의 내 정신연령이자 심리적 상태였다. 문학을 넘어선 곳에 있는 사상이기에 사상의 추이에 따라 문학은 한갓 종속물이 아니면 안 되었다. 극단적으로 말해 문학이란 사상 표현의 한 가지 수단이었던 셈이다. 그렇다면 저 「백야」나 「시골집」 또는 「이녕」 「설」 등이란 무엇인가. 시간이 지날수록 나는 이 물음을 점점 물리치기 어렵게 되어 갔다. 정치/문학의 직접성이 가장 래디컬한 경우라면 사상/문학의 경우는 일단 저러한 과격성에서 한발 물러난 것으로 평가할 수 없겠는가.

여기까지 생각이 미쳤을 때는 이미 『한국근대사상사연구』가 출간된 지도 3, 4년이 지난 뒤였다. 그 계기는, 젊은 학도들이 지어 주었다. 당시 나는 이 책을 들고 자료읽기와 더불어 비평론(3학점) 강의를 했는데,

56 김윤식, 『한국근대문학사상사』, 한길사, 1984, 3쪽.

학생들의 질문 앞에 크게 노출되고 말았다. "문학은 어디로 갔느냐"의 물음이 그것. "사상이 곧 문학이다"라고, 우기며 나는 전가의 보도인 듯 분단상황을 내걸었다. 그러나 학생들을 쉽사리 납득시킬 수 없었다. 그렇다고 더 나아갈 수도 없고 후퇴할 수도 없었는데, 어느 순간 전광석화처럼 내 머리를 스친 것이 있었다. 「이녕」(한설야)이나 「심문」(최명익), 「설」(이기영) 등이 소설작품이란 사실의 인식이 그것. 학생들이 내게 묻는 것이 바로 이 점이 아니었던가. 학생들이 알고자 한 것이 소설이라는 문학 양식이었고, 리얼리즘의 본질이었고, 헤겔이 말하는 절대정신으로서의 미학, 종교, 철학의 세 갈래 중 하나라는 점이었다. 문학이 지닌 독자성을 고려하게끔 학생들이 나를 압박해 왔다. 나는 물론 이에 간단히 승복하지 않았는데, 국문과 학생들의 입학동기에 대한 앙케이트를 내가 갖고 있었던 까닭이다. 왜 국문과에 들어왔느냐는 물음에 놀랍게도 70%가 "운동을 위해서"였다. 정치운동, 사상운동, 민중운동의 그 '운동'이었다. 스스로 몸에 석유를 뿌려 도서관 옥상에서 뛰어내리고, 신발을 얌전히 벗어 놓고 한강에 뛰어들고, 밤새 노래하며 신림동 골목을 막소주에 취해 비틀거리는 그들이 아니었던가. 『난쟁이가 쏘아올린 작은 공』(1976)의 한 인물인 지섭이처럼 구로공단에 위장취업을 하고, 영등포구치소에서 "가만히 있는 자는 애국자일 수 없다!"고 면회 간 교수를 조용히 타이르는 그들이 아니었던가. 그들의 입에서 문학이 어디로 갔는가라고 내게 달겨들고 있었다. 나는 할 말이 너무도 많아, 아무 말도 할 수 없었다. 그 벅찬 착종 속에서 내 머리를 스친 것이 바로 '전향론'이었다.

학생들이 대하고 있었던 것은 「이녕」이고 「시골집」이고 「심문」이었는데, 이것은 제1차적으로는 소설이 아닐 수 없다는 사실. 사상의 과제로 하면 그러니까 전향문제가 아닐 수 없다. 이 경우 그것은 통속적으로 말하는 '주제'와는 별개의 것이 아니면 안 되었다. 말을 바꾸면, 사상/문학의 접합점에로 뚫린 틈이 바로 전향론이었다. 전향문제란 더도 덜도 아닌 사상과 문학을 갈라 내는 분기점이라는 사실. 전광석화처럼 내가 깨친 것이 바로 이 사실이었다. 이른바 전향론의 양가성이 거기 있었다. 사상에서 문학에로 건너는 다리, 문학과 사상을 잇는 다리로서의 전향론이기에 그것은 사상론이자 동시에 전향문학이 아니면 안 된다는 것. 이 굉장한 사실을 교실의 학생들이 내게 가르쳤다. 나는 한동안 숨도 크게 쉴 수 없었다. 스승과 제자, 교수와 학생의 역전관계가 거기 있었다. 이 굉장한 드라마.

그러나 참으로 딱하게도, 인생에서처럼 뭔가를 통렬히 깨달았을 때, 그리하여 스스로 해방되었다고 느꼈을 때 돌연 앞길이 보이지 않듯, 이번엔 무엇이 사상인지 또 문학인지 알 수 없게 되었음이었다. 학생들에게 이것까지 또 물어볼 수 없었는데 그들도 실상은, 나와 마찬가지였던 것이다. 이번엔, 물어볼 수 있는 곳이 좁은 내 교실에서가 아니고 또 식민지 폐쇄공간인 1930년대가 아니어야 했다. 진짜 세계사적 시선이 요망되었다. 실상 온갖 사상을 만들어 냈고 또 이를 문학과 연결시킨 선진국들에게 묻는 길이 그것이었다.

이런 질문을 위해서는 내 자신이 먼저 질문을 할 자격획득이 요망되었다. 나는 식민지 후손이긴 해도 지금은 아닌 만큼 이 제약에서 해방되어야 했다. 그런 식의 사상에서도 문학에서 해방되어야 했다. 가능하면 일종의 제로 상태에 도달해 있어야 했다. 다듬어 말해 나는 무엇보다 한국인에서 벗어나 세계시민이 되어 있어야 했다. 그것도 1980년대의 세계인이 되어 있어야 했다. 요컨대 '인간'이어야 했다. 인간이되 인류사의 최고단계에 오른 인간이어야 했다. 사상, 그것은 '인간'이며 문학 그것도 '인간'이다. 인간으로서의 사상과 문학이되 인류사의 진행과정의 최신단계에 놓인 것이어야 했다. 이 점에서 1980년 3월 15일은 기억될 의의를 지녔다.

'파리 프로이트'의 해산회의가 이 날 열렸는데 여기에 출석한 루이 알튀세르(Louis Pierre Althusser)는 「피분석자의 이름의 원점에서」에서 자크 라캉을 '볼 만한 서글픈 어릿광대'라 논란했다(조울증환자인 그는 처를 목 졸라 죽이고 1990년 사망). 고등사범 조교인 이 천재적 사상가의 대표작은 『마르크스를 위하여』(1965)이거니와 이 저술에서 대전제로 놓인 것은 바로 경제결정론자인 마르크스에서 벗어나 인간 마르크스의 시각 찾기였다. 공산주의가 패배했음이 1960년대에 이미 인류사에서 증명되었다면 승리자는 과연 누구인가. 프랑스 공산당이 프롤레타리아독재를 버렸다고는 하나 마르크스의 이론과 1960년대 프랑스 공산당의 현실 속에 놓인 거리측정을 묻는 일이 이에 대한 한 가지 답변찾기에 해당된다. 승리자가 없다는 것은, 다르게 말해 중요모순(contradiction principale)과 부차적 모순(contradiction secondaire)의 과제 곧 최종심급에 의한 결정(détermination en dernière instane)에 있었다. 이른바, '판단정지'(바슐라르의 용어)를 통해 마르크스를 다시 읽기 위해 이런 정교한 장치들을 도입하기에 이른 것이다.[57]

이와 때를 같이하여, 동구권이 흔들리고 얼마 뒤 베를린 장벽 붕괴

---

57 일역판 ルイ アルチュセール, 『マルクスのために』, 河野健二·西川長夫·田村俶 訳, 平凡社, 1994.

(1989)와 소련 해체(1991)가 잇달았다. 뒤늦게 1930년대 초에 발견된 『경제학-철학 비판 초고』와 『도이치 이데올로기』에 대한 재평가가 『자본론』 위에 군림하기도 했다. 이른바 소외 개념이 그것.

헤겔에서 연유된 소외 개념이 자본주의체제 아래서는 전면적임을 논의했을 때 경제학자 마르크스는 또 다른 사상가의 면모를 과시했는바, 경제이론이 거의 의미를 잃은 오늘날에도 소외문제만은 시퍼렇게 살아 있음을 들어, 두 개의 마르크스를 연상시키기도 할 만했다.

분업을 조건으로 하는 자본주의체제를 부정하고, 교통문제를 전면에 내세운 『도이치 이데올로기』(마르크스, 엥겔스)는 참으로 멋진 표현으로 이를 정리해 놓아 인상적이다. "사람 가슴마다 라파엘을 갖고 있다"[58]가 그것. 사람은, 분업없는 사회에서는, 누구나 최고의 화가, 노동자, 사회운동가로 될 수 있다는 것. 아침에 사냥 갔다가 오후에는 어부가 되지만 결코 사냥꾼, 어부 또는 비평가가 되지는 않는다는 것. 사람은 누구나 최고의 정치가, 사상가, 어부나 사냥꾼 또 생활인이 될 수 있다는 것. 그렇다면 공산주의란 무엇인가. 이 물음에 마르크스는 헤겔의 '세계사적 개인'(루카치는 이를 조금 비틀어 '문제적 개인'이라 했다)을 내세워 이렇게 규정했다.

> 공산주의는, 우리에 있어 만들어야 할 것의 하나의 '상태', 현실을 기준으로 하지 않으면 안 되는 '이상'이 아니다. 우리들이 공산주의라 부르는 것은, 지금의 상태를 폐기하는 것의 현실적 운동이다. 이 운동의 조건들은

---

58 マルクス, エンゲルス, 『ドイツ・イデオロギー』, 古在由重 訳, 岩波文庫, 1956, p. 200.

> 지금 현존하는 전제에서 생겨난다. …… 그러기에 프롤레타리아트는 단지 세계사적으로만 존재하는 것으로 되며, 마찬가지로 그들의 행동인 공산주의도 일반적으로 단지 세계사적 존재로서만 현존함이 가능하다. 개인들의 세계사적 존재란 직접적으로는 세계사와 연결된 개인들의 존재를 가리킨다.[59]

'유지하는 개인'과 '세계사적 개인'을 구별하고, 후자만이 역사에 관여한다는 헤겔의 논법에 따라 마르크스는 프롤레타리아트를 '세계사적 개인'으로 규정해 놓았다. 루카치가 『역사와 계급의식』(1923)에서 '탓으로 돌리는 의식'으로 이를 재규정했음은 모두가 아는 사안이다. 헝가리 공산주의자 루카치의 『역사와 계급의식』은 마르크스의 『경제학-철학 초고』(1932년 발굴)보다 훨씬 앞선 것이며, 그 중요성은, 주체성의 문제를 처음으로 제기했음에서 왔다.

> 우리가 갈 수 있고 가야 할 길을 하늘의 별이 지도몫을 하며 그 빛이 우리의 갈 길을 (훤히) 비추어 주던 시대는 복되도다![60]

이때의 루카치는 희랍세계, 이른바 황금시대의 '동화'를 읊고 있지 않았던가. 도쿄대학 정문 서점에서 난생처음으로 이 책을 대하고 밤을 새워 읽었던 국립대학의 젊은 조교수는 얼마나 가슴벅찼던가. 한반도의

---

59 같은 책, p. 48.
60 루카치, 『소설의 이론』, 1916, 첫줄.

상황과 군부독재하의 내게 있어 환각으로서의 '동화'만큼 필요한 것이 달리 있었던가. 학생들 앞에서 나는 얼마나 자주 이 '동화'를 읊조렸던가. 초롱초롱한 강의실 가득 메운 젊은이의 가슴에 얼마나 불을 지피려 했던가. 이런 동화는 이제 끝내야 할 때가 온 것이다. 이 동화를 시대적 유토피아라 갈파한 것은 에른스트의 『이 시대의 유산』(1935)에서였고, 이를 정리하여 H. 비그먼은 『미학의 범주로서의 유토피아』(1980)라 했다.

루카치 자신이 공산당원이 되었음을 선언한 것이 바로 『역사와 계급의식』이었다. 노동자계급 의식은, 노동자 개개인의 평균치도 아니며, 스스로 역사 속에 창조적 행위를 감행할 때의 의식이라 규정함으로써 사적 유물론을 비판한 형국이었다. 요컨대 노동자의 '주체성'의 강조라 할 것이다. 이 점이 충격적인 이유는 자명하다. 두루 아는바, 사적 유물론은 결정적인 것이며 상부구조 이데올로기와 토대구조와의 관계 및 그 역사적 전개는, 과학 중의 과학이 아니면 안 되었다. 엥겔스는, 망설임도 없이 '공상에서 과학으로'라고 외쳐 마지않았다. '과학'인 만큼 절대적인 법칙이어서 어떤 인간적 어깃장이나 노력 따위로는 감히 범할 수 없는 성스러운 것이 아닐 수 없다. 루카치의 도전은 이 과학에다 토를 닮으로써 큰 모험을 감행한 형국이었다. 이것은 『경제학-철학 초고』에서 마르크스가 논의한 소외문제에 견줄 수 있는 획기적인 것이기도 했다. 일본 철학자 히로마쓰 와타루(廣松涉)의 견해에 따르면 루카치의 소외론보다 마르크스 쪽이 한층 앞선 것으로 비판되어 있긴 하지만[61] 주체성론에 한해서는 단연 루카치다운 독자성이었다.

---

61 廣松涉, 『マルクス主義の地平』, 勁草書房, 1969. 제4부 「마르크스주의와 물상화론」.

만일 원숙한 마르크스의 사상이 인간의지와 관계 없이 과정들에 있어서의 과학적 연구를 일층 중시함으로써 '역사적 필연' 개념에 역점을 둔다면 어떻게 되는가. 간단명료하다. 인간은 어떤 노력도 운동도 할 필요가 없다. 필연적으로 자본주의체제가 망하고 공산주의체제가 오게 마련인 까닭이다. 성숙한 마르크스의 사상이란 이런 유치한 산술일 이치가 없고 보면 진상은 어떠할까. 이론과 실천의 간극에서 온 사안이 아니었을까. 진상인즉 이러한 결정적 사고양식과 이상으로서의 비전 사이의 긴장이 아니었던가. 이 긴장은, 이론상으로는 비인격적 운명의 맹목적 수단으로 보였던 '역사의 힘들' 그것이 실천적 혁명적으로 콘트롤됨으로써 행동의 레벨에서 해소되었다. 마르크스는 이 특유한 딜레마 속에 서 있지 않았을까. 다시 말해 자본주의란 되풀이되는 공황에 의거하든 노동자의 궁핍에서 연유되든 언젠가 그 내부에 쌓인 모순 때문에 자기 붕괴가 필연적이다. 과학적 해명에 의해 이 점이 밝혀졌다면 지식인이든 노동자든 무엇을 하겠는가. 여기에 초기 마르크스주의자(혁명적 낭만주의자)와 후기 마르크스주의자(과학적 이론가) 사이의 딜레마가 있었다. 후자는, 혁명의 필연성을 말하지만 실천의 필연성엔 입을 다물었던 것이다.

이 딜레마의 근거는 결국 서구 철학의 근본 딜레마에 다름 아니었다.(조지 리히트하임, 『마르크스에서 헤겔에』, 1971) 곧, 마르크스가 빠진 함정이란 다름 아닌 칸트의 '순수이성'과 '실천이성' 사이에 가로놓인 딜레마이었다. 헤겔은 여기에서 역사를 이끌어들여 딜레마를 돌파코자 했거니와 요컨대 독일 관념론에 내재한 딜레마인 만큼 마르크스도 여기에서 벗어날 수 없었다. 루카치가 나선 것은 이 딜레마의 돌파에 있었다. 그는 역사 속에서 의식적 실천에 있어 '창조성의 여지'를 발견코자 시도했다.

주체적 실천 곧 '자유'가 그 과정에 들어올 때 역사적 힘으로 작용되는 분기점을 찾고자 한 것이다. 루카치의 주체성이란 이 '창조성의 여지' '자유의 가능성'에서 왔다.

그렇다면 마르크스는 이 사실을 몰랐을까. 결코 그렇지 않았다. 적어도 초기 마르크스의 경우 곧, 『경제학-철학 초고』(1932년 발굴)에서는 이 점이 이미 제시되어 있었다. 리히트하임의 지적에 따르면 이 사회혁명에 있어서의 의식이란 요소는 사건의 의미를 인식하는 이론가에 의해 표명되고, 나아가 사회주의운동 그것에 의해 옮겨진다. 그 때문에 이론과 실천의 통일은 이론이 실천을 이끌어 내는 여지가 있는 한 가능하다. 곧 결정적 요소를 중시하는 경향이 갑자기 강해지기 시작하는 것. 그러나 마르크스는 변혁에 있어 이론과 실천이 상호작용해서 인간적 경우의 전체적 변혁이 창출된다라는, 청년시대의 비전을 결코 방기하지 않았다(오쿠야마 지로奧山次良 訳, 『마르크스에서 헤겔에』マルクスからヘーゲルへ).

칸트의 제3의 안티노미(antinomy, 이율배반), 곧 내적 필연성과 외적 필연성의 모순, 의욕론적 주관주의와 결정론적 객관주의의 모순의 문제에 루카치로 하여금 직면케 한 것이다. 이러한 딜레마가 어찌 굳이 독일관념론의 전유물이랴. 역사전개에서 인류사의 공통된 딜레마였을 터이다.

미키 기요시(三木清)의 열렬한 독자인 가쓰타 슈이치(勝田守一)는 당시를 회고하여 "자기 탐구를 지향하는 청년들이, 내적 주체성의 확립과 사회과학의 이론적 대상인 역사적 사회의 필연적 운동 사이의 긴장을 그대로 싸안으며 어떻게 살 것인가, 라는 물음을 이론적으로 심화시키고자 하는 욕구가 결코 약하지 않았다"라고 『미키 기요시 전집』 월보에서 말했다. 사회적 실천이야말로 마르크스주의자의 알파요 오메가이지만 그 실천에 몸을 맡기기 위해서는 마음으로 납득할 이유, 자기 것으로서 실감될 수 있는 근거가 필요했다. 특히 노동자도 농민도 아닌 지식인이나 학생에 있어서는, 더구나 칸트나 헤겔의 논리에 다소나마 젖은 지식인, 학생에 있어서는, 그것은 피하기 어려운 욕구였다.[62]

일본 지식인의 경우도 독일 관념론자와 같은 딜레마에 놓여 있었다는 사실은 무엇을 가리킴일까. 조급한 해답이지만, 그 해답의 처음도 끝도 '인간'이라는 것이 가로놓일 수밖에 없을 터이다.

9. 『자본론』에 대한 예비지식

여기까지 오면 다시 『자본론』을 읽어볼 밖에 도리가 없다. 『자본론』을 비롯 공산주의 서적 판매 및 방송청취를 한국정부가 허용한 것은 1988년 12월에 시행된 국가보안법 개정안에 따른 것이었다(『서울신문』, 1998. 12. 2). 『자본론』의 국역판은 해방공간에서 나온 최영철, 전석담, 허동 공역 전6권과 『자본론』 해설서 1권 도합 7권(서울출판사, 1947~48)이었다. 내가 갖고 읽은 것은 세번째 편집된 그러니까 제3판이었다. 마르크스·엥겔스·레닌연구소의 「서설」, 레닌의 「칼 마르크스」, 제1판 「서언」, 엥겔스의 영어판 「서언」, 「제4판을 위하여」 등 무려 60쪽에 이른 무게를 머리에 인 이 책의 제1편 「상품 및 화폐」를 열면 제1장은 '상품'으로 되어 있고 제1

---

62 三浦雅士, 『批評という鬱』, 岩波書店, 2001, p. 195.

절에는 상품의 두 요인──사용가치 및 가치(가치의 실체와 가치의 대소)였다.(일반적으로 『자본론』의 구성은 제1부에서 3부까지이고, 제1편에서 장으로 갈라지는데, 국역은 제1부를 제1편으로 하고 장으로 갈랐다.)

> 자본제적 생산양식이 지배하는 사회의 부(富)는 한 개의 방대한 '상품 집성'으로 나타나고 개개의 상품은 그 성소(成素) 형태로 나타난다. 그러므로 우리의 연구는 상품의 분석으로서 시작된다. (p.39)

이것이 첫문장이다. 상품이 개권 권두에 있고, 전 서술의 최후의 제3부(편) 제7편(장) 제52장의 '계급들'로 끝난다(국역은 제3부 제21장에서 중단되었다). 그러니까 물상화된 형태의 물질적인 것으로서의 '상품'에서 시작하여 '계급'이라는 인간의 존재방식의 가장 현실적 조건, 그리하여 사회를 이루어 생산하고 있는 개인들의 가장 현실적인 모습인 계급적 개인들, 그러니까 '인간'으로 끝난다. 그렇다면 『자본론』은 결과적으로 또 표나게 말해 인간의 발견인 인간론에 귀착되는 것이 아닐 수 없다. 인간이되 계급적 인간. 막연한 개인 인간이 아니라 자본제 생산양식 속의 인간이기에 구체적일 수밖에 없는 인간. '계급적 개인'인 셈이다.

대체로 이를 풀이해 보면 아래와 같다. 상품이란 당초 자연이 아니라 사람과 사람의 관계인 것이나 그것이 소외의 결과 인간에 있어 자연과 동일한 '물건'으로서 나타나 있다. 이러한 상품의 분석에서 비롯해서 물건과 물건의 관계처럼 보이는 경제현상을 마르크스는 『자본론』에서 드디어 규명하면서 마지막에 나오는 것은 이미 '물건'이 아니라 가장 현실적인 '계급'이라는 규정성을 띤 개인들 곧 '인간'이기에 다시 말해 물건에서 시작해 인간에 끝나는 것인 만큼 자연과학의 방법과는 썩 다르다. 이런 방법은 『자본론』 전체에도 서술 도중에도 되풀이되어 드러나 있다. 뿐만 아니라 이런 추구방식은 놀랄 만큼 정밀하다.

정밀성에 관해서 마르크스는 두 번 '현미경'을 비유적으로 들었다. 초기 학위논문 「데모크리토스의 자연철학과 에피쿠로스 자연철학의 서로 다른 점」에서와 『자본론』 첫 장에서 시행한 상품의 가치구조에 관한 현미경적 분석이 그것이다. 이 초기 학위논문에 주목하여 거기서 이른바 차이의 개념 또는 어긋남의 틈을 확인하여 일탈(자유)의 의미를 찾아낸 것은, 이른바 교토학파의 준재 다나베 하지메(田辺元)였다.

희랍의 경우 데모크리토스의 원자론은 자연의 존재의 이지적 설명을 위해 자연철학적 요구에 의한 것이라면 에피쿠로스의 생각은 이와 썩 달랐다. 후자의 경우 원자론(과학) 그것에 주안점이 있지 않고 인간의 자유에 관해서였다. 전자의 원자론과 질적으로 달랐는데 젊은 마르크스가 주목한 것은 이 자유에 있었다.

> 원자가 일탈의 가능성을 가졌기에 다시 말해 필연 속에 우연이 있기에 운동이 있는 것이다. 필연에 우연이 머금어져 이원성을 가졌기에 물질의 모양을 가진 물질의 형식 아래서의 주체성인 것이다. 모양은 물질의 것이나 그것이 잡고 있는 것은 주체성인 것이다. 곧, 자연철학이나 아리스토텔레스의 실체의 사고 속에는 없는 자유로운 계기로서의 주체성이라는 것이 에피쿠로스의 원자 속에서 나온다.[63]

---

63 田辺元, 『田辺元哲学選 III』, 岩波文庫, p. 183에서 재인용.

여기에서 이끌어 낸 것이 후기 마르크스의 '유물론의 비유물론성'이다. 『자본론』에 일관되어 있는 이것은 단순한 마르크스주의자들의 유물변증법과는 구별된다. 진짜 변증법이란 유물변증법일 수도 없지만 헤겔처럼 관념적 유물론일 수도 없다. 그러한 대립을 넘어선 '무(無)의 입장'에 서지 않으면 안 된다. 그 위에서 무의 매개로서의 현실을 중시하는가, 자각을 중시하는가에 따라 대립 구별도 이루어진다. 그러나 변증법인 한, 현실 즉 자각으로서의 행위적으로 통일되지 않으면 안 된다. 이를 두고 굳이 말한다면 제3의 변증법 곧 행위적 변증법이라 할 것이다. 상품의 이중성이란 화폐를 통해 이루어지는 것이 바로 제3의 통일성이다. 모순 대립하는 것을 그대로 결합하여 통일하는 것이야말로 현실변증법이다. 화폐의 발생을 설명하는 대목에서 마르크스가 『파우스트』의 행위 개념을 이끌어 낸 것도 이 때문이다.[64]

여기에는 당연히도 현미경적 사고, 근소한 차이에 주목하는 미크롤로지(micrology, 세부분석)가 작동되어 있다. 자연과학적 관찰에 기초를 두면서도 이를 넘어선 것이 마르크스가 고전파 경제학과의 다른 점이라 할 것이다. 제1장 3절 「가치형태 또는 교환가치」에 이어 제2장 「교환과정」 사이에 유명한 상품의 '물신적 성격과 그 비밀'(제1장 4절)이 있거니와 자연과학과의 그 방법적 차이가 선명히 나와 있다.

상품이란 것이 인간에 있어 우상숭배의 경우의 우상처럼 '전도'된 성격을 갖고 있다는 것. 인간은 자기 손으로 우상을 만들고 그것을 숭배함, 이러한 착각에 의한 전도가 상품의 경우에도 보인다는 것. 이를 정리

64 같은 책, p. 191.

해서 다시 논의한다면 그 윤곽이 뚜렷해진다. 말을 바꾸면 자본주의란 인간 개인들을 원생적인 공동조직을 기초로 하여 전통적인 사회의 속박에서 해방시켰다. 그러나 자본주의 아래서는 개인들의 자유로운 발전과 운동은 자연성장적 분업의 우연성에 휩쓸리는 만큼 현실의 자유란 즉자의 계급적 조건 내부에서 방해되지 않으며 우연성을 향수하기란 우연적 자유에 지나지 않는다. 따라서 구체적인 살아 있는 인간 개개인은 『자본론』의 서술에 일관되어 있는 경제학적 범주의 인격화, 곧 추상적인 것으로 밀어붙였다. 그러기에 마르크스는 경제학 비판이라는 일에 집중한 결과 인간의 복잡성(내면성)을 간과한 것으로 비판된다. 인간이란 워낙 복잡한 존재여서 경제 이외의 문화영역에도 걸쳐 있는 것이다. 사람은 빵만으로 사는 것이 아닌 것. 마르크스는 여기까지 미치지는 않았는데, 그에 있어 우선적 과제가 따로 있었기 때문이다. 곧, 계급적 인간을 현실의 참된 인격적 인간에까지 해방시키기 위해 필요불가결한 관념수단(지도) 속에 최소한도 필요한 것, 그 첫번째 것에 착수해야 하는 (이른바 경제학 비판) 일에 집중했기 때문이다. 만일 마르크스가 좀더 오래 살았더라면 필시 그 지도에는 두번째, 세번째의 것에 주목했을 터인데, 왜냐면 인간이란 워낙 복잡한 존재여서 경제 이외의 이해관계로서 행동하기도 하기 때문이다. 가령 명예감정에 의해 깊이 제약된 내적 인간적 동기, 막스 베버라면 외적 경제적 계급상황(Klassenlage)에 대해 신분상황(ständische Lage)이라 부를 수 있는 것이 따로 있다. 후자는 경제적 이해관계를 떠나 상대적으로 강렬한 영향을 갖는 것이며, 그런 것이 이른바 구체적 인간인 셈이다.

인간의 사회생활은 경제 이외의 문화적 영역에도 발목이 잡혀 있어 거대한 영향을 받고 있다. 마르크스는 그럼에도 불구하고 인간의 사회생활의 역사가 결국 외적 경제적 이해관계에 의해 나아가고 있다고 보고 기타 문화영역을 경제구조 위에 세워진 상부구조라 불렀다. 이러한 측면은 분명 고도의 학문적 달성이라 하겠다. 그야 당연하지만 거기서 마르크스 역시 상부구조의 상대적 독자의 운동을 지적하지만, 그러나 상부구조는 경제적 기초에서 근저적인 제약을 받고 있음만이 강조되어 있다. 상부구조 운동의, 베버 식으로 말해 '고유한 법칙성' 그 자체에 대해서는 적극적으로는 아무것도 말하지 않았다.[65]

'고유한 법칙성'(Eigengesetzlichkeit)을 철저히 추구한 것이 베버의 몫이었는데, 그가 말한 신분상황 또는 문화란 종교를 그 중심에 놓고 있었다. 마르크스가 종교를 아편에 비유, 매도한 것은 널리 알려져 있지만, 자유로운 주체로서의 사회구성원의 인간관을 가진 그가 종교를 비판한 것은 종교 자체가 아니었음도 알려진 사실이다. 종교가 짐승의 상태에서 인간을 유적(類的) 존재로 향함을 부정한 것이 아니라 유적 존재로 향하는 인간의 심정을 사실상 이용하여 그것을 재산소유자의 손에 넘겨 주는 것을 비판한 것인 만큼 종교 자체의 비판과는 구별되는 것이다.[66] 거칠게 말해 두 사람의 관계는 외적 경제 제일주의냐 문화의 고유한 법칙성 제일주의냐로 정리될 수 있겠다. 물론, 후자도 전자 밑에서의 논의이기에

---

65 大塚久雄, 『社会科学の方法—ヴェーバーとマルクス』, 岩波新書, 1966, p. 33.
66 内田義彦, 『資本論の世界』, 岩波新書, 1966, p. 117.

어디까지나 간접성이되 그만큼 설명키 어려운 미묘한 것이기도 했다. 어디까지나 마르크스 쪽이 직접성을 쥐고 있는 만큼 현실적인 것임엔 변함이 없다. 칼 포퍼는 마르크스는 물론 프로이트조차 논증불가능이란 이유로 진리일 수 없다고 했거니와(『열린 사회와 그 적들』, 1945), 그럼에도 마르크스 쪽이 현실적 세력권을 지난 한 세계에 군림할 수 있었던 이유는 실로 간단명쾌하다. "만국의 노동자여 단결하라. 그대들은 쇠사슬밖에 잃을 것이 없다"(「공산당선언」)라는 선언 이래, 국가와 계급의 중재를 헤겔은 국가 쪽에서 나서서 해결하리라 믿었지만 이는 큰 오산이었다. 국가는 자본가 측에 가담하여 노동자 탄압으로 한 세기에 걸쳐 행하고 있지 않았던가. 마르크스의 이론의 옳고 그름과는 관계없이 이 역사적 현실에서 진리보다 큰 에너지를 빨아올리고 있지 않았던가. 그것은 노동자가 모두 중산층이 되어 자가용 승용차를 갖게 될 때에야 비로소 완화되는 성질의 것이었다.

10. '삼위일체론'에 부딪치다

이러한 잡다한 예비지식을 갖고 『자본론』에 임한 내게 도저히 알아차릴 수 없는 것이 따로 있었음을 드러내기 위해 여기까지 온 셈이다. 대체 무엇이 나로 하여금 난감하게 한 것이었을까. 가령 언필칭 「마태복음」 25장을 들어 동일성의 자기증식으로서의 자본(이자)을 문제삼는다. 종 3명에게 재산을 나누어 주면서 관리하라 하고 주인이 여행에 나아갔다가 돌아와 첫번째 종을 불러 돈을 요구하자 종은 장사를 해서 원금보다 크게 증식시켰고 나머지 둘은 땅에 묻었다가 캐내어 왔다. 주인은 첫번째 종을 칭찬하고 나머지 종을 두고 "이 악하고 게으른 종아, (너를) 바깥의 어두운 데로 내어 쫓으리라. 거기서 슬피 울며 이를 갊이 있으리라."(「마태복음」 25장 30절)

이런 식의 25장 논리는 그대로 당시 기독교 사회의 일반적 경제 개념일 수 있었지만, 『자본론』에서 마르크스가 기독교의 '삼위일체론'을 들어 설명한 것은 기독교를 모르는 나로서는(또는 비기독교권) 곡절을 이해할 수 없었다. 설사 논리적으로 이해할 수 있었더라도 도무지 실감이 실린 것에 이를 수 없었다. 내게 있어 『자본론』이란 이 점에서 여전히 신비에 싸인 것이 아닐 수 없었다.

> 가치는 그곳에서 가치가 화폐형태 및 상품형태를 혹은 취하고 혹은 탈각하고 그리하여 이 변환에 있어서 자기를 유지하며 또한 확대하는 이러한 과정의 지배적인 '주체'로서는 무엇보다도 그것으로써 가치의 자기동일성이 확인되는 한 개의 자립적인 형태를 필요로 한다. 그리고 가치는 이 형태를 '화폐' 안에서만 가질 뿐이다. 그러므로 화폐는 일체의 가치증식 과정의 출발점인 동시에 종점이 되어 있다. 그것은 백파운드였으나 이제는 백십파운드다, 등등. 그러나 화폐 그것은 이곳에서는 가치의 '한 개의 형태'로서만 의의를 갖는다. 그것은 가치는 '두 개의 형태'를 갖고 있기 때문이다. '상품형태'를 취하지 않고서는 화폐는 자본이 되지 않는다. 이리하여 화폐는 이곳에서는 화폐퇴장(退藏)에 있어서와 같은 상품배격적으로 등장하지 않는다. 자본가는 알고 있는 것이지만 모든 상품은 그것이 얼마나 더럽게 보일지라도 또한 얼마나 악취가 날지라도 신앙과 진리에 있어서는 '화폐'이며 내면적으로 할례(割禮)를 받은 유태인이며 또한 그

위에 화폐를 보다 많은 화폐로 만들기 위한 기적적인 수단이다.

단순한 유통에 있어서는 상품들의 가치는 그것들의 사용가치에 대립하여 잘해야 화폐자는 자립적인 형태를 받을 뿐이나 이제는 화폐는 돌연 한 개의 과정(過程)하고 있는 자기 자신 운동하고 있는 주체로서 자기를 표시하고 이 주체에서는 상품과 화폐와는 두 개의 단순한 형채에 지나지 않는다. 또한 그뿐이 아니다. 가치는 이제는 상품들의 관계를 표시하는 대신에 말하자면 '그 자신에 대한 한 개'의 사적(私的) 관계에 들어간다. 가치는 본원적 가치로서는 잉여가치로서의 자기 자신으로부터 구별되고 부신(父神)으로서는 자신(子神)으로서의 자기 자신으로부터 구별되는 것이나 부자(父子)는 다같이 동갑(同甲)이고 또한 실은 일개의 인격에 지나지 않는다. 왜 그러냐 하면 투하된 백파운드의 잉여가치에 의하여서만 자본이 되고 그리하여 그것이 자본이 되자마자—아들이 출생하고 또한 아들이 아비를 낳자마자—양자의 구별은 다시 소멸하고 그 양자가 일자(一者) 즉 백십파운드가 되어 있기 때문이다.[67]

이 대목만큼은 유태교인 마르크스 특유의 감정이 무의식 속에 자연스럽게 흘러나온 것이 아니었을까. 이제 아무도 바로 기독교의 그 말썽 많은 종교적 시련인 '삼위일체'론을 비켜갈 수 없게 되었다고 할 것이다. 종교, 그것도 '일신교'인 기독교에서의 딜레마, 그 신비주의인 초논리적인 방식으로 화폐의 본질을 충격할 수밖에 다른 설득적 수단이나 방도가 마르크스에겐 없지 않았을까. 화폐, 그것은 '삼위일체'론과 등가였던 것

---

67 칼 마르크스, 『자본론』 제2편 제4장 제1절, 서울출판사판, 135~136쪽.

이다. 적어도 논리적 설명상에서는 화폐의 본질=삼위일체론의 신비주의였던 것이다. 일신교(기독교)와 화폐의 관계, 이것이 단순한 비유일까.

내가 제일 혼란스러웠던 것은 이 문제와 관련된 것이어서 이를 비켜 갈 수 없었다. 이른바 '성령'문제가 그것. "가치는, 본원적 가치로서는 잉여가치로서의 자기 자신으로부터 구별되고 부신으로서는 자신으로서의 자기 자신으로부터 구별되는 것이나 부자(父子)는 다 같이 동갑이고 또 실은 일개의 인격에 지나지 않는다"라는 이 대목은 '삼위일체론'을 떠나서는 생심도 할 수 없는 장면이다. 이에 대해서는 종교학적 해석을 엿보지 않으면 안 되게 되어 있다. 화폐가 그 자체로는 자본으로 되지 않는다는 것. 곧, 화폐는 불임(不姙)인 것이다. 그런데 화폐가 일단 상품의 모습으로 변하자마자 신비하게도 산출력이 생기게 된다. 마르크스에 있어 여기서 상품은 아무리 초라해도 아무리 싫은 냄새가 나도 내면의 '할례'를 베푼 것으로서 틀림없이 유태적인 성격을 띠고 있다. 여기까지는, 비종교인이라도 짐작할 수 있다. '할례'란 아직 정식으로 유태공동체의 일원이 안 된 유아의 신체에 상징적인 상처를 냄으로써 공동체의 성원으로 만든다. 곧 사회적 구성원으로 된다. 이와 꼭 같이 상품은 교환가치라는 사회적 척도에 의해 '거세'(去勢)를 실시한 것으로서 내면에 있어 유태교도 곧 화폐인 것이라고 『자본론』은 적어 놓고 있다. 이에 대한 종교적 해석은 매우 까다롭게도 신비할 정도로 내면적이자 강인한 정신력이어서 비기독교권 독자로서는 놀랄 만한 것이 아닐 수 없다.

그러나 화폐인 한에서는 자기 증식은 되지 않는다. 상품이라 하는 '기독교'에 의하지 않으면 그 몸에는 생출성(生出性)을 띨 수 없는 것이다. 칸트나 마르크스의 가족이 그랬듯 화폐라는 이 유태인은 세례를 받아 기독교도가 되지 않으면 가치의 산출력(産出力)을 갖춘 상품이 될 수 없다. 그럼에도, 정확히 말해, 우선 가톨릭의 기독교도가 되지 않으면 안 되었다. 가톨릭의 도그마는 '성령'의 불확정성을 잉태한 로고스(法)인 '부'가 그 지상에 있어서 동질자인 '자'(子)라든가 소름이 끼칠 만큼 짝 달라붙은 보로메오의 바퀴(Borromean Rings ; 우주의 3가지 요소가 하나로 통일되어 일원론으로 되는 것 곧 삼위일체론을 가리킴. 라캉은 이를 상징계-상상계-현실계의 일원화로 설명하기도 함—인용자)를 이룬 것처럼 하나의 통일 속에 갖추어져 있다. 이 보로메오의 바퀴의 통일성은 흡사 정신분석학이 분열에 빠지지 않은 정신구조로서 보여 주는 것처럼 고전적인(현대의 개신교적 초자본주의에 비교해 본다면 훨씬 절도 있다고 하는 뜻에서) 자본주의의 구조를 만들 수 있어 『자본론』의 분석은 정말로 이 고정적인 자본주의의 형태에 표준을 합쳐 진행되고 있다.
유태적 화폐가 가톨릭적 상품에로 변모될 때 비로소 자기증식이 가능하다. 이 과정을 마르크스는 '삼위일체론'의 용어로 설명하고 있다.[68]

요컨대 이 '승려적 개념'을 자본의 과학적 분석의 핵심부에서도 방기하지 않았다고 보는 학자까지 나왔다. 곧, 「화폐의 마력—마르크스의 트라우마」(鈴木一策, 『環』, 2000년 가을호)에서 주장된 것은 마술성의 근저에 놓인 일신교라 할 것이다.

여기까지 이르면 샤머니즘적 체질을 지닌 내게는 도무지 감이 잡히

---

68 中沢新一, 『緑の資本論』, 集英社, 2002, pp. 100~101.

지 않을 뿐만 아니라 또 하나의 커다란 의문에 부딪친다. '삼위일체'란 성부, 성자, 성신의 동일성을 가리킴이다. 부자관계란 알 수 있지만 '성령'이란 대체 무엇이며 어디서 온 것일까. 엉뚱하게 불어난 것이 아닐까. 곧, 자본이 이자로 불어나는(「마태복음」 25장) 그 현상이 성령이었을 터이다. 그렇다고 해서 일신교는 본질상 그렇게 가야 하는 논리구조를 가진 것일까. "그렇지 않다!"라는 주장이 바로 동일한 일신교 측 무슬림교이다. 동일한 일신교지만 무슬림(마호메트교)에서는 오직 '알라'뿐, 성령 따위는 없지 않은가. 지금도 아랍권에서는 은행에 이자가 없다. '동일성의 자기증식'으로 규정되는 이자 개념의 싹을 처음부터 잘라 버린 것, 거기 절대적 알라가 군림하고 있지 않았던가. 이러한 생각을 가진 무슬림은, 세계적 종교이지 않은가(기독교 약 22억, 무슬림은 약 13억). 그렇다면 일신교와 자본주의의 논리는 성립되기 어렵지 않은가. 기독교사를 들추어 보면 초기기독교에서도 이 성령 개념 도입을 두고 교파가 갈릴 정도의 대논쟁을 겪었음을 알 수 있거니와, 그러고 보니 『자본론』 독법이란 단순한 경제의 문제만으로는 이해하기 어려운 신비성을 지녔음을 언뜻 엿볼 수 있겠다. 요컨대 마술적 분위기가 『자본론』을 에워싸고 있는 형국이라고나 할까.

구소련이 해체되고, 엥겔스·마르크스의 예언이 모조리 부정 및 수정되고, '신체없는 자본주의'(가타리, 들뢰즈)로 표상되는 오늘의 시점에서도 『자본론』이 읽히는 것은 아마도 그것이 '고전'의 반열에 들었음을 가리킴이 아닐 것인가. 기번(Edward Gibbon)의 『로마제국 흥망사』가 오늘날에도 읽히는 것은 그 자료적 정밀성(내적 요인)에서보다 그 이상의 요소(문체)의 힘에서 연유되었던 것. 『국화와 칼』의 경우도 사정은 같다. 무엇보다 연구에 혼신의 힘으로 임한 한 인간의 열정이 '고전'을 이루는 으뜸요인이었을 터이다. 그러고 보니 『자본론』의 저자는 매우 정직했다는 느낌을 떨치기 어렵다. 유태인인 그는 가족과 더불어 기독교의 세례를 받은 인물이 아니었던가. 천하 없이 중요한 경제문제나 그 학문적 연구도 이 인간적인 경험을 비켜갈 수 없는 법. 『자본론』에서 끝내 내가 배운 바는 바로 이 점이었다.

11. 헝가리 사태에도 입다문 루카치를 되돌아보다

『일제하의 사상통제』로 말미암아 내가 『한국근대문학사상사』를 쓰지 않으면 안 되었음을 서두에서 말했거니와 물론 그것은 처녀작인 『한국근대문예비평사연구』의 보완을 의미하는 것이기도 했다. 이 경우 보완이란, 통속화를 가리킴이었다. 한국근대비평의 중심이 카프에 있었기에 그 실증적 검토에도 힘겨웠지만 해석에까지 이를 수 있는 힘도 여유도 내겐 없었다. 미첼에서 내가 배운 것은, 수정주의 곧, 국가경영자의 처지에서 바라본 사상운동이었다. 식민지 체험의 재조선인인 주제에 국가경영자의 시점이라니. 그렇지만 이 시각 없이는 사태 파악은 불가능하지 않았던가. 그 사상의 핵심에 놓은 것이 마르크스사상인바, 이를 어느 수준에서 통제할 것인가를 두고, 고심한 시각이 소중해 보였다. 그것은 '전향과 법체계'의 관계항으로 정리되는 것. 이 관계항이 식민지인 조선에도 그대로 적용되었는바, 이에 대한 일본과의 차이점을 내 나름대로 드러내고자 했다. 그러고 보니, 더 근본적인 문제가 저만치 놓여 있음을 알아차릴 수밖에 없었다. 모든 것의 근원인 『자본론』 독법이 그것. 그러나 참으로 딱하게도 『자본론』 읽기란 내겐 너무도 버거운 것임을 통렬히 깨치지 않으면 안 되었다. 그 중심에 '삼위일체'론이 바위처럼 놓여 있었기 때문이다. 설사 내가 제법 공부를 해서 상품과 화폐관계를 논리적으로 이해했다 해도 그런 것은 시대와 더불어 어차피 풍화될 운명에 놓인 것이 아니겠는가.

이 장면에서 한동안 바장이고 있을 때 내 앞에 저 『소설의 이론』의 저자가 다시 홀연히 떠올랐다. 이제 나는 이를 물리칠 힘이 있었다고 하면 조금 과장일까.

루카치가 '황금시대'라 불린 '동화'를 가슴에 품고 공산당에 들고 소련 망명을 거쳐 온갖 홀대를 받으며 귀국한 것은 제2차 대전 직후였다. 모국 헝가리에 귀국한 그는 당을 절대로 떠나지 않고 온갖 권모술수를 부려 당에 충성했다. 심지어 소련 탱크에 의해 부다페스트가 뭉개질 때조차도 그는 침묵했다. '전향'이란 그의 어느 사전에도 들 수 없었다. 일관된 당원이었다. 그것은 흡사 중세수도사의 종교적 신념과 궤를 같이하는 것이 아니었을까.

만년에 그는(1885~1971) 자서전인 『살아온 사상』(*Gelebtes Denken*, 출간은 1981)을 썼다. 그 첫줄에 이렇게 적었다.

> 어떤 자서전도 주관적인 점에서는 인간적인 것이고, 사회적 발전에 따른다는 점에서는 인간적인 것이 아니다——오히려 주어진 발전의 틀 속에서 인간이 어떻게 자기로 되며, 혹은 자기를 망쳐 버리는가. …… '직접적인' 의미에서의 나의 생활이 아니다. 단지 어떻게 하여(인간적으로 어떻게 하여) 생활 속에서 이 사고방향이 생활에 대한 이 사고양식(이 태도)이 생겨났는가, 라는 것만을. 오늘날, 뒤에서인 한, 출발점 내지 최종목표로서

의 개인성이 아니라, 그런 것이 아니라 '어떻게 하여' 인격적 특성이나 성격이나 경향이——상황에 따라——최대한으로 전개하면서, 사회적 전형으로서, 나의 지금의 사고양식 속에서 유(類)로서의 알맞은 것으로 되었는가, 유로서의 근사한 위치에 접근된 상태에 합류코자 시도해 왔는가.[69]

이 자서전은 죽기 수개월 전(1971)에 집필된 것으로 이쉬트반 에르쉬(István Eörsi)와의 대화로 된 자서전으로 간행된 것이었다.

루카치, 그는 시인이기를 거부, 철학자이자 정치가임을 일관되게 주장했다. 개인적 감정이나 심리를 펼쳐야 할 자서전에 정면으로 맞서는 발상법이었다. 이 기묘한 자서전엔 그만한 이유가 따로 있었다. 소련 망명 중 콤아카데미 연구원으로 연명하면서 루카치가 속으로 스탈린주의에 대한 비판 곧, 마르크스-레닌주의(슬라브주의)에 대항, 유럽공산주의를 옹호한 사실을 그는 자랑스럽게 내세우고 있었다.

우리들은 스탈린의 자연주의적 정통주의를 공격했지요. 잊어서는 안 될 것은, 그 시기에는 발자크 문제에 대한 엥겔스의 편지(1933년 처음 발굴된 것—인용자)가 공표되었소. 그리하여 스탈린주의와 정면으로 대립시키면서 우리들은 문제를 다음처럼 제시했지요. 그 때문에 심각한 결과를 가져오지는 않았지만 말이외다. 곧, 이데올로기란 것은 어떤 작품의 미학적 자질에 있어 기준이 되지 않음을 발자크의 왕당파주의가 입증하고 있는 것처럼 아주 좋은 이데올로기임에도 불구하고 좋은 문학이 생길 수도

---

69 ルカーチ&エルシ, 池田浩士 訳,『生きられた思想–対話による自伝』, 白水社, 1984, pp. 271~272.

있다고 하는 식으로. 그리하여 그 다음을 우리들은, 이데올로기가 아무리 좋았어도 나쁜 문학이 생길 수도 있다, 라고 번역했던 것입니다. 이 노선에 서서 그 시대의 정치적인 문학작품을 극렬히 공격했소. 그 때문에 감옥에 가지는 않았지만 말이외다.[70]

이만한 자존심을 가졌기에 루카치는 그가 속한 헝가리의 당을 떠날 수 없지 않았을까. 전향을 밥먹듯 해온 헝가리의 시인이자 「대낮의 암흑」의 작가 케스틀러(Arthur Koestler)와는 이 점에서 족히 비교된다. 루카치 그는 동화의 세계(희랍적 황금시대)의 환각에서 벗어나 『역사와 계급』에로 나아갔을 때를 원점으로 한다면, 평생 이 원점에 일관했다고 볼 것이다. 곧 주체성이 그것이다. '계급의식'이란 주체적으로 이를 자각했을 때 발생한다는 것, 노동자가 갖고 있는 생각의 평균치와 무관하다는 것, 요컨대 '탓으로 돌리는 의식'이어야 한다는 것. 당의 지령을 따르긴 하되 창의적 공간을 확보해야 한다는 것, 이른바 '자유'를 문제삼고 있었다. 여기에 어찌 강제된 전향론이 끼어들 수 있으랴. 도대체 당초부터 전향론이 끼어들 틈이 없지 않은가. 주체성 그것이 바로 일체의 전향론을 포함한 것이 아니었던가. 여기에다 무엇을 더 빼거나 보탠단 말인가. 그의 사전엔 전향이란 없었다.

문제는 무엇인가. 물을 것도 없이 '전향론'에 수렴될 성질의 것이 아닐 수 없다. 이 글의 서두에 내세운 것은 미첼의 『일제하의 사상통제』이었고, 그 핵심에 놓은 것이 '전향과 법체계'의 관련 양상이었다. 그렇지

---

70 같은 책, pp. 186~187.

만 한 발자국 나서면 전향론을 가능케 한 사상과 인간, 곧 주체성과 사상의 관련 양상이 대기하고 있었다. 뿐만 아니라 그 주체성을 둘러싼 역사·사회적 현상이 가로 놓여 있었다. 그 때문에 많은 지식인들은 감옥행이거나 또는 회의하면서 죽어갔다. 그 고민의 총량을 재고 또 다스리는 원천이 『자본론』에 있다고 많은 사람들이 믿어 의심치 않았다. 그러나 막상 『자본론』 독법이란 실로 난감한 것이었다. '삼위일체론'의 종교적 신비주의에로 도주하고 있지 않겠는가.

여기까지 생각이 미쳤을 때 나는 어째야 할까. 만일 할 수만 있다면 『한국근대문학사상사』를 밀어 두고 그 옆자리에 새로운 저술을 써야 했을 터이다. 그러나 보다시피 그런 일은 불가능했다. 내 자신이 길을 잃었음이 그 이유이다. 이 잃은 길은 지상적인 것이자 역사적 길이었다. 여기서는 어떤 해결책도 찾아낼 수 없었다. 그렇다면? 이 지상의 길을 떠난 길을 꿈꾸는 일이 아닐 수 없다. 세속적으론 종교의 길이 그것. 종교와 무관한 내가 할 수 있는 것은 단 하나. 동화적 환각에의 접근이었다. 그것은 저 당초의 출발점에서 온 것이기도 했다. 포플러숲으로 된 강변 초가삼간에서 자란 나는, 어느 날 홀연 까마귀와 붕어와 솔개들을 속이고 등에 책 보따리를 지고 누나의 교과서에서 본 그곳(근대)을 향해 길을 떠났다. 훗날 안 일이지만 어머니는 내 옷속에 몰래 부적을 꿰매어 놓지 않았던가. 그 옷을 입고 나는 서울로, 일본으로 낯익은 길을 헤매었다. 그렇다, 모든 것이 낯설었지만 또한 그럴 수 없이 낯익은 것이었다. 육당의 힘 있는 응원가를 뒤로 하고, 수심(水深)도 모르면서 바다로 나아가기만 했다. "나의 청춘은 나의 조국!"(지용)이라고 외치거나 "여기서 배워 네 칼로 너를 치리라!"(춘원, 임화 등)고 외치며 현해탄의 수심을 잰 선배들이 나를 손짓하고 있었다. 그 너머에서 손짓하는 환각을 나는 또 보고 말았다. 동화가 그것.

"우리가 갈 수 있고 가야 할 길을 하늘의 별이 지도몫을 하여 그 빛이 길을 (훤히) 밝혀 주는 시대는 복되도다!"

내게 있어 이 동화는 바로 내가 속이고 온 포플러숲속의 까마귀와 메뚜기와 붕어와 솔개의 세계에 다름 아니었다. 그것은 커다란 그리움[悲]이 아니었을까. '시절인연'(『벽암록』)이란 말 그대로 나는 이 그리움에서 나와 이 그리움에로 귀환하고 있었다. 탕아의 귀가이기에 앞서 너무나 순수한 식물적 상상력이었다. 결국 사람이란 어디서 나고 어느 골짜기의 물을 마셨는가에로 수렴되는 것. 마르크스도 이런 인간을 꿈꾸지 않았을까. "사람은 가슴마다 라파엘을 갖고 있다!"(『도이치 이데올로기』)로 정리되는 것. 이 그리움은 단연 인간적이자 인류적이라 할 것이다. 꿈꾸기이기에 지성도 감성도 넘어선 무분별지(無分別知)의 영성(靈性) 그것처럼 윤리에도 자유로울 뿐 아니라 미학에서도 초월적이리라. 분별지(分別知)를 속성으로 하는 차원을 넘어선 그런 영역이 있다면 위의 명제에 접근되는 것이 아니겠는가.

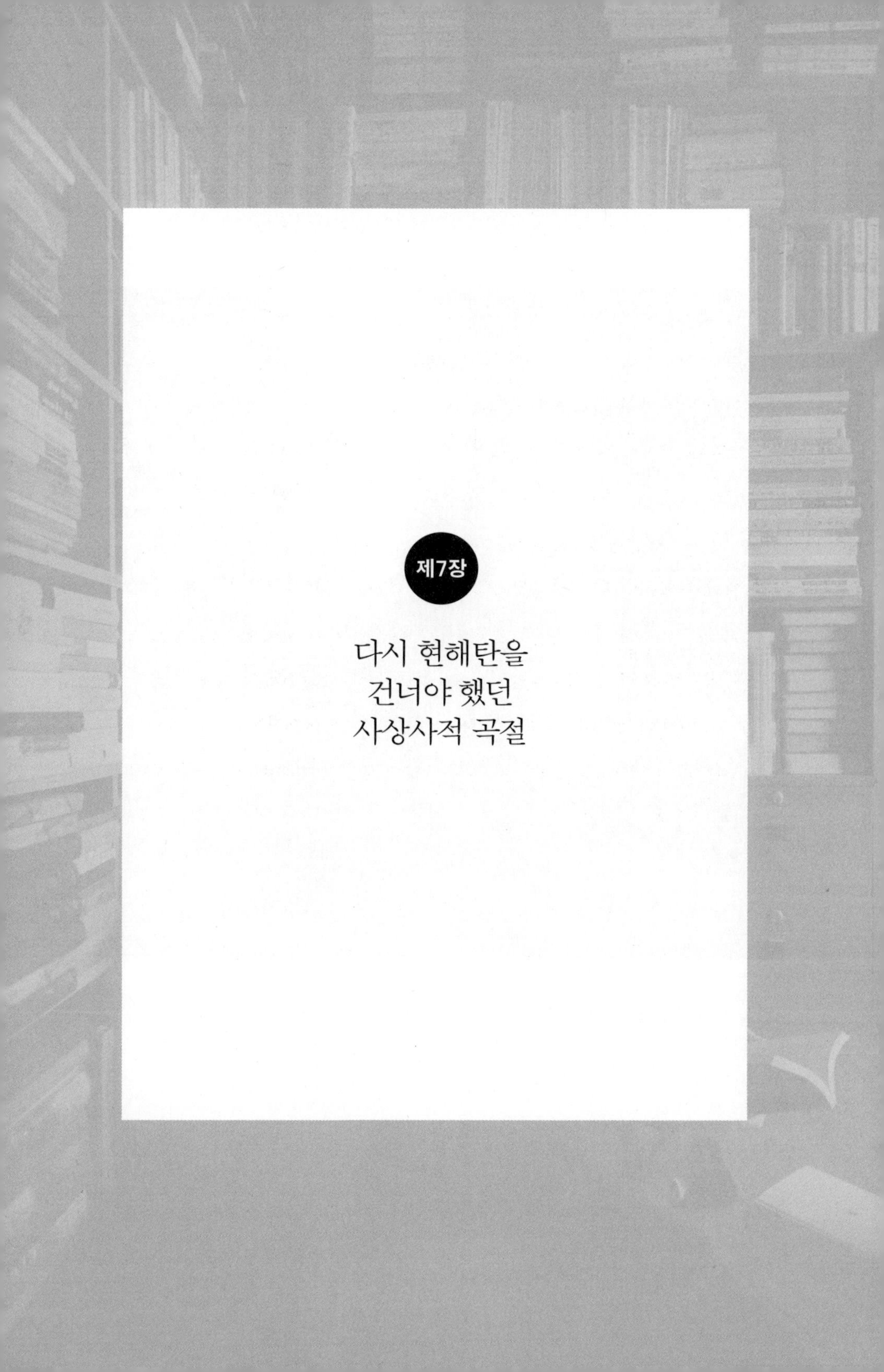

제7장

다시 현해탄을 건너야 했던 사상사적 곡절

오무라 마스오 교수의 정년 강연을 듣기 위해 갔을 때(왼쪽 두번째 세리카와 데쓰오 교수). 2004.1.15

'조선 문학 연구회' 동인과의 교류(왼쪽 다나카 아키라, 오른쪽 오무라 마스오)

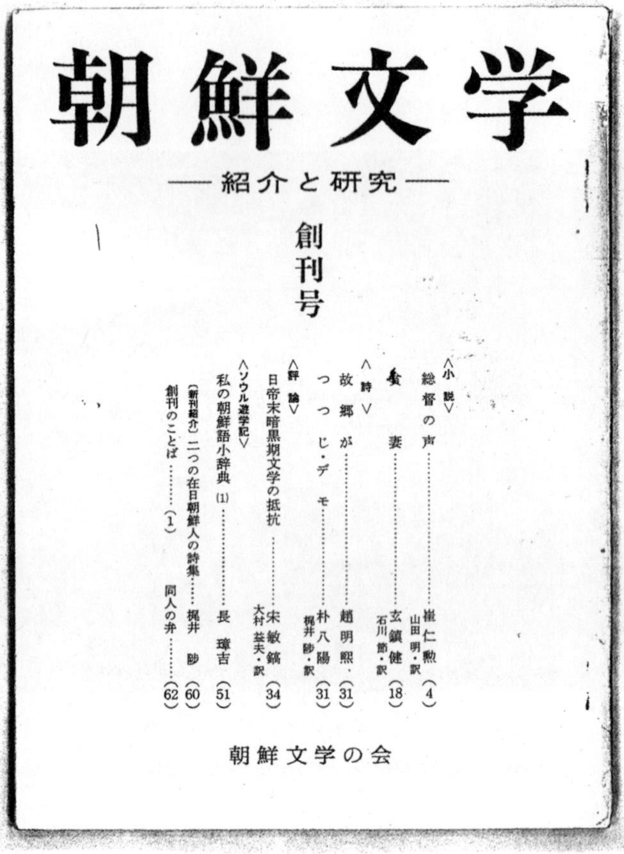
朝鮮文学

——紹介と研究——

創刊号

〈小 説〉

総督の声……崔仁勲 山田明・訳（4）

貧 妻……玄鎮健 石川節・訳（18）

〈詩〉

故郷が……趙明熙・（31）

つつじ・デモ……朴八陽 梶井陟・訳（31）

〈評 論〉

日帝末暗黒期文学の抵抗……宋敏鎬 大村益夫・訳（34）

〈ソウル遊学記〉

私の朝鮮語小辞典(1)……長璋吉（51）

〔新刊紹介〕二つの在日朝鮮人の詩集……梶井陟（60）

創刊のことば……（1）

同人の弁……（62）

朝鮮文学の会

계간지 『조선문학』 창간호. 1970. 12.

오무라 마스오 교수의 번역으로 아사히신문사에서 간행된 책. 1975

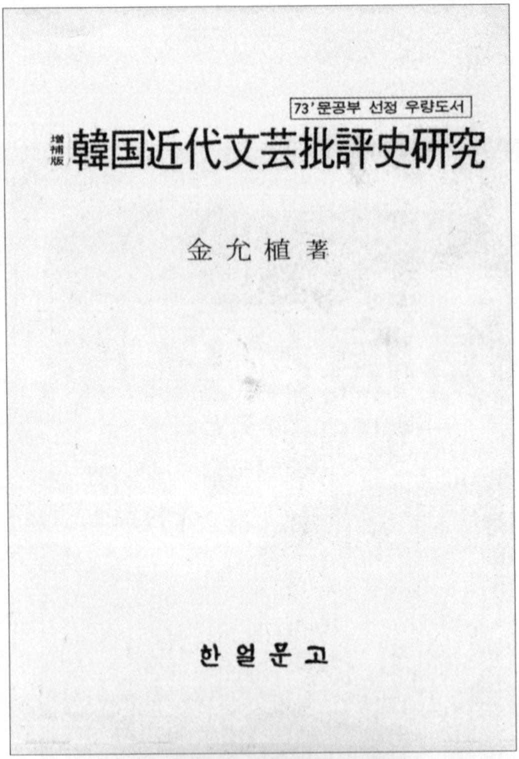

최초의 저서『한국근대문예비평사연구』(위)와 이 책에 주어졌던 우량도서패(아래). 1973

カップの成立と解体をめぐって
——『韓国近代文芸批評史研究』のこと——

安 宇 植

はじめに

なにごとによらず、通説とされているものが必ずしもすべて正しいとはかぎらない。すでに歴史的事実に属するものなどは概してそうである。朝鮮の現代文学に例をとってみても、カップにかんする通説などにはまさしくそれが当てはまる。平凡社版『世界大百科事典』（以下『大百科』と略）のカップの項には次のごとく記述されている。

カップ KAPF 朝鮮プロレタリア芸術同盟 Korea Artista Proleta Federacio の略称。一九二五年八月二四日、作家李箕永、韓雪野、宋影らを中心として結成され、一九三四年夏に、三一年六月にひきつづく第二次の弾圧・検挙にあって、事実上の解散となった。しかし現代朝鮮文学史上で最もすぐれた多くの作家が輩出したのもこの時期であり、八・一五解放以前の代表的な作品である李の『故郷』、韓の『黄昏』その他が現われたのもこの時期であった。（以下略。第六巻、七一ページ）

カップが現代朝鮮文学史上に名をとどめる多くのすぐれた作家を輩出させている事実はみとめてもよい。けれども、まずカップ結成の日時については、右の記述にいささか首をかしげざるをえない。たとえば大村益夫は、『文学』（第三三巻一一号）の論文「一九二〇年代の朝鮮文学」で『大百科』のそれを容認しつつも、「二三日説もある」と述べている。いわばカップには、結成の日時にかんしても明らかに異説があり、いずれを正説とするか、なお論議の余地をのこしているのである。カップの成立経過については以前わたしも見解を述べたことがある。『資料・世界プロレタリア文学運動』（三一書房）第二巻所収の「カップ初期の運動」への解説がそれである。白鉄著『朝鮮新文学思潮史』ならびに金思燁・趙演鉉共著『韓国文学史』、そして朝鮮民主主義人民共和国科学アカデミーの『朝鮮文学通史』その他によって、これをこころみた。カップの成立経過にかんしていえば白鉄の著述は多分に正確さを欠くものである。そこで、『韓国文学史』などに依拠してそれをおこなったわけだが、これにおいてわたしは八月二三日説を採った。

それはなぜか。論拠を明らかにするために、カップ結成までの経緯をいまいちど簡単にふりかえってみたい。

カップ結成・八月二三日説

朝鮮におけるプロレタリア文学運動は「焔群社」と「パスキュラ」によってはじめられた。「焔群社」は一九二二年に李赤暁、金紅波、李浩、金斗洙、沈大燮、崔承一、宋影、金永八らによってつくられた。綱領に「本社は解放文化の研究及び運動を目的とする」（『朝鮮プロレタリア芸術運動小史』、以下『小史』と略）とあることからみて、文学にかぎらぬ広範な文化運動を現実的方法としていたことがわかる。「パスキュラ」は一九二三年に金基鎮、朴英熙、安碩柱（夕影）、金石松（烔元）、李益相、金復鎮、延鶴年らが中心となって組織した無産階級文学運動のグループで、構成員のイニシャルを取ってこう名づけられた。テーゼを「芸術のための芸術を排撃し、人生のための芸術を建設する」と定めたこのグループを、当時の文壇は新傾向派と称した。両グループの運動が活気を呈するにともない、ひとしく階級的立場を標榜する両者のあいだには、おのずと統合問題が提起されずにはいなかった。

当時の客観的情勢は彼らをして分散的に離れていることにより、弱体化することを許さなかった。それよりも一脈の歴史の巨流は同一目的のためにすすむ彼らをして、統一してより大なる力を有せずんば得ざるの必然性を強要した（『小史』）。

林 和

「当時の客観的情勢」とは、朝鮮共産党の創立とあいまって労働運動、農民運動などプロレタリア階級の解放、ひいては朝鮮独立運動が急激的な昂まりをみせたことを意味する。したがって、「焔群社」と「パスキュラ」の統合は理念の共通性もさることながら、客観情勢にもとづく支配的世論に負うところが大きく、その実現こそは一九二五年八月二三日に発足したカップであった。しかし、これだけでは二三日説を裏づけるには心もとない。金基鎮は回想『私のカップ時代』でその結成を五月、前記白鉄の『朝鮮新文学思潮史』は七月としているのである。

けれども、朝鮮解放の直後に再建された「朝鮮プロレタリア芸術同盟」の機関誌『芸術運動』所載の「朝鮮プロレタリア芸術運動小史」で、筆者の蟹峰山人は明確に八月二三日としるしている。大村益夫が「二三日説もある」としたのはこれによる。が、『大百科』の記述、そして大村のいう八月二四日説はみあたらない。これはどうしたことであろうか。それは『朝鮮文学通史』などの文献に依拠しているからにほかならない。これら共和国（朝鮮民主主義人民共和国）の文献によれば、カップは「焔群社」を中心に「パスキュラ」ほか崔曙海、李箕永、韓雪野などが加わって形成されたとある。カップ初期の綱領も、「焔群社」のそれが採用され、結成の日時は八月二四日というのである。『世界大百科事典』の記述も大村益夫のそれも、いわばこれにもとづいたのであった。では『朝鮮文学通史』はなにを根拠に八月二四日説を採ったのであろうか。これについてはつまびらかにしない。いわば根拠はきわめて薄弱なのである。それに、『朝鮮文学通史』などの記述のごとくカップ初期の運動を「焔群社」を中心に考えるならば、それこそ二三日説を採らなくてはならない。『朝鮮プロレタリア芸術運動小史』の執筆者はほかならぬ、こんにち共和国で文学活動をつづけている宋影であり、蟹峰山人はその雅号であったのだから。

個人の家庭で結成された

ところで、カップ結成八月二三日説にたいしては、このほどソウルで刊行された金允植著『韓国近代文芸批評史研究』が、より有力な根拠を提供している。この著述は、近代文芸批評史研究と銘うってはいるものの、ありようは朝鮮プロレタリア文学運動を主軸とし、これとのからみあいのなかで展開された一九二〇年代から四五年八月にかけての文学運動史といってよい。とりわけ綿密な資料的裏づけのもとに研究されている点で、前記『朝鮮新文学思潮史』および『韓国文学史』などの成果を数歩も前進させた、まことに労作の名に値するのである。これにおいて金允植はカップの結成に触れ、次のごとく述べている。

カップが結成されたところはソウル・貫鉄洞にあった李亡の弟の家として知られている。朴英熙、金基鎮らの数篇の回顧録にみえるカップ結成年代はまちまちである。だが蟹峰山人の『朝鮮プロレタリア芸術運動小史』および『全州事件公判記録』（『朝鮮中央日報』一九三五年一〇月二二日）によれば、一九二五年八月二三日となっている。金台俊の『朝鮮小説発達史』でも、カップは（中略）二三日に結成され、一九三五年五月二一日に解体したとされている。

疑いもなくカップは、一九二五年八月二三日に結成されたのであった。この事実はもはや動かしがたい。通説はやはり正説ではなかったのである。

ところで、金允植のこれは初期のカップの組織としての実体をも伝えるものである。カップは一個人の家で結成されたのであった。それも結成大会といえるほどの手続も経ずして。いわば、グループ同士の合体といった性格をまぬかれなかったのであった。初期のカップが、綱領、規約などをはなはだ曖昧にしているのは、いわれのないことではなかったのである。されば、カップは、結成と同時に、運動発展の過程で再編成される必然性を内包していたといわねばならない。

カップにそれが訪れたのは一九二七年であった。『朝鮮文学通史』が再編成と呼んでいる、カップの第一次方向転換にかんして金允植はこう説明する。

헤이본샤(平凡社)『세계대백과사전』을 위한 항목 수정 소개문

제7장

다시 현해탄을 건너야 했던 사상사적 곡절

1. 비평과 학문의 한복판에서

'한국근대문학에 미친 일본문학의 영향'이 1970년도 도일 목적이었지만 나는 보기 민망할 만큼 실패했다. 가까스로 이광수의 와세다 고등전문부(1년 반 과정)의 성적표와 『핫킨학보』(白金学報, 메이지학원 보통부 교지)에 실린 처녀작 「愛か」(사랑인가)를 찾아낸 것(와세다 대학 오무라 마스오大村益夫 교수의 도움), 이를 국내에 번역 소개한 것(「이광수의 처녀작고」, 「독서신문」, 55호, 1971년 12월 5일자)쯤을 들어 감히 성과라 할 수 있었겠는가. 나는 참담했다. 딴눈을 팔았음에서 이런 결과에 이른 것이다.

나로 하여금 목표를 향해 전력투구하지 못하게끔 당겨 이끌고 간 장본인은 무엇이었을까. 첫번째가 루카치였고, 두번째가 미시마 유키오였고, 마침내 세번째가 고바야시 히데오와 에토 준이었다.

첫째의 것은 인류사에 관련된 것. 헤겔, 마르크스 그리고 도스토예프스키의 『악령』 저 너머로 언뜻 바라다 보이는 황금시대의 황당무계한 망집에 가슴이 두근거렸지만 그래서 그것이 우리의 카프문학에 닿아 있는 것처럼 보였지만 이 모든 정황을 논리적으로 헤아리고 구축하기란 내겐 너무나도 역부족이었다. 페터 루츠(Peter Ludz)의 루카치에 대한 해설 번역으로 가까스로 대행적 흉내를 내 보였을 뿐이다(「루카치 문학론 비판」, 『현대문학』 1973년 8~10월호).

두번째 것은, 이는 내 젊음이 저지른 조급성의 발로이겠는데, 「정치적 죽음과 문학적 죽음」(「현대문학」 1971년 5월호)이 그것. 1971년 5월이면 아직 내가 체일 도중이 아니었던가. 유학생 자료찾기라는 본래의 연구목적을 팽개쳐 놓고 자위대 총감실에서 할복 자살한 「금각사」의 작가 미시마 유키오에 대해 특파원도 아닌 내가 뭣 때문에 이런 해설적 감상문을 염치도 없이 갈겨 썼을까. 지금도 나는 그 곡절을 잘 설명하기 어렵다. 굳이 말한다면 아마도 젊은 혈기 탓이었고, 거기에서 오는 약간의 자만심도 없지는 않았을 터이다. 그것은 내가 현역 문예비평가(데뷔 1962년)라는 사실에서 왔다. 나는 이 글의 제목을 문학적 죽음이냐 정치적 죽음이냐로 삼고, 일본문학의 어떤 특이성을 부각시키고자 했던 것이다. '정치적 죽음'이기에 앞서 "무엇인가 대단히 고독한 것"(고바야시 히데오, 「감상」) 쪽에 그 본질이 있고 그래야 그것이 '문학적 죽음'일 수 있다고 나는 믿었던 것이다. 그러나 딱하게도 이 '문학적 죽음'의 깊은 의미를 알아내기엔 역부족이었다. 어째서 사람은 자살조차 할 수 있는가. 어째서 문학은 자살에까지 이를 수 있는가. 이것이 고바야시 히데오의 「감상」에 깔린 뜻이었음을 내가 깨친 것은 당대 최고의 문예비평가 에토 준의 자살을 음미함에서 가까스로 얻어 낸 것이었다. 그러기에 나는 '정치적 죽음'만을 줄줄이 엮었고, "내가 이 글을 신문기사 쓰듯 쓴 이유도 바로 이것이다"고 하며 글을 마쳤던 것이다.

그러나, 세번째 문제는 사정이 크게 달랐다. 고바야시 히데오와 그 수제자급인 에토 준이 번번이 학문연구자인 내 앞길을 막았는데, 그 무기는, 이른바 '문예비평가'이었다. 연구자인 나를 가만히 두지 않고 흔들어댄 것이 문예비평 쪽이었기에 나는 알량한 비평가의 신분 앞에 알몸으로 노출되지 않으면 안 되었다. 여기에서 필사적으로 도주하지 않으면 나는 그 늪에 빠져 헤어날 길이 보이지 않았다. 그렇다고 연구자에로 주저앉기엔 내 혈기랄까 열정이 소용돌이 쳤다. 이 모순에서 나는 평생 동안 벗어날 수 없었다. 연구자의 길이란 도서관 어두운 서고 속의 가물거리는 손전등 빛에로 나아감이었다. 일차 자료를 떠난 어떤 연구도 참된 연구(과학)일 수 없으며 이를 해독하기 위한 보조수단인 마르크스, 엥겔스, 프로이트, 라캉, 푸코, 골드만, 지라르, 루카치 등등에 대한 공부도 실로 난감한 것이었다. 그렇기는 하나 이런 일들은 긴 시간을 요하면 비록 총기가 좀 모자랄지라도 아주 절망적이라 하기는 어려울지 모른다. 그 긴 시간과의 싸움이란 사람으로 하여금 짐승이거나 괴물로 만들기에 모자람이 없는데, 왜냐면 모든 일상사를 외면하거나 포기했기에 가까스로 가능한 것이었다.

그 괴물의 길에 나서기엔 나는 너무 젊었고 또 앞뒤 분간을 잘 못하는 국립대학 젊은 조교수에 지나지 않았다. 문예비평이라는, 날생선처럼 생기 있는 생명의 녹색이 아니었던가. 모든 이론은 회색인 것, 생명의 황금나무만이 녹색인 것(『파우스트』)에서 괴테는 외쳐 마지않았다. 헤겔 또한 이를 복창해 마지않았다. 미네르바의 부엉이는 황혼이 되어야 비로소 난다(『법철학 서설』)라고. 모든 사태가 끝장 났을 때야 비로소 사태의 진상을 분석할 수 있으니까. 그렇다면 내 학위논문으로 세우고 있는 『한국근대문예비평사연구』(1973)란 미네르바의 부엉이일까. 끝장 난 황혼기가 아니라 지금도 진행 중인 과정(Übergang)이 아니겠는가. 왜냐면 '근대' 속에 지금도 헤매고 있지 않겠는가.

그렇다면? 그렇다면이라니. 문예비평이야말로 이에 제일 근접한 것이 아니겠는가. 생명의 황금나무, 녹색이었기에 생명체를 끌어당길 힘과 권능이 거기 살아서 빛나고 있어 보였다. 사려 깊게도 괴테는 이 생명의 황금나무의 녹색이 아무리 굉장해도 그것이 악마 메피스토펠레스의 힘이 아니고서는 이를 수 없는 허상임을 대전제로 내걸고 있었다. 악마의 이 속삭임을 물리칠 만한 힘이 내게는 크게 모자랐다. 당장 녹색의 저 생생한 빛, 향기, 맛을 체험코자 했다. 거기 악마가 도사리고 있음을 나는 너무도 자주 잊었다. 고바야시 히데오가 먼저 내게 손짓했다. 아가야, 너의 생명은 단 하나뿐, 너가 할 수 있는 일이란 '마음의 흐름'을 좇는 일이다. 역사가 뭔지 아는가. 죽은 사랑하는 아들을 가진 모친의 감정 위에 어찌 역사 따위가 있을까 보냐. 아가야 또 너는 알아야 한다. 「고린도후서」 제5장 13절을. 우리가 미쳤다면 하느님을 위한 것이며 우리가 제정신이라도 당신들을 위해서라는 것. 한 인간의 삶이란 아무리 굉장하거나 시시해도 그의 죽음과 더불어 끝장나는 것. 이에 비해 그가 남긴 작품이란 어떠할까. 미치고 환장케 하는 아득함이 펼쳐져 있지 않겠는가. 『악령』 『죄와 벌』을 보시라. 그의 죽음까지를 다루는 쪽이 비유컨대 학문이라면, 그의 작품 쪽을 다루는 것이 문예비평인 것. 아무리 대단한 사람이라도, 정상적인 사람이라면 헤맬 수밖에 없는 것, 그것이 '작품'이다. 이 아득함을 아주 조금이나마 막아 보고자 한 첫번째 사람이 고바야시 히데오였다. 무상(無常)적인 것, 고전에로의 도피행이 이를 말해 준다. 시간과 공간이 정지된 고전 속에 잠겨 온몸을 적시고 있노라면 대동아공영권이나 태평양전쟁도 식민지 조선도 헛것이고 허상이며 환각의 일종이었다.

그는 이 점에서 솔직했다. "나는 다만 무지해서 반성 같은 것은 하지 않는다. 무지한지라 담담히 전쟁에 임했다"라고. 고전 속에 잠겨 있노라면 '헤맴'의 강도가 크게 단순화되어 헤맴에 휩싸여 자기상실에서 벗어날 수 있었다.

두번째가 에토 준. 마찬가지로 그도 발버둥쳤다. 그러나 그는 강아지 다아키를 길렀다. 그것도 삼대째까지. 이 영리한 사냥개란 무엇인가. 에토 준은, 매우 신중하게도 개를 방패 삼아 '아득함'을 막아 보고자 했다. 그 덕분에 『미국과 나』와 더불어 『성숙과 상실』에까지 나아갈 수 있었다. "천천히 가거라 어미 없는 송아지야"라고 노래하면 "아가야 아가야 너는 너무 어려 죄를 모르네" 하고 어미가 복창했다. 어미에 거절당한 미국의 카우보이와 어미에 매달린 일본의 어린이의 대비에서 '아득함'이 크게 단순화될 수 있었고 또 그렇게 믿어 마지않았다. 그러나 따지고 보면 이는 한갓 강아지의 도움 덕분이 아니었던가. 일시적 눈가림이 아니었던가. 이를 통렬히 깨닫는 계기가 찾아왔다. 『소세키와 그의 시대』 5부작이 그것이다. 소세키의 작품 속으로 들어가고자 했을 때 그는 '헤맴' 앞에 서지 않으면 안 되었다. 용케도 그는 이 블랙홀을 곁눈질하며 피해갈 수 있었다. 순진한 자기 기만, 눈물겨운 강아지의 도움 덕분이었다. 작품 속으로 들어가는 대신 살짝 몸을 비켰다. 국가, 민족, 메이지유신, 천황제, 해군, 조상, 요컨대 '근대'라는 거대담론에다 '헤맴'을 해소시키기가 그것. 『소세키와 그의 시대』라는 표제가 말하듯 작품보다 작가를 시대와 맞세우기. 이때 사라진 것은 '작품'이었다. 이 죄없는 자기 기만, 영리한 속임수. 이에 비하면 '무상' 쪽에 잠겨 간 고바야시 히데오가 오히려 정직 솔직했다. 그는 적어도 잔꾀를 부리지 않았다. 온몸으로 고전(작품) 속으로 쳐들어갔고 거기서 양처럼 순해져 스스로 장담한 「고린도후서」 5장 13절을 용케 피해 갈 수 있었다. 적어도 그는 강아지 도움 따위에 기대지 않은 결과이기도 했다. 에토 준의 자결은 이 점에 비추어 결코 우연이 아니었다. 강아지와 그 연장선상에 있는 처의 죽음에서 그는 비로소 진짜 '아득함'(「고린도후서」)에 직면했고, 이를 통렬히 지시해 준 것이 그 자신의 폐뇨증이었다. 고바야시 히데오가 80세로 선종(善終)했음에 비해 66세로 자결한 에토 준은 일종의 미정형 또는 미완결의 삶이라 할 것이다.

2. 고립무원에 직면하다

이 두 비평가의 삶과 죽음을 바라보는 일이 내겐 미해결의 과제로 육박해 왔다. 도서관 미등 아래서 자료찾기에 골몰할 때도 언뜻언뜻 이 두 비평가의 목소리와 표정이 나를 비웃고 있다는 착각에서 나는 자유로울 수 없었다. 귀국 후에도 사정은 별로 변하지 않았다. 그 결과는 자명했다. 나는 학자도 못 되었고 그렇다고 「저항의 문학」(이어령, 1963)과 같은 비평문을 한 줄도 쓰지 못했다. 그런 세월이 무려 10년이나 지속되었다. 그것은 내게 죽음과 흡사한 지옥의 세월이었다. 굳이 변명한다면 학위논문 『한국근대문예비평사연구』의 완성이긴 해도 이것이 과연 학문이라면, 그렇다면 비평은 어디 있는가. 나의 『소세키와 그의 시대』는 어디서 찾아야 할까. 10년 동안 나를 짓누르는 이 억압에서 해방되지 않고는 앞으로의 삶 전체가 무의미해 보일 조짐이 서서히 여기저기에서 출몰했다. 당연히도 그것은 한반도를 에워싼 정치적 문제와도 직접·간접의 관련하에 놓인 것이어서 단순한 내 개인만의 사정을 넘어서는 복잡성을 갖춘 것이기도 했다.

7·4공동선언, 긴급조치 제1호(1974. 6. 8.), 자유실천문인협의회 101인 선언(1974. 11. 18.), 김지하 양심선언(1975. 5. 4.), 긴급조치 제9호(1975. 5. 13.), 박정희 대통령 피살(1979. 10. 26.), 광주사태(1980. 5. 18.), 전두환 대통령 당선(1980. 8. 27.) 등등의 소용돌이 속에서 나는 문학을 가르치고 배우며 어정거렸다.

어정거렸다고 했거니와 이는 여기에는 내 나름대로의 모종의 두 사건성과 무관하지 않았다.

첫번째 사건은 1974년에 있었다. 이문구, 김병걸, 방영웅 등과 같은 검은색 지프차에 실려 남산에 연행된 사건. 그해 1월 7일 명동에서 '유신헌법 개헌을 위한 문학인 61인 선언'에 서명했기 때문이다. 그 경위에 대해서는 상세한 기록이 따로 있거니와(박태순, 「자유실천문인협의회 문예운동사」③, 『작가』 7호) 내가 연행된 것은 김병걸의 기록에 따르면 1월 20일이었다. "성북서 형사를 따라 종로서에 도착했을 때 먼저 연행돼 온 평론가 김윤식을 만났고 다시 서대문서로 가서 이문구와 합류하여 남산으로 가게 되었는데……"(김병걸, 『실패한 인생, 실패한 문학』)라는 대목에서 보듯 당시 나는 낙원동 오진암 옆 아파트에 세를 들고 있었다. 아침 일찍 찾아온 종로서 형사는 "공무원 교사인 주제에 무슨 짓인가……"라고 비난하는 것이었다. 한편 이문구는 이런 기록을 남겨 놓았다. "그(고은)가 조사를 받은 날은 1월 20일로 내가 김병걸, 김윤식 두 교수와 한 차로 연행되어 가보니……"(「문인기행—글밭을 일군 사람들」)라고. 독방에 앉아 하루 종일 쓰라는 반성문을 쓰고 또 썼다. 어둠이 깔릴 무렵 제6국장 앞으로 갔고 씨가 내게 말하는 것이었다. 바로 이곳에서 법대 최종길 교수가 뛰어내린 곳이라고. 덧붙이기를 최교수가 스스로 뛰어내렸다라고. 그렇지 않아도 내게 있어 이 첫번째 사건은 큰 충격으로 다가오지 않았는데 문인 61명이 공동운명체였던 까닭이다. 이에 비해 두번째 사건은 사정이 크게 달랐다. 절해고도, 나만 달랑 혼자서 당하는 아득함이었다. 당시 내 직장은 상계동 공과대학 내의 교양과정부였는데 아침 출근시간에 들어닥친 것은 검은 지프차였다. 61인사건(공무원으로 서명한 사람은 나를 포함한 백낙청 씨, 김병걸 씨 등 3명이었다) 이후 직장 상사는 나를 면밀히 관찰하고 또 연구실에서 절대로 이탈하지 말 것, 매일 나와 있으라고 엄히 당부하는 중에 벌어진 사건이었다.

1974년 여름. 내가 실려간 곳은 남산 아래 있는 H호텔이었다. 이번엔 보안사 쪽이었다. 1970~1971의 제1차 일본체류가 화근이었다. 조총련과의 접촉 여부에 대한 넘겨짚기 식 수사였다. 일본 담당자답게 체일 동안의 만난 인물에 대해 "구와시쿠"(자세하게) 적어라는 것이었다. 도쿄 체류 중 나는 고려서점(친북한 서적상)조차 먼발치에서 바라보았고 만난 사람이라곤 C씨, K씨(도쿄대학 박사과정) 두 사람뿐이었다. 일본인이라곤 오무라 마스오(大村益夫), 다나카 아키라(田中明) 등 '조선문학연구회' 연구자들뿐이었기에 실로 어이없는 일이 아닐 수 없었다. 그렇지만 아니 땐 굴뚝에 연기가 나랴. 문제는 엉뚱한 데서 왔다. 내가 쓴 『한국근대문예비평사연구』(1973)가 바로 굴뚝에 해당된 것이었다. 나의 학위논문이기도 한 이 책이 오무라 교수 주도의 조선문학연구회에서 텍스트로 한동안 사용한 바 있음을 나는 알고 있었다. 책 구입 수표까지 온 바 있었던 것이며 또 그들이 질의응답도 우편으로 여러 번 한 바 있었음을 기억해 냈다. 혹시 그들 중에 조총련 관련자가 있었을까. 이런 의문은, 관련성만으로 남긴 해도 정황으로 보아 좀처럼 인식하기 어려운 것이었다. 순수한 일본인으로 조선문학 연구모임을 결성한 점에 미루어 볼 때 더욱 그러한 느낌이 강하게 왔다. 그동안 조선문학연구 및 소식을 맡은 쪽은, 당연히도 재일교포 논객들이었다. 그들만이 제일 잘 안다고 믿었던 풍토 속에서 솟아오른 조선문학연구모임은 남북 어느 쪽에 편들 이치가 없었다. 문제는 엉뚱한 곳에서 터져나왔다. 안우식(安宇植) 씨가 쓴 내 저술에 대한 글이 그것이다.

「カップの成立と解體をめぐって一『韓国近代文芸批評研究』のこと」(『月刊百科』, No.129, 1973. 6.)이 5면 3단에 걸쳐 임화의 사진과 더불어 상세히 소개되었던 것이다. 이 글의 머리에서 재일교포 안우식(1932~2010, 도쿄에서 태어나 와세다대학 중퇴, 교포1세, 훗날 『김사량』[1972]의 저자) 씨가 내세운 것은 헤이본샤(平凡社)판 『세계대백과사전』의 카프항이었다.

> 카프. KAPF. 조선프롤레타리아 예술동맹 Korea Artista Proleta Federatio의 약칭. 1925년 8월 24일 작가 이기영, 한설야, 송영 등을 중심으로 결성되어 1931년 여름에서 1934년에 이어진 제2차 탄압, 검거가 있어 사실상 해산되었다. 그러나 현대조선문학사상 가장 뛰어난 많은 작가를 배출한 것도 이 시기이며, 8·15해방 이전의 대표적 작품인 이기영의 「고향」, 한설야의 「황혼」 기타의 작품이 나타난 것도 이 시기였다. (제6권 p.71)

권위 있는 이 백과사전의 기술이 한눈에 보아도 북조선 예술동맹의 실권자인 한설야, 이기영을 중심으로 서술될 정도로 조총련 관련 교포 문인들의 세력이 판을 치고 있었음이 잘 드러난다. 조총련 관련 문예비평가인데도 안우식 씨는 이에 대해 비판적일 뿐 아니라 카프항목에 대한 수정을 요구했는바, 그 근거로 내세운 것이 내 저술이었다.

한국근대문예비평사를 집필함에 나는 두 가지 복안을 갖고 있었다. 이광수, 김동인, 염상섭, 박월탄 등의 월평 및 시류적 글을 전반부로 보고 아직 근대비평 미달현상으로 다루기로 했는바, 『근대한국문학연구』(1973)가 이에 해당된다. 본격적인 비평사는 카프 중심이어야 한다는 전제하에 집필된 것이 『한국근대문예비평사연구』였다. 카프란 소련의 라프(RAPP) 일본의 나프(NAPF)와 동계의 조직체로서 거기에는 강렬한 이론적 실천적 힘이 작동되었으며, 중요한 것은 이를 통해 한국문학 및 비평이 비로소 세계문학에 닿을 수 있는 계기였다는 사실이었다. 안우식 씨가 다음과 같이 지적한 것도, 간접적이나마 이 점에 관련된 것이었다.

> 이 저술은 근대문예비평사연구라 이름지어져 있으나 실상은 조선 프롤레타리아문학운동을 주축으로 하여 이와 관련 밑에서 전개된 1920년대에서 1945년 8월에 걸친 문학사라 해도 된다. 특히 면밀한 자료적 뒷받침으로써 연구된 점에서 볼 때 앞에서 말한 『선신문학사조사』(백철—인용자) 및 『한국문학사』(김사엽, 조연현 공저—인용자) 등의 성과를 몇 발까지 전진시킨 참으로 노작의 이름에 가치가 있는 것이었다. 여기에 있어 김윤식은 카프의 결성에 대해 아래와 같이 서술했다. (p.15)

요컨대 이 저술로 말미암아 백과사전의 카프항목은 수정 보완되어야 한다는 요지였다. 이 사실은 뒤집어 보면 그동안 북한 쪽 이론을 맹목적으로 수용하던 조총련계에 대한 일종의 반성이자 비판이라 할 수 있다. 적어도 이를 계기로 조총련 쪽도 무조건 북한자료의 일방적 수용으로 임할 수만은 없는 처지에 놓인 형국을 빚었다. 카프가 어찌 북한의 독점물이랴. 어찌 이기영, 한설야, 송영만의 독점물이랴. 1925년 8월 23일에서 1935년 5월 20일에 해체된 김팔봉, 김기진, 임화 중심의 한 단체에 지나지 않는 것. 이 객관적 사실 앞에 조총련계도 직면할 수밖에 없지 않았을까.

이것이 나와 조총련의 관계로 착오케 한 빌미였을까. 안우식이 누군지 나는 전혀 알지 못했고 더구나 헤이본샤의 유명한 그 백과사전이 있다는 것도 금시초문이었다.

나를 H호텔로 연행한 검은 지프차의 정체가 보안사의 일본 관계 정보담당자였음은 물론 훗날의 일이지만 이들의 태도는 다소 불투명했다. 격식대로 사진촬영부터 한 뒤에 체일 기간에 대한 경과를 상세히 써보라는 것이었다. 반성문을 쓰라는 중앙정보부 쪽과는 사정이 달랐다. 그도 그럴 것이 후자 쪽의 경우는 확신범이었지만 이번엔 그런 것이 아니었다. 그들도 단지 막연히 '한 건' 올리기 위해 나를 연행한 것이었다. 안우식, 헤이본샤 백과사전을 들어 『한국근대문예비평사연구』를 엮어 내는 시나리오를 작성해 본 것이었으리라.

그러나 이곳의 구류는 오래 걸리지 않았다. 점심 때 설렁탕을 한 그릇 시켜준 다음 저녁 때가 되자 올 때처럼 눈을 가리게 하여 시청 앞에서 내려주는 것이었다. 물론 그 전에 두 가지 조건에 서명해야 했다. 하나는,

연행사실을 누구에게도 발설해서는 안 된다는 것, 다른 하나는 일주일 후 12시 정각에 조선호텔 옆 모다방에 나와 있으라는 것. 떨리는 손으로 나는 서명할 수밖에 도리가 없었다. 이미 선택사항이 아니었던 것이다. 이 순간처럼 외로웠던 적은 내 일생에서 그리 많지 않았다. 바깥 세상이 아주 낯설었던 것이다. 모든 것이 나와 무관한 딴 세계의 것으로 보였던 까닭이다. 중앙정보부 사건엔 겪어 보지 못한 그런 감정이 내 몸을 에워싸는 것이었다. '완전히 혼자'라는 사실. '고립무원'이란 말은 이런 경우를 가리킴이 아니었을까. 그날 나는 KBS교양프로그램에 출연하게 되어 있었고 집안에도 그리 알고 있었으며 내 행적을 일일이 감독하던 학장도 이 돌연한 연행에 할 말을 잃었던 것. 나는 집으로 들어갈 수 없었다. 내가 무심코 들어간 곳은 단성사였다. 앞에서도 적었듯 그 무렵 나는 오진암(낙원아파트 옆)의 4층짜리 개인 아파트에 세들어 살고 있었는데, 집으로 간다는 것이 극장 단성사라니. 지금이나 그때나, 거기서 무슨 활동사진이 돌아가고 있는지 기억엔 전혀 없었다. 무조건 들어갔을 뿐인데 아마도 열린 공공장소였기 때문이었을 터이다. 나는 지금도 그때의 '고립무원'을 잘 설명할 수 없다. 다만 극장 안의 어둠속에서 화면의 그 환각을 백치 모양 멍청히 보고 있었다.

3. 식민지 수탈론의 시선에서 본 근대론

"당신의 학문적 출발점이 카프 문학인데 무슨 특별한 이유라도 있는가"라는 질문을 나는 자주 받았다. 학위논문인 『한국근대문예비평사연구』를 두고 하는 물음이었다. 질문자의 심중엔 '집안에 무슨 그럴 만한 사정이 있지 않았을까' 하는 모종의 지향성이 내재되어 있었을 터이다. 이 또한 6·25를 겪은 이 나라 현실 속에서는 응당 그럴 법한 사안이었다. 이러한 질문에 대해 나는 입도 벙긋한 바 없다. 나는 순수한 경남 김해군 진영읍 사산리 132번지 소작 및 자작 농가에서 태어났고, 부모님은 그야말로 음력 달력과 동네 동제(洞祭)를 지내는 범속한 농부였다. 그 장남으로 태어났고, 항구도시 마산의 상업학교에 들고 주산과 부기를 배워 은행원 되는 길, 세속적 출세의 길에 접어들었지만 대학에 들어갈 때 아버지는 내게 조용히 말씀셨다. "너는 교장선생님이 되어 보라"라고. 돈도 출세도 교장선생님에 비견될 수 없다는, 달밤이면 『유충렬전』을 소리 높게 읽으시던 농부의 염원을 따라 나는 상과대학 가는 친구들과 떨어져 교원양성대학으로 갔지만 곧 낙심하지 않으면 안 되었다. 대학은 교원양성이기에 앞서 학문(과학)하는 곳이었기 때문이다.

학문이란 새삼 무엇인가. 이 무거운 짐을 나는 소화해 내기에 역부족이었다. 대학 2학년 때 군에 입대한 것은 이 때문이었다. 내 군번은 0007470이며 제주도에서 창설된 29사단(막내사단) 수색대에 배치되어 휴전선 부근에서 근무했다. 군에도 오래 있을 수 없는 법. 복학해 보니 주변엔 또 아무도 없었다. 갈 곳이라곤 도서관행뿐. 나는 여기서 전공을 정하지 않을 수 없었는데 '한국근대문학'이 그것. 이 경우 제일 난감한 것이 '근대'였다. 내가 혼신의 힘으로 알아낸 것이 프랑스혁명(1789) 이래의 Ⓐ국민국가(nation-state)와 산업혁명 이후의 Ⓑ자본제생산(mode of capitalist production)이었다. Ⓐ를 배우기 위해 정치과의 4년 공부, Ⓑ를 위해서는 경제과의 4년 공부가 요망되었다. 실로 딱하게도 그럴수록 깊은 수렁에 빠져들지 않을 수 없었는바, 특수성으로서의 한국적 현실이었다. Ⓐ와 Ⓑ를 지향하는 도중 식민지에 편입되고 말았음이 그것. 따라서 Ⓒ반제투쟁 Ⓓ반자본제투쟁의 필연성이 솟아오르는 것이었다. 딱한 것은 보편성으로서의 Ⓐ, Ⓑ와 특수성으로서의 Ⓒ, Ⓓ가 모순성으로 가로놓였음이 그것. 이 모순성을 극복하는 방도는 무엇인가. 국가가 상실되었을 때 제국주의 학자들은 식민지사관을 과학으로 내세웠음은 모두가 아는 사실이지만 이는 정치한 사회경제사라는 학문에 근거한 것이어서 반박의 여지가 거의 없었다. 방법은 단 하나뿐. '근대'를 깊이 파헤치는 길뿐이었다.

두루 아는 바, 남한단독정부수립(1948. 8. 15.)의 국가체제는 RK(한국공화국)이며 북한단독정부수립(1948. 9. 9.)은 DPRK(조선민주주의인민공화국)이었다. 나라를 세우긴 했지만, 역사·과학적인 견지에서 보면 조만간 또다시 식민지화되기 마련인 것. 애써 굳이 RK니 DPRK 따위를 만들면 뭐하느냐. 이 점을 학문적으로 필사적으로 밝혀 보라는 것이 남북이 인문·사회학도에게 국가적 요청사항으로 강제했던 것이다. 요컨대 인문·사회학이란 제2의 독립운동에 준하는 것이었다. 방법은 하나. 정면돌파, 곧 '근대'의 탐구뿐.

이 '근대'의 한가운데 놓여 십자포화를 맞고 있는 것이 문학쪽에서는 '카프'였다. 냉전체제의 산물이 남북한의 체제를 강요했음을 아는 일은 학문 쪽이 아니라 정치 쪽의 과제인지라 우리가 관여할 사안이 아니지만 학문의 경우라면 사정이 다르다. 곧 내발적인 사회경제사의 법칙성의 탐구가 가로놓이게 된다. 이때 '근대'란 곧 사회의 구조적 모순을 자체 내의 합리적 힘으로 극복할 수 있는 내적 발전으로서의 근대이며 그것은 당연히도 자본제 생산양식의 여부에서 판가름 나는 사안이었다. 해답의 전망이 떠올랐는바, 한국사 속에 자본제 생산방식의 싹(맹아)이 보이는 시기 여부의 탐색이 그것이다. 북한은 광산조직에서, 남한은 양안(量案, 토지대장) 분석에서 얻은 경영형 부농개념(김용섭)을 이끌어 낸 시기가 18세기 후반이었다면 어떻게 될까. 식민지사관이란 일종의 허구가 될 가능성이 없지 않았다. 한국근대문학사의 출발도 이에 발맞추어야 하는 법. 『한국문학사』(민음사, 1973)를 젊은 비평가(김현)와 공저로 낸 것도 이런 사정 아래서였다. 개항 이래 이인직, 육당, 춘원 등 일본을 통한 근대와는 관계없이 18세기 후반에서 문학사를 쓴 것은 이 내적 발전론(자생적 근대성)이야말로 자존심의 근거이자 학문상의 성과로 믿어 의심치 않았기 때문이다.

그러나 이러한 신념은 카프문학 앞에서 다시 아득해지지 않으면 안 되었다. 제2의 근대성이 거기에 가로놓여 있었는데, 두 가지 근대성끼리 서로 십자포화를 쏘고 있는 형국으로 보여 마지않았다. 자본제생산양식에다 상상의 공동체(크레올 민족주의, 지방어 민족주의, 공적[관료적] 민족주의; 앤더슨, 『상상의 공동체』)를 양날개로 한 근대란 그 자체가 실세이자 현세이며 요컨대 우리가 놓여 있는 '현실' 자체였기에 이를 무시하거나 거부할 수는 없었지만 그것의 힘이 강대하고 절대적일수록 이에 대한 몸부림이 치열할 수밖에 없었는데 왜냐면 또다른 근대성이 가만히 있지 않고 부추기기 때문이었다. 내가 단성사에서 본 환각이 바로 그것.

사람들은 이를 두고 유토피아라고 불러 마지않았다. 환각 말이다. 만일 이 진짜 근대성이란 인류의 해방이 아니겠는가. 이 해방으로서의 근대 없이 인류는 살 수 없었다. 드레스덴 화랑에서 클로드 로랭(Claude Lorrain, 1600~82, 프랑스 화가)의 「아시스와 갈라테아」를 본 도스토예프스키는 이렇게 감격적으로 외쳐 마지않았다.

> 황금시대. 이것은 인류의 꿈 중에서도 가장 실현 불가능한 꿈이지. 하지만 사람들은 바로 그 꿈을 위해서 온 생애와 모든 열정을 바쳐왔고 또 그것을 위해 예언자들은 기꺼이 죽었고 계속해서 죽음을 당했다. 인간은 그런 이념 없이 살기를 원치 않았고 또 그대로 죽을 수도 없었지![1]

이로써도 모자라 스타브로긴의 입을 빌려 『악령』에서 복창해 마지않았다.(『악령』 제2부 10장)

이 황당무계한 꿈, 인류가 고안해 낸 망집 중에서도 가장 엄청난 이 꿈 없이는 인류는 살 수 없을 뿐 아니라 죽을 수도 없는 것. 이 황금시대의 꿈, 그것은 갈데없는 환각이 아니었던가. 이것이야말로 진짜 '근대성'이 아닐 것인가. 자유가 이에 해당된다. 어떤 현실적 억압도 미치지 못하는 절대영역, 그것이 진짜 인류사의 근대가 아닐 것인가. 그런데 보라. 조금이라도 이런 꿈을 내세운다면 또다른 근대라는 이름의 현실이 여지 없이 쇠뭉치로 내리치며 저들의 감옥에 처넣게 마련이다. 현실의 근대가 황금시대의 근대(자유)를 몰아치고 있는 것, 그것도 집중포화를 맞고 있는 '문학적 현상'이 카프문학으로 보여 마지않았다. 그것은 보편성으로서의 Ⓐ국민국가 Ⓑ자본제생산과 특수성으로서의 Ⓒ반제투쟁 Ⓓ반자본제투쟁의 관계와 쌍을 이루는 것. 곧 '절대모순성'이 그것. 여기에서 벗어날 방도는 있는 것일까. 현실적으로는 있기 어렵다. 이쪽에서 보면 저쪽

---

1 도스토예프스키, 『미성년』(하), 이상룡 역, 열린책들, 810쪽.

의 황금시대란 근대이기는커녕 일종의 황당무계한 망집에 지나지 않는 것. 이 망집 쪽에서 보면 현실이란 감옥이거나 지옥에 다름 아닌 것. 이처럼 두 개의 근대는 절대모순성에 놓여 있었다. 현실의 근대는 이에 맞서거나 트집잡거나 어깃장을 놓는 망집을 그냥 둘 수 없었다. 힘이 있는지라 대번에 억압하면 그만이었다. 십자포화까지 쏘아 여지없이 공중분해시킬 수조차 있었다.

그렇다고 망집 쪽이 그냥 당하고만 있을 수 있으랴. 절대로 없다. 또 하나의 근대(지향성)인 까닭이다. 유토피아, 환각 속에서 그들은 생생히 살아 있었다. 꿈이기에 그만큼 과격하고 또 절대적일 수조차 있었다. 왜냐면 자유 그것인 까닭이다. 자유가 결여된 현실의 근대성이 옥죄어 올수록 절대모순을 뚫는 방도는 가까워질 수 있었다. 황당무계한 꿈을 벌주거나 제재할 어떤 방도도 현실의 근대성은 갖추고 있지 않았던 까닭이다. 모순성을 뚫는 길은 그 모순이 절대적 경지에까지 이르렀을 때 비로소 숨구멍이 열리는 것. 이를 반야심경은 '색즉시공' '공즉시색'이라 하여 '卽'으로 보여 준 것이 아니었을까. 「아시스와 갈라테아」를 보고 싶은 내 욕망은 이와 결코 무관하지 않다(드레스덴이 동독 쪽이어서 베를린 장벽이 무너진 이후에야 나는 그 그림 앞에 설 수 있었다. 졸저, 『환각을 찾아서』, 세계사, 1992). 카프문학 그것은 두 근대가 마주치는 격렬한 현장이었음을 내가 알아차린 것은 거기에서 새어나오는 '자유'에의 환각이었다. 설사 환각이지만 이 '자유'야말로 인간다움에 속한다고 믿었던 까닭이다. 더구나 한국은, 제국주의라는 이름의 국민국가의 지배하에서 몸부림치고 있지 않았던가.

이상이 내 학문적 출발점이 놓인 자리였다. 『한국근대문예비평사연구』가 카프문학을 중심부에 놓은 이유였다. 이 점에서 그것은 순수히 학문적, 추상적, 논리적, 역사적 이유이다. 어떤 주관적 이유도, 개인적·집단적 원한과도 거듭 말하지만 아무런 관련이 없다.

4. 황금시대의 환각 — 「아시스와 갈라테아」

문제는 이 '자유'의 개념에서 왔다. 환각으로서의 자유인 까닭에 과격함을 피하기 어려웠다. '나는 무엇인가'를 묻는 일, 그것이 자유에 직결되었음을 내가 알아차리게 된 것은 조선의 삼대 천재 벽초, 육당, 춘원의 개인적 삶과 그 운명을 잠시나마 엿보았음과 결코 무관하지 않았다. 앞에서 나는, 『파우스트』의 악마의 입을 빌린 회색과 녹색의 비유를 내걸었거니와, 근대가 아무리 대단해도 그것은 회색이 아니었던가. 단적으로 말해 내가 그동안 공들여 온 『한국근대문예비평사연구』란 미네르바의 부엉이 한 마리에 지나지 않는 것이 아니었던가. "아니다!"라는 목소리가 여기저기서 한동안 둘러쌌고 나 자신도 그렇게 믿은 적이 자주 있었다. 6·25를 치른 DMZ로 말해지는 한반도의 정세 쪽에서 들려오는 현문단의 목소리가 제일 강했다. 카프문학 그것은 현문단의 '분단문학'과 '노사문학' 양쪽에 걸린 과제의 뿌리에 닿은 것이어서 골동품일 수 없다는 것. 아직도 6·25의 휴전상태임을 염두에 둘 때면 살아 있는 현실의 일부일 수조차 있었다. 그러나 한편 이것은 영락없는 골동품, 부엉이의 일종임도 사실이 아니었던가. 나는 실상 이 후자에 매력을 느꼈고, 여기에다 승부처를 두었다. 학문(과학)이 그것이며 이는 미지의 숲속을 헤쳐 길을 뚫는 선구적 행보이었던 까닭이다. 이 경우 중요한 것은 체계이다. 설사 현실과 관계짓지 않더라도 학문이기에 체계 제일주의로 향함이 원칙이다. 이 체계는, 사관과도 일정한 거리가 있는 것으로 다분히 간접적이다. 사관이 단일 뿌리에 비중을 둔 직접성이라면 후자는 리좀(구근)형이라고나 할까. 이른바 방법론이 작동하는 만큼 사관이 치닫는 직접성과는 당연히도 일정한 거리를 갖게 마련인 것. 여기에서 내가 고민한 것은 아래와 같은 사항이었다. 곧, 한국근대문학사와 한국근대문예비평사는 어떻게 다른가가 그것. 문학작품과 문예비평의 관계항으로써는 해결하기 어려운 것이 그 속에 있었는데 바로 '역사'가 주인이라는 사실. 작품과 비평 사이에 놓인 역사란 실로 아이러니한 존재여서 어떤 때는 작품 쪽에 서기도 하여 비평을 조롱했고, 또 그 반대현상도 서슴지 않았다. 이 괴물의 양가성을 제압하는 방도는 무엇인가. 작품에서 괴물을 접근하지 못하도록 차단시키는 방도라고 나는 믿었다. 비평만을 따로 떼내어 독자적 영역 확보에 나아가기, 이를 비평사의 독립선언이라 부를 수도 있었다. 한국근대문학사(백철, 박영희, 조연현)와는 그 종자가 다른 한국근대문예비평사의 모색에 나아가고자 한 것은 이런 곡절에서 왔다. 요컨대 개별문학사로서의 비평사를 자동적으로 따른 것이 아니라 비평사를 내세워 그 속에다 일반문학사를 하위부분으로 소속시키고자 했다. 가히 본말전도라 할 만한 일이었다. 비평사가 모든 것을 주도하여 시사, 소설사 등이 씌어졌다는 식의 방법론 이전의 대전제란 부엉이를 저만치 쫓는 행위, 요컨대 대낮의 사상으로 돌변할 수밖에 없었다. 이 독자적 체계 우선이 미네르바의 부엉이라고 여겼지만 몇 년을 두고 현실에 부딪쳐 보니, 대낮의 사상임을 동감하지 않으면 안 되었다. 만일 이 대낮의 사상을 그대로 살리고자 하면 응당 나는 5월의 광주에 끼어들었어야 했다.

나는 그렇게 하지 않았는데 이는 비평사가 문학사 위에 군림할 수 없음에 대한 나의 변명을 이끌어 내게 만들었다. 악마와의 타협의 길이 저만치 보이지 시작한 것도 이 무렵이었다. 회색의 세계에서 부엉이에 지나지 않을 때 나는 비평사의 그림을 그렸지만, 거기에 악마가 숨어 있었음을 알아차릴 힘이 내겐 크게 모자랐던 것이다. 부질없이 나는 도스토예프스키의 환각, 루카치의 황금시대, 클로드 로랭의 「아시스와 갈라테아」에 한눈을 팔고 있었다. 현실이 두려워, 힘껏 뒷걸음쳐 도망한 곳이 신이 인간과 더불어 살았던 희랍시대였다. 사실 희랍시대가 그런 황금시대였을까. 희랍사회 역시 아도르노의 지적대로, 한갓 노예사회였지 않았을까. 그럼에도 나는 루카치와 더불어 이 환각에 매료될 수밖에 없었다. "우리가 갈 수 있고 또 가야 할 길을 하늘의 별이 지도의 몫을 하여 그 빛이 갈 길을 훤히 비추어 주던 시대는 복되도다!"(『소설의 이론』 서두)

환각에의 도피성, 여기에도 필시 악마의 개입이 요망되었다. 악마에게 눈과 귀를 맡겨야만 가능한 세계였다. 루카치는, 용감하고도 총명한 지라 악마와 맞서 어깨를 겨누고자 했다. 물론 거기까지에 이른 기간은 길었다. 『역사와 계급의식』(1923)과 공산당 입당(1918)이 이 점을 잘 말해 준다. 환각을 현실 속으로 이끌어 내려 환각과 현실을 동시에 살고자 했다. 그 무기가 바로 비평이었다. 환각도 비평 앞에 무릎을 꿇었고, 현실 또한 그러했다. 혁명정부의 교육상까지 맡을 만큼 그러했다. 그럼에도 그는 번번히 현실과 환각에 패배했고, 그럼에도 오뚜기 모양 일어섰다. 그의 생애는 이 반복의 연속이어서 리듬감각까지 느껴질 정도였다.

이를 지켜보면서 내가 감지한 것은 루카치가 그럴 수 없이 부럽다는 사실이었다. 그것은 그가 문제 삼은 것이 인류사였음에서 왔다. 유럽의 한복판, 자유민주주의와 사회민주주의가 맞붙은 인류사의 최첨단에 그는 서 있었다. 비평이라는 무기 하나를 아킬레스의 창처럼 날카롭게 휘두르며 그는 돈키호테 모양 달려가고 있었다. 심지어 망명지인 모스크바에서 스탈린을 상대로 속임수조차 쓸 수 있을 만큼 오디세우스의 영리함을 발휘키도 했다. 오늘, 아무리 좋은 사상이라도 나쁜 예술이 나올 수 있다는 것.[2]

이러한 불굴의 지적(知的) 모험이랄까 투쟁의 무기가 바로 문예비평이었음이야말로 놀랄 만한 사안이 아니었겠는가. 동시에 또 거기에는 악마의 관여가 불가피했음도 사실이 아닐 수 없었다. 회색의 부엉이에서 녹색의 생명의 황금나무, 이 점만을 나는 나름대로 짐작할 수 있었다. DMZ로 말해진 폐쇄공간에서 5월의 광주를 눈앞에 보면서 나는 도주하지 않으면 안 되었다. 설사 인류사에로의 도주라는 명분이 있었다 치더라도 도피행의 변명치고는 치졸한 것이었다.

5. 법화경 행자를 찾아서

변명이 아니라 사실이었다. 환각과 현실이 분리되어 각각 치닫고 있었고, 그 사이의 매개항을 찾는 일이 급선무였다. 루카치 모양 인류사를 전제로 내세울 수 없기에 나의 무기인 비평도 장난감에서 벗어날 수 없었다. 환각과 현실의 무릎을 동시에 꿇게 한 비평이란 인류사의 전망 아래

2 György Lukács, *Gelebtes Denken: Eine Autobiographie im Dialog* ; ルカーチ&エルシ, 池田浩士 訳,『生きられた思想–対話による自伝』, 白水社, 1984, p. 187.

서야 비로소 가능한 것. DMZ와 5월의 광주 속에서는 비평이라는 무기가 있어도 없어도 그만이었다. 그렇다면 이 상황 속에서 내 무기인 비평은 무엇을 겨냥해서 휘둘러야 했을까. 헛발질 그것이 아니었던가. 수없는 나날이 이 물음을 맴돌았다. 악마의 개입을 스스로 요망한 형국이었다. 그 결과 저만치 박명 속에서 떠오르는 환각이 있었다. 처음 그것은 유령이거나 허깨비의 모습이었다. 좀더 가까이 다가가자 괴물의 형상이었고, 이상하게도 그 괴물이 내쪽으로 다가오지 않겠는가. 점점 괴물의 모습이 커지더니, 마침내 내 앞에 섰을 때 괴물은 내게 속삭이는 것이었다. "아가야, 너는 시방 서지도 못하고 그렇다고 앉지도 못해 엉거주춤 서 있다. 좀더 가까이 오라"라고. 한발 내딛자 그 괴물은 이미 괴물이 아니라 두루마기를 입은 중년의 촌로였다. 우는 것도 같지만 웃는 것도 같은 표정, 다만 분명한 것은 그이 손에 쥔 무기였다. 붓 한 자루가 그것. 그는 서서히 붓을 들어보이며 이렇게 읊는 것이었다.

붓 한 자루
나와 일생을 같이 하란다.

무거운 은혜
인생에서 받은 갖가지 은혜

언젠가 갚으리
무엇해서 갚으리? 망연해도

쓰린 가슴을
부듬고 가는 나그네 무리

쉬어나 가게
내 하는 이야기를 듣고나 가게

붓 한 자루야
우리는 이야기나 써 볼까이나
(1925. 2.)[3]

이 사내의 무기가 붓이라는 것. 또 그것은 이야기라는 것. 무기가 아니라 '삶의 방편'이라는 것. 빚 갚기 위한 붓이라는 것. 대체 붓으로 어떻게 빚을 갚을까. 또 대체 무슨 빚을 그렇게 졌을까. 인류사를 위해 제우스의 번갯불 칼이 요망된 루카치의 경우와 얼마나 다른 들판인가. 또 그것은 소년이여, 세계를 인류사를 위해 바다쪽으로 뒤도 돌아보지 말고 진시황처럼 나팔륜처럼 치달아라, 라고 허풍을 떤 육당의 저「해에게서 소년에게」(1908)와는 또 얼마나 다른가.

나는 이 중년의 한복 입은 사내가 마음에 들었는데 그 손에 들린 무기에서 왔다. 달랑 붓 한 자루뿐이었던 것. 이 가장 부드럽고 연약한 붓 한 자루로, 5월 광주와 DMZ 속을 헤매어야 한다는 것.

빚갚기란 이 붓으로만 가능하다는 것. 이 점을 그는 내게 가르쳤다. 다듬어 말해 그것은 '민족'에 대한 빚갚음이 아닐 수 없었다. 조상, 가족, 민족의 끈에 묶인 개인의 운명이 거기 있었다. 이 운명이란 전생의 업보처럼 벗어날 방도가 없었다. 참회하기에는 이미 늦었고, 벗어나기에도 시기상조인 이 빚을 어떻게 갚아야 하는 것일까. 현실에도 환각에서도

3『이광수전집』9권, 우신사, 487~488쪽.

패배하여 현해탄을 향해 도망치는 내게 붓 한 자루가 뒤따라 왔다.

산아 말 듣거라, 웃음이 어인 일고
네니 그 님 손에 만지우지 않았던가
그 님을 생각하거드란, 울짓기야 왜 못하랴
네 무슨 뜻 있으료마는 하 아숩어
(1913. 9.)[4]

붓 한 자루의 무기는 바로 죄의식이었고 참회의 방도였고 중요한 것은 이것이 한 가지 길 곧, 문명개화의 뒷길이었다는 사실이다. 왜냐면 그 문명개화가 살해한 것이 '님'이었기에 그러하다.

어떻게 해야 붓 한 자루로 살해된 '님'에 대한 보답이 가능할 것인가. 민족과 개인의 관계설정이 바로 이 한복의 중년에게 주어진 길이었다. 그는 이 길을 매진했다. 법화경 행자(行者)의 길이 그것. 이 길에서 그가 꿈에도 몰랐던 것이 있었는데 여기에도 어김없이 악마가 개입했음이 그것. 그 악마가 속삭였다. "아가야, 대일본제국은 신의 나라이고 불패의 국가란다. 네가 아무리 혜능, 담징, 왕인 등을 내세워 고대 조일관계의 종교, 문화적인 한반도 우위설을 소리높여 외치더라도(『삼경인상기』, 1942) 또 불교의 3세 인연을 내세워 대동아작가대회(1941)에 볼모로 잡혀 온 것이 아니라 쇼도쿠(聖德) 태자의 국빈으로 초빙되었다고 우기더라도 소용없는 일이란다. 그런 것은 일종의 환각이란다. 제발 나잇값이나 하

4 같은 책, 468쪽.

거라. 철 날 때도 훨씬 지났지 않느냐."

붓이 무기일 수 없음에서 모든 일이 빚어졌다. 그렇다고 붓을 버릴 수도 없었는데, 알몸만 남기 때문이다. 붓이라도 들고 있어야 '민족'이 먼 발치에서도 보였던 것이며 이를 보는 개인을 돌아볼 수 있었다. 민족과 개인을 동시에 보는 무기란 붓밖에 없었다. 붓, 그것은 「참회록」에서 윤동주가 읊은 거울에 다름 아니었다.

나는 이 연약한 붓의 행적을 찾아보고 싶었다. 나 역시 붓 한 자루뿐이었던 까닭이다. 스스로 붓 한 자루를 갖고자 한 점에서 나는 그와 크게 달랐다. 다른 것을 가질 수도 있었지만 붓쪽을 택한 것이었다. 비평이란 무기도 그 속에 있었고, 죄의식도 업보도 그 속에 있었다. 강변 포플러숲에서 자란 소년이 드디어 까마귀와 붕어를 속이고 길을 떠난 이래 40년의 세월이 흐른 시점이었다. 이번에는 분명 나는 현해탄의 수심을 잴 수 있었다. 아무도 수심을 가르쳐 주지 않았기에 겁도 없이 날아갔다가 날개가 젖어 공주처럼 지쳐 돌아오는 전례(김기림, 「바다와 나비」, 1939)에서 나는 벗어날 힘이 있었다. 악마가 나를 도와주고 있었기 때문이다.

첫번째 현해탄 건너기에서 가진 무기인 비평도 여기에서는 이미 소용없었다. 이상이 두번째 현해탄 건너기의 진짜 이유였다. 무기없는 무기, 붓 한 자루의 행적 따르기가 그것. 그 무거운 이광수전집(10권)을 들고 현해탄을 건넌 것은 이 때문이었다. 이미 나는, 고바야시 히데오, 에토 준을 옆으로 밀치고 떠오른 어떤 악마와도 맞설 만한 모종의 조바심에 타오르고 있었다.

제8장

『이광수와 그의 시대』와 『이광수와 나의 시대』 사이에서

상해임시정부 위원회 시절(첫번째 줄 중앙이 이광수)

동우회사건 치안유지법 위반으로 수감된 이광수. 1937. 8.

조선인 학병 권유차 도쿄에 간 육당, 춘원의 대담 장면. 「조선화보」, 1944. 1.

이광수가 다닌 도쿄 메이지학원 중학 건물. 1980

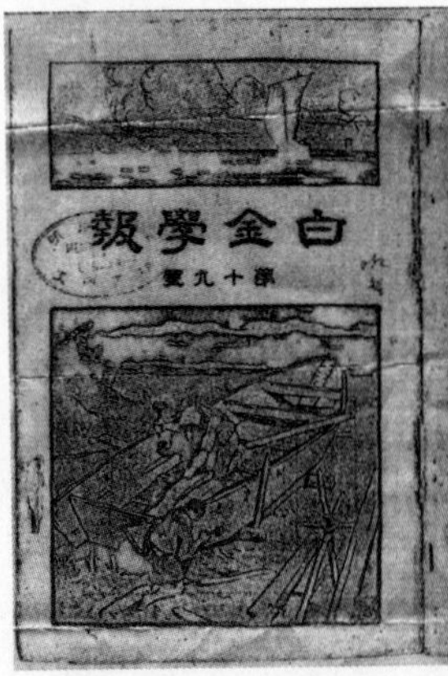

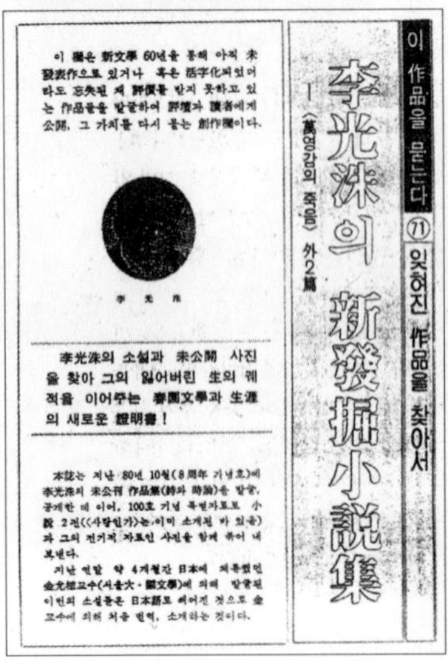

이 作品을 묻는다 ⑪ 잊혀진 作品을 찾아서

李光洙의 新發掘小說集
—〈萬영감의 죽음〉 外2篇

이 欄은 新文學 60년을 통해 아직 未發表作으로 있거나 혹은 活字化되었어라도 忘失된 채 評價를 받지 못하고 있는 作品들을 발굴하여 評壇과 讀者에게 公開, 그 가치를 다시 묻는 創作欄이다.

李光洙

李光洙의 소설과 未公開 사진을 찾아 그의 잃어버린 生의 궤적을 이어주는 春園文學과 生涯의 새로운 證明書!

本誌는 지난 80년 10월(8周年 기념호)에 李光洙의 未公刊 作品集(詩와 時論)을 발굴, 공개한 데 이어, 100호 기념 특별자료로 小說 2편(〈사랑인가〉는 이미 소개된 바 있음)과 그의 전기적 자료인 사진을 함께 묶어 내보낸다.

지난 연말 약 4개월간 日本에 체류했던 金允植교수(서울大·國文學)에 의해 발굴된 이번의 소설들은 日本語로 씌어진 것으로 金교수에 의해 처음 번역, 소개하는 것이다.

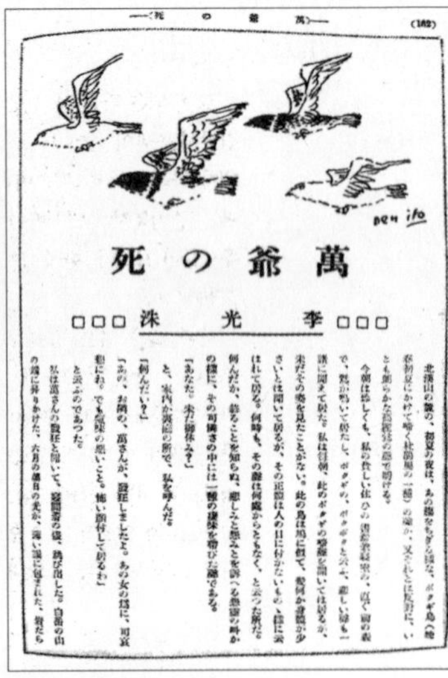

—(萬爺の死)— (182)

萬爺の死

李光洙

메이지학원 학보(위),

「만(萬)영감의 죽음」이 실린 『가이조改造』(1936. 8. 아래 오른쪽),

「사랑인가」「만영감의 죽음」「산사(山寺) 사람들」이 번역 소개된 『문학사상』(1981. 2. 아래 왼쪽)

홍지 산장에서 영근, 정란과 함께. 1935

1934년 춘원이 지은 자하문(紫霞門) 밖 홍지동 산장의 전경

평양시 용성구역 용궁1동 소재 월북인사 묘역에 있는 이광수의 묘(위)와
평양시 삼석구역 원신리에 있는 이광수의 묘(아래)

● **제8장**

『이광수와 그의 시대』와 『이광수와 나의 시대』 사이에서

1. 아비찾기의 가능성과 불가능성

1980년 9월 1일, 그 무거운 우신사판 이광수전집(10권)을 들고 현해탄을 건넜다고 몇 번이나 나는 힘주어 말했다. 제1차 체일(1970~71)에서 이루지 못한 『이광수와 그의 시대』를 이번엔 기필코 이루어야 했다.

서울의 중인이자 재벌급인 가문 출신 육당도 아니고, 친일파의 손주이자 최상층 지배층인 양반가문의 벽초도 아니면서 조선 삼대천재로 명성을 가진 춘원 이광수(1892~1950)는 어떤 가문 출신이었을까. 놀랍게도 그는 평안북도 산간벽촌의 명색없는 가문의 출신이었다. 40대에 든 아비가 무당의 어린 딸을 삼취로 삼아 낳은 아들이 아니겠는가. 뿐만 아니라 열한 살에 천애고아가 되어 동가식서가숙 했다. 이 고아의식이야말로 나로 하여금 이광수론에서 손을 떼지 못하게 한 첫번째 이유이자 또 마지막까지의 이유이기도 했다. 왜냐면, 개인의 고아의식이 그대로 그의 '시대의 고아의식'이기도 했음에서 왔다. 이중성의 고아의식이기에 그 증폭으로 말미암아 일제 식민지 전 기간을 흔드는 울림이었던 것이다. 이광수론이란 어떤 면에서 또 어떤 방식으로 따져도 일제강점기 전체의 한복판을 비켜나갈 수 없게 되어 있었다. 이광수론이자 '이광수와 그의 시대'일 수밖에 없는 이유가 여기에서 온다.

이광수, 그는 아마 수재였으리라. 이 고아인 수재를 구해 준 것 역시 '시대'의 힘이었다. 구체적으로 그것은 몇 가지 단계별로 정리할 수 있다.

첫번째는 동학(천도교)의 박찬명 대령. 동학이 동비(東匪)라 불리면서 정부의 탄압을 받을 시기, 평안도 접주 박찬명(朴贊明) 대령은 포교상 고아가 필요했다. 야음을 틈타 연락망을 가동하기 위한 위험한 일에는 고아가 안성맞춤이었던 까닭이다. 고아에겐 아비가 요망되었는데 동학이 그 몫을 했고, 마침내 동학 21명 도일 유학생으로 그가 선발될 수 있었다. 이 순간 고아는 고아가 아니었다. 상징적 아비가 군림해 있었던 것이다. 그러나, 이 아비는, 상징적일 뿐 구체성이 모자랐다. 국가처럼 독립된 주권을 가져야 했고 그에 상응한 강제된 기구를 갖춘 실체여야 했다.

둘째는, 상해 임시정부. 임시정부(1919. 4. 10)야말로 구체적 아비상에 접근한 것이었다. 2·8독립선언서를 쓴 이광수가 상해로 달려가 임정 요직 사료편찬위원장 및 독립신문 사장에 나아갔을 때는 거의 아비상에 접근된 형국이었다. 그러나 이 아비상의 실체는 시간이 지날수록 환각과 같은 신기루에 가까운 것임을 그는 온몸으로 감지했고 그 결과는 1921년의 빈손 귀국으로 증명되었다. 희망으로 가슴 벅찼던 이 고아의 아비찾기가 결국 국내의 현실 속에서 이루어져야 했음을 통감하지 않으면 안 되었는데 이 순간 그의 전 생애를 걸친 불운의 계기가 되었음을 그는 미처 깨치지 못했다. 곧, 국내에서의 아비찾기란 거의 불가능에 가까운 것이었기 때문이다. 왜냐면 아비는 이미 빈사상태이거나, '남의 나라 군함'에 볼모상태로 있었기 때문이다. 시인이 이렇게 읊은 그대로이다.

당신의 편지

당신의 편지가 왔다기에 꽃밭 매든 호미를 놓고 떼어 보았습니다.
그 편지는 글씨는 가늘고 글줄은 많으나 사연은 간단합니다.
만일 님이 쓰신 편지이면 글은 짜를지라도 사연은 길 터인데.

당신의 편지가 왔다기에 바느질 그릇을 치어놓고 떼어 보았습니다.
그 편지는 나에게 잘 있냐고만 묻고 언제 오신다는 말은 조금도 없습니다.
만일 님이 쓰신 편지이면 나의 일은 묻지 않더래도 언제 오신다는 말을 먼저 썼을 터인데.

당신의 편지가 왔다기에 약을 다리다 말고 떼어 보았습니다.
그 편지는 당신의 주소는 다른 나라의 군함입니다.
만일 님이 쓰신 편지이면 남의 군함에 있는 것이 사실이라고 할지라도 편지에는 군함에서 떠났다고 하였을 터인데.

(한용운, 『님의 침묵』, 회동서관, 1926, 101~102쪽)

'남의 나라 군함'에 있더라도 편지에는 "안 그렇다!" "군함에서 떠났다!"라고 했겠지만 그런 말이 고아에겐 위안이 될 수 있을 것일까. 왜냐면 고아도 철이 든 청년이었던 만큼 리얼리스트일 수밖에 없지 않았던가. 시인이 설사 환각을 사실인 듯이 읊더라도 그것이 환각(비현실)임을 이 고아도 명민한지라 지각할 힘이 있었다.

오서요

오서요 당신은 오실 때가 되었어요 어서 오서요.
당신은 당신이 오실 때가 언제인지 아십니까 당신의 오실 때는 나의 기다리는 때입니다.

당신은 나의 꽃밭으로 오서요 나의 꽃밭에는 꽃들이 피어 있습니다.
만일 당신을 쫓아오는 사람이 있으면 당신은 꽃속으로 들어가서 숨으십시오.
나는 나비가 되어서 당신 숨은 꽃위에 가서 앉겠습니다.
그러면 쫓아오는 사람이 당신을 찾일 수는 없습니다.
오서요 당신은 오실 때가 되었습니다 어서 오서요.

당신은 나의 품으로 오서요 나의 품에는 부드러운 가슴이 있습니다.
만일 당신을 쫓아오는 사람이 있으면 당신은 머리를 숙여서 나의 가슴에 대십시오.
나의 가슴은 당신이 만질 때에는 물같이 보드러웁지마는 당신의 위험을 위하여는 황금의 칼도 되고 강철의 방패도 됩니다.
나의 가슴은 말굽에 밟힌 낙화가 될지언정 당신의 머리가 나의 가슴에서 떨어질 수는 없습니다.
그러면 쫓아오는 사람이 당신에게는 손을 대일 수는 없습니다.
오서요 당신은 오실 때가 되었습니다 어서 오서요.

당신은 나의 주검 속으로 오서요 주검은 당신을 위하여의 준비가 언제든지 되어 있습니다.

만일 당신을 쫓아오는 사람이 있으면 당신은 나의 주검의 뒤에 서십시오.

주검은 허무와 만능이 하나입니다.

주검의 사랑은 무한인 동시에 무궁입니다.

주검의 앞에는 군함과 포대가 티끌이 됩니다.

주검의 앞에는 강자와 약자가 벗이 됩니다.

그러면 쫓아오는 사람이 당신을 잡을 수는 없습니다.

오서요 당신은 오실 때가 되었습니다 어서오서요.

(같은 책, 158~160쪽)

"죽음의 앞에는 군함과 대포가 티끌이 된다"는 것. 요컨대 임이 '남의 나라 군함'에서 풀려 돌아올 가망성은 현실적으로 거의 없음을 읊을 수밖에 없었다. 그러나 시적 방법은 없지 않다. 곧 환각에서만 그 가망성이 있다는 것. 곧 "임이 죽어야 한다는 것". '남의 나라 군함'에서 절대로 탈출할 수 없기에, 거기서 죽어야 비로소 탈출(해방)될 수 있다는 것. 방법은 이것뿐이라는 것. 이를 두고 시인은 '임의 침묵'이라 했다. 살아서는 절대로 불가능하기에 죽음 속에서나 가능한 세계가 거기 있었다!

아비는 절대로 찾아야 한다! 그러나 (현실 속에서는) 절대로 찾아지지 않는다! 이를 두고 절대모순이라 부를 것이다. 반야바라밀이 아니기 때문에 반야바라밀이다(화엄경)의 방식이 거기 있었다.

이 절대모순에까지 채 이르지 못한 청년의 구도의 길이 일제강점기에서 전개되었는바, 청년은 전력을 기울여 그 틈새를 겨냥하여 동분서주

했다. 별을 따기 위해 부지깽이를 들고 지붕 위에 올라가기도 했고, 진흙탕은 물론 똥구덩이에 빠지는 일도 있었다. 그저 한 사례의 하나로, 들 수 있는 것의 으뜸 자리에 놓이는 것. 바로 세번째 아비찾기였다. 바로 가짜 아베 미쓰이에(阿部充家)였다. 『경성일보』 사장을 역임한 언론계의 거물인 아베는 역대 총독의 언론자문을 맡은 인물로 상해 임정에서 귀국한 이광수의 취직자리 알선을 할 정도였고, 『동아일보』 편집국장인 이광수의 오른팔 몫을 해주었다. 이 사이비 부자간의 절대모순은 동우회사건(1937) 앞에 물거품으로 드러날 수밖에 없었다. 도산 식 준비론사상이란 그 자체가 일종의 환각이었던 것. 그 환각은 도산의 죽음(1938)에서 다시 확인되었는데, 이제 스스로 아비가 될 수밖에 없었다. 그 연장에 놓인 것이 바로 다음의 사태 곧 '신체제'(新體制)였다.

넷째 아비찾기. 내선일체론 곧 아비찾기에서 스스로 아비되기가 그것. 아비는 죽고 없다. 사이비 아비는 아비일 수 없는 법. 그렇다면 스스로 아비가 되는 길뿐 다른 방도란 없다. 창씨개명(1940. 2.)에 앞장서고, 『삼경인상기』(1943)를 쓰고 대동아작가대회(1942)에 자진해서 나아가고, 마침내 학병권유차 도일(1943)까지 했다. 요컨대 '임의 침묵'의 시인이 되고자 했다. 절대로 불가능한 것으로 보이는 현실을 꿈(죽음)속에서 실현하기, 이것이 시인의 몫이었다.

> 본질은 절대로 찾아야 한다, 그 본질은 절대로 찾아지지 않는다는 것을 소재로 하는 소설에서만 시간은 형식과 더불어 주어진다.(Nur im Roman, dessen Stoff das Suchenmüssen und das Nicht-finden-Können des Wesens ausmacht, ist die Zeit mit der Form mitgesetzt.) [György Lukács, *Die Theorie des Romans*, p.108]

『무정』의 소설가는 이 순간 시인이 되어야 했다. 온힘을 기울여 그는 한편의 시를 썼다. 『원효대사』(1941~42)가 그것. 시간이 사라진 세계, 그러기에 소설일 수 없다. 거렁뱅이 차림의 큰 중 원효가 신라 방방곡곡으로 무애춤을 추는 세계. 삼세 제불이 지배하는 법계(法界)에 있어서는, 원효야말로 영웅이자 깨달은 자의 표본이 아닐 것인가. 총독부 기관지 『매일신문』에다 이광수는 한글로 원효를 스스로라 여기며 묘사해 왔다. 그가 대동아작가대회에 갔을 땐 현실적으로는 볼모신세였지만 시간이 사라진 법계에서 보면 쇼토쿠(聖德) 태자가 초빙한 국빈의 자격이 아닐 수 없었다. 그는 삼국시대 서라벌의 무애무를 들고, 최신의 무기(시간과 형식)로 무장한 제국 일본의 심장부로 쳐들어간 형국이었다.(『삼경인상기』, 1943) 『원효대사』 그것은 시였기에 형식을 가질 수 없었다. 형식은 시간과 더불어 주어지는 것이기에 그러하다. 나는 이 사실을 증명하기 위해 딴엔 많은 노력을 기울였다(졸저, 『일제 말기 한국작가의 일본어 글쓰기론』제3부, 서울대출판부, 2003). 여기서는 고아의 아비찾기의 율리시스적 모험을 엿본다면 어떠할까. 내가 할 수 있고, 또 해야 되고, 뿐만 아니라 잘할 수 있는 것은 이것뿐이었다. 그 결과물이 『이광수와 그의 시대』(1986)였다.

2. 일본 언론계의 조선관계 보도방식

율리시스적 모험이라 했고 내가 할 수 있고 또 잘할 수 있다고 한 것은 물론 비유이자 과장이기도 하다. 적어도 집필 당시의 내 느낌이랄까 자부심의 근거이기도 했는데, 그것은 일종의 열정에 다름 아니었다. 그런 것의 하나만 이 자리에서 조금 드러내고 싶다. 근대화의 물결이 제국주의 깃발을 달고 동양으로 밀려들 때 이를 배우기 위한 길이 우리에겐 두 가지로 되어 있었다. 오랜 동안 복속했던 중국 쪽이 그 하나. 그러나 조선조는 이 길에서 실패했는바 신사유람단이 그 증거이다. 다른 하나는 일본행이었다. 중국조차도 일본 쪽에로 향했는데 장지동(張之洞)의 말대로 동일한 한문권, 동일한 동양계 민족, 비용 절감 등을 들어 일본 유학을 권장했다. 루쉰(魯迅), 위다푸(郁達夫), 궈모뤄(郭沫若) 등이 이 부류에 든다. 1896년 13명이던 중국의 일본 유학생이 1905년 현재 1만 명에 이르렀다.[1] 서양의 출장소가 우리에겐 상해와 도쿄 두 곳이었다. 상해의 대형출판사는 일본인 고문이 있을 정도로 일본역의 서구서적을 재간행하는 형국이었다. 일본의 근대화의 속도와 그 진수를 배우기란 그렇게 어려운 것이었을까. 혹은 쉬운 것이었을까. 이 물음이 이광수론에서는 필수적 전제조건이라 나는 생각했다. 같은 동양인이며 한자문명권이며 풍속도 비슷한 일본이자 지척에 또는 종주국 수도가 있어 바다만 건너면 닿을 수 있다 해도 이광수들에겐 역시 외국임은 틀림없었다. 그들은 교과서를 통해 학교교육을 배웠다. 그것은 교회와 싸워 드디어 국가가 마침내 장악한 프랑스 교육제도를 도입한 제도였다. 이와 더불어 시대를 지배하는 지적 분위기도 배우지 않으면 안 되었다. 내가 이 방면에 주목한 것은, 민감한 이광수들이라면 학교교육보다도 이 방면에 온통 귀와 눈을 빼앗겼으리라는 느낌에서 왔다.(이 대단한 내셔널리즘 대목에서 앤더슨이 '지리'에 큰 비중을 둔 것에 비해 이광수들에겐 이것이 없었는데, 이 사실은 우리가 간과하기

---

1 実藤恵秀, 実藤遠, 『中国新文学発達史』, 三一書房, 1955, p. 43.

쉽다. 경성제국대학이 가진 한계도 결코 이와 무관하지 않다. 졸고, 『이중어 글쓰기의 기원에 대한 한 고찰』 부록3 참조)

내가 소속되어 있던 도쿄대학 교양학부(고마바駒場)의 도서관에서 나는 두 달 동안 1900년대 앞뒤의 신문, 잡지를 모조리 살펴보기 시작했다. 출판과 자본주의가 결합된 놀라운 일본언론계가 아니었던가. 이 작업에서 나는 실로 엉뚱하고도 놀라운 사실을 발견하게 되어 어안이 벙벙할 수밖에 없었다. 준국가언론급인 중요 언론계에 나타난 조선에 관한 기사들이 그것. 일본 언론계의 조선 사정 보도 기사의 편집방식은, 조선을 이미 '외국'으로 인식하지 않았다는 것. 자기 국내 문제의 연장선상에서 보도하는 태도가 아니겠는가. 당시의 내 독서일기 속의 몇 가지 사례가 이 점을 증거하고도 남는다.

Ⓐ「조선국왕 퇴위의 풍설」(『고쿠민노토모』国民之友, 2호)

Ⓑ「조선공사, 원세계 민영준 및 참찬관(參贊官) 김가진, 조선은 중립국이 가장 좋음」(『고쿠민노토모』 1887, 8호)

Ⓒ「조선의 왕궁전범」(『타이요』太陽 1895, 3호)

"조선은 모화관을 파괴하고 이를 예술관으로 하다. 송파에 있는 이여송 송덕비에 매년 대제를 올렸는데 이를 파괴하다. 일본인 눈치 때문……."

Ⓓ「조선국 교육대방침의 논의」(『타이요』 4호)

"조선국은 중국의 속국. 개인은 독립심 없고, 국법은 없고 있어도 멋대로 함. 현령(감) 3년이면 삼대를 산다. 무릇 독립심 없고 무에 대한 혼이 없고 근면절약심 없음. 허언이 많고 꾸밈 많고 경박하면서 무기력함. 중국이 성인의 나라가 아니라 이젠 일본이다."

Ⓔ「조선문제」(『타이요』 1895, 7호, 가와자키 사부로川崎三郎의 기명논설)

"독립국의 조건은 ①국가 독립의 역사가 있을 것, ②국민이 근면하고 상무기상이 있을 것, ③염치, 의절, 정신, ④정치의 공덕, ⑤경제, ⑥군사, ⑦교육, ⑧교통, ⑨종교, ⑩문학, 공예, 미술, 언어의 독자성 등. 이 중 조선은 단 하나도 없음. 조선을 일본이 보호해야 될 방책 모색."

"김홍집 내각 사퇴. 신내각의 학부대신 이완용. 일본공사 고영희(高永喜)로 내정되어 있으나 관례에 의해 몇 번씩 번복됨으로 아직 모름."

Ⓕ「조선 부인의 유학」(『타이요』 5호)

"조선 정부는 일본에 300명의 유학생을 파견. 정부에 의해 일인당 한 해 학자금 150원 급여. 근자 36명 파견 중 부인 4명도 포함.

내무대신 박영효는 일본유학생 300명을 시험을 통해 파견하기로 결정. 그 중 120명은 이미 일본에 와 있다. 시험은 오직 용모, 풍채이고, 학력, 지력 여하가 아니라 어이 없도다."

Ⓖ「조선 공사의 권고서」(『타이요』 9호)

"신임 조선공사 고영희 씨는 권고서 수액 매를 수영사(秀英舎)에서 인쇄, 게이오의숙(慶應義塾) 유학의 조선학생에 배포함.

諸君其知虛實 二字之意乎, 虛若徒飾其外不誠其中也 実者誠於中

공사 사진이 속표지에 실려 있음.

His Excellency Ko EiKi. 김기수와 수신사로 방일한 적 있음. 원산 개항시 사무 전담. 다시 도일. 인천조계 근무. 외무 참의. 초빙공사로 도일. 학무 형판. 나이 47세.

Ⓗ「통신잡지 발간에 대하여」(『타이요』 10호)

"동경에 있는 조선공사관 내에 조선 동유회를 조직 잡지 발간 계획.

후쿠자와 유키치(福澤諭吉) 옹이 기금 중 3백 원 기부. 공사 매월 20원 보조. 제1호는 11월 간. 천 부 예정. 활자는 수영사(秀英舍)."

"인천에 있는 일본인 남자 2,784명 여자 1,532명. 도합 4,316명 호수 664호. 전 달에 비해 73인 증가."

Ⓘ「소년 행렬」(『타이요』 11호)

"근래 조선의 기현상은 유학생 장례풍조 극에 달함.

오카모토(岡本) 씨 종자(從者, 따르는 자)의 담화(조선군사고문관),

민비사건 후퇴한 자 중 이들은 일본서 체포. 히로시마(廣島)에 정중히 다룸 총36명."

Ⓙ「조선의 정정(政情)」(『타이요』 12호. 1896년 권두논문. 논자 미야케 운미레三宅雲嶺)

"조선을 망국이라 하나 아직 단정 곤란. 지금 조선은 일본의 중세에 해당. 조선을 일으켜 동양에 영광을 갖는 것이 일본의 직분이다."

야마자키 사부로山崎三郎, 「대한 정책의 일대 급선무」

① 조선을 우리 국방의 한 관문으로 이를 엄격히 보호 ② 어떤 강국도 조선을 건드리지 못하게 할 것 ③ 어떤 곤란에도 이 정책을 밀고 나갈 것 ④ 조선을 담보로 한 주인의식 ⑤ 대원군 대 김파 내각(김홍집)의 잔당 대신 혁신적 정신을 가진 인물 보호.

유길준 조선내무대신 도착. 9월 22일.

신임공사 이하영 군 도착. 박영효는 미국서 귀국 중 일본 도착. 5월 21일.

Ⓚ「조선의 재판광경」(『타이요』 16호. 1896년 8월 5일)

"진사 정성우 상소문. 갑신정변 주모자 비난으로 인해 명예훼손으로 기소. 갑신정변 주축인 서재필이 나섬. 이완용, 조병직, 박정양 등은 무고로 정성우를 고소했고 미국인 서재필은 외국인임을 내세워 이천만 원 손해 배상 요구. 내국인은 어명(御命)에 의한 것. 미국인 서재필은 『독립신문』 경영으로 국가비난한다니, 증거 대라고 나섬. 재판장은 법무대신이나 협판 권재형이 대신함."

Ⓛ 「대한정책과 현내각」(『타이요』 25호)

한국정부가 경부철도 부설 거부는 현내각의 실패를 뜻함.

「반도의 형세」, 반도라는 용어가 이때부터 사용됨.

Ⓜ 「황태후 붕어로 조선궁정 9일간 상 입다」(『타이요』 3권 1호. 1897년 1월)

1월 15일, 상을 입은 일본주차 공사겸 조위대사로 고영희 파견.

경인간 전선가설. 러시아 군용 쪽을 택할 듯.

Ⓝ (『타이요』 3권 7호) 일본인구 4천 181만 3,215명. 도쿄 인구 126만 8,930인.(1906년도의 인구는 4천 397만 8,495명. 도쿄는 194만 8,581명)

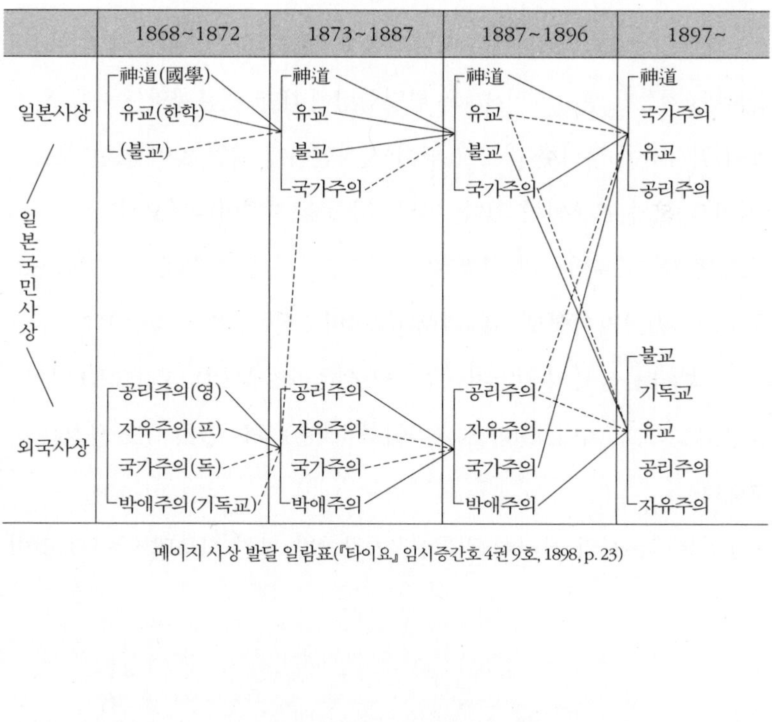

메이지 사상 발달 일람표(『타이요』 임시증간호 4권 9호, 1898, p. 23)

『타이요』(太陽)지는 월 2회 간행의 준관보격 대형잡지이거니와, 이광수들이 도일했을 당시 도쿄 인구는 거의 2백만 명에 이른 실로 세계적인 대도시였다. 이광수들은 언론계의 저러한 기사들을 알게 모르게 피부로 체득했을 것이다. 요컨대 일본언론은 조선 사정을 '국내 문제'의 시각으로 보도하고 있었음이 판명된다. 서재필 재판 관련 보도는 국내에서는 없거나 한줄 기사로 처리되었으나, 일본에서는 상세히 보도되고 있었다. 나는 이런 언론계의 조선 관련 보도 및 논설의 큰 제목만을 엿보다가 문득 당시 조선유학생의 심사를 헤아려 봄이 필수적임을 깨달았다.

북장로계 미션스쿨 메이지학원(明治学院) 중학생 이광수가 겪은 고충도 이와 무관치 않다. 아침 조례 시간마다 일본인 목사의 기도를 들어야 했다. "하느님, 우리 대일본 제국을 위해서……"라는 기도를 도저히 이해할 수 없었다. 이광수가 평생 기독교를 거부한(그 대신 톨스토이주의) 곡절도 이와 결코 무관하다고 할 것인가.

대체 일본인의 조선관은 어떠했을까. 전문적 연구서 『일제언론계의 한국관』(강동진, 일지사, 1982)은 한일합병에 대한 언론계의 추이를 원자료에 입각하여 분석한 것으로 당시 지식인에게 제일 많이 읽힌 잡지로 『타이요』지가 거론되어 있다. 어찌 『타이요』지뿐이랴. 『오사카아사히』(大阪朝日), 『교토아사히』(京都朝日), 『도쿄아사히』(東京朝日), 『요로즈초호』(萬朝報), 『지지신보』(時事新報), 『야마토신문』(やまと新聞), 『주오신문』(中央新聞) 등등의 일간지, 『주오코론』(中央公論), 『니혼』(日本) 및 『니혼징』(日本人), 『가이호』(解放), 『가이조』(改造) 등의 잡지 등도 사정은 비슷했다.

일본언론계의 이러한 경향은, 한일합방 훨씬 전부터 굳어진 것이었음이 이로써 알 수 있었다. 어쩌면 저 『일본서기』(日本書紀)에서 발단된 것인지도 모를 일이다. 예로부터 그들도 진구 황후(神功皇后)가 신라를 지배했고, 임나부(任那府)가 있었고, 백강(白江)전투(나당연합군과 백제-일본연합군의 백강[현재의 금강 부근]에서의 전투)를 그들은 기술하고 있었다. 국사학자로 최고 권위 시라토리 구라기치(白鳥庫吉, 도쿄대 교수)에 따르면 조선은 예로부터 일본의 식민지였던 만큼 한일합방이란 큰틀에서 보면 고대에로 환원한 것에 지나지 않는다는 것, 그동안 일본의 교만심에 의해 조선을 놓쳤지만 지금 다시 그 복귀상태라는 것, 이러한 학계의 주장이 그후의 대륙정책의 기본설이었다. 이에 맞서 조선사의 독자성을 내세운 쓰다 소키치(津田左右吉) 쪽이 곧, 동양사의 자료(중국 및 한국측)에 따르면 고대 일본의 조선 지배의 사료가 전무하다는 사실을 내세웠지만 이 큰 흐름을 넘어설 수 없는 소수의견에 불과했다. 『삼국사기 고구려기의 비판』(三国史記高句麗紀の批判, 1918)을 비롯 중국사료에 기초를 둔 그가, 드디어 천황모독의 출판법 위반으로 기소된 것은 1940년이며, 와세다대학 직은 사임해야 했다.[2]

3번씩이나 일본에 온(1차는 동학 장학생, 2차는 정부 장학생, 3차는 김성수의 장학금) 이광수가 이러한 일본 저널리즘 속에 알몸으로 던져져 있었다. 세계의 흐름도 동양사의 흐름도 이 언론을 통해서 이해했고, 심지어 자기 조국에 대한 인식도 이 거울에서 가까스로 엿볼 수밖에 없었다. 이 거울이란 물건이 아무리 흐리고 또 왜곡된 것이라 할지라도. 다른 선택의 길이 없었다. 바로 이 점이 일본 유학생의 운명적 멍에이자 아킬레스

2 『近代日本哲学思想家辞典』, 東京書籍, 1982, pp. 361~365.

건이 아닐 수 없었다. 알게 모르게 또 많건 적건 이 거울에 비친 자화상을 묘사할 수밖에 없었던 까닭이다.

3. 「만영감의 죽음」을 들고 귀국하다

앞에서 보았듯 『타이요』 하나만 검토하는 데 긴 시간이 걸렸고, 기타의 신문 잡지에 눈을 계속 돌렸더라면 필시 나는 길을 잃고 말았을 것이다. 말을 바꾸면, 당시의 사상적 분위기를 알아내고자 한 내 생각은 무모한 짓에 가까웠다. 기껏 얻은 것이라곤 러일전쟁 전후의 일본 총인구 및 도쿄의 인구 정도라고나 할까. 이 속에 고아 이광수의 아비찾기의 율리시스적 모험이 시작되었다고나 할까. 그렇다고 해서 내겐 달리 해볼 방도는 없었다. 다시 도서관행이 그것. 내가 맘대로 서고까지 들어갈 수 있는 곳은 도쿄대(고마바[駒場]·혼고[本郷])와 와세다대, 두 곳이었는데, 어느 편이냐 하면 후자 쪽에서 마음이 가라앉는 것이었다. 연구생을 위한 특별실이 따로 마련되어 있었고, 무엇보다 내가 찾는 자료들의 원본이 많았던 까닭이다. 직원들도 딱딱하지 않았다. 뿐만 아니라 김성수, 송진우, 이병도 등 한국 유학생들이 배운 곳. 조선어로 된 자료도 드문드문이긴 해도 구석구석에서 빛을 내고 있었다. 가령 국내에서도 호수가 빠진 카프자료 『조선지광』도 잘 보관되어 있었다. 마음 편하게 하는 또 하나의 이유는 연구생을 위한 뜨거운 물과 차까지 준비되어 있어 도시락을 먹을 수 있게 마련되어 있었음이다.

시부야의 NHK 빌딩 위로 떠오른 무지개, 빨간 우체통 위로 쏟아지는 햇빛, 요요기 공원의 다케노코(竹の子)의 춤사위에 맞먹는 곳이 내겐

이 도서관뿐이었다. 또 말해 와세다대학 근처의 고서점 구단시타(九段下)에서 진보초(神保町), 그린호텔, 니혼대(日本大), 오차노미즈(御茶ノ水)까지 걷고, 간다(神田) 고서점가를 텅 빈 마음으로 헤매기에 맞서는 곳이 내겐 이 도서관뿐이었다. 어찌 이뿐이랴. 이광수, 육당 들을 흥분시킨 고종황제를 흉내 낸 유시마(湯島) 신사의 기쿠닌교(菊人形) 구경하기도, 우에노 공원의 서양미술관의 로댕의 「생각하는 사람」, 「지옥문」에 맞설 수 있는 것도 내겐 이 도서관뿐이었다. 10년 전에도 그러했고, 지금도 그러했다.

그러던 어느 날 작은 기적이 일어났다. 감히 '기적'이라 했거니와, 가을에서 겨울로 바뀌는 어느 날 나는 자료 하나를 찾아냈던 것이다. 소설 「만영감의 죽음」(『가이조』改造, 1936. 8.)이 그것. 고바야시 히데오, 장혁주 등이 데뷔한 그 잡지. 『주오코론』(中央公論)과 더불어 사상계를 주도하는 종합지 『가이조』에 실린 이 소설을 복사한 나는 무아지경으로 주오센(中央線), 쓰키치 역, 가치도키바시를 단숨에 거쳐 숙소인 하루미 아파트에 닿고, 커피와 빵조각으로 저녁을 먹는 둥 마는 둥 밤새워 번역했다.

> 북한산 기슭의 초여름 밤은 저 애를 끊는 듯한 뻐꾸기 소리와 또 그와 반대로 참으로 명랑한 꾀꼬리 소리로 밝는다.
>
> 오늘 아침은 이상스럽게도 나의 빈약한 살림살이 서재 겸 침실 바로 앞 수풀에서 꾀꼬리가 울고 있으며, 뻐꾸기의 뻐꾹뻐꾹하는 구슬픈 소리도 함께 들려 왔다. 매일 아침 나는 뻐꾸기 소리를 듣고는 있지만 아직 그 모습을 본 적이 없다. 이 새는 비둘기와 비슷하나 비둘기보다는 몸집이 작다고 들어 왔지만 그 정체는 사람 눈에 잘 띄지 않는다고들 한다. 무어랄

까, 끝날 줄 모르는, 구슬픔, 원망스러움을 호소하는, 원통히 죽은 혼의 외침 같은 그 가련함 속에는 일종의 처절함을 띠고 있는 소리다.

"당신 아직 일어나지 않았어요?"

아내가 뒤뜰에서 나를 불렀다.

"웬일이야?"

"저, 옆집 만영감이 미쳤어요, 그 여자 때문이에요. 불쌍하게도. 그렇지만 기분이 좋지 않군요. 무서운 얼굴을 하고 있어요"라고 말하는 것이었다.

만영감이 미쳤다는 말을 듣고, 나는 잠자리에서 잠옷 그대로 벌떡 일어났다. 흰 바위산 위에 떠오른 유월 아침의 햇빛이 엷은 안개에 싸인 바위투성이의 북한산 봉우리와 능금꽃이 한창 피어 있는 뒷산을 황금빛으로 물들이고 있었다. 가늘게 들려오는 개울물 소리조차 참으로 부드러운 초여름 날씨이다.

그런데 이게 무언가. 뒷산 능금밭에는 저 눈이 가늘고 얼굴 시커먼 만영감이 응응 신음하면서, 손으로 흙을 팠다 덮었다 하면서

"갔는가. 갔는가. 갔-는-가"라고 외치고 있는 게 아닌가. 그의 흰 목면 바지저고리는 흙투성이였다. 무표정한, 아무렇게나 빚어낸, 어릿광대의 탈 모양의 그의 얼굴에는 다만 눈물 흔적만이 보일 뿐이다.

이렇게 시작되는 이 소설의 주인공 만영감은 어떤 인물인가. 채석장에서 평생 노동해 온 인물이다. 그 주변 일가친척은 또 이러했다.

마을사람들이 새벽같이 일터로 나갔으므로 아무도 없다. 그의 형인 용(龍)영감은 채석장에 갔을 것이며, 또 그의 조카인 천길(千吉), 복길(福吉),

그의 양자인 천길의 끝동생 삼길(三吉) 등은 아마도 앵두나무꽃을 지게에 지고 서울거리에 행상갔으리라. 이 바위투성이인 박토에 살고 있는 사나이들에게는 눈이 내리거나 녹는 때까지는 큰비 오는 날을 빼면, 낮엔 집에 있을 틈이 없다.
만영감이 저렇게 발광해서 어째야 좋을지 모르는 이런 마당에서도, 이 마을에는 남자의 손을 빌릴 수가 없는 상태이다. 다만 집 지키는 여편네들이 겁에 질려, 멀찍이 떨어져, 만영감을 바라보며 가소로워할 따름이었다.
"계집 미치광이야"라고, 한 여편네가 다른 여자에게 중얼거리는 소리가 들렸다. 누구 한사람, 이 불쌍한 만영감에게 동정을 갖지 않는 것 같았다. 장님이나 미치광이에게는 비웃게 되어 있는 것이다. 그들은 전생(前生)에, 또 한평생에 죄가 많아 그 죄갚음 때문에 저렇게 되었기에, 그것에 동정하는 일이 서로의 공덕(功德)이 되지 않는다고 믿기 때문이다.

동거하던 젊은 여인이 도망갔기 때문이라는 것, 그 여인을 찾아 미친 듯 헤매고 또 만나고 또 헤어지고, 하여 마침내 만영감이 죽었다는 것. 그 주변인물인 조카, 양자 등이 여사여사했다는 것 등이 얘기의 줄거리이다. 이러한 만영감의 일대기란 조금 기괴하긴 해도 인간으로 유별나다고 하기는 어렵다. 사람은 누구나 많고 적은 차이는 있을지언정 그렇고 그런 것이라 할 수 있다. 그렇다면 무엇이 이 작품의 그다움이었을까. 다시 말해 무엇이 『가이조』지를 감동시켰을까. 그 해답은 바로 끝부분에서 뚜렷히 드러나 있다.

만영감이 죽은 지 벌써 일 년이 지났다. 나는 그의 제삿날을 기억하지는 못한다. 이를 기억하는 것은 아마도 호적부밖에 없으리라. 용영감마저 술에 취해, 만영감에 대해서는 알지 못하게 되었으며, 살아 있을 적에조차도 몽롱한 존재였던 만영감을 지금은 아무도 생각하고 있지 않을 것이다. 다만, 삼길만이 저 어두침침하고 불길한 집에서, 술집에서 사귄 여자를 아내로 삼아 부부싸움을 하기도 하고, 여자가 도망가는 소동도 피우면서 만영감의 유산과 운명을 인수하여 살고 있는 모양이었다. 만영감이 가져와 옮겨 심어 준 우리집 뜰의 사철나무는 뿌리를 박아 왕성히 새싹이 돋았다.

"쓰라린 한평생이구나. 저 세상에 가서는 좋은 데로 가거라"라고, 하던 용영감의 기도를 나도 만영감을 위해 기도했다.

문제점은 주인공 만영감에 있지 않고 작중화자인 '나'에 있었음을 위의 대목이 단적으로 드러내고 있었다. 다시 말해 작중화자인 '나', 곧 '조선의 최대 작가 이광수'라는 사실이 그것. 적어도 『가이조』(改造)지는, 이광수를 루쉰급으로 보았을 가능성을 밀쳐 낼 수 없다는 것이 내 판단이었다. 『주오코론』(中央公論)이 루쉰급의 수필을 이광수에게 청탁한 사실[3]을 염두에 둘 때 이런 판단을 한층 가능케 했다. 조선 최고의 작가 이광수의 글쓰기 모습을 그들은 보고 싶었고, 이광수 역시 이에 본능적으로 대처한 것이 아니었을까. 일본을 통해 소설쓰기를 배운 이광수가 아니었던가. 그 본바닥의 소설판에 두각을 드러내기란 당초 승부처일 수 없다. 방법은 하나. 일본소설의 특질로 되어 있는 이른바 '사소설'을 온몸

3 김소운, 『삼오당』, 진문사, 1955, 112쪽.

으로 보여 주기가 그것. 소설로서의 사소설을 소설 아닌 자기 자신을 보여 주기에 해당되는 방식이었다. 나, 이광수는 이런 사람이다. 봐라, 만영감이라는 인물을 이렇게 관찰했다는 것. 그 인물 관찰의 시각과 깊이, 섬세함, 또 조선적 풍속까지 보여 주는 것이야말로 그만이 할 수 있는 방식이었다.

그러나 나의 이런 추단은 누구나 할 수 있는 성질의 것이어서 굳이 무슨 발견 축에 들 만한 것이 못 된다. 정작 내가 발견한 것은 따로 있었는바, 이 소설이 1936년을 전후한 이광수의 생활현실의 반영이라는 점이 그것. 이런 판단의 근거는 소설 「육장기」(1939)와 결코 무관하지 않다.

> 나는 이 집을 팔았소. 북한산 밑에 6년 전에 지은 그 집 말이오. 오늘이 그 집값을 받는 날이오. 뻐꾸기가 자지러지게 우오. …… 내가 이 집을 짓던 해는 내 평생에 가장 암흑한 시기 중에 하나였소. 내 어린 것이 불행하게 세상을 떠난 것이나 내가 평생을 바쳐 보려던 사업이 모두 실패에 돌아간 것이 이 해였소. 뿐만 아니라 나는 정신적으로 모든 희망을 잃어버려서 이제 내가 인생에 아무것도 바라는 것도 없고 없으니 이것이 내가 죽을 때가 된 것이 아닌가 하도록 막막한 심정에 빠져 있었소.[4]

그가 자하문 밖 홍지동에 산장을 기공한 것은 1934년 8월이었다. 언론계에서도 물러난 이광수란 물 떠난 물고기 신세. 천애고아였던 그가 비로소 집을 짓기란 안주의 터전이자 죽음의 장소였다. 그 집을 지을 때

---

4 『이광수 전집』 8권, 우신사, 41쪽.

의 인부 중의 한 인물이 만영감이었다. 「만영감의 죽음」은 그러기에 소설이기에 앞서 절망에 빠진 고아 이광수의 마지막 몸부림이었다. 그곳이 바로 홍지동 산장이었다. 바위 위에 세워진 집. 그러나 부득이 이 소중한 집을 팔아야 했다.

> 나는 아무리 하여서라도 뜰에 섰는 나무 세 포기는 파 가지고 가야 하겠소. 오늘 비가 오면 파내려오. 한 포기는 자형화라는 것인데 이것은 봉선사 운허대사(이광수의 삼종제 이학수-인용자)가 지난 청명날 철쭉, 진달래, 정향, 무궁화와 함께 보내 주신 것이오. 또 하나는 사철나무인데 이것은 앞집 영감님(그는 벌써 4년 전에 돌아가셨소)이 갖다가 심어 주신 것이오, 또 하나는 월계와 해당인데 이것은 뒷집 숙희 할아버지가 갖다가 심어 주신 것이오.[5]

사철나무를 몸소 심어 준 앞집 영감이 바로 만영감이었던 것. 「육장기」(집을 판 이야기)란 소설이되 사소설이다. 이 소설의 앞단계가 「만영감의 죽음」이었고 이를 일본문단에 던진 형국이었다. 그러기에 일본문단에서는 조금도 어색하거나 거부감이 있을 수 없었다. 자기들의 소설을 식민지 문사인 이광수의 손으로 쓰게 한 것이기에 그럴 수밖에 없었다. 이런 정황을 꿰뚫어볼 힘이 이광수에게 있었다는 사실이야말로 이광수다운 자질이었음에 틀림없다.

---

5 『이광수전집』 8권, 우신사, 55쪽.

4. 「사랑인가」와 「만영감의 죽음」 틈에 낀 이광수

내가 발견한 이 깨달음은 나를 가만히 두지 않았다. 이제야말로 『이광수와 그의 시대』를 쓸 수 있는 지평이 저만치 엿보였기 때문이다. 어서 귀국해서 홍지동 그 옛집이 지평 저 끝에서 아물거리며 내게 손짓하는 것이었다. 나는 망설임도 없이 짐을 꾸리기 시작했다. 새벽마다 들리는 도쿄만의 갈매기 소리도, 눈 덮인 후지산 꼭대기도, 도쿄타워의 불빛도, 이미 내 안중에서 멀어져 갔다. 서둘러 귀국 절차를 밟고 비행기에 올랐다.

귀국하자마자 내가 대번에 달려간 곳이 자하문 밖 홍지동(弘智洞)이었다. 조선조 서울 곡식저장소이자 무기보관소인 홍지문을 옆에 끼고 개울이 흐르고, 그 길이 산으로 이어져 있었다. 개나리와 능금밭의 가파른 돌을 깬 그 위에 바로 산장이 있었다(당시 이 집은 서울시 건설국장 소유였다). 나는 주인의 허락을 얻고, 이곳에 들어가 이곳저곳을 살폈다. 여기서 보면 북한산의 석가봉 연화봉이 뻐꾸기 소리에 가물거렸다. 나는 거의 매일 이곳에 들러 이런저런 공상에 시간 가는 줄도 모르곤 했다. 그 무아경 속에서 문득 한 가지 방도가 떠오르는 것이었다. 「육장기」(1939)를 원점에 놓기가 그것. 1939년을 한가운데 둔 이광수의 두 인생, 이것이 원점이다. 이 원점을 두고 그 '앞으로 나아가기'와 '뒤로 물러나기'가 그것.

뒤로 물러서기란, 『동아일보』 편집국장(사설, 소설, 횡설수설, 논설 등 4설 집필)→상해 임정→2·8독립선언→오산학교 교사→와세다대학생→메이지학원 중학→소설 「愛か」(1909. 12.)에 닿지 않을 수 없다. 조선의 최고 작가이자 근대문학의 개척자 이광수(아명 보경)의 처녀작이 일어로 씌어졌다는 것. 이것처럼 결정적인 것이 따로 있을까 보냐.

앞으로 나아가기란 동우회사건(1937)→옥살이(치안유지법 위반, 46세)→내선일체론→해방→우자의 효성(반민특위법)

「육장기」, 그러니까 「만영감의 죽음」이란 일어로 일본문단을 향해 던져진 것이지만 「육장기」란 조선어로 조선문단을 향해 씌어졌음에 주목할 것이다. 이른바 이중어 글쓰기의 원점이 여기에도 있었다. 도처에서도 있었다. 그것은 이광수 글쓰기의 출발점에서 온 것이어서 이광수들의 글쓰기의 숙명에 관련된 사안이라 할 것이다.

'한국유학생 이보경'의 메이지학원 학보 『핫킨학보』(白金学報) 제19호(1909년 12월)에 쓴 소설 「愛か」(사랑인가)가 처녀작임은 그의 고백 그대로이거니와, 「무정」(1917)으로 조선 근대문학의 불발의 작가 이광수의 처녀작이 일어로 씌어졌다는 것은 대체 무엇일까. 필리핀문학의 시발점이 스페인어로 쓴 호세의 소설임과 족히 비교될 만한 것일까.

1차 일본 체류 때 내가 본 것은 바로 이 「愛か」였다. 귀국 즉시 나는 해설과 함께 이를 번역했다(『독서신문』 1971년 12월 5일). 또 이를 「산사 사람들」과 함께 『문학사상』(1981. 2.)에 재수록했다. 『이광수와 그의 시대』 집필의 가능한 표지물의 성격으로 본 까닭이다. 대체 메이지학원 보통부 3년 졸업반인 '한국유학생 이보경'이 쓴 소설은 어떤 것이며 왜 하필 소설 형식이 요망되었을까. 이 물음은 갈 데 없이 작품 자체 속에 들어 있다. 첫 대목에서 주인공, 때와 장소, 그리고 행동의 목적이 제시되어 있다.

분키치(文吉)는 시부야에 있는 미사오(操)를 방문했다. 무한한 즐거움과 기쁨과 희망이 그의 가슴에 넘쳐 흘렀다. 도중 몇 사람의 친구를 방문한 것은 단지 구실을 만들기 위함이다. 밤은 길고 길은 질퍽했지만 그럼에도 귀찮아하지 않고 분키치는 미사오를 방문한 것이다. 그가 문 밖에 이르렀을 때의 마음을 말한다면 실은 무어라고 말할 수 없었다. 기쁜 것인지, 슬프다 할는지, 부끄럽다 할는지 심장은 빠른 종소리처럼 두근거리고 숨은 거칠었다. 어쨌든 이때의 상태는 그의 기억 속에 3분도 머무르지 않았다. 그는 문을 들어서서 격자문 쪽으로 나아갔으나 두근거림은 더 빨라지고 몸은 떨렸다. 덧문은 닫혀서 사방은 죽음처럼 조용하다. 벌써 자고 있을까, 아니 그렇지 않다. 이제 겨우 아홉 시를 조금 넘겼을 뿐이다. 게다가 시험 중이니 틀림없이 아직 자지 않을 것이다. 아마 적적한 곳이니까 일찍부터 문을 닫은 것이겠지. 문을 두드릴까. 두드리면 꼭 열어 줄 것은 틀림없다. 그러나 그는 목상(木像)처럼 숨을 죽이고 뻣뻣이 서 있다. 왜일까. 왜 그는 멀리 친구를 방문하고 문 두드리는 일을 하지 못하는가. 두드렸다 해서 책망을 듣는 것도 아니고, 그가 두드리려는 손을 제지하는 것도 아니다. 그저 그는 두드릴 용기가 없는 것이다. 아, 그는 지금 내일 있는 시험 준비에 여념이 없으리라. 그는 내가 지금 서 있다고 하는 것을 꿈에도 생각지 못하리라. 그와 나와 다만 벽을 둘 두고 만리나 떨어진 듯이 생각을 하는 것이다. 아, 어쩌면 좋으랴, 모처럼의 희망도 기쁨도 봄눈처럼 사라져 버렸다.

소년 분키치가 찾아가는 미사오는 같은 또래의 중학생. 어째서 그는 미사오를 만나야 했을까.

분키치는 열 살 때 부모를 여의고 홀로 세상의 쓰고 신 맛을 보았다. 그는 친척이 없는 것도 아니었으나 집이 부유할 때 친척이지 일단 그가 영락의 몸이 되면서 아무도 돌보는 이가 없었다. 그의 몸에 달라붙은 빈곤의 씨는 그로 하여금 일찍이 세상을 알게 하였다. 그가 열네 살 되었을 때 이미 어른처럼 되어 붉은 기(氣) 도는 그의 얼굴에서 천진함은 빛을 잃었다.
그는 총명한 편이어서 그의 아버지는 그를 소학교라도 보내서 그의 머리 좋은 것을 무상의 기쁨으로 삼고 때때로 빈곤의 고통을 잊곤 하였다. 부모와 사별한 후, 이삼 년간은 동표서류(東漂西流), 실로 비참한 것이었다. 그런 가운데서 그는 친구에게서 책을 빌려 읽고 제대로 학교교육을 받을 수 없었다. 그러나 그의 연배의 소년들에게는 지질 않았다. 그는 가정의 영향과 빈곤의 영향으로 인해 지극히 유화한 소년이었다. 오히려 연약한 소년이었다. 그럼에도 불구하고 그는 비상한 야심을 품고 있었다. 어떻게 하여 한번 세상을 놀라게 하고 싶다. 만세 후, 사람들로 하여금 내 이름을 흠모케 하고 싶다라는 것이 늘 가슴 깊이 잠겨서 떠나질 않았다. 그 때문에 그는 한층 더 괴로웠던 것이다. 아무것도 하지 않고 죽는 것을 두려워했다. 거기에 한줄기 광명이 나타났다. 어느 고관의 도움으로 도쿄 유학을 할 수 있게 되었던 것이다. 그의 기쁨은 보통이 아니었다. 이상에 이르는 문을 발견한 듯 그는 춤을 추었다.
그는 도쿄에 나와 어느 중학 3년에 입학했다. 성적도 좋아서 모두 그를 유망한 청년으로 보았다. 소위 암흑에서 광명으로 나온 듯하였다. 그러나 실상은 행복하지는 않았다. 그는 점점 적막 고독의 상념을 싹틔우기 시작했다. 매일같이 수백 사람을 만날지라도 한 사람도 그에게 친구다운 사람이 없었다. 그 때문에 그는 서글퍼하였다. 울었다. 하고많은 비애가 있다 할지라도 친구 없는 비애만 한 것은 없다라는 것이 그의 비애관이었다.
그는 정신 없이 친구를 찾았다. 그러나 그에게는 한 사람도 오지 않았다.

간혹 없는 것은 아니었으나 누구도 그에게 만족을 주지는 않았다. 즉 그의 흉중을 들어 주는 자는 없었다. 그의 갈증은 점점 격하고 괴로움은 점점 그 정도를 높일 뿐이다. 16억여의 인류 중 내 마음을 들어 주는 사람은 없는가라고 그는 탄성을 토했다. 이리하여 그는 점점 약해지고 말하기 좋아하던 것도 점점 입을 다물게 되고 사람 만나는 것을 싫어하게 되었다. 그는 일기장에 마음속을 적어 놓고 겨우 스스로 위로하는 정도이다. 그는 체념하려고도 생각해 보았다. 그러나 이것은 할 수 없는 일이었다. 여기에 무한한 고통이 존재하는 것이다. 이와 같이 2년이 흘렀다.

금년 1월 그는 어느 운동회에서 한 소년을 보았다. 그때 그 소년의 얼굴에는 사랑의 빛이 넘치고 눈에는 천사의 미소가 떠 있었다. 그는 황홀 속에서 잠시 자기를 잊고 흉중에 타는 불꽃에 기름을 붓고 있었다. 그 소년이 미사오다. 그는 이 소년이야말로라고 생각했다.

그는 글을 써서 자기 흉중을 미사오에게 이야기하고 사랑을 구했다. 그랬더니 미사오도 자기가 고독하다는 것, 그의 사랑을 깨닫는다는 것, 자기도 그를 사랑한다는 것을 써서 보내 주었다. 분키치는 그 글을 받았을 때 마음이 어떠했을까. 기뻤다. 몹시 기뻤다. 그러나 가슴속의 번민은 사라지지 않는다. 사라지기는커녕 새로운 번민이 더했다. 미사오는 극히 말이 없는 편이다. 이것을 분키치는 더없는 고통으로 알았다. 분키치는 미사오가 자기를 사랑하지 않는다고 생각했다. 그에게는 냉담한 듯이 느꼈다.

그는 미사오를 의심해 보았으나 의심하고 싶지 않았기 때문에 무리하여 자기가 그를 사랑하고 있다고 정해 버렸다. 여기에 고통이 있다. 그는 미사오를 목숨처럼 생각했다. 밤낮 미사오 생각을 하지 않은 적이 없다. 수업시간에조차도 생각하지 않을 수 없었다.

분키치가 이보경임은 한눈에 들어온다. 고아라는 것, 고관의 도움으로 도쿄에 유학왔다는 것, 중학 3년에 입학했다는 것(메이지학원 보통부[중학] 3년 편입), 사랑 기갈증에 빠졌다는 것, 그것도 남자끼리라는 것. 그런데 상대방이 냉담해졌다면 어째야 할까. 철도 자살이 그 해결책이라는 것. 그 끝장면에서 이 점이 선명하여 인상적이다. 이 작품이 민간잡지(『富の日本』)에 전재된 것도 작품 수준에 올랐음의 한 가지 증거이다.

> 일학기 시험도 끝나고 내일 귀국하는 것이어서 필사의 용기를 떨쳐 오늘 저녁 미사오를 방문한 것이다. 그는 아무 감각도 없이 발걸음을 옮기며 생각하고 있었다. 아, 죽고 싶다. 이제 이 세상에 살고 싶지 않다. 다마가와(玉川) 전차 선로인가. 이미 열한 시. 이제 전차는 없겠지. 그렇다, 기차가 있다. 굉장한 기차 소리 한 번 울리면 내 이미 세상에 있지 않는다. 나도 자살을 업신여기던 사람이다. 자살의 기사를 보면 언제나 침뱉어 욕하던 사람이다. 그럼에도 지금에 와서 내가 스스로 자살코자 한다.
> 묘하지 않는가. 나는 커다란 이상을 품고 있다. 그것을 이루지 못하고 죽는 것은 실로 유감이다. 내 죽으면 늙으신 내 조부, 나이 어린 누이가 얼마나 서러워할까. 그러나 이 순간 내 목숨을 말려 줄 자가 없으니 별 수 없다. 지금이야말로 죽는 것과 사는 것이 전혀 내 힘 바깥에 있는 것이다.
> 그는 시부야의 건널목을 향하여 서둘러 갔다. 어둠 속에서 빽 하고 기적소리가 들린다. 마침 잘됐다라고 뛰어가 보니 시커먼 사람이 나와서 덜컹덜컹 차단기를 내렸다. 제기랄, 죽을 때까지도 방해의 신이 붙어다닌다. 기차는 무심코 덜렁덜렁 소리 내며 지나갔다. 그는 선로를 따라 얼만큼 걸어가서 동편 레일을 베개로 삼고 벌렁 누워 다음 기차가 오는 것을

이젠가 저젠가 기다리며 구름 사이로 새어 나오는 별빛을 바라보고 있다. 아, 18년간의 내 목숨이 마지막이다. 제발 죽은 다음에는 사라져 버려라. 그렇지 않으면 무감각한 것이 되어라. 아, 이것이 나의 마지막이로다. 작은 머릿속에 품고 있던 이상은 지금 어디 있는가. 아 이것이 내 최후로다. 아, 쓸쓸하다. 한 번이라도 좋으니 누군가에게 안겨 보고 싶다. 아, 한 번이라도 좋으니. 별은 무정타, 기차는 왜 안 오는가. 왜 빨리 와서 내 머리를 부숴 주지 않는가. 뜨거운 눈물이 쉬지 않고 흐르는 것이었다.

「사랑인가」와 「만영감의 죽음」, 이 두 작품이 이중어 글쓰기의 원점인 까닭은 자명하다. 「무정」이 「사랑인가」에 대응되는 것이라면 「만영감의 죽음」은, 굳이 말해 스스로 문학적 작품이라 여긴 「무명」(1939)에 대응된다. 요컨대 문학적 글쓰기의 이중성이었다. 서로가 서로를 이끌고 또 억제하는 긴장력이 거기 있었다. 그것은 내선일체를 논한 글쓰기에 '香山光郎'(가야마 미쓰로)로, 「원효대사」 등에서는 '춘원'이란 필명으로 대응한 또 다른 이중성과는 구별되는 것이기도 했다.

이광수에 있어 일본이란 무엇인가. 내가 당초부터 내내 시달린 것은 이 물음이었다. 그는 이 명제를 안고, 평생을 노력했고, 그럴수록 방황했음에 틀림없었다. 앞으로 나아가도 그랬고, 뒤로 물러나도 그랬다. 일본 그것은 그에겐 길을 가르쳐 주었고 동시에 길을 막았다. 그에게 희망의 앞자락을 보여 주었지만 또 절망의 뒤꿈치를 여지없이 보여 주었다. 루카치의 표현으로 하면 이렇다. "본질은 절대로 찾아야 된다, 그 본질은 절대로 찾아지지 않는다는 것을 소재로 하는 소설에서만이 시간은 형식과 더불어 주어진다." 어찌 소설만 그러할까 보냐. 나라도 민족도 그러하지만 인생도 그러한 것. 남은 것은 오직 '시간'과 '형식'뿐이 아니겠는가. 소설이 그것. 소설(문학)을 한갓 '여기'(餘技)라 여기고 덤빈 이광수의 착각은 여기에서 왔다. '여기'가 아니라 본질이었음을 그는 너무 늦게 깨쳤다. 그 '여기'가 '본기'임을 깨쳤을 때는 죽음이 기다리고 있었다.

5. 글쓰기의 리듬감각 — 『이광수와 그의 시대』를 마치며

1) 사릉과 봉선사의 감각

글이란 마음먹은 대로 씌어질 때도 있고, 주제나 소재의 보이지 않는 야릇한 힘에 이끌리어 씌어질 적도 있다. 마음먹은 대로 씌어진다고 해서 즐겁거나 쉬운 것이 아니었고 소재의 힘에 이끌리어 씌어진다고 해서 일층 고통스럽거나 답답한 것도 아니었다. 이 두 가지 글쓰기의 힘을 겪으면서 나는 스스로를 가누기에 안간힘을 썼을 뿐이다.

이 글이 중간쯤 진행되었을 때, 나는 춘원에 관해 조금씩 마음이 편해지기 시작했다. 의외였다. 자료에 바탕을 두고 그것에 매달려 쓰기만 하면 된다고 생각한 나에게 이 사실은 나를 당황케 했다. 홍지동 산장(1934)에서 비로소 안주의 땅을 찾고 이어서 사릉으로 옮겨 해방을 맞는 기간 동안의 춘원의 삶의 표정이 눈에 잡힐 듯이 내 앞에 선해졌던 것이다. 이것은 웬일일까. 이제 생각해 보니 당초 내 마음속에 사릉의 풍경이 깃들고 있었던 탓이었다. 해방될 무렵 나는 아홉 살이었고 국민학교 2학년이었다. 내가 자란 곳은 포플러나무 숲속의 강변이었다. 군사용 자갈을 추(리)는 곳이 바로 우리집 앞이었다. 춘원이 사릉의 개울가 자갈 추는 사람들과 더불어 농사를 짓던 풍경 속에 나는 어린 시절의 내 모습을 포개 볼 수가 있었다. 1981년 음력 4월 초파일, 봉선사와 사릉의 춘원의 옛집을 답사했을 때, '돌베개'의 세계와 사릉의 풍경을 하나하나 맞추고 거리를 재고 묘사 부분을 확인해 보았을 때, 나는 형언하기 어려운 느낌을 받았다. 그 느낌이란 내 유년시절에 대한 향수, 그것이 아니었겠는가. 이 감각 때문에 후반부 집필이 고통스럽기는 해도 그 속에는 즐거움이 있었다. 나는 내 유년시절을 돌아보고 그 속에다 춘원을 자주 놓았다. 그럴 때 그는 등신대(等身大)로 내게 다가왔다.

가난한 평안도 벽지에서 고아로 나무도 하고 친척집을 전전하면서 자란 춘원은 사릉에서 박정호와 더불어 53세에 농사를 지었다. 춘원이 그의 유년기로 돌아갈 수 있는 계기이기도 했다. 서울서 자란 허영숙이 이 농촌세계를 이해할 턱이 없다. 목사의 장남이며 동지이자 친구인 주요한이 이 생활을 이해할 턱이 없다. 오직 운허당 이학수만이 그 정취를 알 것이었다. 춘원의 삶과 문학을 살피는 일은 춘원과 그를 에워싼 시대를 그리는 이중적 작업이다. 사릉에서 농사짓는 춘원이 유년시절에 닿았다면 그것은 또한 내 유년시절에도 통하는 길이었다.

이 후반기에 오면 춘원의 3남매에 대한 그리움이 여기저기 숨겨져 있다. 이 역시 내게는 자세히 들여다보였다. 그는 허영숙에다 생활을 떠맡겼으나 그녀보다 높은 곳에서 그녀를 굽어보고 있었다. 불교의 세계관으로 그렇게 할 수 있었고 총독부 관리들과 맞서기도, 야합하기도 함으로써(그 이전에는 동우회라는 준비론적 민주주의로써) 그렇게 할 수 있었다. 이 두 개의 이데올로기를 마음속 깊이 감춘 춘원은 일제에 야합하는 일의 산문적 세계를 서정화(抒情化)하지 않으면 안 되었다. 서정화란 무엇이겠는가. 심리적 퇴행현상이 아니겠는가. 유년시절의 돌고지 마을의 아득한 농촌생활에의 회상이 그것이다. 사릉에 묻혀 거름을 내고 밭을 갈고 막걸리를 마셨다. 자빠뿔소와 비루먹은 강아지를 키웠다. 자빠뿔소의 덕목을 칭송한 것이 그 나름의 실감을 띠는 것도 이 때문이다.

해방 직후 춘원이 사릉과 봉선사에 머무르면서 해지는 도봉의 낙조를 좋아한 것도, 그가 때때로 발을 담근 봉선사 입구의 맑디맑은 개울물도, 나에게 향수를 불러일으켰다. 봉선사 입구에 섰을 때 나는 직감적으로 어디서 본 듯한 지형임을 깨달았다. 그곳은 마음 편하게 하는 아늑한 곳이었다. 그가 해방 후 처음으로 쓴 수필 「죽은 새」의 세계로 들어가는 마음의 실마리도 거기서 보였다.

해방 후 춘원은 서울에 올 때 사릉에서 성동역까지 기차로 오고, 거기 효자동 자택까지 걸어다녔다. 바람 많은 2월이나 3월이면 청량리 일대가 온통 먼지투성이로 술렁거렸다. 그 먼지 속에서 나는 성동역 근처에 살던 나의 대학시절을 새삼스레 떠올릴 수가 있었다. 1955년 수복 직후의 청량리는 어떠했던가. 내가 다닌 대학의 운동장에는 미군이 주둔하고 있었고 성동역 근처는 철길과 역사만 빼면 전부 새파란 채소밭이었다. 바람 부는 날에는 청량리 일대가 황사현상인 듯 하늘이 흐릴 정도였다. 그 속으로 덜덜거리며 전차가 다녔다. 나는 늘 그 길을 걸어다녔다. 벽지에서 자라고 외롭고 마음이 가난하여 어쩔 줄 모르기는 했으나, 가슴 한구석에는 문학에 관해 대단한 환상을 품은 채, 나는 방황하였다. 그 느낌이 청량리 먼지 속에서 보였다.

자하문 밖 세검정에는 홍지문이 있다. 그 일대가 홍지동이다. 1934년, 춘원은 산자락에 집을 짓고 홍지동 산장이라 불렀다. 나는 이 집 근처를 몇 달을 두고 관찰하였다. 떠돌이로 살던 춘원이 최초로 안주의 터전을 잡았던 곳인 만큼 이 집터가 가진 아늑함의 표정을 붙잡지 않고는 「육장기」의 경지는 결코 헤아려지지 않는다. 홍지동 산장은 ㄹ자로 된 기와집이다.(지금은 보수, 증축되었으나 원형은 어느 정도 갖추고 있다. 돌을 파낸 샘물과 감나무도 그대로 있다.) 그 옆에는 올연선사가 머무르던 소림사가 있고, 그 아래 개울가에는 옥천암(지금의 수덕전) 해수관음의 화관 쓴 모습이 있다. 2월이면 버들개지가 돋고, 3월이면 급하게 개나리가 온통 개울가를 누렇게 에워싸고, 이어서 능금나무 꽃이 핀다. 가을의 낙엽과 겨울의 눈길을 나는 거의 매주일 넘나들었다. 화관 쓴 해수관음 보살님을 보는 일이 어째서 내게는 즐겁고도 유익했던 것일까.

2) 도쿄에서 본 「만영감의 죽음」

해수관음이란 무엇이겠는가. 그것은 마애보살님이다. 한 장의 커다란 바위에 새겨진 화관 쓴 관음상을 보는 일. 그것은 곧바로 1980년 10월의 도쿄로 이어진다. 고통스런 '서울의 봄'을 겪은 그해 9월 1일, 나는 두번째로 일본 유학을 갔다. 도쿄에 머무르면서 이광수에 관한 자료를 찾아 헤매던 때로부터 10년 만이었다. 이광수의 와세다대학 학적부와 첫작품 「사랑인가」(『핫킨학보』 19호)를 찾아 살펴본 것이 그때였다. 귀국 뒤에 나는 다른 일에 몰두하여 세월을 보냈지만, 이광수론을 써야 된다는 생각은 사라지지 않았다.

두번째 도쿄생활은 내게는 고통스러웠다. 나이 탓이었으리라. 호텔을 전전하다가 나는 가치도키바시(勝鬨橋)를 건너, 도쿄만 바다가 눈 아래 보이는 하루미(晴海)의 레메(黎明) 아파트 높은 층에 살았다. 아침이면 갈매기 날갯소리가 창가에 들렸고 신새벽이면 멀리 햇빛 받은 후지산

꼭지가 보이곤 하는 곳이었다. 거기서 나는 「만영감의 죽음」을 읽고 있었다. 실로 내가 춘원의 내면풍경을 순간적으로 헤아린 것은 이 아파트에서였다. 「만영감의 죽음」이란 무엇인가. 어째서 그것이 해수관음상과 이어지는 것이었을까. 「만영감의 죽음」은 춘원이 일본말로 쓴 두번째 소설이다. 이 작품의 분위기나 주제나 정서는 해수관음이 제일 잘 알고 있는 그 무엇이었다.

레메 아파트의 생활은 도쿄만 갈매기의 울음과 날갯소리로 시작된다. 아침 6시에 일어나고 7시에 텔레비전을 틀어 일본열도 풍물시리즈를 보며 전자레인지에 식사를 장만하고 9시에 집을 나와 버스로 가치도키바시를 지나 쓰키치(築地) 지하철에 실려 와세다 대학 도서관 서고에 들어간다. 하루 종일 자료를 찾고 점검하는 일이 계속되었다. 「만영감의 죽음」은 『가이조』(改造, 1936. 8.)에 실려 있었다. 그것을 복사하여 아파트로 돌아올 때는 가슴이 설레었다. 아래층 식품점에서 장을 보고, 저녁 먹고, NHK의 대형기획물 〈실크 로드〉를 보고, 나나무스쿠리의 음악을 들으며, 「만영감의 죽음」을 읽고 번역하였다. 그 속에 홍지동 산장이 있고 문수봉과 석가봉 사이에 뻐꾸기 울음소리가 귀에 들려왔다.

나는 가지고 갔던 그 무거운 『이광수전집』을 모조리 읽기 시작했다. 특히 제8권은 수십 번을 읽고 밑줄을 쳤다. 오자는 물론 구두점 잘못 찍은 곳까지 눈에 잡힐 듯이 들어왔다. 「만영감의 죽음」은 결코 허구가 아니었다. 그 작품 속에는 무엇인가 찾고자 하는 구도자의 모습이 어른거렸다. 번역하다 말고 문득 눈을 들고 창가에 발돋움하면 눈 쌓인 후지산의 머리가 보였다. 「성조기」(成造記, 1936)와 「육장기」(鬻庄記, 1939년 집을 판 이야기)의 세계가 「만영감의 죽음」에 곧바로 이어져 있는 것이었다.

그 순간 내 머릿속을 번개처럼 스쳐가는 것이 있었다. 아, 알았다. 이제는 쓸 수 있겠다. 『이광수와 그의 시대』의 틀은 움직일 수 없이 잡혀졌다. 이것이 그 '원점'이었다. 이때부터 내 앞에는 『이광수전집』 10권만 있고, 아무것도 없었다. 도쿄엔 아파트뿐 아무것도 없고 오직 『이광수전집』만 덩그렇게 있을 뿐이었다. 갈매기 소리도 후지산도 어디로 갔는지 보이지 않았다. 허허벌판 같은 도쿄 사막에 이광수의 자서전만이 혼자 빛나고 있었다. 「산사 사람들」(1940)을 번역하였다. 홍천사(지금 성북동의 신흥사)에 머무르던 춘원의 모습이 눈에 잡힐 듯이 다가왔다. 「가난한 처녀들」(1940), 「생재참관기」 등이 한눈에 들어왔다. 홍지동 산장이 미칠 듯이 그리웠다.

메이지학원(明治学院大学)에 들러 춘원의 중학시절의 자료, 졸업앨범 등을 찾아낸 일 따위란 이에 비하면 보잘것없는 일이다. 그러나 다른 한편으로 나는 춘원의 중학시절에서도 어떤 '느낌'을 잡지 않으면 안 됨을 깨달았다. 나를 외국인 연구원으로 받아들인 도쿄대학 교양학부 소속 비교문학 및 문화연구소 도서관에서 『타이요』(太陽) 잡지를 비롯, 메이지 시절의 사상적 분위기와 지적 풍토 및 풍속에 대한 감각을 기르고자 상당한 시간을 보냈다. 나보다 선배 격인 일본인 학자 다나카 아키라(田中明), 오무라 마스오(大村益夫) 두 교수에게 많은 것을 물어 배웠다. 이광수와 관련된 일이라면 누구에게도 무릎을 꿇고 배울 마음가짐이 되어 있었다. 그렇지 않았다면 내가 어떻게 그 황폐한 도쿄 사막 속을 견딜 수 있었겠는가. 도쿄 타워의 불빛, 롯본기의 술집, 요요기 공원의 다케노코(竹の子) 춤, 시부야 NHK 광장과 야시장의 책방, 석양 속에 빛나는 시부야의 붉은색 전화박스, 궁성 위로 떠오른 어느 날의 무지개, 근대미술관 휴게실에서 내려다본 요미우리 신문(読売新聞)의 편집실, 브리지스톤 미술관 휴게실에서 본 후지시마 다케지(藤島武二)의 「검은 부채를 든 여인」, 도쿄대학 서고 속의 냄새, 비오는 날의 스이도바시(水道橋) 근처의 그린호텔과 오차노미즈(御茶ノ水)의 바, 간다(神田) 고서점의 책 축제일, 기쿠닌교(菊人形) 전시회장이 벌어진 유지마(湯島) 신사, 우에노 도립미술관에서의 일전의 화려한 작품들, 그리고 도쿄대학 소나무숲을 나는 송장까마귀떼들 ― 이 모든 외로움은 나만의 것이었다. 어찌 이뿐이겠는가. 안견의 「몽유도원도」(夢遊桃源圖)를 찾아 덴리대학(天理大学)을 헤매고 이양하와 정지용이 번갈아 드나들었던 찻집, 고마도리야를 찾아 지하철 공사 중인 비 내리는 교토의 좁은 길을 걷고 뜻밖에도 이 도시에서 세잔의 원화를 보았다. 홋카이도의 눈과 노보리베쓰(登別) 온천의 북소리를 들은 것은 나만의 외로움이다.

춘원과 육당, 김동인 그리고 현해탄을 넘나든 많은 식민지 시절의 지식인이 겪었던 일, 왕래했던 길을 나는 걸어 보았다. 일부러 도카이혼센(東海本線)을 타고 비와코(琵琶湖)를 지나고, 후지산을 끼고 도는 산속의 작은 역에 내려 플랫폼 나무의자에 걸터앉아 어둠 속을 지켜보곤 했다. 나고야(名古屋) 교외 산 중턱에 있는 메이지무라(明治村)에서 러일전쟁의 표정과 메이지 시대의 풍물을 보면서 춘원과 육당의 감각을 얻고자 서성거리기도 하였다. 김동인이 그토록 열심히 다녔다는 아사쿠사(浅草) 극장가를 헤매고 시나가와(品川)의 조선 노동자들이 살던 동네의 축제를 보았고 도시 구석구석에 살아 있는 낯선 신들을 모신 사당들을 보았다.

3) 두 개의 감각—운허와 무불옹(無佛翁)

1981년을 사흘 앞둔 12월 29일, 나는 귀국하였다. 더 있을 이유가 없었다. 길가 울타리의 동백이 핀 도쿄에서 서울에 오니 영하 10도의 추위가 기다리고 있었다. 귀국하자마자 나는 세검정 홍지동 산장과 눈 쌓인 동소문 밖 홍천사(지금의 신흥사) 경내를 세밀히 답사하였다. 「산사 사람들」의 작품 묘사와 홍천사의 실제를 비교해 보고 나는 그것이 허구가 아님을 확인할 수 있었다. 「만영감의 죽음」, 「산사 사람들」, 「사랑인가」, 그리고 졸업앨범을 『문학사상』(100호 기념호, 1981. 2.)에 실었다.

『이광수와 그의 시대』의 집필은 정초부터 시작하였다. 아침 6시에 일어나 8시부터 12시까지 매일 20매 분량으로 써나갔다. 개학이 되었어도 집필 분량만은 늦추거나 줄이지 않았다. 이러한 속도 유지는 내 건강의 리듬이지만 또한 이광수 전집이 갖고 있는 리듬이기도 하였다. 내가 마음먹고 있는 방향과 자료 쪽에서 치닫고 있는 방향을 일치시키기 위한 리듬이기도 하였다. 이 리듬이 흐트러질 때에는 20매의 집필 속도는 유지되지 않았다. 하루 70매에 이르렀을 때 나는 그후 3일을 앓았고, 하루 3장도 못 썼을 때 나는 또한 사흘을 앓았다. 리듬감각의 균형을 회복하는 일이 내게는 제일 어렵고 힘겨운 일이었다. 자주 리듬감각의 균형의 깨짐이 나를 찾아왔다. 그럴 적마다 나는 세검정 홍지동 산장 근처와 해수관음 앞을 서성거렸다. 그곳은 흡사 마호메트 교도의 메카와도 같았다. 「만영감의 죽음」을 둘러싼 감각에 가서 나는 깨어진 내 리듬감각의 균형을 조율해야 했다. 대개의 경우 조율이 가능했지만, 해수관음으로도 치유되지 않는 순간이 몇 차례 닥쳐왔다.

1981년 4월 초파일 부처님 오신 날, 나는 봉선사로 갔다. 춘원을 쓰러지지 않게 붙든 보이지 않는 인물을 찾기 위해서였다. 그것은 그의 전집 속에는 없었다. 춘원은 그것을 깡그리 감추고 있었다. 열한 살에 고아가 된 그는 피붙이라고는 거의 없었다. 그렇지만 그가 2천만 민족 위에 서서 글을 짓고, 계몽의 목소리를 내고, 『동아일보』의 사설(四說; 사설, 논설, 횡설수설, 소설)을 담당할 수 있었으며, 절망 속에서도 솟아날 수 있었는데 여기에는 필시 그를 넘어지지 않게 뒷받침한 보이지 않는 후원자(인물)가 있었을 것이다. 그런 곡절을 알아내지 않고는 춘원의 참모습을 그릴 수 없으리라는 예감이 나를 엄습해 왔던 것이다. 봉선사를 달려간 것은 순전히 이 때문이다. 부처님 오신 날이라 봉선사는 꽃등을 주렁주렁 달고 참선하는 중생들로 붐볐다. 비석도 여럿 있고 이광수의 문학비도 그 길가에 있었다(지금 그 옆에는 1980년에 죽은 운허 이학수의 기념비가 서 있다). 그 바쁜 틈에도 주지스님은 봉선사의 선학원 좌장이자 선임주지이며 광동중학 교장이었던 운허(법호) 용하(법명) 이학수에 대한 얘기와 두 권으로 된 두터운 사진첩을 내게 보여 주었다. 그 사진첩 속에는 흑백에서 컬러에 이르기까지 운허 스님의 생애가 담겨 있었다.

대체 운허 이학수는 누구인가. 주지스님은 내게 운허 스님의 수제자이자 지금 광동실업중고등학교 교장인 김지복 씨를 소개해 주었다. 원래 광동중학은 봉선사 입구 소나무숲에 있었다. 지금은 모 대학의 캠프로 사용되고 있고 정작 광동중학은 거기서 남쪽으로 십여 리 떨어진 곳으로 옮겨갔다. 김지복 교장은 나에게 많은 도움을 주었다. 그의 스승인 운허 이학수의 상세한 자필 이력서를 얻을 수 있었던 것은 의외의 성과였다. 이학수는 춘원과 동갑이니까 1892년생이다. 춘원의 삼종제(三從弟)인 만큼 제일 가까운 피붙이였다. 도산이 세운 평양 대성학교를 다닌 이학수는 3·1운동 때 만주로 상해로 독립운동에 투신하였으며, 왜경에 쫓겨 봉일사에 숨었다가 금강산 유점사서 치의(중옷)를 입게 되고, 봉선사에 오래도록 머물렀다. 해방이 되었을 때 이학수는 독립운동하던 옛 동료와 더불어 중옷을 팽개치고 서울로 올라와 재만혁명동지회(在滿革命同志會)를 조직하여 정치운동에 뛰어들었다. 중이란 한갓 방편이었던 셈이다. 그런데 어떤 연유에서인지 몇 개월이 못 되어 그는 봉선사로 되돌아왔고, 광동학교를 세웠다. 민족의 죄인 춘원이 여기에 숨어서 영어와 작문을 가르치며 「돌베개」의 첫장을 썼다. 6·25 때에 이학수는 총살 직전의 위기를 겪고(양주경찰서장 가창현 씨에 의해 구출됨) 동국대학 부설 역경원 원장으로 불경언해에 종사하다가 1980년에 죽었다. 고아인 춘원이 동가숙서가식할 때 '집안의 귀공자'인 이학수가 그를 마주대하고 있었다. 두 사람의 갈 길이 갈라졌지만 독립운동 앞에서 서로 만났다. 1921년 금강산 유점사에서 둘은 극적으로 만난다. 조국을 구하고자 했던 이학수는 중이 되어 있었다. 중생을 구하는 일이 조국과 더불어 있었다. 이로부터 이학수는 다만 그의 길을 갔고, 이광수는 또 그의 길을 갔다.

이광수는 화려한 대낮 속에 활동하였다. 「무정」(1917)의 작가 춘원은 「농촌개발」(1916)을 비롯하여 「재생」(1924)을 쓰고 「단종애사」(1929)를 쓰고, 동우회의 우두머리이자 『동아일보』의 편집국장이었다. 한편 이학수는 중옷을 걸치고 봉선사에 묻혀 목탁을 두들겼다. 그렇지만 화려한 이광수의 뒷받침을 한 사람은 보이지 않는 손으로서의 이학수였다. 그가 옆에 있었다. 1934년 춘원이 절망에 부딪쳤을 때 홍지동 산장으로 법화경 한 질을 몸소 져다 준 사람이 이학수였다. 홍천사로 춘원을 찾아준 것도 그였다. 민족반역자로 쫓길 적에 봉선사에 피신시켜 준 것도 이학수였다. 해방이 되었다고 사릉까지 와서 알려준 것도 이학수였다. 보이지 않는 존재로서 이학수가 있었다는 발견이야말로 내가 알아낸 중요한 측면이다. 그것은 이 글을 씀에 있어 없어서는 안 될 나의 심리적 균형감각의 하나였다. 아무도 혼자서 햇빛 아래 눈부실 수는 없는 법이다. 춘원이 휘청거릴 때, 주저앉고 싶었을 때, 중옷 입은 이학수가 부축하고 있었다. 적어도 심리적으로는 그러하였다. 춘원이 말끝마다 법화경 행자가 된다고 떠든 것이 그 증거이다.

봉선사의 감각으로 말미암아 내게는 막혔던 지평이 조금 열린 셈이었다. 부처님 오신 날로부터 나는 이 새로운 감각으로 70매와 3매의 집필 속도의 불균형을 어느 정도 바로잡을 수가 있었다. 상당한 기간 동안 나는 20매의 속도를 유지할 수가 있었다. 그러나 2천 매를 넘어선 5월 30일 무렵, 나는 20매의 속도를 유지하기 어려움을 깨닫지 않으면 안 되었다. 70매와 3매의 사태가 지평을 가로막은 것이었다. 새로운 또 하나의 감각이 춘원의 실체 뒤쪽에 숨어 있지 않았다면, 이런 균형 파탄이 나를 에워쌀 이치가 없다고 나는 예감하였다. 또다른 감각을 찾아야 했다. 집필을 중단하고 도서관으로 들어갔다. 한 달 동안 『경성일보』, 『매일신보』를 번갈아 뒤지기 시작했다. 이광수 전집 속에 없는 실마리가 어딘가에 반드시 있을 것이라는 나의 기대는 마침내 일본어로 씌어진 「무불옹(無佛翁)의 추억」(1939. 3.)에서 확인되었다. 원고지 74매 분량의 이 글은 춘원 연구에서 빠뜨릴 수 없는 감각의 하나이다. 이학수의 존재가 이광수를 부축한 보이지 않는 왼쪽 팔이라면 무불 아베 미쓰이에(阿部充家, 1862~1936)는 보이지 않는 오른팔이라고 할 수 있었다. 내게 또 하나의 감각을 부여한 아베는 과연 누구인가. 어째서 그의 존재가 내게 새로운 지평을 열게끔 할 수 있었던가.

춘원이 사귄 일본인은 많다. 중학 동창인 야마자키 도시오(山崎俊夫)를 비롯하여 대학 동창이자 『가이조』(改造)사의 기자였던 스즈키 이치키(鈴木一意)가 있고, 은사 요시다 겐지로(吉田絃二郎, 영문학), 『가이조』사의 사장 야마모토 사네히코(山本實彦), 백작 소에지마 미치마사(副島道正), 문인 구메 마사오(久米正雄), 사토 하루오(佐藤春夫) 등이 있었다. 그러나 무불 아베 미쓰이에는 단순한 교우관계가 아니고 부자관계와 흡사한 것이었다.

아베 미쓰이에는 도쿠토미 소호(德富蘇峰, 1863~1957)의 오른팔이었다. 민유샤(民友社)의 사장이자 『고쿠민신문』(国民新聞)을 창간한 언론인 도쿠토미는 일본 언론계의 거물이었는데, 이 신문사의 부사장이 바로 아베였다. 아베가 서울에 온 것은 『경성일보』 및 『매일신보』(총독부 기관지) 사장으로 부임한 1916년이다. 그런데 이에 멈추지 않고 아베는 사이토(齋藤) 총독의 문화 및 언론담당 고문이었다. 역대 총독 중 사이토만큼 오래 총독 노릇을 한 자는 없다. 예비역 해군대장인 사이토가 현역 복귀되어 총독 노릇을 한 것은 1919년 8월에서 1927년 12월까지와, 1929년 8월에서 1936년 8월까지의 두 차례, 무려 15년 동안이었다. 3·1운동의 수습과 광주학생사건의 뒷수습을 위해 일본정부는 사이토를 내세웠음이 위의 사실을 증명한다. 그 사이토의 언론 담당 고문이 아베였던 만큼, 춘원이 아베와 가까웠던 사실은 언론인 춘원의 활동을 이해함에 제일 확실한 감각이 아닐 수 없다. 아베를 두고 춘원은 "나는 옹에 대해 구하는 것 없고 옹 역시 나에게 바라는 것 없는 그러한 사귐이었거니와, 옹은 참으로 나를 사랑해 주었으며, 20년이 하루같이 변함없는 사이"라고 말해 놓고 있다. 1927년 안악 연등사에 요양하는 춘원을 찾아와 위문한 것도 아베였다.

춘원이 아베를 처음 만난 것은 1916년 초가을이다. 와세다대학을 다닐 때이다. 기자인 심우섭(심훈의 맏형)의 안내로 아베를 만난 이래 춘원은 아베와 은밀한 관계를 유지했으며, 아베가 후손 없이 죽을 때 도쿄까지 가서 임종을 지키다시피한 것도 오직 춘원이었다. 이 사실 하나만으로도 두 사람의 관계가 무엇이었는지 추측된다. 춘원이 상해에서 1921년 귀국하여 도산의 지령에 따른 동우회(수양동맹회) 운동을 합법적으로 벌이기 위해 사이토 총독을 만나고 그의 양해를 구한 것도 아베를 통해서였다(그 증거는 사이토 문서 속에 모두 보관되어 있다). 사이토가 총독으로 있던 15년에 걸쳐, 아베는 그림자처럼 숨어서 조선의 언론계와 문화계의 동향을 한손에 쥐고 있었다 해도 지나친 말은 아니다. 그 막강한 인물이 춘원을 뒷받침하고 있었다는 사실, 적어도 춘원을 사랑하고 있었다는 사실이야말로 춘원의 행동을 이해함에 가장 확실한 감각 중의 하나가 아닐 것인가. 이 감각을 떠나면 『동아일보』 편집국장 자리에 춘원이 어째서 그토록 오래 머물렀으며 동우회 운동에 그토록 열을 낸 이유를 밝히기 어려울 터이다. 총독부 언론, 사상 및 문화의 정책을 입안하는 사람들의 속마음을 들여다보는 안목 없이 동우회 운동을 한다든가 신문사 일을 할 수가 있었겠는가. 춘원은 민족지로 자인하는 『동아일보』의 편집국장이자, 동우회의 우두머리였다. 아베라는 보이지 않는 인물이 없었던들 어떻게 한갓 춘원이 그렇게 행동할 수 있었겠는가. 도산도 송진우도 그리고 인촌도 이 사실을 몰랐을 리가 없다. '아무도 혼자서 그렇게 빛날 수 없다'는 평범한 명제가 이로써 나 나름대로 확인되자 춘원의 생애 복원은 의외로 분명해졌다. 춘원이 넘어지지 못하도록 뒷받침한 운허당 이학수와 무불 아베 미쓰이에는 물론 한갓 실제 인물에 지나지 않는다. 그러나 나에게 이 두 보이지 않는 실체는 다만 두 가지 '감각'에 해당되는 것이었다. 이 두 감각이 내 머릿속에서 서로 균형감각을 이루었던 것이다.

4) 역사의 신들과 문학의 신

『문학사상』지에 '이광수와 그의 시대'라는 퍽 낡고 때묻은 제목으로 연재를 하기 시작한 것은 1981년 4월호부터이다. 가끔 연재가 중단되기도 하고, 원고가 중간에 갈라져 다음 호로 연기되곤 했지만, 모두 잡지사 사정 때문이었다. 내 원고는 1981년 8월 15일 오전에 이미 탈고되었기 때문이다. 총 4,600매였고, 항목 수는 28회였다. 복사자료까지 원고지로 바꾸면 이 매수보다 훨씬 많아진다. 연재되는 원고를 매달 읽고 재검토하는 일이 남은 과제였다. 연재물이니까 중복된 부분이 더러 낄 수 있었다. 매회가 완결된 것인 듯한 인상을 주기 위해 그런 요소가 나도 모르게 끼어든 듯했다. 한 호에 실리는 분량이 일정치 않은 것도 주제 쪽에 치중한 탓이다. 어떤 호에는 180매이고, 어떤 때는 60매가 될 때도 있었다. 이런 일이 잡지사 쪽은 큰 두통거리인 듯했다. 그러면서도 무려 5개 년에 걸쳐 실어준 것은 참으로 고마운 일이 아닐 수 없다.

1982년 7월에 나는 KBS 제3텔레비전(교육방송)에서 '이광수론'을 12회(50분짜리)에 걸쳐 강의한 바 있다. 마침 그 무렵 일본의 교과서 왜곡사건이 우리의 사회문제로 크게 문제가 되었었다. 어떤 문화계의 중진이, 이런 판국에 친일파 이광수를 그것도 국영방송에서 공공연히 방영할 수 있는가라는 여론이 돌았다고 내게 귀띔해 주었다. 마치 이광수를 논의하는 일 자체가 친일행위라도 되는 듯한 논법이었다. 나는 이광수를 옹호하지도 않았지만 증오하지도 좋아하지도 않았다. 다만 그의 글과 그가 살았던 시대의 관계를 그리고자 하였을 따름이다. 한 인간이 글을 쓰면서 살아간 것, 적어도 그가 남긴 글이 당대를 산 사람들에게 상당한 영향을 미쳤다는 것은 중요한 객관적 사실이다. 그러기에 그것은 공적인 사실이 아닐 수 없다. 내가 이광수에 관심을 가진 것은 '글과 인간의 관계'라는 추상적이고 보편적인 의식의 형태에 관한 것이지, 특정인으로서의 이광수와는 아무런 관련이 없다. 그러기에 그런 비판은 나와 전혀 무관한 것이라 생각되었다.

『이광수와 그의 시대』에서 내가 드러내고자 한 것은, 다시 말하건대, 다만 '글과 인간의 관계', 그리고 '인간과 시대'의 관계개념일 따름이지 그 이상도 그 이하도 아니다. 내가 이 글에서 하나의 '의미 있는 구조'라고 생각하는 것을 동우회(이념과 그 운동양상)에서 찾고, 그 이념 및 운동형태가 한 인간의 삶의 방식으로서 어떻게 구조화되어 나타났는가를 밝힘에 힘을 기울인 것은 바로 이 때문이다. 동우회 사상이 어떻게 직접적으로 글의 형태로 나타났는가, 그것이 어떻게 문학이라는 간접화를 통해 나타나고 있는가를 알아보는 일이야말로 애써 밝혀 볼 만한 보람 있는 일이라 생각되었다. 이러한 나의 생각이 과연 얼마나 마음먹은 대로 드러났으며 또 성과를 거둔 것이었는지에 관해서는 나 자신이 나서서 무어라 말할 계제가 아닐 터이다.

이 글을 쓰면서 나는 쉽게 읽힐 수 있게끔 평이한 문장을 쓰고자 애썼다. 이것은 또한 왜 이 평전이 이렇게 많은 분량이 되고 말았는가를 변명하는 말도 된다. 그러나 이러한 내 의도가 꼭 적절했다고 말할 수는 없을 것 같다. 군데군데 논리가 끊어지기도 했으며, 자료를 소화하기도 전에 그대로 제시한 점이 많았다. 자료를 많이 제시한 것은, 어떤 점에서는 독자에게 판단을 맡길 수 있는 이점도 있었고, 또한 다음 연구자를 위한 조금의 배려를 겸한 것이기는 했지만, 그 때문에 글의 전체적인 균형이 흔들리고 논리전개의 일관성이 빈약해진 것도 사실로 인정된다. 그렇지만 이러한 사실이 반드시 내 능력부족이라든가 실수에서 말미암은 것은 아닐지도 모른다. 그것은 불가피한 일이 아니었겠는가. 이광수라는 인물과 그가 살았던 시대 자체가 매우 허술하고, 수미일관되지 못하며, 군데군데 금이 갔고, 한마디로 비합리적인 것 또는 '착란의 논리', '밤의 논리'에 속했던 것이 아니었던가. 그러기에 나의 이 글의 문체라든가 글 전체의 모양이 허술한 것은 이광수와 그가 살았던 시대에 오히려 상응하는 정직성인지도 모른다. 다시 말해 춘원이 살았던 시기는 망국에서 해방까지 이르는 기구한 역사의 '괄호 속'이 아니었던가. 이광수를 축으로 하여 그 시대를 보면, 그것은 우리의 최근세사 자체에 다름 아니었다. 훌륭한 평전이 씌어지지 못한 것은 한 인간이 훌륭히 살지 못했기 때문이라고 리튼 스트레치(Lytton Strachey)가 말했던 바와 같이, 글을 쓰는 사람이 마음대로 평전을 조리정연하게 훌륭히 쓸 수도 그럴 권리도 없는 일이 아니겠는가.

이러한 변명을 앞세워 놓고 나는 내가 나름대로 이 글에서 드러내고자 했던 몇 가지 문제점을 항목화해 두기로 하겠다.

① 11세에 고아가 된 춘원의 그 뒤의 삶은 우리 근세사와 밀접히 관련된다는 점. 1910년 무렵 성인이 된 이광수와 그와 동시대의 사람들이

한일합방의 충격을 어떻게 소화하고 대처하였는가를 묻는 일은 개인사적인 것이자 또한 역사적인 것이다. 정신사적인 시각에서 보면 식민지 전 기간은 하늘(父)을 상실한 고아의식으로 충만해 있다. 그 고아의식이 개인사적이자 민족사적이라면 이광수의 중요성이 새삼 확인된다.

② 26세의 나이에 2·8독립선언문을 쓴 춘원은 3·1운동의 중심권에 놓였다고 볼 것이다. 임시정부의 창립멤버이며 그 기관지 『독립신문』의 책임자인 춘원은 근대의 의미와 그것과 마주서는 '역사의 신'과 관련을 맺고 있다.

③ 춘원이 시대 속에 맨얼굴을 내민 것은 동우회 사건(1937. 6.~1941. 11.)에서이다. 이 기간 동안 그는 그가 믿는 준비론적 민족주의라는 역사의 신을 버리고, '낯선 신'을 경배하였다. 친일의 똥물을 뒤집어쓰고 학병 권유에까지 뛰어다닌 그는 스스로의 모습을 호리병을 들고 춤추며 여항을 헤맨 원효와 동일시하였다. 같은 역사의 신이면서도 '낯선 신'은 동우회의 신보다 강력하고 지속적이었다.

④ 8·15해방과 반민특위에 기소된 이광수의 존재는 어떻게 보면 분명한 결말이 난 것 같지만 다시 생각해 보면 원점으로 회귀된 것이기도 하다. 역사의 운명이 그러하였다. 한일합방에서 그의 역사에의 참가가 비롯되고, 이제 그 한 주기가 끝난 것이다. 망국인에서 시작되어 망국인으로 끝난 것이다. 그는 사릉에서, 봉선사에서 '돌베개'를 베었다. 한편에는 옛 구약시대의 야곱의 행운을 바라는 마음이 그렇게 했고, 다른 한편에서는 돌베개를 통한 보살행을 바랐던 탓이었다. 이 둘은 그에게는 등가였다.

⑤ 사실상 이광수에게는 6·25는 무의미했다. 그는 6·25와 관련된

역사의 또 다른 '신들'을 알지 못했던 까닭이다. 6·25는 그에게는 어떤 의미로도 '역사'가 아니었다.

망국인으로서 이광수가 매달린 역사의 신은 준비론적 민족주의, 즉 흥사단이다. 그 국내조직을 동우회라 불렀다. 춘원에 있어 그 사상은 「대구에서」(1916)에서 「도산 안창호」(1947)에 이르기까지 일관된 사상이기도 하다. 도산 사상이자 춘원 사상이기도 한 이 '역사의 신'의 모습과 표정을 밝히는 일은 사상사의 과제가 아닐 수 없다. 정신사 또는 사상사의 과제 속에 이광수를 놓고 바라보는 일에 내가 주된 관심을 둘 까닭은 무엇이겠는가. 이광수가 문학을 한갓 여기(餘技)라 한 점이 진실하기 때문이다. 문학은 본기인 역사의 신(동우회)을 위한 옷자락이고 짚신이라 파악되었기 때문이다.

그렇다고는 하나 또한 내가 애써 찾고자 한 것은 문인으로서의 춘원의 모습이었다. 문인으로서 이광수의 모습이 제일 문인답게 비친 곳은 세검정 홍지동 산장에 살 동안(1934~39)이다. 「만영감의 죽음」, 「무명」(1939), 「육장기」, 「난제오」(1940)의 세계가 그것. 이때 춘원 옆에는 문하생 박정호가 붓과 걸레를 들고 서 있었다. 옥살이를 하고, 입원을 하고, 도산의 죽음을 맞고, 법화경 행자가 되고자 한 세계는 「육장기」, 「만영감의 죽음」, 「난제오」, 「무명」 등 4부작 속에 제일 잘 담겨져 있다. 일상적 삶과 관련이 용해된 이 4부작은 춘원의 내면 풍경을 엿보고자 할 때 반드시 부딪치는 장소가 아닐 수 없다. 거기에는 문학이 깃들이면서도 문학이 사라지고 있다. 매우 부주의하게도 이 4부작에서 그는 위험한 실험을 저도 모르게 감행하고 말았다. 즉 작품 속에 '사실'을 담고자 한 것이다. 이것은 매우 위험한 짓이다. 작품은 '허구'이지 '사실 자체'가 아니다. 허구는 허구적 조작에 의해 현실을 거꾸로 드러내는 장치를 일컫는다. 근대 문학이란 적어도 이러한 장치에 의해 만들어지는 물건이다. 춘원은 이를 무시하고 허구를 사실로 대체시키고자 했다. 그는 행자수업 속에, 즉 보살행을 문학이라고 생각하였다. 행자의 경지에 이르는 노력 속에 문학이 뒤따랐던 형국이다. 그러니까 행자 수업하는 일(즉 일상적 삶)을 그대로 그려 놓은 것이 「난제오」이고, 「육장기」이고, 「무명」이다. 그러니까 이러한 작품들은 예술이겠는가. 예술보다 윗길에 놓이거나 아랫길에 놓일지 모르나 적어도 근대적인 예술과는 관련이 없다.

마지막으로, 이광수가 고아라는 점을 한 번도 잊지 않고 집필했음을 나는 말해 두고자 한다. 이광수의 무의식 깊은 곳에 자리잡고 있는 이 고아의식은 이광수 개인의 일이지만, 또한 식민지 전 기간을 지배한 정신사적 의미에서의 시대의식 그것이기도 하기 때문이다. 정신사적 문맥에서 보면 나라의 상실, 하늘의 상실이자 아비의 상실에 대응된다. 진짜 고아라야 고아의식에 투철하듯, 진짜 고아인 이광수는 따라서 그 시대의식에 저절로 화합하고, 또한 그럴 수 없이 자연스럽게 조화되어 절실함을 획득할 수 있었던 것이다. 그가 그토록 수려하게 시대의 총아로 빛날 수 있었고, 또 이 시대의 배신자로 똥물을 뒤집어쓸 수 있었던 것은 이 시대의 속성인 고아의식에서 말미암았다. 나는 이 점을 틈틈이 힘주면서 이 글을 썼다.

그렇지만 그러한 강조를 했다고 해서 내가 그것을 즐기고자 한 것은 아니었다. 나는 고아가 아니었고 고아의식이 지배하던 시대에 살지 않았기 때문이다. 정작 내가 즐긴 것은 따로 있다. 내가 좋아한 것은 「육장기」,

「만영감의 죽음」,「난제오」,「무명」의 세계이다. 그리고 그 연장선상에 놓인 「돌베개」의 세계이다. 이에 대한 설명은 뒷날로 미루어 두고자 한다. 나를 위해서도 그만한 여유를 갖고 싶은 탓이다.

● 후기

한 아이를 위한 후기
—까마귀와 붕어를 속이고 떠난 한 소년 얘기

1. 누나의 어깨 너머로 본 교과서의 그림들

강변 포플러숲 초가에서 병자(丙子)년 윤3월 열이틀, 오시(午時) 대낮에 태어난 쥐띠, 그래서 19년 만에 생일이 돌아오는 아이가 있었소. 어느 날 까마귀와 붕어, 메뚜기, 솔개를 속이고 등에 몇 권의 책을 짊어지고 길을 떠났소. 누나의 교과서 속에 있던 그곳을 향해서 쉼없이 걸었고 드디어 수심도 모른 채 현해탄을 건넜소.

이 아이가 가진 것은 눈과 귀뿐이었소. 볼 수 있는 것만 보았고, 들을 수 있는 것만 들었소. 갈 수 있는 곳만 갔고, 머물 수 있는 데만 머물렀소. 만날 수 있는 사람만 만났는데 다른 방도가 없었던 것. 그렇다고 해도 이 아이의 당초 목표가 없었던 것은 아니었소. 자기와 조금은 비슷했던 아이들이 이곳에 와서 헤매었다는 역사적 사실이 궁금했던 것. 그들은 여기서 무엇을 보았던가. 또 들었던가. 그 때문에 그들은 과연 무엇을 얻고 또 잃었을까. 이 물음을 찾아 아이는 온힘을 쏟아 헤매었소. 드디어 그는 그 해답을 찾기에 10년의 세월이 속절없이 허송했소. 아이가 깨친 것은 이렇게 요약되오.

자기를 찾자마자 동시에 자기를 잃었다는 것.

이 사실을 깨친 아이는 어째야 했을까. 아이는 이 순간 자기의 운명의 모습을 언뜻 보았소. 자기를 찾아 나서면 그럴수록, 갈 길을 찾아 헤매면 그럴수록 자기는 사라지고 방황할 수밖에 없다는 것. 10년이 지난 뒤에 다시 깨달은 것은, 이 운명의 얼굴이 아이에게만 또 선배들에게만 적용됨이 아니라는 것이었소. 그것은 일본과는 무관한 인류사의 숙명이었던 것. 그렇다고 그냥 있을 수는 없소.

"'본질은 절대로 찾아야 된다, 본질은 절대로 찾아지지 않는다는 것'을 소재로 하는 소설에서만이 '시간'은 '형식'과 더불어 주어진다."(루카치, 『소설의 이론』, 1971, Luchterhand, p.108)

보시라, 소설이 그 숨구멍이 아니었겠는가. 시간과 경주하는 형식이 그것. 시간을 초월한 것, 시간이 감히 범접치 못하는 것이 황금이라면, 비유컨대 그것이 시라면 소설은 시간에 취약한 것. 틈만 나면 '시간'(역사)이 침식하여 본질을 여지없이 망가뜨리는 것. 이를 물리치는 방도, 이에 맞서는 방식으로 고안된 것이 '형식'이었던 것. 바로 소설의 탄생장면이 그것.

2. 고아의 아비찾기의 길—루카치의 별

명색없는 평안도 벽촌에서 태어난 한 아이가 있었소. 아명은 이보경(李寶鏡). 훗날 춘원 또는 이광수라 불린 그 아이. 동학(천도교)의 또 구한말

정부장학금으로 또는 유지의 도움으로 세 번씩이나 도일한 이 총명한 아이가 처음엔 뭣도 모르고, 민족(국가)을 대표하는 존재라 스스로 믿어 의심치 않았소. 이것 외엔 어떤 것도 한갓 여기(餘技)였으니까.

그런데 보시라. 그가 한 첫번째 것이 「愛か」(사랑인가. 1909. 12.)라는 일어로 쓴 소설이 아니었던가. 「무정」(1917)을 쓰고 난 한참 후에도 「만영감의 죽음」(1936)을 일어로 쓰지 않았던가. 이것이야말로 이중어 글쓰기(bilingual writing)의 한 원점이 아니었을까. 이것이 어찌 '여기'이랴. 바로 본기가 아니고 새삼 무엇일까. 이 전도형상을 그는 끝내 깨치지 못했다는 것, 이를 비극이라 부르지 않고 뭐라 해야 적절할까.

강변 포플러숲에서 자란 이 아이는 어떻게 되었을까. 그가 보고 들은 것은 이 「사랑인가」와 「만영감의 죽음」이 마주하고 있는 장면이었소. '이중어 글쓰기'의 원점이 거기 있었소. 그런데 보시라, 있되 소설 형식으로 있었소. 아니, 소설 형식으로 있다고 믿었소. 이때 문제되는 것이 '시간'이 아니었을까. 시간이란 본질을 망가뜨리고 풍화시키는 거의 절대적 요소이니까. 존재의 '형식'과 본래적 시간과의 격투장이 소설이라는 사실.

아이가 10년에 걸쳐 복원하고자 한 것은 바로 이 점 곧, 『이광수와 그의 시대』에서의 '시간'과 '형식'의 격투장면이었소. 또 다르게는 여기와 본기의 격렬한 다툼이었소. 그 싸움이 싸움다웠던 것은, '본기'도 본래의 성격을 잃었고 동시에 '여기'도 그 본래의 성격을 잃었다는 사실.

고아인 이광수의 아비찾기, 그것이 그의 본기였을 터. 왜냐면 아비는 실상은 자기 자신이니까. 그러나 그 아비찾기란 글쓰기 곧, 소설형식을 통하지 않고는 생심도 할 수 없는 것. 『이광수와 그의 시대』에서 묘사하고자 한 소리 없는 함성이란 바로 이 부근에 있었소. 사람들이 이 소리를 듣지 못했다면 단연코 그 잘못은 아이 쪽에 있소. 사람들 잘못이 단연코 아니오. 그렇다고 먼 훗날 구안자 있어 이를 알아볼 것이라는 턱도 없는 바람을 아이는 가진 바 없소. 그런 것은 망상이라 믿었고 지금도 변함없소.

3. 소년이 마주쳤던 다섯 개의 이정표

그렇다고 해서 그냥 있을 수도 없었소. 까마귀와 붕어를 속이고 떠난 아이는 머리에 서리가 얹힌 채, 다리 절름거리며 그 의의를 찾아 헤맬 수밖에요. 그게 주어진 도리이기도 했으니까. 왜냐면 한밤중 깨어 있으면 서재 한구석에서 이런 재촉이 채찍 소리처럼 들려왔기 때문이오. '시간'과 '형식'의 의미를 그냥 두고 말 것인가, 라고. 인류사에 대한 역사철학적 논의 말이외다.

먼저 아이는 이 문제를 근대비평의 문을 연 고바야시 히데오(小林秀雄)에 물어보았소. 그의 무덤에까지 찾아가 가르침을 청했소. 그가 은밀히 들려준 것은 다음 한마디. "백제관음은 외설적이나 석굴암 대불은 모든 말을 잃게 한다"였소. 나는 지금도 이 말의 뜻을 헤아리지 못하오. 알쏭달쏭하니까. "아, 알쏭달쏭하는 것이 비평인가 보다"라는 정도의 이해라고 할까.

두번째로 물어본 곳은 에토 준(江藤淳). 나보다 겨우 세 살 위인 이 스승은 이렇게 말했소. 강아지를 길러 보라, 라고. 글쓰기 위해서는 강아지를 집에서 기르기뿐이라는 것. 그렇다면 나머지는? 나머지라니, 라고 에토는 한심하다는 듯이 아이를 내려다보지 않겠소.

글쓰기가 전부라는 것. 나머지도 송두리째 글쓰기뿐이라는 것. 그 글의 내용이란 극우든 극좌든 또 무엇이든 조금도 중요치 않다는 것. 요컨대 강아지 기르는 시간만 빼면 먹는 것, 자는 것, 말하는 것, 심지어 숨쉬는 것까지 오직 글쓰기뿐이라는 것.

숨쉬기조차도 글쓰기를 위해 있다는 것. 이 앞에서 아이는 숨도 제대로 쉴 수 없었소.

세번째로 내가 물어본 스승은 모리 아리마사(森有正). 그는 내게 단도직입적으로 말했소. 노틀담을 보라, 라고. 모든 사색이 거기서 나오고 또 거기로 수렴된다는 것. 이 석회석으로 만든 고딕양식이란 한갓 물질에 지나지 않는 것. 그 감각에서 시작해서 생기는 것이 체험이고, 이것이 또 시간 속에서 경험으로 변질된 곳에 비로소 참된 사색의 원점이 가능하다는 것. 릴케의 '변모'에서 그가 배웠음을 아이에게 또 귀띔했소. 데카르트 전공의 모리는 위장술에도 아주 능숙했는데, 정교한 수사학이 그것. 서양어 수용으로 특이한 표현체의 수준에 오른 일본어의 유연성이 이로써 최고도에 이른 것으로 보였소. 개인적으로 씨는 아이에게 이옥(李玉) 교수에로 연결시켜 주기도 했소. 거기에는 또 다른 지평이 펼쳐져 있었소. 씨의 딸과의 만남이 그것. 노틀담을 바라보면서 아이가 씨의 딸과 파리의 밤거리를 거닐었음을 아시는가. 당대의 심리학 박사, 7대학 교수. 어째서 그녀는 그곳에서 자결했을까.

네번째로 아이가 물어본 스승은 『국화와 칼』의 루스 베네딕트 여사. 뭣도 모르고 이를 번역한 탓에 나는 큰 대가를 치러야 했소. 루스 여사는 내 귀에 들릴까 말까 한 말소리로 속삭였소. 컬럼비아대학 인류학과 과장대리에 멈추고 당시로선 정교수나 '과장'까지 오르지 못한 이유를 아시는가(그녀가 정교수로 된 것은 1946년이었다). 여자였기 때문으로 알려져 있소. 여자란 또 무엇인가. 아이를 낳고 주부여야 했을까. 혹시 모종의 이유로 석녀(石女)였다면 어떠할까. 이 외로움이, 그리움[悲]이 『국화와 칼』을 낳았고 낳되 '고전'급에 올려놓은 것. 이는 한(恨)과는 크게 다른 것. '고전'이 되자면 시적 자질이 절실히 요망되는 법이니까.

다섯번째, 미첼의 『일제하의 사상통제』. 『국화와 칼』과는 달리 아이는 이 책을 실로 마음먹고 번역했소. 비로소 전공에 직간접으로 관련된 과제였으니까. 근대문학 속의 카프(KAPF)문학이 갖는 최대의 걸림돌이란 바로 전향문제. 법체계와 전향의 관계를 국가 운영자 쪽(내무성, 사법성)의 시선에서 바라본 것. 아이의 학위논문이자 처녀작 『한국근대문예비평사연구』(1973)를 대폭 수정하지 않을 수 없을 만큼 큰 사안이었소. 『한국근대문학사상사』(1984)라는 통속화된 책을 쓰지 않을 수 없었던 이유이기도 했소. 국립대 정교수인 아이는 다시 저 루카치와 마주쳐야 했소. '전향'이란 과연 무엇인가가 그것. "우리가 갈 수 있고 가야 할 길은……"(『소설의 이론』)이란 한갓 '동화'의 세계가 아니었던가. 전향문제로 세계의 지식인, 특히 식민지 지식인이 골머리를 썩이며 '전향문학'을 낳고 있을 때 저 루카치는 미동도 하지 않았소. 당원으로 끝내 충성 다하기. 소련 탱크가 시민을 깔아뭉개는 헝가리 사태(1968) 때도 침묵한 이 잘난 사나이를 좀 보시라. 사상전향 따위란 안중에도 없었소.

이상이 아이의 숨통을 눌렀던 '읽고 만난 일본'이었소.

물론 이런 독법이 옳았다고 아이는 주장할 자격이 없소. 아이가 읽고 파악한 것이란, 오독일 수도 있고 극히 한 구석 부분일 수도 있을 것임에 틀림없소. 다만 그때그때 눈에 비친 것, 귀에 들린 것일 뿐이기에 혹시 이들 선생들을 오해한다면 그 책임은 전적으로 아이에게 있을 터. 하나 마나한 이런 상식을 굳이 여기에 적어 두는 이유는 무엇인가.

아이는 일본에 두 번 머물렀소. 첫번째는 1970년의 하버드 옌칭의 도움이었고, 두번째는 일본 국제교류기금(1980)의 도움이었소. 그동안 아이가 읽은 책은 많다고 하나 제한된 것이었고, 본 것 역시 그러했소. 그런 수준의 안목으로 아는 척 떠벌린다는 것은 턱도 없는 짓에 틀림없소. 그러나 손발이 저리고, 머리가 허옇게 되고, 등조차 굽었고, 고희를 지난 지도 5년, 80에 이르기 5년 전인 자라면 어리석고 유치하지 않고 달리 어떠해야 할까.

4. 아무 데도 가지 않았던 아이

까마귀와 붕어와 메뚜기를 속이고 포플러숲 강변을 떠난 아이는 이제 갈 곳이 없소. 포플러숲도 강변도 오래전에 사라졌던 것. 그렇지만 그것들이 환각으로 남아서 아이를 위로한다면 어떠할까. "살고 쓰고 사랑했다"(스탕달의 묘비명)라 하나, 아이에겐 여기서 '사랑했다'만을 빼야 맞소. 아이는 많은 사람들의 사랑 속에서 살고 썼지만 아무도 아이는 사랑하지 않았소. 이른바 교토학파의 불세출의 철학자 다나베 하지메(田辺元)처럼 아이는 강아지도 기르지 않았으니까.

지금도 사정은 마찬가지. 이 얼마나 유치하고도 딱한 고백인가. 까마귀와 메뚜기와 붕어를 속인 죗값이 이것이라면 이 또한 어쩔 수 없는 노릇. 그렇기는 하나, 이 아이도 사람의 종자인 탓에 한마디는 남기고 싶소. 이 책에 관한 한, 하버드 옌칭과 국제교류기금 측에 감사하다는 말을.

더 이상 짐승에 머물러서는 안 되니까. 곧, 아이의 해방의 길의 실마리 말이외다.

허풍이라 빈정댈지 모르지만 부록으로 일본학계에서 발표한 「한국 근대문학사의 시선에서 본 김소운」, 「국민국가의 문학관에서 본 이중어 창작의 문제」, 「이중어 글쓰기의 기원에 대한 한 고찰」 등 세 편을 굳이 실은 것은 한국을 위한 것도 아니지만 그렇다고 일본을 위한 것도 아니오. 어느 외로움의 모퉁이에 몰린 아이 자신의 해방을 위한 부적(符籍)의 일종인 것. 그 누가 아무 뜻 없는 이것조차 흉볼 것이랴. 누구를 위한 것일 수 없소. 자기 해방이란 본래 부적과 같은 것이기에.

아이가 알아낸 것이 있다면 이것이 전부외다. 그러기에 이 아이는 아무 데도 간 바 없소. 그러기에 아무것도 읽은 바 없소. 반야바라밀다가 아니기에 반야바라밀다인 것을. 아이는 젊어도 늙어도 아이였던 것을.

샤를 보들레르여, 이 아이는 과연 얼마나 잘못 산 것일까.

내 청춘 캄캄한 뇌우 속에 잠겼으니
여기 저기 때로 눈부신 햇발 구름을 뚫고,
천동(天動) 비바람 모질게도 휩쓸었도다
내 정원에 몇 안 남은 새빨간 열매여.

Ma jeunesse ne fut qu'un ténébreux orage,
Traversé çà et là par de brillants soleils;
Le tonnerre et la pluie ont fait un tel ravage,
Qu'il reste en mon jardin bien peu de fruits vermeils.

(보들레르Charles Baudelaire, 「원수」L'Ennemi, 김봉구 역)

아이가 속이고 떠난 숲속의 까마귀여, 냇가의 붕어여, 또 메뚜기여, 너희들이 보기에도 이 아이는 과연 얼마나 잘못 산 것일까.

어리고 성긴 가지(柯枝) 너를 믿지 아녔더니

눈[雪] 기약 능히 지켜 두세 송이 피여세라

촉(燭) 잡고 가까이 사랑할 제 암향(暗香)조차 부동(浮動)터라

(『가곡원류』에서)

2011. 11. 10

심야에 쓰다

부록

부록 1「한국근대문학사의 시선에서 본 김소운」

부록 2「국민국가의 문학관에서 본 이중어 창작의 문제」

부록 3「이중어 글쓰기의 기원에 대한 한 고찰」

韓国近代文学史の一視座から見た金素雲

——『朝鮮詩集』と関連して——

金(キム) 允植(ユンシク)
(訳＝関谷咲恵)

一、〈村(マウル)の前の小川〉と〈村井戸(トンネ)〉

私の専攻は韓国近代文学です。ですから、随筆家金素雲もその範疇に入ることには間違いないのですが、怠惰にも彼についての勉強をしたことはありません。しかし、偶然にもあるセミナーで、芳賀徹氏の「金素雲『乳色の雲』の意味」（韓国芸術院、一九九九年十月十四日）という発表を拝聴致しました。芳賀氏の情熱的な発表を聞いていると、一方では驚きもし、他方では少々違和感を感じました。芳賀氏は『乳色の雲』の評価如何が「日韓関係の過去、現在だけでなく、未来にまたがる緊急課題（key issue）の一つ」であると言うではありませんか。詩集『乳色の雲』に対し、佐藤春夫は一体なぜ「朝鮮がかういふ方法で我々に報いようとは！」とまで言い切ることができたのでしょうか。一個人としての金素雲ではなく、国としての〈朝鮮〉とすら聞こえるほどで、私にはそれが朝鮮対日本の対決局面として感じられたのでした。この瞬間、金素雲がまるで朝鮮を代表する巨人のように眼前に浮かんできたではありませんか。文学がそこまでの比重を持っていたという事実が驚きでもあり、またそれに対する私の無知が違和感の根拠ともなっていたのでした。

少々話を付け加えると、私自身も金素雲についての文章を一度書いたことがあります。「韓国近代詩翻訳の問題点——金素雲と異河潤の場合」（『現代文学』一九八三年一月）がそれです。この文章で私が問題としてとりあげたのは、藤間生大(とうませいた)と金素雲の論争に関連したものでした。

日本史関係の学者である藤間氏が、「故郷——朝鮮詩についてのノート」（『日本文学』一九五四年三月）、「詩と民謡——朝鮮詩の鑑賞」（『文学』一九五四年七月）、「ある詩人の生涯」（『日本文学』一九五四年六—七月）等一連の評論を書き、それを単行本『民族の詩』（東大新書）として刊行したのは一九五五年二月でした。『日本民族の形成』（岩波書店、一九五一年）という著書を持つ藤間氏の、韓

国詩に対する理解の深度や見識については簡単に論評しにくいのですが、氏が韓国語を知らない状態でこれらの論考を発表したという点だけは明らかに見て取れます。藤間氏が作品のテクストにしたものは、自身が明らかにしているように金素雲の『朝鮮詩集』であって、日本統治下での韓国民族の闘争に関して拠り所とした本は『朝鮮民族解放闘争史』（三一書房、一九五二年）でした。

私はそのとき、この中の朴龍喆の詩に対して、翻訳上の問題点を二、三指摘しました。翻訳は第二の創作であるという言葉がありますが、金素雲の朴龍喆詩の翻訳は少々ひどくはないか、という感じを受けずにはおられなかったのです。そして、今でもそう思っています。また、藤間氏と金素雲の論争がこの問題と決して無関係ではなかったので、そのような感じが強まったことを覚えています。朴龍喆の原題は「故郷」であり、その第一連を見ると次のようになります。

고향은 찾어 무얼하리
일가 흩어지고 집흐너진데
저녁 가마귀 가을풀에 울고
마을앞 시내도 녯자리 바뀌었을라.

金素雲の翻訳は「ふるさとを恋ひて何せむ」という題名であり、その第一連は以下の通りです。

ふるさとを恋ひて何せむ
血縁(ちすじ)絶え　吾家の失せて
夕鴉(ゆふがらす)ひとり啼くらむ
村井戸も遷されたらむ。

「마을앞 시내도 녯(옛)자리 바뀌었을라」が「村井戸も遷されたらむ」と翻訳されているではありませんか。勿論、このような翻訳は原詩の雰囲気を適切に活かすための特別な感覚作用の結果であり、これは訳者の権利であるかもしれません。翻訳が第二の創作であるというのは、このような文脈においての言葉でしょう。にもかかわらず、この部分が喜劇的に感じられるのは昔も今も同様であります。藤間・金素雲両氏の論争の核心の一つが、この「消された墓」と「村井戸」に関わっていました。日本帝国主義は墓を暴くだけでなく「村井戸」をも移動させたのだという解釈から、藤間氏は、さらに李光洙論へと移っていったのでした。これに対して金素雲は「荒唐無稽な憶測と独断」であると批判、自分の翻訳詩がこのような解釈を生みだしてしまったということを知り鳥肌が立ったと言います（「憶測と独断の迷路」『文学』一九五六年六月）。原詩にはない「村井戸」から生じたこの論争の性格を、どのように理解したら適切であろうか。単なるハプニングであったのだろうか。もしくは、翻訳の句節とは関係のない、本質的な何かが朴龍喆、李河潤のみならず、いわゆる〈朝鮮詩〉自体の中に込められていたということなのだろうか。これらの問いをめぐる問題点を明らかにすることが、この文章の趣旨であります。

二、二重言語書法と金素雲の特色

重ねて言いますが、私の専攻は韓国近代文学です。研究対象は、

図式的には、普遍的なものとしての（a）国民国家および（b）資本制生産様式と、これに対する特殊性としての（c）反帝闘争、（d）反封建闘争をめぐる歴史上の問題、またこれに対応する言語形象化の問題ということになります。韓国現代史の文学的投影と考えればきわめて単純ですが、いざその中で作業を始めようものなら、問題の複雑さは容易なことではありません。中でも困難なことは普遍性と特殊性の同時性という点です。歴史、社会的なある瞬間では（c）が一番先鋭に認識されるかと思えば、ある時は（d）であり、またある時には（a）や（b）がそのような位置に置かれたりしたものでした。これに対する均衡感覚を文学史的感覚と呼ぶのですが、難しいのは感覚が常時流動的、可変的であるという点です。

一つ例をあげますと、八・一五解放直後（一九四五年十二月）、金南天が司会者となり、李箕永、韓雪野、林和などが参加した座談会「文学者の自己批判」があります。延安から帰国したばかりの金史良を目の前にして、作家李泰俊がこのように攻撃しています。「私が八・一五以前に最も脅威を感じたのは文学ではなく文化であり、文化よりも言語でした。作品だとか、内容だとか（などということ）は二の次であります。それよりも、言葉がなくなる危機があったではありませんか」（『人民文学』創刊号）と。朝鮮の作家ならば朝鮮語と運命を共にしなければならないというのが至上命令であるにもかかわらず、〈いとも簡単に日本語で文章を書いた人〉として金史良が非難されています。金史良の反論は次の通りです。朝鮮の作家の中で、あの暗黒期においても光復を信じ、「小部屋で創作に没頭した作家」がいたならば、自分はその前で帽子を脱いで敬意を表す。だが、そうではなく沈黙した作家が、日本語で創作しつつ「二歩後退、一歩前進しながら戦」った作家よりも偉いとは言えないというのです。民族的生存（良心）か、文学的・作家的情熱か、という対立としてこの場面は要約されるかもしれません。また、前者が個別の民族的特殊性であるならば、後者は人間または人類的普遍性に接近したと見ることができるかもしれません。が、要するにこの問題の難しさは、二つのものの同時認識によって生ずるのでしょう。文化的・作家的情熱が、金史良に代表される「二重言語書法」bilingual writing の根拠をなすと見ることもできます。李泰俊の言う広義の親日文学の中には、この二重言語書法も含まれるでしょうが、狭義に考える時、それは金史良におけるような親日文学とは関連のない、別個の領域である可能性もあるでしょう。

李泰俊型の親日文学観に従うならば、二十余冊の日本語著述を持つ金素雲はどうなるのだろうか。金史良のような「二重言語書法」の視座から見ると、どうだろうか。この問いが長い間、私の頭を駆け巡っていたことがありました。その時の暫定的な結論は次のようでした。前者の立場では、金素雲は金史良と似通っており、後者においても金史良と類似している――。問題はその次なのですが、金素雲と金史良の分岐点はどこだろうか。二人の文人の創作活動の核心に置かれたのが、朝鮮民族に〈関する〉事柄だという点では一致しますが、金史良が創作でその才能を発揮したのに対し、金素雲は翻訳だったという点で区別されます。

朝鮮の民謡、童謡の翻訳から、朝鮮民譚、伝説の翻訳を経て、朝鮮近代詩の翻訳に至るまでの金素雲の訳業は、彼の数多い随筆および若干の詩作品に比べると、圧倒的な意味を持っております。これ

に関しては、説明をしないわけにはいきませんね。詩人とは言うものの、韓国でも日本でも、彼の詩を論議することは稀です。随筆家であるとはいえ、その点では事情は同じであります。韓国の場合、私が知る限り、随筆は労論文学の一範疇として認識されてはいますが、そのさい、随筆の詩的要素にその重心が置かれています。李殷河、金晋燮、皮千得などに象徴される、自然と人間に対する観照的、抒情的な態度を短い形式で表現した創作が随筆であると認識されています（黄澒旻『韓国随筆評論』集文堂、一九九七年、第三章参照）。その定義の是非はともあれ、このような主流の随筆から見る時、金素雲の作品は特異であると言えるでしょう。同じ「二重言語書法」とはいえ、創作の金史良と金素雲とは、この点で明確に区分されています。金史良において創作の主体が直接に朝鮮側にあったとするならば、金素雲のそれは間接的だという点も指摘されうるでしょう（金素雲の親日文学については、林容澤の『金素雲〈朝鮮詩集〉の世界』中公新書、二〇〇〇年十月、二八頁以下参照）。以上の論議からすると、「二重言語書法」の間接性を代表している点に金素雲の特色があると規定することもできそうです。

三、『朝鮮詩集』に対する日本人の一視角

二重言語書法の系譜は李人稙、李光洙等に始まり、「日本語で構想を練り朝鮮語に」翻訳したという初期の金東仁、廉想渉らの創作を包括しつつ（拙著『金東仁研究』増補版、民音社、二〇〇〇年、参照）、「烏瞰図」の李箱において絶頂に至りますが、詩分野での先駆的事例としては、朱耀翰（一九〇〇―七九年）をあげることができます。第一高等学校中退の早熟児であった彼は、川路柳虹との交際によって日本詩壇に登場、その力量を誇示します。これは朝鮮語の「アルノリ」（一九一九年）と並行した偉業でありました。これに引き続き、金素雲が日本詩壇へ進出します。白鳥省吾主宰の『地上楽園』を手始めとする、金素雲の詩人的遍歴がその証拠であります。また、北原白秋が主宰する『近代風景』（一九二七年）に登場した鄭芝溶の派手な活躍も、日本詩壇に永く記憶されていることでしょう。

ここまでを見ると、朱耀翰と金素雲とは類似していますが、その次の段階では全く変わってしまいます。それは三・一運動と微妙に関連しています。一高を捨て、上海臨時政府へと駆け込んだ朱耀翰は、それまでの西欧偏向的自己の詩的認識を果敢に捨て去り、「うた」の方へと傾き、「朝鮮風の歌」である童謡、民謡の探求に乗り出すのです。「民衆詩」のテーマがそれです。金素雲が朝鮮童謡、民謡を収集し日本語訳した作業もまた、これと並行する流れとして見ることができます。

その次の段階に至ると、両者の道ははっきりと分かれます。朱耀翰の興士団（訳者注＝一九一三年五月十三日、安昌浩がサンフランシスコで創立した民族運動団体。三・一運動に深く関わった）行きが、彼をして「民衆詩」から「採石場」（一九三一年）の世界へと向かわしめたとするならば、金素雲は紆余曲折を経て民謡の翻訳を終え、翻訳詩の世界へ向かうようになりました。李陸史の「青葡萄」「広野」に初めて手を染めた金素雲は、盧天命の詩の翻訳を経て『乳色の雲』へと進んでいったように見えます。詩を放棄し、興士団の主人へ、ファッション百貨店の支配人へと転身していった朱耀

論と、金素雲とのこのような進路変更の比較も、興味ある話題だと言えるでしょう。それは、袋小路に突き当たった二人の出口の違いでしょうが、問題はその袋小路意識なのではないでしょうか。

金素雲の『乳色の雲』（一九四〇年）が、どれほどすばらしい作品であるか、私にはよく分かりません。北原白秋、佐藤春夫をはじめ、今道友信（「私の半生の愛読記」『アジア公論』一九八二年十一月）や先に述べた芳賀徹等の評価を、私はそのまま受け取るほかありません（今道氏に関しては、柳宗鎬「『朝鮮詩集』を読む」『言葉の出会い　出会いの言葉』ナナム、一九九三年に詳しい）。これらの評価の要点は、おそらく次のような指摘の中にあるように思います。

日本の文学者は英米の文学を日本語に翻訳しています。中国、フランス、ロシア等の、そのすばらしい文学作品を日本語に置き換えるのは、日本の文人達であります。日本の文化人は他国の言葉をまじめに学び、それらを日本語に、自国の文化に、引き入れました。ところが、隣国の韓民族の文学作品だけは日本人の手を経る事なく彼（金素雲）の国の人の手を煩わせることになったというのは、朝鮮に関心を持った私達（日本人）が深く反省しなければならないことであります。朝鮮語を勉強しない日本人の誠意不足の結果であります。

（沐治夫「『木槿通信』を読んで」、金素雲『恩讐三十年』ダヴィッド社、一九五四年、二一〇頁より再引用。丸括弧内は引用者の補足）

上田敏、堀口大學等の西欧詩翻訳をはじめ、『魯迅全集』までが、すべて日本人の手によって翻訳されました。この事情は、先進西洋文明に学び、世界的な国家を作ろうとした日本人の、血の滲むような努力の結果として説明できます。これは勤勉で聡明な日本人の、とてつもない底力を見せつけた例だと言えるでしょう。

ここで私は一人妄想を思いめぐらせます。彼らの目標が先進国文化の勉強にあった以上、朝鮮に対して彼らが無関心だったとしてもそれほどおかしくはない。しかし、いつの間にか西洋と対等の地位に上り、西洋人と対決する場面——第一次大戦直後日本は世界第四の強国であった——が生じるや、事情が変わってきたのではないか。脱亜論の変形である大東亜共栄圏の模索がそれ。このような脈略での日本浪曼派の論旨からすると、『万葉集』が光り輝くためには『詩経』がなければならず、その延長線上に『三代目』（郷歌(ヒャンガ)。訳者注＝新羅時代の八八八年に編まれた韓国最初の歌謡集）がなければならなかったのでしょう。朝鮮の詩に対する認識が、徐々に意識の表層へ浮かび上がったとも考えられます。おそらくその時、日本人には朝鮮詩に対する自覚が芽生えたのかもしれません。驚くなかれ、『乳色の雲』が彼らの傍らに置かれていたわけですから。

ここでまた私は、恐れ多くも再び一人想像を逞しくしてみます。この頃の彼らの心理の中には、もしかしたら優越感と羞恥心の複合的な感情が形成されていたのではないだろうか、と。自分達が朝鮮語を勉強して翻訳しなければならなかったのに、金素雲によって先を越されたことに対する恥じらいと、たかが朝鮮詩ごときは、金素雲を〈道具〉にして作ってやったんだという自負心の、その複合的な情緒が生まれていたのではないだろうか。もしくは、植民地人で

ある金素雲が、日本の奥深いところをまで知ってしまったことに対する、ある種の日本人独特の羞恥と、金素雲を通して自分達も知らないでいたある物を発見したことに対する、うれしさと恥ずかしさの複合心理が作用したのではないだろうか。『乳色の雲』が名訳ならば、それに比例して、この複合的感情はより尖鋭になったのではなかろうか。『乳色の雲』を通して、日本人は自分達の言語の優秀性を、改めて認識しえたのではなかったか。金素雲の天才ぶりを褒め讃えることは、突き詰めればブーメラン型の日本人自身の称讃ではなかったろうか。演芸場や歌舞伎座を訪ね歩き、文楽や歌舞伎の台詞さえ暗誦できるくらい日本文化を理解し、またそれほどの語学力を持ち合わせた朝鮮人金素雲を褒め讃えることは、呉清源の囲碁や王貞治の野球と並べてみせるような性質のものではない。それは、誰よりも日本人自身がよく知っていたのではないだろうか（金素雲は落語の桂文楽まで聞いていた。『恩讐三十年』一三〇頁）。

「消えていく朝鮮のある建築の為に」（『朝鮮とその芸術』叢文閣、一九二二年）柳宗悦が声高に叫んだ朝鮮芸術礼讃論——韓国政府は氏に対して、死後の一九九四年九月、宝冠文化勲章を授与した——と、『乳色の雲』礼讃論の認識構造には、ある種の共通点が宿ってはいないだろうか。科学的には低質の朝鮮人を、美学的には自分達と同等だと言い張りながら、自らはその事実さえも認識していない傲慢な無知さ加減。これは、サイードが『オリエンタリズム』（一九七八年）で指摘した、そのオリエンタリズムの日本版そのものだと言うことはできないだろうか（竹内実「内鮮一体の小説」『文学』一九七〇年十一月。柄谷行人「美学の効用」『批評空間』Ⅱ-14、一九九七年）。『乳色の雲』の評価如何が「日韓関係の過去、現在だけでなく、未来にまたがる緊急課題」であるという言葉の正確な意味は、この日本版オリエンタリズムを改めて確認することでなくて一体何なのだろうか。このようなこと、すなわち『朝鮮詩集』が日本語の精髄にまで達したということ自体が、日本型の天皇制政治秩序に密かに寄与していた。その事実に気づく日本人が現れるまで、金素雲神話は続いていたのではないだろうか（四方田犬彦『われらが〈他者〉なる韓国』平凡社ライブラリー、二〇〇〇年、二七三頁）。私の妄想の一部です。

四、「とんぼ」の置かれた位置

恐縮ですが、今一度私の専攻分野に話題を戻します。金素雲についての私の関心は、随筆でも翻訳詩でもない、すなわち、私の専攻に関連した金素雲だけであります。

『金素雲随筆選集（5）』（亞成出版社、一九七八年）を一度でも検討してみたことのある人ならば、文章の大部分が人間についてのもので、しかも、自分自身という一人の人間との〈出会い〉として構成されていることに気づくことでしょう。世間ではこれを〈身辺雑記〉と呼んでいます。因果律や必然性では説明しえない事柄が、〈出会い〉の中には潜んでいます。一般に偶然性と呼ぶものがそれに当たります。必然性、可能性、偶然性との関係で、偶然性の持つ驚きが美学的根拠をなすのだと見ることもできるでしょう。九鬼周造の『偶然性の問題』（岩波書店、一九三五年）によって偶然性に注目した金東里、趙演鉉の小説論は、韓国小説美学史で大切なものであります（拙著『サバンとの対話』民音社、一九九七年、第九章

参照）。人との出会いに介入する必然性、可能性、偶然性の関係項を精密に分析するならば、金素雲型創作の構造が、少しは浮き彫りになってくるのではないでしょうか。

金素雲は、自分の創作活動においては人生という被写体に焦点を合わせるのだ、と言いました。そして、自然や一輪の梅の花の香りについてはまだ文を書いたことがない、と言いました。そのようにしている暇がなかったということなのです（「隨筆の目」）。この点に注目しながら、金素雲型の出会い（偶然性）の性格を少々垣間見てはいかがでしょうか。すると、それが名士との出会いと、庶民との出会いに大別されるのを発見することができます。前者については、白鳥省吾、北原白秋、志賀直哉、川端康成、岩波茂雄等が一方の軸をなしており、李光洙、趙炳玉、柳致環、馬海松、空超、李箱等、韓国近代文学史の重要文士達がもう一方の軸をなしています。これら名士たちとの出会いの記録は、（a）これらが持つ人間味の豊かさ、（b）私記の一部をなす文学史的事件、（c）金素雲の個性、などを知る上で有効ではないかと思われます。当然ながら私の関心事は（b）にあり、それも朝鮮人文学者達との出会いに局限されています。

周知のことでありましょうが、文学史的視座は、作品とその作家の関係項を離れることができないのみならず、時代性とも決して分離されえません。どんなに小さな事柄であろうとも、作家についての私記は考慮しないわけにはゆきません。しかも、重要な文学者なのにその伝記的事実がきわめて不透明である場合には、その意義はいっそう増大するでしょう。この点において、金素雲の随筆集は私にはさほど重要ではありません。これは朝鮮の諺の「犬の目には糞だけが見える」（訳者注＝日頃から好きで親しんだものが先に目につく）に当たると言えます。その一つの例をあげてみたいと思います。

韓国近代文学史において、「烏瞰図」（一九三四年）の詩人であり、「翼」（一九三六年）の作家であり、セナ国語を学ぶという名目で帝国の首都東京に来て、二十七歳で死んだ李箱ほどに問題を含んだ文学者は他にありません。九〇年代以降、李箱研究のブームが起こっているのも、その一つの証拠だと言えます。李箱の短い生涯についての証言はそれほど多くはなく、その大部分が噂で作られており、李箱研究における最大の問題点となっています。その中で、金素雲の「李箱異常」はかなり明快であるばかりでなく、李箱文学研究で欠かすことのできない証言を含んでいる点で注目される文献です。そこでは、李箱との初対面の様子をはじめ、画家としての李箱の姿や交際範囲、生活諸般、さらには李箱の死因が結核性脳梅毒であるという事実も明らかにされ、李箱のデスマスクを取る場面までが生々しく描写されています。また、金素雲自身は、親友のために自らの事業までも犠牲にする人情家であるのに対し、李箱は自分の事業のためには没人情的な人間であるという——「私は李箱をこの瞬間〈ケジャシック〉（訳者注＝犬のような奴の意）と思った」という——指摘も、この記録の中に挙げられています（このような氏の態度は後期（一九八〇年）にもそのまま残り、日本青年が尋ねてきて金東里の『サバンの十字架』について質問するや、一言「歴史に舞台を借りた通俗小説」と断言している。四方田犬彦、前掲書、一五〇頁）。

自分は人を喜ばせることができず、無様の文字を羅列して、いつの間にか敵に囲まれていたと言いながら（『恩讐三十年』後記）、それでも自分こそが一番人間的で、他の奴らは〈ケジャシック〉だと認識する。これは、人間誰でもが持っている傾向性でしょう。だから、それ自体は非難の対象にも称讃の対象にもなりえないでしょう。ところでその〈ケジャシック〉は、日本語で書いた詩「烏瞰図」で、日本の建築学の看板とも言える作図法の一種である「鳥瞰図」を「烏瞰図」とひねって日本語を侮辱し、〈ケジャシック〉ではない金素雲は、純正な日本語の維持および発揚にその才能を発揮しました（北原白秋は「日本の標準的な歌謡語調による翻訳」といった表現で、これが金素雲の『朝鮮民謡』（一九二九年）と関連があるという指摘をしており、興味を引く。坪井秀人「国語・国詩・国民詩人」『文学』一九九八年十月。韓国語訳『韓国文学評論』二〇〇〇年秋号参照）。問題は、文学史的に見た場合、それぞれにどのような重要性があるかということです。すなわち、『朝鮮詩集』の中の李箱の詩「とんぼ」と「ひとつの夜」の翻訳に関連した問題です。

病勢が日増しにひどくなり、李箱は、とある田舎に静養に行くことになり、私は『児童世界』社と一緒に西大門へうつった。日訳『朝鮮詩集』の中にある李箱の詩「蜻蛉」と「ひとつの夜」の二編は、静養に出かけた田舎で李箱が私に送った手紙を、死後原文から選び詩にしたものだ。

（『天の涯に生くるとも』同和出版公社、一九六八年、一九三頁）

ここに出てくる田舎とは、平安南道・成川を指しています。京城高等工業高校の同窓生元容奭がそこにいたというわけなのです（元容奭「李箱の回顧」『大韓日報』一九六九年八月二十五日）。李箱はこの成川体験を、作家である鄭氏——仁澤（？）——へ書き送ります。その手紙こそ、「成川紀行中の幾節」という副題をつけたあの有名な名文「山村余情」（『毎日申報』一九三五年九月二十七日—十月十一日）です。そのような状況の中で、李箱は金素雲へも手紙を送っているはずです。その手紙を詩に変えたものが、上の二編の詩だという事実を、どのように理解したらよいのでしょう。

手紙の原本がない今、文学史家が果たす役割はそんなに多くはありませんが、だからといって、それがまったくないわけでもありません。原本が「山村余情」と大きく違いはしないだろうという可能性を探ってみることも、その中の一つであるでしょう。次を見てみましょう。

そして備忘録を取り出し、山鶏菊色のインクで山村の詩情を起草します。

おととい の新聞を破いてしまった——
垢のついた白い蝶
鳳仙花は美しい恋人の耳のような形で
耳に見える過ぎ去りし日の記事

もう少しで喉が渇きます。チャンムル——深海のように静かな冷水を飲みます。石英質の鉱石のにほひがしながら脳髄に寒暖計のような道を感じます。私は白紙の上にその冷ややかな曲線を描くならば出来ないこともないようでした。（中略）朝、日差しに苦しみ庭がはさつけば、その音で目が覚めます。一日という〈荷〉が庭にいっぱいになっている中、真っ赤なとんぼが病菌のように活動しています。消さずに寝た石油燈盞に火がくっついたまま、

— 10 —

— 11 —

消失させられた夜の痕跡が古いチョッキの〈ボタン〉のように残っています。昨夜を訪問することのできる〈呼び鈴〉です。昨日の夜の体温を部屋の中に放り出したまま庭に立てば庭の隅には花壇があります。火が燃え上がるような鶏頭の花、そして鳳仙花。

（「山村余情」の一節）

触れば手の先につきさうな紅い鳳仙花
ひらひらと今にも舞ひ出さうな白い鳳仙花
もう心持ち南を向いてゐる忠義一遍の向日葵
この花で飾られてゐるといふゴッホの墓はどんなに美しいでせうか。

（金素雲が編集した詩「とんぼ」の一節）

詩に変えられた「とんぼ」は、李箱の様子が如実に現れた詩の一つだと思います。ポプラがそよ風に抛物線のように曲げられながら、真空のような大気の中で遠景を縮小している、という幾何学的な思考や、大気の中を飛んでいるとんぼを、真空の中で誰かが目に見えない紐であれこれと引っぱっていると言う緊張感の高い思考は、おそらく李箱の精神世界を現したものであることに間違いなく、これによって李箱文学の一部分が一定の水準で復元されたと見ることができるでしょう。「とんぼ」「ひとつの夜」には、人間が登場しませんが、前掲の「山村余情」に比べてみる時、李箱の手紙自体がそのようなものであったと想像されます。

ここで私の頭をよぎるのは、他でもなく、金素雲の詩の翻訳に見られるある種の無意識に関する事柄です。先に私は、藤間生大・金素雲論争を少し問題にしましたね。その時私が注目したのは、「마을 시내」（原詩）→「村井戸」（訳詩）でした。「시내」（訳者注＝小川）と「우물」（訳者注＝井戸）の違いは一体何でしょうか。「시내」が、自然であると言うか、自然親和的性向を持つと見ることができるのならば、「우물」は当然人工的であると言えます。村の井戸（訳者注＝우물）が、村落共同体の対話の場だったという点を念頭に置くならば、それは人情主義的な場所を指すのではないでしょうか。〈身辺雑記的な場所〉であり、人間（情）への指向性が見られます。金素雲の無意識の中に潜むこの人情主義への指向と、この点が並行すると見ることはできないでしょうか。この身辺雑記的性向の反対側に位置するのが「鳥瞰図」「とんぼ」に代表される李箱の詩編なのです。この二つの真ん中に置かれるのは何だったのでしょうか。それは、異河潤の「私は野に咲く菊花を愛しています」（金素雲訳の題名は「野菊」）だと言えるかもしれません。

（原詩）
나는 들에 핀 국화를 사랑합니다.
빛과 향기 어느것이 못하지 안흐나
너른들에 가엽게 피고지는 꽃일내
나는 그꽃을 무한이 사랑합니다.

나는 이땅의 시인을 사랑합니다.
오로우나 마음대로 피고지는 꽃가치
빛과 향기 조금도 거짓 업길래
나는 그들이 옳은 시를 사랑합니다.

（訳詩）
愛ほしや野に咲く菊の
色や香やいづれ劣らね
野にひとり咲いては枯る、
花ゆゑにいよゝ香はし。

野の花のこゝろさながら
この郷土に生へる詩人
ひとり咲き　ひとり朽ちつ、
偽らぬうたぞうれしき。

人情主義的性向も、幾何学的思考も窺うことを許されぬある種の領域がここに息づいています。『乳色の雲』をもって「小さく、従順で、切実な不憫さはちょうど霜に見舞われたひと房の野花のようでもあり、またその根に消えて行く声を出すキリギリスの歌としても聞こえる」と佐藤春夫が言ったのも、これと無関係ではないように思えます。しかしもう一度かみしめてみるとしたらどうなるでしょうか。朝鮮の近代詩は、果たしてこうした哀傷的なものに代表されうるだろうか。むしろそれは、粗くて大胆、時にまた荒々しさも大きな流れとして働いていた多様な詩だったのではないでしょうか。

五、郷歌と『朝鮮詩集』のつながりを探して

これまで、金素雲に対する私の個人的所感をとりとめもなく書き連ねてきましたが、この核心のない雑説も、最後を締め括らねばならなくなりました。私がこの文章で言おうとするのは、次の一点に絞られます。つまり、韓国近代文学を専攻している〈私〉にとって、金素雲とは何であるのかということ。その答えは、金素雲自身が六堂崔南善と李光洙を評価する時に使用した比喩である〈種痘〉論にゆきつきます。金素雲の存在とは、崔南善や李光洙とは違う次元に属する、日韓の間に置かれたもう一つの〈種痘〉に譬えられる、ということです（『天の涯に生くるとも』新潮社、一九八三年、二三一頁）。

この場を借りて、私の個人的な考えをもう一つ付け加えさせて頂きたい。小倉進平教授に『郷歌及び吏読の研究』（京城帝国大学、一九二九年）という研究があります。中国の『詩経』、日本の『万葉集』に対応する朝鮮の詩歌集『三代目』は不幸にも逸失しました。その一部に該当する「郷歌」が二十五首残っていますが、郷札式の表記法であるため、誰も解釈できない状態にありました。これを解釈したのが小倉氏だったわけですが、これは、東洋史学上重要な出来事だと言えるでしょう。朝鮮の古代詩歌の復元が、この時始めてなされたという事実は強調されてしかるべきです。日本人にとっての金素雲の存在比重は、朝鮮における小倉氏のそれと同様なのだと私は考えます。その意義の一つとして、小倉氏の側にはあの「厄介なオリエンタリズムの発想法」がなかったという点をあげたいと思います。それは美学ではなく、科学であるからです（拙著『韓国近代文学思想研究（1）』一志社、一九八四年、第一章参照）。朝鮮には古詩歌である郷歌があります。日本には金素雲訳の『朝鮮詩集』があります。この二つをつなぐ道はないでしょうか。

一、国民国家の言語観と文学観

一九三九年頃の状況がどのようなものであったかを国民文学の視線からみると一種の終焉を示しているので、どのような論議も原理的には成立しがたいと見えるであろう。〈文学〉があり、その下位概念として〈国民文学〉があるのだろうか。このように問うとき、二重言語創作の地平が開かれるように見えはするが、それはすでに国民文学の範疇とはほとんど無関係である。(A) 文学も (B) 国民文学も同じ文学であるのでどちらも〈文学的成就〉に至ってさえいればそれでよしと主張されるからである。これとは違い、〈国民文学＝文学〉という位置に立つとすれば事情はかなり変わってくる。二重言語創作というのはそれ自体が矛盾であり二律背反であるからである。ここには国民国家 (nation-state)、すなわち〈近代〉という大前提がかかっているとみられよう。この徹底的な自己民族中心的な排他思想は国家語（国語）だけを絶対的なものと想定しているだけに、どのような論議も入り込む余地がない。真・善・美というものは自分たちの国語にだけ宿っていなければならないので、どのような妥協も不可能である。(1)

日韓併合（一九一〇）に始まり、一九三九年頃に至ると、日帝が国民国家の言語的行使を朝鮮半島に施行した

状況だった。事実上、朝鮮語学会がその間、国民国家の代行の役割を果たしてきたのだが、ここにきてついにその役目が奪われたわけである。朝鮮語学会事件が象徴的であるのはこのような視線からである。朝鮮語抹殺政策を文学の立場からみると、国民国家喪失の始まりだった。朝鮮近代文学がその間〈想像の国民国家〉の役割を果たしてきたことをこれ以上はっきりと証拠立てるものはないといっても過言ではないであろう。(2)

文学的範疇としての国家喪失が実質的に到来した一九三九年前後の状況で、多かれ少なかれ、また無意識にせよ、国民文学を遂行してきたわが国の文人たちはどのように対処すればよかったのか。この課題には次の二つの問題が浮かび上がるであろう。

第一に、いわゆる国民国家の視線から眺める国民文学としての近代文学、すなわち特定の国民文学の終焉を挙げることができる。特定文学としての朝鮮文学はそれ以上成立し得ず、従って国民国家としての文学的朝鮮文学は文学以前の状態、つまり〈無意識〉の範疇としてだけ可能なところに置かれてしまうのであろうか。あるいはそれにもかかわらず、未来の国民（民族）国家の到来を固く信じて、またこれを夢見て未来に発表の場を置いて引き続き創作していたというケースがありえるし、また実際にあったとすればどうなるであろうか。このような領域が鮮明になってくる。

第二に、国民国家を超えたところで成される文学の領域の創出を挙げることができる。朝鮮作家たちが不可避的に想像的な共同体の国籍を離れ、宗主国の言語を学んでこれによって文学的な行為に出るというのがその領域であるが、自己の本来の母語文学が内面化された状態であるだけに、広い意味でこれを二重言語創作 (bilingual writing) の範疇だといえよう。宗主国の言語で文学をするという行為に出たケースというのは帝国主義的近代が生んだ産物であるが、この領域で注目されるのは改めて何であろうか。特殊性を超えた普遍的な創作、あるいは創作の新たな一つの領域であるといえるのだろうか。あるいはどちらにも入り込めない国籍不明の妖星のごとく、

しばし瞬いて消えてしまうそのようなものの一つであろうか。あるいはこのような妖星的な現象が、世界化時代と言われる二一世紀的視線からみれば単なる流れ星にとどまらず、地球や金星のごとく太陽系の周りを巡る惑星的な存在であるのかもしれない。このような問題が鮮明になるであろう。

この文章は上の二つの問題を吟味するために書かれたものである。

二、文化語と文学語

一九三八年一〇月、日本の新協劇団が「春香伝」をソウルで公演したことがあり、これを契機に大々的な座談会が開かれたのだが、大げさな題目の「朝鮮文化の将来と現在」（『京城日報』、一九三八、一一、二九〜一二、八）というのがそれである。参席者は劇作家・村山知義、評論家・林房雄、劇作家・秋田雨雀、張赫宙、京城帝大教授・辛島驍、総督府保安課長・古川兼秀、鄭芝溶、兪鎮午、林和、李泰俊、金文輯、京城日報学芸部長・寺田瑛らであった。引き続き「〈春香伝〉批判座談会」（『テアトロ』五・一二）に広がり、事情はこれにとどまらなかった。年を越して日本有数の雑誌『文学界』（一九三九、一）に、『京城日報』に掲載された座談会「朝鮮文化の将来と現在」が題目を「朝鮮文化の将来」と変えられて載せられることになったのである。

これらの論議の争点は何だったのだろうか。朝鮮文人たちは民族的表現主義を質的に証拠立てすると同時に、〈用語〉に関してだけ問題としたということに要約される。民族的情緒を表現するのだが、その用語は〈国語（日本語）〉でなければならないというものである。金龍済の詩、金文輯・張赫宙の小説、韓雪野の「大陸」（『国民新報』連載）等が実際にあらわれ、『東洋之光』の編集がすでに日本語に転化している状況で林房雄と金文輯は稿料を得るためにもこのような現象の不可避論を唱えた。これに対する反論として、旧KAPF（朝鮮プロレタリア芸術同盟）批評家・韓暁の〈所謂用語観の国際性に就て〉という副題の「国文文学問題」（『京城日報』一九三九、七、一三〜一九）が書かれ、その反駁文の性格をもつ「文学の真実と普遍性」（『京城日報』一九三九、七、二六〜八、一）が金龍済によって書かれた。

ロダンの〈二重の真実〉の概念を導入した韓暁の批判の要点はこうである。芸術家には内的真実と外的真実があるのだが、この二つの一致の中に本当の芸術があるというもので、この点に照らせばノーベル賞作家パール・バックの「大地」は中国を描いたが、その外的真実に過ぎないのだけれども、魯迅の作品はどうなのか。中国を描きながら内的・外的真実を同時に描いているため、互いに明らかに区分されるというのである。韓暁はたとえここで「大地」が英語で書かれたという指摘はしていないけれども、文学的現実というものはその作家の現実の中の言語でもって初めて芸術作品になりえるということ、つまり日本語で書く朝鮮人の作品というものは非現実的だと主張したことになる。

そうすると、もし誰か朝鮮人として朝鮮の現実を日本語で書くのが朝鮮語で書くぐらい、あるいはほぼ同じぐらいの水準で現実的にして自然であるとしたらどうなるだろうか。この問いに対する韓暁の答えは原理的には自明であろう。いわゆる二重言語創作の幕が開くかもしれない領域がそれである。李孝石、兪鎮午、金史良らの日本語創作が、ある水準からするとこの範疇に接近しているのかいないのか、論議してみるだけのことはある性質のものであろう(3)。

韓暁に対する金龍済の反論はこれとはかなり違う方向で展開されたのだが、その論議の核心は〈日本語＝文化語〉に置かれていた。

「国語（日本語―引用者）は既に文化語としての朝鮮語より優れた言葉である。これは事実において、東洋における国際語であり、朝鮮においては文字どおりの国語である。」

「朝鮮の言文はそれ自体が朝鮮文化ではない。さう考ることは民族的感情や政治意識から来る錯覚だと思ふ。なるほど朝鮮の文章は朝鮮文化の伝統的な表現道具ではあつたが、それが、それのみが如何なる時代にも如何なる文化環境の中でも唯一のものではないことを知るべきである。」（一九三九、七、二七）

〈日本語＝文化語〉という図式が現時点では避けられない事実だとみた金龍済の論法は、日本語でも朝鮮語でも〈自由自在に〉書くことのできる朝鮮作家を前提としたものである。この場合、〈自由自在〉とは両言語がほぼ母語水準か準母語であるとき初めて選択の余地が生じるためである。朝鮮語を母語として、中等教育でやっと日本語を習得した朝鮮作家たちにはいくら日本語が文化語であり、これで創作すれば高級文学になると叫んでみてもほとんど無意味なたわごとであろう。(4) 文化語というのはそれほど纖細な言語を指すのであって高級文学もまたそのようなものであるとすれば、金龍済の主張は〈文学的なもの〉を度外視したか、他の意図を狙ったものであったことが明らかになる。

三、林和の表現本源主義

文化語と非文化語の区別を設定して朝鮮作家たちに文化語である日本語で文章を書くことを主張する金龍済の論法が文学の真実性とは範疇が違うことに着目して、韓暁の論法に傾きつつ、これを一層深化させた論説が旧KAPF書記長の林和によって書かれたことがある。「言葉を意識する」（『京城日報』一九三九、八、一六〜二〇）がそれである。この文章で林和は四項目にわたって論議を展開しているが、これを順に見れば次のようである。

（A）〈よき言葉〉と〈よくない言葉〉

作家を大工にたとえて林和は創作を家の建築の一種だとみる。大工が最善の道具と材料を使うとき初めてよい家ができるように、作家もまた〈よき言葉〉が必須的である。このとき初めて技術の概念が誕生する。「技術の能拙なくば、意図や精神の善悪を問ふことは出来ない」と彼が言うとき、イデオロギーだとか精神第一主義だとかその他目的意識というものはいくら大層なものだとしても、少なくとも芸術には二次的であるか副次的なものであることを明言したことになる。イデオロギー優先主義を押し立てて言語に対する作家的本源（原本）主義的な原理を軽く見ていたKAPF文学の理論家・林和自身の痛烈なアイロニーといおうか、自己反省がはっきりと出ている。

よき言葉に対して自意識を持つことこそが作家の原点であることを疑うことは、音の性質や旋律のメカニズムに熱中している音楽家を疑うことに似ているのではなかろうか。それにもかかわらず後者に対しては誰も疑問に思わないでいながら、前者に対してだけ疑うのはどうしたわけなのか。このように自問した林和は「当然矛盾と言わねばならぬ」と断言する。このような矛盾を犯している文壇を林和は大きな声で一喝するのである。

「先日来、我が朝鮮文壇の若い諸君達が、この紙上（『京城日報』での韓暁、金龍済の論争─引用者）で交へてゐた論争を、僕は一種非常に可笑しい事実として感じた一人」だと前提して、その理由をこのように書いた。「諸君達は言葉を、実に、言葉のみを語つてゐる様に見えた反面に、実は言葉に対して　知る処、余りに少く、又語る事は殆どなかつたといへるからである」と。林和がこの文章を書いた動機がどの辺にあるかを窺わせるに足る部分であるが、文化語である日本語か母語である朝鮮語かをめぐって起こった論争というのは〈用語〉の問題であって、林和の見るところ、このような論議は文人には無意味であることを指摘したわけである。作家というものは如何なる場合にも最善の言語を使うということ、したがって〈よき言葉〉というのは自分が表現するのにふさわしく、他人が読むのにふさわしいものでなければならない。そうでない不自然な言葉はよくない言葉である。創作を日本語ですべきか母語である朝鮮語ですべきかについての論争というのはこうして見ると作家にはありえないのである。どちらであれ自然でさえあれば〈よき言葉〉級に属するからである。このような立場に立つことによって林和は実のところ、大変な政治的発言をしたことが判明する。朝鮮語を母語とする朝鮮作家のうち、誰ひとり文化語である日本語を〈自然に〉駆使することができないという事実のために、いわゆる時局的な課題である〈用語〉問題を無化させようとしたためである。

(B)　作家の心と表現への意志

作家の心とは何か。それは表現への意志であるといわねばならない。家の建築が精巧さと便利さを追求するように、表現の意志というものは完璧さと美を求める。これだけがすべてであるので、どのような政治的傾向性も先に立つことはできない。作家のこのような意志を充足させられる言葉とはどのようなものであろうか。いうまでもなく自然な言葉である。「それはいふまでもなく、その作家が生れながらにして聴き、語り通じて来た言葉、日常凡ゆる用事を不便と、不自然さなくして、すまし得る言葉」である。ここへどうして道徳上の義務や倫理意識が割り込めようか。

(C)　完全に美しい表現と作家心理

作家はどのようにすれば完璧にまた美的に表現を完成させられるだろうか。この問いに林和はすばやく反応する。「技術といふものは、何時も倫理を拒否するもの」という命題を掲げたのがそれである。

このような林和の技術原理主義といおうか作家至上主義的な発想が、いざ作品の〈内容〉に対してはどのように避けて通ることができるのであろうか。林和はギリシャ彫刻を持ち出す。製作過程あるいは技術の中にどのような〈内容〉もそれなりに定立されるという論法がそれである。「美しくないものは形無きものであり、形無きものは善であり得ないし、また善であり得ないのは真でもあり得なかつた」と。

(D)　表現手段としての精神標識

林和のこのような技術第一主義的な発想は作家中心主義的な立場から出たものであるけれども、そうすると読者中心主義の側からみればどうなるのだろうか。このような問いに林和もやはり同意する。作品の審判者が読者であるけれども作家は読者を感動・教化させようとする欲望を持っている。この欲望がまさに表現の起源であるのだが、林和はこれを〈文学の精神〉と見る。この精神と審判者である読者との関係の中に初めて表現の問題が成立するわけである。表現の過程で成立したものが作品である。表現がこうであるからには表現の手段である言葉が精神の標識ではない。それにもかかわらず言葉をあたかも国境の標識のように考える論議は早く是正されなければならないと彼は主張する。林和のこのような主張は表面では技術（表現）本源主義であり作家中心主義であるが、至極、政治的な発言であることがこれではっきりし、彼はこのような主張の延長線上で「現代朝鮮文学の環境」（『文芸』一九四〇、七）を書いた。李孝石、兪鎮午、金史良らの作品とともに朝鮮文学特輯号に載せられたこの文章が、彼の有名な論文「新文学史の方法」（『東亜日報』一九四〇、一、一三〜二〇）の解説的部分も含んでいるのである。(5)

四、兪鎮午、李孝石、金史良の場合

日本語がアジアにおける〈文化語〉であるという認識が〈政治的言語〉として君臨してきたとき、林和のそのような技術本源主義はどのような変貌を見せたのだろうか。民間新聞である朝鮮日報、東亜日報の廃刊（一九四〇、八、一〇）、純文芸誌『文章』、『人文評論』の廃刊（一九四一、四）が成されたとき、近代文学としての朝鮮文学は暫定的な中断が現実となり、これを三・一運動につぐ政治的事件として朝鮮総督府が扱ったのが朝鮮語学会事件（一九四二、一〇）である。文学の場合、日本語の純文芸誌『国民文学』（一九四一、一一）の出現は金龍済が提起した〈用語〉の問題が政治的な現実問題として接近してきたことを示すものにほかならない。すでにそれが選択の課題ではありえないことを痛烈に悟ったのがまさに『国民文学』の主幹・崔載瑞だった。

「用語の問題が解決されて、本誌としては最大の問題が解決されたのである。朝鮮語は最近朝鮮の文化人に取つては文化の遺産と云ふよりは寧ろ苦悶の種であつた。この苦悶の殻を破らぬ限り、我々の文化的創造力は精神の囚人になるばかりである。かうした苦悶を抱いて寝られぬ或夜のこと、ふと思出して読み直して見たのはブレイクの詩であつた。[6]」

主幹・崔載瑞がこの雑誌の巻頭言にブレイクの詩「古代詩人の声」の全文をまずもって載せたところをみると、彼の苦悶の種に対する深度を測ってみることができるのだが、この詩とともに彼は詩句の一節を借りて、「殊に朝鮮の文化人にとつて死者の骨にまろぶ危険は多い過去への執着と云ふことは今日取りも直さず死者の骨にまろぶ結果となる情勢に立至つてゐる」として、徴兵制実施を挙げてすでに論議の余地を残すところがない程になったと書いている。理性的、合理的思考とは別個の、神秘主義の詩人として知られたブレイクの詩を引用したこと自体が知性の放棄と言わざるを得ない。すべての理性的思考を超越して突如、神秘的な悟りで暁を感知するというあの〈古代詩人の声〉を全身で受け止めるという崔載瑞の決心は悲壮なところがあるのだが、彼の個人的な不幸とも関連しているためである。〈亡児剛に贈る〉という副題を持つ「子よ安らかに」（『国民文学』一九四二、一）において、肺炎で死んだ四男を弥阿里に埋葬してから崔載瑞はその悲しみを踏みしめて立ち上がる鍵と考えたのが『国民文学』だったと告白している。「私はお前だと思つて『国民文学』を育てるつもりだ」（九三頁）という決意がそれである。日本語評論集『転換期の朝鮮文学』（人文社、一九四三）を亡児・剛の霊前に捧げるとしたのも、ここに掲載された文章が『国民文学』に発表されたものであるという点と無関係ではない。崔載瑞のこのような発言が出たのが日本語常用、創氏改名（一九四〇、二、一一）を経て朝鮮での徴兵制決定（一九四二、五、九）直後であったことが注目されよう。朝鮮語を苦悶の種と認識するまでに朝鮮文学の環境は次の二つに分けて考えることができる。

第一は、日本作家たちの視線である。二つの事例だけ挙げれば、『国民文学』が主催した「新半島文学への要望」（一九四三、三）がその一つである。菊池寛、横光利一、河上徹太郎、保高徳蔵、福田清人、湯浅克衛らが参加したこの座談会で、小林秀雄とともに『文学界』の中心人物である河上の発言が最も注目されるのであるが、彼の発言の核心は〈国民文学〉をやらねばならぬと皆、言うけれども「大体概念を定めておいてそれに当て嵌まるやうな文学を創ることが出来ませんからね[7]」に要約されている。これと全く同じ現象と主張が小林秀雄にもそのまま見られる。菊池寛をはじめとして久米正雄、小林秀雄、中野実、大仏次郎らが一九四〇年八月五、六日にソウルの府民館で〈文芸銃後運動〉という講演を行ったのだが、この中で小林の講演内容の一部を李泰俊が主宰する文芸誌『文章』は次のように書いている。

「小林秀雄氏、〈事変の新しさ〉という題目であったが、文学に関連する結論的な点は、いわゆる〈事変的作品〉を書いてはだめだというところにある。一時、左傾時代に試験済みである意識作品というものはむしろ一時的にして無情な手段にすぎないもので、大家たちを苛々させただけで本当に一民族が世界に捧げる巨大な作品は出て来るはずがないというのである。事変時であればあるほど沈着にして遠大な視野から悠々たる長江のような歩法で創作しなければ真正な意味で事変的な、挙国的な大作は出ないだろうとの至極、当を得た熱弁であった。[8]」

このように日本の一級文人たちは焦燥たる朝鮮文人たちの前で〈文学的なもの〉の原論講演を聴するところもなくやってのけたことが分かる。

第二に、朝鮮作家たちの用語に対する反応とその視線である。二重言語創作の資質を実質的に発揮したと評価される兪鎮午、李孝石、金史良らの反応はどうだっただろうか。

（1）　兪鎮午の場合

日本の知識人作家・阿部知二と似ており、またハイカラ作家といわれる[9]「南谷先生」の作家・兪鎮午はローカルカラーに対して批判的だった。

「単にローカルカラーを中心にして、日本文学の埒外に立つてゐるといふやうな今までの考へ方は、これからはどうしても許されない。これからは単なるローカルカラーの地方文学であつてはならぬ。何か哲学的な新らしさと、価値を持つたものでなければならぬ。さういふ意味だつたのです。良いものは生かして行く、さういふ行き方をした方がいゝといふ意味で……。[10]」

兪鎮午の創作「夏」がローカルカラーに近いものだとすれば、「南谷先生」はこれを抜け出た、何か〈哲学的な新しさ〉の模索だといえよう。[11]このような兪鎮午の考えが、日本の九州文学や北海道文学と朝鮮文学が全く違うという『国民文学』主幹・崔載瑞の考えとほぼ一致するのである。このような課題は朝鮮に住んでいた田中英光や崔載瑞の師匠である詩人・佐藤清にも全く同じように提起されるものであろうが、どちらにせよ前提とされているのは〈日本語〉、すなわち〈用語〉問題を承認するところから始まることである。〈苦悶の種〉である朝鮮語を捨てて日本語で創作する能力が、ある水準で備わった朝鮮作家の苦悶というのは、突きつめれば日本人として朝鮮に住んでいる作家がぶち当たる問題と大きく区別されるものはないのである。林和の立場で言えば二重言語創作がある水準で可能な前提からすると、作家はただ自分だけの個性的な作品を書けばそれでいいわけである。林和の視線から見れば兪鎮午のこのような発言は全く不必要なものとなるであろう。

（2）　李孝石の場合

〈言葉を意識する〉という林和の命題に最も近づいた作家として李孝石を挙げることができる。彼にとって言語感覚というのはほとんど先天的なものであることが初期作〈露領近海〉（一九三〇）を始め、短編「哈爾濱」（一九四〇）、長編「碧空無限」（一九四〇）からそれぞれ確認される。たとえばロシア語の響きというのは消え行くものに対する愛惜が言語の響きとして表れたわけであって、ここに美意識の基礎を置いた李孝石の創作は最初から脱イデオロギー的であり、同時に脱ローカルカラー的であると言えよう。二重言語創作の教育過程と資質を併せ持つ李孝石であるだけに、日本語創作「ほのかな光」（一九四〇）、「薊の章」（一九四一）、「春衣裳」（一九四一）などに見られるごとく、どのような歴史意識もイデオロギー的な内容も入り込む余地がない。[12]〈国民文学〉であるとか、〈苦悶の種〉、あるいは朝鮮語であるとか、兪鎮午、崔載瑞らをそれほどまでに思い悩ませた特殊性としての朝鮮文学概念のたぐいは最初から超越していた。このことをもって、〈半散文〉であるとか、〈詩的な作家〉と批判されるのは勿論である。[13]死の半月前に発表された〈新しき国民文芸の道〉特集（『国民文学』一九四二、四）で李孝石は「私はかう考へてゐる」という長文の創作態度を表明したことがある。「文学の歴史を、性急に規定してはならない」という前提のもとにジャーナリズムで大げさに騒いでいる国民文学論は文学本来の立場から見ればほとんど無意味であることを終始主張している。

「たゞ今日この題目が大きく叫ばれ、視野の中に大写しに浮び出した所以のものは、作家の文学的覚悟にも一度鞭を當て情熱を喚起させんがために外ならない。この叫びのかげに消されて、過去のすべての文学が否定し去られるものでもなければ、又これから途轍もなく珍妙な新しい文学が起らうといふのでもない。作家も亦しつかりせよ、時代の情熱を掴んでよき作品を心掛けよ、といふだけの話である。心構への問題である。心構へがいきた上で、各自の素質に據つて精一杯の文学を作ればよいのである。[14]」

突然新しい文学が天から降ってくるはずがないという、そのような生活もないという意味に解釈した李孝石にとって〈国民文学〉とはそれ以上、論議の余地を残さないのである。文学の道は長く、人生の前途もやはりそうなので、彼は少しも揺らぎがなかったものと整理される。

(3)　金史良の場合

「本質的な意味から考へてみれば、やはり朝鮮文学は朝鮮の作家が朝鮮語でもつて書くことに依り、始めて成立すべきことは明らかである。[15]」と金史良が指摘するとき、彼が朝鮮を日帝の植民地と認識していなかったことを無意識に表明したことになるであろう。朝鮮語とは国民国家としての朝鮮国家の言語であるからである。「（張赫宙や林房雄のように）朝鮮語はぢきに滅びるに違ひないから、今のうちから朝鮮語で書くやうなことを止めて、内地語で書くやうにしなければならないといふことである。しかしこれは実際の問題として出来ない相談[16]」であると金史良が言うときにも、彼は国民国家である朝鮮国家の前提の上に立っていることを示している。にもかかわらず彼が日本語で小説を書くことに朝鮮語での小説書きと同じく情熱と努力を傾注したのはなぜだろうか。

この問いはまず、どうして原則的にそして実際問題として朝鮮人は日本語で創作できないのかというところからその糸口を見つけることができる。彼が見るには朝鮮作家は朝鮮語の感覚でのみ喜びと悲しみを覚え、怒りを感じてきたので、これを急に日本語にすることはできないという。彼がこう言うとき彼は次の事実を暗示している。つまり、朝鮮人の一部は日本語で自分の〈意志発表〉はできるが、〈感覚〉や〈感情〉の発表は不可能だということである。真正なる文学とは意志の発表ばかりでなく、感情や感覚まで伴っていなければならないとするなら、朝鮮人の書く〈国民文学〉とは真正なる文学の範疇には入れられない。

それにもかかわらず金史良自身は日本語で作品を書いたのはなぜなのだろうか。非常に特別な動機、すなわち積極的な動機を持っていたためである。「朝鮮の文化や生活や人間をより広い日本の読者に訴えるための動機、また控えめな意味で言えば朝鮮文化を東洋および世界に拡げるための中継者の役割を果たそうとする動機」がそれである。この高貴な動機に支えられた積極性がなかったら、朝鮮人が日本語で創作する理由がない。

要するに金史良にとって日本語創作というのはあくまでも作家個人に局限されたものであって、それ以上でも以下でもない。金史良は高尚な動機を持っていたので、不利なことこの上ない日本語で創作をしたのであるが、彼が直面した難関は果たしてどのようなものであっただろうか。

「例へば悲しみにしても悪口にしても、それを内地語に移さうとすれば、直感や感情を非常に回りくどいまでに翻訳して行かねばならない。それが出来なければ、純然たる日本的な感覚にすりかへて文章を綴るやうになる。だから張赫宙氏や私など、その他多くの内地語で書かうとする人々は、作者が意識してゐるとゐないに拘はらず、日本的な感覚や感情への移行に押し負かされさうな危険を感ずる。引いては自分のものでありながらも、エキゾチックなものとして目がくらみ易い。かういふことを、私は実地に朝鮮語の創作と内地語の創作を合せて試みながら、痛感する一人である。[17]」

このように金史良の日本語創作の置かれた場所はあくまでも個人的な問題としての創作にすぎないのだが、しいて彼が不利な条件に甘んじながら、そのようなことをしたわけは、すでに考察したように高尚な欲望としての積極的な動機があるからだった。

具体的にこれはどのような欲望なのだろうか。この問いはそれ自体としては現実的な実践の意義を持っているので無視できないが、さらにまた創作自体の本源主義的欲望、すなわち創作欲望の普遍性の問題へと向かうという点であるが、これはかなり後の解放空間（一九四五～四八）で再度論議されるもとになったことがある。

五、文化人の物書きと文学者の物書き

〈国民国家の物書きか〉、〈物書きか〉が提起する問題性の真ん中に金史良が置かれていることを示す場面が、いわゆる解放空間において繰り広げられたことは文化史的事実であり、またそれ以上の意義を持つ。

二重言語創作の先頭に立っていた金史良が延安へと脱出して故郷の平壌を経てソウルに来たのは一九四五年一一月のことだった。[18]解放空間で開かれるほかなく、また実際、開かれた文化史的座談会が二つあったのだが、雅叙園座談会（一九四五、一二、一二）と鳳凰閣座談会（一九四五、一二、大晦日か）がそれである。新しい民族文学建設のための論議模索といった前者に比べて、後者はずっと具体的で密度の高いものであったのだが、題目どおり「文学者の自己批判」であったわけである。[19]金南天の司会で始まったこの座談会の出席者は、李泰俊、韓雪野、李箕永、金史良、李源朝、韓暁、林和ら八名であったが、彼らの自己批判の中で最も注目されるのはいわゆる〈親日的物書き〉であって、李泰俊と金史良の間でこの点が大きく取り上げられ俄然、争点として浮上したのである。

「（李泰俊：）私は八・一五以前に最も脅威を感じていたのは文学より文化で、文化よりさらに言語でした。作品だとか内容だとかは第二、第三であって、言葉がなくなる危機ではなかったでしょうか。この重大な瀬戸際で文学云々は愚かだし、ともかくも言葉の命脈を永らえさせるべきなのですが、語学関係に従事された方たちは検挙され、例の洪原事件ではありませんか。学校で教鞭をとっている方たちは職を失い朝鮮語の雑誌など新聞、文化刊行物はほとんど姿を消しました。どこに朝鮮文化を論ずる余地があったと言うのでしょうか。ところがこの点には消極的にせよ関心を持ちもせず、かえって朝鮮語抹殺政策に協力して日本語で作品活動に転向するというのは民族的に相当に重大な反動であったと思います。それゆえ私は同じ朝鮮作家として最後まで朝鮮語と運命を共にしようとせず、そんなにもたやすく日本語に筆を染めた人のことをひそかに大変恨んだのです。もちろん思想まで日帝に協力した人と、ただ用語だけ日本語にした人と区別はしなければいけないと思いますが。[20]」

この場面が目の前にいる金史良に向けたものであったことはいうまでもない。[21]

「（金史良：）絶望的な底なし沼に陥りながらも希望は必ずあると考えた方たちは筆を折った後、それなりの文化人的良心と作家的情熱をどこへ使ったとおっしゃるのですか。ここから問題が展開されると考えます。簡単に分けようというのなら、文化を愛し守る文学者と、またそれでも戦おうとした文学者のこの二つの流れ。しかし

一言で言えば文化人というのは最低の抵抗線から二歩後退、一歩前進しながらも戦うのが任務だと考えます。何をどのように書いたかが論議されるべき問題であって、ちょっときついから、また衣食の足しにもならないから、引っ込んで腕組みをして座っているのが気高い文化人の精神だったと考えるのには私は反対です。皆、将来の光明を信じていた状況で、万一表面では筆を折ってはいても、それでも小部屋の中に机を持ち込んで、ずっと絶えず創作の筆を走らせていた人がいたならば、我々は彼の前に帽子をとらざるを得ません。[22]」

「解放前後」の主人公・小説家の玄のようにきっぱりと筆を折った朝鮮文人がいたなら、それは非常に大変なことであるというべきだと金史良は見た。絶望的な底なし沼に陥っていながらも希望は必ずあると信じながら筆を折ったのであるから。ここでは希望がないと考えて筆を折ったケースは当然ながら除外されている。そうとするならば「希望は必ずある」という信念を持った文士たちは筆を折った後、何をしていたのか。この問いこそは金史良が最も答えやすかったと考えられる。「希望は必ずある」と信じたならば、〈文化人的良心〉と〈作家的情熱〉を前提にせざるを得ないのだが、彼は必ずやこの二つに対する反応を見せるべきであった。「希望は必ずある」と信じながら、筆だけ折ってじっとしている文人というのはありえないというこの前提を承認するとき、金史良は二種類の朝鮮文人の態度を分類することができたのである。文化を愛して守ろうとする文学者がその一つ。ここには「解放前後」の作者李泰俊ならぬ、その主人公・玄が当然含まれるわけである。これを消極的戦いとすることができるであろう。

もう一つの類型は何なのか。それでも戦おうとした文学者がそれである。それでも戦おうとした文学者とはどのようなものなのか。積極的にして情熱的な戦闘者を意味するのであろうが、「希望は必ずある」を信念にしていたとするならば、筆を投げ捨てて独立運動に投身するのがこの類型に入るであろう。この場合、文人は文人である前に〈文化人〉の範疇に吸収されていたはずで、なぜなら文人というのは最低の抵抗線から二歩後退、一歩前進しながらも「戦うのが任務」であるからである。この文化人の範疇に金史良自身を含めていたことがすぐわかる。文学者以前に文化人として自らを意識したところにこの発言は分析される。

そうとするならば「希望は必ずある」という大命題の前でも文学人の範疇に進み出る方途というのはないのだろうか。還元すれば、「希望は必ずある」というために筆を折らなくても戦う方途というものはないのだろうか。この問いに対して金史良は両面的である。発表をずっと後のその希望に託して、小部屋で創作を続けて土に埋めておくのがその一つである。金史良が頭を垂れることのできる文士というのはこのような類型であろう。[23]金史良を脱帽させるこのような文士とは、〈文化人である前に文士〉であるか〈文化人であると同時に文士〉ということになる。もし文学者の立場から自己批判をする状況なら、このような類型が第一次的であるといわざるを得ない。延安に走った金史良自身の立場もこれと大して違わないことがわかる。

「もしや不幸にして祖国独立の饗宴に参じることができないとしても、筆者の代わりにこの記録とそのほか何篇かの創作でも我が勇士たちが鞭打ちつつ走らせる兵馬の背に負わせてソウルに入城してくれることを願ってやまない。[24]」

彼の延安脱出が単に文化人の立場からではなく、文人の立場でもあることを同時に見せてくれる場面であるが、この点で金史良は両面的だといえよう。金史良の両面性はもちろんこれに止まらないのであるが、いわゆる二重言語創作がそれである。

日本語で創作できる能力を持った者が、あらゆる逆境をものともせず日本語創作をするというには、非常に特別な〈積極的な動機〉がなければならないと金史良が主張したとき、また実際に「草深し」、「郷愁」などを書いたとき、彼が持っていた積極的動機というのは何だったのだろうか。

（1）朝鮮文学を日本人に知らしめること、（2）東洋人に知らしめること、（3）世界の人に知らしめることという〈高貴な使命感（動機）〉だと彼が言ったとき、このような動機に対して批判できる場はただ一箇所だけである。国民国家の文学の側がそれである。国民国家としての文学を標榜する朝鮮文学史の立場から見れば、日本語で書く二重言語創作は受け入れることができない。それによって朝鮮文学の存立基盤が根こそぎ消えるからである。もしこの場合に彼が日本語ならぬ英語やスラブ語で書いたとしても、事情は決して好転しないのだが、それは国民国家の産物である〈国家語〉から外れるからである。この事実を作家金史良に教えてくれたのがいわゆる近代文学、すなわち国民国家の文学観である。国民国家の文学が文学に先立って文化に関連していたというのはこのためである。作家金史良を文化人金史良へと自覚させた事実が、まさに彼の延安行きとしてあらわれている。彼の延安行きが〈文化人金史良〉と〈作家金史良〉の真ん中を貫く火矢であるというのはこのことを指しているのである。

作家金史良の物書きの欲望が日本語創作をかいま見させたとき、これを拒絶させたのは国民国家の文学観だった。この両面性の中に「駑馬万里」が置かれているという事実は、「駑馬万里」が文学の範疇であるとともに朝鮮文学の範疇にも入るという意味でもある。この点で金史良の二重言語創作の持つ文学史的意義というのは、一つの実践的モデルであると言えよう。このモデルが世界化の波が押し寄せる二一世紀の中で再吟味される可能性をどれほど含んでいるのかの課題は、悪名高い国民国家の認識変化にかかっていると言えよう。

六、二重言語創作の可能性と不可能性

想像の共同体である国民国家が暴力でもって作り出した強制事項の中の一つに〈国語〉がある。国家語あるいは国民語の略語である〈国語〉でもって文学することを指して国民（民族）文学と呼ぶわけだが、またそのために国民文学は近代文学の範疇に入るであろう。このような近代国民国家の建設に失敗して日帝の植民地に編入された朝鮮の場合、国民文学の行方を追う論議で最も尖鋭な段階が、日帝末期『国民文学』および『京城日報』の紙面を通じて展開された用語問題であった。日帝の朝鮮語抹殺政策が現実的課題として迫ってきたとき、その間、内面的に国民文学を展開してきて、またそのようにすることによって自己同一性を確保してきた朝鮮作家たちはこの事態にどのように対応したのであろうか。この問いに対する模索には次の三つの側面が考慮されるべきであろう。

第一に朝鮮語抹殺政策に対する日帝当局の態度分析、第二には日本文人たちの朝鮮文学に対する態度分析、第三に朝鮮文人たちの態度分析がこれに該当する。第一番目については体系的で理論的な過程が省略された、非常に政治的な決断によっていたことが判明したとするならば、第二の部分は非常に多様であって、これに対して朝鮮文人たちの反応が非常に敏感であったことが判明した。

最も重要な部分が第三の部分といえようが、国民国家の暫定態として無意識のうちに認識されながら展開した朝鮮文学の進路がこれによって定義されるためである。少なくとも文学分野での植民地化の始まりの前で朝鮮作家たちの取った態度は次のように定義される。第一に、二重言語創作の不可能性。

林和によって提起されたこの命題の核心に置かれたものは文学を言語芸術としてみるところにある。最も自然な言語でもってのみ芸術的な作品が可能であるというこの表現本源主義に従うならば、母語でないほかの言語ではこれに到達し得ないことになる。

第二に、二重言語創作の可能性。これについては兪鎮午、李孝石、金史良ら三文人のケースを分析対象としたのだが、実際に彼らが日本語創作もしていたためである。兪鎮午の場合、日本文学に対する朝鮮文学の地方性の問題を〈地方色〉とは見ないことによって、その独自性を日本語創作でするることができるという論法であったが、「南谷先生」をそのような事例に挙げることができる。

李孝石の場合はいわゆる林和の表現本源主義に最も近い立場に立って、彼は「ほのかな光」、「春衣装」などを書いてみせた。

最も問題的な作家金史良の場合はどうだっただろうか。彼もやはり表現本源主義的な立場に立ってはいたけれども、ものを書く欲望が表現本源主義をしばしば超えることもあったものと判断される。彼の立つ場所が文化人と文学人の中間だったことで可能な行動であった。彼の延安脱出もこの範疇から説明できるであろう。[25]

註

(1) 近代国家というのは一種の〈想像の共同体〉である。この共同体を作り出すためにさまざまな方法論が動員されたのだが、その中の一つが〈国語〉である。〈国家語〉の略語であるこれは階層的、地域的その他の差異性を国家の暴力で画一化したものであって、いかなる国民国家も原則的にこのような操作を行っている。(B.Anderson, *Imagined Communities—Reflections on the Origin and Spread of Nationalism*, London : Verso, 1983)

国民国家の形成において言文一致だとか俗語革命というのはその実、この国家語としての国語の普及に他ならなかったのであるが、これを学問的水準で明確に自覚したケースとしては『国文学史』（一九四九）の著者である陶南・趙潤済であった。彼は「国文学は国語で韓民族の生活を表現した文学」という命題の上で朝鮮文学史の記述に初めて臨むことができたのであるが、「国文学の国文学たる必須条件は国語で表現されるべきこと」とし、これは「動かしえない事実」であると釘をさしている。（『国文学概説』、東国文化社、一九五五、三三頁）

一方、近代国民国家と国家語としての〈国語〉を連結させずに〈日本的性格〉としての国語観を掲げたのは『国語学史』（一九四〇）の著者である京城帝大教授・時枝誠記であるが（子安宣邦、「漢字と国語の事実」、『批評空間』、二〇〇二 Ⅲ・3、六五頁）、彼もまた自分の学説とは別個に朝鮮での〈国語〉問題を次のように書かずにはいられなかった。

「韓国併合といふ歴史的な一大事実は、正にこれを言語生活にまで及ぼすことによって完成せられるのである。国語的統一といふことは統一国家の一の象徴といはなければならないが、国語への統一といふことは、半島人にとってはもつと内面的な又精神的な一の福利である。二重言語生活を脱却して、単一な国語生活に帰着せしめるといふことは、朝鮮統治の半島人に興へる如何なる福利にも劣るべきものではない。国語を母国語化するといふことは、それこそ一朝一夕に成就し得ることではないが朝鮮に於ける国語教育に関与する者は斉しくこの理想に向って邁進すべきであると思ふ。」（『国民文学』、一九四三、一、一二頁）

言語の専門家である時枝教授は「朝鮮に於ける国語が、内地のそれと異なり、その実践及び研究に於いて特殊な問題を多く含んでゐることは今更いふまでもないことであるが、それらの問題を一眸の下に網羅し、体系的に観察するといふことは従来閑却されてゐたことであつて、その必要については私としても今まで大に痛感してゐたところ」としていることから見て、〈国語常用〉の政治的強制事項に対する唐突さを読み取ることができる。

日本での国語研究を歴史的に精緻に研究した研究書によれば、植民地朝鮮での〈民族語抹殺政策〉については次のように指摘されている。

「〈民族語抹殺政策〉ということばを、ヨーロッパ諸国でおこなわれたこともあるこの種の政策の具体例を念頭において考えるならば、人はおそらく、一貫した原理原則のもとに熟慮された立法措置とか、あるいはそれにもとづいて立てられた一連の作戦とかを期待するであろう。しかし残念なことに、近代日本は、植民地における言語問題にたいしては、どのような意味においても、一貫した〈政策〉と呼べるようなものを設け、それを組織的に遂行した形跡がない。」（イ・ヨンスク、『「国語」という思想―近代日本の言語認識』、岩波書店、一九九六、二五一頁）

一方、日本の〈国民文学〉を受け入れるが、朝鮮的な特色たとえばキムチのようなものは生かさねばならないという発想もあった（安含光「朝鮮文学の特質と方向について」、『国民文学』、一九四三、一、四八頁）。〈朝鮮語〉を放棄したところから出たその地方色といおうか特質を文化的多様性とみて、これによって〈国民文学〉の方へ出て行こうというのは結局、朝鮮文学自体の終焉に他ならない。

こうしてみると、新小説や「無情」（一九一七）以来のいわゆる我が新文学（近代文学）というのはそれがいわゆる朝鮮語によって書かれたという事実のゆえに、意識的であると否とにかかわらず、日帝植民地統治を全面的に否定したことを意味する。

(2) 朝鮮語を国語として認識させ、これによって近代文学を形成していったとき、この朝鮮語を主宰し、ここに基礎を打ち立てた団体があったのであるが、これが民間学術団体である朝鮮語学会である。朝鮮語の研究・発展のため一九二一年一二月三日に張志暎、崔鉉培、金允経、李允宰らが中心となって組織した〈朝鮮語研究会〉を一九三一年に〈朝鮮語学会〉に改称し、一九四九年にさらに〈ハングル学会〉と改称したこの団体は、『ハングル綴字法統一案』（一九三三）、『外来語表記法統一案』（一九四〇）、辞典編纂等の業績を残した。特に『ハングル綴字法統一案』は全社会的関心を集めたもので、今日のハングル正書法の基礎を作った。朝鮮語研究・発展のための集まりの一種である朝鮮語学会の役割が何であったのかを対内外的に最もよく見せてくれた事例が例の有名な『ハングル綴字法統一案』であるが、これによってこの団体は知らぬ間に国家、すなわち国民国家の一翼を間違いなく担うことになったのである。これを象徴的に見せたのが、いわゆる〈朝鮮語学会事件〉である。一九四二年一〇月、日帝は日本語強制使用にともなう朝鮮語抹殺を謀り、朝鮮語学会の会員たちを民族主義者に仕立て検挙・投獄した。朝鮮語学会を、学術団体を仮装した秘密結社だと見た証拠としてこれ以上はっきりしたものはない。この事件に連座して酷い拷問のため不具者になったが、大韓民国の初代法務長官を歴任した李仁の証言をしばし見ることにする。

「語学会事件で彼らの名簿に載った者は三三名であった。三・一運動の三三人と数字を合わせようという日本警察の算段だが、これらのうち権悳奎、安浩相は病院に入院中で検挙を免れ、金鍾哲と申允局は洪原まで連行されたが釈放された。結局、日本警察が拘束したのは二九名だったが、このうち張志暎、鄭烈模は刑務所行きとなったが予審で免訴となり、鄭寅燮、安在鴻、徐珉濠、徐承孝、権承昱、李鍚麟、金善琪、李秉岐、李康来、金允経、李萬珪、李殷相、尹炳浩ら一三名は不起訴になった。こうして公判にまで行ったのは、獄死した李允宰、韓澄を除いて私と崔鉉培、鄭寅承、李熙昇、李克魯、金度演、金良洙、丁泰鎮、李重華、金法麟、張鉉植、李祐植ら一二名である。」（李仁『半世紀の証言』、明知大出版部、一九七四、一三四頁）

朝鮮語学会の存在が植民地状況の中の朝鮮人には想像の共同体としての国民国家の役割をしていたことがこれでよく説明されようが、同時にこの事件は想像の共同体としての植民地下朝鮮の国民国家の表面上の終焉を示している。朝鮮語学会事件が三・一運動に匹敵する比重を帯びていたということの証言の切実さは、李允宰、韓澄の獄死から改めて確認されるのである。

(3) 李孝石の日本語創作「ほのかな光」（『文芸』、一九四〇、七）「薊の章」（『国民文学』、一九四一、一一）、「春衣裳」（『週刊朝日』、一九四一、五）だとか、兪鎮午の「夏」（『文芸』、一九四〇、七）、「南谷先生」（『国民文学』、一九四二、一）、韓雪野の「血」（『国民文学』、一九四二、一）、「影」（『国民文学』、一九四二、一二）そして金史良の「光の中に」（『文芸首都』、一九三九、一〇）、「草深し」（『文芸』、一九四〇、七）「郷愁」（『文芸春秋』、一九四一、七）などが果たしてこのような範疇に接近したのか、せいぜいローカルカラーの水準に止まっているのかは〈文学的なもの〉の名でしばしば吟味されるべき課題であるといわざるを得ない（拙稿、「朝鮮作家の日本語創作についての一つの考察」、『韓日近代文学の関連様相新論』、ソウル大出版部、二〇〇一）。京城第一高普生であった兪鎮午の記録によれば、彼らが使っていた日本語教科書は日本人中学用の教科書とは違って総督府で特別に編纂したかなり低級な内容のもので、本当に日本語や日本文学を教えるためのものではなく、官庁用や商業用の簡単な実用語を教えるものだった。（兪鎮午の『片片夜話』、『東亜日報』、一九七四、三、一五）。

(4) 日本語が文化語であるだけに今後、朝鮮の作家は日本語を学んで創作に臨めと金龍済が主張したとすれば、少なくとも形式論理的には当たっているかもしれない。そのような主張を彼がしないところを見ると、朝鮮の作家たちは皆、二重言語創作の資格を充分に備えているとみる前提の上に立って論議を展開したことがわかる。実際に日本語で創作できるだけの資質を持った作家は、李孝石、兪鎮午、金史良など帝国大学出身の二、三人にすぎなかったにもかかわらず、すべての朝鮮作家たちが日本語で創作しなければならないとしたら、その創作物は自ずから文化的な創作になるのではなく、単なる政治的な創作、つまり〈新体制〉文学に帰着するしかないであろう。金龍済のいう〈文化語=日本語〉というのは〈支配者言語=政治的言語〉に他ならないものであった。

(5) 林和の「現代朝鮮文学の環境」の拙訳は『文芸中央』、一九九二、秋号に掲載されている。

(6) 『国民文学』、一九四二、五・六合併号、編輯を了へて

(7) 河上のこのような発言は彼が一年間、朝鮮を往来しながら経験した事実に基礎を置いており、注目される。彼の経験によれば、大体のところ今の日本文化の状態では中央（東京）から活字ばかりが海峡を越えてきて人間の心や言葉は海峡を越えられなかったというのである。そのため朝鮮文人たちは文字としての〈国民文学〉という概念にだけ神経を使っている状態だというもの。その証拠として、彼は彼が朝鮮に来て発言した言葉を挙げた。今回の戦争に対する文化人の覚悟といったようなことを話すと、その話が日本でより朝鮮で、ずっと敏感な反応が見られたのだという。

いつも見ている活字としてではなく、言葉でもってしたからである。普通の我々の日常的会話で我々の日常的な心構えの中でそのような戦争に対する覚悟が説かれ、また説明されていることを聞くことが非常に心に強く迫るからだと彼は主張した。（『国民文学』、一九四三、三、一一頁）

(8) 『文章』、一九四〇、九、九九頁。詳細は拙稿、「小林秀雄の韓国体験」（『韓国近代文学思想史』、ハンギル社、一九八四）参照。
(9) 『国民文学』、一九四三、三、一一頁。
(10) 『国民文学』、一九四二、一一、九三頁。
(11) 拙著、『韓日近代文学の関連様相新論』参照。
(12) 拙稿、「李孝石文学とハルビン」、『現代文学』、二〇〇二、七。
(13) 金東里、「散文と半散文」、『文学と人間』、白民文化社、一九四八。
(14) 李孝石、「私はかう考へてゐる」、『国民文学』、一九四二、四、四四頁。
(15) 『金史良全集（4）』、河出書房新社、一九七三、二七頁。
(16) 上掲書、一〇頁。
(17) 上掲書、二七頁。北京体験を随筆として書いたのが「エナメル靴の捕虜」（一九三九）であり、作品化したものが「郷愁」であるが、太平洋戦争が勃発した年に書かれたこの作品は金史良が予備検束されて留置場暮らしを五〇日する前であって、「太白山脈」のように旧韓末に後退して東洋三国の妥協点模索に乗り出した後期の作品群とは区別される。金史良の創作方法論である政治、イデオロギー的な性向がシニカルにではなく、直線的に表れている「郷愁」であるが、この作品で注目される点はほかにある。二重言語使用の問題点がそれである。それは作品の中のあるエピソードなのだが、偶発的事件の介入に関連している。

　その事件は姉と紫禁城見物を終えて北海公園の木陰に座ったときに起こった。姉弟がせいぜい休息を取りながら故郷を回想して幼年期のことを語っているとき、突然姉が言葉を切って恐怖の目に変わるではないか。むこうにカメラを肩にぶらさげた何人かの日本の軍人の散策客を見たためだった。軍人たちが近づいてくるや、我知らず、紘も立ち上がって前に歩み出た。高校と大学の同期生で親友だった伊藤少尉であった。日本人の伊藤は時代の流れに巻き込まれて軍に入隊することになり、万歳の声の中の東京駅で紘もまた手を振って壮途を祈った友ではないか。前線で右手を失った伊藤少尉との邂逅とは何なのか。

　「今紘はこの懐かしい旧友の中に、見事に往前の憂悶や懐疑を拭ひ去つて清澄な、それこそ蝉脱といつていい程、立派に軍人となりきつた新しい伊藤をみて、眩しいものを感ずると共に、心の奥から安堵もした。伊藤少尉はにつこりと笑いながら、もう以前のやうに右手を伸べて握手が出来なくなつたと云つた。紘は驚いて目を瞠つた。成程右手には白い手袋がはめてある。でも、紘のどこか心の一隅には、俺は今姉と一緒なのだといふ自覚があつたので、今度は何故とはなしびつくりしたやうに後を振り返つてみた。その時、彼の目にはベンチを離れて槐樹の杜の方へ脱兎のやうに逃げて行く青い支那服の姉がちらりと見えた。紘は一層驚いて弾かれたやうに飛び出しながら叫んだ。「お待ち下さい、お待ち下さい！」しかし今まで伊藤と内地語で語り合つたばかりなので、思はずそれは内地語だつた。しかも彼は今自分が内地語で叫んでゐるのだといふことに気付かなかつた。言葉は分からないが、弟の大声に姉は射すくめられたやうになつて、一度振り返つてみると、丁度そこへ伊藤が一体どうしたのかと叫びながら紘の方へ駆け寄る。伽倻（姉の名—引用者）はいよいよ妄想の恐怖に突き刺され杜の中へ消え失せてしまつた。紘は又紘で何一つ考へる余裕もなく、彼女の後を追ふて走りながら、振り返り振り返り「又会はう、又会はう」と叫んでゐた。伊藤は呆気にとられて茫然と立つたまま言葉もなかつた。」（『金史良全集（2）』、一四七頁。傍点は引用者）

　作品「郷愁」の一つのエピソードにすぎないこの部分は、しかしながら金史良の創作方法の深部に置かれた無意識に該当する。この無意識はそのまま日帝強占期の朝鮮作家の日本語創作についてのある種の疏明資料にして、さらには二重言語文学に対する疏明資料の一種かもしれない。

　「郷愁」は金史良の経験的事実にかかっており、一層印象的でさえある。金史良の北京旅行目的は（北京古代文化視察）だった。旅行証をみた警官が「骨董品屋だな」と言った。知り合いに前もって電報を打っていたが、配達が遅れて苦労したということ、東京大学の同期生范君に会ったことなども事実であり、さらに驚くべきことは安東市場に出かけて同窓で入隊した山田という兵士に出会った事実である。高校は先輩だが大学は後輩である山田は美学専攻だったが、召集されてこの地に駐屯していた。また街路ごとにアヘン吸煙所がずらりとあるということ、天津の南開大学が共産化した武装部隊の巣窟で、爆破されたということ等々がほとんど随筆「北京往来」（『博文』、一九三九、八、二～三頁）に詳細に記述されている。

(18) 『自由新聞』、一九四五、一二、一一。
(19) 拙著、『解放空間の文学史論』、ソウル大出版部、一九八九。
(20) 『人民芸術』、一九四六、一〇、四五頁。
(21) このような李泰俊もいわゆる親日文学の範疇に入る創

作「第一号船の挿話」（『国民総力』一九四四、九、一）を発表したことが布袋敏博氏の「日帝末期日本語小説研究」（ソウル大　修士論文、一九九六）で明らかにされている。

(22)　『人民芸術』、一九四六、一〇、四六頁。

(23)　金史良を脱帽させるだけの朝鮮文人は果たしていただろうか。これについては一九四一年から解放までにわたって李相魯にあてた手紙の中に入っている朴斗鎮の「早くおまえは来い」、「蛇」、「道峰」などを挙げることができるかもしれない（『文学思想』、九九号一一〇〇号）。あるいは「雁」、「黄老人」などを一九四二年に書いたという黄順元の場合を挙げることができるかもしれない（「年譜」、『黄順元全集（12）』、文学と知性社、二三三頁）。しかし果たしてこれらが金史良のいう、そのような使命感や情熱でもって武装された自覚的な行為であったのかについては、論議の余地がある。（拙稿、「恍惚境の幻覚と歴史性」、『近代詩と認識』、詩と詩学社、一九九二）

(24)　金史良、『駑馬万里』、李相瓊編、東光出版社、一九八九、二五九頁。

(25)　イギリスの植民地のアイルランドの場合、宗主国の言語である英語で創作したJ・ジョイス、S・ベケットらが提起した創作実験に準ずるそのような事例が朝鮮作家にはなかったと慎重にながら言うことができる。*Finnegan's Wake* においてジョイスは英語で書くけれども、英語自体までも消滅させることさえできたし、ベケットの場合も事情は似ている。あるいは「烏瞰図」（一九三四）の詩人李箱の日本語創作詩篇がこれを彷彿とさせる機能を遂行したのかもしれないのである。（拙著、『李箱文学テクスト研究』、ソウル大出版部、一九九八）

（서울大学校名誉教授・140-751韓国서울市龍山区西氷庫洞新東亜 Apt. 六一一三〇一
訳者　九州産業大学教授・810-0022福岡市中央区薬院一一五一二三一一五〇三）

（本稿は、第五十三回朝鮮学会大会において公開講演されたものである。）

二重言語による文学活動の起源についての一考察

－『文友』と『清凉』－

金允植（キムユンシク）（ソウル大学名誉教授）

1　京城帝大と二重言語問題

朝鮮の統治に乗り出した日本が、16年目に高等教育機関である6番目の帝国大学を首都ソウルに設立したのは1926年のことだった。学制上、高等学校がなかったために、開校に先立って高等学校に準じる予科(初期には2年制、1939年以後3年制)を設立したのは1924年のことである。朝鮮人中心の、いわゆる民立大学［設立］運動が高潮していっていた時期でもあった。

勅令103号に基づき、予科は1924年5月2日に開校し、本科である京城帝大は1926年5月2日の開校であったが、これは、台湾の台北帝国大学より3年先んじていたものの、その性格は著しく異なっていた。後者が海洋研究所の性格であったとするならば、京城帝大は、大陸進出に学問的志向性を加えたものであったように、当初から朝鮮人の持つ歴史認識とぶつかるほかない問題性を含んでいた（泉靖一、「旧植民地帝国大学考」、『中央公論』1970.9)。当初、〈朝鮮帝国大学〉として計画された名称が内閣法制局の審査を経る時に、「朝鮮に帝国ができた如く解する者もあるという」点に直面して、〈京城帝大〉に変えられ（『紺碧遥かに　京城帝国大学創立五十周年記念誌』、発行 京城帝国大学同窓会、非売品、1974、p.16)、初代予科部長の小田省吾は、朝鮮人学生という言葉の代わりに、「国語を常用しない学生」と表現したほどであった（兪鎮午、「片片夜話」⑰、『東亜日報』、1974.3.20)。

予科の場合は、(A)法科、(B)文科、(C)医科で編成されていて、最初の年に(A)に入った朝鮮人学生は定員40名中10名前後、第5回からは、16名、6回には20名、15回、16回には各々25 名、29 名と増加していったが、それ以上に増えることはなかった。京城帝大の

1926年から1941年までの人的現況が統計として詳しく出ているが、ここから窺えることは、時間が経つにつれ朝鮮人学生が増えていっているということである（阿部洋「日本統治下朝鮮の高等教育」、『思想』1971.7、p.73）。

京城帝国大学およびその予科が抱えている先鋭な問題中のひとつを挙げるならば、断然民族意識だというほかはない。朝鮮語を母語とする者と、日本語（国語）を母語とする者の共存からもたらされる問題意識をどのように調和もしくは克服してゆくべきか。この問題は、朝鮮人学生にはまさしく直接性をもって作用したが、日本人学生には、公的言語が国語であったために、間接的に作用したと見るべきであろう。この落差を検討することで得られた成果のひとつをご紹介しようというのがこの文のねらいである。

2　公的民族主義の波と二重言語問題

京城帝国大学の学問的伝達媒体の第一番目の席に置かれたのが日本語、すなわち〈国語〉であったことは、動かすことのできない事実であった。この国語が、西洋語の文法論理の影響下に成り立った、いわゆる俗語革命の産物であることもよく知られた事実である（イ・ヨンスク『「国語」という思想』、岩波書店、1996）。したがって〈国語〉を大学の伝達媒体の第一番目の座に置いたということは、おのずと第二の座に西洋語、すなわち英語、フランス語、ドイツ語等が置かれるようになったことを意味した。帝国大学教授の要員となるためには、外国への留学体験（２年）を必須条件とした点からも、この事実が感知される。京城帝国大学の教育語とは〈国語〉と〈西洋語〉の二重構造であったと、注意深く述べることができる。その〈国語〉が漢字文化圏の漢字中心主義であったことは改めて述べるまでもない。世界史的視線からこの言語問題を検討するならば、その位置がいっそう浮き彫りになるだろう。名高い『想像の共同体』(B.アンダーソン、1983) には、国民国家形成に決定的役割をなした民族主義の４つの段階が考察されている。

最初の波がいわゆる〈クレオール（creole）民族主義〉である。本国を離れ、現地に定着して生きてゆく人々の共同体意識が、国民国家を生んだ事例がまさしく米国である。

第二の波はヨーロッパの中の〈言語民族主義〉であって、これはクレオール民族主義とは異なっていた。〈国民的出版語〉がイデオロギー的・政治的にとても重要な意味を持って民衆側の〈言語民族主義（vernacularizing nationalism)〉として表われた。俗語革命はこれを指すものである。

第三の波が〈公的民族主義（official nationalism)〉。19世紀から20世紀にかけて、植民地統治のために本国が使用した言語がこれに該当する。本国の実情がすでに言語民族主義へと突っ走った状態になると、[民衆側の言語は] 支配層（王族、貴族階層）の言語と区別され始め、こうした矛盾を突破するために、彼ら［支配層］は植民地に公的な言語の使用を強要した。これを帝国日本もモデルとして用いた。植民地に中央執権的学校制度を導入し、この学校制度の第一言語が本国の公的国語であり、この言語を通さずしては、知識の獲得が不可能であるように作り上げた。

反面、原住民の誰でも、いち早くこの帝国の言語を身に付け、それを通して知識を得、また思考の訓練を経たならば、当然出世が保障されていたのである（B.アンダーソン、*Imagined Communities*, Verso 版、第 6 章 Official Nationalism and Imperialism)。ここで問題となるのがまさに二重言語の使用である。この二重言語使用に素早く反応した知識人こそ、決定的役割を果たすほかなかったのだが、それは、彼ら自身の意識構造の二重性から来ていた。

> インテリゲンチアが前衛的役割を果たすようになったのは、かれらの二重言語読み書き能力、あるいはむしろ、かれらの読み書き能力と二重言語能力（bilingual literacy or rather literacy and bilingualism）によったということも一般的に認められている（前掲、*Imagined Communities*, Verso 版、p.116)［日本語訳『増補 想像の共同体』白石さや・白石隆訳、NTT 出版、1997、p.192。引用箇所は本書訳文による－訳者注］。

京城帝国大学の存在規定を、こうした二重言語の書く能力／読む能力から検討してみてはどうだろうか。ここで教育を受けた朝鮮人たちの二重言語能力が〈朝鮮社会事情研究所〉[1] の核を成したということは、格別な分析を要する課題の一つである。言い換えるなら、植民地民族主義でもっとも際立った構造が、公的ナショナリズム（この用語は Seton－Watson, *Nations and States* に根拠を置いているとアンダーソンは脚注で明らかにしている）の変形であるという事実である。20 世紀初頭以来、スマトラ東海湾の国家たち、たとえばバタヴィアの場合を挙げ、アンダーソンは圧縮して次のように述べている。

> 植民地政府の設立した新しい学校が、巨大な、高度に合理化され厳格に中央集権化されたヒエラルキーを構成して、国家官僚機構それ自体と構造的に相似形をなしていたことを思い出す必要がある。画一化された教科書、標準化された卒業証書と教員免状、年齢集団によって厳格に規制された学年制、学級の編成、教材、こうしたことは、おのずと独立の整合的な経験の宇宙を創出した。しかし、それにおとらず重要だったことは、このヒエラルキーの地理であった。標準化された小学校は植民地全域の村々と小さな町々に分散し、中学校、高校は大きな町と州都に、そしてさらに高等教育機関は植民地の首都バタヴィアと、その南西一〇〇マイルの涼しいプリアンガンの高地にオランダ人が築いた都市バンドゥンとに設立された（前掲、*Imagined Communities*, Verso 版、p.121）［日本語訳　前掲書、p.197］。

訳注 [1] 1931 年に、李康国、朴文圭、崔容達、兪鎮午、金洸鎮ら、京城帝大出身者で組織された社会問題研究所。この研究所は、32 年 6 月、即ち同年 4 月に起きた尹奉吉爆弾投擲事件の直後に、警察の捜査を受け、秘密結社の嫌疑で閉所された。なお、李康国、朴文圭、崔容達はいずれも、解放後、越北した。のち 53 年に李康国は、南労党のメンバーとして、李承燁事件に関与したとして、林和らとともに逮捕され、粛清された。

この題目は、朝鮮に施行した日帝の教育政策にもそのまま見ることができ、京城帝大という教育の位階秩序の最上層部に該当した。しかしこの場合は、バタヴィア（オランダの植民地）の場合とは［異なり］その〈地理的〉な意味が二重的であったことに注目する必要がある。バタヴィアの場合、本国の首都ライデンという場所は夢にしか過ぎなかったために、バンドンがそのまま〈ローマ〉であり得たが、しかし 2 日もあれば到着できる宗主国の首都東京への道が、［朝鮮人に］部分的に開かれていたように、京城帝大の地理的条件とは、二重的な性格のものであった。京城帝大という地理的条件の二重性に加え、公的言語と土着語の二重性が重なっていたように、この自意識から抜け出る道は相当に困難なことであったといえるだろう。

これは、同じ漢字文化圏で、土着語である朝鮮語が文章語としてすでに確立していたこととも無関係ではない。宗主国の首都へ開かれていたように、植民地の首都ソウルとは、それ自体が矛盾概念でなければならなかった。のみならず、いわゆる〈国語（日本語）〉が国民国家によって強要・急造された俗語革命の産物であるとするならば、朝鮮語は植民地化される前にすでに確立されていたことに注目する必要がある（塩川伸明、『民族とネイション』、岩波書店、2008、p.84）。日本の統治以前にすでに文章語が確立された朝鮮であったために、統治期間に行われた〈国語〉の強要とは、制限的であったことはもちろん、場合によっては、2 つの言語が競争関係にあった。前で述べた地理的二重性は、京城帝大予科の場合、この点で正面に表われてきたのであるが、『清涼』と『文友』の二言語使用がそれである。公的言語と私的言語の対決構造の二重性であった。

3　西洋語の翻訳から日本語の創作に至るまで

京城帝大予科は、清涼里に設立され、当然ながら学生会が組織されて、その機関誌（校内誌）が刊行されたのだが、名称は平凡に地名を取った〈清涼〉だった。〈公的民族主義〉のモデルに基づいたこの校内誌の用語が〈国語〉(日本語)であったことは改めて述べるまでもない。予科学生全体が参加できる雑誌であるからには、朝鮮人学生たちがここに参加したことも極めて自然なことである。この場合、この参加方式が〈文学〉ならばどうであっただろうか。この問いには格別な意味があるが、論文や報告書等とは異なり、言語の感度が問題となるためである。この点に注目すれば、次のような問題点が浮き彫りになる。

第一、翻訳段階。兪鎮午（ユジノ）の場合。「杜鵑に寄す」（ウォヅ、ワース）、「ロバート、ブリッジェズの詩より　新月を歌へる」、「燈が破れたならば」（シェリー）など西洋詩の翻訳を『清涼』（創刊号、1925.5）に発表し、続いて詩調の翻訳を行なった［「詩調」は、現在は普通「時調」と漢字表記されるが、兪鎮午の原文は「詩調」となっているので、ここではそれに従っておく。また原作者名も、掲載時の表記通りである。以下同様。―訳者注］。李孝石（イヒョソク）の場合。「窃まれた兒」（W.E.Yeats）を『清涼』（２号、1925.12）にまず発表した。なぜ彼らは手始めに翻訳から始めたのだろうか。

京城帝大予科全体の首席で入学した兪鎮午が、この点で非常にすばやい反応を示していたことを見逃すことができない。たとえば、Robert Bridgers の詩「新月を歌へる」を翻訳しながら、この詩人を選んだ理由を明らかにしているが、紹介的論評で英詩に対する理解を誇示している。ちょうど日本人の一級の頭脳たちが西洋詩の翻訳に乗り出すのに似て、それを真似ているかのように見える。一方、彼はまた、朝鮮特有の詩歌である詩調の翻訳も試みているのだが、ここでもその意図をまず明らかにしている。法学専攻の兪鎮午が、西洋詩はもちろんのこと、朝鮮の詩歌にも精通しているという事実を、〈日本語〉で満天下に知らしめたのである。李孝石にはこうした自意識は見られないが、彼もまたイエイツの詩によって出発したのだった。

〈資料１〉〈資料２〉〈資料３〉参照

こうした事実は何を意味するのだろうか。この問いに答えるのが、二重言語で文章を書くことの実践である。即ち、支配者の言語に翻訳したこのような行為を、彼らが支配層にたやすく進入する手段としてとった結果であると言わないわけにはいかない。なぜなら、支配者である日本の志向する方向が西洋文明にあり、それの翻訳を通して初めて、彼らが文明圏に入って来たためである。

兪鎮午、李孝石らのこうした翻訳の試みの重要性は、京城帝大のみが行ない得る機能であったことに注目すべきであろう。京城帝大とは、西洋の学問、いわゆる世界的普遍性を志向する高等教育機関であって、日本とか朝鮮とかといった個々の国家の特性を超越した、その上に置かれる存在であったのである。特に、法科から英文科に転じた李孝石の英語の実力は、プライス教授が激賞したほどに飛び抜けていたことを念頭に置く必要がある（趙容萬、「李孝石の小説」、『チュム（踊り）』、1991.5）。

この段階を経て後に、ようやく第２段階である日本語の創作詩が繰り広げられた。『清涼』（第３号、1926.3）で兪鎮午の「月と星と」（朝鮮語の創作詩の翻訳）、李孝石の「冬の食卓」、「冬の市場」などが登場した。兪鎮午のように、朝鮮語で書いた自作詩を日本語に翻訳することもでき、李孝石のように直接日本語で創作することもできた。この点で特別な存在が李孝石だった。彼は「六月の朝　外五篇」（『清涼』第４号、1927.1）を苦もなく発表したのだが、この事実は、『清涼』全体を通しても、圧倒的なものであった。

〈資料４〉〈資料５〉参照

その後に続くのが、いわゆる「青葉同人集」（『清涼』第５号、1927.4）で、崔載瑞の「共同浴場」、申南澈の「乳房と蟬」などであり、趙容萬の「山路」（『清涼』第６号、1927.12）が続いた。

朝鮮人の学生たちが、日本語で日本の詩壇および大学の文壇にデビューした例は、朱耀翰の『文藝雑誌』を筆頭に、鄭芝溶の旺盛な活動が既に見られた。特に同人誌『街』(同志社大学内文芸誌、1925) 第3号に掲載された鄭芝溶の「新羅の柘榴」(1925.3) はある種の絶唱であった。後に『鄭芝溶詩集』(1935) に収録された「柘榴」がまさしくこの作品だった(書誌的研究は、布袋敏博、「鄭芝溶と同人誌『街』について」、『冠岳語文研究』、1996.12)。しかし、鄭芝溶、朱耀翰、また白鉄のプロレタリア詩「9月1日」(1930) 等がどれほど優れており、文壇的意義が高いと言っても、李孝石、兪鎮午、崔載瑞ら京城帝大の二重言語による創作とは、次のような事実ひとつで、両者の越えることのできない線を引くことになる。集団的自意識に拠った二重言語文学と個別的な二重言語文学は、そもそものその出発点から志向性が異なっていたという点がそれである。

4　『文友』と『清涼』を繋ぐもの

雑誌『文友』は、京城帝大予科の『清涼』に対抗して創刊された朝鮮語雑誌である。それは、予科の朝鮮人学生の集まりである〈文友会〉の機関誌だった。この集まりの主役を担当した兪鎮午はこのように回顧している。

> 私の予科在学中、日本人との表面上の衝突は特になかったが、全校学生で組織された学生会とは別に、朝鮮の学生だけで別途集まって「文友会」という組織を作ったのは、自然の道理だったとでも言おうか。
>
> 「文友会」は、名称はなんだか学生間の同好団体のようであるが、事実は朝鮮人全体を網羅した朝鮮人学生会であった。学生会では日本語で『清涼』という雑誌を出したが、文友会では朝鮮語で『文友』という雑誌を発行した。
>
> 朝鮮の学生だけで別途学生会を組織し、雑誌を出すということを寛大に認めたのも、創立当時の京城帝大が、いかにしてでも朝鮮人学生の感情を刺激しないように、宥和政策をとっていた、ひとつの表現であるといえるだろう。
>
> しかし、文友会の寿命は長くは続かなかった。1929 年の光州学生事件に予科学生の李天鎮が主謀格として関与し、韓日の学生間に不和が広がるにしたがって、学校当局から解散命令を受けてしまった。(「片片夜話」⑰、『東亜日報』、1974.3.20)

それでは『清涼』と『文友』は、出発点から競争関係にあったのだろうか。争点のひとつがここから表われてくる。

『清涼』とは、少なくとも1929年までは『文友』と対立関係であると同時に、対立関係を超越していた(1929 年以後であれば、朝鮮でも高普［高等普通学校］の課程には、日本語の教育水準が、制度上日本人と別に差がなかった)。全校生を対象としたものであったので、『清涼』は国語(日本語) を使用した。国語とは、帝国の言語であって、公的民族主義の表現体であった。京城帝大に入ってきた以上、この表現体に拠らなければ、学問の道に進むことができないのが原則である。帝国大学もまた、そのモデルは西洋から来たものだった。朝鮮語を母語として持った学生が、この国語に至る過程のひとつとして、あるいは補助手段のひとつとして、『文友』が要望されたとも見ることができる。日本人学生は『文友』に近づくことはできず、朝鮮人学生には『文友』と『清凉』の二つの通路が用意されていたとはいえ、またそれでもって『清凉』と張り合うという意識が作用したとはいえ、実際上あるいは無意識上では、『清凉』の方を向いていた。『文友』が『清凉』に進入するための文章練習であったという事実をまざまざと見せつける事例のひとつとして、哲学専攻の申南澈を挙げることができる。『文友』は、『清凉』に対抗して年 2 回刊行された 120 ページ（四六判）のハングル雑誌で、詩、小説、論説、随筆等、多様な文章を掲載した。予科第 3 回（1926）入学生である申南澈の小説「味噌」が掲載されたのは『文友』（1927.2、第 4 号）であったが、この作品を論じるのに先立ち、同じ号に載った兪鎮午の小説「夏の夜」を見てみる必要がある。

求職者青年 M が銀行の雇い員として就職決定の知らせをもらい、鍾路の夜の市場をさ迷って、《エキゾチックでエロティックな女》に会い、あれやこれやの出来事が起こるのを風刺的手法で扱った「夏の夜」の執筆時期は 1926 年 12 月 21 日となっており、「病中のため脱稿もできぬままに発表するのを恥ずかしく思います」と心情を吐露している。彼の文壇デビューが「復習」（『朝鮮之光』、1927.4）、「スリ」（同、1927.5）であることを念頭に置けば、「夏の夜」はこれらの作品の前にくる。要するに、『文友』が文壇デビューの練習場であったことをよく物語っている。しかし、先に見たように、兪鎮午はすでに『清凉』創刊号（1925）から猛烈な勢いで日本語で書き、創作詩にまで手を染めた。いったい、こうした現象にはいかなる説明が適切だろうか。

申南澈の「味噌」は、言うまでもなく「夏の夜」に比ぶべくもないほど幼稚である。失業した青年スノとソンジュがいる。田舎から上京してきた彼らは、極度の貧困の中で、街をさ迷い、ただひとつの目標にしがみつく。階級のない社会、貧富の差解消のための闘争がそれである。結局ソンジュは獄中生活の末に亡くなり、スノはハルビンへと脱出する。「夏の夜」や「味噌」が、当時流行していた同伴者的作品の傾向に連なったものであることは改めて述べるまでもないが、兪鎮午の場合は『文友』での文章訓練は短期間に終わる。まさにその時、彼は文壇に進出し、また一方、『清凉』の方に駆けていった（兪鎮午が通っていた京城高普は典型的な植民地型教育課程であって、国語も、日本人用のものより水準が落ちる実用的教科書を使用した。「片片夜話」⑧、『東亜日報』、1974.3.9）。これに比べ申南澈は『文友』での文章訓練がいっそう熾烈だった。「同志(トンム)たちよ」（第 5 号、1927.12、削除）、「現実の歌(2)」（第 5 号）等で小説の代わりに詩作を試みていた時、兪鎮午は哲学的思索の文である「生活の短篇」（第 5 号）へと進んでいた。文章訓練の時代の終わりだという指標であると言えるだろう。李孝石の詩「あなた(ニム)よ、野原へ！」（第 5 号）でも事情は同じようだった。崔載瑞の場合は、初めから明らかな専攻意識を持っていたことは確かだったが、新婦、新郎の順序の入れ替えという主題をめぐって、朝鮮、インド（タゴール）、イギリス（トマス・ハーディ）等を比較することで、文学的価値の普遍性を示そうとした。

「味噌」の作家申南澈はどうであっただろうか。「現実の歌(2)」は〈song of the open road〉としてアメリカの民衆詩人 W.ホイットマンに献じている点が注目される。続いて「初春の夜明け」、「あなたを想って」などを書いたが、具体性のない観念的な偏向性ということで一貫しているといえる。ともかく、『文友』とは、このように、母語の文章練習場であると規定することができる。彼らは『文友』を経て『清凉』へと進み行く足場としたのだが、申南澈の場合、渾身の力で書いた「Schopenhauer を通して見た無常感」（『清凉』第 5 号、1928）がこの事実を証明している。この文の終わりで彼はこのように書かずにはいられなかったのだが、予科の 2 年の間、『清凉』を仰ぎ見ていたことを傍証するものであるといえる。『清凉』、それは夢多き予科生活と同価だった。

> 美しき清凉に春は訪れんとしてゐる。思ひ出多き二ヶ年の生活は幾千萬の Wunderhorn（霊笛）を私の弱き胸に響かせた事か！ 恐らくはこの「清凉の二ヶ年」私は私に取つて尤も思ひ出多き多情多感な Wilkommen und Abschied（逢ふと別れ ーゲーテの詩の中の或る表題）として著しいそして強い永遠の嘆きとなるであらう。
> „O Seiryo, Ich muss dich nun lassen！”
> この小稿を清凉の小さい清き流れに寄す。ー二八、一、二〇ー
> （『清凉』第 5 号、1928、pp.101～102）

その〈清き水〉のひとつとして、申南澈は、詩「乳房と蝉」（『清凉』第 5 号、1928.4）を詠った。生命の強烈な叫び、これは神々しい神秘ではないだろうか。ショーペンハウアーの厭世主義とは別個の生活の讃美が同時に申南澈を捉えていた。『文友』から出発した申南澈たちは、『清凉』を通して、あっさりと公的な言語、大人のレベルに手をかけていた。下の詩「乳房と蝉」が、そうした事例のひとつの徴表であるといえる。

〈資料 6〉〈資料 7〉参照

5　単一語による執筆ー『新興』が置かれる位置の意味

『文友』で文章練習に没入し、また『清凉』を通して公定言語の創作にいたる、彼ら京城帝大の朝鮮人学生たちのその後の行方はどうであっただろうか。文学創作の方面であれば、次の 3 種類の道が開かれていた。

(A)　文壇進出。兪鎮午、李孝石らがまず同伴者作家として文壇に進出して、知識人特有の一定の役割を果たしたが、これは文学史が関与する領域である。

(B)　日本の文壇進出。朝鮮人の日本文壇進出は「餓鬼道」（張赫宙、1931）以後である

ことでわかるように、京城帝大の朝鮮人の役割ではなかった。日本の学界への進出も、それぞれの専攻により成し遂げられるだろうが、これもやはり表面に現れたものはほとんどない。だからといって、彼らがこの方面を断念したのではないことは、改めて述べるまでもないだろう。二重言語の文章訓練の過程を経たのだから、彼らの潜在力は決して侮れぬものであったわけである。その証拠として挙げられるものが、新体制下で現われた。目下、朝鮮文学を認定し、朝鮮人の心情を窺うための方式の一つとして、日本の文壇は朝鮮の現代文学を要望し（『週刊朝日』特集、1941.5）、これに応じたのが、土着的な兪鎮午の「福男伊（ポクナミ）」、朝鮮的美を追求した李孝石の「春衣裝」、朝鮮女性の姿を扱った金史良の「月女（ウオルネ）」等だった。これより早かった有力文芸誌『文藝』（1940.7）の朝鮮文学特集は格別な意義がある。兪鎮午の「夏」、李孝石の「ほのかな光」、金史良の「草深し」、張赫宙の「慾心疑心」を掲載したうえに、既に知られていた張赫宙を除いた残りの 3 名は同じように、帝国大学出身であることに注目する必要がある。その中でも兪鎮午、李孝石は、二重言語の自意識の中から、ずっと抜け出せなかったのである。金史良（東京帝大、独文科）の場合も、この自意識という点では異なっていると看做すのは大変に困難である。これは個人的な才能であるとか偏差を離れた場所で規定されるべき性質のものである。

（C）朝鮮語への進出。ここで論議されうるのが総合誌『新興』（1929.7）である（パク・クァンヒョン、「京城帝大と『新興』」、『韓国文学研究』第 26 集、2003）。菊版 121 ページのこの雑誌は、趙潤濟、金桂淑、申奭鎬らの論文を冒頭に掲げ、崔昌圭、兪鎮午の小説 2 篇と、李鍾洙の詩を掲載して創刊号を構成し、第 3 号（1930.7）は、李康国、崔容達の巻頭論文に、高裕燮、徐斗銖、崔昌圭の論文で埋めた。申南澈は「新へーゲル主義とその批判」、「民族理論の三形態」を書き、朴文圭は「朝鮮農村機構の統計的解説」（1935.5）を、金台俊は「大院君の書院毀撤令の意義」（同上）を、趙潤濟は「高麗詩歌『眞勺』の詩歌名称性」（第 9 号、1937.1）等を載せて、当時の朝鮮学界の自生的学問の力量をみせたのである。

ここまでくれば、二重言語による執筆は、〈単一語による執筆〉、即ち自国語による執筆の大きな碑石を打ち建てたことになる。

6　二重言語による執筆の超克方式－文章を書くことの原点

『新興』は、二重言語による執筆の産物であるが、同時にそれは、これに対する抵抗であるほかないと見る時初めて、二重言語による執筆の朝鮮的現象に至ることになる。いかなる文明も、二重言語による執筆の桎梏から出発するという意味で、これは逃れることのできない桎梏であるが、これから逃れる時初めて独自の自由が獲得できるという意味で、それは通過儀礼的な性格を帯びている。『新興』が、この点を想起させているのに加えて、これは韓国学の独自的探求にも向かっていたという点からも、〈単一語による執筆〉であると規定できる。当然にも、こうした二重言語による執筆の矛盾点を克服できた与件を問題とすることが残る。

上海臨時政府（1919.4.11）と朝鮮語学会の解散（1942.10.1）前までの時期は、二重言語による執筆の中にありながら、この鎖を断ち切ろうと努力する過程であるといえる。しかし、新体制以後、日帝の植民政策は、再び二重言語による執筆を、選択や勧めの段階から徹底した強要事項へと変えた。この強要事項として二重言語による執筆が成り立った時期を第 2 期であるとすれば、前者は第 1 期といえる。朝鮮近代史は、この 2 種類の二重言語の執筆を経なければならなかったのであり、このうち、第 2 期の二重言語による執筆は、断然特異な様相をもたらした（拙著、『日帝末期　朝鮮の作家の日本語創作論』、ソウル大学出版部、2003)。

日本語と朝鮮語を同時に習得した文筆家であるため、どちらででもほぼ自由自在に[書くことができ]、執筆に駆り出されたのだが、その結果はどうであっただろうか。実に耐え難くも驚くべき結果の産物が、それも大量に創出された。何がそのように耐え難かったのか。何がそのように驚くべきことであったのか。彼らの文章が国籍不明であるという事実がそれである。彼らの文章とは、日本語でもないが、かといって朝鮮語でもないためである。彼らが書いたいかなる文も、日本の国語に達することができておらず、彼らが書いたいかなる文も、朝鮮語の純粋性に達することができていなかった。親日的な文章でもなかったが、反日的な文章でもなかった。あるものと言えば、〈書くこと〉という行為のみであった。いかなる国家、民族イデオロギーと無関係な、もしくはそうしたものが及ばない奇妙な領域での執筆の可能性がここに窺える。自己の執筆対象である民族、国家イデオロギーの外に無限に広がった荒野の果ての、薄明の中へ消えてゆく現実に対する断念と、それに対する不憫な思い、この断念と不憫な思いの感覚が、自己の知的操作に対して、厳格な倫理意識を培って、ダイナミックな理論化の推進力となる（丸山真男、『日本の思想』、岩波新書、1966、p.60）という、執筆の主体的な領域にはいまだ達し得ていなかったために、8・15と解放空間（1945〜48）が迫った時に、この問題に対する批判を、誰も避けることはできなかった。解放空間の執筆に対する検討が残る課題であるというのはこのためである。

10

〈자료 1〉

詩調から

詩調は朝鮮固有の詩であり、同時に歌である。朝鮮には、古來漢學の勢のみ盛んで、あらゆる漢詩、詩歌等は、皆漢文で書き表はされて居るが、獨り詩調だけは、彼の弘仁期に於ける和歌のやうに、燦として光を放ち、人々の間に愛誦されて來たのである。

その起源は、實に遠い昔にあるであらうが、之が纏つた書物として現はれたのは彼の李朝第四世世宗の二十七年（後花園天皇文安二年、西暦千四百四十五年）、その勅撰になつた「龍飛御天歌」が、恐らく最も古いものであらう。が然し之は主に政治のことを歌つたもので、人情の流露を主とする詩歌の本義には、甚だ遠いものであると思ふ。

今その韻律に就いて見るに、支那及西洋の詩に見るやうな、平仄法、押韻法等は殆んど見ることは出來ないが、音數律だけはある。この點に於ては和歌に似て居ると云へるけれども、詩調の音數律は、和歌のそれのやうに、嚴格なものではない。原則として、七、八、七、八、八、七で一つの詩調が出來る。

之が更に三、四、四、四、三四四四三五四三と別れるのが、普通である。中には字數の足りなかつたり、餘つたりするものもあるけれども、要するに之は變格的たるに過ぎないので、何處までも詩調の感を失はない。こんな所は一寸内容律を持つて居るとも云へやう。

こゝに譯出するものは、何れも最も人口に膾炙して居るもので、朗々吟ずるに適するものであるが、恐らくは私の拙劣な譯は、原作の風を傳へて居ない。

（詩調には殆ど纏つた題を附けないやうで、こゝにもやはり題を出さない）

雪に月影、庭に澄る
風よ吹かざれ、我知れど
雁鳴く音にはあらざるを。
我心なほぞ騒ぐ、
君が戀しさ淋しさに。　　— 失　名 —

*　　*　　*

〈자료 2〉

ロバート、ブリッジェズの詩より

Robert Bridges, (born in 1844) はもと醫師をして居りました。今は桂冠詩人 (Poet Laureate) として英詩壇の權威であります。小泉八雲先生は、彼は古風な詩の作者である、思案をしない、かの Wordsworth のやうに熱情がない——靜かな美しかつたありし昔の日を偲ぶ自然詩人である、と言はれて居ます。

Lafcadio Hearn: Pre-Raphaelite and Other Poets, pp 407—409

〈자료 3〉

窃まれた兒 (W. B. Yeats)

李 孝 石

スルース森の岩多い高原(たかはら)
湖に浸る處
其處に蒼鷺の羽搏の
居睡る河鼠を醒ます

〈자료 4〉

六月の朝

六月

朝

新鮮な脈膊は青菜のやうに健康だ

八百屋の店頭は
朝の洗禮をうけて
生々とした菜園がうつくしい

光る銀貨でかんぢようをすませ
生活の籠は豐饒に輝き
彼女の蹠は元氣にまわつた

どこからか朝體操の呼稱が
つよく響いてくる

食器のふれあふ音が流れる
――おゝ「うつくしき今日へ」の讃歌がきこえてくる。

〈자료 5〉

赤い花

血を呑んだのか
太陽を喰つたのか
赤い赤い
お前のその赤さは

僕は焔のやうなお前の心臓を感じ
赤い呼吸を、はつきりと聞きとることが出來るのだ

そして、お前の熱い血潮は
星をさへ燒きつくすだらう

おゝ赤い赤い花よ

僕は今にも窒息してしまひそうだ
だが、お前の生一本の情熱で
僕はむしろ燒き盡されてしまひたいのだ。

〈자료 6〉

暮れ行く黄昏の靜けさは
砂漠のごと……
空に輝く星の蒼光は
若き闘士の、疲に靜ぐ眠さしのごと……。

さゝやかな清き流れに沿うて
ポプラが三四本、農家が一つ
美しいオアシスに
夕風はそよそよ吹いて來る。

仕事から遅く歸つて食事を濟ました家族、
母の豐滿な乳房は　新き生を營んで居る。
かすかな燈は　吐息で舞ひ
若き亭主は背中の汗を兩手で拭ふ。

螢が草むらの中から飛び上つた。
蟬は安き眠りに入るまで求めて〳〵鳴き止まない。
生命の强き叫びである、異なる生殖―新しき創造への歌である。

おゝ億劫の行進よ、止まぬ戰ひよ！

青新な朝の元氣―赤兒の泣く聲……
薄黄な夕暮の青年の胸……
妻の乳房、蟬の歌……
永遠の生命に宿る聖なる神秘よ。

〈자료 7〉

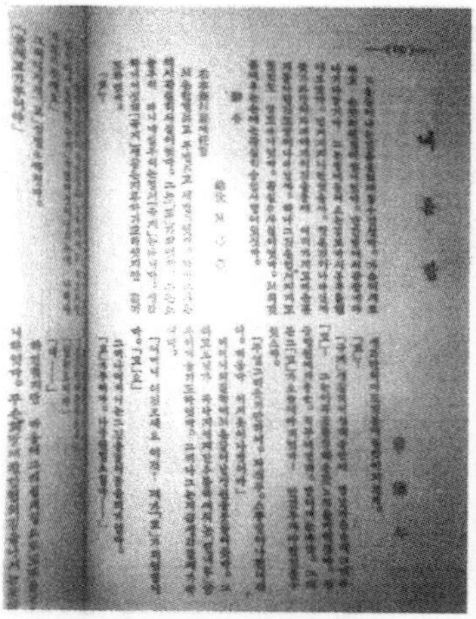

<『문우』 4호, 1927.2>

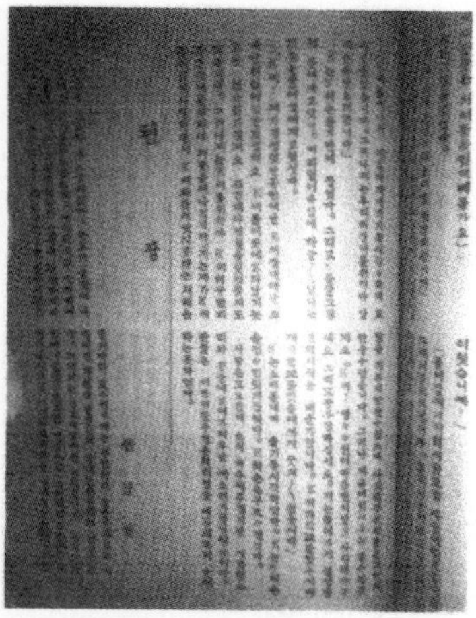

<『문우』 4호, 1927.2>

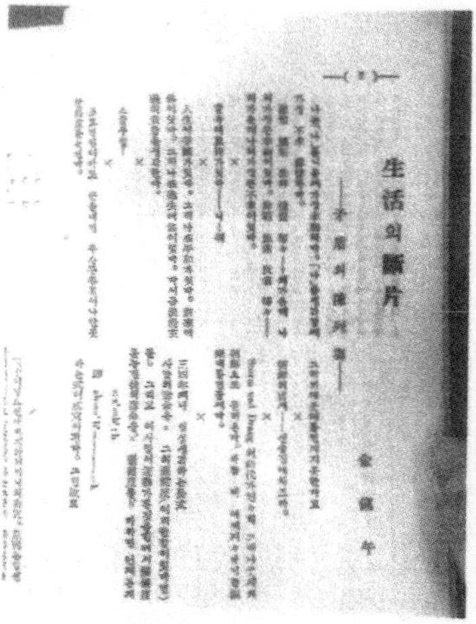

<『문우』 5호, 1927.11>

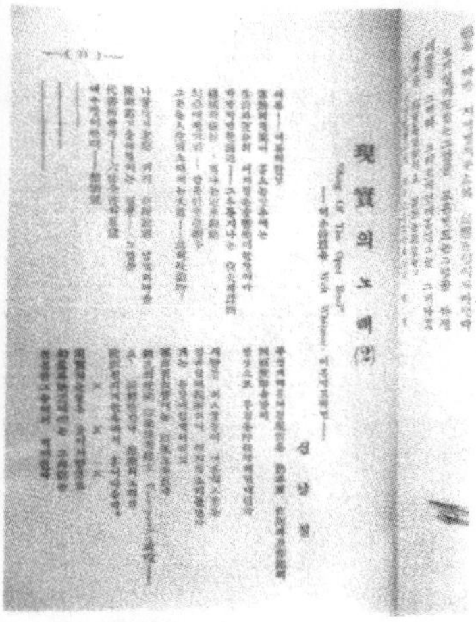

<『문우』 5호, 1927.11>